中国地方志经济资料集成

（第四卷）

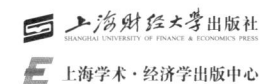

戴鞍钢 等 编

上海市『十四五』重点出版物出版规划项目

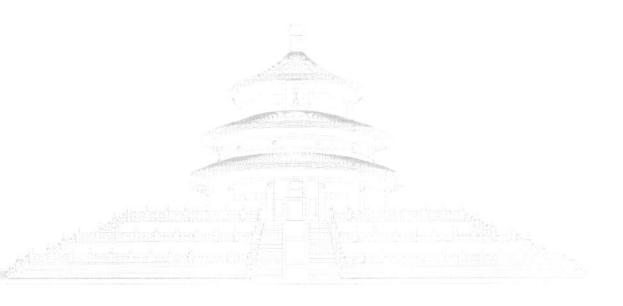

上海财经大学出版社
SHANGHAI UNIVERSITY OF FINANCE & ECONOMICS PRESS

上海学术·经济学出版中心

目　录

（第四卷）

七、交通运输 ······ 1683
　（一）木帆船 ······ 1683
　（二）轮船 ······ 1716
　（三）铁路 ······ 1751
　（四）公路 ······ 1792

八、邮政电讯 ······ 1843
　（一）邮政 ······ 1843
　（二）电报 ······ 1922
　（三）电话 ······ 1968

九、货币金融 ······ 2005
　（一）货币沿革 ······ 2005
　（二）典当、高利贷 ······ 2080
　（三）钱庄、银号、证券交易所 ······ 2095
　（四）银行、储蓄、保险、信用社 ······ 2112

十、社会经济生活 ······ 2136
　（一）经济生活变革 ······ 2136
　（二）劳动力迁徙 ······ 2163
　（三）华侨 ······ 2193
　（四）少数民族生活 ······ 2202
　（五）贫民生计 ······ 2235
　（六）鸦片与赌博 ······ 2312

附录：旧方志整理出版丛书举要（1990—2017） ······ 2339

七、交 通 运 输

（一）木 帆 船

〔明代至民国二十二年，河北顺义县〕 白河上通密云，下接天津，水深丈许，宽里许，帆船畅行无阻。在明清盛时，密云粮饷、北边材木均借是河转输。牛山后设有停泊处装卸货物，旧厘卡设此收税，而县城牛镇商物可由津直接运到。在李遂店未决口前，曾议设置栅沽轮船公司通行汽船。

（苏士俊修，杨德馨纂：《顺义县志》，卷三，交通志，航运，民国二十二年铅印本。）

〔民国二十三年前后，河北平谷县〕 县治南寺渠庄沟河为泊船之所，由河路运输往返天津、唐山一带。

（李兴焯修，王兆元纂：《平谷县志》，卷一，地理志，交通，民国二十三年铅印本。）

〔明嘉靖三年前，南京松江府上海县〕 上海故为镇时，风帆浪舶之上下，岛夷交广之涂所自出，为征商计吏鼎甲华腴之区。

（明　郑洛书修，高企纂：《上海县志》，卷一，风俗，明嘉靖三年刻本，民国二十一年影印本。）

〔清道光至同治年间，上海〕 本邑地处海疆，操航业者甚夥。通商以前，俱用沙船，以其形似沙鱼，故有此名。浦滨舳舻衔接，帆樯如栉。由南载往花布之类，曰南货；由北载来豆饼之类，曰北货。当时，本邑富商，均以此而获利。道光中，行海运，岁漕百万，由沪至天津，亦借沙船，官商称便。自汽船盛行后，搭客运货，更为利便，而沙船之业遂衰，即海运亦归招商局承办。今之沙船，寥落如晨星矣。

（李维清编纂：《上海乡土志》，第一百五十课，沙船，清光绪三十三年铅印本。）

〔清道光至同治年间及以后，上海〕 本邑当商埠未辟之前，因地理上之关系，居民操航业者甚多，邑中富户多半由此起家者。其船名曰"沙船"，以其形似沙鱼也，往来闽、广、鲁、直一带，载南货而北，又载北货而南，一转瞬间，获利倍蓰。尤以道光中叶改河运为海运,百万漕粮由沪至津,均以沙船承其乏,一时生涯鼎盛。迨海禁大开,汽船云集,漕粮归招商局承运,沙船生涯日形寥落,以今视昔,不及十之一二矣。(按:《癸巳存稿》称,元至元间,丞相巴延命上海总管罗璧等以平底船六十,运粮四万六千石于直沽,此后专用海运。明永乐时,会通河成,罢海运。清道光六年……官雇沙船二,运抵天津[粮]百五十万石,七年又行之。其后,崇明海口淤小……故用沙船,底平也。巴延用平底船六十是也。观此,则沙船之制,始于元,而直创行于上海。……此上海之所以独专其利,而富户之由船业起家,以上海为独多也。)

(胡祥翰编:《上海小志》,卷三,交通,民国十九年铅印本。)

〔清同治年间及以后,江苏松江府〕 自泰西通商,而土著之商贾亦病。《上海志》云:商则本港沙船,由南载往花布之类,曰南货;由北载来豆饼之类,曰北货;利遇倍蓰,转瞬可致富。迨各国通商,复准舢板火轮船各齐贸易,而沙船利分;且与之交易者,皆广潮、浙宁人,於土著之民无所益。案:道光六年,海运皆雇沙船,其时计有三千余艘。逮通商以来,生计日蹙,近年海关报税不过二三百艘。

(清 博润等修,姚光发等纂:《松江府续志》,卷五,疆域志,风俗,清光绪十年刻本。)

〔民国二十五年前后,上海〕 吾沪帆船,行驶北洋者,曰沙船(专走牛庄、天津等埠。道咸以前,邑人业此者多至巨富。同治以来,业日衰败,船日减少),曰卫船(较沙船差小,专走山东各埠)。行驶南洋者,曰南船(俗呼硬档,专走福建),曰宁船(专走宁波)。行驶长江者,曰鸭尾船(俗名鸭尾股,专走长江各埠)。客船停泊本埠揽载人货者,曰南湾子(有大、中、小三号),曰无锡丝网船(大者双央弄,中者单夹弄,小者无夹弄,装饰华丽,只能坐人,不便运货),曰无锡快、曰江北快,曰蒲鞋头。停泊有定地、往来有定期者,曰航船(远自常熟、苏州、嘉兴、湖州等掉,近自华[亭]、娄[县]、金[山]、奉[贤]、青[浦]、南[汇]、川[沙]各境,其自邑境及南境沿浦者,皆逐日随潮往来)。无帆小船,曰舢舨,曰划船(有本帮、淮扬帮两帮),曰滩帮,曰驳船,曰摆渡船。本境互相往来载货者、提船装人者,曰帐船、码头船(据市政厅征收船只税章程,各种船只分二十一类:一、本帮驳船、福建舢舨船。二、柴滩船。三、农船,即乡下船、酱渣船。四、苏州滩船、常昭船、鱼船、姜船。五、有樯驳船。六、洞庭山船、棚头船、蚬子船、江北竹坊船、脚划船、道登船、南浔船。七、无锡快船、航船、滩船、菱湖船、长安船、海盐船、乌山船、石灰船、关外江北船、纱河船。八、锡金船。九、大驳船、乌山百官船、小绍兴船。十、龙华嘴船、子花驳船、石灰驳船。十一、号头船。十二、海宁船、提船、酱蛭船、窑货船、芦墟船。十三、巢河〈湖〉船、丝网船、长江船、太湖船、鸡鸭船。十四、淮扬百官船。十五、苏州石头船、浏河盐滩船、斗子船。十六、拣蛏船、常州船。十七、嘉兴航船。十八、崇明船、猪船、江北酒船。十九、大号绍兴船即芦潭船、钓鱼大号船、红头舢舨船。二十、金山嘴船、八团舢舨船。二十一、山东船、盐城船、青口船、掘港船、梁芗船、外海沙船、江西碗船、白铜船、木植船。案淞沪全埠船名，此已罗列无遗，唯与上列名称微有不同）。

（吴馨等修，姚文楠等纂：《上海县志》，卷十二，交通，航，民国二十五年铅印本。）

〔清康熙年间至同治九年前后，直隶天津府天津县〕　康熙间，海上官网户郑世泰以天津地薄人稠，虽丰收不敷民食，吁恳圣祖仁皇帝用海舟贩运奉天米谷以济津民。蒙恩谕允，官给龙票，出入海口照验放行。乾隆四年五月，以直隶米价腾贵，降旨谕令商贾等将奉天米石由海洋贩运以济畿辅。乾隆四年十月，命嗣后奉天海洋运米赴天津等处之商船，听其流通，不必禁止。按：旧《志》奉天海洋贩运始于乾隆四年，其实康熙年间郑世泰奏准后，贩运者已不乏人，如郑尔端、蒋应科、孟宗孔等，其最著者也。自奉乾隆谕旨后，贩运者益伙矣，从前不过十数艘，渐增至今已数百艘，不独运至津门，即河间、保定、正定，南至闸河，东至山东登莱等口，亦俱通贩矣。

（清　吴惠元修，蒋玉虹、俞樾纂：《续天津县志》，卷六，海防兵制，附奉天贩运，清同治九年刻本。）

〔民国二十年前后，天津〕　内河航运，即北运河、永定河、大青河、子牙河、南运河间之航运，亦即潮河、白河、潴河、滏阳、滹沱、卫河及漳河之航运也。……我国水陆交通，多为外人所侵凌，而华北内河航权，终不外坠者，即幸赖大沽造船厂及前直隶省政府倡之于先，现航运局诸公努力于后也。今再分航路、轮船、运输三方面过之。1. 航路。内河航运局今日之航路凡三，曰津保，由天津至新安，凡二百八十余里；曰津磁，由天津至沙河桥，凡二百九十里；曰津沽，由天津至大沽，凡百余里。计划中之航路，尚有通胜芳、通南运河航路、通白沟河段、通北塘诸段，但以计划中之诸河道，每年西南风起，河水浅少，更加以岸上农家引水溉田，故现有之小轮往往搁浅不能通行。故计划中造浅水轮数只，吃水量在一二尺上下者，以便通行无阻。2. 轮船。现存者尚有小火轮九只，专供载乘客，各拖带本船之用。大木船十只，容量颇大，载客颇多，尚有货船一，载煤船一，码头船四。

平均分配现有之三航路，每路轮船之木船三。3. 运输：现因船只不敷分配，故只运行客，不运货物。乘客分甲乙二等。其价目依表收费，津沽线上最高为三角五分，最低为五分。津保线则最高为三元四角，最低五分。津磁线上最高三元二角，最低一角。帆船、小船及其码头：轮船未引用时，帆船如水运之利器，小船亦载搭客货于距离较近之地。自海外航运有轮船公司，内河航行有内河航运局以来，帆船等极受打击。然航运局航路只三条，其他各地仍需赖帆船为之运输，故帆船在今日天津之交通，仍占较重要之位置。帆船之码头凡三：一在西车站前，可至山东之德州、临青、济宁等；一在金钟桥，可至芦台、唐山、河头等；一在北营门外大红桥一带，可至保定清苑，途经子牙、通州、琉璃河、芦沟桥。

（宋蕴璞辑：《天津志略》，第十一编，交通，第一章，水路，民国二十年铅印本。）

〔民国二十三年前后，天津〕 天津附近各地之客货交通，除铁路及长途汽车而外，端赖内河之航运。往昔仅有帆船、小船，往返费时。迨河北省内河航运局成立，置备小轮船十余艘及汽船拖船分线航行，载运客货，始较昔称便。惟现仅有四路航线，其他各地如于西车站前沿南运河以达山东之德州、临清、济宁等处，自大红桥沿北运河至通州琉璃河，则仍须帆船。而距离较近之处则有民间小船，亦差可载运客货。

（天津市志编纂处编：《天津市概要》，交通编，第三章，轮航，第二节，内河航运，民国二十三年铅印本。）

〔民国三十三年前后，河北蓟县〕 蓟运河虽云告废，但商船估客往来不绝，每当夏秋河水增涨，凡津沽之杂货北来、山原之梨果南下者，无不惟运河是赖。城南蔡庄子居然成为装卸之码头，船只有时直通溯河庄东三岔口各渡口处以起卸货物。至上下仓临流设肆者，更觉他镇为便。惟自民国二十八、九年，地方多故，日本军于白龙港拦河下椿，阻制船楫往来，向之倚运输为生活者多因而失业。……洵河直通三河县，城东沿河如侯家营、三岔口与宝坻县属之新集各镇，商业亦极形称便。

（徐葆莹修，仇锡廷纂：《蓟县志》，卷一，地理，交通，民国三十三年铅印本。）

〔清朝年间，直隶天津府南皮县〕 南皮西界运河，向为北京运粮要路。津浦路未修以前，凡旅客往返南北、商贾运输货物，率由此河搭雇帆船。

（王德乾等修，刘树鑫纂：《南皮县志》，卷三，舆地志，交通，民国二十二年铅印本。）

〔清代中叶至光绪年间，直隶天津府沧州〕 卫河，即运河以分卫辉之流，故名。自南皮县流入县境，至青县境而止，长凡六十七里，又名漕河。清之中叶，南省漕粮运京,岁辄九千余艘。至光绪年,河运停止,然民船往来有运输货物者,有乘载行旅者,皆以沧为营业之中心。

(张凤瑞等修,张坪纂:《沧县志》,卷三,方舆志,建置,民国二十二年铅印本。)

〔清代至民国二十二年前后,河北昌黎县〕 昌黎东南临于渤海,铁路未通之时,各种食粮率由海口输入。城东三十里曰蒲河口,县南八十里曰狼窝口,迤西距县七十里曰甜水沟,三帆或四帆之船舶可以入口,每年输入粮食甚夥。至各种杂货,如瓷器、红白糖、纸张、海菜等类,均由抚宁县属之清河口、洋河口运入,再由旱车运至昌黎。境内铁路交通,三口输入之粮食不如从前之畅旺矣。口外之木料、草香等货,均由滦河输入。滦河水浅流急,不能行大船,运货者均系小船,船夫二人,多者三四人,沿河一带如靖安、会里、赤崖等处,均有卸货栈房。前数年,滦河东股水势日涸,口外之货由乐亭县汀流河镇上岸,沿河栈房日见萧条。近年东股之水又涨,输入之货渐见隆盛矣。

(陶宗奇等修,张鹏翱等纂:《昌黎县志》,卷二,地理志,水路,民国二十二年铅印本。)

〔清朝末年至民国年间,河北清苑县〕 航路,由南城外清苑河起,下达天津,舟楫往还,运输便利,商民赖之。清末叶,创设轮船公司,惟因安新以上即水浅,未能开行抵境。

(金良骥修,姚寿昌等纂:《清苑县志》,卷一,建置,交通,民国二十三年铅印本。)

〔民国十八年前后,河北新河县〕 邑城北有滏阳河,河水盛时船下通天津,境内花生、棉花出口多取道于此。溯流而上可通磁县,彭城镇磁器及沿河煤炭多由河运至此,再分销境内,惟水期月余,不便通行。

(傅振伦纂修:《新河县志》,建设门,交通与邮务,民国十八年铅印本。)

〔民国十九年前后,河北雄县〕 县境水路有二,一大清河,一赵王河,两河水势除夏秋水涨及旱干不计外,平时极深八九尺,极浅二三尺。大清河唯行帆船,上经新城县属之白沟、新桥、平景各镇,以达良乡县属之琉璃河镇为止。赵王河兼行汽船,上经白洋淀入府河,达新安镇,帆船又上经安新县北关以达保定之南关为止。两河下游出境后合流于新镇县界,东达天津。中间由天津县属之杨柳青镇北可以分入南北运河,北达通州,南由杨柳青镇上行,并可分行御河西岸上游之各河。南运河,一名御河。

(秦廷秀、褚保熙修,刘崇本等纂:《雄县新志》,方舆略,道路篇,水路,民国十九年铅印本。)

〔民国二十一年前后,河北徐水县〕 县城北关瀑河经安新直达天津,时有民船往来,运载粮石及煤斤。近年盐店所售官盐,亦改由河运。

（刘延昌修,刘鸿书纂:《徐水县新志》,卷二,地理记,交通,民国二十一年铅印本。）

〔民国二十三年前后,河北大名县〕 我邑庙、滩两镇濒御河,建商埠,帆影往来。……大船每只十万斤,次者七八万斤,小者三四万斤。船之只数,运煤小船约百二三十只,余多河南省大煤船,及杨柳青、天津等处粮船、杂货船亦约近百只。

（程廷恒修,洪家禄等纂:《大名县志》,卷十,农工商志,商业,民国二十三年铅印本。）

〔民国三十年前后,河北磁县〕 滏阳河为我县唯一之水路,发源于神麕山,曲折东流,经县城东南隅,转向北流至马头镇,河广水稳,航运便利。经邯郸、永年、宁晋、衡水至献县,与滹沱河合流,名子牙河,顺流而下直达天津。彭城瓷器与西佐、峰峰之煤赖以输出者为数不少,而杂货等逆流而上者亦很多,故马头镇沿河两岸厂店林立,商业发达,每届航期,帆樯如林,大有"舸舰迷津""舳舻千里"之势。

（黄希文等纂修:《磁县县志》,第十一章,交通,第三节,水路,民国三十年铅印本。）

〔民国二十年前后,内蒙古临河县〕 本境大河流域既无正式税关,又无重大市镇,故往来河流均系过往船筏,向无公立船厂。大约东下者十居八九,西上者十居一二。……西来之货绒毛、皮张、药材、盐、炭为大宗,东来之货粮食、洋杂货为大宗。……至本地运粮,均系临时雇用小划,亦属客划居多,从无操舟为业者。

（吕咸等修,王文墀等纂:《临河县志》,卷中,纪略,交通,航政,民国二十年铅印本。）

〔民国二十六年前后,绥远〕 绥远水路交通以黄河为主,黄河中所行之舟筏有高帮船、七站船、牛皮筏、羊皮筏、木筏诸种。高帮、五站,行驶于宁夏靖远县之五方寺与绥远托县之河口镇之间。七站船专行宁夏、包头、河口之间。牛皮按则可由西宁经兰州、宁夏直达包头。羊皮筏仅供短途之用,惟袋数之多者,亦可直达包头。木筏由兰州至包头,约需二个月。由宁夏北经平罗而至石嘴子,石嘴子为民船航行之中心,青海、甘肃、阿拉善及鄂尔多斯之羊毛、药材,皆集中于此运往包头。由此向北经磴口、五原、包头以抵河口,均可通民船。

（廖兆骏编:《绥远志略》,第十章,绥远之交通,第五节,水路之交通,民国二十六年铅印本。）

〔**明永乐、宣德年间,辽东都司金州卫旅顺口**〕 辽东金州旅顺口,距山东登莱甚近,顺风扬帆,一日夜可达。明时,运粮运货往往由此。若永乐、宣德间,海运则自旅顺口,径达开原城西老米湾。

(清　杨宾纂:《柳边纪略》,清康熙间纂,清光绪二十三年铅印本。)

〔**清朝初年至光绪末年,奉天兴城县**〕 钓鱼台海口,城东南十二里,昔为商船往来之要港,帆樯林立,并设有常关税局分卡。出口以红粮、小米、大豆为大宗,入口以面粉、线布及外洋物品为大宗。往来之船概属天津、烟台、大连、营口等处,清初称极盛,至光绪末年京奉铁路畅行后,各口帆船顿形减少,惟有少数为节省运费者尚胥由此,已有今昔之殊矣。至常山寺、娘娘顶二海口,虽在本邑界内,然以距城较远,出入口货向为绥中所利赖,亦地势使然也。

(恩麟、王恩士修,杨荫芳等纂:《兴城县志》,卷八,交通志,海口,民国十六年铅印本。)

〔**清乾隆年间至民国十年,奉天锦县**〕 马蹄沟海口,在城东南三十五里,俗呼东海口,即小凌河入海经过之地,为帆船商港。其进口船只来自天津、山东两处,曰卫船,曰登郵。入口货为天津、山东两处之麦,出口货以杂粮为大宗。清乾嘉间,称极盛,每岁进口船约千余艘。自同治初天桥厂海口准运杂粮,此口船只为之大减。……自铁路兴修,商船日少,海口几成荒港,现共有渔船二十七只。……天桥厂海口,在城西南七十里,俗呼西海口,为帆船商港,其进口船只来自福建、广东、宁波、安徽、上海、直隶、山东等处,闽粤曰雕船、曰乌船、曰红头,江浙曰杉船,山东曰登郵,凡滇、黔、闽、粤、江、浙各省物产药类暨外洋货品,悉由此口输入。其出口货先惟油粮,以大豆为大宗。清同治初年,准运杂粮,马蹄沟海口船只遂减,出口粮食以红粮(即蜀黍)、小米(即粟米)为大宗,药物以甘草为大宗,在道咸间称极盛,每岁进口商船约千余艘。旗署设卡征收进口船规,与马蹄沟海口统归一律。自光绪初营口商埠开通,天桥厂海口船只日减。至京奉铁路修成后,商船来者愈稀。光绪三十一年,船规改归锦县税捐征收局征解。三十二年,两海口船规同时停止。今则轮舶飚车,交通便利,孤帆寥落,疏若晨星矣。

(王文藻修,陆善格纂:《锦县志略》,卷十三,交通,商港,民国十年铅印本。)

〔**清代前期至民国十九年,奉天盖平县**〕 营口:本邑海口有二,一曰西河口,即清河下流入海处,距城二十余里。在清季道光以前,为东三省海运交通惟一之商港,南北货物咸萃于此,故我城虽系蕞尔偏邑,而名闻八闽,声达三江,无不知有盖州者,皆因货物积散之传播也。后以港口淤浅,海运始移营口。然在咸丰年间,福建、宁波之雕船、乌船,岁必一至。及汽船盛行时,此港日衰,至今除渔船之外,其市场一变而为荒凉海滨矣。二曰营口,自西河口淤后,海陆运输悉移于此,日繁月盛,遂成大埠矣,为东三省海运之咽喉,距县城西北七十里。昔为海城、盖平分辖,以老爷阁为界,曰东没沟营,西没沟营,东属盖平,西属海城,南省则总称之为牛庄。清宣统元年改设营口县,已与我邑析离,兹不赘述。

（石秀峰修,王郁云纂:《盖平县志》,卷八,交通志,海口,民国十九年铅印本。）

〔清道光二十三年至民国六年,奉天沈阳县〕 县境所属河流,初惟浑河可通航运。清道光二十三年,盛京将军禧恩以浑河等处每有私船偷运粮食,奏准征收大小牛船课税,三尺以上有铺板牛船征银一两五钱,三尺以下无铺板小牛船征银一两。咸丰十年,钦差户部侍郎刘昆会同盛京户部侍郎倭仁复奏准倍征牛船银两。此水通航由来已久,夏季水深时,由营口上溯可以输入邻省物品,顺流则装载粮食出境,兴京所产木材运入县境,尤以此为通津。比年南满铁路落成,百货皆遵陆运,加以铁桥横阻,航运已停,惟上游木筏犹沿河漂运如昔。

（赵恭寅修,曾有翼等纂:《沈阳县志》,卷八,交通,航路,民国六年铅印本。）

〔清咸丰三年至民国年间,奉天铁岭县〕 自咸丰三年,由奉天将军奏准开城西五里之马蓬沟河运,嗣东西围场次第出荒,每值冬令,邑东、西、北凡辽河上流各地之粮车云集于此。故至光绪二十年间,本邑大小粮栈达七八十家之多。至春季开河,再由城内运至河口,装载船只直达营口。大豆为出口之大宗。此地实为其枢纽,舳舻相接,棹歌互答……故此时期为本邑商业极盛时期,亦为航运极盛时期。迨俄人筑路（今称南满）,而船舶寥寥,一落千丈,谈航运者不禁今昔之感焉。

（黄世芳、俞荣庆修,陈德懿等纂:《铁岭县志》,卷九,交通,航运,民国二十二年铅印本。）

〔清代后期至民国年间,奉天新民县〕 辽河航运在京奉南满铁路未设以前舳舻衔接,帆影相望,概数常千余艘,盖以河运实便于陆运,故商贾便之。迨及铁路建成,火车驶至,其装载又较河运为敏捷,此航路之日见萧条也。

（王宝善修,张博惠纂:《新民县志》,卷七,交通,航路,民国十五年石印本。）

〔清代后期至民国二十三年前后,奉天庄河县〕 打拉腰子水深可停巨舶,结冰期亦较短。南船坞为庄河口,可泊风船,载重数不过百余担。青堆子河口与南船坞略同，夏秋水涨时均有舢板随潮沿河漂运。大洋河口在数十年前，商船由河口上溯，直泊孤镇奎星楼下，故该镇商业夙称繁盛。近年因河身淤浅，船坞则南移大湾子矣。

（王佐才等修，杨维幡等纂：《庄河县志》，卷七，交通志，航路，民国二十三年铅印本。）

〔**民国十八年前后，奉天绥中县**〕 绥邑无停泊汽船之港岸，惟西南赵家嘴石河口可以往来木舶，装载梨果微物，然亦时有时无，未能兴盛。

（文镒修，范炳勋等纂：《绥中县志》，卷四，交通，航路，民国十八年铅印本。）

〔**民国二十年前后，奉天安东县**〕 航行安东内港及鸭绿江上游各地，除少数中外大小汽船外，以各种帆船为最多。兹分志于下：一、沙船，船底平阔，沙面可行可泊，稍搁无碍，故名。大者载量七八百石，多往来江苏各口岸。二、改橹，大者载量三四百石，多往来天津间。三、红头，大者载量二百余石，航行天津及山东各港。四、瓜蒌，大者载量二三百石，多往来奉天沿海诸港。五、燕飞，大者载量二百余石，航行奉天沿海及各岛。六、艚子，大者载量二百石，航行鸭、浑两江上下。七、尖嘴船，大者载量五六十石，航行浑江以内。八、对尾船，大者载量百余石，航行鸭绿江上游，两船相对过哨时，可分为二，以便畅行。九、厂口艚，大者载量五六十石，航行瑷河以内，可上至草河口。十、舢板，大者载量二三十石，多行驶安东附近。

（关定保等修，于云峰纂：《安东县志》，卷一，疆域，航路，民国二十年铅印本。）

〔**民国二十三年前后，奉天庄河县**〕 海滨居民从事渔盐外，复作航海业，但无汽轮，咸驶风船通运近海诸埠，赚脚力以谋生计。航户之多，以石城岛为最，以弹丸之地而大舢达二百余艘，占全境船数三分之二，故该岛以船运所入实较他区为富盛。

（王佐才等修，杨维幡等纂：《庄河县志》，卷九，实业志，航业，民国二十三年铅印本。）

〔**民国二十三年前后，奉天营口**〕 营口之帆船贸易，专往来于沿岸各港。往年约在一万只以上，最近一二年，数稍减少，当占本港贸易全额十分之一以上。其主要之往来地，以海务为首，每年总有帆船四五千只往来。因海州产盐，帆船均为盐运而来往于天津、锦州、山东沿岸者，数稍少。上海不过每年一百五十只，宁波、福州不过一千只左右。

帆船贸易之将来，因轮船贸易之发展，自然逐年减色，船户所受损失甚大。但最近有在帆船上改装煤油发动机者。若帆船均能改装发动机，当可保持贸易上相当之地位也。

（翟文选等修，王树楠等纂：《奉天通志》，卷一百六十二，交通二，航路上，民国二十三年铅印本。）

〔明朝末年至民国二十三年前后，吉林〕 松花江贯串于吉、黑两省农产丰富地带，上自吉林省城，下至乌苏里江口，约长四千余里。沿岸农产富饶，而其江源及支流所及，林、矿又复甚多，故江运自昔称繁。惟昔日运输中心在省城，如明末清初均曾设造船厂于吉林省城，制各种帆船。而今日运输中心却在哈尔滨，盖以此地为吉、黑两省农产物之中心，且为松花江与北铁之交点，水陆联运既便，而江水深度便于大汽船往来之段，亦以哈尔滨为中点也。

（刘爽编：《吉林新志》，下编，人文之部，第六章，交通，第三节，水路，民国二十三年铅印本。）

〔民国五年以后，吉林通化县〕 民国五年以后，通化粮食及杂货营业极为繁盛，运输大豆及杂粮之艚船每年约在五百只上下。

（刘天成修，李镇华纂：《通化县志》，卷三，实业志，公司及各企业，民国二十四年铅印本。）

〔民国二十四年前后，吉林通化县〕 春融水深，江河通舟，煤炭、豆粮均在此时运载入船，下驶安东，俗呼艚子。

（刘天成修，李镇华纂：《通化县志》，卷二，礼俗志，载运，民国二十四年铅印本。）

〔民国二十四年前后，吉林临江县〕 本县航运有鸭江、浑江之分，浑江在本县辖境内，乃属上游，水流急浅，大舟不能通行，下航者惟装六七十石之艚船与木筏而已。上航者仅可达至通化县城，不能入境。鸭江航运异常繁盛，每年上下艚船达二千余只，下运物以大豆、豆饼为大宗，线麻、黄蘑、药材次之，上运以白面、火油为大宗，布匹次之。倘水势适宜，下行者四日可至安东；若上行，风顺二十余日可至，否则三十日、四十日不等。

（刘维清修，罗宝书等纂：《临江县志》，卷五，交通志，航船，民国二十四年铅印本。）

〔民国二十六年前后，吉林海龙县〕 海龙东境朝阳镇东围门外，即三通河口，每届夏令河水涨发，有吉林省松花江之帆船逆水而上，经过辉发江辉发河而至三通河口贩运食粮。如水大能驶至县城南门外之柳河岸，凡赴吉林省城办事者，即可乘此帆船顺水而下矣。

（王永恩修，王春鹏等纂：《海龙县志》，卷十一，交通，航路，民国二十六年铅印本。）

〔清朝末年，黑龙江〕　嫩江上游有帆船，至甘河运煤。呼兰河亦有帆船，至铁山包运煤。松花江各支河多可通帆船。

（林传甲纂：《黑龙江乡土志》，地理，第六十九课，帆船航路，民国二年铅印本。）

〔民国四年前后，黑龙江呼兰〕　帆船十余种，皆以运粮为业，往来绥化、呼兰两府及松花江上下游。旧有威呼一种，剡木为之，仅容两三人，则仅供济渡捕鱼之用。帆船种类容积表：对子船，一万斤至三万斤。小脚子船，一万斤至三万斤。三叶板船，一万斤。七叶板船，二万斤至四万斤。槽子船，四万斤至六万斤。改巧船，四万斤至十余万斤。

（黄维翰纂修：《呼兰府志》，卷四，交通略，船舶，民国四年铅印本。）

〔民国十年前后，黑龙江绥化县〕　县境水路，莫便于北及西与兰西分界之北大河（即呼兰河上游）。此河帆樯如林，往来不绝。当春融时，陆路泥泞，绥兰之交通实以此航为贸易运输之津梁。若遇水势涨溢，火轮亦可通至县境之刘海、船口、庆城。东山之材木编列为排，运往呼、哈等处，亦皆由此河顺流而下，无所窒碍。至于运粮之船，大小各殊，容量不等，莫不恃此水路以补陆路之不足。据现今调查，每年出绥境粮船三五百只，入绥境货船亦三四百只，装卸粮、货均以孙家船口为聚集之厂。

（常荫廷修，胡镜海纂：《绥化县志》，卷九，交通志，水路，民国十年铅印本。）

〔民国十八年前后，黑龙江宾县〕　宾县松花江停船码头有二，曰乌河，曰新甸，每年至开江后轮帆往来，载卸货物，搭客上下如织。

（赵汝梅、德寿修，朱衣点等纂：《宾县县志》，卷一，交通略，航路，民国十八年铅印本。）

〔清代至民国年间，陕西咸阳县〕　航路东至黄河，西至周至，上下商船往来如梭，至民国渐少。

（刘安国修，吴廷锡、冯光裕纂：《重修咸阳县志》，卷二，建置志，交通，民国二十一年铅印本。）

〔清光绪年间至民国二十六年，陕西大荔县〕　城南洛水微弱，船运不畅，光绪间有豫商来同购麦、豆等，由洛运入黄河，赴豫销售。然黄河至陕州有三门之险，舟子多惴惴，故运船终鲜，山西之盐、铁、蓝、炭等，每秋汛平时，船运多号抵洛，近同城之太山渡卸载，车运入城。近岁同州产棉，亦有时由洛运棉出口。

（聂雨润修，李泰纂：《大荔县新志存稿》，卷四，土地志，交通，民国二十六年铅印本。）

〔民国三十二年前后，青海〕 青省水运情形亦极简单，非若大江大海之有轮船便利，自西宁至皋兰，夏秋间常见有皮筏沿湟水而下，名曰"浑脱"，轻浮水面，颇为巧便。

（许公武纂：《青海志略》，第九章，青海省之交通路线，六，水运情形，民国三十四年铅印本。）

〔唐代至民国十七年，山东青岛〕 胶澳之海上交通肇于唐而兴于宋，闽浙商舶初以胶州塔埠头为集散转运之地，次则沧口，女姑亦有装卸。以及德人借地开埠，外洋贸易大增，航线亦趋重于青岛。千九百年进出口船仅二百四十七艘，纯登簿吨数二十七万余吨。千九百十三年增至九百三十五艘，一百三十万吨（此数为胶州湾转载德文胶澳官报者，据我国海关贸易册，是年进口船一千七百三十三艘，二百六十七万吨，下数则据关册）。迄民国十五年更增至二千七百九十二艘，五百零三万吨，进步之速，在国内各埠首屈一指。以其船籍言之，在千九百十年以前，德船占百分之五十以上，嗣以英日之船锐增，德船退占百分之四十三，英船占百分之三十，日本船占百分之十七。英船因在我国沿海口岸素有根据，日本则北据大连，东通神户，以此与德船相颉颃。民国四年，德船中绝，日船代兴，十年以来始终占青岛航船之首席，吨数盛时占至百分之七十。我国接收以后，英美船日增，德船亦逐年恢复，然日船仍占百分之五十。至于我国轮船来往青岛者，初不满万吨，接收后渐增至四十四万吨，而十五年又骤减为二十万吨，仅居全额百分之四。外国商船新辟航线，本国予以补助保护，我则反是，以此航业不振，不惟不能远越重洋以争衡于世界，而且国内航线尽被外人占去。以近三年言之，民国十三年本埠进出口货物一百五十五万余吨，其中往来本国口岸者占七十万吨。十四年进出口货物一百五十万吨，本国口岸占七十八万吨。十五年进出口货一百三十四万吨，本国口岸占六十七万吨。此项运费年可四五百万元，如能保而有之，亦不失为航业之大宗也。……接收时，本埠当局行文交通部，劝告招商局辟此航线，招商局不敢应。十三年，高恩洪任督办，劝说政记公司增加班次，华船始稍有起色，然亦仅占百分之八九而已，其余肇兴、三北等华商更不来此问津，惟招商局于本年十月间，始派向航津沪线之新康等船兼航青岛。初航货少，船无定期，即以本埠运往沿海口岸货物而论，十五年共值二千六百二十五万关平两，日本船承运一千三百八十余万，英船承运八百十五万，华船仅得三百五十万。十六年共值三千七百六十五万关平两，英日两国之船各占一千八百余万，而华船更减至八十九万，运本国之货物销本国之口岸，且非洋船不行，更遑论国际之航业。况且四年以来,津浦铁路恒有阻隔,津沪航线又恢复辛亥以前(津浦通车在民国元年)之盛况。日商之往来此线者,有大连、日清、岩城(代理大阪)三家,平均日开一班,座客常满,大连船行连年增造新船,增筑新社,是皆国人倾囊而出之,华商拱手以奉让者也。

(赵琪修,袁荣叟纂:《胶澳志》,卷六,交通志,航运,民国十七年铅印本。)

〔元代至清代,山东清平县〕 过境之会通河,自元明至清季,帆樯云集,飞挽如织,实为南北交通最盛时期。今虽涸废,回首胜概,如在目前。……按:各项船只自魏湾入境,每年过往不下万艘,夏秋之间尤为繁盛。清平八景所谓魏湾烟雨者,正指此时。

(梁钟亭、路大遵修,张树梅纂:《清平县志》,交通志三,河运,民国二十五年铅印本。)

〔清朝年间至民国十七年,山东青岛〕 青岛未开埠以前,胶州湾与沿海口岸往来贸易专恃帆船。开埠而后,依然逐年递增,据海关册载,本埠帆船进出口贸易,千九百年得三百十四万关平两,千九百十年递增至五百九十七万两。民国四年,因日德交哄,减至一百十万两,其后又加至八九百万两。……十五年竟增至一千一百四十八万两,盖鲁西交通隔绝,胶东较为安全,沂州诸城亦以青岛为出入之门户,加之陇海铁路通至海州,而筑港未成,土货多用帆船小轮载至青岛转口。……帆船往来沿海各口岸以海州为最繁,民国八九年增至七八千只,可载二百余万至三百万担。其次则涛雒口,历年平均二千只以上,可载五六十万担。又次则为金口及石岛,历年平均各在一千只以上,可载二十万担。帆船因所从来之地点不同而名称亦异。兹分述之如下:钓船,即福建船。大者装货一二千担乃至六千担,小者二千担内外。每艘船员二十五六人以上。福建船初禁赴山东贸易,故来者恒在宁波象山县另行领取牌照。所载货物进口以纸为最,往年盛时,岁载十六七万担。其次则竹杆、陶器、花席、砂糖为主。出口则载豆、落花生米、落花生油、胡桃、甜瓜、粉条、柿饼、药材等项回南贩售。福建船兼掌运贩,船主即为货主之代理人,关于所载货物之买卖,船主有其全权,如遇市况不佳,甚至停泊一二月之久待价而沽,然后卸货返载。宁船,即宁波船。由浙江之鄞县镇海来者为多,其形状与钓船相等,但船体稍狭小,载货容积亦与钓船相等,所载货物多属塔埠头、女姑口等处土产商委托贩卖,进口后,即时装卸,开回南方。沙船,江苏境内之船多属于此,概属平底,是其构造之特征。分大中小三级,大级者往来上海,容量约二千五六百担,船员二十人内外。装来之货多为棉花,空船开回为常。中级者容量一千五百担,船员十五六人,大都由盐城海州装载棉花芝麻进口,归程则载洋广杂货、火柴、豆油出口。小级者六百担左右，船员六名上下，由青口海州装载胡桃芝麻谷类进口，秋季则装水果出口，其余季节无货则空船开回。板船，一名鸡子，乃山东省之民船，船侧绘制鱼眼，与钓船、宁船相类，但船体较小，大者仅容三百担内外，多往来于山东半岛及江北，所载货物与沙船相类。

（赵琪修，袁荣叟纂：《胶澳志》，卷六，交通志，航运，民国十七年铅印本。）

〔清朝年间至民国二十五年，山东清平县〕 交通之工具惟舟与车，当漕运时代，船只之往来境内者络绎不绝，实为南北交通利器。自运河淤涸，陆路所行驶者，仅数种车辆而已。……前清末叶各种帆船，此间绝迹矣。

（梁钟亭、路大遵修，张树梅纂：《清平县志》，交通志五，舟车，民国二十五年铅印本。）

〔清咸丰九年前，山东登州府蓬莱县〕 登州各口商船出入，皆地方州县派人收税。

（清 江瑞采修，王尔植纂：《蓬莱县续志》，卷五，食货志，赋役，清光绪八年刻本。）

〔清代后期至民国二十五年，山东牟平县〕 自轮舶通行以后，帆船营业大受影响，然县境南北滨海，沿海居民操航业者以千百户计，顺时世之潮流，供地方之需要，未尝因轮舶遂废业也。北海养马岛、系山口、金山港等处，现皆有汽船停泊其间，商旅往来，固以汽船为便，而运货卸客，仍多需用帆船。况养马岛等处，多以航业起家，所蓄各船质坚而大，南通沪粤，北逮津关，其营业范围并不在乎本境。南海浪暖、洋村两处，港岸滩浅，轮船、汽船不能进口，专恃帆船出入，航运所及，除烟台、威海、青岛外，北以安东、营口等处为多，南以海州、上海等处为多。又洋村附近，驶舢板者最多，散布于烟台、威海各处，非本境所能统计也。全县航业，以帆船运货，以舢板送客，与轮舶并不相妨，再每逢渔期，商船即多改为渔船，亦因时变通之善法也。

（宋宪章等修，于清泮等纂：《牟平县志》，卷五，政治志，实业，民国二十五年铅印本。）

〔清光绪三十年前后，山东兖州府峄县〕 运河通航路，往来民船载重由五十吨至一百二十吨。

（清 周凤鸣编：《峄县乡土志》，交通，清光绪三十年抄本，台湾成文出版社一九六八年重印本。）

〔民国六年前后，山东临沂县〕 临境河道窄狭，向不通舟，惟沂河当夏秋间，时有帆船来往，运载货物，北自沂水县，南达运河通江苏，运输颇行便利，但春冬水落,不免搁浅。枋河行舟,能西通费县,亦同。

(陈景星、沈兆祎修,王景祜纂:《临沂县志》,卷十,交通,民国六年刻本。)

〔民国二十三年前后,山东济阳县〕 水路交通,全县无多,仅黄河一道尚属通畅,上接历境之任家岸通泺口镇,下接惠民及沿河各县。旧《志》云:盐运往来,风帆利涉,诚济邑形胜第一也。厥后商业日盛,举凡土产之售销,货物之交易,均赖此河路以运输之。至于由省返籍之旅客,翩翩乘舟过我邑而之他邦者,咸具有一帆风顺之感焉。

(路大遵等修,王嗣鎏纂:《济阳县志》,卷六,交通志,道路,民国二十三年铅印本。)

〔民国二十三年前后,山东临清县〕 临清为运河所经,舟之种类颇多,最习见者为槽船、为粮跨子,大者容千石,最小者为划船,专载行客者名楼船。皆上溯道口,下达天津,在此经过者年以三千计,邑民所有不及百分之七。

(张自清修,张树梅、王贵笙纂:《临清县志》,建置志,交通,民国二十三年铅印本。)

〔民国二十三年前后,山东东阿县〕 黄河两岸船户载粮食杂货往来泺口、张秋间,获利颇丰,间有因以起家者。

(周竹生修,靳维熙纂:《东阿县志》,卷六,政教志,县民生活概况,民国二十三年铅印本。)

〔民国二十四年前后,山东齐东县〕 黄河自苗家北入县境东北,流经延安镇、时家圈、梯子坝、阎家旧城、潘家各渡口,至渔旺口北折,至史家庄东入青城界,计长五十六里,驶行帆船,逆流用纤夫。

(梁中权修,于清泮纂:《齐东县志》,卷四,政治志,交通,民国二十四年铅印本。)

〔民国二十五年前后,山东沾化县〕 海岸线一百四十余里,因无通商口岸,故海运不便,惟由套儿河口入下洼一路,帆船往来不绝,并可驶汽船。

(梁建章等修,于清泮纂:《沾化县志》,卷六,建设志,交通,民国二十五年铅印本。)

〔民国三十年前后,山东潍县〕 潍县境内河道可通航者仅有城东潍河,南来商船以运小麦为主品,本邑商船大半为于渠庄南之皂角树庄人民所有。由于渠北行七十里至昌邑境之下营,再四十里入海,运输以蜀秫、大豆、豆饼、鱼类为大宗。由河口东至龙口、西至羊角沟、北至天津等处皆可通航。特以渤海沿岸缺乏警察之设备,海匪时常出没,以致帆船商运日益衰落,殊可惜也。

(常之英修,刘祖干纂:《潍县志稿》,卷二十六,交通志,航路,民国三十年铅印本。)

〔南宋嘉定八年前后，淮南东路楚州宝应县〕 望直港，在县东十五里，西接宋泾河，北入黄昏荡，西南连瓦沟溪，东南通成子河。宋嘉定八年，港且湮塞，知县贾涉曰："望直港与射阳湖通，商旅辐辏，塞则航阻绝，大为民病。"因浚之。

（清 孟毓兰修，乔载繇等纂：《重修宝应县志》，卷二，山川，港，清道光二十一年刻本。）

〔元至正元年前，江浙行省平江路昆山州〕 新治旧本墟落，居民鲜少，海道朱氏翦荆榛，立第宅，招徕蕃舶，屯聚粮艘。不数年间，辏集成市，番汉间处，闽广混居，各循土风，习俗不一，大抵以善贸易、好市利。

（元 杨譓纂修：《昆山郡志》，卷一，风俗，元至正元年修，清宣统元年刻本。）

〔明正德以前至民国二十三年前后，江苏阜宁县〕 在昔淮、射两河互流而通于海，水程四达，无往不利。至明正德间，黄水夺淮，两岸支渠日就湮汨，南北航路因之中梗。至清咸丰间，黄河北徙，淮遂成为枯渎，西北一带沧桑异势，利涉之占远逊东南。……航行船舶一览表：

船别	航行路线	艘　数	营业性质	备　注
帮船	城坎航路 城羊航路 城沙航路 益泰航路 益邵航路	无定数 同前 同前 同前 同前	专载旅客 同前 同前 同前 同前	逐日对开，水深多行乙线 逐日对开 逐日对开
锞船	阜盐航路	四〔艘〕	装运客货	民国元年八月设局开航，通轮后停止

（焦忠祖等修，庞友兰等纂：《阜宁县新志》，卷十，交通志，航路，民国二十三年铅印本。）

〔清道光二十七年前后，江苏苏州府震泽县分湖〕 湖之西北多业舟楫，曰摇小载，曰挡板船，曰撑尖头船。小者近在百里之内，大者直通江河千里而遥。

（清 柳树芳辑：《分湖小识》，卷六，别录下，风俗，清道光二十七年刻本。）

〔民国初年，江苏镇洋县〕 刘家港滨海，商艘云集，沿海奸民夹带私盐，贩米出洋，尤宜加急巡缉。

（王祖畬等纂：《镇洋县志》，卷一，封域，民国八年刻本。）

〔**民国二十三年前后,江苏南京栖霞镇**〕 江口距离镇约五里,江边无轮船码头,小轮航行长江,只停泊在对岸的划子口。九乡河,一名罗落河,这河系经便民河直达江口,水大时可以航船。

(陈邦贤编:《栖霞新志》,第三章,交通,航路,民国二十三年铅印本。)

〔**民国二十五年前后,江苏涟水县**〕 运盐河西接淮阴,北达灌云、东海,终年可以航行无阻,为淮北盐舟之要道。

(殷惟和纂:《江苏六十一县志》,下卷,涟水县,交通,民国二十五年铅印本。)

〔**南宋年间,两浙西路临安府**〕 浙江乃通江渡海之津道,且如海商之舰,大小不等,大者五千料,可载五六百人;中等二千料至一千料,亦可载二三百人;余者谓之"钻风",大小八橹或六橹,每船可载百余人。此网鱼买卖,亦有名"三板船"。不论此等船,且论舶商之船,自入海门,便是海洋,茫无畔岸,其势诚险。盖神龙怪蜃之所宅,风雨晦冥时,唯凭针盘而行,乃火长掌之,毫厘不敢差误,盖一舟人命所系也。愚屡见大商贾人,言此甚详悉。若欲船泛外国买卖,则是泉州便可出洋。……若商贾止到台、温、泉、福买卖,未尝过七洲、昆仑等大洋。若有出洋,即从泉州港口至岱屿门,便可放洋过海,泛往外国也。其浙江船只,虽海舰多有往来,则严、婺、衢、徽等船,多尝通津买卖往来,谓之"长船等只",如杭城柴炭、木植、柑桔、干湿果子等物,多产于此数州耳。明、越、温、台海鲜鱼蟹鲞腊等货,亦上通于江浙。但往来严、婺、衢、徽州诸船,下则易,上则难,盖滩高水逆故也。江岸之船甚伙,初非一色:海舶、大舰、网艇、大小船只、公私浙江渔捕等渡船、买卖客船,皆泊于江岸。盖杭城众大之区,客贩最多,兼仕宦往来,皆聚于此耳。

(南宋 吴自牧撰:《梦粱录》,卷十二,江海船舰,一九六二年中华书局铅印本。)

〔**南宋年间,两浙西路临安府**〕 杭州里河船只,皆是落脚头船,为载往来士贾诸色等人,及搬载香货杂色物件等。又有大滩船,系湖州市搬载诸铺米及跨浦桥柴炭、下塘砖瓦灰泥等物,及运盐袋船只。盖水路皆便,多用船只。如无水路,以人力运之。向者汴京用车乘驾运物。盖杭城皆石版街道,非泥沙比,车轮难行,所以用舟只及人力耳。若士庶欲往苏、湖、常、秀、江、淮等州,多雇舯船、舫船、航船、飞篷船等。或宅舍府第庄舍,亦自创造船只,以便撑驾往来,则无官府捉拿差拨之患。若州县欲差船只,多给官钱和雇,以应用度。杭城乃辇毂之地,有上供米斛,皆办于浙右诸郡县,隶司农寺所辖。本寺所委官吏,专率督催米斛,解发朝廷,以应上供支用。搬运自有纲船装载,纲头管领所载之船,不下运千余石或六七百石。官司亦支耗券雇稍船米与之。到岸则有农寺排岸司掌拘卸、检察、搜空。又有下塘等处,及诸郡米客船只,多是铁头舟,亦可载五六百石者,大小不同。其老小悉居船中,往来兴贩耳。……论之杭城辐辏之地,下塘、官塘、中塘三处船只,及航船鱼舟钓艇之类,每日往返,曾无虚日。缘此是行都士贵官员往来,商贾买卖骈集,公私船只,泊于城北者夥矣。

（南宋　吴自牧撰：《梦粱录》,卷十二,河舟,一九六二年中华书局铅印本。）

〔南宋淳祐年间,两浙西路临安府〕　城外运河,在余杭门外,北新桥之北,通苏、湖、常、秀、镇江等河。凡诸路纲运,及贩米客船,皆由此河达于行都。

（宋　施谔纂：《淳祐临安志》,卷十,城外诸河,宋淳祐十二年纂,清光绪九年刻本。）

〔南宋开庆元年前后,两浙东路庆元府〕　明为左冯翊,而州濒于海,鼍波吐吞,渺无津涯,商舶之往来于日本、高丽,房舟之出没于山东、淮北,撑表拓里,此为重镇。

（宋　吴潜修,梅应发、刘锡纂：《开庆四明续志》,卷六,三郡隘船,宋开庆元年修,清咸丰四年刻本。）

〔元大德二年前后,江浙行省庆元路昌国州①〕　壤地偏小,又皆斥卤,谷粟、丝枲之产虽微,渔、盐、舟楫之利甚溥。

（元　冯福京修,郭荐纂：《昌国州图志》,卷一,叙州,风俗,元大德二年,清咸丰四年刻本。）

注：① 昌国州于清康熙二十六年改名定海县。

〔清光绪六年前后,浙江温州府玉环厅〕　楚门港,在城北三十里,属清港下流,为厅境南北分界,其间商艇、渔舟往来错杂。

（清　杜冠英、胥寿荣修,吕鸿焘纂：《玉环厅志》,卷一,舆地志,山水,附海港,清光绪六年刻本。）

〔清宣统二年前后,浙江绍兴府诸暨县〕　网钓船,一名乌雅船,亦名箬船,箬篷布帆,舟人坐舵楼上,以脚踏桨,行动甚便,往来钱江,以运载货物。

（清　陈遹声、蒋鸿藻纂修：《诸暨县志》,卷二十,物产志,清宣统二年刻本。）

〔民国十三年前后,浙江定海县〕　航业为岛民所特长,南北运客、载货之海舶,邑人多营之……为业者计二万人。小轮多有职至船主、领港者。长江沿海大轮,则为买办以下各职居多。欧美公司轮中,则多充水手、火夫,间充西崽,其著籍则以舟山本岛海滨及各岛为多云。

（陈训正、马瀛纂修：《定海县志》，册五，方俗志第十六，风俗，民国十三年铅印本。）

〔**民国十六年前后，浙江象山县**〕 本县航埠以石浦盐仓前为最大，据采访册，除渔船不计外，本籍商船五十余艘，宁商二百余艘，台商二百余艘，绍商五十余艘，瓯商一百数十艘，闽商一百数十艘，广商十余艘，鲁商十余艘，沪商三十余艘。近年商轮畅行，上达宁郡者五艘，直达沪上者五艘，更有小轮通驶南田、宁海各乡，商务莫之与京，至有"小杭州"之谚，而本籍人以贸易起家为富商大贾者，犹无闻焉。

（李洣等修，陈汉章纂：《象山县志》，卷十三，实业考，商业，民国十六年铅印本。）

〔**民国三十二年前后，浙江省**〕 大小民船在钱塘江流域航行者，多以驾船者之籍贯而命名，有义乌船、江山船、徽州船、诸暨船、闻家堰船等名称。在信河流域航行者，有艀艄、罗汤、饶划子、倒划船、沙扒子、刁子船等名称。更以籍贯分为各帮。载重因大小各异，最大者可载四五吨，最小者则一吨左右。

（浙江省通志馆修，余绍宋等纂：《重修浙江通志稿》，第九十八册，交通，航政与航运，一九四三年至一九四九年间纂修，稿本，浙江图书馆一九八三年誊录本。）

〔**清光绪二十七年至民国二十三年，安徽**〕 皖省介于江淮之间，水道便利，其航运以民船为大宗，而小轮次之。……本省小轮业之中心地，在长江流域为芜湖、安庆，在淮河流域为正阳关及临淮关。长江方面之小轮公司，有泰昌、利济、洽商、永济、福记、大安、隆兴等公司。淮河流域，在正阳关有利淮公司及五临便商公司两家，经营正阳关下游之航业。长江流域之小轮船，以芜湖为起点，创始于前清光绪二十七年五月。民国以来逐年扩展，计共有公司七家：一为泰昌公司，有船八只。一为利济公司，有船六只。一为洽商公司，有船九只。一为永济公司，有船六只。一为福记公司，有船四只。一为大安公司，有船二只。一为隆兴公司，有船二只。其他如英美利民、大昌、协和、美孚、宝丰中公司，公泰、近海、亚细亚、三民、泰丰各公司均有船一只，以运输该公司货物，其航行地点为芜湖庐州间、芜湖南京间、芜湖南陵间、芜湖安庆间、芜湖宣城间、芜湖无为间、安庆九江间。……淮河流域之小轮船，前清光绪三十三年秋，适与正阳关商务总会成立之时，由皖抚冯煦发起组织利淮公司，借兴淮河航运，以发展皖北之经济。

（安徽通志馆纂修：《安徽通志稿》，交通考，航运，民国二十三年铅印本。）

〔**民国十年前后，安徽宿松县**〕 邑境产物贩至外埠者，大率由船舶运输，故有专营船舶运输之业者。其规例由各商人于货物购定后将件数点交船户,指定送达地点,俟达到后再行起卸。有长途运送、附近运送之别。长途运送者,若烟草多运至镇江各处,若蓝靛多运至芜湖各处,以及棉花、煤炭、洲产物或水产物等类,或上运至九江及赣属之各城镇,下运至安庆或沿江以下各埠等类,皆长途运送也。若附近运送,则内地货物由甲镇运至乙镇,丙埠运至丁埠是也。此外有运送人客之船舶,通称为渡船,向亦有长途运送及附近运送之别。近以轮船便利,运行商客均改赴轮舟,凡运送人客之船舶,只有附近运送之一种,其长途运送则甚寥寥。

（俞庆澜、刘昂修,张灿奎等纂:《宿松县志》,卷十七,实业志,商业,民国十年活字本。）

〔民国二十五年前后,安徽宁国县〕　县境水运仅限东西两津,河流承接山溪,涨跌不时,水量甚小,故向行两种小舟,曰纲船,曰乌桨,载重百余石。现增一种浙帮小红江船,吃水甚浅,航行颇速,上、下游人多便之。帆樯皆麇集河沥溪镇,由东河上溯,至梅林、石口、宁国墩止,由西河上溯,至东岸止。车类向则习用一种单轮手车,利其能行山陬狭径也,公路成,而黄包车、脚踏车纷如矣。

（李丙麟等纂:《宁国县志》,卷三,交通志,舟车,民国二十五年铅印本。）

〔清雍正五年至道光十三年,福建厦门〕　洋船即商船之大者,船用三桅,桅用番木,其大者可载万余石,小者亦数千石。粤省澳门定例准番船入口贸易,厦门准内地之船往南洋贸易,其地为噶喇吧、三宝垅、实力、马辰、赤仔、暹罗、柔佛、六坤、宋居、胜丁、家庐、宿务、苏禄、东浦、安南、吕宋诸国。其出洋货物则漳之丝绸纱绢、永春窑之磁器及各处所出雨伞、木屐、布匹、纸扎等物,闽中所产茶、铁,在所严禁。……按:厦门贩洋船只始于雍正五年,盛于乾隆初年。时有各省洋船载货入口,倚行贸易征税,并准吕宋等夷船入口交易,故货物聚集,关课充盈。至嘉庆元年,尚有洋行八家、大小商行三十余家,洋船、商船千余号,以厦门为通洋正口也。向来南北商船由商行保结出口,后因蚶江五虎门三口并开,奸商私用商船为洋驳（较洋船为小）载货挂往广东虎门等处,另换大船贩夷或径自贩夷,回棹则以贵重之物由陆远回,粗物仍用洋驳载回,倚匿商行关课,仅纳日税而避洋税,以致洋船失利,洋行消乏……道光元年,洋行全行倒罢,详请以商行金源丰等十四家公同承办洋行之事。维时本地以商船作洋船者尚有十余号,而各省洋船及吕宋夷船不至。自后洋船、洋驳亦渐稀少,私往诏安等处各小口整发商行亦渐凋罢。迨至道光十二、三年,厦门商行仅存五六家。

（清　周凯等纂修:《厦门志》,卷五、船政略,洋船,清道光十九年刻本。）

〔清道光十九年前后,福建厦门〕　商船自厦门贩货往来内洋及南北通商者,有横洋船、贩艚船。横洋船者,由厦门对渡台湾鹿耳门,涉黑水洋。黑水南北流甚险,船则东西横渡,故谓之横洋[船]。船身梁头二丈以上,往来贸易,配运台谷,以充内地兵粮,台防同知稽查运配,厦门厦防同知稽查收仓转运。横洋船亦有自台湾载糖至天津贸易者,其船较大,谓之糖船,统谓之透北船,以其违例加倍配谷。贩艚船又分南艚、北艚。南艚者,贩货至漳州、南澳、广东各处贸易之船。北艚者,至温州、宁波、上海、天津、登莱、锦州贸易之船。船身略小,梁头一丈八九尺至二丈余不等,不配台谷,统谓之贩艚船（道光十年,令贩艚船公雇船只配运台谷,后裁）。

（清　周凯等纂修:《厦门志》,卷五,船政略,商船,清道光十九年刻本。）

〔清道光十九年前后,福建厦门〕　造大船费数万金,造船置货者曰财东,领船运货出洋者曰出海,司舵者曰舵工,司桅者曰斗手,亦曰亚班,司缭者曰大缭,相呼曰兄弟。

（清　周凯等纂修:《厦门志》,卷十五,风俗记,俗尚,清道光十九年刻本。）

〔清朝末年至民国三十六年,福建云霄县〕　本邑航业始盛于清末,有帆船三十余艘,川走天津、上海、宁波、福州、厦门等商埠。光复以还,交通日臻便利,帆船输驶迟缓,形成落伍,且舶来货物日多,商场转趋潮汕、香港等处,运输多用巨舰,于是本邑航业大受打击。迨民十六年,建东、建南、福海、美成四号汽船继起,梭走汕厦间,计载重五十万斤左右。抗战后,沿海各港被敌封锁,航业复就衰落。近年诸航商先后复业,计有建东、美成、福星等号汽船三艘,载重逾五十万余斤（福海号尚在筹造）。又有胜利、大顺、金裕祥、金成兴、顺发利、金玉美、海安等号机帆七艘,计载重五十余万斤。和成、和发、金通安等号帆船三艘,载重十五万斤（统计汽机帆船有十三艘,共载重一百二十余万斤）。北走上海、温州、厦门,南下香港、潮汕,东驶台湾、澎湖等埠,航业之兴不亚往昔,惜漳江日淤,汽船不能傍岸,亦航业之一大阻碍也。

（徐炳文修,郑丰稔纂:《云霄县志》,卷七,社会,商,航业概况,民国三十六年铅印本。）

〔民国初年,福建龙岩县〕　津头至雁石,水程二十里,巨石为梗。从前宁洋船原可通行,旋废。……民国元年,邑绅集股修浚,名曰津雁浚河公司,每股四元,计募一千二百股,商会总理李泉庆、会董蒋翔实董其役,于二年九月动工,经营四年,船可通行,惟二床一处水势低落,稍梗耳。因股资告罄停工,邑人惜之。

（马龢鸣、陈玉显修,杜翰生等纂:《龙岩县志》,卷十八,交通志,航路,民国九年铅印本。）

〔民国十年前后,福建闽清县〕 闽清县口外接大江,距省一百二十里,旧有大帮船十三艘直驶福州,夜发晨至,运货载客,绰然有余。复由福州驶回闽清,遇西风数日弗至,遇南风一日可达。县口现有平水小船数十艘,即不遇南风,由省两日亦可抵县,帮船之利半为所夺,歇业者多。若洪山之小轮船,晨发福州,午至闽清县口,更见便捷。闽清有麻雀船千余艘,驶往福州运盐及货,分赴南平、尤溪、永安、沙县、建瓯、上洋、顺昌、将乐、泰宁、建宁等县,复由上游各县采买米谷,下省售卖,设有上下公帮局。

（杨宗彩修,刘训瑞纂:《闽清县志》,卷五,交通志,民国十年铅印本。）

〔民国十八年前后,福建建阳县〕 县之北溪面积颇广,滩多而水深且激,大小篷船往来便利,载运百货络绎不绝。

（万文衡等修,罗应辰等纂:《建阳县志》,卷七,交通志,运道,民国十八年铅印本。）

〔民国二十年前后,福建大田县〕 大田河道下通尤溪二百余里,距省城七百余里,在县溪之三十一都昆演坂乡、暗坑乡有小船十余艘,在朱坂溪之四十七都胡厝坂乡、大安乡亦有小船十余艘,载货驶往尤溪三日可达,直驶福州八日可达,复由福州驶回大田,则须半月或二十余日。第船小价昂,故平时载运多至尤溪而止。若相度地势,开筑公路直达大田县,则数时钟可到,交通利便无逾于此。

（陈朝宗等修,王光张纂:《大田县志》,卷五,交通志,民国二十年铅印本。）

〔民国二十八年前后,福建上杭县〕 船行入境则自回龙始,两岸商店林立,附近纸木多集此运行,南过官庄墟、蓝屋驿、龙潭墟、迳口、水西渡、绕潭头而至县城,船户约三百余。每船载重春可四千斤,冬可三千斤。上驶春可三千二百斤,冬可二千五百斤,此上河船之概况也。下河船则由阳明门行经黄泥垅、撑篷岩、德里、大沽上、南蛇渡、马寨下、折滩、河头城至峰市,船户与上河等,所载重量亦同,其顺流日期由回龙至城、城至峰,皆一日可达。上驶无定,快船约日半可至。

（张汉等修,丘复等纂:《上杭县志》,卷十二,交通志,水路,民国二十八年铅印本。）

〔**民国二十九年至三十年,福建崇安县**〕 水上运输,民国二十九年,设联运站,直属于省联运处,所有本县民船统归调遣。三十年十一月,该站奉令取消,水上运输改归民船公会负责主持。

(刘超然等修,郑丰稔等纂:《崇安县新志》,卷十三,政治,建设,交通,民国三十一年铅印本。)

〔**民国三十一年前后,福建诏安县**〕 诏安航海之门路,上通厦门、福州以达于浙、沪,下通南澳、潮汕以达于香、广,凡商舶、渔船,往来辐辏。

(陈荫祖修,吴名世纂:《诏安县志》,卷十一,交通志,航路,民国三十一年铅印本。)

〔**民国三十四年前后,福建龙岩县**〕 水上交通,仅有龙川、霍溪二道,其通航之地段如下:龙川道。一由象和乡之船仔头,经县城而达津头,可通载重二千斤以下小船,全长二十余公里。其中县城以下一段,航运较繁,装载亦较重。一由雁石经集美山,至合溪,注入九龙江而下漳平,可通载重四千斤以下浅水民船,在境内全长十余公里。霍溪道,自溪口经宁洋境而达白沙,出合溪,入九龙江而下漳平,合溪以上一段,全长三十公里,为溪口附近乡村纸类输出之主要路线。

(郑丰稔纂:《龙岩县志》,卷十二,政治志,建设,民国三十四年铅印本。)

〔**清乾隆三十九年前,台湾**〕 南北通商,每船出海一名,即船主,舵工一名,亚班一名,大缭一名,头碇一名,司杉板船一名,总铺一名,水手二十余名或十余名。通贩外国,船主一名。财副一名,司货物钱财。总捍一名,分理事件。火长一正一副,掌船中更漏及驶船针路。亚班、舵工各一正一副,大缭、二缭各一,管船中缭会索。一碇、二碇各一,司碇。一迁、二迁、三迁各一,司桅会索。杉板船一正一副,司杉板及头缭。押工一名,修理船中器物。择库一名,清理船舱。香公一名,朝夕焚香楮祀神。总铺一名,司火食。水手数十名(《赤嵌笔谈》)。

(清 余文仪等修,黄佾纂:《续修台湾府志》,卷十一,武备三,船政,清乾隆三十九年刻本。)

〔**清道光十七年前后,台湾噶玛兰厅**〕 北船有押载者,因出海(船中收揽货物司账者之名)未可轻信,郊中举一小伙以监之,每千包米抽丰五十元,名为"亢五"。押载之利,或江或浙,可以择利而行,相机而动,而出海无所售其欺。押载之弊,或以少报多,将无为有,以私饱其囊,甚而将所抽丰之项,贩货回兰,择其时尚者托为己有,以私易公,既占便宜,又或浮开货单,十止八九之价,到兰凭信原单,虽相好者照买货物,必加售其一二,辗转营私,佟然得计。故惟有贩米一途,概收现钱,则无所施其技矣。台湾生意,以米郊为大户,名曰"水客"。自淡艋至兰,则店口必兼售彩帛或干果杂货,甚有以店口为主,而郊行反为店口之税户,一切饮食供用,年有贴规者。揆厥所由,淡、兰米不用行栈,苏、浙、广货南北流通,故水客行口多兼杂色生理,而兰尤较便于淡,以其舟常北行也。

（清　柯培元纂修：《噶玛兰志略》,卷十一,风俗志,商贾,清道光十七年修,一九六一年《台湾文献丛刊》铅印本。）

〔清光绪八年前后,台湾澎湖厅〕　妈宫郊户自置商船,或与台、厦人连财合置者,往来必寄泊数日,起载添载而后行,若非澎郊之船,则扬帆经过,谓之透洋,惟遇风潮不顺,偶泊外屿耳。从前商船有配载班兵之差,有配运兵米之差,即官员人犯往来,亦以商船配载,而酌免其口例规费。自有轮船运载,而诸差悉停,经商者皆称便云。

（清　蔡麟祥修,林豪纂：《澎湖厅志》,卷九,风俗记,民业,清光绪八年修,一九五八年油印本。）

〔北宋崇宁至宣和年间,京畿路开封府东京〕　汴河,自西京洛口分水入京城,东去至泗州入淮,运东南之粮,凡东南方物,自此入京城,公私仰给焉。

（宋　孟元老撰：《东京梦华录》,卷一,河道,一九六二年中华书局铅印本。）

〔清代至民国年间,河南巩县〕　巩以河洛交流,故船户特多,又以民艰生计,故榜人特多,创始不可考,有清季年,全县商船约七八百艘,帆樯林立,往来如织。洛水上游极浅,逆流仅抵洛阳,黄河则上泝陕西,下浮济南,时或远达海口,南入江淮。……迨火车畅行,航业顿缩。

（杨保东、王国璋修,刘莲青、张仲友纂：《巩县志》,卷七,民政,交通,民国二十六年刻本。）

〔民国十二年前后,河南许昌县〕　城南颍水发源于登封,经禹、襄、许三县境,东南流抵周口,素行船只,来往运货。现因流沙日增,河水日浅,疏浚颇形困难,只有小船行驶。

（王秀文等修,张庭馥等纂：《许昌县志》,卷七,交通,航运,民国十二年石印本。）

〔民国二十年前后,河南长葛县〕　双洎河,行舟约重万斤,上至新郑,下至周家口抵颍州府,计五百余里。

（陈鸿畴修,刘盼遂、张蔚兰纂：《长葛县志》,卷一,舆地志,河运,民国二十年铅印本。）

〔民国二十二年前后，河南安阳县〕 洹水为安阳境内之最大河流，其下游由安阳桥东流一百四十余里，至内黄县界入卫河，南至楚旺道口，北达天津，商船往来，运输便利。出口货以煤铁为大宗，入口货以天津之卫盐煤油为大宗，大名之荆条次之，其他一切杂货借以转运者颇多。

（方策等修，裴希度等纂：《续安阳县志》，卷六，交通志，航运，民国二十二年铅印本。）

〔民国二十四年前后，河南灵宝县〕 黄河航路，西由禹甸入境，东由官庄出境，因流沙高下不定，不能通行轮船，但有土船上下行驶，载陕甘之货东出，装东方杂货西上，东西水程六十里。

（孙椿荣修，张象明纂：《灵宝县志》，卷三，建设，民国二十四年铅印本。）

〔民国二十八年前后，河南新安县〕 新安河运，仅县北黄河界新济之交，西自荆紫山阴入境，东至盐仓村东红砂崖出境，中经塔地、荒坡、西沃、长泉、狂口等处，长约七十里。经年所运商船以山西垣曲之米麦，平陆之石羔，暨潼关、灵陕之棉花为大宗，余则本境之木炭、橡谷、煤炭、木料、瓷器而已。近年铁路西通，棉花一项全归火车载运，为其较河运稳便也。

（李庚白修，李希白纂：《新安县志》，卷五，建置，交通，民国二十八年石印本。）

〔清代至民国三十七年，湖南醴陵县〕 渌江及其支流，西至渌口，东至萍乡，东北至浏阳，南至攸县，皆可通航。在未有铁路之前，煤、柴、磁、米之运输，惟此是赖。船只在一万号以上，至铁路修通以后，萍煤及石门口煤大部分均由火车输运，谷米杂货亦然，仅瓷器仍用航运。是时渌江航业衰微，民船多在衡州、湘潭、长沙、汉口一带营业。自抗战后，铁路拆废，于是货运仍用民船。二十八、九年，有船一千二百余只，每船船员以三人计，共有三千六百人。主要货运为瓷器、煤斤、碗柴、碗泥、谷米、编爆等。惟政府及军队征用频繁，民船不堪赔累，颇有自动停业者。现在仅有船八百余只，船员不及三千，有船三十只为运输公司所雇用，专做县城及渌口间客货运输生意，谓之承揽业。始于铁路拆毁之后，三十一年最盛，有公司十三家，雇用民船四十余。近因商业萧条，货运减少，公司仅剩七家，收入以载客为主。货运则输出为瓷器、夏布等，输入为自由盐、洋纱、匹头等。醴船在汉口、长沙均有码头，在湘潭则借用攸县码头。

（陈鲲修，刘谦等纂：《醴陵县志》，卷六，食货志，工商，民国三十七年铅印本。）

〔清光绪初年，湖南永州府零陵县〕 城北高溪居人，二百年以来，多以蹉舟为业，大于粮艚，本资甚巨，获利致富者甚多。此外则操八杆船，有饰为花舫者，以载仕宦；有茅篷、板篷者，以载货物。小至汉鄂而止；大则达于淮、泗，零东两邑皆有之。至泷泊小舟，则不能行远矣。

（清　徐保龄等修，刘沛等纂：《零陵县志》，卷五，风俗，生计，清光绪二年刻本。）

〔**民国五年前后，湖南桑植县**〕　澧水发源于爱物乡之河口，流经沐育、龙禧两乡，折入大庸境。有支流二，一由永顺万民冈北流至沐育乡之两河口，与干流汇；一出游乐乡，南流入龙禧乡，与干流汇于小毛岩。河水量虽不深，尚可通船，昔年承平有小船数十艘，装载货物，往来慈、庸、澧诸县。民五以后，匪盗充斥，拦河劫抢，货船始不能行矣。

（曾继梧等编：《湖南各县调查笔记》，地理类，桑植，河流，民国二十年铅印本。）

〔**民国十五年前后，湖南醴陵县**〕　县境尤利船运，其船帮曰倒划子，约在一万号以上，操船业者多在东西两乡濒江一带，上通攸县、萍、浏，下达长、潭、常德、汉口等埠。出口以磁、煤、谷米、土货为大宗，往岁尤盛红茶。入口如盐、如洋油、棉花、南货、药材、百货之属，所需船值甚巨，其营业不因铁路而减也。遇大水期，由县城至渌口一日可达，惟水浅时，则筒车坝甚多，上下俱形困难。又醴船在各处停泊，多有码头，惟长沙独无之。民国九年，刘昆涛改葬岳麓，因购南门外之灵官渡为醴陵码头，改名刘公渡，惜县中船户尚少知之耳。

（傅熊湘编：《醴陵乡土志》，第六章，实业，运输，民国十五年铅印本。）

〔**民国二十年前后，湖南晃县**〕　水道西由大渔塘入境，东由波州出芷江县，名㵲水，由晃县下三百里可至黔阳县会沅水，民船周年行驶。其余溪河因乱石阻塞，又河道窄小，不能航行。

（曾继梧等编：《湖南各县调查笔记》，地理类，晃县，交通，民国二十年铅印本。）

〔**民国二十年前后，湖南桂阳县**〕　钟水由西南而东北斜贯全境，约二百五十余里，往来船只亦颇不少，而以红绣鞋船为最多。其支流布满全县，宽者达二丈余。

（曾继梧等编：《湖南各县调查笔记》，地理类，桂阳，水地，民国二十年铅印本。）

〔**民国二十年前后，湖南安仁县**〕　永乐江，至秋、冬二季，舟楫亦甚便，故商业萧条，本地船户极少，所往来者衡阳、常宁两帮而已。

（曾继梧等编：《湖南各县调查笔记》，地理类，安仁，水流，民国二十年铅印本。）

〔**民国二十年前后，湖南攸县**〕　上至攸水，发源至攸水渡止，约百余里，河面不满二十丈，陂坝林立，舟行最苦。此流域之船只，长约二丈余，宽约五尺，冬干水浅,亦能装货二十硕,于此可见河道窄浅也。自攸水渡汇沫水而下,直至衡属草市,约四十里,有沙滩十处,平时每舟只能装货五六十硕。故客商办货出境,每雇一母舟,并带七八艘小拨,沿途河流宽深处,将货拨于母舟,须至雷溪市,始可拨尽。

(曾继梧等编:《湖南各县调查笔记》,地理类,攸县,交通,民国二十年铅印本。)

〔民国二十年前后,湖南资兴县〕 至于水道,不过边界小江而已。五百担之货船,只能到西区头泷东江而止。若南区渡头、滁口、黄草坪之小拨船,长仅丈余,宽二尺余寸,其船头高则只数寸,只容水手一人,上货八石,下货十二石,在南区范围内行走,不能飞越渡头。下三泷十二浪之险,交通不便,可以想见。

(曾继梧等编:《湖南各县调查笔记》,地理类,资兴,地势,民国二十年铅印本。)

〔民国二十年前后,湖南平江县〕 水路,一发源龙门厂,经长寿市、嘉义、献钟县城浯口至湘阴汨罗江,由磊石出口,入湘江流域,此为汨水。当春夏水涨,东南乡出产均由此运载出口,帆船多可载二百石以上者。一发源南江市,即昌水,由杨梅江入汨水,春夏水涨,亦可行小帆、木筏,运载货物,北乡出产多由此运出。

(曾继梧等编:《湖南各县调查笔记》,地理类,平江,交通,民国二十年铅印本。)

〔民国二十五年前后,湖南安乡县〕 帆船,安邑湖乡,河流周贯,北接藕池口、沙市,东达汉口、岳州,西通津澧、常德,南至长沙、沅江,无往不利。

(王燡纂修:《安乡县志》,卷六,交通,民国二十五年石印本。)

〔民国三十年前后,湖南宁乡县〕 宁乡之水稍大者沩,其次曰乌与靳,然水槽皆浅,仅容小船,所谓乌舡子也。总沩、乌、靳三水之船数,凡二千余。

(周震麟修,刘宗向纂:《宁乡县志》,故事编,建置录,船步,民国三十年木活字本。)

〔民国三十一年至三十七年,湖南醴陵县〕 水路通航者有二:一、县河多滩,不能通轮,惟民船可以四时行驶。平时水深二尺可载重百数十担。春夏水深四尺,可载重二百余担。秋末冬初水深一尺或八寸,仅可载七十八十担。由县城上行二十四里,至双河口(一称双江口)右二十里,至金鱼石,界萍乡;左五十里,至江口,界浏阳。由县城下行三十里,至铁河口,又十五里至神福港,又五十五里至渌口。二、南河长一百一十里。自清水江以下,四季通船,可载重百担。水涨时可上达萍乡沿塘,又一支可由船湾入攸界。自铁路、公路破坏以后,商民组设转运公司运送货物、旅客,有民船四十艘,日往来于县河渌口,一时称便。渌水上游亦曾试办转运,因折阅而罢。醴陵驿运站成立于民国三十一年五月,盖专为办理军运、征调船舶而设,沦陷时撤消。醴陵船形如匙,前狭后宽,可倒行,故有倒划子之称,大者可载三百担。县城以上,马脑潭、双河口、枧头洲、金鱼石、香水渡、普口市、白兔潭、富里、潼塘;县城以下,转步口、铁河口、神福港、石亭、唐山口、渌口,皆县河船步也。南河船步,则为船湾、清水江、沈潭、泗汾、豆田及铁河口。

(陈鲲修,刘谦等纂:《醴陵县志》,卷二,交通志,道路,民国三十七年铅印本。)

〔清乾隆四十年以前,广东潮州府〕 广东旧《通志》:潮民力耕,多为上农夫,余逐海洋之利,往来乍浦、苏、松如履平地。……近山之妇多樵,滨海者兼拾海错以糊口。

(清 周硕勋纂修:《潮州府志》,卷十二,风俗,清光绪十九年重刻乾隆四十年本。)

〔清嘉庆二十年前后,广东澄海县〕 行舶艚船,亦云洋船商船,以之载货出洋,闽、粤沿海皆有之。闽船绿头,较大;潮州红头,较小,用粉白油腹而甚便于行,故名。各有双桅、单桅之别。其船头目有三,首出海,掌数兼管通船诸务;次舵工,把舵次;押班,能直上桅端,整修帆索等物。邑之富商巨贾当糖盛熟时,持重资往各乡买糖,或先放账糖寮(即煮糖厂),至期收之,有自行货者,有居以待价者,侯三四月好南风,租舶艚船装所货糖包,由海道上苏州、天津。至秋,东北风起,贩棉花色布回邑,下通雷、琼等府,一往一来,获息几倍,以此起家者甚多。

(清 李书吉等纂修:《澄海县志》,卷六,风俗,生业,清嘉庆二十年刻本。)

〔清光绪二十年前后,广东肇庆府高要县〕 肇庆为西江流域,西通梧州,东趋省会,南入新江,以达新兴。商业之交通,亲朋之酬酢,莫不以肇庆为中心点。彼此来往全恃帆船,以故夹岸下碇帆樯如织,而舵工舟子之属赖此谋生者辄数千人。肇河水面之繁盛,固可念也。光绪二十年,始有肇梧单行及肇省轮拖,而航业之状况一变矣。

(马呈图纂修:《宣统高要县志》,卷十一,食货篇,实业,航业,民国二十七年铅印本。)

〔清宣统三年间,广东广州府增城县〕 船舶,增江流域水运皆有舟楫之利,而上下游不能无间。上游河狭水浅,止通篷船,最巨不能过载重二三万斤以上,惟石滩上溯证果一带,夏秋水涨,间可通浅水小汽船,至于人力轮渡,则以水逼,故绝不适用矣。下游汇相江、东江合为一流,河面既阔,水积亦深,其舟楫之利,便可与对岸东莞各处等量齐观。仙村一隅,上江绥福水,下连十字滘,亦然。泊乎新塘以下，则汪洋巨浸，帆樯云集，虽海舶巨舰，不时来往，其货物输运，可直通广州、香港以及其他之海岸。故广州东路市场新塘一镇，实不亚于东莞之石龙，盖石龙以陆运胜，此则以水运胜也。

（王思章修，赖际熙等纂：《增城县志》，卷十，交通，民国十年刻本。）

〔清朝末年，广东琼州府崖州〕 三亚港，城东一百二十里，受三亚、大陂、临川水入海，为商船麇集处。

（清　张嶲等纂修：《崖州志》，卷之二，舆地志二，港，郭沫若一九六二年点校，广东人民出版社一九八三年铅印本。）

〔清朝末年，广东琼州府崖州〕 榆林港，城东一百三十里。西南与安南陀林湾对望，约三百里许，为印度洋所必由之路。……往来轮船多于此取水。目下有关船驻港。夏间，商船由南洋返者，必入港报验。两岸地平坦，南北各二三里，东五十余里，西少短，零星村落三十余处，有山如屏，障蔽北方，逾山则三亚港也。港有浮沙一带，以障海潮，渔船入内停泊。冬春渔业极旺，足供十万人之用。傍岸有晒盐田数十处，亦天然美产也。

（清　张嶲等纂修：《崖州志》，卷之二，舆地志二，港，郭沫若一九六二年点校，广东人民出版社一九八三年铅印本。）

〔民国初年，广东佛山〕 光绪间，粤督岑春煊设船捐局，征收汽船舟楫牌费，疍民不服，几酿事变。后合省同乡京官，联同御史奏罢之，为航政滥觞。迨邮传部立，以海禁日开，汽舶与内河船只不可无专官以管理之也，遂立航政司。民国初年，改邮传部为交通部，设航政司，各直省立航政局。广东初改交通司，后更名航政局，其职掌，则凡有轮船、帆船、乡渡及内河小艇，均须赴局注册领照，按其等次，年纳牌费，始准开行。凡装载重量及经行水线均有规章，不能超越，违则罪以缗，撤其照，禁其行驶。各繁盛商埠均设有航政分局。南番顺陈村航政分局设于佛山，初在文昌沙，后移于北胜街警察第一分所，以遥制各地，其权责则遵照部章有航政局，而船户遂不能不受其盘查约束，欲如前之来往自由，而不可得矣。

（冼宝干等纂：《佛山忠义乡志》，卷三，建置，民国十五年刻本。）

〔民国二十二年前后，广东潮州〕 近海居民捕鱼为生，资舟楫之利，往来沿海各省间，如履平地。

（潘载和纂修：《潮州府志略》，风俗，术业，民国二十二年铅印本。）

〔民国二十五年前后,广东儋县〕　光村港,在光村镇前里许,与旧永昌市遗址为近。潮涨时,可泊大船,海口货物直接运至此港。该镇生意殊为利便,其水道可通海口入高雷各港,并赤坎、西营、广州湾等洋界。顿积港,距光村港二三里,民国年开设商店三十余间。港近大海,船只出入甚便,近因航业进步,商店生意有日日增进之势。其水道与光村港同。

（彭元藻等修,王国宪纂:《儋县志》,卷之二,地舆志八,海港,民国二十五年铅印本。）

〔民国三十二年前后,广东大埔县〕　吾邑航运自昔仅有篷船,自宣统三年辛亥始,乃有浅水轮船。篷船之航行,顺流而下,自县城至潮州,虽间日可达,若溯流而上,必须七八日,倘遇水而涨,恒逾半月。惟夏令南风不停时,扬帆直上或快至四五日。自有浅水轮船行驶后,顺流而下,则十二小时可到潮州,溯流而上倍之,此吾邑航运交通变迁之大概也。欲明其详细,可分篷船,轮船二项述之。

篷船之航运:县属河流支分大小不同,篷船往来之运输状况亦因河流而各异,分举之如下。大河:自三河以下,河流较深,往来篷船载重约可三万斤以上,但遇冬间水浅,高陂之龙岗寺,大麻甲之银滩,裕洲俱常患搁浅,不能尽量运载。沿河口岸,以高陂市航运最为发达,大小篷船往来各埠者约有六七十艘,在小轮未通之前,往潮州者定以每逢二、五、八开行一次,每次三四艘不等,现在略无定期。其开往县城、松口两处者,每五日约开行一次,至往来经过之客船夜间停泊与此者,亦常有百数十艘。其次为三河城,出入口货物运输虽不甚旺,而经过之篷船停泊于此者甚多,因是交通亦极便利。又次为大麻、恭洲两市,各有篷船数艘来往县城及潮汕各处,约四五日开行一次,其余桃花、三洲、黄坑、党溪等则仅有村船载乡人趁市而已。三河以上至右下坝,河水略小,篷船载重约二万余斤,但遇冬间水浅,麻沙湾一处常有搁浅之虞。沿口岸以石下坝航运最旺,盖杭永出入之货物以此地为水陆接运之点故也。其次为县城,亦有篷船数十艘来往各埠,开行略无定期,每逢二、七墟期,则各地村船纷集于河岸。其余青峰、下平沙、溪口、沙岗市、迪昌坎、广陵等,则仅有村船载人而已。小河:自三河至篷辣滩,通梅县及五华、兴宁各处,往来篷船甚盛,载重约可二万斤上,篷辣滩旧多石,水急不利航行,篷船上驶者,必以缆曳之乃可上滩,近年因滩下山崩泥沙游积,河底增高,石皆壅没,往来船舶已无阻碍,惟沿河本邑界内无大市场,本地无船舶往来各埠,仅良洲江浒、梓村口、英那口、水兴四处有村船载人趁市。梅潭河:此河因硿头一处石多水急不能通航,往来各埠运载货物之篷船皆驶至梅潭而止（去三河城二十里）,称之曰梅潭船。载重约可万斤,硿头以内只湖寮、百候两乡有小船互相往来,载重仅可三四千斤。民国初年,湖寮、百候旅外同乡醵金疏凿硿头,将阻碍航行之石炸去不少,卒以河底高下相去太远,仍不便航行,只水涨时可能通过。

漳溪河:自县城至漳溪市可以通航者约二十余里,漳溪市有篷船十余艘往来各埠,载重可四五千斤。但遇冬间水涸,则不便行驶,其次惟大靖有村船趁县市。

银溪:自银溪口至银村,可通小舟者二十余里,载重仅能千余斤,仅有银溪口驳货物入龙颈凹市而已,不能通航各埠,俗称此船为矿船子,可知创设之始专为运载矿产也。全江行驶之篷船其形式可分五种。哨马船:船头略翘而阔大者,载重甚巨,多供盐商雇运盐斤,其上水航行多赖南风之力,篙撑极迟,本邑各埠船式如高陂船、梅潭船、漳溪船及各处村市墟皆略同此类。岐岭船:船头翘起高至六七尺,意殆为利便上滩而设,行驶此式篷船者多为五华人,县内大小河所有市场皆有此船行驶,时常来往潮汕运输货物。平头船:船头极平而船腰反隆起,行驶此船者亦多五华人,其船线多由潮、汕往梅县以上,往本县各墟市者比较少。五肚船:行驶此船者多潮安人,故邑人都称之曰福老船,船式与上列各船截然不同。船腰树桅樯二杆,悬挂风帆,不置硬篷,故不便搭客,所有行驶邑内者,皆系到各村口岸收买柴炭土产,运往潮州销售。银溪船:头尖而身长,行驶颇快,县内各市场皆有之,其全身之小与专驶银溪者无异,故有此名,称载重仅可二千斤以内,或容四五人而止,船腰或有篷或无篷,颇不一定,大抵不通航各埠,仅备来往客商临时雇用。

(温廷敬等纂:《大埔县志》,卷九,交通志,航运,民国二十四年修,三十二年增补铅印本。)

〔清光绪二十九年至民国二十四年,广西思恩县〕 三里河流经县之东部,凡五十里,水深阔,交通便利,在清光绪二十九年梧柳轮船未通航行以前,每年三里帆船之下怀镇载货、下梧往来怀梧者约百余只。近因梧柳已通轮航,三里船之下怀载货下梧者,其数乃无形锐减。惟由三里至怀镇一段,航行往来如旧云。

(梁杓修,吴瑜等纂:《思恩县志》,第四编,经济,交通,水道,民国二十二年铅印本。)

〔民国二十三年前后,广西隆安县〕 县属为右江流域,航业早兴,惟狃于帆船故业,未有兴办轮船。

(刘振西等纂修:《重修隆安县志》,卷四,食货考,经济,民国二十三年铅印本。)

〔民国二十四年前后,广西迁江县〕 县城西门墟居洪水河南岸,溯其源流,上达东兰,下通浔梧,以言交通,似称便利,惟因滩高水浅,汽船不能来往,现藉以航行上下者,只数万大帆船而已。

(黎祥品、韦可德修,刘宗尧纂:《迁江县志》,第四编,经济,交通,民国二十四年铅印本。)

〔民国二十六年前后,广西崇善县〕 县城居丽江北岸,丽江上达龙州,下通南宁,数万大之帆船、浅水汽船皆可航行,夏秋间河水涨大,外来之兵舰亦可往来,交通可称便利。黑水河滩高水浅,春夏水涨时可行小船,秋冬用竹筏载运,仅由黑水河口达通康而已。现省府派员开浚,欲达到雷平县皆能航行帆船,尚未竣工。

(林剑平、吴龙辉修,张景星等纂:《崇善县志》,第四编,经济,交通,一九六二年广西档案馆据民国二十六年稿本铅印本。)

〔民国二十六年前后,广西宜北县〕 邑有左右两河道,左江河又名三里河,其水源系由贵州下江县交界而来,经过治安乡、崇兴乡而出思恩属拉友涮门厂,到宜山刺考安马,直达怀远镇,与右江河会合。是河滩稀水顺,可通小舟,春夏水涨,每船可载三千斤,秋冬水浅,每船仅载二千斤,如遇滩急难行,船伕必涉足下水,用肩膀合力推船,始能流行,地方平靖,人民皆以此河为生活。右江河又名驯驻河,出自贵州荔波九千里而来,经过驯乐、道安两乡而出思恩属之传溪、洛阳等乡,过思恩县环江直达宜山怀远镇,与左江河会合。是河滩急高险,舟行不易,每有虎臂之叹,故少有行舟,惟竹筏则常有上落也。

(李志修,覃玉成纂:《宜北县志》,第四编,经济,交通,民国二十六年铅印本。)

〔民国二十七年前后,广西田西县〕 县境会驮娘江夏季水量约六尺,冬季水量约二三尺,往来百色之帆船约二三十只,每船载重约可二三十担,惟冬季水浅,航行困难。

(叶鸣平、罗建邦修,岑启沃纂:《田西县志》,第五编,经济,交通,运输,民国二十七年铅印本。)

〔民国二十九年前后,广西柳城县〕 融江与龙江为通西北要道,长年可通帆船,春季水涨时融江可驶小轮上达融县、长安,下达柳州。

(何其英修,谢嗣农纂:《柳城县志》,卷三,建置,交通,民国二十九年铅印本。)

〔民国二十九年前后,广西平乐县〕 漓江上游,由本城至鳜鱼塘水程一十五里,为平乐、阳朔两县水道交界之处,帆船溯江而上,以达桂林省会,往来运输货品,四季不绝。漓江下游,由本城至粟滩头,水程一百一十八里,此为平乐与昭平两县水道交界地点,下达梧州,帆船往来,运输货品,四季不绝,每岁四月至八月河水高涨,可行驶电船上至平乐县城止。

（蒋庚蕃、郭春田修,张智林纂:《平乐县志》,卷七,交通,水路,民国二十九年铅印本。）

〔**民国三十七年前后,广西宾阳县**〕　县属水运有自邹圩以下约二十余里之思览江,可通行小船,自芦圩运销柳、桂各属土瓷,均集中邹圩上船,运至迁江县之东门渡转红水江以达柳州。又李依江距廖平约十里地方,为县属东南各水之总汇,可乘小船以达思览江。昔日廖平盐埠运往金钗、东兰、吾隘各埠之生盐,均于此输出。又陈平乡各村出产之杉木、松柴,可扎排由社留江运至邕属大谷圩（今俗称乌朗圩）。

（胡学林修,朱昌奎纂:《宾阳县志》,第四编,经济,戊,交通,民国三十七年稿本,一九六一年铅字重印本。）

〔**民国十年前后,四川金堂县**〕　航路运行,竹木筏外,惟恃船只。各船因行驶之地域无殊,或大小之形式同类,互相结合,别为一帮。帮凡十三,由赵镇航行而上者曰北河帮、曰堰帮、曰沱帮;由赵镇航行而下者曰柳叶帮、曰淮镇帮、曰简阳帮、曰资阳帮、曰资中帮、曰内江帮、曰富泸帮、曰重庆帮、曰万县帮。

（王暨英修,曾茂林等纂:《金堂县续志》,卷一,疆域志,交通,民国十年刻本。）

〔**民国二十七年前后,四川泸县**〕　寅宾门外之轮船码头约耗资三万元,完成于民国二十一年。自此溯江西南而上十里蓝田坝、二十里渡口,上有纳溪界如犬牙错入者二处。至大足石计水程八十五里抵江安界。又自寅宾门外顺流东下,经太安场、新溪场、新路口、弥陀场计水程一百二十里抵合江界。江中轮舶麇集,帆樯如织,百货出入,行旅往来,上通嘉、叙,下达沪、汉,交通之便固不在一县也。自宝成门外枇杷沟溯沱江西上,经和丰场、胡市场、通滩场、海潮寺计水程八十里抵富顺界,水浅滩多,轮舶不行,帆船可上至赵家渡,自井之盐、资内之糖、金堂之叶烟均由此转运。

（王禄昌等修,高觐光等纂,欧阳延贾续补:《泸县志》,卷二,交通志,水程,民国二十七年铅印本。）

〔**民国年间,云南澄江县**〕　本县水路惟抚仙湖、明湖以帆船航行而已。抚仙湖本与星云湖相接,航线长约百余里,江川、华宁、通海等县与澄江及昆明之交通多以此路线为主。明湖前曾为澄江至宜良路线之一,今因铁路,通行者极稀矣。

（澄江县政府编:《澄江县乡土资料》,水路,民国抄本,一九七五年台湾成文出版社影印本。）

〔**民国六年前后,云南大理县**〕　洱湖中大船专供装运百物,其往来运载之买卖品以油、粮、盐、木、牲畜、果物为大宗。自东岸至西岸,三小时水程。自上关河口至下关小河边,计水程一百二十里,顺风六小时可到,逆风二三日不等。

(张培爵等修,周宗麟等纂,周宗洛重校:《大理县志稿》,卷三,建设部,交通,民国六年铅印本。)

〔民国十三年前后,云南昆明〕 民船大概因往来地点而异,其名称约可分为西门船、高峣船、西山船、土坝船、九甲船、灰湾船、昆阳船、晋宁船、海口船、呈贡船、杂船等十一种,合计约七百余十只。其大者每只载重约四五吨,开驶于昆阳、晋宁二处,每二日往返一次,载运出入客货,即俗呼之帮船是。至于载运附近货物及捕鱼或供游人乘坐俗呼帆船及小拨船者,约占民船全数十之七八,常往来于篆塘河及草海中,每日皆络绎不绝。

(张维翰修,董振藻纂:《昆明市志》,交通,船舶,民国十三年铅印本。)

〔民国二十八年前后,云南昆明高峣〕 由高峣航行之路,南通昆阳,由昆阳达玉溪通迤南诸县,最为水路通行之线。又航晋宁呈贡诸县则砖瓦材木偶有运行者,不及小西门外径航各县客货之多也,故小轮船得行焉。

(由云龙纂:《高峣志》,卷上,交通,民国二十八年铅印本。)

(二)轮 船

〔清同治至光绪年间,江苏嘉定县黄渡镇〕 同治季年,内河小轮驶行吴淞江者,始仅专雇之轮,继有搭客装货之轮,均由上海至苏州,中途经过黄渡,概不停泊。光绪二十一年,青浦商人创办上海至朱家角轮船,经过黄渡,遂于千秋桥侧设立码头,以便旅客、货物运送,每日一次,习以为常。

(章圭璋纂:《黄渡续志》,卷一,建置,交通,清宣统三年修,民国十二年铅印本。)

〔清光绪中叶以后,江苏松江县〕 专驶松、沪之小轮船,约在光绪中叶以后,确实开始何年尚待考查。自沪杭铁路开车,小轮船之往来松沪者无法营业,惟因船资取费较廉,乡村中人犹乐就之。凡苏州、杭州、盛泽、张堰、平湖、湖州等班小轮船,经过松江者,必于米市渡得胜港口岸稍停,另有拖船接送上下旅客,再由拖船载客送至竹竿汇、秀野桥两处登岸。

(雷君曜撰,杜诗庭节钞:《松江志料》,交通类,抄本。)

〔清光绪二十一至二十三年，江苏青浦县〕 船舶：曩时，惟航船、划船、班船为交通工具。光绪之季，内河盛行小轮，渐次及于邑境。二十一年，首由上海立兴公司试行，自新闸起，溯吴淞江入大盈浦，经城濠而西达珠街阁镇，邑商继之。未几，立兴停驶，上海内河招商轮船局接踵而起。二十三年，邑人沈锡麒集股倡办裕青公司，自置小轮，逐日开驶，并于北关外建筑码头。凡经过各镇市，均有码头停泊。未逾年，与招商局约，按单、双日各驶一艘，至今无改，名曰申阁班。今与航船、划船、班船一并列表如下：

船 舶 表

起讫地点	经过地点	船之种类	创始时期	备 注
珠街阁至上海	青浦白鹤江、黄渡	轮船	光绪二十一年	上海立兴公司开办，船名华寿。
珠街阁至上海	青浦白鹤江、黄渡	轮船	光绪二十五年	邑商开办，船名云鹏，旋停，改驶两轮，名惠通、惠济。
珠街阁至上海	青浦白鹤江、黄渡	轮船	光绪三十年	上海内河招商局开办。
珠街阁至上海	青浦白鹤江、黄渡	轮船	光绪三十三年	邑商裕青公司集股开办，船名溪溪、源源。
青浦至苏州	珠街阁、陈墓	轮船	光绪三十四年	裕青公司以溪溪小轮行驶，未几停办。
珠街阁至松江	青浦、天马山	轮船	宣统元年	裕青公司自苏州班停办后改驶松江，未几亦停办。
青浦至松江		航船	同治年间	日班两艘，一来一往；夜班一艘，间日来往。光绪季年，日班减一艘，夜班停止。
珠街阁至苏州		航船	光绪初年	两艘，各间四日来往一次。
青浦至嘉兴	珠街阁	航船	光绪初年	一艘，间四五日来往一次。
珠街阁至嘉兴		航船	光绪初年	一艘，间四五日来往一次。
青浦至上海		航船	光绪初年	一艘，间四日来往一次。
珠街阁至上海		航船	光绪初年	一艘，间四日来往一次。
珠街阁至昆山	青浦赵屯桥	航船	光绪年间	两艘，一由珠赴昆，间日来往；一经青赵，间五日来往一次。
珠街阁至芦墟	金泽、章练塘	航船	光绪初年	两艘，间日来往一次。

（续表）

起讫地点	经过地点	船之种类	创始时期	备注
珠街阁至周庄	商榻	航船	光绪初年	一艘，间四日来往一次。
青浦至珠街阁		航船	同治初年	每日早晚两班，来往四次。
青浦至七宝		航船	光绪初年	一艘，夜班间日来往一次。
重固至珠街阁	郏店、七汇、青浦	航船	光绪初年	一艘，间日来往一次。
重固至松江	郏店、赵巷、北干、凤凰山	航船	光绪初年	一艘，间日来往一次。
白鹤江至珠街阁	杜村、青浦	航船	光绪初年	一艘，间日来往一次。
章堰至珠街阁	香花桥、青浦	航船	光绪初年	一艘，月开九次。
蟠龙至青浦		航船	光绪初年	一艘，月开九次。
黄渡至上海		航船	同治年间	始有二艘，间日来往。自珠沪间轮船通行，一艘停止。
蔚澳塘至珠街阁		航船	光绪年间	一艘，每日来往一次。
安庄至珠街阁		航船	光绪年间	一艘，每日来往一次。
沈巷至珠街阁		航船	光绪年间	一艘，每日来往一次。
陆家巷至南翔		航船	光绪季年	一艘，每日来往一次。
珠街阁至上海	青浦、泗泾、七宝、徐家汇	划船	光绪年间	两艘，间日来往。
珠街阁至上海	青浦、白鹤江、黄渡	划船	光绪年间	三艘，各间六七日来往一次。
珠街阁至苏州		划船	光绪年间	两艘，各五日来往一次。
珠街阁至嘉兴		划船	光绪年间	两艘，各四日来往一次。
珠街阁至芦墟		划船	光绪年间	两艘，间日来往。
珠街阁至同里		划船	光绪年间	两艘，间日来往。
珠街阁至周庄	西岑、商榻	划船	光绪年间	两艘，间日来往。
珠街阁至昆山		划船	光绪年间	两艘，间日来往。
珠街阁至松江		划船	光绪年间	每日来往一次。
青浦至松江		划船	光绪年间	接沪杭火车班，每日来往一次。

(续表)

起讫地点	经过地点	船之种类	创始时期	备 注
白鹤江至松江	重固、郏店、北干山、凤凰山	划船	宣统年间	间日来往。
章堰至松江		划船	宣统年间	月开六次。
白鹤江至上海	旧青浦、观音堂	划船	光绪年间	间五日来往一次。
重固至珠街阁	郏店、七汇、青浦	划船		每日来往一次。
章堰至珠街阁	香花桥、青浦	划船		间日来往一次。
珠家阁至南翔	青浦、观音堂、纪王庙	划船		间日来往一次。
金泽至苏州	莘塔、同里	划船		间四日来往一次。
金泽至枫泾		划船		间日来往一次。
金泽至珠街阁	小坪、西岑	划船		间日来往一次。
金泽至章练塘		划船		每日来往一次。
章练塘至珠街阁		划船		每日来往一次。
七宝至珠街阁	方家窑、青浦	划船		间日来往一次。
方家窑至松江		划船		每日来往一次。
方家窑至徐家汇		划船		两艘，间日来往。
陈坊桥至珠街阁	青浦	划船		每日来往一次。
陈坊桥至松江	辰山、广富林	划船		每日来往一次。
赵屯桥至珠街阁	新桥、金家桥、青浦	划船		每日来往一次。
白鹤江至珠街阁	杜村、青浦	划船		每日来往一次。
重固至泗泾		划船		间日来往一次。
重固至黄渡		班船	光绪年间	接小轮船班，每日来往一次。
章堰至黄渡		班船	宣统年间	一接火车班，五、九日期；一接轮船班，三、七、十日期。

（于定增修，金咏榴增纂：《青浦县续志》，卷五，山川下，船舶，民国六年修，民国二十三年增修刻本。）

〔清光绪二十九年以后，江苏嘉定县望仙桥乡〕　轮船：光绪二十九年秋起，自上海至嘉定为临云轮船公司。次年春，上海招商局亦开一轮以相竞争者累月，终以营业不振而辍。民国十五年，沪宁路珠安汽船公司自安亭车站开往太仓，每日二班，有上海联票，旅客称便，中止于丁卯之役。

航船：（1）自本地出发者。（甲）嘉定航间二日一次；（乙）苏航支船（接运苏、杭之货，转至安亭、黄渡等地，盖因苏、杭直达嘉定，于其来时安、黄之货装于支船，分道出发，去时支船亦回，乃以安、黄收到之件交与苏、杭）二日一次。（2）过境者。（甲）苏嘉杭二艘，每五日一次；（乙）昆嘉杭一艘，每三日一次；（丙）沪杭二艘，每五日一次（以上三种，专运货物）；（丁）钱嘉杭间二日一次；（戊）安嘉划船，每日二次；（己）天嘉划船，每日一次（以上三种，兼装人货）；（庚）外安接班船，每日二班；（辛）钱安接班船，每日二班（以上二种，专趁人，附载行李）。

附：代步船（外冈之恒泰分典开至安亭，以运出入之物，沿途亦趁人载物）每日一次，按航船（1）项所述，向来有之，（2）项则戊、己、庚、辛，民国四年始兴，代步船亦行之许久矣。

（杨大璋纂辑：《望仙桥乡志续稿》，航行，民国十六年稿本，一九六二年抄本。）

〔清光绪三十年以后，江苏嘉定县〕　嘉定内河行驶轮船，自光绪三十年嘉沪轮船局始。开办之初，局设西门外帝二十四图黄裕隆水步，后移至龙二十五图蒋姓水步。小轮一艘，名曰凌云，每日上午八时由西门开行，经外队望仙桥、安亭，出四江口，道吴淞江，过黄渡，下午二时达上海，三时由上海开回，九时到嘉定。船价每人银三角，餐加一角。至三十一年，沪、〔南〕翔通轨，乃停驶。是年，邑人黄承炳复合资组织通济轮船局，专驶嘉〔定〕、〔南〕翔，局设南门外钓桥东首，出四图邓姓水步，赁廖诒安堂小轮一艘，改名嘉翔，又在南翔北市租毕姓水步为停泊之所，并于石冈门镇横沥西岸、马陆镇横沥东岸，分设轮步，每日往返嘉、翔，依火车之班次为准，船价每人钱八十文。继商准上海车务总管英人濮兰德，发行沪嘉联票，旅客称便。初仅每日百余人，后乃增至四五百人，罗店、娄塘、太仓、浏河、浮桥各镇乡赴沪者，咸取道嘉定，营业日益发展。至行驶于苏州、太仓、上海及本境各市镇之航船、代马船、庄船，向所藉以便水路交通之具者至此，业渐不振，仅借揽载货物以维生计而已。

（陈传德修，黄世祚、王焘曾等纂：《嘉定县续志》，卷二，营建志，交通，航业，民国十九年铅印本。）

〔清光绪末年至民国初年，江苏上海县陈行、题桥、塘口三镇〕　本乡航船，逐日往返上海者，陈行两艘，题桥、塘口各一艘。由周浦往返松江，道出本乡者四艘。光绪季年，闵南公司创办内河小轮，往来上海及松江、平湖等处，道经塘口，初则暂泊浦面，以小舟接载旅客，风涛殊险，后就塘口市北公地，建筑轮埠，人始称便。陆行昔日惟轿，近则兼增小车矣。

（孔祥百、沈颂平编纂：《陈行乡土志》，第三十七课，交通，民国十年石印本。）

〔清光绪末年至宣统年间，江苏南汇县〕　浦江轮船停泊王家浜、闸港口者，皆属于闵南轮船局。至光绪二十九年，闸港始有轮船驶入，其航线自浦东第一桥而东，过鲁家汇、航头，以达新场西市，间驶至邑城南门外，终以水浅行缓，不久即止。于是，邑城及大团、三墩之趁轮者用民船接送，皆以新场为枢纽。初止新昌公司之新丰船，至宣统三年，有协昌公司之吉安船，两公司分双单日开轮赴上海。后新昌又增一艘，与协昌同日竞驶，讦讼不已，邑令赖丰熙断令两公司每日各开一船，不准争轧，详道立案。

（严伟修，秦锡田等纂：《南汇县续志》，卷二十二，杂志，遗事，民国十八年刻本。）

〔民国二年，江苏宝山县〕　轮渡公司：高桥一乡僻处浦东，至沪交通全恃舟楫，惟帆船迟缓，行驶多感不便，同兴、和记两轮乃应时开驶轮渡。……惟营业一方竞争过剧，两有不利，乃合并为同济和轮船局。兹将概况表列于后。

轮渡公司表

名称	成立年月	倡办人	资本数	航线起迄	航轮数	每客渡资	备注
同济和	〔民国〕二年	陆新三、钱雨人	100 000元	高桥天灯口起至上海铜人码头止	2	0.200元	

（吴葭等修，王钟琦等纂：《宝山县再续志》，卷六，实业志，工商业，民国二十年铅印本。）

〔民国二年以后，江苏川沙县〕　清光绪季年，始有汽船行驶于川沙、上海间，不久即止，亦未呈报官厅立案。至民国二年二月，有杜锦祥、连锦棠等，创办协昌小轮公司，禀准注册，租新吉利小轮，拖带无锡快船，每日上午九时，由川沙鼓轮，经由本邑三王庙、陈推官桥，南邑徽州店、牛角尖、北蔡，上邑严家桥、六里桥，而至上海，停泊董家渡。下午二时，由上海循原路驶回川沙，停泊西门外吊桥南首。平均载客五六十人，客舱收费二角，官舱倍之。每日开支，约银十五元。

民国三年三月，小轮营业，改由市董事陆清泽、艾文煜等接办，并向官厅注册。复于九月，招集股本银五千元，每股五元，分作一千股，周息八厘，定名"大川小轮股份有限公司"。添置民利小轮，于十一月为始，逐日两轮，一由上海驶至南汇，一由南汇驶至上海，皆绕道川沙，而在上海仍泊董家渡，南汇泊于东城外吊桥。其路线所经停船搭客地点，为南汇、四团仓、祝家桥、六团湾（以上均南境）、川沙、三王庙、陈推官桥（以上均川境）、徽州店、牛角尖、北蔡（以上又均南境）、严家桥、六里桥、上海董家渡（以上均上境）。上海上午九时开行，下午七时到南汇。南汇上午七时开行，下午五时到上海。其经过川沙时，南来者在上午十一时，北来者在下午二时。每船经过，搭客上下，小轮装煤，必须勾留半小时。载客最多数为四百人以上，最少数在一百人以下。公司拖船两艘，一名国安，一名国祥，遇乘客较多时，加雇临时拖船，分官舱、客舱，官舱收费稍昂。民国四年春，自上海平安公司行驶汽油船后，收费较廉。其开支，每日每轮约银十八元。民国三、四年后，渐有盈余。……四年二月，南汇凌季潭等在上海以平安公司名义，加入老公茂轮船局，试行大汽油船，继又添驶裕和小轮，逐日轮流来往。其南汇至上海路线，与大川同，惟售价低廉，载客虽多，不无亏耗。同年九月，大川公司既有民利小轮代新吉利，而以新吉利驶行支路，北至龚家路，中经大湾、小湾，仍由川沙往西之原路线至上海，早开晚回，悉如协昌初办时之例，行未三月，亏耗甚巨，旋即中止。十四年，又有沈衡甫创办之永兴轮船，每日上午九时自川沙开至周浦，下午一时由周浦开回，客票售银二角二分。乘客如由川沙至上海，可乘上南汽车，即购联票，票价只收三角五分。

（方鸿铠等修，黄炎培等纂：《川沙县志》，卷七，交通志，舟车，民国二十六年铅印本。）

〔清光绪三十三年前后，上海〕 浦中帆樯如织，烟突如林。江畔码头衔接，工人如蚁，上下货物之声，"邪许"不绝。南则帆船停泊，航行内地而纳税于常关；北则轮船下碇，往来长江一带及南北各埠，而纳税于新关。其巨者航外洋，泊吴淞口外。苏、杭有小轮通行，码头在美租界吴淞江之北岸，此水道之交通也。若论陆路，则吴淞及苏州、无锡，指顾可达。他日苏杭、苏嘉二路告成，交通日益利便，商业更可兴盛矣。

（李维清编纂：《上海乡土志》，第一百二十七课，交通，清光绪三十三年铅印本。）

〔清光绪三十三年以后，江苏南汇县周浦等镇〕 光绪三十三年，日商三井设采办棉花处于周浦镇，自置小飞燕轮船以便司事到沪之用，兼载旅客，由周浦塘西行过苏家桥,经上[海]境而出塘口,越三年停驶。继起者改而北行,由咸塘而北,经小腰泾、白莲泾以达上海。然水浅则轮碍不能行,水高则上阻于桥,故营业终不发达。

（严伟修,秦锡田等纂:《南汇县续志》,卷二十二,杂志,遗事,民国十八年刻本。）

〔清朝晚期,江苏崇明县〕 环境港汊纷歧,操舟业者知潮汛、沙线,航海。沙船习海道,自佘山历鹰、游（淮口二山）,拂成山,达津沽,坦夷若康庄。东乡富户,率以是起家。沙船盛时,多至百余艘。自轮舶通行,厥业遂衰歇。每三四月间,乘汛至苏州洋（俗称黄海）,捕石首。

（王清穆修,曹炳麟等纂:《崇明县志》,卷四,地理志,风俗,民国十三年修,稿本。）

〔清朝末年,江苏川沙县〕 北乡向多服务沙船,业甚发达。轮船盛而沙船衰矣。

（方鸿铠等修,黄炎培等纂:《川沙县志》,卷十四,方俗志,川沙风俗漫谈,民国二十六年铅印本。）

〔清朝末年,江苏松江县〕 航船创始何年,难以稽考。船有行驶内河、外河之分。行于内河者船较小,与本地之码头船相等。航路由泗泾、七宝等处赴申,以载客为主,寄信带物为附。每客船资,统舱一百四十文,另有房舱一,独包者需六角至八角左右。每船雇工三四人,两面摇橹。傍晚下船,明晨抵申,申埠在石灰港。外河航船较大,底甚弥,专以装运米粮为主,兼带笨重货件,搭客则为附属。营业每客取资二百四十文。航路由市河出东西港口,驶行黄浦江,专恃张帆,不论风逆,俱可行驶,亦傍晚开船,翌晨到达,到十六铺外滩停泊。内河航船,松地东埠三艇,在西门外市河。西埠亦三艇,在秀塘桥市河。外河航船数与[内河]相等,惟西埠泊于仓桥市河。

（雷君曜撰,杜诗庭节钞:《松江志料》,交通类,抄本。）

〔清宣统年间,江苏奉贤县〕 西门外停泊船只甚多,信局航船日必一至。信局可通新场以及上海,航船可通南桥以及松江,故客货往来,交通甚便。

（裴晃编:《奉贤乡土地理》,第六页,清宣统元年刻本。）

〔清朝末年至民国初年,江苏嘉定县嚝东地区〕 旧只罗店至嘉定、嘉定至浏河,日有航船往来,沿途居民,得以乘行寄物。二路班船在嘉罗、锡沪二公路未筑前,以接嘉翔班轮船为主要营业。民国始,曹王庙至嘉定亦有绍兴人经营之脚划船,日行一次,然时行时止,不能持久。

（吕舜祥、武毓纯编:《嘉定疁东志》,二,交通,航运,民国三十七年油印本。）

〔民国初年,江苏川沙县〕 川沙至上海之航船,由来已久,不能追溯其年月,非特船户屡屡易人,即船数亦时有增减。惟以每日黄昏后开,翌晨抵沪,及上海潮来开回,为城乡操航业者,大概相同。其载干货者,曰航船,载鲜货者,曰鲜船。船名虽别,搭客则同。……其营业以川沙市东门航船为最发达。其轮船班次,有简捷称谓:(一)张顾老……;(二)陈单马;(三)曹张新。盖一日开三艘,周而复始,不稍紊乱。船主虽易,船名不改,各商家至今称之。自小轮盛行,搭客皆趋附小轮,航船只载货物,其营业颇有江河日下之慨。

南汇、川沙相去四十八里,曾有川南航船行驶其间,川沙泊南门外,以上午十一时开,黄昏前到,单日来,双日去,无间断者多年。自小轮开,此航遂不能遵时进行。……

自上[海]川[沙]机车通行,并开放轮船接送后,航船营业低减,如川城原有九艘,现仅存五艘。

民国三年秋,始有绍兴快船（俗呼脚划船）,行驶于川沙、大团间。上午八时开,下午三时到,计程六十六里。川沙泊东门内,其后并开行上海。

（方鸿铠等修,黄炎培等纂:《川沙县志》,卷七,交通志,舟车,民国二十六年铅印本。）

〔民国初年,江苏宝山县盛桥里〕 盛桥航路,原有二艘,每日轮班,由顾泾行至罗店,转运货物,潮涨则出,潮退则归,今则仅有一艘焉。北川沙久无航路,民国六年,浚大川沙河,先有脚划船,后有航船,而脚划船遂停班焉。航路由大川沙河至罗店以及嘉定、上海,或载人,或载货,惟生意清淡,加以大川沙河土性浮松,两岸坊塌,有通有塞,故行止无常。

（赵同福修,杨逢时纂:《盛桥里志》,卷四,交通志,航路,民国八年后稿本。）

〔民国初年,江苏青浦县〕 航路:自朱家角镇经青浦城外、黄渡、白鹤江至上海,有内河轮船;又有汽船,自朱家角开往青浦至安亭,接火车。

（葛冲编:《青浦乡土志》,三七,航路,抄本。）

〔民国二十五年前后,上海〕 轮船类别有二：曰外国,曰内国。外国轮船有英、法、德三公司,远者达伦敦（英京）、纽约（美境）,近者至神户、横滨（皆日本境）,船多泊于吴淞口外之三峡水（俗呼公司船）,而以小轮运送。内国轮船类别有三：曰沿海,曰沿江,曰内河。沿海轮船又分南洋、北洋两类。南洋者,南至宁波、海门、温州、福州、广州、汕头、琼州。北洋者,北至烟台、天津、秦皇岛、营口。沿江轮船经通州、江阴、镇江、南京、芜湖、大通、安庆、九江、武穴、黄州而至汉口,别由鹧鸪港而至大港或八江口(轮船由吴淞入口者,须别雇引港船引入)。内河小轮船又分黄浦、吴淞(俗呼苏州河)两类。走吴舱江者,由苏州而上达常熟、无锡,或达南浔、湖州。走黄浦者,由松江而上达杭州。别有沿浦停泊而直达平湖者,由浦入内港而至新场、大团、南汇、川沙者,皆航船之改良者也。驶入东沟,一日数往返者,又渡船之改良者也(光绪中,有木轮船者,行驶苏州等处,其机器形如桔槔,全甩人力,人蹴足以轮,轮动船行,然劳费而滞缓,旋即废止)。

(吴馨等修,姚文楠等纂:《上海县志》,卷十二,交通,航,民国二十五年铅印本。)

〔民国二十五年前后,江苏金山县〕 轮船:平湖至上海班,每日往返二班,经过县治。张堰至上海班,每日往返各一班。汽油划舟:每日至松江者,有朱泾、松隐、吕巷、廊下、干巷、金山卫等六艘。每日至朱泾者,有松江、扶王埭、钱圩等三艘。每日至张堰者,有松江、朱泾两艘。每日至枫泾者,有朱泾一艘。

(丁迪光等编:《金山县鉴》,第五章,建设,第一节,交通,民国二十六年铅印本。)

〔民国三十六年,江苏金山县〕 本县水道,除黄浦、泖港以外,无论干河、支港,经八年敌寇骚扰,失于疏浚,淤泥日积,河身日高,不特船舶交通殊感不便,即农田灌溉,亦深受影响。目今急待疏浚者,为张泾、运盐河、周塘、惠高泾诸干河,其关于农田各支港,宜于冬末春初,采取业食佃力法,多方开浚,以利灌溉。

水上交通,有如下列:一、轮船:上海至平湖,经过朱泾,往返各一班。二、绍兴汽船:朱泾、枫泾班,朱泾、松江班,吕巷、松江班,干巷、松江班,新仓、松江班,张堰、松江班,金山卫、松江班,松隐、松江班,泖港、松江班,韩坞、松江班。三、绍兴摇班:张堰、朱泾班,吕巷、朱泾班,朱泾、枫泾班,廊下、张堰班,东门、张堰班,白沙湾、张堰班,亭林、张堰班,山阳、张堰班,吕巷、张堰班,平湖、张堰班。四、航船:朱泾、张堰班,干巷、张堰班,西门、张堰班。

(金山县鉴社编辑:《金山县鉴》,第六章,建设,第二节,水道,民国三十六年铅印本。)

〔民国二年至二十三年,河北静海县〕 航,除民船外,火轮来往甚为便利,惟春冬两季有结冰水涸之患。运河,民国三年开始小轮行驶。子牙河,民国二年津磁轮船行驶。

(白凤文等修,高毓浵等纂:《静海县志》,政事部,行政志,交通,民国二十三年铅印本。)

〔民国二十年前后，天津〕　轮船公司所在地：招商局，英中街宝顺道。招商局北栈，英租界。太古，英中街一一七号。怡和，英中街九一号。大连，特一区海河沿。大阪，法租界河沿。近海，法租界河沿。直东，法租界。三北，特一区。礼和，英租界海大道。美最时，特别三区。北方航业，法租界河沿。太平洋，英租界。日本邮船，日租界。船名航线及其他：招商局（北洋班）辖新铭、新丰、遇顺等，经烟、威、申三埠，每十二日往过一次。太古洋行，有南洋班及北洋班二班。北洋班有奉天、顺天、通州、浙江、南昌、牛庄、南宁、芦州等轮，经烟、威、申三埠，每星期日及星期三由天津开行，时间较其他公司为准确。近日海河淤塞，已改由塘沽开行。由津经烟台、威海、香港而赴广州者有葵州、惠州二轮，往返须三星期。怡和洋行，旅津、申者有定生、利生、阜生，经烟台、威海等埠，约十二日往返一次，是为北洋班。另有捷陞、昌陞等，航行津港间，是为南洋班。大连公司，天津丸、长平丸、转进丸等，经烟台、青岛而放上海，约十五日往返一次。由津至大连者为天潮丸、济通丸、长平丸，约二十二时可抵连，每隔三日即有船。大阪行，该行之航线凡三：一为由津直赴门司、神户、大阪，有长城丸、长江丸、长安丸、玄武丸等，约十五日往返一次。二为由津赴申，有唐山丸、华山丸，经大连、青岛而赴上海，约十八日往返一次。三为由津赴高雄，有盛京丸、长沙丸、福建丸，经基隆、福州、上海、青岛，往返须三十三日。北方航业，航津申及天津营二路，至上海者有北昌及北泰，至营口者有北铭。大通，航于天津、营口间，有和顺、和兴等轮。日本邮船会社，航于天津大阪间，有北岭丸、营口丸、景山丸等。

（宋蕴璞辑：《天津志略》，第十一编，交通，第一章，水路，民国二十年铅印本。）

〔民国二十三年前后，天津〕　天津当九河下游，汇海河以入海，故航运颇为发达，海外轮航之码头多在英、法两租界及特别一、三两区之海河两岸。惟近来河身淤浅，自海关以下仅能驶入吃水量十三英尺之轮船，海关以上至万国桥止已不能驶入，其较大船只则须于塘沽或大沽碇泊。航运所达，则北可经营口、大连折至朝鲜之釜山，日本之门司、神户，南沿龙口、烟台、威海、青岛以至上海，转而向福州、厦门、汕头、广州，便可径趋南洋一带以赴欧美，故于华北物产之输出及华南东西洋货品之输入，实称一大总汇。

（天津市志编纂处编：《天津市概要》，交通编，第三章，轮船，第一节，海外航运，民国二十三年铅印本。）

〔民国初年至十九年，河北霸县〕　霸县交通，水则资舟，陆则资车而已。民国以来，水路则有津保轮船公司之火轮经境，陆路则有邮电，由是交通颇觉进步。至民十三、四、五年，平津保汽车往来如织。十九年一月，复由建设局安设全县电话，以通各区之警团自治各机关，并与有电话之各邻县接线通话。

（张仁蠡、刘延昌修，崔汝襄、刘崇本纂：《霸县新志》，卷二，地理，交通，民国二十三年铅印本。）

〔清宣统三年至民国七年，绥远〕 宁夏经五原、包头以抵萨拉齐一段，可行汽船。清宣统三年，陕甘总督升允聘比利时人实测，辟为小汽船航路。一九一九年，甘督张广建曾购汽船二只，航行此间，成绩甚佳。民国七年，陇绅组织陇绥轮船公司，购船二艘，试行其间。

（廖兆骏编：《绥远志略》，第十章，绥远之交通，第五节，水路之交通，民国二十六年铅印本。）

〔清代后期至民国二十三年，奉天〕 中国船商，首推招商，次为政记、三北等公司，航海轮船共不过九十余艘。而以旅、大、营口三港为根据之海运商，则有政记、肇兴、毓大、海昌、北方、直东、大通、东北、日昌等公司。招商、三北均兼营长江航业。就海运言，以政记轮船为最。该公司创立于前清宣统元年，初仅轮船一艘，定期航行于营口、大连、烟台间，逐年扩充。欧战期内，外轮多回本国供军用，本省与沿海各省交通，唯政记轮船是赖。及欧战告终，外轮麇集，航运竞争，颇遭损失。当局为维持海上交通起见，由官商加股二百万元，自此基础巩固，年有盈余。现有海轮二十余艘，且兼营远洋航业云。

（翟文选等修，王树楠等纂：《奉天通志》，卷一百六十二，交通二，航路上，民国二十三年铅印本。）

〔民国二十年前后，奉天安东县〕 政记轮船有限公司，在中富街，总公司设于大连，资本定为现大洋一千万元，已收足现大洋五百万元，专营海运事业，有轮船二十三只，定期开往中国各口岸。

（关定保等修，于云峰纂：《安东县志》，卷六，人事，商业，公司，民国二十年铅印本。）

〔民国二十四年前后，吉林临江县〕 近年，有日商经营之小汽船，三日一次，上下均称便利，惟专载旅客，不装货物。

（刘维清修，罗宝书等纂：《临江县志》，卷五，交通志，航船，民国二十四年铅印本。）

〔清光绪三十二年至民国四年，黑龙江呼兰〕 呼兰纵有呼兰河，横有松花江，由河入江溯流而上，西北可达黑龙江省，西行折而东南可达吉林省。沿流而下，可达俄属哈巴罗甫喀省，以入于东海。沿流至临江州折而西北行，溯黑龙江可达兴东、爱珲两道。又西北行，可达漠河，且可抵俄属尼布楚城，顾非舟楫莫济也。今所有者，一曰小火轮，分属之东三省邮船局，暨呼兰、巴彦两轮船公司；一曰帆船，则皆商家营业，散漫无公司。东三省邮船局，宣统元年，东三省总督徐公世昌所奏设，合奉天、吉林、黑龙江三省之力以谋之，欲以恢复松、黑两江航权。已而徐公内用，长邮传部，进行遂滞，未克竟其功。局有轮三艘，由呼兰移拨者一艘曰公济，由吉林移拨者二艘皆木质，航行三姓、呼兰、哈尔滨、老搜沟等处，未能运入黑龙江。呼兰轮船公司，始于光绪三十二年，初以俄币七万卢布购轮二艘，一曰公济，一曰先登。公济船由黑龙江将军程公德全拨官款为之倡，而绅商附股以足成之；先登则纯粹商股也，俱往来呼兰、哈尔滨间。三年，公济轮船公家分得红利四千卢布，均解省司。次年四月，省电以公济船移交东三省邮船局，呼兰公司仅有先登一艘，每年有红利约四分。巴彦商办龙江轮船公司，宣统二年，知州阎毓善、巡防统领巴英额、州民孟昭汉、木兰县民滕藉田等所共同组织也。商股八百，每股俄币五十卢布，共合四万卢布。有轮一艘，名曰龙江，以巴彦濒江地适达嘴子为轮船码头，是年七月十五日试水，往来巴彦、木兰、三姓、哈尔滨等处。……职方氏曰，闻袁公大化总办漠河金厂时，赁二俄轮往来松花、黑龙两江间，岁糜金钱以数万计，岂乐倾无量之费以饷邻国，不得已也。我国帆船力薄而质脆，仅能溯洄呼兰河耳，松花江流域、黑龙江水急滩高，恒覆溺，十无六七全，而附俄轮者，搭载无定期，待遇多非礼，行旅苦之。嗣呼兰有轮船公司，东三省邮船局继之，巴彦龙江轮船公司又继之，其容积、艘数较之俄轮不过百与一之比例，然行旅称便，成效已著。

（黄维翰纂修：《呼兰府志》，卷四，交通略，船舶，民国四年铅印本。）

〔清光绪三十二年至民国十九年，黑龙江呼兰县〕 呼兰纵有呼兰河，横有松花江，就曩日航运论，由河入江溯流而上，西北可达黑龙江省，西行折而东南可达吉林省；沿流而下，而达俄属哈巴罗甫喀省，以入于东海；沿流至临江县折而西北行，溯黑龙江可达兴东、爱珲两道；又西北行，可达漠河，且可抵俄属尼布楚城，固一航运极便利之区也。惟我国帆船力薄而质脆，仅能溯洄于呼兰河，其他航权多被俄轮夺去，是以当时谋国者莫不注意于航权之收复，时则有东三省邮船局与呼兰轮船公司之设。呼兰轮船公司始于光绪三十二年，初以俄币七万卢布购轮二艘，一曰公济，一曰先登。公济船由黑龙江将军程德全拨官款为之倡，而绅商附股以足成之。先登则纯粹商股也。俱往来呼兰、哈尔滨间。东三省邮船局始于宣统元年东三省总督徐世昌所奏设,有轮三艘,由吉林移拨者二艘,其一由呼兰移拨,即所谓公济者是也。航行三姓、呼兰、哈尔滨、老搜沟等处,此呼兰旧日航运之情形也。民国六年,先登轮沉没于呼兰河,时则尚有公司所购松华一轮行驶,迨后呼海铁路次第通车,又于呼兰河置木桥一座,而航运遂尽为所夺,轮船公司亦取销。今所存者仅帆船十余种,皆以运粮为业,往来呼兰、绥化暨松花江上下游而已。

（廖飞鹏修,柯寅纂:《呼兰县志》,卷四,交通志,航运,民国十九年铅印本。）

〔清朝末年,黑龙江〕 黑龙江有中国轮船行驶,名齐齐哈尔。松花江呼兰河,有先登、公济轮船两艘。嫩江亦可通小轮船。

（林传甲纂:《黑龙江乡土志》,地理,第六十八课,轮船航路,民国二年铅印本。）

〔清朝末年,黑龙江〕 嫩江向有帆船,今有小轮船,松花江、黑龙江皆有轮船。制帆船者在船厂,制轮船厂在福建。

（林传甲纂:《黑龙江乡土志》,格致,第六十三课,船工,民国二年铅印本。）

〔清朝末年至民国初年,黑龙江呼玛县〕 胡玛尔木城,临胡玛尔河口,驻协领一员,统鄂伦春猎人。其地外通轮船,内多矿山,为爱珲赴漠河要路。今设治局为他日县治之基(《乡土志》)。

（郭克兴辑:《黑龙江乡土录》,第一篇,方舆志,第五章,黑河道,呼玛县,黑龙江人民出版社一九八七年校点铅印本。）

〔清朝末年至民国初年,黑龙江呼兰县〕 呼兰县,在呼兰河东,距哈尔滨六十里,有轮船往来。旧设副都统,裁改府治,为省东各县之枢纽,西有对青山车站(《乡土志》)。

（郭克兴辑:《黑龙江乡土录》,第一篇,方舆志,第四章,绥兰道,黑龙江人民出版社一九八七年校点铅印本。）

〔清宣统元年至民国初年,黑龙江〕 松、黑二江邮船局,于清宣统元年闰二月成立。设局之初,经费由奉、吉、江三省摊拨。至民国四年二月,奉、吉两省停款,交江省办理。局址仍在滨江,管有轮船六艘、拖船三只,各船驾驶、船长、舵工、水手等,按年雇佣,随时支配。原属官办,嗣归广信公司承办。

（万福麟修,张伯英纂:《黑龙江志稿》,卷四十二交通志,航政,民国二十二年铅印本。）

〔民国初年，黑龙江〕　庆澜官轮既通航黑龙江，俄又解除轮船禁售华人令，船商孟昭常、章贲等筹集股款，收买俄船（复商得鲍督军贵卿同意，由黑省认出官股若干，为组织公司之预备。原定股额二百万元，先收四分之一，实收五十万元。继向交通银行陆续商借款项，购定轮船二十九艘、拖船二十艘），组设轮船公司。先以金山轮船试航黑龙江，于是年七月二十一日驶抵黑河。明年春股东会议取戊午年通航之义，定公司名为戊通，即以篆文午字为公司船旗，以志纪念。

（万福麟修，张伯英纂：《黑龙江志稿》，卷四十二，交通志，航政，民国二十二年铅印本。）

〔民国五年至十七年，黑龙江桦川县〕　桦川诸河多浅水长流，未通航运，其赖以交通者，惟松花江，长二千七百余里，由哈尔滨至黑河二千六百余里。哈尔滨以下可通入水八尺之汽船，以上至吉林仅通入水四五尺之汽船，故往来轮船均以哈尔滨为起点，以伯力为终止。……佳木斯航务局，民国九年，国内绅商为便利松、黑两江交通起见，组织戊通航业公司，在各商业繁盛区分设事务所，以支配轮船管理事务，佳木斯其一也。嗣归交通部，迨十四年秋始归东省镇威上将军直辖，组董事会，举王君理堂辈名公硕彦董其事，改戊通公司为东北航务局，以王君锡昌为总经理。佳木斯事务所设主任一，以陈君纬为之。……桦川县松航公司，民国十一年成立，专司转运粮食货物，代售船票，创办人为景吉臣，董其事者为景月川，吉臣弟也。兹将近年转运粮食票数列下：民国十三年卖二等客票二十余张，三等票一千五百余张，票洋共七千余元，按一九扣用，得洋七百余元。转运粮食一万余甫特，运价九五扣用，共洋一百余元。民国十四年卖二等客票四十余张，三等票二千余张，票洋九千余元，按一九扣用，得洋九百余元。转运粮食四万余甫特，得经手费大洋五百余元。佳木斯裕航公司，民国五年成立，代卖客票，以利交通，而便行旅，创办者为王宝祥，子吉，其字也。时轮船无多，营业萧条。……近年轮船麇集，营业亦渐发达。

（郑士纯等修，朱衣点等纂：《桦川县志》，卷二，交通，水路，民国十七年铅印本。）

〔民国七年至九年，黑龙江爱珲县〕　戊通公司，自民国七年秋集股设施，组织船运，在于黑河买妥地基，建房设厂，先后购置大小轮船四十余只。乃值八年松花江水浅，轮船不能畅行，稍有亏累。……该公司驻黑经理人孙度，字公衡。

（孙蓉图修，徐希廉纂：《爱珲县志》，卷四，交通志，船舶，民国九年铅印本。）

〔民国十四年前后，黑龙江〕　航业，官办者松、黑两江邮船局有船四，商办者华人各公司有船二十只,又戊通公司有船二十,俄人各公司有船一百四十,日人各公司有船六十六,又中东铁路公司有船四十余,皆航行松花、黑龙等江,统计华船四十余,外船二百四十余。

(金梁纂:《黑龙江通志纲要》,交涉志,航路交涉,航业,民国十四年铅印本。)

〔民国二十二年前后,黑龙江〕 江省现有之船数。轮船类:东北航务局二十二只,海军江运部八只,江防舰队部一只,奉天航业公司四只,东亚轮船账房十一只,滨江储蓄会三只,广信公司四只,邮船局六只,镜波公司二只,张裕公司一只,依兰公司一只,兴林公司一只,永业公司一只,祥记一只,三江账房一只,义和隆一只,先登公司三只,福运公司一只,源兴远华泰账房一只,伯和账房一只,景丰德一只,信泰号二只,锦西账房一只,天津账房一只,刘香九一只,绥远账房一只,福裕德一只,裕记烧锅一只,秀记账房二只,韩介臣一只,永和盛二只,通原公司一只,马子元二只,曹振普一只,马玉良二只,共轮船九十五只。拖船类:东北航务局二十只,海军江运部三十只,江防办公处四只,奉天航业公司十三只,东亚轮船账房十一只,广信公司七只,邮船局二只,镜波公司一只,依兰轮船账房二只,信泰号三只,合兴公司三只,沪滨航业一只,吉林兄弟火柴公司一只,滕籍田一只,马延喜二只,徐鹏志二只,王丹实一只,陈啸青、刘善卿一只,永合盛二只,庆泰祥火磨一只,东北造船所一只,英积华一只,鞠赞武一只,傅镜清、王仙阁二只,共拖船一百零三只。沿江物产逐年加增,现有轮船、拖船尚不足供给运输之用。

(万福麟修,张伯英纂:《黑龙江志稿》,卷四十二,交通志,航政,民国二十二年铅印本。)

〔清宣统二年至民国二十年,山东临清县〕 临清之有汽船,始于清宣统二年,旋因机毁停驶。至民国二十年又通行,船仅一只,每小时可达德县,乘客容二百人,惟秋涨时行驶无碍,春冬水落则有搁浅之虞。

(张自清修,张树梅、王贵笙纂:《临清县志》,建置志,交通,民国二十三年铅印本。)

〔清咸丰年间至民国十五年,江苏泗阳县〕 黄河于清咸丰间已北徙,无航路之可言。运河则蝉联四省,当开凿之始,本为运漕而设,故曰运河,一曰中河。今则漕运虽停,而风帆往来,络绎不绝,且有小轮船行其间,由淮阴杨家庄直达宿迁之窑湾(每年由三四月起行,至九十月间即停止,盖冬令水浅,不利行舟),商民称便。

(李佩恩修,张相文等纂:《泗阳县志》,卷二十,交通志,航路,民国十五年铅印本。)

〔清代前期至民国年间,江苏南京〕 南京水路未兴轮舟以前,由北平至者,从邗沟、瓜洲溯江而抵龙潭。由上江至者,从荻港三山顺流而抵大胜港,或径抵上新河。由下江而至者,从京口溯江而抵龙江关。轮运既兴之后,外江内河夷险一矣。兹分述之。长江通商口岸许外轮航行,自咸丰八年《天津条约》始,至光绪二十一年中日《马关条约》,更使外轮得侵入内港,我国遂于同治十一年创设招商局。(《江宁县财政报告》:吾国内河行轮始于前清同治十三年,直督李鸿章发起招商局,迨光绪十年,因中法之役,兵费不资,以银五百二十五万两将该局押与旗昌洋行,翌年赎回。壬辰乃与怡和、太古诸洋行协议,定立合同,凡长江及南方航业,施行连带运输,招商局之根基始固。当创设之时,资本金仅百万两,戊戌之际,增至四百万两,其共积虽在怡和、太古诸行之下,而码头行栈规模之宏大,盖几与颉颃矣。长江航路,亦以招商局为多,上海至汉口有船五。《中国经济志》:招商局为国营,南京招商分局置有江安、江顺、江新、江华各一等轮船,江裕、江天、江大、江靖、联益、建国各次等轮,共十艘,大者载重四三一七吨,小者载重一六八二吨,往来沪汉。《中国航业》:其管理机关初属北洋大臣,系官督商办。迨邮传部设立,渐变为间接管理,而今则纯为商办。)

(叶楚伧修,王焕镳纂:《首都志》,卷九,交通,航运,民国二十四年铅印本。)

〔清光绪中叶以后,江苏苏州府昆山、新阳县〕 昆山素无轮船,光绪中,常熟创办轮船以通申江,路经昆山之东门外,乃辟码头以小泊焉。然船抵东门每至夜分,故附轮者亦绝少。厥后太仓亦有轮船停泊朝阳门外之小马路口,以便附乘火车者。于是常熟亦添设日班轮船专驶昆山车站,以便交通。

(连德英等修,李传元纂:《昆新两县续补合志》,卷五,交通,民国十二年刻本。)

〔清光绪二十三年,江苏淮安府清河县〕 光绪二十三年,内河行驶小轮,经理郭姓,局名立生,地址在粟大王庙浮桥下。其后遂有招商、大东、泰昌、戴生昌等公司建设轮局于清江、闸口一带。

(刘枟寿等修,范冕等纂:《续纂清河县志》,卷十六,杂记,民国十七年刻本。)

〔清光绪二十四年以后,江苏扬州府高邮州〕 内河小轮公司多设镇江及清河,高邮为航线中途,于光绪二十四年,本城南北码头及界首镇始有立生、丰和轮局,各租民房开设。二十五年,增设利商、四维、永兴、顺昌四局,多在运堤起造牌楼,竖立旗杆。九月,知州章邦直禀奉常镇道照会驻镇领事,允许一律拆让,以免损坏堤工。二十六年,增设泰昌轮局。二十七年至三十二年,有招商、戴生昌、大东先后设局,称为三公司。三十三年,增设东宇轮局。三十四年,增设立昌轮局。

又各局小轮，上下水均抵清镇，不出运河。惟四维小轮于二十五年，兼开往下河三垛、樊汊等处。诸局设立绵长，以三公司为最，余均未久停闭。

（胡为和等修，高树敏等纂：《三续高邮州志》，卷三，交通志，轮船，民国十一年刻本。）

〔清光绪二十四年至民国二十年，江苏江都县〕 内河小轮公司，凡十一公司，列表如下：

慎记	清光绪二十四年设立	招商	清光绪二十八年设立
泰昌	清光绪二十九年设立	大达	清光绪二十八年设立
协和	民国元年设立	天泰	民国二年设立
泰丰	民国元年设立	利通	民国四年设立
福运	民国十二年设立	镇通	民国十八年设立
福华	民国二十年设立		

（陈肇燊修，陈懋森等纂：《江都县新志》，卷二，建设考，舟车交通，民国二十六年刻本。）

〔清光绪二十九年以后，江苏常州府宜兴、荆溪县〕 招商内河轮船公司，光绪二十九年，由上海内河招商轮船公司分设，地址在大东门外北沿河。航线自宜兴至常州、无锡、溧阳，逐日分班，往还无闲。华瑞荣轮船公司，亦于光绪二十九年开设，航线同招商，旋停。裕商轮船公司，光绪三十二年开设，亦在大东门外北沿河。航线自宜兴至常州，又至湖州（湖州旋停，仅至蜀山、乌溪）。

（徐保庆修，周志靖纂：《光宣宜荆续志》，卷一，地理志，汽船，民国十年刻本。）

〔清光绪三十年，江苏镇江府丹阳县〕 内河轮船之经由境内者，开始自光绪三十年，有招商、戴生昌、大东、三益各公司，或由苏州达于镇江，或由本邑达于溧阳，皆为外商所经办。

（胡为和等修，孙国钧等纂：《丹阳县续志》，卷二十三，交通，轮船，民国十六年刻本。）

〔清光绪三十年至民国十九年，江苏泰县〕 清光绪三十年，有大达公司创制内河小火轮，逐日开往通扬，称通扬班（同时有东宇公司与之竞争，旋失败）。民国十八年，大民公司开往仙女庙，称泰仙班。镇通公司开往镇江。十九年，大达及利通、福运三公司亦开往镇江班。

（单毓元等纂修：《泰县志稿》，卷十七，交通志，航路，民国二十年修，一九六二年油印本。）

〔清光绪三十二年,江苏常州府江阴县〕 轮船局,招商内河轮船由江阴开往无锡。光绪三十二年,试办设轮局于北外永定坝,沿途经过市镇设售票处。

(陈思修,缪荃孙纂:《江阴县续志》,卷三,建置,商局,民国十年刻本。)

〔清光绪末至民国初年,江苏兴化县〕 本邑之有轮船,自光绪三十四年始,为时甚暂,商旅苦之。民国二年,源大公司租浅水小轮船二,开兴、盐班,续由大达公司开兴邵盐班(四年由大达公司继续开轮,航线自邵伯至盐城,经过兴化,逐日开往,局设东城外龙珠庵东),大源公司开兴泰盐班(大源公司租小轮二只,自泰县开往盐城一带,经过兴化,局设北城外)、湖兴泰班(由湖垛经过沙沟、兴化至泰州)、兴邮班(小轮一只,当日来往)、兴东班(十九年行政会议决议,由建设局添置汽船两只,自兴化经竹泓港、大垛、唐子、戴窑直达东台)、兴刘班(十九年行政会议议决,设置由西鲍安丰大营白驹直达刘庄),此外则有盐兴东班(沿盐运河一带行驶,经过刘庄、白驹、故刘、自人赴兴,兴人往刘、白,得取道盐城者以此)、东邮班(行驶东台、高邮,经过兴化),惜河道浅狭,水旱无常,旱固不通,水又妨碍田塯,动辄停驶。

(李恭简等修,钮敦仁等纂:《兴化县续志》,卷九,交通志,轮船,民国三十三年铅印本。)

〔清光绪末年至民国二十三年前后,江苏阜宁县〕

轮　　船

航行路线	艘数	营业性质	备　　注
阜盐航路	二艘	装运客货,兼寄信款	清光绪末年,大达公司开行小轮,嗣因水浅停驶。民国四年冬,复开。十九年冬,大生公司添开小轮,均当日来去。
干盐航路		同前	民国十年八月,大达公司开行小轮。
城坎航路		同前	民国十七年冬,大阜公司开行小轮,旋停。十九年,大达、大生两公司先后续开,亦停。二十年四月,大源公司开轮,均行甲线,为坎湖航路之一段。
东泰航路		同前	民国十八年春,华商东北汽轮公司开行小轮,旋停。
益盐航路		同前	民国十九年三月,大达公司开驶小轮,施因水浅行乙线,五月始行甲线,今停。
东湖航路		同前	民国二十年四月,大源公司开行小轮,旋停。

(续表)

航行路线	艘数	营业性质	备 注
坎湖航路		同前	民国二十年四月,大源公司开行小轮。
坎泰航路		同前	民国二十年秋,大源公司呈请开航,因西水停办,翌年五月始行试水。

(焦忠祖等修,庞友兰等纂:《阜宁县新志》,卷十,交通志,航路,民国二十三年铅印本。)

〔清宣统元年至民国年间,江苏南京〕 宁绍商轮股份有限公司。《中国航业》:公司于前清宣统元年五月设立,发起人为虞和德、严义彬、方舜年等,额定资金一百万元,总公司设上海,分公司设宁波。初置宁绍、甬兴二轮,行驶甬沪两埠,继续添置新宁绍、海宁、宁兴、宁丰、宁平、宁安、宁昌、宁远、宁大等轮,航行长江各通商口岸及上海至镇海,并苏杭一带内河。统计各轮吨数达五千余吨,价值二十八万余元,营业颇称发达。《中国经济志》:宁绍公司,系中国商办,有宁绍轮船一艘,载重一一〇二吨。

(叶楚伧修,王焕镳纂:《首都志》,卷九,交通,航运,民国二十四年铅印本。)

〔民国元年以后,江苏高邮〕 民国元年,高邮及界首镇设有永和洽记轮船局,与招商、戴生昌、大东列为四公司。二年三月,裕亨、泰来两面粉厂,同兴、公兴、两典、吉陞钱庄公租小轮两只,开设源大公司,自镇至清,运款搭客。八月,又添租浅水小轮二只,开往下河兴化、盐城一带,旋于次年停驶。三年,有兴泰、天泰、慎昌等局先后设立。四年,有利益、同裕等局设立。七年,有扬子、利通两局设立,与招商、戴生昌、天泰、泰昌列为六公司。右各局设立久远,以招商、戴生昌为最大,东永和次之,天泰、泰昌又次之,余则旋开旋闭,不能悉数。

(胡为和等修,高树敏等纂:《三续高邮州志》,卷八,县附录四,交通,轮船,民国十一年刻本。)

〔民国四年以后,江苏南京〕 三北轮船股份有限公司。《中国航业》:创办于民国四年,总公司设上海,发起人为虞和德等,先时资本只有银币二十万元,轮船一艘,行驶于甬沪间。七年,资本增为一百万元。八年,又增为二百万。嗣后推广航线,增置轮船。夏秋二季由上海航行长江,并至烟台、天津、营口、海参崴等处，冬春二季由上海航赴福州、汕头、广东、香港及日本、新加坡、西贡、仰光、南洋群岛。至十五年终，大轮船共有二十艘，总吨数达二万五千二百八十九吨。《中国经济志》：系中国商办，置有长兴、青浦各大号船、长安、醒狮、松浦、新宁兴各次号船，共计六艘。大者载重二一二一吨，小者载重一〇八〇吨。

（叶楚伧修，王焕镳纂：《首都志》，卷九，交通，航运，民国二十四年铅印本。）

〔民国八年以后，江苏南京〕 鸿安轮船股份有限公司。《中国航业》：鸿安公司本系英商创办，惟其中附有华股。民国八年一月，由虞和德等将该公司英商股本悉数购回，组成完全华股之航业公司，定名为鸿安轮船股份有限公司。资本一百万元，设总公司于上海，分公司于长江各大埠。航线起上海，讫长沙，经过镇江、南京、芜湖、九江、汉口、宜昌、岳州等处，有轮船长安、德兴、长兴三艘，计五千二百八十五吨。

（叶楚伧修，王焕镳纂：《首都志》，卷九，交通，航运，民国二十四年铅印本。）

〔民国十五年前后，江苏江都县〕 小轮船弹压局，掌江、甘两县与各地往来小轮交涉事务。

（钱祥保修，桂邦杰等纂：《江都县续志》，卷二，建置考，小轮船弹压局，民国十五年刻本。）

〔民国二十四年前后，江苏南京〕 内河航路共有宁芜、宁扬、宁和、宁六、宁口、宁九、宁溧、宁湖八线，日有小轮来往。宁芜线，由下关溯江而上，至于安徽之芜湖，全程一百八十里，中经大胜关、江宁镇、和县、采石、当涂、西梁山等地，有天泰、泰丰、扬子、泰昌四公司。宁和线，下起下关，上至安徽之和县，九十里。中经大胜关、江宁镇，仅源大一公司。宁扬线，自下关顺江流而下，至瓜洲入运河至扬州经笆斗山、划子口、沙马州、十二圩、瓜洲等地，有天泰、泰丰、扬子、泰昌四公司。宁口线，自下关至口岸，全程三〇〇里，中泊笆斗山、大河口、四围州、十二圩、瓜洲，有源大、扬子、泰昌三公司。宁九线，起下关，止九里埂，途中停泊之地与宁口线同，有源大、天泰、泰丰三公司。宁六线，自下关至江北之六合县，百二十里，中经大河口、东沟、西沟、瓜埠等地，有泰丰、天泰二公司。宁溧线，溯秦淮西源，南通溧水，全线长二百二十里，有茂同轮船公司之宁绍、宁安汽船二艘，拖船二艘，每日往返行轮一次，中经通济门、秣陵关、禄口、塔山渡、黄家渡等地。宁湖线，溯秦淮东源，东通湖熟，全程六十九里，中经通济门、桥头、西北村、龙都镇等地，为城乡重要交通航线。有通湖轮船公司汽船一艘，每日往返一次。惟河身淤塞,全年仅能行船四五月。

(叶楚伧修,王焕镳纂:《首都志》,卷九,交通,航运,民国二十四年铅印本。)

〔民国二十五年前后,江苏〕 水道交通更繁,尤以江南为甚,从长江出外海通东西洋各国、南北洋各埠;溯长江西上,通安徽、江西、湖北、湖南、四川诸省。内河小轮则集中于上海、南京、镇江、吴县、无锡、武进诸处。各城市乡镇,除偏僻不通水道者外,几于皆有小轮定期开驶。民船尤多,到处可通。长江、运河、运盐河、黄浦江、吴淞江、娄江以及各县之漕河中,无不轮帆连属,往来不绝。单以上海黄浦江而言,每年进出之大小轮船,平均在一万八千艘以上。

(殷惟和纂:《江苏六十一县志》,上卷,江苏省总说,交通,民国二十五年铅印本。)

〔清光绪中叶后,浙江宁波府镇海县〕 本县向无轮船停泊,自光绪中叶以后,始有商轮寄碇,以利交通,先后设有轮埠。

(洪锡范、盛鸿焘修,王荣商、杨敏曾纂:《镇海县志》,卷七,营建,轮埠,民国十二年修,民国二十年铅印本。)

〔清光绪二十二年至三十四年,浙江杭州府〕 杭州自光绪二十二年八月开关以后,次年即有戴生昌、高源裕、利用、芒太富各小轮船局,援照内河行轮章程先后设立,总局在拱宸桥,支局设省城内及行轮各埠。由杭至湖、至嘉、至苏、至沪,路过各镇亦停泊搭货客焉。嗣后日清公司继起,而高源裕、芒太富、利用三局,二三年间均各停闭,招商局乃有内河招商轮船局之设,日清旋改为大东,由是招商局、戴生昌、大东三公司鼎足而立。至光绪三十二年九月,沪杭铁路通轨,旅行者率贪铁路便捷,轮船所载,货多客少,三公司乃联约分日开班,划一价值,互相拖带,以保航利。其时复有创设轮船局者,则钱塘江宪通公司是也。钱江风沙险恶,义渡船只得轮船拖带,自属稳便,人争趋之。此局于三十四年四月由商人楼景晖等禀准开设,盖于商埠之外,别营交通之利者也。

(齐耀珊修,吴庆坻等纂:《杭州府志》,卷一百七十五,交通,轮船,民国十五年铅印本。)

〔清光绪二十二年至民国十五年,浙江平湖县〕 轮船局:内河轮船局,光绪二十二年绅士王铭贵创办,设王升记轮船局于城外吕公桥河埠,自平湖至上海,每日往来,禀请专利十五年。是年冬,增海盐、硖石航线,次年又增嘉兴、新塍、乌镇航线,有船四,曰盛源、曰飞舟足、曰飞航、曰编华,旋以争利者众,客货稀少,停上海、乌镇两班,专自平湖至嘉兴与杭沪铁路衔接,以迄于今。外海轮船局,宣统二年,绍兴商人楼景晖等禀准开办,航线自乍浦至镇海,三年八月始行开驶,旋以客货稀少中辍。

（季新益等修，柯培鼎等纂：《平湖县续志》，卷一，建置、交通，民国十五年修，抄本。）

〔清光绪三十四年前后，浙江宁波府奉化县〕 奉化航路，自方桥迤南至大桥西邬等处为南路，自徐家渡迤西至萧王庙为北路，北路沙涨，自徐家渡以上易于搁浅。今惟南路有小汽船一只，自西邬至外濠河，兼运南渡商客。

（清　李前泮修，张美翊纂：《奉化县志》，卷三，建置志，航业，清光绪三十四年刻本。）

〔清朝末年至民国初年，浙江海宁县〕 水陆四出，交通便利，有小汽船达袁、硖等区，南北客货渡江者，复取道于此。

（朱尚编：《海宁县乡土志》，卷上，第四，城区，民国抄本。）

〔民国三年至十二年，浙江镇海县〕 三北公司轮埠：一城区大衙头，一海晏区穿山，一东绪区伏龙山，民国三年，由邑人虞和德等组织股份有限公司，购置轮船，行驶本县大衙头、龙山、穿山及甬江定海、象山等处。其轮埠或租地，或购地建筑之。永川公司轮埠：在城区县房衙头西，民国七年租地设立，该轮由甬至镇后，往温州等处。招商局轮埠：城区济川渡西，民国十二年，邑人傅宗耀任招商局董事时，购地建筑，沪甬线航轮进出口停泊片时，交通称便。

（董祖义纂：《镇海县新志备稿》，卷上，交通志，轮埠，民国二十年铅印本。）

〔民国十一年前后，浙江萧山县〕 以航路论，吾萧实为绍县至西兴各航船所必经之路，近则小轮亦已行驶。

（王铭恩辑：《萧山乡土志》，第三十七课，交通，民国十一年铅印本。）

〔民国十三年前后，浙江定海县〕 现有商轮航线及驶行班期一览表：

船　名	航　线	班　期	里　数
永宁 永川 平阳	宁波、镇海、定海、石浦、海门、坎门、温州	每星期来回一次	宁波至镇海30里 镇海至定海90里 定海至石浦178里 石浦至海门176里 海门至坎门180里 坎门至温州130里
定海 慈北	宁波、镇海、定海、沈家门、普陀、逢星期至岱山	间日来回一次	定海至沈家门30里 沈家门至普陀15里 普陀至岱山90里

(续表)

船　名	航　线	班　期	里　数
甬　清 湖　广	宁波、镇海、定海、六横、石浦、台州、金清港、湖广不转六横	每五日来回一次	定海至六横 78 里 六横至石浦 100 里 石浦至金清港 200 里
海　宁 新宁海	宁波、镇海、定海、象山、宁海，新宁海兼转六横	每三日来回一次	定海至象山 120 里 象山至宁海 80 里
舟　山 新宝华 永　利 永　安 三　江	上海、定海、石浦、海门、舟山，新宝华兼转穿山	每星期来回一次	上海至定海 420 里 穿山至上海 415 里 穿山至定海 60 里
姚　北	宁波、镇海、穿山、定海	每日来回一次	镇海至穿山 60 里

（陈训正、马瀛纂修：《定海县志》，交通志，水道，轮船，民国十三年铅印本。）

〔民国十八年前后，浙江嘉兴溪院镇〕　水道交通有轮船、航船，东北至嘉兴新塍，南至王店，西至桐乡，西北至乌镇，每日均有来往。

（阎幼甫修，陆志鸿等纂：《嘉兴新志》，第一章，地理，濮院镇，民国十八年铅印本。）

〔民国二十五年前后，浙江〕　全省内河轮船航驶已通之线，长约二一七四公里。全省内河航船已通之线，长约二〇五六公里。全省沿海轮船已通之线，长约一二二六公里，共计五四五六公里。全省已登记之轮汽船为三一六艘，帆船为六五〇〇〇余艘，无帆小船约二〇〇〇〇余艘。全省内河轮船公司共一七三家，全省外海轮船公司共六〇家。

（姜卿云编：《浙江新志》，上卷，第九章，浙江省之建设，航政，民国二十五年铅印本。）

〔民国二十五年前后，浙江临海县〕　海门为浙东贸易中心，有轮船公司十家，定期输船十余艘往返于上海、宁波、永嘉等埠。

（姜卿云编：《浙江新志》，下卷，第四十六章，临海县，实业，民国二十五年铅印本。）

〔民国二十五年前后，浙江桐庐县〕　航政：一、东至富阳九十里，通轮。二、南至严州七十二里，通快驳汽轮。三、西北桐溪至分水，通航。

（姜卿云编：《浙江新志》，下卷，第六十九章，桐庐县，交通，民国二十五年铅印本。）

〔民国三十二年前后，浙江县〕　杭州至桐庐之轮船，最大者载重量在三四百吨，速率每小时二十五至三十里，其业务几全为客运，航行此段之轮运组织有钱江、振兴、大华等数公司。钱江与振兴，系采联合营业办法，航轮有江兴、恒胜、恒新、和兴、新振兴、新振隆等大小共十余艘，客票分头、二、三等，杭、桐间三等客票价平均约八角左右，二等约为三等之一倍半，头等约为三等之二倍。桐庐至建德严东关之浅水汽船，系用以牵挽载重之民船，速率每小时二十至二十五里，业务以客运为主。票价分二等，并按上下水分计，上水自桐庐至建德严东关，头等约收八角，二等约收三角五至四角；下水自建德严东关至桐庐，头等约收五角，二等约收二角五分。

（浙江省通志馆修，余绍宋等纂：《重修浙江通志稿》，第九十八册，交通，航政与航运，一九四三年至一九四九年间纂修，稿本，浙江图书馆一九八三年誊录本）

〔民国三十七年前后，浙江杭州〕 杭州市境内河道纵横，水道堪称便利，综计诸流，浙江最大，运河次之，上河又次之。兹将本市船运概况分述如下：

甲、河道。一、浙江。在杭县境内称钱塘江，入桐庐后，称桐江。全长二百零二公里，宽度自二百六十公尺至二千三百公尺不等。其在杭县境内约长四十公里，为杭县第六区与各地交通之唯一水道。沿岸经过重要市镇，有梵村、天池、浮山、袁家浦及周家浦等处，通行轮船及帆船。在杭县境内，共有轮船十五艘，每日各来回二次。来往运输之货物，以柴炭、菜、米、盐等项最多。二、运河。运河起于杭州市，经过崇德、桐乡、嘉兴，而入江苏之吴江县、吴县等处，称苏杭线，为杭至吴县，或其他各县之重要河道，对于江浙两省之货运方面极多贡献。在杭州境内，约长四十公里，宽三十三公尺至一百三十二公尺。沿岸经过重要地点，有博陆、五杭、塘栖等镇，通行轮船及航船，每月轮船来往约四百次。运货方面，输出者以茶为大宗，输入者以南货、粮食、布匹等为大宗。三、上河。由杭州市起，迄海宁城北山，全河约长五十七公里，在杭州境内一段约长二十八公里半，宽六公尺至十六公尺。沿河水势平坦，经过临平镇及海宁至长安镇。通行民航，每月统计来往五百次。运输之货物，以南北杂货及布匹较多。四、下河。由杭州市起，经过杭县之小河镇、祥符镇、奉口、陡门等处，全河共长二十五里半，宽十六公尺至三十公尺。沿途水势平静，汇通运河，四季通航，民船每月统计来往一千次。货物之运输，以南北杂货及布匹较多（以上均节录《中国实业志》）。

乙、航线。一、轮船。1. 杭桐线。杭州至桐庐，隔日开行一次，早晨在钱江码头起点。2. 杭湖线。自杭州至湖兴，在拱宸桥起点，晨六点半及八点半，各有轮船开往。经塘栖、千金、菱湖、荻港、袁家汇等地，下午六点可到。3. 杭绍线。在西兴起点，经过钱清、柯桥等地直达绍兴，当日下午可到。4. 杭兰线。杭州到兰溪,将试驶轮船,在筹备中。二、快船。1.杭兰线。由南星桥三廊庙钱江第一码头起点,经富阳、春江口、窄溪、桐庐、东关等地而至兰溪。每天七时开航,计到兰溪须四天。2.杭屯线。由钱江第一码头起点,每晨七点开船,经富阳、场口、桐庐、建德、罗桐埠、茶园、港口、淳安、威坪、街口、深渡、朱家村等。到淳安须六天,屯溪七天。杭州至诸暨、绍兴,亦有快船通行,在西兴终点(以上三十五周年版《杭州指南》)。附民国十三年杭州小轮码头表(据《中国旅行指南》):

船局名称	班　别	码头地址	开往地点	停泊要埠
招商	申、苏班	拱宸桥登云桥下	上海、苏州	
戴生昌	同上	同上	同上	
庆记	同上	同上	同上	
宁绍公司	湖班	同上	湖州	德清、新市、菱湖、双林
长安公司	同上	同上	同上	同上
钱江公司		江干三廊庙	桐庐	闻堰、里山、富阳、窄溪
振兴公司		同上	同上	
杭诸汽船公司		同上	诸暨	临浦
钱浦公司		同上	同上	
杭兰快轮公司		同上	兰溪	

(千人俊编:《民国杭州市新志稿》,卷十一,航路,民国三十七年修,杭州市地方志编纂办公室一九八七年铅印本。)

〔清光绪二十四年,安徽太平府芜湖县〕　轮船,自光绪二年定约,开芜湖一埠为通商口岸,长江各公司均用趸船寄居江中,以便上下水轮船停泊。近日,租界码头渐次修筑,行将迁移租界,靠岸起运矣。太古公司现已迁至租界。小轮,自光绪二十四年商人创设公司,先行江北、巢湖、合肥,次南京、安庆。今则宁国、南陵内河一带无不通行,共有小轮廿余艘,惟冬令水涸则多半停业耳。

(余谊密等修,鲍实等纂:《芜湖县志》,卷二十九,政治志,交通,民国八年石印本。)

〔清朝末年,安徽桐城县〕　桐城东南两乡,滨江环湖,在以前仅有帆船行驶内河及沿江各镇,时日既迟,安危莫卜。迄至逊清之末,始有行驶长江之小汽船,逐日靠岸于棕阳、新开沟、扫帚沟、桂家坝等各镇。现在有小汽船往还。内河方面,有东西两河可通帆船,西河由棕阳至孔城,计长约八十华里。江潮膨涨时期,金神墩至棕阳之一段,尚可行驶小汽船。东河自王家套经汤家沟,至钱家桥,计长一百二十华里,又土桥经陈瑶湖,至钱家桥,计长二百余里,无论春冬四季,均可行驶帆船。

（徐国治修：《桐城县志略》,十一,交通,民国二十五年铅印本。）

〔民国二十年前后,安徽无为县〕　濡须水西河上源在庐江境内,溯河而上,可直抵其县城,下游通江。一在刘家渡出口,一在裕溪出口,后者尤为往芜湖之大道,县人自办公司购小轮三艘行驶,水涨可直抵县城,冬日马肠河水浅,改由外河可达新河口。至巢县亦通轮船,惟非直达,皆在黄雒河或运漕转船。境内诸支流水涨,通帆船,载客运输,尚称便利。刘家渡为往繁昌、铜陵等地必经之地,惟诸县与无为关系浅,不如往芜湖一路之盛。

（佚名纂：《无为县小志》,第五,交通与商务,一九六〇年据民国二十年稿本石印本。）

〔民国二十五年前后,安徽凤阳县〕　淮为最著四渎之一,西出怀远至蚌埠入县境,东至临淮以下,北岸属五河,南岸仍属凤阳,东过井头冲刘,至杨刘庄,交盱眙界,逶迤百四十里。大率以帆船运输,近十数年创行小火轮,水运尤便。下游由盱眙、五河至临淮,上游由正阳、怀远至蚌埠,皆逐日通行小轮,以利行旅。蚌埠、临淮间,因近铁路,轮运营业,较上下游略逊。

（易季和纂修：《凤阳县志略》,交通,水道,民国二十五年铅印本。）

〔清光绪中叶至民国十八年福建同安县〕　邑自光绪中叶,小轮往来颇众。兹就其来往各港列左：一由厦门驶赴金门及同安属之澳头刘五店（民国后金门另设小轮）；一由厦门驶赴同安之石浔,随潮往返；一由厦门驶赴灌口马銮鼎尾及漳属之新安霞洋；一由厦门驶赴马属之山后亭；一由厦门驶赴东头埔；一由厦门驶赴石码；一由厦门驶赴白水营；一由厦门驶赴安海；一由厦门驶赴泉州或兴化；一由厦门驶赴晋江之深沪。

（林学增等修,吴锡璜等纂：《同安县志》,卷十九,交通,内港行轮之办法,民国十八年铅印本。）

〔清光绪二十五年至民国十年,福建金门县〕　利济安小轮船：金门原有红旗、乌旗两渡船及红旗替、乌旗替两小船,分双单日往来金、厦间,名为文书渡。惟由厦来金,须候夜潮启行,商旅苦之。清光绪二十五年,本地绅商林资杰、杨都试、刘宗泽、程瑞春、林钧德等,提倡集股,与厦商黄姓合资,包租利济安小轮行驶金、厦。寻常搭客,每人收船资银洋三角;凡洋客初次回国,收特别船资一元,众皆称便。嗣因黄姓理事图私,金门遂行退股,由黄姓自办。越数年,旋亦停止。金溪小轮船:厦商自购行驶,船资每人四角,后因搁礁沉没停止。江陵小轮船:厦商购置行驶,船资每人五角。迨金门官商自购顺兴小轮,而江陵小轮遂转行他处。顺兴小轮船:金门于民国三年筹办设治,左知事以金门风涛险要,遇事诸多不便,即就设治项下拨款四千元,令商会傅锡琪招商合股,自赴香港购买顺兴小轮来回行驶,计用银一万有奇,附设小轮船公司于县署,由官商公同管理稽查。迨民国七年旧历七月二十六日夜,停泊厦港,飓风大作,全船机器被风打击,损坏殆尽,水手死者一人。安澜小轮船:驻香港,金门商人杨世铭招股购回行驶,后转行安海。新马小轮船:厦商购置行驶。嗣因三兴小轮亦来争港,而新马小轮乃转行刘五店、澳头两处。三兴小轮船:厦商购置行驶。惟各小轮每早自厦启行,皆湾由刘五店、澳头停轮片刻,起卸客货,然后抵金,仍从原航路返厦。现三兴小轮只径行金门一埠而已。

(左树燮修,刘敬纂:《金门县志》,卷四,水利志,轮船附,民国十年修,一九五九年福建师范学院油印本。)

〔清朝末年后,福建永泰县〕 滩流险恶,轮船不能行驶,清季始有小轮船一艘,由塘前达南台。

(董秉清等修,王绍沂纂:《永泰县志》,卷七,交通志,航政,民国十一年铅印本。)

〔民国十三年后,福建建瓯县〕 汽船始于民国十三年,建泰木行小汽船,由水口试探至通济门江干。查悉建溪春夏水盛时,小汽船均可自由航行,嗣是福星、捷安、新华、捷兴、捷康、建兴、建华等汽船三十余艘均在此地争揽搭客、上下载货,颇有骎骎日上之势。但上游山高水急,若遇天雨,溪洪暴涨,溯流而上,本极容易。晴则水落石山,磷硱棊布,稍一不慎,在在堪虞,水少仅达延平换篷船运建瓯,终不若长途汽车之便利也。

(詹宣猷修,蔡振坚等纂:《建瓯县志》,卷二十四,交通志,汽船,民国十八年铅印本。)

〔民国十七年,福建沙县〕 轮船,本境河道港汊交错,未便航行,惟东南距境二百里水口地方,始有轮船往来,日夜往返开驶,旅行者皆称便焉。民国十七年,潘君伊铭首先提倡,购小汽船二艘,行驶闽沙溪道间,一星期可往返一次,颇称快便。近来商家多踊跃集股,购置汽轮,于水上交通不无裨益,皆潘君提倡之力也。

(梁伯荫修,罗克涵等纂:《沙县志》,卷八,交通志,轮船,民国十七年铅印本。)

〔清光绪二十三年至民国三十四年前后，台湾〕 台湾东岸多断崖急流，船只不易拢岸，西岸本多沙滩，大型船只亦难以靠近。基隆、高雄本系天然良港，惟仅限于木船能靠岸外，汽轮仍无法靠岸。基隆港自一八九七年迄今屡次修筑，至一九四三年为止，已能容纳三千吨级以上轮船四十艘之多。高雄港亦自一九〇八年迄今迭次修筑，至目前为止，重量一万吨之舰只可能自由出入，港口亦可停泊三千吨级以上轮船共二十九艘。其他东岸之花莲港亦在修筑中。淡水河口亦渐重修为港，目前可用木船与中国通商。目前台湾港口共有基隆港、马公港、淡水港、安平港、新高港（一九三九年筑港）、高雄港、花莲港、鹿港、梧栖港（一九三九年筑港）。主要航路共十六线，使用船只共六十二艘，共约十二万吨。据一九三七年十二月统计，台湾在籍船只，有汽船一百三十八只，重量九千四百六十九吨，帆船四十六只，重量三千四百七十八吨。

（柯台山编：《台湾概览》，第四章，台湾的经济，第十节，交通运输，民国三十六年铅印本。）

〔清同治十年后，湖北汉口〕 同治十年冬，设招商局于汉口，时八荒四域咸来宾享互市各口，李鸿章恐中国之利尽为洋商所侵，因请设局招商……是为汉口招商局之始。汉口上海间之航线，扬子江之航路，自上海迄重庆，水程都千四百英里。其间分三段，而地点适中，交通最盛者，厥惟汉口。自汉口至上海，航程六百英里，沿途码头曰黄州、黄石港、武穴、九江、安庆、大通、芜湖、南京、仪征、镇江、泰兴、江阴、张黄港、通州，迄上海而止。其可停泊者，惟九江、芜湖、南京、镇江四处有码头趸船，余皆无之。此固三公司所同，而其主权究为我中国所独，惜欲收回，殊不易也。此路招商局船名曰江裕、曰江宽、曰江永、曰江孚、曰江新，凡五艘。江宽于民国七年春间被楚材兵船撞沉。汉口宜昌间之航线，自汉口至宜昌航程三百七十英里，沿途码头曰新堤、岳州、沙市，迄宜昌而止……招商局上驶之轮仅二艘，曰快利，曰固陵，余为他公司之轮，不录。此外又有由汉口至湘潭、至常德两航线。

（侯祖畬修，吕寅东等纂：《夏口县志》，卷九，交通志，航业，民国九年刻本。）

〔民国九年前后，湖北夏口县〕 汉口近日之小火轮航运业：汉口为通商巨埠，向来各路船只麇集河干者奚下数十百种，为数奚下数千万，姑不备述。惟自轮舟发达以还，商民乐其便利，知业此者必易致富，遂各争先斗捷，创立公司，租赁小火轮通行各小口岸，大有蒸蒸日上之势。约略言之，则有所谓厚记、仁记、利济、开济、永清、道生、两湖、全鄂诸公司。其舟或径渡省垣，或行府河、襄河及附近湖港，东至黄州，西至仙桃镇，南至咸宁，北至德安与黄陂，亦能至湖南常德者。惟其魄力不厚，停驶无恒。

（侯祖畬修，吕寅东等纂：《夏口县志》，卷九，交通志，航业，民国九年刻本。）

〔清代后期至民国二十年，湖南长沙〕 水路：东北一隅有新河、浏渭河两水入湘，轮帆交通，民商称便。轮船可往来之地，计溯湘流而上，可抵湘潭、衡州，沿湘而下至靖港。由靖港可入宁乡，由乔口可入益阳，由常德可至桃源、沅陵等地，再渡洞庭过岳阳入长江，以达汉口。惜自通商以来，外人取得内河航行权，于是湘省航权多为英、日两国所攫取。

（曾继梧等编：《湖南各县调查笔记》，地理类，长沙，交通，民国二十年铅印本。）

〔清宣统元年至民国二十五年，湖南安乡县〕 轮船交通于清宣统己酉，西达津市、常德，南驶长沙。夏秋水泛，间日开班，直行无阻，行旅称便。唯春冬水涸，洞庭淤塞，长安路线必提拨，难直达。

（王燨纂修：《安乡县志》，卷六，交通，民国二十五年石印本。）

〔民国二十年前后，湖南临湘县〕 外滨大江，近有小火轮由新堤到岳州，在螺山停舶载客货。

（曾继梧等编：《湖南各县调查笔记》，地理类，临湘，交通，民国二十年铅印本。）

〔民国二十年前后，湖南湘潭县〕 湘潭航路，由城南湘水北通长江各行省，其往来轮船系中国之招商、新鸿运，英商之怡和，日商之日清各船。船之大者，则往来于汉口、沙市、沅江、常德，每日或一二班不等。船之小者，则专走长、潭，每日分早、接、午三班，用船约五六号，南通衡、永各府，水深时可行小船至衡州，平时则惟株州、渌口、易俗市等处，日有小轮行驶。民船上通两广、下出两湖。其县西涟水下游，可通小轮至石潭。

（曾继梧等编：《湖南各县调查笔记》，地理类，湘潭，交通，民国二十年铅印本。）

〔清光绪年间至民国年间，广东恩平县〕 长行渡前，有由邑城往来省城两艘，出入需十日一次，其时搭客多两阳及高、雷、廉、琼四府土商。自光绪间准用小火轮拖带蛮船往来省城、新昌，皆喜其快捷，恩省两渡遂致停摆。后有人雇浅水电船由船角接驳新昌、省、港、佛轮船，又以水浅沙胶不能依时抵境，旋开旋止。其往来新会、江门、九江帆船，程途较远，日渐稀少。惟往来赤㘵三埠照常行驶而已,固以新昌外河道危险,而火轮船继起,其迟速有不同也。

(余丕承修,桂坫纂:《恩平县志》,卷七,建置,渡,民国二十三年铅印本。)

〔清宣统三年至民国三十二年前后,广东丰顺县〕 韩江行驶电轮,肇自宣统三年春,由商办捷安轮船,自高陂驶泊潭江、新渡、留隍三站,下至潮州府城,每日来往一次。嗣是接踵继起,多至二十余艘,上通松口、大埔,下达潮城,络绎不绝,县境潭江、新渡、朱坑、留隍均设置驳艇,接客上下。民国二十一年,有单行留隍、潮城电轮及专行高陂、潭江、留隍电轮,均每日各来往一次,交通益臻便利。二十七年夏,潮、汕沦陷,上游各电轮均航至留隍止。最近以电油奇贵,各电船公司相率罢业,其航行者仅存一二艘。至如黄金埔通行韩江之产溪渡船,向有百余艘,县境沿岸之篷船、四肚船、五肚船、开尾船为数尤多,与夫汤坑来往揭阳之篷船,同为运输土产商货者,自抗战后均日减少矣。

(李唐编纂:《丰顺县志》,卷八,政治二,电船,民国三十二年铅印本。)

〔民国二十三年前后,广东大埔县〕 轮船之航运。航行大埔邑之小轮,以辛亥光复元年十二月始创开行。初有高陂罗云石、枫朗罗子衡等首倡集股购铁底轮船一艘,名曰捷安,于光复前以河道淤浅须加疏浚为由,呈请劝业道核准,许以专利八年,殊船未开行,已经光复,案亦自然消灭。自捷安轮航行之后,搭客来往皆称便捷。民国二年,邑人旅南洋者复集资置办协和、同和二艘,皆铁底。又一年,复有人集资置木底小轮瀛洲、星洲二艘,同时梅县及汀、杭商家亦相率购轮行驶。二三年之间,而全河小轮多至十余艘,逐日上下辄有二三艘同时开行。此十数年间彼仆后继,至现在行驶者,皆为木底小轮,凡十有八艘。其航线分大河小河,自潮州行至石上之产坑止,经营者都为埔人。小河自潮州行至松口止,经营者多为梅人。若遇冬季水浅,皆至三河城为止,三河以下,各站停轮皆同,不以大小河分也。以下将全河各船站分述之:留隍(属丰顺境,有渡轮一艘,轮船经过时,鸣笛即驶靠轮旁,驳客上落)、潭澳(属丰顺境,有渡船一艘,轮船经过时,鸣笛即驶靠轮旁,驳客上落)、高陂(全河船站此为最大,共有船五艘,皆专司驳客者,凡小轮过此,皆停轮半时许,然后开行,并有栈客登轮招客)、恭洲(有驳艇二艘,但因搭客不多,停轮不久,无客或竟不停)、大麻(有一定驳船专司驳客)、三河(有一定驳船专司驳客,且大小河船若遇时间过夜,恒在此停宿,次日然后开行,每次轮船停泊,均有栈伙登轮招客)、大埔(有一定驳船专司驳客)、石上(船行至产坑口止,有驳船驳客上落)、蓬辣(属梅县境)、松口(属梅县境),以上各站皆必然停轮者。此外，桃花、黄坑、党溪、广陵、平沙口及小河浒、梓村口、水兴各处遇有搭客，亦可特别停轮，但船票须照前一站计算。小轮之营业创行之初，专以载客为主，不载货物。近年来各商家货物多嫌篷船运载过于迟滞，大抵下水篷船皆系独行，上水篷船多半装货以后，附搭小轮拖带，每次由潮开上皆拖带三五艘不等，其搭客价目，则下水比上水减半，其速率上水每小时约行十五里，下水约三十余里，兹将船名价目录列如下。大埔来往各埠小轮船名：永康、永平、保安、泰生、福安、潮梅、永丰、永泰，以上八艘行驶大埔者。新宁、新华、华丰、交通、华侨、裕生、义生、禄星、太平、东兴，以上十艘，经过大埔各站，行驶松口者。敬州、长春、晋康、诚昌、平安、达江、大宁、潮阳、安西、福星、永兴、海阳、南星、镇生、东安，以上十五艘现在暂自停驶者。

大埔来往各埠小轮价目表

站　名	头　等	二　等	三　等
潮州至留隍	二元	八角	六角
潮州至潭口	二元六角	一元三角	九角
潮州至高陂	三元	一元七角	一元二角
潮州至恭洲	三元四角	二元一角	一元四角
潮州至三河	四元	二元四角	一元七角
潮州至大埔	五元	三元	二元
潮州至产坑	六元	三元八角	二元四角
潮州至蓬辣	五元二角	三元	一元九角
潮州至松口	七元二角	三元六角	二元四角
留隍至潭口	一元	五角	四角
留隍至高陂	一元六角	九角	六角
留隍至恭洲	二元	一元三角	九角
留隍至大麻	二元二角	一元六角	一元一角
留隍至三河	二元八角	一元七角	一元二角
留隍至大埔	三元四角	二元二角	一元六角
留隍至产坑	四元三角	三元	一元九角
留隍至蓬辣	四元三角	二元三角	一元五角
留隍至松口	五元五角	二元九角	一元九角
潭口至高陂	一元	五角	四角
潭口至恭洲	一元三角	八角	六角
潭口至大麻	一元七角	一元二角	八角
潭口至三河	二元二角	一元三角	九角
潭口至大埔	三元	二元	一元四角

（续表）

站 名	头 等	二 等	三 等
潭口至产坑	三元八角	二元五角	一元八角
潭口至蓬辣	三元八角	一元九角	一元三角
潭口至松口	四元七角	二元五角	一元八角
高陂至恭洲	一元	五角	四角
高陂至大麻	一元三角	七角	五角
高陂至三河	一元六角	九角	六角
高陂至大埔	二元四角	一元七角	一元一角
高陂至产坑	三元二角	二元二角	一元六角
高陂至蓬辣	三元	一元五角	一元
高陂至松口	三元八角	二元一角	一元四角
恭洲至大麻	六角	四角	三角
恭洲至三河	一元二角	六角	四角
恭洲至大埔	二元	一元二角	九角
恭洲至产坑	二元九角	一元七角	一元二角
恭洲至蓬辣	二元二角	一元二角	九角
恭洲至松口	三元二角	一元八角	一元三角
大麻至三河	六角	四角	三角
大麻至大浦	一元五角	一元	七角
大麻至产坑	二元四角	一元五角	一元一角
大麻至蓬辣	一元六角	一元	七角
大麻至松口	二元六角	一元六角	一元一角
三河至大埔	一元二角	八角	五角
三河至产坑	二元一角	一元四角	九角
三河至蓬辣	一元	六角	五角
三河至松口	二元	一元二角	九角
大埔至产坑	一元二角	八角	五角
蓬辣至松口	一元二角	八角	五角

上表具系上水价目，下水照价五折。

（温廷敬等纂：《大埔县志》，卷九，交通志，航运，民国二十四年修，三十二年增补铅印本。）

〔清光绪初年至民国十年后，广西邕宁县〕　邕河为左右江汇合之点，交通素称便利，在清光绪初未有轮船以前，凡载货搭客运赴上下游者，惟有民船。光绪中，乃有车扒，所用职工较民船为多，速率亦较民船为强，且立有公司，又有兵勇保护，商民称便，然终未得称为航政也。光绪二十六年夏间水涨，有某国兵轮一艘，自梧驶入邕河，停泊数日，遂为邕河通行轮船之始。自后商人渐次探测，乃有明轮暗轮之小轮试办航行，颇觉便利。每岁畅行无滞，于是有邕梧线、邕龙线、邕百线之推广。至宣统及民国初，为航业发达时期，公司共有八家，商轮数十艘。……时陆巡阅使又置有兵轮六艘，驶行上下游，以资保护，故河道畅行无阻，百货流通，后之言航业者皆不及。自民十政变，各兵轮、商轮俱假为军用，后虽恢复航行，而商业衰歇，景象大不如前矣。

（谢祖萃修，莫炳奎纂：《邕宁县志》，卷二十九，交通志二，航政，民国二十六年铅印本。）

〔清光绪中叶至民国年间，广西龙津县〕 光绪中叶，邕龙车渡公司成立，舟楫往来已觉便利。宣统间，电船东来，邕龙车渡改为汽船，以相竞争，而舟行益捷。所可惜者，隆冬水浅，汽船只能至响水圩，必须帆船接驳，殊为憾事。

（李文雄、陈必明纂修：《龙津县志》，第七编，交通，水路，民国三十五年稿本，一九六〇铅字重印本。）

注：原龙州县，民国二十六年改名龙津县，一九六一年复称龙州县。

〔清光绪二十四年，广西浔州府贵县〕 贵县幅员广阔，郁江横贯，津渡相望，涉济以舟……清光绪二十四年始通汽船，水路交通益便。

（欧仰羲等修，梁崇鼎等纂：《贵县志》，卷二，社会，生活状况，民国二十四年铅印本。）

〔清光绪二十四年至民国二十四年，广西贵县〕 郁江为贵县主要航路，在县境内计长一百五十五里，蜿蜒东趋，其上游经竹枝埠、新塘、瓦塘、香江至横县界，其下游经罗泊湾、苏湾、东津、万盖至桂平界……帆船而外，有汽船往来邕宁、梧州，复有拖渡直达梧州或江口。……按：昔时航路唯恃帆船，县城江干帆樯率以千计。清光绪二十四年，始有汽船行驶贵县、梧州，继则邕宁、江口俱有专轮，行旅既便，帆船遂少。今县属瓦塘、香江、木梓、东津各墟市往来县城之墟渡仍为帆船，凡五十余。此外则大船、渡艇、渔舟之属，凡二百余，总计县属帆船仅逾三百，以视往日迥不侔矣。

（欧仰羲等修，梁崇鼎等纂：《贵县志》，卷六，交通，航路，民国二十四年铅印本。）

〔民国三年后，广西阳朔县〕 民国三年起，始有汽船由梧州上驶，直达桂林。嗣后每年春夏水涨时，常有汽船来往经过县境，随处停泊。

（张岳灵等修，黎启勋等纂：《阳朔县志》，第四编，经济，交通，水道，民国二十五年修，民国三十二年石印本。）

〔清代后期，四川重庆府巴县〕 重庆商埠繁盛后，外侨日多，皆垂涎川江航运，以为巨利可图。先是英商立德援据《烟台条约》，自置轮船，拟由宜上驶。经官民反对，乃由政府备价接买，其船即后往来宜汉间之固陵船是已。踵英商而起者，则有德商瑞生，其船驶至空舲峡触礁沉没。于时外商购贩货物，恒雇木船运输，而悬外国商旗为标识，俗称曰桂旗船。然英之威进、乌那两兵舰托保侨之民，往往乘涨上下矣。

（罗国钧等修，向楚等纂：《巴县志》，卷十四，交通，轮船，民国二十八年刻，三十二年重印本。）

〔清光绪三十三年至民国二十八年，四川巴县〕 清光绪三十三年，劝业道周善培在重庆商会议集股本银二十万两，创办川江轮船公司。初购蜀通船一艘，雇英人普南田为船主，航行宜、渝间，颇称便利。嗣又添购蜀亨、蜀和、新蜀通三船，初尚获利。及蜀和、新蜀通先后遇险沉没，公司负债，始将蜀通、蜀亨拍卖，宣告停业。年来民营航运事业最为发展者，厥为民生公司，共有大小轮船四十六艘，自有四十三艘……租赁三艘。……航线（洪水）：渝申、渝宜、宜申、渝嘉、渝涪、渝合、泸邓。航线（枯水）：宜申、渝宜、渝叙、渝涪、渝合、涪万。民生公司而外，尚有植光、三益、永游、兴华、永济、江渝、佛亨、广庆等数公司，然多者轮船三数艘，少则一二艘而已。又招商局之峨眉、三北公司之富阳、富华，亦行驶川江轮船也。

（罗国钧等修，向楚等纂：《巴县志》，卷十四，交通，轮船，民国二十八年刻，三十二年重印本。）

〔民国十七年前后，四川长寿县〕 长寿地濒大江，上达重庆，下迄涪陵，所辖河流虽止四十五里，而轮舟往来如织，至为扼要，能自订汽船及大小轮行驶，此第一交通利器也。

（汤化培修，李鼎禧纂：《重修长寿县志》，卷一，地理部第一，交通，民国十七年石印本。）

〔民国二十二年前后，四川重庆〕 年来民营航运事业最为发展者，厥为民生公司，共有大小轮船四十六艘，自有四十三艘：民元、民本、民权、民风、民贵、民俗、民彝、民政、民族、民联、民耀、民主、民铎、民康、民来、民苏、民运、民熙、民宪、民勤、民俭、民享、民意、民福、民裕、民治、民安、民望、民选、民有、民觉、民生、民殷、民视、民律、民听、民法、民宁、民约、民信、民庆、民用、民德；租赁三艘：元通、南通、昭通。

（朱之洪等修，向楚等纂：《巴县志》，卷十四，交通，轮船，民国二十八年刻，三十二年重印本。）

〔清光绪三十四年，云南云南府昆明县〕 轮船公司，光绪三十四年十二月，职商张绍明呈准开办。

（倪惟钦、董广布修，陈荣昌、顾视高纂：《昆明县志》，卷二，政典志，实业，民国三十二年铅印本。）

〔民国十三年前后，云南昆明〕 轮船为昆玉船车公司所置，计有新旧二只，载重约二十余吨，一用蒸汽力发动，一用电力发动。每日由大观楼开驶，经西山、西华街、观音山、古城等处至昆阳，复由昆阳驶回，载运出入客货。

（张维翰修，董振藻纂：《昆明市志》，交通，船舶，民国十三年铅印本。）

（三）铁　　路

〔清光绪十五年至民国十七年，河北房山县〕 中国之有铁路，始自唐山，而津沽，而京榆，相因继起。清光绪十五年，乃有芦汉之议，张南皮主持最力，因时机未熟，阻力横生。洎甲午战后，始知交通系一国盛衰，深闭固拒徒窒利源而防大计，于是筑路之议复兴。二十二年，盛宣怀充督办。二十三年，与比公司议借英金四百五十万镑，勘明路线，分段并举。二十四年，芦保路成，周口店支路以石料故，同时并起。二十六年，奉变，稍受影响。是年，汉信保正成。三十年，郑信成。三十一年，黄河桥成。由是南北沟通，经时已九稔。此路虽曰借款，无异于租，一切利权全非我有，赎路之议又起。三十四年，合同期满，当局者一面招公债，一面借部款，一面提本路余利，不足复由邮部另借新款内拨与比公司，经数目磋商，始能就序，而全路始归中国有。甲、周口店铁路，开始于清光绪二十二年。起初原为运石料之用，先设站于韩，继续修至周口店，至琉璃河站，长三十二里，前门站一百三十里。先仅运石，继运灰煤，输出日多，厂商云集。今周口店车站商业甲全县，人皆视为乐土，昔为不耕之石田也。它里铁路，成于清光绪二十九年，至良乡站二十四里，前门站九十六里，自周口店护利，它里之路因之而起，其商业繁盛同周口店。乙、周车轻便铁路，七年勘路，八年告成，起周口店，至车厂,长十余里,由大丰公司建筑。专为运煤之用,名为自采自运,而规划宏大,欲由车厂村西开山通道至三安子等处,以握山后利权,九年春已开办矣。安福一败,股东失势,其事遂寝。十六年,复开工。丙、它里高线路,光绪三十二年勘路,三十三年开工,二年路成,由它里至青水港计七十四里。当勘路之初,附近各村以其害己也阻之。公司运动经年,始克成就,路成后不数年,风波又起。初承办商人为王贤宾,自孙鸿钧承办后,获利甚厚,王贤宾思恢复之,兼孙氏不履行旧约,村民皆怨。地方人遂与王氏合而风波起,事平后地方稍得利益。近年战争迭起,而利益全归军饷矣。丁、周长高线路,八年兴筑,自周口店至横门,计十四五里,为它里高线公司筑。初,路权本非该公司所有,当北线阻路之风波一起,南路绅商亦加入其内。北路议和,南路煤商不知保守周长所有路权以自固,反与北绅内哄,而高线商人出敏活手腕,而南绅遂入其术中,并周长路权许其立案。而利权外溢,后人屡争而不能得,自周车修而高线公司恐其侵权也,遂亦于八年兴筑,地方人莫敢谁何。

(冯庆澜修,高书官等纂:《房山县志》,卷二,地理,交通,民国十七年铅印本。)

〔民国十三年前后,河北良乡县〕 良乡县京汉干路,车站距长辛店二十五里,有多宝塔为之标,由此路南三里分支,有它里枝路三十四里,接高线路运煤。宝店京汉干路,车站距县治二十里。琉璃河京汉干路,车站距县治四十里,有铁桥二百四十公尺,合华尺七十五丈,由此站分支至周口店三十五里,每年运煤约一万三千五百车,石灰约四千二百余车。

(周志中修,吕植等纂:《良乡县志》,卷一,舆地志,铁路,民国十三年铅印本。)

注:良乡县今为房山县。

〔民国二十六年,河北通县〕 本县境内铁道,计有新旧两线。旧线为通州线,即旧京奉线之京通支线;新线为京古线,乃民国二十六年鸠工新筑者。

(金士坚修,徐白纂:《通县志要》,卷四,交通,铁路,民国三十年铅印本。)

〔清同治至光绪年间,江苏淞沪抚路〕 同治五年七月,英商玛礼逊(邢台马其沙实业公司之经理人)创筑铁路,由上海老靶子路至江湾,长十里八分。光绪二年三月,更由江湾延长达吴淞口,共长三十里五分,轨宽四尺,类今之轻便铁路。三年九月,总督沈葆桢购回拆毁,偿英商银二十八万五千两,车轨等件移台湾,供运煤之用。二十二年十月,南洋通商大臣奏准复筑。二十三年三月开工,二十四年七月工竣,路线由靶子场起点,经张华浜至炮台湾,长三十里五分七,用玛礼逊旧线者十之三，共用银九十二万五千八百二十八两，内购地费十二万六千三百四十八两。三十年九月，归并于沪宁铁路。案：此路系南洋大臣奏办，又经王文韶、张之洞奏归铁路总公司管理，作为国家铁路，不招商股，不用借债，吾国完全之铁路仅此一线。

（吴馨等修，姚文楠等纂：《上海县志》，卷十二，交通，轨，民国二十五年铅印本。）

〔清同治至光绪年间，江苏淞沪、沪宁铁路〕 上海铁路，建筑最早者，莫如淞沪铁路，在美租界之靶子路，来往仅在数十里间，故利益尚鲜。近怡和洋行承造宁沪铁路，自沪至苏州、无锡，业已告竣开行。行旅输运，纵称便利。然借用洋款，窃恐主权外移，终非吾省之幸福。虽有十五年归还之约，其果可信否耶？

（李维清编纂：《上海乡土志》，第一百三十八课，铁路，清光绪三十三年铅印本。）

〔清同治五年至光绪二十四年，江苏淞沪铁路〕 淞沪铁路：同治五年，政府徇英商之请，准自上海至江湾建设铁路，计长十二里。迨光绪二年，展至吴淞，共长三十里。嗣以有碍主权，翌年，由总督沈葆桢与英人在金陵议定以三百万金购回。驶行一年，旋即拆毁，载往台湾敷设基隆海口铁道，以为运煤之用。光绪二十二年，督办铁路大臣盛宣怀奏准由我国自行开筑，就原线略有移动。二十四年四月，车通至蕴藻浜。翌年冬至炮台湾，全路较旧线增二里余。三十一年四月，改为沪宁支路。

（钱淦等纂：《江湾里志》，卷七，交通志，陆道民国十三年铅印本。）

〔清光绪二至二十九年，江苏淞沪铁路〕 中国之有铁道，固当以上海淞沪一段为起点，即清同治十三年，英国实业公司，即怡和洋行，于上海至江湾筑一铁路，计华里十里。光绪二年，更延长至吴淞，名淞沪铁路。其时风气未开，人民少见多怪，且路为外人所办，每多疵议，而该铁路机车适以烟囱爆烈〈裂〉，死伤多人，群起攻讦，旋由沪道刘瑞芬商承江督，由政府收买拆毁。此路行驶火车，仅数阅月之命运，且沪站设于北河南路、文监师路转角之南，北河南路所通之桥，俗称铁马路桥，盖由此得名也。后因当局诸公晓然于铁道之功用，乃由清政府派员从事建筑，仍从淞沪入手，其路线一仍其旧。迨光绪二十三年九月，始全线通车，即今行驶者是也。于是而沪宁、沪杭亦继起矣。或谓光绪元年二月某日，举行上海、江湾间试车，人民空巷往观，当时人民已感觉火车之便利，故乘者极多，票价由上海至吴淞头等一元，二等五角，三等二百文，并规定制钱一千二百文作银一元，公司中每星期恒获利二十七镑。忽某日，有我国兵士一名沿轨道行，为火车撞毙,于是上海我国当局遂照会英领事转令公司停车,并请清廷与英使交涉(今日视之不免为因噎废食,小题大做,然当日之重视民命,亦可想见)。结果,由我国以二十八万五千两购该公司全部产业,迨光绪三年九月十五日该款付清时,即遭工人将铁轨掘起,路基铲平,站房拆毁,而交通上之进步遂受一大打击矣。

(胡祥翰编:《上海小志》,卷三,交通,民国十九年铅印本。)

〔清光绪二十九年,江苏沪宁铁路〕 沪宁铁路:清光绪二十四年闰三月,督办盛宣怀与银公司订立草约,借款兴筑沪宁铁道,派员潘学祖会同英人玛礼孙勘测路线。二十九年八月间始兴筑,至三十一年十一月车通至南翔,明年五月至无锡,又明年四月至常州,九月至镇江,又明年二月至江宁,全线于焉告竣。东自彭浦,经本乡生二十二图信圩、生二十一图人圩、生二十图服圩、生十九图鸣圩、生十图称圩、唐圩、翔圩(车站设焉),霜十二图南盈圩、夜北六图称圩、往圩,夜八图收圩,夜十二图敢圩、作圩,西入嘉定而至江宁,计占地四百三十八亩三分八厘六毫,长计一千八百六十一丈四尺。

(王德乾撰:《桃溪志》,卷一,舆地,路街,民国二十年抄本。)

〔清光绪二十九年至三十四年,江苏沪宁铁路〕 沪宁铁路:光绪二十九年,政府从督办铁路大臣盛宣怀议,与英国订借款合同,照勘定沪宁路线,节次兴工。三十一年十月,车通至南翔,明年五月至无锡,又明年四月至常州,九月至镇江,又明年二月至江宁,全路于焉告竣。其路线之属于[宝山]邑境者,自界路北车站起,迤西至已塞之老虬江,越上海境而西北,复由彭越浦经王家井亭,至俞店铺北首,毗连嘉[定]境之界河止,共占地五百十九亩七分六厘三毫。

(张允高等修,钱淦等纂:《宝山县续志》,卷八,交通志,陆道,民国十年铅印本。)

〔清光绪三十一年,江苏沪宁铁路〕 沪宁铁路,起宝山县结一图,讫〈迄〉江宁城外下关,由盛宣怀与英国银公司订立合同,光绪三十年购地兴工。经过黄渡区域者,东自青[浦]界三十一保二区下二图起,迄西至嘉[定]界水十五图止,约十里。其车站建于青界三十一保一区四图吴家村之南、踢桥之北,计地一百四十四亩六分有零。凡铁路需用之地,无论建站、筑轨,每亩给价洋四十元,民间瓦屋每间给迁建费钱五十千,草屋每间二十余千。三十一年夏,工竣售票,每日停车次数及时刻,均无一定。

(章圭璋纂:《黄渡续志》,卷一,建置,交通,清宣统三年修,民国十二年铅印本。)

〔清光绪季年,江苏沪宁铁路〕 光绪二十九年二月,署总督张之洞奏准建筑沪宁铁路,督办盛宣怀与英商银公司订借英金二百二十五万镑作为资本。先是,二十二年,南洋大臣奏办吴淞至江宁铁路,估银七百万两,以瑞记借款所余二百五十万两及两淮盐务拟筹之一百万两为资本,其余概招商股。王文韶、张之洞请拨直隶海防银五十万两,合成三百万两,先造淞沪,续造沪宁,奉旨允准。时德筑山东路,俄筑东三省路,英政府大为垂涎,遂乘淞沪未竣工时,实行经营扬子江手段。二十四年闰三月,电驻京公使向总理衙门索办沪宁,政府命盛宣怀与银公司订草约于上海。适英以杜战,吾以拳乱,彼此迁延。二十九年二月订定正约,借款三百二十五万镑。江苏官绅纷纷力争,始图收回自办,继因约不能废,乃谋减轻成本,冀早赎回,取销百万镑,仅借二百二十五万镑,九折交付,周年利息五厘,限五十年还清。年限内,银公司有总揽之权,如届期本或息不完全,路所有产业统归银公司管理。又银公司承办各项材料,每百抽五,行车以后,营业所入纯利,银公司得五分之一,即照借款五分之一之数预先给发,余利凭票综计。银公司为我国借款,可不费一文坐获百分之三十五之大利,而周息五厘之付于资本家者又在其外。通盘核算,我国名虽借九折之款,实乃过于六折。购地款二十五万镑,六厘行息,无论何时可赎还,然以淞沪铁路作抵。八月开办,三十二年五月沪锡线工竣,十月总办唐绍仪又借英金六十五万镑,九五折,交付年息五厘,限二十五年,以我国政府之铁路财产作保证,此路用费之巨,倍于他路。三十三年正月锡常线竣,八月常镇线竣,三十四年三月镇宁线竣,全路共长六百零三里。本路前设总管理处,凡事取决会议,洋员每占多数。宣统元年,更订办事章程,撤废总管理处,以华人为总办兼议员领袖,主权始渐收回。

(吴馨等修,姚文枬等纂:《上海县志》,卷十二,交通,轨,民国二十五年铅印本。)

〔**清光绪季年,江苏沪宁铁路**〕 沪宁铁路,起上海北界毗连之宝山县江湾乡结一图,讫〈迄〉江宁城外下关,由督办盛宣怀奉政府令与英国银公司订立借款合同。光绪三十年,购地兴工。三十一年十月,车通至南翔。明年五月至无锡,又明年九月至镇江,又明年二月至江宁,全路告竣。路线之经过嘉定者,东自毗连宝山境之陈店乡芥十八图界河起,迤西北经南翔、封浜、真圣堂三乡,再入封浜乡,越青浦界,复由黄渡乡经方泰乡再入黄渡乡,再入方泰乡,至安亭乡小徐公浦止。车站一设南翔镇西南薑十八图,一设黄渡镇北青浦界三十一保一区,一设安亭镇北河四图境内。

(陈传德修,黄世祚、王煮曾等纂:《嘉定县续志》,卷二,营建志,交通,民国十九年铅印本。)

〔清光绪三十二年至宣统元年，江苏沪嘉铁路〕　光绪三十二年，江苏绅商请办本省铁路，四月，组织苏路公司，闰四月，商部奏准商办，并派本部右丞王清穆为总理，头等顾问官张謇为协理，定名曰："苏省铁路有限公司"。先集股银一千万元，分作二百万股，每股银五元，先入之一百万作为优先股，其招股满千股者，加给五十股，作为红股。截至宣统三年止，实收股本规元二百九十九万二千零六十四两八钱七分，请部添派在籍翰林院编修王同愈为南路协理，安徽候补道许鼎霖为北路协理，先筑南路之沪嘉路。时议路线与山东、河南、安徽、浙江四省接轨，除沪宁铁路已借外债筹筑外，先从上海至嘉兴、苏州至嘉兴入手，与浙省接轨，其与齐、豫、皖接轨各路线以次规定。至三十四年又议定，南路由上海至嘉兴，曰沪嘉线；由苏州至嘉兴，曰苏嘉线。北路由清江至徐州，曰清徐线；清江至瓜州，曰清瓜线；清江至海州，曰清海线，以次筹筑。九月，开第一次股东大会，十一月行开工礼，三十三年三月商部核准注册，八月开车，九月沪杭甬借款议起，苏省绅商极力反对。三十四年二月，邮传部奏准英商借款，部借部还，苏浙两公司承领部拨存款，铁路乃系完全商办，并无变更，邮传部仍与他商办之铁路公司一律看待。三月沪松路线开车，宣统元年四月行全路开车礼，共长十九万一千尺，合华里一百十二里。

（吴馨等修，姚文楠等纂：《上海县志》，卷十二，交通，轨，民国二十五年铅印本。）

〔清光绪末年至宣统年间，江苏青浦县〕　铁路之经邑境者：一沪宁铁路，光绪三十四年筑成，道经邑之东北境黄渡区三十一保一区四图及二区二图，黄渡车站建在县境。一沪杭甬铁路，宣统三年，沪杭线先告竣，道经邑之西南境大小蒸区四十一保一区四十一图及四十三图。

（于定增修，金咏榴增纂：《青浦县续志》，卷五，山川下，铁路，民国六年修，民国二十三年增修刻本。）

〔清宣统元年，江苏沪金铁路〕　宣统元年，浦东同人会会长李钟珏等，倡议建筑沪金铁路。其路线拟自上海境浦东杨家浦起，东抵川沙钦公塘，就塘建筑，南经南汇、奉贤、华亭，至金山境之江、浙界碑止。呈部，交苏路公司核议，不覆，未能实行。

（方鸿铠等修，黄炎培等纂：《川沙县志》，卷二十三，故实志，民国二十六年铅印本。）

〔清宣统元年至二年，江苏沪杭铁路〕　宣统元年四月，苏省铁路沪嘉线行全路开车礼，共长十九万一千尺，合华里一百十二里。其在松江境内者，为自梅家弄至枫泾止一段,计长50.44公里,设站凡五,曰莘庄,曰新桥,曰明星桥,曰松江,曰石湖荡。……按是年六月二十八日接轨,七月廿八日实行沪杭通车。宣统二年庚戌四月廿一日,苏路试行新车,开至枫泾。

(雷君曜撰,杜诗庭节钞:《松江志料》,交通类抄本。)

〔民国四年,江苏沪杭甬铁路〕 沪杭甬接轨铁路,北在台子港,接沪宁铁路,迤西过梵王渡,有站名梵王渡站;转东南过李泓泾,达唐子泾,有站名徐家汇站;迤东过肇嘉浜,转南过龙华港、漕河泾港达犁角尖,有站名新龙华站,接杭路。民国四年交通部筑。

(王钟撰,胡人凤续辑:《法华乡志》,卷一,沿革,里至村落,清嘉庆十八年编,民国十一年续编,抄本。)

〔民国五年,江苏沪宁铁路与沪杭铁路〕 沪宁铁路与沪杭铁路接轨之议,在前清宣统三年已有动机。时议定三线为架空铁路,第一线由沪宁上海站发轨,直向南行,路跨英、美、法租界,以达沪城门外,与沪杭甬路接轨;第二线由叉袋角起点,贴绕租界,以达沪杭甬路;第三线由真如起点,南行跨苏州河,经梵王渡、徐家汇等处,至日晖港接轨。后经两路总工[师]详细估勘,决定沪宁一面以叉袋角货栈迤西八百码为起点,沪杭一面以龙华为起点,其路线所经自叉袋角迤西过苏州河之支流西南行,跨苏州河而达梵王渡,经法华又南行,经徐家汇又偏东行,达龙华西首之犁角尖(今名新龙华)接轨,于民国三年绘图帖说呈由交通部核准,四年三月兴工,五年十一月工竣,十二月四日通车。接轨线自龙华新站起,至上海北站止,共车站四个,本线里程十六公里又百分之六十,岔道八公里又百分之六。上海北站实为沪宁、沪杭甬两路之总车站,亦称北站,而原有之沪杭甬车站则称南站。

(吴馨等修,姚文楠等纂:《上海县志》,卷十二,交通,轨,民国二十五年铅印本。)

〔民国十至十五年,江苏川沙县〕 上川长途机车。民国十年一月,邑人黄炎培、张志鹤、顾家会、凌宗耀、陆清泽、陆懋德等发起组织上川交通股份有限公司。旋与川沙交通股份有限公司、旋与川沙交通局、上海浦东塘工局订立合同,租用上川县道,设轨行驶机车。自川沙四灶港起经暮紫桥、小湾、大湾、龚家路、曹家路、邵家街,入上海县境,达庆宁寺止,计长二十一公里。在川境长十三公里,约合二十三华里,由公司垫款建筑。十四年九月,奉交通部发给长宁第十八号立案执照。十月三日,龚家路至庆宁寺一段,先行工竣,开始通车。至十五年七月十日全路始告完成，正式通车。八月，奉农商部发给第一一一一七号注册执照。公司资本额初定十五万元，至十五年一月十四日，经第二次临时股东会议决，增加资本十五万元，共为三十万元。

（方鸿铠等修，黄炎培等纂：《川沙县志》，卷七，交通志，舟车，民国二十六年铅印本。）

〔清光绪十七年前后，天津〕 铁路官局，光绪十七年三月建，坐落法租界。先是，开平煤矿既成，商建铁路，以便转运，当于光绪十三年二月设商局于红楼后，嗣经总理各国事务衙门奏建铁路官局，归并办理，续又接办山海关外，复分官商两局，各自经理，后又归并为一（原奏：查铁路之议，历有年所，毁誉纷纷，莫衷一是。臣奕谟向亦习闻，陈二元常持偏论，自经前岁战事，复亲历北洋海口，始悉局外空谈与局中实济判然两途，当与臣李鸿章、臣善庆巡阅之际，屡经讲求。臣奕谟管理各国事务，见闻亲切，思补时艰，臣曾纪泽出使八年，亲见西洋各国轮车铁路，于调兵、运饷、利商、便民诸大端为益甚多，而于边疆之防务、小民之生计实无危险窒碍之处。近在总理各国事务衙门行走，于此事更加留意，探询所闻相同。现在会同酌核，华洋规制，自古不同，铁路利益虽多，若如外洋之编地安设，纵横如织，不惟经费难筹，抑亦成何景象。至调兵运械，贵在便捷，自当择要而图，未可执一而论。正商榷间，据天津司道营员联衔禀称：直隶海岸亘七百里，虽多浅滩沙矿，然小舟可处处登岸。轮船可以泊岸之处，除大沽、北塘两口外，其余山海关至洋河口一带，沿岸百数十里，无不水深浪阔。大沽口距山海关约五百余里，夏秋海滨水阻泥淖，炮车日行不过二三十里，且有旱道之处，猝然有警，深虑缓不济急。且南北防营太远，势难随机援应，不得不择要害，各宿重兵，先据所必争之地，以张阃外之威。然近畿海岸，自大沽、北塘迤北五百余里之间，防营太少，究嫌空虚。如有铁路相通，遇警则朝发夕至，屯一路之兵，能抵数路之用，而养兵之费亦因之节省。今开平矿务局于光绪七年创造铁路二十里，后因兵船运煤不便，复接造铁路六十五里，南抵苏河上阎庄为止，此即北塘至山海关中段之路，运兵必经之地。若将此铁路南接至大沽北岸，北接至山海关，则提督团盛波所部盛字军万人，在此数十里间驰骋援应，不啻数万人之用。若虑工程浩大，集资不易，请将阎庄至大沽北岸八十余里铁路先行接造，再将由大沽至天津百余里之铁路逐渐兴办。若能集款百余万两，自可分起告成。津沽铁路办妥，再将开平过北至山海关之路接续。筹办此等有关海防要工，即或商股一时不能多集，似应官为筹措，并调兵勇帮同工作，以期速成。且北洋兵船用煤全恃开平，矿产尤为水师命脉所系，开平铁路若接至大沽北岸，则出矿之煤，半日可上兵船。若将铁路由大沽接至天津,商人运货之资,借充养铁路之费。如蒙允准,拟归开平铁路公司一手经理,以期价廉工省,并请派公正大员主持其事等情。今禀前来,臣等查该司道营员等所请由阎庄接修铁路至大沽北岸八十余里,均在大沽北塘之后,距海岸尚数十里,实无失险之虑。惟须筹出养路经费,庶可持久,所请由大沽至天津百余里之铁路,逐渐兴造,足为挹注良法,于军旅商贾两有裨益。平日借资捍卫,遇事便于接应,即战阵偶不得力,只须收回轮车、拆断铁路、埋伏火器,自不虑其冲突。臣等公同商酌,拟请照依该司道营属各员所请举办,仍交开平铁路公司一手经理。并拟派北洋差委前福建布政使沈保靖、署长芦盐运使、直隶津海关道周馥督率官商,妥为办理。计今夏英、德两国订造战船,可以来华,臣弈谭明年当再赴海口与臣李鸿章等议立海军第一枝,即就便查看铁路,设能合用无弊,拟将京外开矿各处均次第仿照兴办。臣等为因时制宜,变通尽利起见,是否有当,谨恭折具陈)。

(清　沈家本等修,徐宗亮等纂:《重修天津府志》,卷二十四,舆地六,公廨,清光绪二十五年刻本。)

〔**清光绪二十三年至民国年间,河北安次县**〕　县北境有京津铁路,于光绪二十三年修筑,由牤牛庄入境,横贯县界,直趋东南,至落垡出境,经武清以达天津,附设电线以通消息。车站在县境者凡三:万庄、郎坊、落垡也。

(杨毓莱修,刘钟英、马钟琇纂:《安次县志》,卷一,地理志,铁路电线,民国三年铅印本,民国二十五年铅字重印本。)

〔**清光绪二十五年至民国二十三年前后,河北清苑县**〕　铁路,清光绪二十五年创建,原名芦汉,以由芦沟桥起也。嗣展至北京前门外,改称京汉。迨民国十八年,国都南迁,易名平汉,越徐水县至任家庄入县境转向南,西南达满城县方顺桥界出境。其支路由车站南迤逦向东,迄刘守真庙前。车站在西门外祝家庄。

(金良骥修,姚寿昌等纂:《清苑县志》,卷一,建置,交通,民国二十三年铅印本。)

〔**清光绪二十六年至民国十七年,河北望都县**〕　铁路,本县境内自清光绪二十六年修筑京汉铁路,东北自县属太平庄入境,西南至县属北阳村出境,长三十余里,城东二里许设站。民国十七年,改为平汉铁路,每年粮食之输入、土产之输出,无不仰给于该路焉。

(王德乾修,崔莲峰等纂:《望都县志》,卷三,建置志,交通,民国二十三年铅印本。)

〔清光绪二十八年至民国年间，河北高邑县〕 平汉铁路，于光绪二十八年通过县界，由元氏县大陈庄车站以南入境，至临城县鸦鸽营车站以北出境，成一直线，绵亘三十余里。在县城西偏二里许置二等车站，荒僻寂寞之区，渐成肩摩毂击之地矣。

（王天杰、徐景章修，宋文华纂：《高邑县志》，卷一，地理，交通，民国二十二年铅印本。）

〔清光绪二十九年至民国二十三年前后，河北井陉县〕 正太铁路，于清光绪二十九年开工，三十二年通车，由获鹿县东来，入本县境，沿旧年驿路，顺绵河左岸蜿蜒至县城。复绕雪花山麓，出乏驴岭隧道，行于河右岸之山腰，西达娘子关。全境铁路之长，计约百里。初次路线告竣，因弯曲度太大，每机车一辆只能带重车八辆。民国七、八年，改修由头泉至南关之段，是后机车一辆，可带重车十六辆。……境内运煤支路有二：一、井陉矿运煤路，由横西矿厂东至南河头站，长二十里，此路车轨无正太路宽，名为"轻便铁路"。二、正丰矿运煤路，由凤山矿厂东至南张村站，与正太路接轨，长十二里有奇，此路车轨宽度与正太路相等。

（王用舟修，傅汝凤纂：《井陉县志料》，第二编，地理，交通，民国二十三年铅印本。）

〔清光绪三十年至民国年间，河北满城县〕 满城东南与清苑县接壤，自清光绪三十年修筑平汉铁路，由保定站南下经过县境，自南阎童村起，西南至十五计村出境，袤长共计五十五里，中有于家庄、方顺桥两车站，特别快车并不停留。

（陈宝生修，杨式震、陈昌源纂：《满城县志略》，卷四，建置，交通，民国二十年铅印本。）

〔清光绪三十三年至民国二十二年前后，河北沧县〕 铁路，境内有津浦、沧石两铁路。津浦路自清光绪三十三年开办，迄民国二年告成。自姚官屯入县境，至砖河镇以南出境，长约三十余里，往来便利，运输繁多。北至天津，南至济南，中间以沧站为最大。沧石路，自民国十一年造成路基，尚未敷轨。自县城起点，至纸房头庄迤西出境，长约二十余里，将来修竣通车营业，直达石家庄。

（张凤瑞等修，张坪纂：《沧县志》，卷三，方舆志，建置，民国二十二年铅印本。）

〔清光绪年间至民国十年以后，河北昌黎县〕 中国铁路发轫于唐山，至光绪十六年，延至古冶。光绪十七年，前直隶督李文忠公筹议接修由古冶至山海关铁路，二十年十月通昌黎，二十二年通山海关。初归津输铁路局管辖，旋改名曰山海关内外铁路，而直属于邮传部。民国二年九月，奉令改名曰交通部直辖京奉铁路管理局,而昌黎境内之铁路遂亦为交通部直辖之铁路矣。路轨除各站外,原系单轨,自民国十年后,由唐山以东,山海关以西,次第改为双轨。

（陶宗奇等修,张鹏翱等纂:《昌黎县志》,卷二,地理志,铁路,民国二十二年铅印本。）

〔清宣统元年,直隶宣化府张家口〕　平绥路,于宣统元年修至张垣,车站设于桥东,本埠向平津、绥远一带交通均利赖焉。

（路联达等修,任守恭等纂:《万全县志》,附张家口概况,交通,铁路,民国二十二年铅印本。）

〔清宣统二年,直隶天津府南皮县〕　自清宣统二年津浦铁路成,东北自白杨桥入境,西南至十二里口出境,共车站三,北为冯家口,中为薛家窝,南为泊镇。薛家窝暂时废置,泊镇一站实为我县上下车之要路。

（王德乾等修,刘树鑫纂:《南皮县志》,卷三,舆地志,交通,民国二十二年铅印本。）

〔民国初年,河北静海县〕　津浦铁路,自民初通行,本邑路站有五:良王庄、独流镇、县城、陈官屯、唐官屯镇。除唐官屯镇为三等站外,余皆列为四等。

（白凤文等修,高毓浵等纂:《静海县志》,政事部,行政志,交通,民国二十三年铅印本。）

〔民国二十年前后,天津〕　北宁及津浦铁路,以天津为交点,故津市可由陆路北经满洲西伯利亚以与欧洲相接联,而南可经首都以与亚洲商务中心之上海相接联。又平绥、平汉路及正太和大部分之运输,均赖天津聚散场所,其贸易区域可远达蒙古新疆及长江腹地。惟近年铁路皆受军事影响,损失极巨,直接、间接影响于津市之繁荣者,尤为无算。将来各路如能恢复原状,沧石铁路亦能完成,则津市之交通与贸易必能受益无量也。间接通天津者有平汉路,南来旅客可至丰台易搭北宁客票,得至天津。

（宋蕴璞辑:《天津志略》,第十一编,交通,第一章,水路,民国二十年铅印本。）

〔清光绪年间,直隶顺天府香河县〕　铁路,香河全境概系平原,惟五河阻其北,青龙湾河横其南,北运河绕其西,交通向称不便。清光绪时建筑京奉铁路通县支路,曾有经道县境直达芦台之议,旋因事中止,故境内无铁路。

（王葆安修,马文焕、陈式谌纂:《香河县志》,卷二,地理,交通,民国二十五年铅印本。）

〔清代至民国年间,河北香河县〕　香河界平津之间,向为关东、山西往来要道,自京奉铁路筑成,行旅货物均改乘火车,境内大道无复从前之辐辏矣。

（王葆安修,马文焕、陈式谌纂:《香河县志》,卷二,地理,交通,民国二十五年铅印本。）

〔清代至民国十二年前后,河北藁城县〕　吾邑向无铁路,车马交通,素称纡缓,昔日赴京、津者,率由陆路。自京汉铁路通行,乃改道石家庄矣。近沧石铁路业已动工,将来告竣,交通上又必为之一变焉。

（林翰儒编:《藁城乡土地理》,上册,铁路,民国十二年石印本。）

〔民国初年至三十年前后,河北磁县〕　平汉铁路:平汉路昔称京汉路,始于北京,终于汉口,长二千四百二十六里,为我国南北交通之干线。民国十七年,国都南迁,始易今称。自邯郸入境,至安阳出境,共设马头镇、光禄镇、磁县、双庙四车站,以利商旅。举凡彭城镇之瓷器,西佐、峰峰、台子寨之煤,西乡之山货,本县之棉花及农产等,均赖以输出。而民间日用必需品之布匹、煤油、食盐及洋货、杂货其他一切物品,赖以输入,实为吾磁之唯一生命线。怡立矿路:此路亦名西马铁路,从西佐到马头镇约六十余里,中有临漳车站。从民国八年动工,至民国十年工竣,为怡立煤矿公司运煤之用,兼许客人乘坐,我磁东西交通顿形便利。后拟延长至彭城城镇运输瓷器,因资本不济,土方告竣,半途而废。事变后,友邦驻军为东西交通便利起见,遂于民国二十九年改易重轨,与平汉衔接,恢复通车,今复向彭城续修,铺道已逾峰峰,不久即将通车。彭城瓷业复兴,市面繁荣可以预卜。中和矿路:此路由峰峰到光禄镇,系中和煤矿公司用人力运煤而设立之轻便铁路。民国十八年,为冯军武力借去,搬运南方,以供军运。几经交涉,始告璧还。事变后,路轨拆毁,路基改作公路,长途汽车通行其上,往来亦甚便利。福安矿路:此路由吾县台子寨村北之轮子坡起,经石场,越过漳河,至河南安阳界,与六河沟之平汉支线相接,系福安煤矿公司由河北往河南运煤而设。事变后,因治安关系,此路尚未恢复。

（黄希文等纂修:《磁县县志》,第十一章,交通,第二节,铁路,民国三十年铅印本。）

〔民国九年至二十四年前后,河北晋县〕　民国九年,创修沧石铁路,由束鹿县旧垒头入境,经南白滩、北捏盘、南关、鼓城村之南、后彭头北、董光张家庄之北,至十里铺村西南出境,仅土工告竣,停办至今。

（刘东藩、傅国贤修,王召棠纂:《晋县志料》,卷上,地理志,交通,民国二十四年石印本。）

〔民国十七年前后，河北张北县〕 张多铁路：民国十七年，先由本县士绅张子元计划张多铁路线，曾拟意见书，呈由建设厅提交省政府采纳。遂于翌年建设厅派工程师测量路线，三阅月始完竣。由张家口南大桥起，至多伦止，长约六百余里，在本县界内约长一百一十里，由神威台起经过县城西门外馒头营、子东、富公等村，直至康保县城。因神威台坝工程浩大，需洋二百万元，若修至多伦，共需洋六百万元，因时局影响，遂尔中止。

（陈继淹修，许闻诗等纂：《张北县志》，卷四，交通，民国二十四年铅印本。）

〔民国十八年前后，河北新河县〕 县城西去汉平铁路高邑站百四十里，东去津浦铁路德州站百八十里，交通称便。

（傅振伦纂修：《新河县志》，建设门，交通与邮务，民国十八年铅印本。）

〔民国二十一年前后，河北徐水县〕 徐水县城西北二里许有平汉铁路（即昔日京汉路线），由北平直达汉口。徐水车站建于铁路西偏，本县出境入境货物全恃此路运输，极称利便。又县南漕河镇亦设有车站。

（刘延昌修，刘鸿书纂：《徐水县新志》，卷二，地理记，交通，民国二十一年铅印本。）

〔民国二十二年前后，河北万全县〕 平绥铁路，张家口扼平绥铁路之中心，交通极称便利，由张南下至平约需六点半钟，西往绥远而达包头约需十七点半钟。县境内共设张、孔、郭三站，故本县二、三、四区交通称便。

（路联达等修，任守恭等纂：《万全县志》，卷八，政治志，交通，民国二十二年铅印本。）

〔民国二十二年前后，河北元氏县〕 平汉铁路自城北口村入境，自城东南大陈庄出境，直贯县境四五十里。

（王自尊修，李林奎纂：《元氏县志》，地理，交通，民国二十二年铅印本。）

〔民国二十三年前后，河北怀安县〕 平绥铁路，自省城经过县属东北之许家庄、张家房、阎家辛窑三村，路线长有十里，未设车站，递经万全县属之孔家庄、郭磊庄等处，又到县属正北柴沟堡，路线长有十五里，设有二等车站。次及县属西北之西湾堡，路线长约三十里，设有三等车站，距县城亦三十里，乃为本县赴省登车必由之路也。再下接入山西省所属之永嘉堡车站矣。

（景佐纲修，张镜渊纂：《怀安县志》，卷五，交通志，铁路，民国二十三年铅印本。）

〔民国二十三年前后，河北完县〕 铁路之在完境者，只有膏腴铺村南之二三里余,在方顺桥车站至望都车站之中间,属平汉铁路。

(彭作桢等修,刘玉田等纂:《完县新志》,卷二,疆域,交通,民国二十三年铅印本。)

〔民国二十三年前后,河北定县〕 平汉路贯穿境内,车站凡三,曰清风店,曰定州(改县后站仍名定州),曰寨西店。定州站在西关外,系二等站,与安国县长途汽车相联络,并博野、蠡县、深泽、安平诸处商旅,无不辐辏此地。又西通阜平、曲阳暨蒙古,朝山五台之行僧亦皆于此折行而西,往来如织。故每日客车上下行旅甚繁,脚踏车、人力车亦因之年有增加。城内复筑有马路,交通日臻便利。清风店居其北焉,为三等站,杂粮装卸屯聚,虽定州莫能及。若迤南之寨西店,亦三等站,客货则均有逊色矣。

(何其章等修,贾恩绂纂:《定县志》,卷八,政典志,新政篇,民国二十三年刻本。)

〔民国二十五年前后,河北涿县〕 铁路由县北周家庄入境,经永乐、南关、松林店三车站,至苍牛屯出境。

(宋大章等修,周存培、张星楼纂:《涿县志》,第一编,地置,第二卷,交通,民国二十五年铅印本。)

〔民国二十九年前后,河北邯郸县〕 平汉火车,纵贯县境南北,约五十中里。站有二:一王化堡车站,在县城北二十里;一邯郸车站,在县城西西南庄村,距城里许,为武邯汽车路与大邯汽车路之交点,全境商业于此称最。

(李肇基修,李世昌纂:《邯郸县志》,卷三,地理志,交通,民国二十九年刻本。)

〔清光绪三十三年前后,内蒙古〕 俄人所筑满洲铁路,自黑龙江省之齐齐哈尔城达吉林省之大停车场哈拉宾,中经内蒙古之东北部,故蒙古亦有铁路。路自齐齐哈尔之胡拉尔溪,东渡嫩江入内蒙古,经杜尔伯特旗、郭尔罗斯后旗,沿满蒙边界径向东南,渡混同江,达哈拉宾。其在蒙古境内凡二百余里,沿途杳无人迹,草地千里,而汽车风驰电掣其间。

(姚明辉编:《蒙古志》,卷三,道路,清光绪三十三年铅印本。)

〔民国年间,绥远〕 京包铁路,东起河北省之丰台,西经张家口、大同入土默特旗境,至厚和车站,北距公主府约一里许,复向西行,经毕克齐、察素齐二镇,过萨拉齐县西抵包头市,路长凡八百十六公里,共分六十有三站。

(佚名编:《公主府志》,下册,交通编,铁路篇,一九六五年根据公主后裔祁多寿家藏稿本传抄本。)

〔民国年间，绥远〕 平绥铁路，自北平至包头共长八百十六公里，经越冀、察、晋、绥四省，为华北与西北间一大交通干线，其于绥省之开发与移民有莫大之关系者。

（廖兆骏编：《绥远志略》，第十章，绥远之交通，第四节，铁路之交通，民国二十六年铅印本。）

〔民国九年后，绥远集宁县〕 集宁县本为一荒僻之乡村，民国九年，平绥路通车之后，商旅云集，内地垦户亦相率而至，顿成繁盛之区。平绥铁路至此为大站。站在城西，附近商务殷繁，但城内市肆廛甚少，人口五千人，饮料仰给井水，凿井到四丈方可得泉。

（廖兆骏编：《绥远志略》，第七章，绥远之县邑，第三节，集宁县，民国二十六年铅印本。）

〔清光绪年间，奉天义县〕 义州铁路，在清光绪间，有邑人潘金、高起发等筹设，曾印简章，集资招股，迄未成立。至二十五年，始由国家置地开工修筑，名曰锦朝支路义州车站（公里五〇点三九），县境共四站，由义县西站向南行小站二，曰张家窝铺、曰七里河子，再南即为锦县界。以义县西站向西北行，小站一，曰周家屯，再西北行，曰朝阳寺，即为朝阳，属热河界。

（赵兴德修，王鹤龄纂：《义县志》，中卷之二，建置志上，公署，交通机关，民国二十年铅印本。）

〔清光绪十九年至二十四年，奉天绥中县〕 京奉路绥中车站，在城正南三里杜家屯，清光绪十九年关外铁路兴工，二十年中东之役因乱后停工抵押关内铁路由英国汇丰银行借银一千六百万两兴工续修。是年五月通过县境，八月至锦州，绥中车站由是成立。

（文镕修，范炳勋等纂：《绥中县志》，卷四，交通，铁路，民国十八年铅印本。）

〔清光绪十九年至民国十年，奉天锦县〕 京奉路锦县车站，在城东北小薛屯北亮甲山南。清光绪十九年，山海关外铁路兴工，先筑土基。二十年冬，因中日战争停工。二十四年，继续修筑。二十五年八月，开车至锦，设站于小凌河西。二十六年，通过县境，移车站于今处。是年八月为俄军占据。二十八年冬，交还。其先只达沟帮子至营口枝路，后与新奉铁路相接，西至京城，东至省城，总名为京奉铁路，由交通部直辖，设管理局于天津，京奉各站悉归管理。

（王文藻修，陆善格纂：《锦县志略》，卷十三，交通，铁路，民国十年铅印本。）

〔清光绪二十二年至民国十三年，奉天宁安县〕　中俄密约成立，俄人遂乘此机会攫得东省铁路之敷设权，我国旋派驻俄使臣许景澄氏于是年(即光绪二十二年)八月二十七日与道胜银行总理罗多休提议定铁路合同十二款，建筑经理之权委诸道胜银行，另设一东省铁路公司以为专辖之机关。其路线由后贝加尔湖之赤塔城起，穿过江省之西南部、吉省之东北部，以与乌苏里路线衔接，是为铁路干线。及光绪二十四年，俄人强迫租占旅顺、大连。是年六月二十四日，续订铁路合同七款，其路线北接干路之哈尔滨站，南至旅顺口大连湾，是为铁路支线。光绪二十九年六月，全路开通，统计干线长二千八百十六里，凡五十四站，支线一千八百二十里，凡三十八站。日俄战役，朴兹茅斯之约既订，长春以南之铁路让与日本，此外全部干路及哈长间(哈尔滨至长春)支路尚为俄有(见《东三省纪略》)。按：自欧战发生，俄自颠覆，我国以国土主权所在，故毅然收回，实行护路之权，更名曰东省铁路。现政府正进行交涉善后办法也。

（王世选修，梅文昭等纂：《宁安县志》，卷三，交通，铁路，民国十三年铅印本。）

〔清光绪二十四年至宣统元年，奉天新民府〕　铁路线在本境者，计百七十里，光绪二十四年，以关内外路抵借英国汇丰银行银一千六百万两以修筑者，达新民而止。由新至省路线百二十里，乃日人军用铁路，以百六十万金购回，而改修宽轨，与关内外衔接者。兴隆店、巨流河、白旗堡三小站客货之升降为数无多。……三等客达五万人，则齐鲁之民在东三省佣工力穑者，率于冬季归其乡里，道出新民乘车以入关者为多。

（清　管凤和纂修：《新民府志》，交通，铁路，清宣统元年铅印本。）

〔清光绪二十四年至民国初年，奉天盖平县〕　铁路，邑城西八里为满铁车站。该路原系俄国要求敷设，即西比利亚之南行支线，北自哈尔滨起，南行至旅顺口，原约起自有清光绪二十四年，以二十五年为期，期满估价赎还。及路成甫三年，日本以武力逐俄，要求承袭其权，并延长交还期为九十九年。及欧战后，华会开幕(因其成立在美国华盛顿，故名华会)，以列邦九十九年之租借契约形同占领，有碍和，遂废止之。故南满一线已为中日间重要问题。

（石秀峰修，王郁云纂：《盖平县志》，卷八，交通志，铁路，民国十九年铅印本。）

〔清光绪二十五年后，奉天兴城县〕　京奉路兴城县车站，在县城外西北一里许，清光绪十九年，山海关外铁路兴工，先筑土基。二十年冬，因中日战事停工。二十四年，继续修筑。二十五年，开车，设兴城车站于今处。二十六年八月，为俄军占据。二十八年冬,始交还我国,继续修筑铁路,西达北京,东接沈阳,总名为京奉铁路,由交通部直辖,管理局设于天津,各站悉归管理。

(恩麟、王恩士修,杨荫芳等纂:《兴城县志》,卷八,交通志,铁路,民国十六年铅印本。)

〔清光绪二十七年至民国六年,抚顺铁路〕 抚顺铁路,该路越于中俄东清南满支路合同,系铁路公司所筑,西起苏家屯,东抵千金寨,长九十余里。清光绪二十七年,华商王承光、翁寿承领开采抚顺县之千金寨一带煤矿,王竟羼入道胜银行股银六万两,翁以所领矿区并之,名曰华兴利煤矿公司。俄遂竭力经营该线,以为输运机关。日俄战后,日指为俄产据之,每日出坑煤额约一万五千吨,品质佳良,为沿路五区之冠。三十三年三月,满铁会社由野战铁道提理部相继承受焉。支线自刘通士屯入境,西为李石寨、深井子、孤家子、抚安至苏家屯接轨于本线;横断县境南部计六十华里。初制亦属军用,后与安奉同时改建广轨,天府神皋地利尽失。

(赵恭寅修,曾有翼等纂:《沈阳县志》,卷八,交通,铁路,民国六年铅印本。)

〔清光绪二十七年至民国十五年,奉天新民县〕 贯入新民之铁路为京奉线。……按:新境铁路建自清光绪二十七年,至二十九年车站成立。……每日人票车东西行各三列,货票车无定列。

(王宝善修,张博惠纂:《新民县志》,卷七,交通,铁路,民国十五年石印本。)

〔清光绪三十年至民国六年,安奉铁路〕 安奉铁路,该线初为狭轨铁路,甲辰之役,俄师既熸,日人为便给军事计,乃于安东、奉天间通此间道,以接南满本线。光绪三十一年十一月,中日结东三省善后条约,议定该路改为转运各国商品,轨道应与京奉线同式,以二年为改良竣工之期,并约明自竣工日起,以十五年为限,届时将建置各物估价售与中国。其改良办法由中日特派承办各员协商所有事务,中国政府援照东省铁路合同派员稽核经理。拒签约后,日人搁置前议,奋袂孤行,三十四年突起交涉,清邮部乃与日本会勘新线,掺纵由人,部员拱诺而已。日复要求已经勘定之线即行收买地基,时东三省总督锡良主张仍按旧线改筑,并据约抗议,力迫撤退沿线之守备军警。而日政府反以违约兴责言,竟令铁路会社自由行动,事亟几失国交。寻于宣统元年七月缔结安泰铁路协约五款,仍以前测新线为准改建广轨,并会订购地章程。签印次日,即将工事积极进行,翌年九月全部竣工。……该路东南起鸭绿江口,西北至浑河驿与本线接轨。……中日新约既定,其租借期限与南满本线一并延长九十九年。初签原款曾有期满归还,无须给价一节,旋即取销。涓涓江河,每下愈况,亦足以察世变矣。

(赵恭寅修,曾有翼等纂:《沈阳县志》,卷八,交通,铁路,民国六年铅印本。)

〔清光绪三十年至民国六年,京奉铁路〕 京奉铁路,此路由新民县至省城一段,初为新奉铁路。清光绪甲辰日俄拘兵时,经日军敷设,系军用轻便制。三十三年三月,经外务部议约,以日金一百六十六万元赎回改筑,并约定辽河以东所需款项向满铁会社筹借半数,还期以十八年为限,期限未满,不得清还。在借款期内应用日人为总工师,所有此路进款应存储日本银行云云。自是始与关内外铁路衔接,遂定名为京奉铁路。宣统元年闰二月,与满铁会社订立接联营业合同。……统计全路干线长一千五百余里,关外属于奉省者八百余里。营口支线长一百六十里,款自英出投资本约五千万元。

(赵恭寅修,曾有翼等纂:《沈阳县志》,卷八,交通,铁路,民国六年铅印本。)

〔清光绪末年至民国四年,南满铁路〕 南满铁路,该路为东清支线之南部。日俄和议,朴茨茅斯约成,长春以南各线悉让日本,乃改称南满铁路。清光绪甲午中日之役,俄偕德、法干涉还辽,马关之约以定。二十二年,中俄密约竟畀俄以东省铁路之敷设权,以道胜银行司建筑经理,以东省铁路公司为专辖机关,其干线起于赤塔城而接于乌苏里,中贯吉江省境,计长二千八百十六里。二十四年,俄复租占金州,续订合同,南极旅大,北抵干线之哈埠,是为支线,南北延袤一千八百二十里。二十九年六月,全路工竣。初曾议定绕越两陵,庚子乱后,乃径筑今线。三十一年十一月,中日订立会议东省事宜条约,俄人允让日本各项暨中俄借地造路各约,中国悉承诺遵行,该路遂移授日人满铁会社。自日政府接收自办,孟晋扩充,不遗余力,以大连、长春间为本线,以旅顺、柳树屯、营口、烟台、抚顺五路为支线,募集资本一万三千余万元,本线及营抚两线改敷广轨,大连至苏家屯增筑复线,未期年而事竣。……民国四年五月八日,中日新约成,南满铁路租界期限延长九十九年,汶阳之返曷多日乎。

(赵恭寅修,曾有翼等纂:《沈阳县志》,卷八,交通,铁路,民国六年铅印本。)

〔民国二十年前后,奉天安东县〕 安奉铁路……该路长五百七十里,急行汽车六时可达。驿站在县境者六,曰安东县,曰沙河镇,曰蛤蟆塘,曰五龙背,曰汤山城,曰高丽门,至高丽门入凤城县界,在境内长七十五里。

(关定保等修,于云峰纂:《安东县志》,卷一,疆域,铁路,民国二十年铅印本。)

〔民国二十二年,奉天铁岭县〕 南满铁路,自邑西南六十里之新台子入境,经乱石山驿距城五十里,又经得胜台驿距城二十五里,至铁岭驿,又北至平顶堡驿距城二十里,再北则入开原界。

(黄世芳、俞荣庆修,陈德懿等纂:《铁岭县志》,卷九,交通,铁路,民国二十二年铅印本。)

〔清光绪三十一年至民国三十年,吉林长春县〕 吉长路,日俄战终,吉省官商鉴于环境压迫,铁路关系重要,始于清光绪三十一年发起自行筑路之议,经吉林将军达贵奏准敷设。先由度支部筹拨库帑八十万两,又由吉林银元厂垫拨九十九万九千余两,命道员宋春鳌总办兴工,适值日俄构兵,筑路计划因之中辍。迨至光绪三十三年,清日缔结铁路协约,日侧要求本路需要之建筑费半数须称贷于日政府,惟敷设权由清政府主之。清光绪三十四年,清日复订铁路协约之续约,日侧要求照约须由南满铁路公司息借日金二百五十万元,并聘用日人为技师长,遂于宣统元年赓续兴筑。至民国元年十月,全路工竣通车。民国六年十月,中日改订吉长铁路借款合同十条,吉长路资金全额统由南满铁道株式会社借贷日金六百五十万元,除照旧约已付过二百五十万元,须续付四百万元,年利五厘,偿还期限三十年,派日人三名充工务、运输、会计之主任,就中以一人为南满代表,政府置局长以监督业务,在借款期内委托代表为指挥总理,俟清偿后交还,警察、司法、行政、课税权属中国,此其协定大概也。本路线西起长春头道沟,东迄吉林江岸,长一百二十七公里。……据最近营业概况统计,每年乘客六七十万人,货物七八十万吨,收入额国币二百五六十万元。民国十六年,复与吉敦铁路接轨,输出激增,业务方兴未艾。

(张书翰修,赵述云、金毓黻纂:《长春县志》,卷四,政事志,交通,民国三十年铅印本。)

〔清朝末年至民国三十年,吉林长春县〕 南满路,自日俄战后,俄国将长春、旅顺间之南满铁路让渡日本,定为半官半民,日组织南满铁路公司遂以涌现,时明治三十九年六月也。资本初定为二亿元,非中日两国政府及中日人民不得入股,日政府以俄国让渡之铁道炭矿及附属财产作为一亿元,其余一亿元由中国政府及中日人民集股,此最初之规定也。惟现在该公司内因中国资金缺乏,并未加入股本,以至竟成日侧独营者。迨民国四年,铁路条约另行更订关于南满铁路占用期限展至九十九年,并为发展事业起见,于民国九年扩充资本为四亿四千万元。……本路路轨北端自长春起点,南走二站经公主岭、四平街、开原、铁岭,抵奉天,更南走辽阳、海城、盖平,逾普兰店而入日本租界地,抵于大连湾,计长一千四百零四里。

（张书翰修,赵述云、金毓黻纂：《长春县志》,卷四,政事志,交通,民国三十年铅印本。）

〔民国初年至二十四年,吉林临江县〕 五区三岔子原有轻便铁路二条,专运木材,一由转角楼起,经城墙砬子至小东岔沟掌止,长七英里;一由城墙砬子与上条铁路衔接,至双岔头止,长五英里半。民国五年,知县潘毓岱由安东采木公司贷款十八万九千零三十四元九角,月息一分,即以该路为抵押品,官督民办。大同元年事变被匪军拆毁,康德元年经采木公司将铁道运回,由县城东南五道沟老坡口起,至后五道沟小西沟止,重修轻便铁路一条,长四十五英里,亦为专运木材之用。

（刘维清修,罗宝书等纂：《临江县志》,卷五,交通志,铁路,民国二十四年铅印本。）

〔民国二十三年前后,吉林〕 吉林已成铁路,路权上之解剖：全省已成之路共长二三〇六点八三公里,除林矿专用及双城马拉轻便路外,实只一九二三点一二公里,而满、苏合办之北铁及穆棱路共占八五〇点四二公里,日本经营之南满路占一九点八公里,满日合办之天图路占一一一点五公里,借日款建筑之吉长路占一二七点七公里,日本垫款承筑之吉敦路占二一〇点四公里,以上共占去一三一九点八二公里,纯粹国有铁路只吉海、敦图及拉滨等路之六〇三点三〇公里耳。此外长大路现由新京(长春)已可通至农安。大同二年二月九日,政府已将满州国有铁路,委托南满铁道株式会社经营,计在吉林省为吉长、吉敦、吉海、敦图、拉滨等五路。

（刘爽编：《吉林新志》,下编,人文之部,第六章,交通,第四节,铁路,民国二十三年铅印本。）

〔清光绪二十二年至二十九年,黑龙江中东路〕 中东路之缘起,起于甲午之役,前清光绪二十年中日战争,次年马关议和,日本欲割辽东半岛而来俄、法之干涉。又次年,俄帝尼古拉斯二世行加冕礼于莫斯科,李鸿章奉命往贺。时俄国方挟干涉还辽之德,欲索报酬而无所着手。适李公至遂曲意联络,李亦思联俄为助,遽缔结《中俄密约》,而东省敷设铁路之议亦发端于此焉。俄之欲于东省敷设铁路也,其原因甚长,自前清咸丰十年,《中俄北京条约》成,俄得经营海参崴,建为军港,即拟筑西伯利亚大铁路,以联络之。然由西伯利亚东绕黑龙江左岸(即阿穆尔铁路），以连接乌苏里铁路。则自后贝加尔湖至哈巴罗夫克中间地势险峻，招工集料均极艰苦。若改从南下斜贯满州内陆，以接于乌苏里线，则施工较易省费，而路线缩短。俄人之蓄意已久，及《中俄密约》成立，遂乘此机会攫得东省铁路之敷设权。我国旋派驻俄使臣许景澄于光绪二十二年八月与俄国缔结合办华俄道胜银行契约，旋与该银行订结中东铁路公司合同，承办建筑中东铁路。路线西自江省之满洲里起，与西伯利亚及后贝加尔铁路衔接。东向至吉林之绥芬河，与乌苏里铁道支线自双城子西来衔接。同年十二月，即在俄京圣彼得堡开第一次董事会会议，由俄帝颁布中东铁路章程三十条，即今日沿用之蓝本也。光绪二十三年一月，清廷任命许公使为铁路公司董事会总办，工程师为俄任尤果维赤，副工程师依果那齐乌斯，于四月开始全线测量。又八月，在小绥芬河左岸三岔河地方举行开工典礼。光绪二十四年，测量完竣，总工程师下令分段建筑，一为西段，由哈尔滨西向满洲里，同时亦由满洲里东向哈尔滨。一为东段，由哈尔滨东向绥芬河，同时亦由绥芬河西向哈尔滨。所有工人十之八九为中国燕、鲁之贫民，所用木材就地采取。因运输材料、转运工人及供给工人食物等等，并在渤海湾及辽河、黑龙江、松花江等处经营海上及内河运输事业，使水路运输衔接。于1889年至1899年之间，分段敷成之铁轨约为四千三百里有奇，可谓迅速之至矣。光绪二十六年，因义和团事，东三省稍受波扰，铁路工作略为停顿，事后加工进行愈急。至1901年10月3日，遂在西线乌固诺尔站最后接轨，全线遂联络贯成一气。至1903年7月1日，全线工程虽未完毕，即由建筑筹备处移交中东铁路管理局管理营业。计此路长度九三五公里，站二十二：满洲里、海拉尔、免渡河、伊列克斯、博克图、巴林札尔屯、富拉尔、基昂、昂溪、烟筒屯、小蒿子、喇嘛甸子、萨尔图、安达、宋站、郭尔洛斯、满沟、鲁赤果、对青山、石当、船坞、哈尔滨。

（万福麟修，张伯英纂：《黑龙江志稿》，卷四十二，交通志，路政，民国二十二年铅印本。）

〔清光绪二十二至二十九年，中东铁路〕 东省铁路，原名东清铁路，系由前光绪二十二年，俄罗斯皇帝尼古拉斯二世行加冕礼于莫斯科，李文忠公鸿章奉命往贺时，俄国老雄伟托秉政，雄心勃发，方挟干涉还辽之盛德，欲索取报酬，而无所着手。适文忠至，遂曲意联络，歆以俄之利益，文忠亦耻于马关之约，意图报复，思联俄为助，机缘凑拍，遽缔结《中俄密约》，而东省敷设铁路之议亦发端于此时焉。俄之欲于东省敷设铁路也，其原因甚长，其政策极大。盖俄地僻处欧洲东北及亚洲之北部,其海军势力西不能出大西洋,南不能出印度洋,以受制于英故也。惟经营远东以出太平洋,则其道甚便,盖是时日本初起,而中国已弱。前清咸丰十年,《中俄北京条约》,割乌苏里江以东沿海之地,俄乃经营海参崴,建为军港,拟筑西比利亚大铁道以联络之。其路线计划本拟由西伯利亚东绕黑龙江左岸(即阿穆尔铁路)以接连乌苏里铁路,奈自后贝尔湖至哈巴罗夫克中间地势险巇,招工集料艰苦万状,若改从南下斜贯满洲内陆,以接于乌苏里线,不惟施工较易,且可省费五六百兆卢布,缩短程途五百十四俄里。移险就夷,移繁就简,则当以假道东省为便,此俄人之本意也。及《中俄密约》成立,俄人遂乘此机会得我东省铁路之敷设权,我国旋派驻俄使臣许景澄氏于是年(即光绪二十二年)八月二十七日与道胜银行总理罗多休提议定铁路合同十二款,建筑经理之权委诸道胜银行,另设一东省铁路公司以为专辖之机关。其路线由后贝加尔湖之赤塔城起,穿过江省之西南部、吉省之东北部,以与乌苏里路线衔接,是为铁路干线。及光绪二十四年,俄人强迫租占旅顺、大连,是年六月二十四日续订铁路合同七款,其路线北接干路之哈尔滨站,南至旅顺口、大连湾,是为铁路支线。光绪二十九年六月,此路开通,统计干线长二千八百十六里,凡五十四站,支线一千八百二十里,凡三十八站。日俄战役,《朴兹茅斯之约》既订,长春以南之铁路让与日本。此外,全部干路及哈长间(哈尔滨至长春)支路尚为俄有。

（王世选修,敏文昭等纂:《宁安县志》,卷三,交通,铁路,民国十三年铅印本。）

〔清光绪二十二年至民国十四年,黑龙江〕 黑龙江省铁路已成者三:中东铁路,清光绪二十二年中俄合办,自西伯利亚入海拉尔。逾大兴安岭,渡嫩江,过对青山,抵松花江,而南入吉林境。齐昂轻便铁路,光绪三十三年八旗公办,自齐齐哈尔至昂昂溪。甘河轻便铁路,宣统年省办,由嫩江县至甘河口。其正在筹办者一,滨黑铁路,由对青山至大黑河屯,民国十三年订借俄国商款,先筑呼兰至嫩江一段,曰呼嫩铁路。其久在计划者一,锦瑗路线,由奉天锦州经洮南达齐齐哈尔,曰锦齐线;自齐齐哈尔经墨尔根至瑗珲,曰齐瑗线。光绪年,东三省总督徐世昌创议,迄未能办。今滨海正在筹办齐瑗一线,已包其中,唯锦齐一段尚未议修。

（金梁纂:《黑龙江通志纲要》,交通志,铁路,民国十四年铅印本。）

〔清光绪二十二年至民国十八年,黑龙江珠河县〕 铁路,路为中俄合资建筑,缔约于清光绪二十二年,总站设哈尔滨之秦家岗,由西北而东南至绥芬,名曰哈绥线,乃中东路之干线,通过珠河县境凡百里,大小车站在县境者凡五。

(孙荃芳修,宋景文纂:《珠河县志》,卷十三,交通志,铁路,民国十八年铅印本。)

〔清光绪二十三年至二十四年,中东铁路〕 东清铁路,光绪二十三年土台告成,遂铺轨;二十四年春,售票开车,为由哈尔滨赴海参崴之干路也。民国十一年,收归国有,改曰中东。铁轨宽三寸,两轨相距六尺,枕以木,上覆沙石,土台宽二丈,坚固非常。

(宋云桐等修,朱衣点等纂:《宾县县志》,卷一,交通略,铁路,民国十八年铅印本。)

〔清光绪二十三年至民国四年,黑龙江呼兰府〕 东清铁路,创始于光绪二十三年,其干线西通俄京,东南抵海参崴,支线南抵长春府(长春南抵旅顺、大连干线一段已划归日本)。在呼兰境内者计长八十华里,设对青山大站一,小站五。松花江上有铁桥一座,南岸为吉林滨江厅境,北岸为呼兰境,桥长三百零三丈七尺。

(黄维翰纂修:《呼兰府志》,卷四,交通略,铁路,民国四年铅印本。)

〔清光绪二十三年至民国九年,黑龙江瑷珲县〕 东清铁路,创始于光绪二十三年,其干线西通俄京,南抵海参崴,支线南抵长春、旅顺、大连。松花江上有铁桥一座,南岸为吉林滨江厅境,北岸为呼兰界,桥长三百零三丈七尺。

(孙蓉图修,徐希廉纂:《瑷珲县志》,卷四,交通志,铁路,民国九年铅印本。)

〔清光绪二十三年至民国十九年,黑龙江呼兰县〕 呼兰县境铁路凡二,其斜跨县境而西者曰东省铁路,其直贯县境而北者曰呼海铁路。东省铁路亦名中东铁路,原名东清铁路,前清光绪二十三年建筑,其干线西由满洲里,东至绥芬河,横贯于吉、黑两省。又南抵长春为支线,而以哈尔滨为中枢。其在县境内者计长八十华里,凡设船坞、庙台子、对青山等站,如后表。又于松花江置铁桥一座,江之南岸为哈尔滨特区,北岸即县境也。桥身计长三百三十七尺。……呼海铁路建筑于民国十四年。初为官商合办,于省城设铁路公司经理之,后以商股无多,十七年又由省政府收回,改为官办,设总办公署于省城,执行原有公司任务。其干线起于县治南之松浦,直贯县治全境而北越绥化抵海伦。循国有铁路之向例,以起终点之地名之故,曰呼海铁路。……自十四年鸠工建筑,越三年而全路干线次第通车。中间又由松浦达松花江北之马船口为支线,亦于十五年九月通车。其总局即设在松浦,计砖瓦房一百六十四间,凡设正、副局长各一员,其下有总务、车务、工程、会计各科,以分司其事。附属事业若学校、医院等,皆隶于总务科,盖设备略具焉。

（廖飞鹏修,柯寅纂：《呼兰县志》,卷四,交通志,铁路,民国十九年铅印本。）

〔清光绪二十六年至民国二十五年,黑龙江安达县〕 滨洲铁路（由哈尔滨至满洲里）,建于前清光绪二十六年,为帝俄时代所修筑,名为中俄合办,其实权概操诸俄人之手,且含有一种侵略性质,所以不惜繁费,竭力完成。是路初名东清铁路,民国时代则改称中东铁路。入我满洲国后,又改称为北满铁路。至康德二年三月间,经我国备款将路线完全收回,始改称今名矣。安达县位于滨洲铁路线之中心,由东南入界,直贯西北出境,经过一百一十余里,成为本县最主要之交通线。且邻近各县农产物之输出、杂货品之输入,无不仰赖此路为之转运,所以安达站商贾云集,货物山积,每届秋冬时期则运输货物大车往来如织,人马喧阗,彻夜不断,谓为滨洲铁路线最大商场,非虚语也。迨经事变以还,未免大受打击,商业萧条,远不如昔日之盛。

（高芝秀修,潘鸿威纂：《安达县志》,卷三,交通志,铁路,民国二十五年铅印本。）

〔清光绪三十三年至宣统元年,黑龙江齐昂路〕 齐昂路,在黑龙江铁路中敷设最早。盖自中东路成,名曰华俄合办,而主权已失,虽按照条约可以集款赎回,尚须三十六年之后,目下商货之流通,官家之转运莫不仰息于人,一旦有事,声气不通,势将坐困,通盘筹划,非自修铁路不可。是以将军程德全初则奏修自伯都讷至新民府铁路,继则复请展修自哈尔滨北家船口北向呼兰、曲达、绥化直接黑龙江城为干路,由呼兰至对青山西越东清道过松花江接伯都讷为支路,而齐齐哈尔另为一支,接东清道昂昂溪车站。并请由荒价项下提银百万以为之倡议,上奉旨饬下邮传部筹议。维时东清铁路公司屡请由昂昂溪、哈尔滨两站向北展修支路各一条,以达于省城。呼兰、瑷珲、绥化等处,经程德全告以江省铁路,已定议自行修筑,婉言却之。然日久不见诸实行,恐终非空言所能拒。此齐昂铁路之所以急于筹款兴修者,正杜渐防微而自立基础也。路自省城起,循嫩江东岸,沿包绕新开商埠,斜穿现放街基,经五湖马,至昂昂溪东清铁路止,线长五十里。光绪三十三年,程德全奏请敷设轻便铁轨,名曰齐昂铁路,既以便商民运输之利,且以杜外人干预之谋。此项路资核计需用工料及购买地基共银三十二万两,由各旗找回领地地价项下存银二十二万两,又变通肯等段找回津贴五司八旗荒价公益项下存银十万两,以之拨作修路股本,数适相符。因定章以五十两为一整股,五两为一零股,共分作六千四百股,所得红利除开销养路费外,仍备地方公益之用,将来路线展长,将此六千四百股作为优先股份,并援京张、江浙、粤汉等处铁路成案,奏准凡由外洋购运修路料件,概免厘税。承修此路者为德商泰来洋行,原限于光绪三十四年夏间竣事。嗣因霪雨连绵,江流涨发,由昂昂溪至省五十里间几同泽国,已成土道均被冲刷,乃鸠工重修,迟至宣统元年六月间始告竣。计设车站二,齐齐哈尔车站设于省城西南三里许,昂昂溪车站设于红旗营子屯,另于中途之五湖马设站,一为接济汽锅上水之地。……路轨二呎六吋,狭轨南与洮昂,北与齐克联运,嗣并归齐克路。

(万福麟修,张伯英纂:《黑龙江志稿》,卷四十二,交通志,路政,民国二十二年铅印本。)

〔清光绪年间至民国十五年,黑龙江双城县〕 东省铁路,路为清光绪年俄人修筑,总站设哈尔滨之秦家岗,干线通过县境之东南角,但不远耳。其哈长支线则由东北而西南,午贯县境,凡百二十余里。车站在县境者支线四,名称如下:五家,东北距哈尔滨三十俄里;双城堡,东北距五家十七俄里;西屯,东北距双城堡十俄里;蔡家沟,东北距西屯二十一俄里。

(高文垣等修,张熹铭等纂:《双城县志》,卷十,交通志,铁路,民国十五年铅印本。)

〔清宣统二年至民国十七年,黑龙江呼海路〕 呼海路,初名兰海路,由呼兰至海伦,为江省精华所粹,去脉之腴、地方之富、出产之饶,皆不减内地。前清宣统二年,黑龙江咨议局提议招股筹办,官商各半,而股未招成。嗣有直绅刘坦等呈请修哈绥铁路,亦未实行。民国初年,由本省委派工程司切实勘估,自行筹款建筑,而全路始成,于民国十七年十二月通车。计全路二二一公里,轨四呎八吋,站十九:马船口、松浦、徐家、呼菊、马家、沈家、康金井、石人城、白奎浦、兴隆镇、万发屯、泥河、绥化、奏家、四方台、张维屯、克音河、东边井、海伦。

(万福麟修,张伯英纂:《黑龙江志稿》,卷四十二,交通志,路政,民国二十二年铅印本。)

〔清朝末年至民国初年,黑龙江布西县〕 布特哈西路总管治依倭齐,临诺敏河,有金人长城古迹。扎兰屯,为铁路所经,辖境寥阔,西讫内兴安岭。拟改布西县,并添诺敏县(《乡土志》)。

(郭克兴辑:《黑龙江乡土录》,第一篇,方舆志,第三章,龙江道,布西县,黑龙江人民出版社一九八七年校点铅印本。)

〔清朝末年至民国初年,黑龙江龙江县〕 龙江县,附于省城,光绪时始设黑水厅同知,升龙江府。今改县,县境分八乡,兼辖景星镇(今改县)。有齐昂铁路,由省城经五福玛至昂昂溪,与东清铁路联络,交通甚便。

(郭克兴辑:《黑龙江乡土录》,第一篇,方舆志,第三章,龙江道,黑龙江人民出版社一九八七年校点铅印本。)

〔清朝末年至民国初年,黑龙江安达县〕 安达县,在省城东南,因车站得名。谙达本蒙古官名,为杜尔伯特旗地,原设通判。街基距车站四十里,铁道两旁荒地甚多。

(郭克兴辑:《黑龙江乡土录》,第一篇,方舆志,第三章,龙江道,黑龙江人民出版社一九八七年校点铅印本。)

〔清朝末年至民国初年,黑龙江肇东县〕 肇东县,治在肇州之东,俗名昌五城,以其在昌字五井也。距满沟车站四十里,俗名甜草冈,为兰西等县赴省城要道(《乡土志》)。

(郭克兴辑:《黑龙江乡土录》,第一篇,方舆志,第三章,龙江道,黑龙江人民出版社一九八七年校点铅印本。)

〔清朝末年至民国初年,黑龙江舒都县〕 铁道经兴安岭山洞,西赴呼伦贝尔,中有免渡河车站,附近瓦诺尔札敦为水草,宜畜牧,拟开垦设治,名舒都县(《乡土志》)。

(郭克兴辑:《黑龙江乡土录》,第一篇,方舆志,第六章,呼伦道,舒都县,黑龙江人民出版社一九八七年校点铅印本。)

〔清朝末年至民国二十二年,黑龙江〕 黑龙江地多腴壤,物产饶富,如东荒之植物,漠河等处之五金矿,北山之森林巨木,黑龙江、嫩江、额尔古讷河、呼伦贝尔湖之鱼盐蕴蓄殊富,徒以路政未修,转运艰滞,等诸弃物,故为江省筹远大,自当以开通轮轨为切要之。本图三面邻俄,自受外来阿穆尔路之包围,而中东复斜贯全省之中腹。忧国者揆时度势,恒兢兢焉,不敢自安。计划东三省全局,第一建筑锦瑷总干路,江抚程德全曾以为命脉所关生死,争此一著。第二建筑齐瑷路,以整顿边疆而修内治,全线约长千里。第三建筑滨黑路,由哈尔滨至嫩江县,东北行至瑷珲(即黑河),又由嫩江折而西南至齐齐哈尔,此江省大规模之设施,限于财力,未能速观厥成。……计黑龙江现有之铁路,中东路之外共有五路,曰齐昂路、洮昂路、鹤立冈路、呼海路、齐克路及宁讷支线。

(万福麟修,张伯英纂:《黑龙江志稿》,卷四十二,交通志,路政,民国二十二年铅印本。)

〔民国十三年至十五年，黑龙江洮昂路〕　民国十三年九月，奉天政府与南满铁道会社缔结包办工程契约，由南满铁道会社包筑由洮南至昂昂溪之一段，名曰洮昂路，北与中东路接，南与四洮路接。民国十四年六月兴工，十五年七月通车。至是由北宁路之打虎山站可以乘车直达中东路之昂昂溪站。路长二二四公里，路轨四呎八吋五，在江省境内车站六：街基、泰来、五庙子、江桥、大兴、昂昂溪。

（万福麟修，张伯英纂：《黑龙江志稿》，卷四十二，交通志，路政，民国二十二年铅印本。）

〔民国十五年，黑龙江鹤立冈路〕　鹤立冈路，由江省汤原县属松花江北岸之莲花口起，北展至鹤立冈煤矿场，于民国十五年十一月通车。此路之目的，盖在运输鹤立冈之煤以出松花江，其事与前之甘河轻便铁路略同。甘河煤窑昔年出产极旺，其轻便铁路自甘河起，至博尔汽江北岸之路线，长一百五十里，为运煤入江要道。昔专恃甘河船运，滩险既多，逆水行舟行程迟滞，运脚所费尤属不赀，以当时所存之煤三千数百万斤，计非十年不能搬运，修建铁路以免迁延岁月，坐失大利。而江省财力支绌，难集巨资，乃因陋就简，先修马拉轻便铁路，建筑之费一年可以取偿，再有盈余，即改换机器车、铺钉大轨，设计颇周巨，为时未久，煤矿停办，路轨拆卸，亦可惜矣。鹤立冈铁路开车数年，营业方兴。呼海路由绥化展长支路，东向相接，则运输益便。路轨五呎，路长五十六公里，站四：莲江口、鹤立冈、峻德屯、矿山。

（万福麟修，张伯英纂：《黑龙江志稿》，卷四十二，交通志，路政，民国二十二年铅印本。）

〔民国十八年前后，黑龙江宾县〕　中东铁路，由哈尔滨来，自阿城县分界之大分水岭入宾县二区界，在小岭又名小林站地方设有车站，又在二道河子设有小站，均停车卖票。经东三道街出境，即帽儿山站（双城界），计在县界铁路长俄二十五里半，合华四十五里，每站设俄总管一、帮办二，专司卖票、载货及一切收款。

（赵汝梅、德寿修，朱衣点等纂：《宾县县志》，卷一，交通略，铁路，民国十八年铅印本。）

〔民国十九年至二十二年，黑龙江齐克路〕　齐克路，系中国资本自行建筑，民国十九年一月通车至泰安。由齐齐哈尔起点，北向经塔哈、宁年，东向经富海以达泰安，延长一六三公里，预计至克山，使呼海路北向延长至通北，再由通北西向延长至克山，与齐克路接连成一气。现在通车之站五：龙江、塔哈、宁年、富海、泰安。又以商民之请,筑一宁讷支线,自宁年站起,经二道湾子、新安讷河,共设四站,计长八十七公里。

（万福麟修,张伯英纂:《黑龙江志稿》,卷四十二,交通志,路政,民国二十二年铅印本。）

〔清光绪二十五年至三十年,山东青州府博山县〕 清光绪二十五年八月,德人兴办胶济铁路,由青岛向西修筑,至三十年六月一日通车。至济南博山支线亦于是时通车。

（王荫桂修,张新曾纂:《续修博山县志》,卷四,交通志,道路,民国二十六年铅印本。）

〔清光绪二十七年至三十年,山东青州府昌乐县〕 城北里许为昌乐车站,清光绪二十七年与德立约兴筑。东起胶州湾,西迄济南,至三十年工竣,名曰胶济铁路,由潍县入邑境,经朱流店站至尧沟站,西接益都境,路在境内,凡三站。

（王金岳修,赵文琴、王景韩纂:《昌乐县续志》,卷六,建置志,铁路,民国二十三年铅印本。）

〔清光绪二十七年至民国年间,山东潍县〕 潍县当鲁东要冲,西抵省垣,东至胶澳,相去均数百里,不只为胶济铁路必经之地,且潍县、坊子两站,实为此路中心。……胶济路干线长三百九十四公里有余,其在县境者,自花窝庄迤南交界起,至涝埠庄迤西出境止,曲折长五十五公里又二百九十六尺。……此路德人于清光绪二十五年兴工,二十七年修至县境。

（常之英修,刘祖干纂:《潍县志稿》,卷二十六,交通志,铁路,民国三十年铅印本。）

〔清光绪二十七年至民国十二年,山东高密县〕 县治东北二里许为高密车站,清光绪二十七年,德人与中国约兴修胶济铁路。东自胶州湾起,西至济南止,至三十年工竣,在县境东西共设四站,东有姚戈庄至高密站,西有康家庄、蔡家庄再西接昌邑界（民国三年十月被日人占领,十二年一月一日交还中国）。

（余有林、曹梦九修,王照青纂:《高密县志》,卷八,交通志,铁路,民国二十四年铅印本。）

〔清光绪三十年至民国二年,胶济铁路〕 胶济铁路创修于德人,而扩张于日人。……计自一千九百零四年全路竣工,翌年营业收入二百万元,至一千九百十三年而增收一倍。

（赵琪修,袁荣叟纂:《胶澳志》,卷六,交通志,胶济铁路,民国十七年铅印本。）

〔清光绪三十四年，山东兖州府曲阜县〕 光绪三十四年正月，修筑津浦铁路，由县境通过。境内车站有二，一在吴村，距城三十五里，一在姚村，距城十八里。

（孙永汉修，李经野、孔昭曾纂：《续修曲阜县志》，卷五，政教志，交通，民国二十三年铅印本。）

〔清光绪三十四年至民国二十四年，山东德县〕 津浦铁路为国家之一大干线，北由天津起，南至浦口止，长约二千余里，于清光绪三十四年购地兴办，至宣统三年十月通车。有快车、有慢车、有加车、有货车、有特别快车，其行车次数及钟点时常更改，不能详载，仅约略言之。路经县城西门外，南由李家庙入境，北至桑园站北出境，经过县境长约八十里，在县境内共有三站（黄河涯、德县、桑园）。

（李树德修，董瑶林纂：《德县志》，卷六，政治志，铁路，民国二十四年铅印本。）

〔清光绪年间至民国元年，山东济宁县〕 兖济铁路为津浦干路支线，先是清光绪朝议划津镇路线，本自兖州东门折西至济宁而东，经邹滕泊，更名津浦，路线亦改，遂舍济宁而不由经。济代表袁景熙、吕庆圻、李其庄、潘复入都请愿，会议于邮传部，复由山东旅京同乡官杨毓泗等上书津浦督帮办大臣全济绅商学界上旅京同乡诸公及四省总理书。卒以后时，部中仅允修支路，由兖州专达济宁。宣统元年始购修土路线，自津浦路兖州东关车站分支，绕城北西南，行至城西约五里许，逾府河至蒜园入境，经孙氏店南设有车站，迤逦南至城东，南土圩关帝阁门东南为济宁车站，民国纪元始敷铁轨。

（潘守廉修，袁绍昂纂：《济宁县志》，卷二，法制略，交通，民国十六年铅印本。）

〔清宣统元年前后，山东济宁州〕 兖济支路，自兖州府东关车站分支绕城北西南，行至城西约五里许，逾府河至蒜园入州境，经孙氏店南（设有车站）复南行，至城东南关帝阁门东南（即韦驮棚），为济宁车站（按：津浦路原议本由济宁南下，后始改由邹、滕等县，而济宁之议遂寝）。继于光绪三十三年，州人以济宁当水陆之冲，向为商业要地，兼可西达汴宋，欲振兴山东南部商业，非此末由，遂遴派代表入部请愿。卒以路线测量已定，仅允修支路，由兖州专达济宁。宣统元年，始购修土路，为兖济支路。

（潘守廉等修，唐烜、袁绍昂纂：《济宁直隶州续志》，卷五，建置志，附铁路，民国十六年铅印本。）

〔清宣统二年至民国十八年，山东泰安县〕 津浦铁路自长清县界首入境，经十四公里至泰安站，又十五公里至北集坡，由北集坡经十五公里至大汶口，由大汶口开车过汶河大桥,即出泰境入宁阳界矣。泰安站开车自清宣统二年十一月十九日始。泰安,旧山郡耳,自此以后顿然改观,物质文明日益增盛,交通便利之效也。

（葛延瑛修、孟昭章、卢衍庆纂：《重修泰安县志》,卷五,政教志,交通,路政,民国十八年铅印本。）

〔民国二十二年前后,山东新城县〕 胶济铁路,东由淄川鸿沟庄西入境,西至淄川新寨子庄东出境,中历杏园、张店等庄,共八里。

（袁励杰等修,王寀廷等纂：《重修新城县志》,卷七,建置志,铁路附,民国二十二年铅印本。）

注：新城县于民国三年改名桓台县。

〔民国二十三年前后,山东桓台县〕 胶济铁路,路为山东东西交通之干线,中经邑境者八里,立车站者仅张店一镇,西北距县城四十五里,东北距索镇四十里,北距新清河六十里。

（佚名纂修：《桓台县志》,卷二,法制,交通篇,陆路,民国二十三年铅印本。）

〔清光绪二十四年至三十四年,江苏苏州府昆山、新阳县〕 沪宁铁路,始于光绪二十四年,铁路总办盛宣怀与英国银公司订借款草约,二十九年订正约,乃开筑。起于上海租界之北,迄江宁省城之北,长六百二十七里,至三十四年始竣工。而昆山为苏沪要道,东接黄渡,西接唯亭,车站则设于城南之严家谷。光绪三十二年五月二十五日始试车。

（连德英等修、李传元纂：《昆新两县续补合志》,卷五,交通,民国十一年刻本。）

〔清光绪二十九年至民国二十四年前后,江苏南京〕 今有京沪铁路,东南抵上海。《中国经济志》：该路兴工于民元前九年（光绪二十九年）,通车于民元前四年（光绪三十四年）。干线自南京江边起,至上海北站止,全线均系单轨,计车站四十九个,长三一六点四二公里。支线自上海起,至吴淞止,亦系单轨,长一六点九〇公里,干支线合计长三三三点三二公里。沿途有隧道一座,铁桥二六四座,石桥四五座,木桥一座,涵洞四二四座。本路建筑经费二〇二六七〇九二两。本路运输情形,每日上下行车一十六次,货运方面因与长江水运处竞争,地方大量笨重货物多利用轮船装载。客运方面以铁路迅速、正确之优点,有独占之势。在初通车时,全年客运一二二四一七人,自光绪三十四年添设四等客车,逐年增加,宣统元年达三四九〇一二五人,民国元年达四七四四三五五三人。自南京建都,加以与津浦路实行联运,本路地位更占重要。

（叶楚伧修,王焕镳纂：《首都志》,卷九,交通,陆运,民国二十四年铅印本。）

〔清光绪三十三年,江苏镇江府丹阳县〕 境内沪宁铁路于光绪三十三年九月通车,东自吕城起,北至黄泥坝止,计长四十七里。总车站在县北城外二里陈家桥。又有分站三,其在县北者为黄泥坝(今名新丰站),其在县东者为陵口、为吕城。

（胡为和等修,孙国钧等纂：《丹阳县续志》,卷二十三,交通,铁路,民国十六年刻本。）

〔清光绪三十三年至民国二十四年前后,江苏南京〕 津浦铁路北通天津。《中国经济志》：该路由英、德两国借款修筑,兴工于清光绪三十三年,通车于宣统三年八月。干线起浦口,经蚌埠、徐州、济南、德州至天津,全长一〇一三点八三公里,设站八十八个。支线有良陈、滦黄、兖济、临枣四线,合长九二点二六公里。全线均系单轨,惟浦镇至浦口间三点六〇公里为双轨。在本路未筑以前,北方货物须由平汉路运汉转申,现在则由郑州转徐州,由徐州转浦口,由浦口或迳用汽轮转沪,或由下关转京沪路运沪,直捷便利多矣。故本路对于京市经济上地位虽不十分重要,然在全国实为南北经济运输最重要之路线。每日上下行车一十二次,民国二十年客运达三〇六七三七九人,货运达一六九八六七七公吨,二十一年客运达三〇一一二六四人,货运达二二六八六九七公吨。客货运输收入,二十年一六五八八五一九元,二十一年一六八〇三四八二元。

（叶楚伧修,王焕镳纂：《首都志》,卷九,交通,陆运,民国二十四年铅印本。）

〔清光绪三十四年,江苏镇江府丹徒县〕 沪宁铁路车站在西门外京畿岭西,光绪三十四年设立,是为大站。大站外有三小站,一在南门外,一在新丰,一在高资,同时设立。

（张玉藻、翁有成修,高觐昌等纂：《续丹徒县志》,卷七,武备志,铁路,民国十九年刻本。）

〔民国二十三年前后,江苏南京栖霞镇〕 京沪线栖霞山车站,设在栖霞镇之北,和江乘乡交界的地方。东接龙潭车站,计九点八九公里;西接尧化门车站,计八点八四公里。

（陈邦贤编：《栖霞新志》,第三章,交通,铁路,民国二十三年铅印本。）

〔民国二十五年前后,江苏〕 铁路在本省境内者,有京沪铁路,自南京下关至上海北站。有淞沪支线,自上海北站至吴淞口。有三民支线,自上海北站至市中心区。有京市铁路,自南京下关至城内白下路。有贾汪铁路,自津浦铁路之柳泉站至贾家汪煤矿。从本省通于省外者,有津浦铁路,自南京浦口至河北天津,衔接北宁、平绥、平汉诸路。有沪杭铁路,自上海北站至浙江杭县,衔接杭江、杭甬、浙赣诸路。有陇秦豫海铁路,自连云港至陕西西安(西安至皋兰一段尚未完成)。有京芜铁路,自南京至安徽芜湖。有苏嘉铁路,自吴县至浙江嘉兴(正在建筑)。有运台支线,自陇海铁路之运河站至山东台儿庄。计在本省境内已成之铁路,共长二千零七十六里。

(殷惟和纂:《江苏六十一县志》,上卷,江苏省总说,交通,民国二十五年铅印本。)

〔清光绪二十二年至民国十一年,浙江海宁〕 州境共设五站,硖石地处交通最为繁盛,转运数亦较多。长安次之,斜桥、许村、周王庙又次之。

(清 李圭修,许传沛纂,刘蔚仁续修,朱锡恩续纂:《海宁州志稿》,卷六,建置志,邮传,清光绪二十二年修,民国十一年续修铅印本。)

〔清光绪三十一年,浙江杭州府〕 光绪三十一年六月,浙人会议筹办铁路,拒绝外款,公举开缺盐运使汤寿潜为总理,候补四品京堂刘锦藻为副总理,并电政府废《苏杭甬铁路草约》,改归自办。

(齐耀珊修,吴庆坻等纂:《杭州府志》,卷一百七十五,交通,铁路,民国十五年铅印本。)

〔清光绪三十三年至宣统三年,沪杭铁路〕 宣统元年二月,杭州至硖石一段开车。闰二月,王店、嘉兴各段先后开车。七月,嘉兴至枫泾一段开车,杭沪自是接轨。按:沪嘉铁路自光绪三十三年正月开工,至宣统元年四月告成,其中桥工大小,凡四十有八,全线长一百二十里,岔道二十二里,分建车站十处,计全路开支约二百三十万两有奇。……自开办日起,至宣统三年正,计收老股本四百八十九万九千五百元,新股本五百零四万七千五百七十六元。

杭嘉江拱建设费表

区间 费目	杭 枫 正站线 二百五十八里六六	江 拱 正站线 六十六里五
测勘费	四八九四一元六七七	一三一九一二元二九三
购地费	三三七三四六元六六七	一八七六三三元二〇二
电线费	二七四三〇元六六七	一二六五七五九六二
土工水利费	二八三三〇〇元九五八	一一八三五八元二四六

(续表)

区间\费目	杭枫 正站线 二百五十八里六六	江拱 正站线 六十六里五
桥工费	五三三五四六元一一九	七七九五九元六二九
轨路费	一五五〇二〇九元二九三八	五一一〇〇一元〇五五六
车站厂屋费	二一八九八八元二三四	四七六五二四元七四〇
筑界费	一一四八八元七七三	二七三三七元六四二
机器船只费	九〇三三元二五三	二六八四九元七三〇
普通用费	六一九四五八元二三二四	二一五九五六元六一八八
共计	三六二九七四三元六六二二	一六八六一九〇元六七五三
每里平均	一四〇三二元八七五八	二五三五六元二五一九

(齐耀珊修,吴庆坻等纂:《杭州府志》,卷一百七十五,交通,铁路,民国十五年铅印本。)

〔清光绪年间至民国五年,沪杭甬铁路〕 沪杭甬铁路,最初预定由苏州经杭州以迄宁波止,故有苏杭甬线之称。光绪三十四年二月初四日,批准苏浙两公司借款合同,后浙路先准商办,嗣后苏路亦准。自上海至枫泾间,归江苏公司兴修;自枫泾至杭州间,归浙江公司建筑。至宣统元年正月,沪枫间工竣,五月,枫杭间告竣工,沪杭全线遂通车。嗣后,苏路以经营不善,于民国三年一月一日正式收归国有,改名沪枫,既而浙江路亦以财政竭蹶,于民国三年六月二日收归国有,取消沪枫甬嘉等名目,正名为沪杭甬铁路。至民国五年十二月,沪杭、沪宁接轨工程完竣,两路通车(《中国实业志》)。

(干人俊编:《民国杭州市新志稿》,卷九,铁路,民国三十七年修,杭州市地方志编纂办公室一九八七年铅印本。)

〔民国五年,浙江镇海县〕 龙山铁路:东绪区民国五年虞和德等创造,由龙山镇直达三北公司轮埠,以便利水陆之交通。

(董祖义纂:《镇海县新志备稿》,卷上,交通志,铁路,民国二十年铅印本。)

〔民国年间,浙赣铁路〕 浙赣铁路,旧称杭江铁路,由浙江省政府建筑,自杭州钱江南岸西兴起,经萧山、诸暨、义乌、金华、汤溪、龙游、衢县、江山而达江西玉山,计长三百四十五公里。嗣由铁道部与浙赣两省政府合组浙赣铁路联合公司,修筑玉山至南昌及南昌以西之宁湘路线(名为玉萍铁路),并经营杭江铁路业务,现设浙赣铁路局。……浙赣路全长一千零二十一公里,于民国二十六年全线通车。

（浙江省通志馆修,余绍宋等纂:《重修浙江通志稿》,第九十八册,交通,铁路,一九四三年至一九四九年间纂修,稿本,浙江图书馆一九八三年誊录本。）

〔民国十八年至二十三年,浙赣铁路〕 杭江铁路,为浙省独立经营之铁道,于民国十八年三月开始筹备,翌年三月开工,至二十一年一月通车至兰溪,二十二年十二月通车至江西玉山。全线共长三百六十公里,其中自金华至兰溪为支线,长二十四公里。该路起点于钱塘江边之西兴镇,迄江西玉山。二十三年五月,为建筑玉山至南昌、南昌至萍乡路线,乃改称杭江铁路为浙赣铁路。

（千人俊编:《民国杭州市新志稿》,卷九,铁路,民国三十七年修,杭州市地方志编纂办公室一九八七年铅印本。）

〔民国十八年至二十三年,浙江〕 杭江铁路于十八年三月开始筹备,翌年三月开工,至二十一年一月通车至兰溪,二十二年十二月通车至江西玉山,全线共长三百六十公里,其中自金华至兰溪为支线,长二十四公里。该路起点于钱塘江边之西兴镇,经萧山、诸暨、义乌、金华、兰溪、汤溪、龙游、衢县、江山等县而终止江西之玉山。二十三年五月,为展筑玉山至南昌、南昌至萍乡路线,乃改称杭江铁路为浙赣铁路杭玉段。

（姜卿云编:《浙江新志》,上卷,第九章,浙江省之建设,道路,民国二十五年铅印本。）

〔民国二十三年至二十五年,沪杭甬铁路〕 沪杭甬铁路工程,以杭州钱塘江桥为最大。该桥桥身长三千五百十八呎,两端各有引桥二百八十呎,系用最新式之双承式,下面为铁路行驶火车,上面为马路及行人道,以备车马行人得随时通过。建筑经费需五百万元,于二十三年十一月十一日开工,民国二十五年秋工竣。该桥地址在杭州闸口六和塔附近,正桥十六孔,计长一千零七十三公尺,在钱江控制线之间,桥身分两层,上层为公路人行道,下层为单线铁道。桥身高十公尺六,桁梁相距六公尺,中部桥墩十五座,悉用钢筋混凝土建筑,南岸用木桩法,北岸用沉箱法,全部工程经投标结果估计共需经费约四百万元,桥墩基础工程由康益洋行承造,计标价约一百六十万元,桥面钢梁工程由道尔门郎公司承筑,计标价约一百四十万元。

（浙江省通志馆修,余绍宋等纂:《重修浙江通志稿》,第九十八册,交通,铁路,一九四三年至一九四九年间纂修,稿本,浙江图书馆一九八三年誊录本。）

〔清光绪三十三年,安徽太平府芜湖县〕 芜广铁路,光绪三十年,本省绅商奏请开办，招收商股，测定路线，自陶沟至湾沚，路基梁桥业已修筑。光复后，由交通部议还商股，收归国有，改办宁湘铁路，路线起南京，经过本省当涂、芜湖、宣城、宁国、绩溪、休宁入江西界，经乐平，接湖南萍湘铁路。民国三年，设总局于南京，派委驻芜设办事处，并清理皖路股款，嗣以部议更定路线，芜湖绅商争持，复以欧战延长，国内多事，迄未开办。

（余谊密等修，鲍实等纂：《芜湖县志》，卷二十九，政治志，交通，民国八年石印本。）

〔清朝末年至民国年间，安徽〕 清末，部议修筑宁湘铁路，起南京，经芜湖、宣城、宁国入徽，路线勘定，光复遂中辍。民国二十二年，江南商办铁路公司设计改京韶铁路，亦起南京，经芜、宣、宁达徽、屯、浙、闽。二十二年秋，由孙家埠站至屯溪一段业已测竣，自邑北分界山入县，经港口灰山煤矿，沿河趋桃园、西浔过潘村河，至河沥溪、千陌阪、竹峰铺、桥头铺、夹路、胡乐，出业山关，抵绩界，境内线长计八十余公里。

（李丙麟等修：《宁国县志》，卷三，交通志，铁道，民国二十五年铅印本。）

〔清光绪年间至民国二十四年，江西萍乡县〕 铁路自安源至老关凡七十里，光绪间，初因煤业转运起见，由政府筹款委候补道薛鸿年开办，向民间购地建筑，现延长至株州与粤汉铁路衔接，交通利便，未有逾于此者。

（刘洪辟纂修：《昭萍志略》，卷二，营建志，邮政，民国二十四年木活字本。）

〔民国二十五年至二十六年，江西分宜县〕 浙赣南萍段铁路在分宜境内者，东自界首，西至彬江，经过山塘、下十里店、介桥、祥山、背上村、易家楼、下孔家、里水、东江、斜洲、上路口、合山等处。民国二十五年二月，由铁道部包二段分驻县境各地雇工开筑，二十六年七月告竣，八月试验轨道，九月分别通车，十月正式售票搭客。自是上通萍湘，下达赣浙，指日可到。惟分宜车站设在山塘，下隔县治尚有十五华里。

（萧家修修，欧阳绍祁纂：《分宜县志》，卷二，地理，交通，民国二十九年石印本。）

〔清光绪二十九年至三十一年，福建福州府闽县〕 光绪二十九年，以太仆卿张振勋办理闽粤铁路，方经营广埔路线，法、日因以觊觎闽路。三十一年，外力日迫，闽人士亟思自办，是秋都下同乡官请商部（三十二年更定官制，改商部为农工商，隶铁路于邮传部）代奏。以前内阁学士兼礼部侍郎衔陈宝琛总理全闽路政，诏曰：谕爰立全闽商办铁路公司，专集华股，于本境设总办事处一，于厦门设分办事处一，于京师会馆立议事处一，于上海联络皖浙江右立公所及学堂各一，于吾闽外府州县暨他省外埠各置经理处一。延华人精于工程者为技师,又置协理、坐办、总董、分董、议董、谘访、书写、收支等员,勘定路线,分为达粤、达瓯、达衢、达信、达盱各干路。

（清　朱景星、李骏斌修,郑祖庚等纂:《闽县乡土志》,铁路,清光绪三十二年铅印本。）

〔民国九年至十八年,福建建瓯县〕　梨山轻便铁路,始于民国九年,由梨山筑至木槠林附近,计长十里,专供搬煤之用。该煤矿现已停顿,此路亦停运。

（詹宣猷修,蔡振坚等纂:《建瓯县志》,卷二十四,交通志,铁路,民国十八年铅印本。）

〔清光绪二十二年前至民国三十四年前后,台湾〕　在日本占领台湾之前,台湾铁道仅有清廷拆毁淞沪铁路移敷于基隆、新竹间之六十二公里之"台湾铁路",现则仅国有线即增至千余公里,其中最主要者即为延长台湾铁路敷设之纵贯铁道。本路修筑于一八八九年,完成于一九〇八年,耗资达二千八百八十万日元,为今日台湾主要动脉。其本线自基隆达高雄,总长四百零六公里。支线中之最主要者有宜兰支线,自基隆次站八堵起,经北部煤田以达苏澳,为主要之运煤路线。自竹南站分歧沿海岸以达玉田之台中线,则为辅助山间急湾运输力不足而设。除纵贯铁道外,有阿里山、太平山及八仙山三森林铁道,专为运输木材而设。……此等国有铁道为总督府交通局所管,除花莲港台东间之台东铁道,轨幅为二呎六吋外,余均为三呎六吋之标准轨。……国有铁道之外,为全部二呎六吋轨辐之私有铁道。台湾私有铁道多为运输甘蔗而设,如高雄州内里港甘棠门间,竹头角九曲堂、林园凤山间之台湾制糖线……各线平均长度虽短,然其总延长则达五百余公里,便利台湾运输不少。各线汇集于国有铁道之主要站,形成一台湾辐射形之铁道网。……以一九三九—[一九]四〇年度而论,私有铁道长度与国有铁道长度合计约达一千五百七十二公里,国有铁道约占三分之二,而营业收入则私有铁道仅及国有铁道之十分之一。由此可见,台湾总督府所辖之国有铁道,为台湾交通之主要脉络,而私有铁道则尽其补充任务而已。

（郑伯彬编:《台湾新志》,第十章,交通,一,陆路交通,民国三十六年铅印本。）

〔清光绪二十年至民国十二年,河南许昌县〕　清光绪二十年,京汉铁道修至许境,北由苏桥北四里入界,南由连寺桥东南二里入界,中经武墙道、德灵沟、孙家思故阜、民六保,自西北而东南,斜贯许境,中间共长五十二里。

（王秀文等修,张庭馥等纂:《许昌县志》,卷七,交通,铁路,民国十二年石印本。）

〔清光绪二十三年至民国八年,河南长葛县〕　长葛铁路,由县西北官亭北辛庄入境,至和尚桥南出境,横三十余里,清光绪二十八年土路成,三十年铁路成,定和尚桥为车站,车到时停五分钟,以便客运。民国八年,于官亭加修站房,惟停轨时暂不便搭客,由和尚桥南里许转西向陉山修筑支路二十余里,为运石铺路之用,清光绪二十三年建。

（陈鸿畴修,刘盼遂、张蔚兰纂:《长葛县志》,卷一,舆地志,铁路,民国二十年铅印本。）

〔清光绪三十一年至民国二十年,河南武陟县〕　京汉铁道经县境东南,由获嘉武陟接界之王庄北入境,历陈庄、宋庄、马营、河营、小茶堡、老田庵村、北小刘庄、杨洼、赵庄、魏庄、詹店、李庄、秦厂至黄河北岸,与铁桥衔接,约长二十八里,于光绪三十一年通车,詹店及黄河北岸两处设站售票。

（史延寿修,王士杰等纂:《续武陟县志》,卷五,地理,交通,民国二十年刻本。）

〔清朝末年至民国二十二年,河南安阳县〕　安阳铁道有干路、支路之别,干路为平汉铁路,系清政府贷款兴修;支路为由乐镇达观台镇之道,乡人亦称为六河沟铁路。

（方策等修,裴希度等纂:《续安阳县志》,卷六,交通志,铁路,民国二十二年铅印本。）

〔民国三年至十五年,河南陕县〕　民国三年,陇海铁路通车至七里递运所入陕境,七年至观音堂,十三年三月至陕州,十五年由陕过境而西。

（欧阳珍等修,韩嘉会等纂:《陕县志》,卷十二,交通,铁路,民国二十五年铅印本。）

〔民国十一年至十九年,河南灵宝县〕　铁道东由陕县入境,西接阌乡县境,东西五十八里,铁桥四,山洞五,民国十一年开办,十九年开车。

（孙椿荣修,张象明纂:《灵宝县志》,卷三,建设,民国二十四年铅印本。）

〔清光绪十六年至十九年,湖北武昌府大冶县〕　铁路,自铁山至石灰窑,计程五十二里六分。光绪十六年十二月,前任知县林佐奉委勘定里数。十七年春,兴筑土堤,面宽二丈五尺,下铺碎石,上安铁轨。十八年七月,工竣,其间明桥暗洞五十余道,以消水潦。十九年,始用火轮车运铁矿至盛洪卿小停,下陆中栈,计程二十六里三分。又分小支路六条,为开车、歇车、屯车客所。由下陆至李家坊小停,至石灰窑止运,倾入小轮船,载至汉阳铁炉化炼。十八年十月,林委署县事总办补用知县李增荣继之,复于铁山上机房左修小铁路至铁门坎老虎垱,右修小铁路至龙洞、大铁、石纱、帽翅各处,开采矿苗由此下山。

（清　陈鳌纂:《大冶县志后编》,公局,清光绪二十三年刻本。）

〔清光绪二十一年至民国九年前后，湖北夏口县〕 京汉铁路，此路创始于清光绪二十一年……按此路发端于汉口，北抵京城而止，故命曰京汉铁路。南端之总车站在汉口大智门，大智门以上硚口玉带门外有票房一间，为此路发轫之始。大智门以下有刘家庙、谌家矶二票房。此下又有铁桥三道，皆在夏口境内，其工程除黄河大桥以外，当以此三桥为称首也。川汉、粤汉二铁路，此二路亦皆以汉口为起点，然川汉路之总车站将来约在硚口一带。至粤汉路之总车站，现设省垣望山门外。……粤汉路近已通车至长沙，故又名武岳铁路。至川路，则自硚口以上数百里间虽已填路铺轨，而迄未行车。

（侯祖畲修，吕寅东等纂：《夏口县志》，卷九，交通志，铁路，民国九年刻本。）

〔清光绪二十九年至民国三十六年，湖南醴陵县〕 铁路经过县境有二：一、株萍铁路。自萍乡安源至老关入境，经楚东桥、阳三石、板杉铺、姚家坝，出湘潭之白关铺，至株州，与粤汉铁路湘鄂线相衔接，直达长沙及武汉。清光绪二十九年，由安源修至阳三石。至三十一年，株萍全路工竣通车，建总局于阳三石。民国二十五年间，改属浙赣铁路。二十八年，南昌沦陷，浙赣路全线自动破坏。三十六年六月，始修复通车。二、粤汉铁路湘粤线。自株洲经县境之渌口、昭陵，出湘潭之淦田，过衡山以达广东。二十五年，工竣通车，湘米由此销粤。沦陷时破坏。三十五年修复。

（陈鲲修，刘谦等纂：《醴陵县志》，卷二，交通志，道路，民国三十七年铅印本。）

〔清光绪末年至宣统初年，湖南湘潭县〕 湘潭铁路，有株萍及粤汉路，均在东一区。株萍路因转输萍乡之安源矿煤，光绪末年以国款自办，路长一百八十五里。粤汉路由湖北武昌道经岳州至长沙，自长沙经株州至渌口，宣统初年成，此一段长一百三十三里，系借款自办，因久未行车，今多倾圮。

（曾继梧等编：《湖南各县调查笔记》，地理类，湘潭，交通，民国二十年铅印本。）

〔民国二十年前后，湖南长沙〕 陆路有火车、汽车，为交通之枢纽。火车计长沙至武昌三百六十公里，长沙至株州五十五公里，其支线则由株州直抵江西之萍乡安源，计九十公里。每日车开武昌两次，由武来长者亦二次。旅客往来，多称便利。

（曾继梧等编：《湖南各县调查笔记》，地理类，长沙，交通，民国二十年铅印本。）

〔清光绪二十七年，广东广州府佛山镇〕 中国铁路，古无专门。自光绪间立邮传部，各直省始兴筑铁路，以利交通。粤汉铁路亦乘时而起，其支路名广三铁路,此佛山为中枢,初名三佛铁路,光绪二十四年,由铁路督办大臣盛宣怀、驻美公使伍廷芳与美国合兴公司订约借款筑路。时论此佛山为中国名镇,商务最盛,决议由省至佛一段先行建筑,乃于光绪二十七年正月开筑,十月告成通车。此三佛路名所由来也。收入既增,商务顿旺,乃加工赶筑至三水一段,翌年告成,由省城至三水全路即通车矣。嗣因合兴公司以路股分售比国,有违条约,乃收回自办,将合同注销,赎美金六百七十五万元与美国。以三佛支路名称不合,改名为三省铁路,遂为完全商办。民国二年,湘、黔两省原有股份收归国有,交通部派罗崇龄为总办,接收一切,建筑营业收支粤股则由股东兴董事一人为代表,经理分权治事。时交通部又以三省铁路名称未宜,易名为广三铁路,设管理局于石围塘,此广三铁路官商合办之概也。后又更总会办为正副局长,局制既改权限,每有争持,乃明定官股占七之四,商股占七之三,仍未足以调和也。八年,粤省自主与北京交通部脱离,乃重订章程,官商共同负责,于是纠纷始解。惟各国铁路名家多论列广三铁路,由省城至佛山一段,路线最短,而收入最丰,为世界铁路之冠,苟如以改良,将不知如何优胜矣。

（冼宝干等纂：《佛山忠义乡志》,卷三,建置,民国十五年刻本。）

〔清光绪三十二年至民国十三年,广东花县〕　光绪三十二年四月,商办公司成立,所有粤政府从前接收合兴公司一切事宜及占三水枝线七分之三权利概行移交商办公司接管,遂定名为商办广东粤汉铁路有限总公司。八月间,工程开始进行。三十三年丁未六月,通车至江村。三十四年戊申正月,本邑之新街站正式通车。同年二月,三华店、大迳桥两站通车。四月,通车至军田。八月,至银盏坳。十月,至源潭。宣统元年己酉八月,通车至琶江。二年,至横石。其后陆续展筑,将来直通武汉之期当不远矣。商公司成立之始,邑人之附股者甚为踊跃。自通车以来,旅客、货物运输日增,邑人交称便焉。

（孔昭度等修,利璋纂：《重修花县志》,卷三,建置志,铁路,民国十三年铅印本。）

〔清光绪三十三年至宣统三年,广九铁路〕　广九铁路管理局,在城北东堤大沙头。光绪三十三年,外务部与中英公司订立合同,订明路线,自广州东堤东濠桥之东大马路界内起,经番禺、增城两县属地,至东莞之石龙镇为第一段;由石龙至新安县属之深圳为第二段。自深圳至九龙,原属新安县境,今为英租界,段内工程归英国建筑,华英分界,中隔深圳一河,议定建筑铁桥过河,河之北岸,桥墩由华段建筑,河之南岸,桥墩及桥梁由英段建筑,即以铁桥为两段接轨之处。

光绪三十三年七月兴工,宣统三年八月筑至深圳,英段适亦筑到,桥梁告成,同时工竣,全路通车。

（梁鼎芬等修,丁仁长等纂:《番禺县续志》,卷四,建置,铁路,民国二十年刻本。）

〔清宣统元年至民国二十年,广东番禺县〕 罗冈轻便铁路,宣统元年,罗冈乡人钟芸晖等禀官立案,募集股本银二万六千六百八十元,鸠工兴造,逾年工竣。由广九路南冈站起,历莲塘墟、黄冈坑、猫岭、罗冈墟,路线凡十五里,除首站及尾站罗冈墟设守站役夫外,余止有亭舍备客候车,不设站役。此路自开车后,乡民出入,货物交通,均称利便焉。

（梁鼎芬等修,丁仁长等纂:《番禺县续志》,卷四,建置,铁路,民国二十年刻本。）

〔清宣统三年,广东广州府东莞县〕 广九铁路,由中英公司借款兴筑,成于宣统三年辛亥四月,长三百三十余里,通过县之东境,在县境者约占全路三分之一。货物转输,趋之若鹜,匪特农产利其贩运之速,即向之由邑城以赴省、港者,今亦纤道石龙,以求捷径矣。路线自大沙头起,经番、增两县西北入邑境,折南跨东江至石龙,为一站;没东南跨东江支流,折而东至西湖,为一站;又折东南至南杜,为一站;又东南至横沥,为一站;又东南至常平,为一站;又东南至土塘,为一站;又东南至樟木头,为一站;折而南至林村,为一站;又南至塘头厦,为一站;又南过观拦水至石鼓,为一站;又南至天堂围,为一站;又折东南入新安县界往港。

（陈伯陶等纂修:《东莞县志》,卷十九,舆地略十二,民国十六年铅印本。）

〔清宣统三年,广东广州府增城县〕 铁路已成者,为广九铁路,起自广州大沙头,而东至沙村站（甘都）,计一十九英里,入增城线,经新塘（甘都）、唐美、白石（湖都）、雅瑶、仙村（宁都）、石厦、石滩、石沥滘（下都增线以此站止）各站,接入东莞线,以通九龙（宣统二年通车）,计增线内九站……中间石滩一段,跨增江水,横驾一铁桥（来往舟船仍可由桥下通过,但须下去桅樯,水涨时或与桥平,则不能穿越）。工程极巨,仙村一段,亦跨绥福水,横驾一铁桥,工程次之。此路中英政府合资建筑,全线以新安、深圳站为界。九龙一端,为英段,英政府营业,归英人管理。广州一端,为华段,华政府营业,归华人管理。增线全在华段内,每站设有路警防护,客车旅客往还咸称利便焉。未成者为增仙铁路,拟起自县城西门经清塘、约山、田约、丰湖、大块坐、新屋、村侧、莲塘站,以达仙村,接连广九铁路,近始筹拟建筑,成功犹有待焉。

（王思章修,赖际熙等纂:《增城县志》卷十,交通,民国十年刻本。）

〔清光绪十一年至宣统二年,滇越铁路〕 滇越铁道,系法人修筑,总车站在市南盘龙江畔,由河口与东京铁路衔接,可径通车至海防,为云南出海门户。考此路法人蓄意修筑已久,中法战后当清光绪十一年(一八八五年),法政府即与中国订立建筑东京铁路条约。十三年(一八八七年),设建筑东京铁路筹备处于巴黎,兼筹备延长至云南路线。二十三年(一八九七年),外交部派土木工程师测勘路线,并派矿学工程师调查云南矿务。迨中日战后,各国以调停之功,要求酬答,法国遂要求将建筑云南铁路权相让。二十四年(一八九八年)四月,因与中国订约,法国政府或公司有权建筑由东京边界至云南省城之铁路。是案悬至二十九年(一九〇三年)十月,两国代表始正式签字,约内指明路线从河口经蒙自而达云南省城。先是法政府自与中国订约后,旋即与铁路公司商订合同兴工建筑。该公司于清光绪二十五年(一八九九年)三月,派人前往云南考查,嗣将山多道阻施工不易详情报告。初估定建筑费七千万法郎,后增至九千五百万法郎,外加公司费用及杂费等共六百万法郎,总计一万万零一百万法郎。二十七年(一九〇一年)七月,批准合同,铁路公司遂正式成立。是年九月,铁路公司复与建筑公司订约,庀材鸠工,嗣于三十二年(一九〇六年)四月,两公司因争执建筑费,双方各派仲裁人组织仲裁判断。及裁决书成,建筑公司以所判价值太低,不服,遂双方清算,解除契约,由铁路公司自办,以完未竣工程。三十四年(一九〇八年)九月,始告功成。宣统二年(一九一〇年)一月,遂正式通车,达云南省城,路线全长四百六十四基罗迈,共计九百四十华里。

(张维翰修,董振藻纂:《昆明市志》,交通,铁道,民国十三年铅印本。)

〔清光绪二十八年至宣统元年,滇越铁路〕 滇越铁道,起自马关属之河口,经靖边、蒙自、蜿蜒直至省城。按:该路自光绪二十八年兴工建筑,至宣统元年完成通车,由县至省交通遂称便利。

(张自明修,王富臣纂:《马关县志》,卷二,建设志,滇越铁道之经过,民国二十一年石印本。)

〔清朝末年至民国年间,云南澄江县〕 滇越铁路,由宜良经县境东北,循澄江路南交界之南盘江而入弥勒县境,本县货物商旅多由路南境徐家渡搭车上下,对于地方商业经济关系甚大。

(澄江县政府编:《澄江县乡土资料》,铁路,民国抄本,一九七五年台湾成文出版社影印本。)

（四）公　　路

〔民国二十三年前后，河北平谷县〕　汽车路，由县城直达通县、北平，春冬通车，夏季桥梁撤后停止。

（李兴焯修，王兆元纂：《平谷县志》，卷一，地理志，交通，民国二十三年铅印本。）

〔清同治至民国年间，上海西南区〕　马路。西乡马路星罗棋布，今就辖图有关系者编列之。

徐家汇路，自西门迤西，沿肇嘉浜北岸至徐家汇，同治二年黄道宪筑，后归法公董局修理。

海格路，原名徐家汇路，自徐家汇至静安寺接大马路，同治三年英工部局筑，民国九年改今名。

天主堂路，自徐家汇镇迤南至土山湾，同治二年天主堂筑。

极司非而路，自静安寺接海格路，迤北曹家渡至梵王渡，同治三年英工部局筑。民国初，迤西接通白利南路。

霞飞路，原名宝昌路，自四明公所迤西至法华东镇，接海格路，光绪二十六年法公董局筑，民国四年改今名。按：此路在光绪三十三年排铁轨，行电车，出姚主教路达徐家汇。

虹桥路，自杨家库海格路迤西，接至青浦县界横沥港，光绪二十七年英工部局筑。

罗别根路，原名罗白康路，自程家桥虹桥路迤北，接至北新泾吴淞江口白利南路，光绪二十七年英工部局筑，民国八年改今名。

白利南路，自北新泾吴淞江中罗别根路转东，接至曹家渡南极司非而路，光绪二十七年英工部局筑。

福开森路，自五车浜霞飞路迤东北，接至朱家库海格路，一支迤东出善钟路，名巨泼斯来路，光绪三十二年法公董局筑。

忆定盘路，自陈家宅后海格路迤北，接至北曹家宅白利南路，光绪三十二年英工部局筑。

姚主教路，自五车浜霞飞路迤南，出肇嘉浜徐家汇路，光绪三十三年法公董局筑。

康脑脱路，自丁家库极司非而路迤东，接至麦特赫斯脱路，光绪三十三年英工部局筑。

星加坡路，自丁家库康脑脱路迤东北，接至小沙渡路，光绪三十三年英工部局筑。

劳勃生路，自曹家渡极司非而路迤东北，接至叉袋角，光绪三十四年英工部局筑。

长浜路，自曹家堰忆定盘路迤东，接至静安寺南长浜路，宣统二年英工部局筑。

愚园路，自姚家角白利南路迤东，接至静安寺赫德路，宣统三年英工部局筑。

开纳路，自忆定盘路北段迤东，接至陆家浜极司非而路，宣统三年业广公司筑。

霍必兰路，又名西华伦路，自王家楼虹桥路迤北，接至周家桥白利南路，宣统三年英工部局筑。

斜徐路，自斜桥迤西，沿肇嘉浜南岸接至徐家汇，民国三年工巡捐局筑。

斜土路，自斜桥南首迤西，接至土山湾南漕溪路，民国三年工巡捐局筑，十一年设长途汽车，转漕溪路迤南至闵行镇。

漕溪路，自漕河泾万寿庵迤北，接至土山湾南斜土路，民国三年漕河泾公民唐尊玮集资，倩〈请〉工巡捐局筑。

天钥桥路，自徐家汇天钥桥迤南，接至斜土路达龙华，民国三年工巡捐局筑。

谨记路，原名豫丰路，自豫丰桥迤南，接至斜土路达龙华，民国三年工巡捐局筑。后桥放阔，改名谨记桥，路亦改今名。

杨宅路，自法华西市崇明沙迤南何家角，接虹桥路，就原有之公路放阔，民国七年杨洪钧购助一亩外，概由杨鸿藻捐资购地筑。自崇明沙至何家角铺砌石片，南段杨鸿藻捐筑；北段乡公所筑。自何家角至虹桥路铺砌石片，杨鸿藻、杨树源倡捐筑。

春光路，蒋春晖堂、郁光裕堂公路，故名；自李公祠北海格路迤西，接至郁氏山庄，民国七年郁屏翰筑。

裕德路，自土山湾天主堂路迤西，接至张氏山庄，民国八年张氏购地筑。

贝当路，自姚主教路迤东，顺直会馆后面接至宝建〈庆〉路，民国十一年法公董局筑。

麦尼尼路，自姚主教路迤东许家弄，接至祁齐路，达西受〈爱〉咸斯路，民国十一年法公董局筑。

汶林路,自霞飞路迤南许家弄,接出肇嘉浜徐家汇路,民国十一年法公董局筑。

大西路,自长浜路迤西南,接至王家楼霍必兰路,民国十一年英工部局筑。

(王钟撰,胡人凤续辑:《法华乡志》,卷一,沿革,里至村落,清嘉庆十八年编,民国十一年续编,抄本。)

〔清光绪、宣统年间,上海〕 福佑路,光绪三十年填浜筑成,西起北香花桥,东至福佑桥,宣统年[间]接筑至福佑门。侯家路,光绪三十三年填侯家浜筑成,北接穿心街,南至方浜。大境路,东起营房桥,西至拱辰门。小九亩路,大境路南。露香园路,大境路北抵城根。方浜路,西接小九亩路,东至东马桥,填浜筑成。以上四路均宣统二年筑。旦华路,东接侯家路,西接大境路。万竹路,小九亩路西。紫金路,北通旦华路,南通方浜路。以上三名均以学堂命名。蓬莱路,光绪三十二年填浜筑成,自南杨家桥北堍直东,迤北至唐家弄口,其迤北一段亦称南阳路……

黄浦滩马路,光绪二十三年奏筑,自方浜口至陆家浜口,迤西达沪军营,其迤西一段亦称南马路……

肇周路,填周泾之方浜南一段、肇嘉浜之斜桥北一段筑成,光绪三十二年动工,宣统元年完工。方斜路,亦自方浜桥至斜桥,原系法人所修徐家汇路之一段,交涉收回仍筑法电车路。……万生路,方斜路西,肇周路东。文斜路,自尚文门至斜桥。黄家阙路,利涉桥北,安澜路南。大吉路,黄家阙路西。安澜路,林荫路东至城濠。林荫路,方斜路南,文斜路北。教育路,方斜路北,肇周路南。西林路,教育路西。自万生路至此,均宣统元年筑……

新大桥路,光绪二十九年筑,北达自来水厂。新闸桥路,光绪三十二年筑,迤西北至太阳庙。……南川虹路,宣统元年筑,新闸桥路东,东段入租界。又北川虹路系宝山境……

斜桥南路,自斜桥南,经徽宁会馆奇〈骑〉兵营而达制造局,同治年制造局所筑。斜日路,宣统元年因蒲肇河工之便,于南岸筑土道,出斜桥至日晖港口,其自日晖港口以西接筑至天钥桥,未定路名。天主堂路,由徐家汇至土山湾,同治二年天主堂筑,与静徐、斜徐等路同时筑成。……龙华路,自制造局,经外日晖桥、大马桥、小马桥、新桥而达龙华寺,光绪十七年制造局筑。瓜豆园路,由龙华镇西市梢起,迤南过漕河庙,直□□园,光绪二十年园主人陆云僧筑,长里余……

洋泾镇街,光绪三十四年,塘工善后局筑。东沟路,宣统元年,塘工善后局筑。北洋泾马路,宣统元年,塘工善后局新辟,长四百余丈。先是,光绪三十三年,东乡联区公议清理二十二保、二十四保各图被占公地,追变归公,储充辟路之用,此路实其起点。便民石路:一、泰隆桥至渡口,光绪初年三官堂住僧募捐改筑;二、泰隆桥至集水湾,集水湾至六和桥,六和桥至董家渡街,光绪二十七年、三十二年,由严少山、盛麟书、高守智先后筹募改筑;三、南马头至艾家坟,光绪三十二年杨斯盛筑;四、洋泾镇至陆家渡,光绪三十四年杨斯盛筑。

(吴馨等修,姚文楠等纂:《上海县续志》,卷二,建置上,街巷,民国七年刻本。)

〔清光绪至民国年间,上海〕 法华路:自东镇至西门衡春桥,长十二里,嘉庆间邑绅王寿康集资筑。光绪二十六年,法人开筑宝昌路后,石路遂废。宣统三年,地方自治成立,曹家桥迤东归上海市,迤西归法华乡,各自管理。民国二年,乡公所议将该石条移铺汇西路,今所存者陈家巷迤东马家宅前一段而已。

(王钟撰,胡人凤续辑:《法华乡志》,卷一,沿革,里至村落,清嘉庆十八年编,民国十一年续编,抄本。)

〔清光绪至民国年间,江苏宝山县〕 邑境路工,向无具体之规划,其开辟最先者为吴淞,次则与闸北接壤之江湾、彭浦,又其次则城市、高桥,所需工款或拨自公家,或出诸捐募,此外各市乡亦多有踵起兴筑,正在筹款进行者。至市街修建情形,则迩年来殊不多靓矣。

城市至吴淞石皮路,自西门外达吴淞镇北桥,计长六里,咸丰间靖海禅院僧贤良(前《志》作进贤,误)、宝光募筑。

〔城市〕至炮台湾马路,自南门外达炮台湾车站,计长五里,宣统二年,邑绅袁希涛、王钟琦呈准苏松太道,以吴淞马路工程余款建筑,用银七百元有奇,王树基董其役。民国元年,县知事钱淦岁拨蒋全泰租地费银二十四元、渔户捐(此系大北公司赏给各渔户保护水线之款,向由交涉使移县转发者)一百二十八元为常年养路经费,由城市公所主管修理,并于二年三月复指拨临时入款,重行修筑,至五月告竣,共支银二百三十四元九角四分九厘二毫。

军用马路,自〔吴〕淞防营起,北经狮子桥,迤西由东岳庙前达泗塘附近之三官堂,光绪十三年,因是处添设后路火药局,由驻淞庆军开筑,以便运输。

县前街、南门大街,均于民国二年由县知事钱淦指拨临时入款修葺。

东门大街、南门大街、西门大街、北门大街,均于民国四年六月重修,共用银四百三十余元,由城市浚河局余款项下拨充。

北门外石片街,民国六年,由塘工局委员朱日宣以塘工余款修葺。

吴淞商埠马路,光绪二十四年,江督刘奏准。吴淞自开商埠,由开埠工程总局规定,北过炮台至南石塘东西大路为界,南至陈家宅止,以东西进深三里为界,西面浜北以泗泾河为界,浜南则以泗塘河对岸起距浦进深三里为界,兴筑纵横马路(收用民地凡分三等,浜南北均东自浦边起,西至一里进深止,列为上等,每亩给价银一百六十两;自浦边一里进深处起,西至距浦边二里进深处止,列为中等,每亩给价银一百二十两;自距浦边二里进深处起,西至三里进深处通商场极西边界止,列为下等,每亩给价银八十两),于次年二月开工,次第筑成各路如下:外马路(东北自随塘河起,西达石路),上元路(北起随塘河,南接炮台湾马路),金山路(经上元路、永清路外,通沿浦马路,内达随塘河),常熟路(同上),新宁路(经上元路口,外通沿浦马路,内达永清路),民康路(跨铁路东通沿浦马路,西接永清路),镇海路(东达沿浦马路,西接中兴路),中兴路(北起民康路,南通镇海路)。

重修大马路。光绪三十一年八月三日海潮溢岸时,所辟商埠各马路废而不治,大都已鞠为茂草,外马路独建有市面,因地处濒江,受急潮冲突,尤硗确不平,当由邑绅袁希涛、王钟琦、李维勋等呈准苏松太道袁拨款修筑,公推王钟琦经理其役,翌年春告竣,共用工程费银二千五百两有奇。

中新街,南自外马路起,迤北经中新桥达车站,于民国四年大火后加阔重建,中间距离以营造尺两步四尺为准,是役画分灾区、街道暨辟路,经费共需银一百九十四元有奇。

至杨行干路,自吴淞万安桥经陈家行桥达杨行聚龙桥,为淞杨干路,民国四年里人俞国珍捐筑砖屑路,自铁路至跳板桥止。又自跳板桥至印家宅,由印书畦许之印捐筑。六年间,陆泰来募捐石版〈板〉接铺至陈家行桥。

江湾至天通庵石路,自香花桥达天通庵,长约九里,为商贩往来要道。光绪中叶,由蜀商公所职员张杏农经筑。

至韶嘉桥石路,民国三年二月,乡董陆显周等就旧有路线,自万安桥朝南至火车站折西至韶嘉桥止,工长三百六十三丈,面宽约七尺,共用经费银一千四百四十一元有奇。

王家宅石路,王家宅在火车站北首,自宁沪通车后,铺户渐兴,惟东西一带泥路,遇有阴雨,行人恒苦没胫。光绪三十三年,该处土商严涛等筹款改砌石片,计工长一百余丈,面宽九尺,共用银八百余元。

体育会马路，一自江湾火车站起，通至体育会会场，宣统三年筑，俗名煤屑路，计长三百余丈，面宽五丈，购买民地二十亩九分有奇，每亩价银一百元，用煤屑铺面，连地价都计，用银三千三百余元；一自会场南首起，直达北四川路，民国元年筑，名曰老体育会路，计长二千余丈，面宽五丈，全路均系土工，共用银一千二百元；一自会场南首起，直达葛家嘴口，民国六年冬筹备兴筑，计长八百余丈，面宽四丈，用煤屑铺面，估计工料银二千八百余元，是路开筑最后，故今俗称新体育会路。

宋园路，自江湾结六图墓旁公园起，中经彭浦金二图，至结一图延绪山庄止，计长七百十余丈，民国三年四月筑，连建桥费共用银二千九百元。

镇中各街东西市稍长，约六里，均筑石路，颇平坦，前后小街亦多有砌石片者，近复将石桥改建，去阶级而平之，行人益为便利矣。

彭浦华同路，民国六年，同茂丝厂建筑，南接华盛路，北至谈家桥。

新兴路，自谈家桥起，北至彭浦镇，民国六年冬，由两旁田户各尽义务，筑成一丈二尺宽之土面，嗣经乡董凌企曾、王尔益募款铺填石块、煤屑，与各马路同式。

镇中石路，光绪季年，四乡创掘墓石，石圹之古墓鲜有存者，厂董侯庚吉见之，恻然联合场厂董陆曾燕、王式金等发起保存，并呈县饬差查抄，石板充公，旋以本区内所起之石板移筑本镇石街，自金钩桥至彭寿桥止，共用石板二百九十八片，费银一百零六元有奇，钱一百余千文。是役由周万青、王尔益筹募经理。

江湾、彭浦与闸北接界各马路，自前清设立闸北巡警局后，凡与上海接壤之江湾、彭浦两乡亦渐次开辟马路。迄于民国，闸北市政厅长钱允利、工巡捐局长曹有成复相继增筑。兹汇纪如下：

宝山路，自新民路起至同济路止，计工长六百丈，清光绪间筑，石片与沙子相间而成，连铺设阴沟等费共需银二万三千余元。

华兴路，自浙江路起至南林里止，计工长五十六丈九尺，清光绪间筑，均用石片（经费无考）。

宝昌路，自虬江路起至中兴路止，计工长一百九十丈，民国元年筑，仅系泥路，连阴沟等费共需银四千五百余元。

吟桂路，自邢家桥起至王家宅止，计工长四十四丈，民国元年筑，仅系泥路，共需银三百余元。

中州路，自赫司克而路起至虬江路止，计工长一百九十丈，民国元年筑，泥路兼石片一段，共需银一千余元，未成者一百二十丈。

克明路，自北四川路起至宝兴路止，计工长一百丈，民国元年筑，均用石片，共需银二千余元。

宝源路，自宝昌路起至宝兴路止，计工长一百四十丈，民国二年开筑，仅成泥路二十四丈。

宝兴路，自北四川路至丁家里，计工长四百六十丈，民国二年筑，均用石片，共需银一万一千余元。

士庆路，自邢家桥起至王家宅止，计工长一百五十丈，民国二年筑，均用石片，共需银一千五百余元。

江湾路，自横浜路起至四川会馆止，计工长一百九十丈，民国二年筑，泥路兼用石片，共需银一千九百余元。

大统路北段，自上界中兴路起，至金二图西剑圩止，原名华盛路，计工长一百六十丈，民国二年筑，仅系泥路，间铺以煤屑，系工巡捐局常工所筑（经费无考）。

中兴路，自会馆路起至彭越浦止，计工长一千一百丈，民国二年筑，仅系泥路，共需银二千七百余元。

虬江路，自虬江口起至王家宅止，计工长七百六十丈，民国三年筑，均用石片，连阴沟等费共需银三万八千余元。

邢家桥路，自宝兴路起至荻思威路止，计工长二百七十丈，民国三年筑，均用石片，共需银二千余元。

观音堂路，自虬江路起至共和路止，计工长二百四十丈，民国三年筑，仅系泥路，共需银七百余元。

交通路，自宝山路起至上海界止，计工长一百三十丈，民国三年筑，系工巡捐局常工所筑（经费无考）。

宝通路，自虬江路起至严家角止，计工长三百七十丈，民国四年筑，均用石片，共需银七千九百余元。

同济路，自宝山路起至江湾路止，计工长七十丈，民国四年筑，均用石片，共需银一千五百余元。

横浜路，自宝山路起至方家木桥止，计工长六百三十丈，民国四年筑，均用石片，共需银五千五百余元。

王家宅路，自会馆路起至民兴路止，计工长八十丈，民国四年筑，均用石片，共需银一千余元。

会馆路，自王家宅路起至天通庵路止，计工长二百十丈，民国四年筑，均用石片，共需银三千三百余元。

民德路，原称民兴路，自旱桥起至永兴路止，计工长一百二十丈，民国四年筑，仅系泥路，共需银九百余元。

新民路，自新疆路起至来安里口止，计工长一百四十丈，民国四年筑，均用石片，共需银五千四百余元。

鸿兴路，自宝山路起至中华新路（一称中华兴路，六年内规定而未筑）为止，计工长一百八十丈，民国五年筑，均用石片，共需银二千四百余元，未成者五十丈。

公兴路，自虬江路起至天通庵路止，计工长二百六十丈，民国六年筑，均用石片，共需银四千二百元。

止园路，自会馆路起至天通庵路止，计工长二百十丈，民国六年筑，仅系泥路，共需银六百余元。

天通庵路，自会馆路起至横浜路止，计工长五百十丈，民国六年筑，泥路兼用石片，共需银四千八百余元，未成者二百丈。

永兴路，自鸿兴路起至大统路止，计工长六百四十丈，民国六年筑，泥路兼用石片，共需银二千四百元，未成者四十丈。

（以上闸北各路，有兼跨上、宝两境者，有在宝境而兼跨江湾、彭浦两乡者，无从分列一区，故概以闸北接界者为标准，汇列于此。其有路名前后更易，如民兴之后改为民德，或路已标称而泥路未成，且有未经开筑者，悉以采访时现状为断。至各路经费繁简不同，则以建筑时期有先后，工料有疏密故也。）

高桥由渡口至镇干路，自汽船码头（俗称天灯口）迤北至镇西胡家桥，长约三里，向系泥路。光绪三十二年，水木业王松云与上邑杨贵达合力捐筑，改用石片，加阔路线，共用银七千余元。

镇中街巷，镇南东、西两巷，宣统二年乡董孙尔桂等募修，铺以石板，并翻砌阴沟，共用工料银一千四百元有奇。

（张允高等修，钱淦等纂：《宝山县续志》，卷三，营缮志，路街，民国十年铅印本。）

〔民国初年，江苏宝山县及上海虹口〕　邑境毗连上海，自闸北市成立后，开辟马路，与时俱进。路政机关亦迭有设立，交通事务局外，闸北则有工巡捐局，江湾有路政工程处，吴淞有路工处，均专司路政，筑路工程更形猛进，可见地方繁盛，交通之需要遂殷，时会所趋，事功之成就亦易。爰将续辟各路依次列后：

腾佩路，在江湾东南，接体育会西路，北至纪念路，长一百三十六丈，宽三丈六尺,煤屑面,民国七年,沪北工巡捐局建筑。

北宝兴路,在江湾西南境,南接西宝兴路,北迄粤秀路,长五百五十丈,宽三丈六尺,煤屑面,七年,沪北工巡捐局筑。

中华新路,在彭浦江湾南境,东自西宝兴路起,西迄平江桥,长八百七十二丈,宽四丈五尺,七年,沪北工巡捐局筑,泥路,中段未通。

军工路,南自上、宝分界虬江桥起,迤北经衣周塘至张华浜,折西入吴淞界,转北至蕰藻河止,长三千零四十七丈,宽四丈,煤屑面,七年,护军使卢永祥派第十师军队饬沪北工巡捐局会同建筑。

广东路,在闸北宝山路东,其南自虬江路起,北迄淞沪铁路,长八十六丈,宽二丈五尺,弹石面,八年,沪北工巡捐局筑。

车站路,南自江湾车站起,北至万安桥,长二百三十六丈,宽三丈六尺,九年,沪北工巡捐局建筑,煤屑面。

车站西路,江湾车站西首,东起车站路,西迄新市路,路长八十二丈,宽三丈,煤屑面,九年,沪北工巡捐局筑。

殷行路,北自军工路牛桥角起,迤南折东至军工路七所止,计长九百丈,宽三丈,煤屑面,十年,沪北工巡捐局筑,由乡公所浦滨公益会协贴洋三百元。

蕰藻路,在吴淞镇蕰藻浜北岸,东自铁路起,迤西折北至泗塘市河口止,长五百八十五丈,宽三丈,路面煤屑,沿河石坦坡,十年,吴淞商埠局筑。

指江庙路,彭浦南境,东自宋公园路起,西至大统路北端,长二百二十四丈,宽五丈,煤屑面,十年,沪北工巡捐局筑。

恒业路,江湾南境,东北自三三里起,西南至横浜路,长一百四十二丈,宽三丈,弹石面,横浜至西宝兴路尚未通,十年,沪北工巡捐局筑。

南山路,彭浦南境,东自宋公园路起,西至共和新路,长一百二十二丈,宽三丈二尺,煤屑面,十年,沪北[工]巡捐局[筑]。

福生路,在江湾南,边境闸北东新民路,南自公共租界通靶子路,北至龚家头泰昌里,长七十二丈,宽三丈六尺,弹石面,十一年,沪北工巡捐局筑。

新市路,在江湾镇南,自车站西路起,南接江湾路,长六百七十丈,宽三丈六尺,煤屑面,十一年,沪北工巡捐局筑。

柳营路,在江湾彭浦南境沿金港北岸,东自八字桥起,西至彭越浦,长五百四十丈,宽三丈六尺,煤屑面,十二年,沪北工巡捐局筑。

粤秀路,江湾西南境,南接北宝兴路,北迄万昌桥,长五百五十丈,宽三丈六尺,煤屑面,十二年,沪北工巡捐局筑。

淞沪路,经殷行、江湾二乡,南自上海界引翔乡起,北至徐泾桥球场,长一千二百六十丈,宽三丈,煤屑面,十二年,沪北工巡捐局筑。

三阳路,在闸北,自西宝兴路起,西至宋公园路,长二百三十一丈,宽四丈五尺,预备展宽至八丈,煤屑面,十二年,沪北工巡捐局筑。

青云路,江湾南境,自同济路起,经天通庵,北越横浜,至宝通路止,长二百十六丈,宽四丈五尺,弹石面,十二年,沪北工巡捐局筑。

联义路,在江湾西乡,东自粤秀路起,西达联义山庄,长二百八十丈,宽三丈六尺,煤屑面,十三年,沪北工巡捐局筑。

翔殷路,东自殷行南境虬江桥起,西北至虹西桥殷行界内,长一百丈,中经上海引翔乡界,西自江湾界至体育会,长二百丈,宽五丈八尺,十四年,沪北市政局建筑,煤屑面。

观音堂路,殷行南境,东自军工路起,西迄界浜,长八十丈,宽四丈,煤屑面,十四年,沪北市政局筑。

泰兴路,在吴淞镇北首,东自城淞路,西迄泰兴庵桥,长三百八十丈,宽四丈,曾将市河改直,十五年,吴淞市政筹备处筑,煤屑面。

交通路,闸北沪宁铁路北旁,东自虬江路起至上海界,已见前《志》,迤西经彭浦、真如二乡,至暨南学校,长一千一百六十丈,宽四丈,十五年,商埠督办公署筑。

暨南路,西自真如北乡暨南村起,迤东经彭浦乡至南赵宅,东接南北县道,长一千三百四十四丈,宽二丈二尺,泥路,十五年,暨南村筑。

水电路,原名闸殷路,西自柳营路八字桥起,经江湾、殷行二乡,东北至军工路剪淞桥止,长二千二百七十丈,宽六丈,泥路,十六年春,商埠督办公署筑。

岭南路,在江湾西境,南接江场路,北迄广肇公所,长二百丈,宽三丈六尺,煤屑面,十六年秋,特别市工务局筑。

江场路,在江湾西境,东接粤秀路,迤西转北迄岭南路,长二百四十丈,宽三丈六尺,煤屑面,十六年秋,特别市工务局筑。

尘园路,在江湾南境,东接江湾路,西迄三阳路,北段长三十八丈,宽二丈,煤屑面,十六年,特别市工务局筑。

上大路,在江湾镇南,南自张三桥起,经上海大学迤北迄竹龙桥,长七百十丈,宽一丈八尺,煤屑面,十六年,上海大学建。

公墓路,在江湾、殷行交界,西接淞沪路,东迄上海公墓,长一百七十九丈,宽三丈,煤屑面,十六年,由上海公墓筑。

补遗：吴淞路,在江湾南境沈家湾北首,南自公共租界线起,北迄东虬江路,长三十三丈,宽四丈五尺,弹石面,二年,闸北工巡捐局筑。

严家阁路,在江湾南境,自西宝兴路起,至宋公园路止,长二百六十八丈,宽五丈五尺,东段石片,西段煤屑,四年,沪北工巡捐局筑。

育婴堂路,在沪宁铁路北彭浦东南境,南自上海界新马路起,北至中兴路,长一百五十丈,宽二丈七尺,弹石面,五年,沪北工巡捐局筑。

香山路,在闸北,自宝昌路起至会馆路,长一百七十一丈,宽二丈七尺,弹石面,六年,沪北工巡捐局筑。

（吴葭等修,王钟琦等纂：《宝山县再续志》,卷八,通志,马路,民国二十年铅印本。）

〔民国二至五年,上海〕 汇西路,自徐家汇迤西至虹桥路,民国二年,乡佐胡人凤移法华路石条铺筑。四年,胡人凤以重建东生桥余款,自桥至三叉路两旁铺砌石片。五年,经董杨洪钧以东亚同文书院搬迁……贴洋八百元,购地改筑,自三叉路至虹桥路,全铺石片。

（王钟撰,胡人凤续辑：《法华乡志》,卷一,沿革,里至村落,清嘉庆十八年编,民国十一年续编,抄本。）

〔民国四至二十三年,江苏川沙县〕 市乡公路,历年次第修筑,或拨公款,或向私人募款。兹汇志如下：

（一）川沙市区

县署东墙外南北公路及东城河沿大路,教育局奉县令处分城濠基地,东半城为该局所有。自东水关迤南,至县署东南隅止,拆城填塞内城濠,仍留县署东墙外南北公路,并沿东城河划留一丈六尺宽之大路。民国十五年九月,呈奉县署指令备案。……

（二）长人乡

暮小路,自暮紫桥至小湾镇,凡二华里,铺砖块。民国十四年三月,奚正良、张竹溪捐银二百九十元,并由奚芝田经募五百十元,计八百元。

东暮路,自东门至暮紫桥,凡三华里,铺石片砖块。民国十五年十一月,同本堂捐建,费银四百余元,并有陶让卿、陶陈氏、马毛生等捐款。

（三）高昌乡

庄家沟路,自曹镇西市起,西南至上境陆家行止,东西长七里,面宽八尺。民国七年,里人顾乃璜经修。又自陆行至西沟渡七里。

盛家浜路,自龚镇西市冯家宅路起,至二图舜来学校止,东西长四里,面宽八尺至一丈。民国九年,里人顾舜来兴修。

张撬沟路,自龚镇西市冯家宅起,西至二图唐、朱两宅止,东西长五里,面宽八尺。民国十四年,里人陈维屏经修。

陈家沟路,自龚镇南市上川路车站起,西至虹桥庙止,东西长四里,面宽六尺。民国十五年,里人陈维屏经修。

赵家沟路,自北蔡家路起,西至高行南镇,八里;又西达大将浦出东沟口,六里,凡十四里。

孙家沟路,自徐家路西首起,迤西至高行中市大桥,六里;自大桥西至东沟,六里,凡十二里。

卢九沟路,自徐家路西市梢迤西,至高行北镇,八里;又西达大将浦,出东沟口,七里,凡十五里。民国四年,里人陈有恒经修。

北杨家沟路,自徐家路迤西,至伏龙桥,三里;转北入界浜,一里,凡四里。民国七年,里人徐文俊经修。

界浜路,是河北岸属宝山境,南岸分属川、上两境。自合护塘黄家湾起,西至宝境之高桥镇,十二里;又西至天灯口出浦,三里,凡十五里。

（四）九团乡

龚镇东市车路,民国七年冬,里人张志鹤发起,集资兴修,东至钦公塘大码头止,计长三里,路面放宽为一丈二尺,在路旁田亩起泥填高。

大教场至小营房路,民国十七年,陆文信遵其父清泽遗嘱捐建,以为纪念。……共费二千六百元。

四灶港上川路起至药师庙路,民国十八年,王陆氏以其父陆清泽所给之奁资,储蓄未用,殁后捐建此路。上铺砖石,共费七百余元。

城中乔港路,自东水关至罗神庙桥止,将原有乔家浜填平,改筑公路。民国十八年,由川沙市河整理委员会议决举办。至二十一年,始完成。……

北门外城濠至西门祖师堂桥止石路,民国二十二年,陆文信捐筑,费银二百余元。

南门外至陈家行止石路,民国二十三年,陆文信以母桂氏陈家行人,捐筑此路,以为纪念。该路长六里余……费银三千余元。

（方鸿铠等修,黄炎培等纂:《川沙县志》,卷七,交通志,道路,民国二十六年铅印本。）

〔民国五年,上海〕 曹家渡路,自曹家渡西市至白利南路。民国五年,西市至项家桥,秦子堂以谷息余款及经董杨洪钧捐筑;项家桥至旱桥,英工部局筑;旱桥至白利南路,以工部局搬调公路,捐银八百两,乡公所经筑。

(王钟撰,胡人凤续辑:《法华乡志》,卷一,沿革,里至村落,清嘉庆十八年编,民国十一年续编,抄本。)

〔民国十年以后,江苏宝山县江湾镇〕 镇廛市街均铺石片,尚属平坦,惟甚狭隘。自民国十年,拆废巷栅,收进沿石,填平寺沟,将石桥次第改平,往来益便。复由乡经董严恩棻、救火会长沈宝贤等筹设路政工程处,呈请省县立案。十一年夏,举行成立大会,主任王兆济、副主任刁庆恩,自后全乡道路由路政工程处负责整顿一切矣。

(钱淦等纂:《江湾里志》,附刊,交通志,陆道,民国十三年铅印本。)

〔民国十一年前后,上海、川沙间〕 民国十年,川沙黄炎培等邀同上海浦东塘工善后局局董朱日宣,筹筑上川县道,由川境曹家路镇转西,沿庄家沟北岸入上境,经奚家桥,越都台浦,又西至金家桥镇,南过马家浜,直北达庆宁寺塘工分局,东渡公轮码头渡口,计路线长三十七里半,在邑境者约十二里。是年七月,朱局董会同川沙县交通工程事务所主任张志鹤、副主任黄洪培,呈请上、川两县公署呈省立案。十一年二月开工,路宽三丈,两旁开水沟,各宽五尺,共占地面四丈,唯庆宁寺至金家桥行人较多,路面展宽二丈,车式轨道悉如上南路。

(吴馨等修,姚文楠等纂:《上海县志》,卷十二,交通,民国二十五年铅印本。)

〔民国十一年前后,上海、南汇间〕 民国十年,邑人穆湘瑶与南汇朱祥绂合组上南交通事务局,推举朱祥绂为局长,修筑上[海]南[汇]县道,由公司垫款筑路,与交通局缔结租路有轨行车契约,以三十年为期。路自浦东周家渡浦滩起,南经杨思桥、三林塘,又南至天花庵南而入南境百曲,以达周浦为第一段,计路线长二十四华里,在邑境者十六里;向南经沈庄、杭头以抵新场为第二段;再向东南至大团、泥城为第三段,路面宽四十英尺。十年十月兴工,十一年六月工竣,九月开驶行车,十三年冬改用铁道,修建水泥桥六座,十四年春改驶钢轮,每小时一班,与浦东轮渡衔接,人咸称便。

(吴馨等修,姚文楠等纂:《上海县志》,卷十二,交通,民国二十五年铅印本。)

〔民国十一年前后,江苏宝山县〕 沪太[仓]长途汽车:十年,沪太长途汽车公司与宝山交通事务局订立租借南北县道契约（原契约十五条，续行增订附件十三条，公司垫借筑路费十六万元有奇，年息八厘，押租四万元不计息，按照建筑费八厘缴租，每年租金二万一千一百八十三元，加养路费二厘，每年五千二百九十五元八角二分，垫款于十年后分年摊还，修路委托公司办理，租期订定三十年），行驶长途汽车。路线自闸北中兴路、共和新路起，迤北经彭浦、大场、刘行、罗店四市乡而达太仓县境之浏河，计长六十四里四分之三里。十一年一月开始通车，全路设大小车站十二处，如上海、彭浦、大场、塘桥、顾村、刘行、长浜、罗店、潘家桥、霜草墩、墅沟桥以及太境之浏河站。嗣因经过宋公园发生阻碍，改驶新路，仍借用沪北工巡捐局中兴路。十六年冬，于县道南端，由公司自建新车站，自上海站至浏河站，重行测定，树立里程标，计长三十七公里四分之一，自上海至墅沟界河桥，在县境者计三十三公里八百八十八公尺。

（吴葭等修，王钟琦等纂：《宝山县再续志》，卷八，交通志，长途汽车，民国二十年铅印本。）

〔民国十九至二十三年，江苏川沙县〕 民国十九年，江苏建设厅通令征工筑路案内，本县以川钦路最为急要，由建设局遵办。自上川县道终点四灶港迤南，经施王庙后折而东，过大护塘，入八团境，至小营房川南交界之钦公塘止，赶筑路面土基。十二月三十日行开工典礼。按照征工名册，凡不能出工之户，每工应纳代金二元三角，屡县长广钧布告饬遵。全路长六华里（合三公里），应筑土方一万二千余方，共征工人二千六百十三名，每名应挑土方四方六分。工程未竣，至李县长泠任内，续筹完成。二十三年，援上川公司租用上川县道设轨行车成案，与公司商洽，参照江苏省招商投资承办建筑公路及行车事宜办法大纲暨施行细则，协议订立合约办理。

（方鸿铠等修，黄炎培等纂：《川沙县志》，卷七，交通志，道路，民国二十六年铅印本。）

〔民国十九年前后，江苏嘉定县城至宝山县罗店间〕 嘉罗县道，民国十七年冬，由县建设局计划，自东门外澄桥乡属望春桥北塊，沿练祁塘北，离岸四丈，兴建汽车大道至罗店，面铺煤屑，计长十八公里，越界泾入宝［山］界，与沪太路衔接。十九年完工，二十年起由沪太汽车公司承驰。

（吕舜祥、武蝦纯编：《嘉定疁东志》，二，交通，陆道，民国三十七年油印本。）

〔民国二十一至三十五年，江苏金山县〕 本邑公路，南有沪杭国道，沿海塘东西横贯；北有松枫省道，自米市渡至松隐，经朱泾、兴塔而至枫泾。沪杭国道于民国二十一年双十节通车，松枫省道于民国二十六年沪战紧张时通车。松执省道经过县治东首掘挞港，兴筑大桥，巍峨高耸，颇为雄壮。惜乎桥面甫成，而本县即沦于敌手也。

本县干道，自朱泾经吕巷、干巷、张堰，而达金山卫。战前曾有规划，沦陷期间，由敌人强拉民夫，将路基筑成。朱泾至吕巷一段，且架设桥梁，兴修路面，开行汽车。

胜利而后，百废待举，惟限于经费，吕巷以东干道，尚未兴修。今冬，县府发动义务劳动服役，兴修张堰至金山卫一段路面。沪杭、松枫两路，凹凸不平，桥梁朽败，亦未兴修。

浦南汽车公司，每日自松江，经松隐，至朱泾，往返开长途汽车各四班。自松江，经松隐、亭林，至张堰，每日往返亦各开四班。朱泾至吕巷，每日往返各开六班。

（金山县鉴社编辑：《金山县鉴》，第六章，建设，第一节，公路，民国三十六年铅印本。）

〔民国十五年，宝山县〕 城淞杨长途汽车：十五年冬，东西县道城杨段路工告竣，城淞杨长途汽车公司呈准先行试办，于十六年八月开车试行城淞。旋以建设厅公布江苏省长途汽车公司章程及给照，规则乃由公司呈厅核准给照，行驶城淞杨路线。遵照章程，每年按照营业收入提百分之二十，后减百分之十，车税解省交通局，以筑路债务难于履行，呈奉厅令，准以半数留县拨充还本加息之用。其所行路线系三角相联，以三官堂为联线之中心。

（吴葭等修，王钟琦等纂：《宝山县再续志》，卷八，交通志，长途汽车，民国二十年铅印本。）

〔民国二十一年，松江县〕 二十一年壬申，成立上松长途汽车公司，十月十日开幕。西门外马路桥内设立总站，上海南市国货路、沪闵南柘长途汽车公司设立分站（交通线）。松江至北桥入沪闵南拓线，达上海，为上松线；新东门至泗泾为松泗线；砖桥至佘山为砖佘线。股本定五万元，由殷石笙任总理。

（雷君曜撰，杜诗庭节钞：《松江志料》，交通类，抄本。）

〔民国元年至十六年，江苏宝山县〕 汽车公司：自交通局辟南北县道暨东西县道后，即有沪太、城淞杨两公司，先后向交通局订立合同，承办开驶长途汽车。在闸北方面复有运货公司多处。兹分列两表如后：

长途汽车公司表

公司名称	成立年月	倡办人	资本数	路线长短	总站及分站地点	车辆数	职工数	每华里约收车费	备注
沪太	〔民国〕十年五月	朱增元 洪锡畴	500 000元	70里	总站上海、闸北、太阳庙后，分站彭浦、大场、刘行、罗店、浏河等处	大车28辆	80人	0.015元	
城淞杨	〔民国〕十六年	何宝书 周邦翰	10 000元	18里	总站城镇西门外，分站吴淞、杨行	大车4辆	10人	0.02元	

运货汽车公司表

公司名称	成立年月〔民国〕	地址	倡办人或经理姓名	资本数	职工数	备注
龚福记	元年	闸北宁安坊口	龚子清	6 000元	25人	
华盛义	同前	闸北平安坊口	朱铭新	5 000元	16	
恒泰	同前	闸北华兴坊	孙寿康	3 000元	8	
协兴公	八年	闸北宁安坊	姜仲英	3 000元	14	

（吴葭等修，王钟琦等纂：《宝山县再续志》，卷六，实业志，工商业，民国二十年铅印本。）

〔**民国九年，上海**〕 沪闵南柘长途汽车公司，民国九年，邑人李显谟、黄申锡等发起。原定计划由上海南市至闵行，过黄浦经奉贤县之南桥，以达松江县之柘林。今所成者，止上海南至闵行一段，计路长二十七公里，设总公司于沪闵南柘路（在沪杭甬铁路公司之北），分办事处于闵行，由上海西门往西南经土山湾、漕河泾惠灵学校、钱粮庙、颛桥、北桥至闵行，路宽五十英尺。

（吴馨等修，姚文楠等纂：《上海县志》，卷十二，交通，民国二十五年铅印本。）

〔**民国二十四至二十五年，江苏嘉定县**〕 环城路：锡沪路告成，县政府建设科谋与嘉罗县道衔接，于民国二十四年自东门外澄桥乡属之望春桥至南门外锡沪路汽车站，兴建环城路，计长二点八公里，面铺砂石，计费法币二万二千元，以县建设费充用。路成后，本邑公务人员为使通至北门，于二十五年二月十七日起，合力挑筑自东门至北门之环城泥路，同月二十日竣工，惜抗日战争时期为农民削狭，今犹未复原状。

（吕舜祥、武嘏纯编：《嘉定疁东志》，二，交通，陆道，民国三十七年油印本。）

〔民国二十五年前后，江苏金山县〕 公路：南有沪杭国道，早已通车，汽车行二小时半；北有松枫公路，甫筑路基，开车有待。

（丁迪光等编：《金山县鉴》，第五章，建设，第一节，交通，民国二十六年铅印本。）

〔清光绪三十一年，天津〕 1905 年，袁世凯（时任北洋大臣）批准世昌洋行比人海礼办理电车电灯事业，资本二十五万镑，厂址面积约一百六十亩，其期限以五十年为最长寿命，每年提毛利二分五厘交中国政府，如毛利余剩甚多，再提二分，此外并无捐税。至公司方面，每日收入约三千元，可得利二成。

（宋蕴璞辑：《天津志略》，第十二编，公用及公有事业，第二章，电车，民国二十年铅印本。）

〔民国七年至二十三年，河北静海县〕 津保汽车路自民国七年筑，初系军用，今改为商办。本邑路站有四：良王庄、独流镇、县城、唐官屯镇。刻该汽车支路已通行瓦子头、子牙各镇矣。

（白凤文等修，高毓浤等纂：《静海县志》，政事部，行政志，交通，民国二十三年铅印本。）

〔民国二十年前后，天津〕 近来汽车发达，吾国大埠亦多引用行驶，以备公共运输。据最近河北建设厅之调查，直接与津市联络之汽车路，已有六条之多，共长一千六百余里，行驶汽车约二百余辆。然连年兵革扰攘，道路不修，加以捐税重重，汽车营业难以进展，现时相继停闭者且不在少数，此后振作，须赖省市当局之力为扩充保护也。兹将各汽车路起迄地点列表如下：

津平路	天津至北平	经汉沟、杨村、河西务、安平、通县	240 里	88 辆	为平东数县，来往平津要道，所过多水陆码头
津保路	天津至保定	经杨柳青、静海、马厂、大城、吕公堡、任邱	387 里	45 辆	较铁路捷便，可望发达，原为军用路
津沽路	天津至西大沽	经唐山、碱水沽、葛沽	100 里	10 辆	至海口便道
津盐路	天津至盐山	经小站、朝宗桥、李村、韩村	345 里	21 辆	
津沧路	天津至沧县	经杨柳青、静海、马厂、青县	240 里	19 辆	
津白路	天津至白沟河	经胜芳、霸县、昝冈	300 里	20 辆	
津宝路	天津至宝坻	经汉沟、六大庄、崔黄口、大口屯	140 里	11 辆	自汉沟至宝坻，仅旧有大道，未加修筑
津厂路	天津至马厂砖垛至梅厂	经静海至马厂 137 里，是路长 120 里			军用路，现已作废

（宋蕴璞辑：《天津志略》，第十一编，交通，第二章，陆路，民国二十年铅印本。）

〔清朝初年至民国三十年,河北蓟县〕 京唐国路西自段家岭入境,经邦均、别山东入玉田县界。京喜国路西自段家岭入境,经邦均县城马伸桥东入遵化县境。此二路原为前清御路,路宽三丈六尺,清初圈占民地为之,东通辽沈旧都及东陵,建置事物殷繁,冠盖往来,肩摩毂击,喧阗无比。民国改为国路,自十五、六年有营业汽车拖载旅客,往来称便。民国三十年,营业汽车取消,专归满铁车行驶矣,国路上只准汽车及胶皮大车行走,禁止民间旧式铁轮大车通行,于国路两旁另辟铁轮车路。

(徐葆莹修,仇锡廷纂:《蓟县志》,卷一,地理,交通,民国三十三年铅印本。)

〔清代至民国二十年前后,河北卢龙县〕 大道即旧京奉大道,清季因滦县有通铁路,此道遂废,今又用为汽车路。

(董天华修,胡应麟、李茂林纂:《卢龙县志》,卷四,交通,大道,民国二十年铅印本。)

〔民国初年,河北通县〕 京津公路,民国初年修筑,由北京朝阳门起,至天津县属汉沟,全长103.936公里,县境内之长度44.928公里,由三间房入境,经八里桥、县城,出新南门,经张家湾、良各庄、苏庄、码头镇、大柳树,至梁家务出境入武清县。

(金士坚修,徐白纂:《通县志要》,卷四,交通,公路,民国三十年铅印本。)

〔民国初年至二十九年前后,河北邯郸县〕 武邯汽车路:由邯郸西南庄车站起,向西行至武安南门外止,全路约长六十华里,阔四丈六尺。经过邯境西南庄、孟仵村、彭家寨、酒务楼、林村、牛照河、北李家庄、大河坡等村,约长四十华里。昔时山路崎岖,两邑交通颇感不便。民九旱灾甚重,由武安基督教会发起,华北救灾会拨助赈洋十万元,充作两县修路费,以工代赈。大邯汽车路:由邯郸西南庄车站起,向东南行至大名城止,全路约长一百四十余里,阔四丈六尺,经过邯境西南庄、焦家窑、乾河沟、张庄、桥左、西南堡、沙口、南北泊子河、沙堡、七忿道、东里堡等村,约长三十余华里。民九旱灾,美国红十字会以工代赈修筑。邯永汽车路:由邯郸东门外起,东北至永年县城止,全路约长五十里,阔二丈。在邯境者,计经过东门外、刘家场、丛台下、南苏曹、北苏曹、张家庄、常家庄、北屯头、六固等村,约长三十里。昔时车路因地势低洼,每遇夏秋淫雨及冬春闭闸灌田时,积水泥泞,邯永交通颇感不便。民国二十七年冬,知事杨公秩平征夫修筑,将路基培高,车马通行始无阻滞。将来尚须择要架桥,使路旁之水得以流通宣泄,则农田可免水灾,路基不患冲决矣。车站新马路:邯邑地居要冲,扼京汉铁路之中枢,车站一隅人口日增,商业亦日渐发达。往昔城关车站来往交通皆经由西南庄后街,因街道窄狭,且多曲折,车马行人每易挤撞。民国二十八年春,知事杨公秩平为便利交通、繁荣市面起见,征集民夫,由车站票房之东,经太平街直达南关,开辟新马路一条,计长二百三十丈,宽四丈五尺。虽沿路之田地市房因而被拆被占,少数商民难免痛苦,然现下商业重心均移于新马路两旁,楼房林立,市面繁盛,尤可谓空前之盛。

(李肇基修,李世昌纂:《邯郸县志》,卷三,地理志,交通,民国二十九年刻本。)

〔民国初年至二十四年前后,河北张北县〕 张库汽车路,由张家口至库伦之汽车路业已修成通行多年,在本县境界者由神威台坝起,至德言庆庙止,长约一百五十余里。……张商汽车路,由张北到商都,经过庙滩、烧火梁、三台、平地、脑包、安固、里诺,约长七十里,出境经过大青沟至商都县城。此路虽未修筑,甚形平坦,来往汽车通行无阻。……中央政府为开发西北与库伦交通便利起见,于民国七年,在县城南大街路东设立汽车站,彼时直辖于交通部,现直辖本省汽车管理处。……路线及载货种类,本站客货车东至多伦、沽源一带,西至白陵庙、商都一带,南至张家口,北至库伦、乌得、加卜寺、四里蹦、滂江、二连、贝子庙等处,沿途均设有车站,由多伦、沽源所来之车,均载蘑菇、皮毛等货,由库伦所来之车,均载水晶、麝香、鹿茸、蘑菇、狐皮等货,票价均按货之贵贱而定之。

(陈继淹修,许闻诗等纂:《张北县志》,卷四,交通志,交通,民国二十四年铅印本。)

〔民国初年至二十四年前后,河北阳原县〕 本县前十年时,往返治城天镇间曾有汽车,后以道路不平,乘客稀少,汽车公司亏累颇巨,停业至今,尚未恢复,故所有运输方法仍系旧式之车畜并用法。若往返治城天镇、治城宣化、以及治城省城间之车畜,均系专业;若在本县境内送往迎来、任重致远等事,则皆为商号或富农之副业。

(刘志鸿等修,李泰棻纂:《阳原县志》,卷八,产业,运输,民国二十四年铅印本。)

〔民国九年至二十八年,河北广平县〕 民国二十五年春季,省委专员莅县监修平大汽车公路,由北京直达大名,经过县城东关,设票房于天齐庙内。又大邯公路系于民国九年间经官商合办,由邯郸车站通过本县第二区胜营镇以达大名,一时交通尚称便利。事变,均已停车。至二十八年四月,奉令征集乡民,发给津贴,重新增修。

(韩作舟纂修:《广平县志》,卷八,交通,公路,民国二十八年铅印本。)

〔民国十年，河北大名县〕　汽车公司之建设：汽车公司，汽车路告成，其规模既创于前，而构造宜承于后，若无人继起修补，恐已成之绩，仍如泡幻。于是，商务会公议非行汽车抽资岁修，不足以永远保存，遂于是年六月，官绅集股组织汽车公司，建房筑栈，修杠茸梁，及购车开驶，而商与民两便矣。汽车公司之内容：定名为大邯长途汽车股份有限公司，股本原定为三万元，招集二万元先行开办，禀请交通部实业厅，十二年七月奉批照准，并发给营业执据。公司内总经理一人，副经理一人，车务处、文牍股、会计股各有主任一人。

（程廷恒修，洪家禄等纂：《大名县志》，卷十一，交通，民国二十三年铅印本。）

〔民国十年至二十四年前后，河北晋县〕　民国十年，沧石汽车公司成立，与铁路局商租路基，以便通汽车。在南关外有汽车站可以上下。该路东北通束鹿旧城、天津，东南又可通至辛集镇，西则通石家庄。现大车亦有行该路者，交通称便。

（刘东藩、傅国贤修，王召棠纂：《晋县志料》，卷上，地理志，交通，民国二十四年石印本。）

〔民国十一年，河北藁城县〕　沧石路线，民国十年购地，十一年已筑土基，横贯县中，东至王家庄以东，西迄良村迤西，计长五十余里。沿路南侧现归长途汽车借用，西达石门市，东通沧县，可转往天津。

（任傅藻等修，于箴等纂：《续修藁城县志》，卷一，疆域志，交通，民国二十三年铅印本。）

〔民国十二年，河北迁安县〕　邑境汽车路有二，一在治城东门外，南通滦县，北至建昌营，长七十里；一在三屯营城西，西通遵化县，北至喜峰口，长六十里，皆民国十二年修筑。

（滕绍周修，王维贤纂：《迁安县志》，卷二，建置篇，汽车路，民国二十年铅印本。）

〔民国十二年至十七年，河北高邑县〕　民国十二年，有倡修高宁汽车路之议（由高邑至晋宁长五十里）。十七年，又有倡修高新汽车路之议（由高邑至新河长一百里）。均未举办。

（王天杰、徐景章修，宋文华纂：《高邑县志》，卷一，地理，交通，民国二十二年铅印本。）

〔民国十四年，河北枣强县〕　民国十四年，邑人杨君云峰集股创办德南汽车有限公司，租借民地筑汽车路，其路线起点由德县西行达郑镇，复由郑镇达窑阳店，由窑阳店经黄泸河达枣强之大营镇，由大营镇达恩察，由恩察达卷镇，由卷镇达田村,由田村达南宫。

（宋兆升修,张宗载、齐文焕纂:《枣强县志料》,卷二,地理,交通,民国二十年铅印本。）

〔民国十四年至二十四年前后,河北阳原县〕　本县汽车路二,一达天镇县之车站,民国十四五年顷,由利商长途汽车商行开行。即由治城西北,行经黄羊坡、一吐泉、贾家疃、唐八里,达天镇县城,又北行至平绥路之天镇车站,长约百里,然道路并未加工修筑,故车行未久,即自停办。一达宣化县属之化稍营,民国十八年奉令修筑……是年秋季,工程告竣,本可通行无阻,然以宣蔚汽车路劳民伤财,终未通行,故本路亦无法开车。至今年久失修,一切如初矣。故本县虽有汽车站二,至今有名无实,惜哉。

（刘志鸿等修,李泰莱纂:《阳原县志》,卷六,政治,交通,汽车路,民国二十四年铅印本。）

〔民国十六年以后,河北井陉县〕　汽车路,本县无营汽车业者,民国十六七年晋奉之役与十九年晋军西退之际,迫于军令,县府派民夫修治。由治城起,经石桥头、横涧、天护、南北寨、贾庄、南北石门、窟窿峰、防口、北王庄、北西焦、寺庄,至平山县城,为干路;由北王庄经孙庄、元村、威坡头、威州、段庄,至岩峰为支路。虽曰可行汽车,然斯路所经过地段,多半为人民私有之田产,一时惟戎车是利,强行占用,于人民损失颇大。故军事停止后,耕者仍各有其田,顿复"我疆我理"之旧,现已无所谓"汽车路"矣。

（王用舟修,傅汝凤纂:《井陉县志料》,第二编,地理,交通,民国二十三年铅印本。）

〔民国十八年前后,河北新河县〕　县故有公路,俗称官道,东通冀县,西通宁晋,东南通南宫,其宽三丈六尺。

（傅振伦纂修:《新河县志》,建设门,交通与邮务,民国十八年铅印本。）

〔民国十八年至十九年,河北完县〕　汽车路,于民国十八年,唐县商人某组织一汽车公司,于是年冬季开车。由唐县至境内郭村,沿西南大路至完县南关,再由东南大路至屯头村出境,再由东北以达保定。乃于十九年夏日停止,至今尚未开行。

（彭作桢等修,刘玉田等纂:《完县新志》,卷二,疆域,交通,民国二十三年铅印本。）

〔民国十九年,河北沧县〕　汽车路,自民国十九年春间,因军事发生,沧县修筑汽车路三道：一、沧石路,自南关口起,至纸房头庄止,在沧境者长约十一公里。二、沧德路,自匠艺庄起,至刘家辛庄止,在沧境者长约十八公里。三、沧盐路,自东关外起,至仵龙堂止,在沧境者长约三十五公里。

(张凤瑞等修,张坪纂:《沧县志》,卷三,方舆志,建置,民国二十二年铅印本。)

〔民国二十一年前后,河北徐水县〕 徐水汽车路尚未兴修,惟历年春冬两季,有北平达保定营业汽车通行,城内设售票所。

(刘延昌修,刘鸿书纂:《徐水县新志》,卷二,地理记,交通,民国二十一年铅印本。)

〔民国二十二年前后,河北南皮县〕 汽车之路,南通东光,北通沧县,东通盐山,西通泊镇,然仅作军事之用,并无营业汽车。

(王德乾等修,刘树鑫纂:《南皮县志》,卷三,风土志,民生状况,民国二十二年铅印本。)

〔民国二十二年前后,河北张家口〕 张库汽车路,由张家口起程,经县城膳房堡出神威台坝到库伦,二千七百里,中有八站,曰张北县,曰加普寺,曰滂江,曰二连,曰乌登,曰塞乌苏,曰叨林,曰西里呼图,四日可到,每人车价约七八十元。张多汽车路,由张家口起程,亦出神威台坝,至张北县折而东北,到多伦凡六百里,共有二站,曰张北县,曰马啦嘎庙,一天半可到,每人车价约十六元。按:张家口为通多、库之要道,商业盛衰全视乎蒙帮之多寡。在昔大境门里外各商店全与蒙古交易,牛驼往来,运输迟滞。自汽车路通,非特本埠商业赖以繁荣,即汽车营业亦占商业之重要位置,故中国商人营此业者,在民国十五年前,有二十余家。汽车九十余辆,外人自用者亦有百余辆。自十七年库道不通,商业萧条,是项营业亦不若从前之发达矣。

(路联达等修,任守恭等纂:《万全县志》,卷八,政治志,交通,民国二十二年铅印本。)

〔民国二十二年前后,河北昌黎县〕 自北宁路肇兴,交通便利,由昌黎至乐亭有汽车焉。但南北通行不过百里,周年间冬则行,夏则止,暂而不常,行旅尚虞阻滞。

(陶宗奇等修,张鹏翱等纂:《昌黎县志》,卷二,地理志,汽车,民国二十二年铅印本。)

〔民国二十二年前后,河北高阳县〕 汽车路,由清苑经本县达天津,名曰津保汽车路。

(李大本修,李晓泠等纂:《高阳县志》,卷一,地理,交通,民国二十二年铅印本。)

〔民国二十三年前后,河北清苑县〕 汽车路,肇始军用,改归商用,厥路四通,可分达高阳、安国、蠡博、满完、徐水等县境。

(金良骥修,姚寿昌等纂:《清苑县志》,卷一,建置,交通,民国二十三年铅印本。)

〔民国二十三年前后,河北怀安县〕 怀安位居省会西南,赴省道路有三：一由治城经过柴沟堡折而向东径赴省城,沿途平坦,通车马,亦通汽车,路长一百五十里。一由治城至左卫镇,折向东北直达省城,沿途经过红塘水沟,地势坎坷,尤以夏日山洪暴涨之时,顽石随水泅涌,寸步难行,若届冰融、冰结两期,必至断绝交通数日。但在平时,可通车马,亦通汽车,路长一百二十里。一由治城乘轿车或汽车,先赴距城三十里之西湾堡车站,再搭平绥火车迳至省城,尚称便捷。

县路：东至宣化县城一百二十里,沿途除经红塘水沟一段不平外,余均坦途,通车马,并通汽车。西至山西天镇县治六十里,沿途平坦,通车马,亦通汽车。南至阳原县治一百二十里,山路崎岖,不通汽车,可通车马。北至万全县旧城一百里,渡过柴沟堡大河后,路均平坦,可通车马,并通汽车。西北通绥远省之兴和县治,路长一百七十里,由怀安治城先到柴沟堡折向西去,经由西阳河堡直达兴和县城,汽车、马车均便通行。正北通张北县治,路长一百八十里,汽车、马车均得自由行走。

(景佐纲修,张镜渊纂:《怀安县志》,卷五,交通志,道路,民国二十三年铅印本。)

〔民国二十五年前后,河北香河县〕 汽车路,香河县境僻处平东,因河流阻隔,迄未修筑。冬春之季,间有汽车往来,但迂回曲折,不能畅行,营斯业者遂相率裹足。而距县治南二十五里,为平津国道河西务站。距县治西十八里为安平站,商旅之赴平津者,咸取道于此,极称便利。

(王葆安修,马文焕、陈式谱纂:《香河县志》,卷二,地理,交通,民国二十五年铅印本。)

〔民国二十六年前后,河北滦县〕 由县城抵乐亭,有长途汽车。惟道途凹凸,只能于春冬行驶,夏秋积潦,泥泞难行,现已修筑马路。

(袁莱修,张凤翔等纂:《滦县志》,卷四,人民志,生活状况,民国二十六年铅印本。)

〔民国九年,山西太谷县〕 县境汽车路,民国九年修筑,路线由县属孟高村入境,经戴村、杨村、董村、胡村、朝阳村、武村、韩村、孟家庄、东关、南关、东庄、西庄、沙河村、副井村、北洸村出境,抵祁县界,沿途置站一所,在南关外安装电话,传达消息,极为灵便。

(安恭己等修,胡万凝纂:《太谷县志》,卷三,地理略,汽路,民国二十年铅印本。)

〔民国十三年前后，内蒙古集宁县〕 轨道西行，直达宁夏，北通库恰，道途平坦，建筑枝路，此为发轫。近已通行汽车，四日可达，洵称便利。

（杨葆初纂：《集宁县志》，卷二，交通，民国十三年修，抄本。）

〔民国年间，绥远〕 包乌汽车路，在包宁铁道未筑成前，自包头西行经五原、临河，过乌拉河而至宁夏为包乌汽车路，自包头至乌拉河，全长约三百五十公里，为绥西交通最大干线，亦即通宁夏、甘肃之孔道。

（廖兆骏编：《绥远志略》，第十章，绥远之交通，第三节，汽车之交通，民国二十六年铅印本。）

〔民国二十四年前后，内蒙古归绥县〕 邑四通八达，民尚服贾，远至库伦科布，多无不届，现复有汽车以达新疆，非往昔之仅有驿站、台站比也。

（郑植昌修，郑裕孚纂：《归绥县志》，经政志，交通，路政，民国二十四年铅印本。）

〔民国二十六年前后，绥远集宁县〕 集宁县东北至多伦六百余里，通行汽车。自集宁至库伦约一千六百里，较张家口至库伦二千里，此为捷径。

（廖兆骏编：《绥远志略》，第七章，绥远之县邑，第三节，集宁县，民国二十六年铅印本。）

〔民国十二年，奉天辽中县〕 汽车公司，民国十二年，邑绅苏若泉鉴于由县赴省虽百余里途程，乘车往来最速必需三日，交通之梗塞，一般人颇感不便，于是纠合沈辽两界士绅创设长途汽车，以利行旅。设有专道，颇见发达，当设总公司于省城。及县城中间有站，大站如刺榆坨、腰岭、闪子、潘建台均置站长一，助理员一；小站偏冈堡、四方台、八音台、德胜营子等村均设代办所，乘客颇夥，年终结账，获利甚厚，且有口皆称便焉。

（徐维淮修，李植嘉等纂：《辽中县志》，卷二十，交通志，汽车公司，民国十九年铅印本。）

〔民国十八年，奉天盖平县〕 汽车行，在西门里路北，系创自民国十八年六月间，邑之绅商合资营业，名为营盖长途汽车公司。

（石秀峰修，王郁云纂：《盖平县志》，卷八，交通志，汽车，民国十九年铅印本。）

〔民国十八年至二十二年，奉天北镇县〕 沟北长途汽车公司，系北镇城与沟帮子通车之谓，该公司于民国十八年成立，为有限公司，系人民集股。自成立后，每日通车二次，商民称便。又由城去中安堡，每日通车一次，与黑山汽车公司互相联络,近又由沟镇每日往间阳驿通车一次。

(王文璞修,吕中清等纂:《北镇县志》,卷四,政治,交通,民国二十二年石印本。)

〔民国二十年前后,奉天安东县〕 有汽车公司,专为乘客之用,行驶埠内各马路及九连城、六道沟等处,价廉而行速,人多乘之。

(关定保等修,于云峰纂:《安东县志》,卷一,疆域,道路,民国二十年铅印本。)

〔民国二十一年,奉天庄河县〕 振商汽车公司,在治城上街北首路东,由华昌旅馆代理,系创自大同元年,绅商合资。营业路线由治城取通金州大道,至城子疃西折而至复县今治瓦房店,路长二百八十里,再由治城取通凤城大道,经青堆子以达大孤山,路长一百四十里,全路共长四百二十里。

(王佐才等修,杨维嶓等纂:《庄河县志》,卷七,交通志,汽车,民国二十三年铅印本。)

〔民国二十三年前后,奉天沈阳〕 省城交通机关渐成为机械化,电车路现已开通,公共汽车价廉行速,尤为市民所乐用,故人力车日见减少,惟短区交通及僻巷仍用之,计全市内人力车尚有五六千辆。

(翟文选等修、王树楠等纂:《奉天通志》,卷一百十四,实业二,工业,民国二十三年铅印本。)

〔民国二十三年前后,奉天庄河县〕 满洲国铁路总局安东自动车事务所庄河营业所,在治城上街县公署对过。大同二年,安东自动车事务所,日人出资营业,路线由金州城子疃至治城,再由治城至青堆子、大孤山出境而至安东,同时孤、青两镇均设有营业所。

(王佐才等修,杨维嶓等纂:《庄河县志》,卷七,交通志,汽车,民国二十三年铅印本。)

〔民国十年至二十三年,吉林梨树县〕 自县城至四平街市,交通最称繁盛,原有行车大道,路线迂回,坎坷甚多,极感不便。自民国十年,前知事尹寿松开放四平街新市场后,勘验民地,由县城直达四平街市,特辟新道一条,路基宽三丈六尺,两旁水沟各宽三尺,征收民地,给价连同雇工挖沟,计用奉小洋一万三千余元,呈准由保甲余款项下支销。沿路河沟七处,劝捐奉小洋三千余元,各建木桥,道途平坦,车行便利。邑绅王清海等创办四梨长途汽车公司,民国十三年八月呈请实业厅核准营业,开始运客。由县城至四平街,每人收费奉小洋一元五角。每至春夏,道路泥泞,即须停车。继经股东陈述文著手改组,请设平台长途汽车公司,借用官道驶行。十八年十月,有商人吕惠卿者创办四榆长途专路汽车,呈厅核准。十九年春,四梨一段工竣,呈准开驶。由县城至四平街,每客收费现洋一元。计四榆汽车四辆,载运四梨段内客货。平台汽车三辆,专运梨榆行商。县境交通,尚称便利。

(包文峻修,李溶等纂,邓炳武续修,范大全等续纂:《梨树县志》,丙编,政治,卷五,交通,民国二十三年铅印本。)

〔民国二十三年前后,吉林临江县〕 本县汽车路于民国二十年秋,经奉天省测量局测量完竣,定名为山长汽车路,西自临通分界之五道江岭起,经六、七、八道诸江,林子道,黑松沟,椴包,松岭,一区头沟直达县城,再循临长县道经二、三区、二、三、四、五、六、七道沟门至临长分界之八道沟门止,共长三百六十里,全路建筑费预计为现大洋三十六万元,本县境内三百六十里之建筑费预计为十九万元。自五道江岭至八道江镇,"九·一八"事变前已开工十余日,嗣因事变停止。康德元年九月,辟治蹊径,崩山架梁,鸠工二十余万,筑路计五条,数千年之梗塞,一变而为坦途。

(刘维清修,罗宝书等纂:《临江县志》,卷五,交通志,汽车路,民国二十四年铅印本。)

〔民国十四年,黑龙江珠河县〕 珠五汽车道,民国十四年,珠河镇农、商两会集款哈洋二万元,将珠河至五常县官道大加改善,通行汽车。

(孙荃芳修,宋景文纂:《珠河县志》,卷十三,交通志,陆路,民国十八年铅印本。)

〔民国十四年至十九年,黑龙江呼兰县〕 呼兰无另所谓汽车站,惟以地本平原,每届冬季上冻,其平如砥,故凡陆路可以行大车者,莫不可以行汽车焉。先是有兰海汽车公司者,于民国十四年间开办,曾经立案纳捐,发行客票,经营兰海一带各县汽车。未几呼海铁路通车,因即停办。近则汽车来往,率停驶于各大旅馆,其汽车捐由县政府派员代征汇缴财政厅。

(廖飞鹏修,柯寅纂:《呼兰县志》,卷四,交通志,汽车路,民国十九年铅印本。)

〔民国十八年前后,黑龙江珠河县〕 汽车营业:隆泰汽车四辆,隆大汽车四辆,隆茂汽车四辆,共计现有汽车十二辆,搭载旅客往来于同宾、方正及江北之通河县。同宾亦设有汽车十六辆,搭送旅于乌吉密河站。

(孙荃芳修,宋景文纂:《珠河县志》,卷十三,交通志,汽车,民国十八年铅印本。)

〔民国十九年前后,黑龙江依安县〕 依安汽车路计分三条,由县城东行经双阳镇以达拜泉县城,计长凡一百二十里。由县城西南行经林甸县城以达中东路小嵩子车站,计长凡一百八十里。由县城西北,行经富裕县属之郭家店以达省城,计长二百四十里。此外由依安县城至克山县属之太安镇,计长凡九十里,惟冬日车可通行,至春暖解冻以后,因乌裕尔河之隔,车即不能通过。乌裕尔河桥梁正在筹划建筑中。

（梁岩修,何士举纂:《依安县志》,舆地,交通,汽车路,民国十九年铅印本。）

〔民国十年至二十一年,陕西华阴县〕 汽车路,民国十年,始于东西大道旁,略具雏形。十六年后,增高五尺,加宽两丈,拨民夫修理。因取直多占用民地,且与旧官道并行辟宽近十丈,皆民田也。地价不发,口食未领,粮尚未免,岁修仍由人民负担。

（米登岳修,张崇善等纂:《华阴县续志》,卷一,地理志,交通,民国二十一年铅印本。）

〔民国十六年,陕西醴泉县〕 汽车路,民国十六年创修,东南至咸阳,西北至乾县,县境长二十五里,阔三丈余,依旧大路加宽,惟西北门外由民田修筑。

（张道芷、胡铭荃修,曹骥观纂:《续修醴泉县志稿》,卷二,地理志,交通,汽车路,民国二十四年铅印本。）

〔民国十八年,陕西咸阳县〕 汽车路,民国十八年创修,东至长安,西至兴平,西北至醴泉,东北至泾阳。

（刘安国修,吴廷锡、冯光裕纂:《重修咸阳县志》,卷二,建置志,交通,民国二十一年铅印本。）

〔民国十八年前后,陕西邠县〕 汽车路,南自永寿县界底窨沟入境,西至长武县界安化堡出境。

（刘必达修,史秉贞等纂:《邠县新志稿》,卷九,交通,汽车路,民国十八年铅印本。）

〔民国二十年前后,陕西鄠县〕 民国以来,始于南、北两路之旁各附筑一路,以行汽车。虽经屡修,然遇雨泥泞,汽车梗驶,沿路村民不堪扰累。二十年奉令,汽车路占民地一亩,给洋二十元。

（强云程、赵葆真修,吴继祖纂:《重修鄠县志》,卷三,交通,汽车路,民国二十二年铅印本。）

〔民国二十三年,陕西黄陵县〕 国省公路,民国二十三年,本省建设厅兴修咸榆公路,经派员来县修筑中部段,自县南东胡桥起,东至交口河止,共长三十公里。路幅宽七公尺,沟坡四公尺,坡度最小百分之十,最大百分之十五,汽车可畅行无阻。自抗战军兴,此路遂成为军事补给重要干线。

(余正东修,吴致勋等纂:《黄陵县志》,卷八,交通志,道路,民国三十三年铅印本。)

〔民国二十三年至三十二年,陕西洛川县〕 咸榆公路,原有凤栖大路,南通中宜,北达鄜榆。民国二十三年,建设厅修筑咸榆公路,即改筑斯路为洛川段。自县南与中部交界之桐树底村起,经过常家塬、京兆村、石家庄、县城、后子头、永乡,北至鄜县交界之街子河止,共长四十二公里半。宽七公尺,沟坡四公尺,坡度最小百分之十,最大百分之十五。是年九月兴工,二十四年四月完成,共征用民工九万八千四百余名。洛宜公路,民国二十九年,专员余正东因军事需要,督饬县长周景龙与宜川县长沈家祺分修公路。洛川修筑者,自咸榆之永乡分支,经旧县、靳家源,东至黄龙山之富庄寺,共长六十九公里,宽五公尺,坡度最小百分之十,最大百分之二十,当年年底完成。宜川亦同时竣工。洛白洛石公路,由洛川经秦关与土基,分接白水与石堡两公路,至关重要,民国三十二年测竣兴工。

(余正东修,黎锦熙纂:《洛川县志》,卷十,交通志,道路,民国三十三年铅印本。)

〔民国二十七年至三十三年,陕西宜川县〕 公路,抗战以来始兴修之。鄜宜公路,民国二十七年,因晋南沦于敌,为补给第二战区部队起见,奉令修筑由鄜县至宜川之公路,至二十八年冬季竣工。县境内自县城起,经英王、观亭,至兴鄜县交界之晋师庙梁顶止,共计路长五十七公里,宽四公尺。坡度最大为百分之十五。洛宜公路,二十九年,第三区专员公署奉令督饬县长沈家祺与洛川分筑洛宜公路。由县城南关起,经程落村、瓦子街、黑马窑,至洛川县之永乡,与咸榆公路衔接。是年六月二十日兴工,历时八月零五日而告竣,全路长一百二十公里。时宜川担任由县城修至富庄寺,计长五十一公里,宽四公尺。最小曲半径为十公尺,一般坡度为百分之六,最大坡度为百分之十五。原称洛宜便道,迨三十三年三月,三区专员公署又派员驻路督修,加宽路幅为五公尺,遂成为正式公路矣。宜桑公路,二十八年,因第二战区部队给养运输需要,由县派工修筑。自县城起,经党家湾、计要村、古度村、兴集镇、掌里村、甘草镇、桥楼、至桑柏,路长四十五公里,宽四公尺五。一般坡度为百分之八,桥涵载重量为三公吨。韩宜公路,二十九年,省建设厅因军事需要,令县修筑。计由县城起,经郭家涧、程落村、高家湾、磨家湾、冯家塔、杜岭村、吴河口、圪台街、孙家沟门、大岭等处至韩城。在县境内者,计长四十六公里,宽四公尺五。坡度最大为百分之十五。是年十月兴工,至三十一年四月完成。

（余正东等纂修：《宜川县志》，卷一，交通志，道路，民国三十三年铅印本。）

〔民国二十四年前后，甘肃夏河县〕 兰州至临夏之公路正在兴工，长一百四十公里，过永靖时经黄河浮桥，将来须展筑至夏河。

（张其昀纂：《夏河县志稿》，卷六，交通，民国二十四年修，抄本。）

〔民国二十六年至三十七年，甘肃张掖县〕 甘新公路张掖境路线长约七十公里，经两次修筑，第一次自二十六年十一月至二十七年三月底，系就旧有大道整理通车；第二次自二十七年四月起，系按正式公路标准继续改善。……计该段前后共作土方不下八十万公里方，铺筑砖路面约七公里，碎石路面七十公里，架筑大小桥梁二十七座，共长二百五十六公尺，建筑涵渠七十道。

（余炳元纂：《新修张掖县志》，交通志，民国三十七年修，一九五九年油印本。）

〔民国九年，山东掖县〕 烟潍汽车路，西至沙河镇平度界，东至新城镇招远界，计长一百四十里，民国九年筑成。

（刘国斌等修，刘锦堂等纂：《四续掖县志》，卷五，建设，民国二十四年铅印本。）

〔民国九年至十九年，山东德县〕 德临汽车路，民国十九年修筑，由德县至馆陶县，经过恩县、夏津、临清三县，由山东省建设厅开办。德南汽车路，民国九年修筑，由德县至河北省南宫县，经过故城县、郑家口、饶阳店、大营、恩察、卷镇、田村七处，全路通长二百零五华里，系商办事业，组织公司，凡本邑迤西各县来往行旅多由此路。

（李树德修，董瑶林纂：《德县志》，卷六，政治志，汽车路，民国二十四年铅印本。）

〔民国九年至二十年，山东青城县〕 周青沂汽车路，由民国九年华洋义赈会以工代赈修建，汽车路经长山、邹平、齐东直达青城清河镇。至民国十二年，汽车开驶，由商承办，时通时止。及二十年，建设厅接办，按时通车，商旅称便。

（杨启东修，赵梓湘纂：《青城续修县志》，卷四，新政志，实业，民国二十四年铅印本。）

〔民国九年至二十三年，山东临清县〕 临清僻处鲁西，无铁道之敷设，自民国九年创修汽车路，次年开始行驶，初不过为运兵输饷之需。至十六年春，始有商人组设德临公司售票通行，今属省府建设厅，车多司徒伟出品。

（张自清修，张树梅、王贵笙纂：《临清县志》，建置志，交通，民国二十三年铅印本。）

〔民国九年至三十年前后，山东潍县〕 烟潍汽车路……民国九年十一月一日在潍县行正式开工礼……前后共到临清、平原等县,工人三千七百二十四名。至十年冬完工,十一年一月通车。此路由潍县至烟台,长二百八十五公里又八百三十九公尺。……十一年八月开始行车。全路完工后,交通部力主营业之利,公诸地方,咨请山东省长招商承办。至十三年三月,乃归烟潍长途汽车公司租路行车。十六年十月,改为官督商办,设立烟潍汽车路局。十八年九月,本路收归省有,发还商股,设立山东省政府建设厅烟潍汽车路局,所属沿路各站悉仍旧制。二十三年八月,山东全省汽车路管理局成立,划全省为六区十二段,每段设段长管理。此路改烟潍荣段。台潍汽车路,台潍汽车路自潍县经安邱、诸城、莒县以达峄县之台儿庄,北接胶济,南联津浦,计长七百九十里。在县境者,自东关鸣凤门外车站起,至朱家官庄出境止,长十七余公里。于民国十五年冬开始测量,至十六年五月修至朱家官庄。……二十三年,改称台高潍段。潍道汽车路,潍道汽车路自潍县经寿光、广饶、博兴以达蒲台之道旭,与烟潍、台潍、益羊自益都至寿光之羊角沟,辛广自临淄之辛店至广饶县城,周博自长山之周村至博兴县城,济利自济南至利津各段汽车路均可接联,计长一百二十四公里。在县境者,自城南胶济站擂鼓山起,至寿光境止,长十八公里。于民国二十五年春由省政府建设厅派员测量,继由县征夫修筑,于同年五月内竣工。……坊蒋汽车路,坊蒋汽车路在潍县境内之一段,即坊高镇道,长十公里,亦属周青沂段,系自县境之坊子至临朐县之蒋峪,长一百三十里,在县境之车站为坊子。

(常之英修,刘祖干纂:《潍县志稿》,卷二十六,交通志,汽车路,民国三十年铅印本。)

〔民国十年至二十三年,山东馆陶县〕 馆邑于民国十年开始建修汽车路,而汽车站则设立于十九年七月,当属东临区汽车路局管辖。迨二十三年八月改组该站,定名为山东全省汽车路管理局济德南段馆陶站,汽车通行,交通益臻便利。

(丁世恭等修,刘清如等纂:《续修馆陶县志》,卷二,政治志,建设,民国二十五年铅印本。)

〔民国十二年至十三年,山东济宁县〕 曹济汽车路,由济宁至菏泽,中间经过嘉祥、巨野,计程二百四十里,民国十二年开办。单济汽车路,由济宁至单县,中间经过嘉祥、巨野,计程一百八十里,民国十三年开办。

(潘守廉修,袁绍昂纂:《济宁县志》,卷二,法制略,交通,民国十六年铅印本。)

〔民国十六年至二十四年,山东齐东县〕 济利路,大堤昔为东西往来孔道,西自田家拐子入境,东至马闸子出境,长五十八里。民国十六年,改为利菏汽车路。二十三年，全省汽车路管理局将此路改名济武区济利沾段，车站设台子。齐台路，系济利路之支路，由县城至台子长三十五里，二十四年七月始通车。

（梁中权修，于清泮纂：《齐东县志》，卷四，政治志，交通，民国二十四年铅印本。）

〔民国十七年至二十四年，山东莱阳县〕 汽车路经县者三，自民国十七年始初由商办，二十一年归建设厅胶莱区汽车路局，曰青烟汽车路（青岛至烟台），由即墨灵山镇入县，北过夏格庄镇、孙受镇，折而东北，过水沟头镇、县城西关、沐浴店镇、榆科顶村，入栖霞界，路长凡一百六十里。曰青龙汽车路（青岛至龙口），由即墨刘家庄镇入县，北过张官寨、店埠镇、院上镇、日庄镇、泥牛镇，入招远界，路长凡一百零五里。曰青海汽车路（青岛至海阳），由即墨牛齐埠入县，北过三都河、诵家庄，又折而东，过学坊镇、羊郡集，抵海阳行村，路长凡八十里。

（梁秉锟修，王丕煦纂：《莱阳县志》，卷二，政治志，交通，民国二十四年铅印本。）

〔民国十八年至二十三年，山东德平县〕 本县地方偏僻，路政不修，行旅往来，在昔专恃大车而已。至民国十八年，县政建设首将境内道路分别兴修。二十三年十一月间驰行汽车，交通益臻便利。

（吕学元修，严绥之纂：《德平县续志》，卷九，交通志，道路，民国二十五年铅印本。）

〔民国十八年至二十五年，山东东平县〕 自民国十八年建设局创修县道以来，所筑县道五条，均可通行汽车，故省立长途汽车总局即于十九年创设分站于县城内，当时营业计有路线三条，一为通济南路线，即由东平县道出北门北行，经铁板桥花篮店至双塔岭上，入平阴界，经平阴、长清二城，直达济南是也。二为通济宁路线，即由东汶县道出小东门，东南行至沙河站，南入汶上界，经汶上县城，直达济宁是也。三为通泰安路线，即由东泰县道出小东门东行，经宿城接山至郈城，东入泰安界，再经南栾、安驾庄等镇，直达泰安城是也。嗣因东泰路线营业萧条，于二十一年将此线营业暂停，现在汽车营业只有通济南、通济宁两线而已。

（张志熙修，刘靖宇纂：《东平县志》，卷三，交通，民国二十五年铅印本。）

〔民国十九年至二十年，山东东阿县〕 民国十九年，建设局复奉建设厅令，修筑省县镇各汽车道。县道宽二丈，镇道宽一丈六尺。截至二十年四月，修筑完竣，汽车开驶称便利焉。

（周竹生修，靳维熙纂：《东阿县志》，卷九，政教志，交通，民国二十三年铅印本。）

〔民国二十年，山东曲阜县〕 民国二十年修筑滋曲汽车路，自滋阳至曲阜，计长三十里,中外人士来曲瞻谒林庙者,多由此道。

（孙永汉修,李经野、孔昭曾纂:《续修曲阜县志》,卷五,政教志,交通,民国二十三年铅印本。）

〔民国二十三年前后,山东济阳县〕 汽车路有二:一在县境西鄙,南自第三区与历城接界处入境,经第四区至夏口镇出境,名济武汽车路。一在黄河南岸,名利菏汽车路。绅商各界如有紧要事务,乘车往来尤称便利。

（路大遵等修,王嗣鋆纂:《济阳县志》,卷六,交通志,道路,民国二十三年铅印本。）

〔民国二十三年前后,山东桓台县〕 桓临汽车路,西起县城东行,经昝家庄、巴王庄、存留庄、唐山、索镇至前毕庄迤东出境,交临淄界,境内共长四十五里。桓高汽车路,南起县城北,行经邢家庄、陈家庄、顺河庄、红庙庄、孟家庄至岔河,交高苑界,境内共长二十里。按:此路南通长山,出南门里余,过梧河,出县境,入长山县界。张博汽车路,南自张店起,北行经辛庄、潘庄、魏家庄、南营、北营、王庄、甘家庄、鲁家庄、果子里、义和村、边家坊、姜家坊、索镇、北辛庄、张家桥至雅和庄出境,交博兴界,境内共长五十里。……以上三汽车路皆旧大道也。

（佚名纂修:《桓台县志》,卷二,法制,交通篇,陆路,民国二十三年铅印本。）

〔民国二十四年前后,山东高密县〕 由本县经过之汽车道共计有三:台潍汽车道,自景芝镇起至高诸交界止,计长二十里。高诸汽车道,自县城起至王柱西止,计长三十六里。胶诸汽车道,自高胶交界起至诸高交界止,计长十五里。

（余有林、曹梦九修,王照青纂:《高密县志》,卷八,交通志,汽车道,民国二十四年铅印本。）

〔民国二十四年前后,山东广饶县〕 本县无铁道,仅有汽车路,由县城起,北达石村,南至临淄、辛店站,每日汽车往辛店开驶两次。

（潘莱峰等修,王寅山纂:《续修广饶县志》,卷十一,政教志,交通,民国二十四年铅印本。）

〔民国二十五年前后,山东寿光县〕 汽车路经过县境者,自孙家集通羊角沟南北行自王望,通辛家庄东西行,惟各路皆用土筑,不勤修,则易坏。

（宋宪章修,邹允中、崔亦文纂:《寿光县志》,卷十,交通志,道路,民国二十五年铅印本。）

〔民国二年至二十年,江苏泰县〕 民国二年,地方路工处筑通海汽车路,由海安起,经如皋县抵南通,约长二百余里,有海安协成公司之汽车驶行。

(单毓元等纂修:《泰县志稿》,卷十七,交通志,省道,民国二十年修,一九六二年油印本。)

〔民国十二年至二十六年,江苏江都县〕 镇扬长途汽车公司,民国十二年创立,由新辟福运门为起点,设站售票。十五里至施家桥,又十三里至虹桥,又二里至六圩车站,用轮船渡江。设码头于镇江风神庙前,由镇江来者渡江后以六圩为起点,设站售票,与福运门同。资本原定十五万,现加增至二十二万,为股份有限公司。每月营业收入平均约一万二千元。

(陈肇燊修,陈懋森等纂:《江都县新志》,卷二,建设考,舟车交通,民国二十六年刻本。)

〔民国十二年至二十六年,江苏江都县〕 瓜扬汽车路,自新辟福运门至江口嘉兴桥,以通汽车。民国十二年,由镇扬汽车公司就原有道路并收买民地兴筑。

(陈肇燊修,陈懋森等纂:《江都县新志》,卷二,建设考,道路,民国二十六年刻本。)

〔民国十七年至二十四年,江苏南京〕 公共汽车业,始于民国十七年,由江南、兴华两公司承办。……兴华汽车公司设湖北路,成立于民国十九年八月。该公司收支不敷,办理困难,曾于二十二年三月呈准工务局,改为官商合办,用资整理,现已于二十四年并于江南公司。

(叶楚伧修,王焕镳纂:《首都志》,卷九,交通,陆运,民国二十四年铅印本。)

〔民国二十一年,江苏南京〕 京杭公路(二十一年完成),达于杭州(《新南京》:京杭公路为苏浙皖三省联络公路之一,起自南京西华门,止于杭州武林门,经江苏之句容、溧阳、宜兴及浙江之长兴、湖州,共长三二六公里。全路交通业务,南京至长兴段现由江南长途汽车公司独家经理,长兴至杭州段则由浙省公路局通车营业)。

(叶楚伧修,王焕镳纂:《首都志》,卷九,交通,陆运,民国二十四年铅印本。)

〔民国二十四年前后,江苏南京〕 京建公路抵于建平。《中国经济志》:该路由江苏建设厅修筑,起中华门,经安德门、大定坊、牛首山、东善桥、秣陵关、令桥、拓塘、乌山,讫于溧水,长五五点三五公里。由中华门至秣陵关一段,长二六点六五公里,现在试行通车中。由秣陵至溧水一段,土方亦已筑成,置有汽车二辆,每日上下行车八次。此路最终点,拟通安徽之郎溪。郎溪旧名建平,故以京建命名,因限于经费,暂仅修筑至溧水一段。

(叶楚伧修,王焕镳纂:《首都志》,卷九,交通,陆运,民国二十四年铅印本。)

〔民国二十四年前后,江苏南京〕 京芜公路讫于芜湖。《中国经济志》:该路为苏浙皖三省联络公路之一,又为七省联络京黔干线之首端。起自南京中华门,讫于安徽芜湖,长九十二公里,经过京市及苏、皖二省。全路业务,由南京至慈湖一段,由江苏建设厅长途汽车管理处办理;由慈湖至芜湖一段,则由皖省京芜路西段长途汽车公司承包营业。苏省建设厅公路管理处,设中华门外雨花路,成立于二十二年五月。

(叶楚伧修,王焕镳纂:《首都志》,卷九,交通,陆运,民国二十四年铅印本。)

〔民国二十五年前后,江苏〕 公路发达于近数年中,干路支线交错纵横,全省各县几于皆可贯通,与邻近诸省如浙江、安徽、江西间,亦可联络通车,往来无阻。计在本省境内已成之公路,共长五千五百六十八里。

(殷惟和纂:《江苏六十一县志》,上卷,江苏省总说,交通,民国二十五年铅印本。)

〔民国二十五年前后,江苏睢宁县〕 汽车路东通宿迁,接扬淮、淮海诸线;西通铜山,接津浦、陇海二路;北通邳县,亦与陇海路衔接。

(殷惟和纂:《江苏六十一县志》,下卷,睢宁县,交通,民国二十五年铅印本。)

〔民国五年至十八年,浙江省〕 本省公路之筹建,远在民国五年,当时设有省道筹备处……至民国十一年,浙江省道局始行成立。民国十五年,通车者有浙闽线之萧绍段,筑成者有浙闽线之嵊新段、天白段、黄泽段及永嘉段等。其由商人承办者,则有杭余、余临、余武、杭富、杭海、瓶湖、双宁、长绍、曹嵊等路。民国十七年,省道局改为公路局,先将拱三、鄞奉及绍兴接线,旋将杭长、杭平、杭昌各路逐渐修筑。商办之继起者有宁衺、常玉、嵊长、杭瓶等路,全省公路省办约占百分之五十九,商办计占百分之四十一。商人筑路在民国十五年为最盛时期,省办公路至民国十八年方始发达。

(浙江省通志馆修,余绍宋等纂:《重修浙江通志稿》,第九十八册,交通,公路,一九四三年至一九四九年间纂修,稿本,浙江图书馆一九八三年誊录本。)

〔民国九年至二十五年前后,浙江〕 本省公路之筹筑,始于民国九年至十一年间,当时成立省道局,以卷烟特税为筑路专款,浙闽干线、浙皖副线相继着手测量,是为本省筑路之滥觞。一面积极劝导商人集资筹筑,在奖掖指导之下,杭余、余临、余武、杭富、杭海、瓶湖、双宁、长宁、袁绍、曹嵊、嵊长等公司接踵成立，先后通车。十四年三月，杭州之基本线兴工。是年冬，浙闽线之萧绍段亦先后告成，旋因军事陡起，卷烟特税又复收归国有，原有计划遂告停顿。迨十六年夏，建设厅成立，承凋蔽之余，力谋整顿，着手测量鄞奉省道及绍兴接线，复从事全省公路网之计划。十七年，改省道局为公路局，时适各县建设一成附捐案定，因指定为筑路经费，并发行公路公债以济急需，乃将通车之路日益扩充，未成各线逐渐修竣，计先后完成杭昌、杭平等线。二十年，因省库支绌，厉行紧缩政策，进行较逊。明年，省府改组，曾养甫氏来主建设，遂决定发展交通政策，并因以前路线偏重浙西，对于全省交通不能平均发展，爰依全省公路网之规定，积极进行，尤注意于浙南公路之开发。截至二十三年十二月止，全省共有公路三六〇八点〇三公里，其由十三年至十五年所筑之省办公路仅一一八点四二公里，商办二一七点九九公里。嗣后进行虽稍速，然截至二十年止，省商合计仅九四三点七二公里，积八年筑路之历史，尚不满一千公里。自二十一年起，逐年均有显著之进展，如二十一年完成四〇九点四五公里，二十二年完成五九六点六二公里，两年间统计完成一千公里以上。二十三年完成尤多，计达一千三百四十余公里，在建筑中之公路尚有五百三十公里，大有突飞猛进之势。公路既日臻发达，公私汽车数量遂年有增加，截至二十三年秋季止，全省共有汽车一〇四一辆，其中省有车辆系指公路管理局通车各路段之车辆共三六〇辆，商营公司车辆系指商办长途汽车公司车辆计二八八辆，营业汽车行车辆系杭州市永华公共汽车公司之大客车、各运货汽车行之料车及营业汽车行之小包车计一七二辆，自用车辆系指私人或机关商号所备之汽车计二二一辆。至公路营业状况，可分省办与商办。省办方面，十六年通车营业者，计增拱三、杭富二路，全年收入为三八五五七六点五五元；十八年通车营业者，计增鄞奉、杭长二路，全年收入为六五五四〇三点七〇元；十九年复增杭平、杭昌二路，全年收入一〇八八五三七点六九元；二十年新增杭昌路之临昌段，全年收入为一三三四九七四点一二元；二十一年新增平乍、闽京杭联运、沪莫联运等路，全年收入为一三九七九一五点六〇元。总观历年营业收入，逐年均有增加，此虽因线增添里途延长，而营业发达亦于此可见。至二十二年份，全年收入为一〇〇八六八〇点〇一元，似较上年为少。半因萧绍、鄞奉二路改由商办，半因十二月份闽变，征用车辆，市区及杭余等路均停止营业。二十三年，营业亦佳，因路线之增加，每日营业平均可收十三万元，则全年乃有一百六七十万元收入之望。商办方面，可分官督商办与商筑商办两种。如鄞奉、萧绍、鄞镇慈、金武永及黄泽、路椒等路,均系官督商办,嵊长、杭瓶、余临、浦钟、常玉及绍曹嵊均系商办。商办各路营业以官督商办者收入较佳,以其路系官筑,业由商营公司,支出较少,益以所处地位之优越,收入更有可观。

（姜卿云编：《浙江新志》,上卷,第九章,浙江省之建设,道路,民国二十五年铅印本。）

〔民国九年至三十七年,浙江杭州〕 浙江公路之筹建,远在民国九年,至民国十一年省道局始行成立,十七年改省道局为公路局。截至二十年止,省合计九四三点七二公里,积八年筑路之历史,尚不满一千公里。自二十一年起,逐年均有显著之进展。如二十一年完成四〇九点四五公里,二十二年完成五九六点六二公里,二十三年完成尤多,计达一千三百四十余公里。公路既发达,公私汽车数量亦有增加。截至二十三年秋季止,全省共有汽车一〇四一辆。兹按《中国实业志》,将本市直接有关者,分国道、省道、县道三项分述于后：

甲、国道。京杭国道,浙省境内之国道,为京杭路,由南京通杭州,为江浙两省联络之主要公路,由南京起,经句容、溧阳等县而入浙江。在浙境内,长一三七点一九公里,宽七公尺半,亦名杭长路,经过长兴、吴兴、武康、余杭等县而达杭州之武林门。京杭路之支路,称三莫支线,由三桥埠至莫干山,长七点〇七公里,宽七公尺半。经过重要城市夹浦、长兴、李家港、吴兴城、施家桥、三桥埠、武康、上柏、彭家岭、小河。

乙、省道。一、沪杭路,本路自上海至杭州,为江浙两省沿海诸地联络之要道。全路长二一五点六公里,在浙江境内长一三九点五六公里。路程可分六段：1.沪闵段。2.闵南段。3.南柘段。4.柘金段。5.金乍段。6.乍杭段。柘金段,由柘林至金丝娘桥,为苏浙交界之处。乍杭段,由乍浦至杭州之武林门,亦称杭平路,经过海盐、海宁两县。沪杭路宽度大部份为七公尺半,沪杭路在浙江境内有支线凡三：1.袁闸支线,由闸口至袁化,长四点四九公里,宽七点五公尺。2.胡长支线,由胡家兜通长安镇,长六点八五公里,宽七点五公尺。3.乍平支线,由乍浦至平湖,长十三公里,宽七点五公尺。二、杭徽路,亦称杭昌路。本路自杭州松木场起,经余杭县、临安县、于潜县抵昌化之昱岭关,入安徽境。杭昌路之长度为一百五十三公里。兹分段如下：1.杭余段。本段亦名杭余路,由杭州松木场至余杭山西街。另有支线二：一自松木场至观音桥,长二点八八公里；一自松木场至艮山门,长三点四公里。2.余临段。本段亦称余临路,由余杭至临安化龙镇,长四五点六六公里。来往运输之货物,以绸缎、丝茧、茶、笋、山货、米、麦等项较多。3.临昌段。本段亦名临昌路,由临安化龙镇起,至昌化县治,长四十公里。运输之货物，以米及药材较多。4. 昌昱段。本段由昌化县治至昱岭关，入安徽境，长三三九点一二公里。三、杭富路。本路为杭州通富阳之省道，全路长三十八公里半，宽七公尺，由杭州武林门至富阳善祥弄止。在杭县境内长二十一公里半，沿途全系平地。运输之货物，以茶叶较多。杭富路有支线凡三：1. 留四支线。由转塘至留下，经过王家上，长一〇点九公里。2. 凌良支线。由凌家桥至良户，长二点六公里。3. 王和支线。由王家上至小和山，长四点五公里。经过城镇：杭州、净寺、闸口、梵村、转塘、凌家桥、高桥、富阳。四、杭绍路。本路现有二段：一为拱三段，由北拱宸桥至三廊庙，在钱塘江之北，长九点二八公里，宽七点五公尺。沿途经过杭州市、杭县的小河、观音桥、三官衙、武林门、西大街、湖滨、涌金门、清波门、凤山门等；一为萧绍段，由萧山县之江边起，至绍兴五云，一方面与钱塘江及浙赣铁路联络，一方面与绍曹嵊路相通，为至曹娥江及杭甬铁路各地之孔道，长五一点八一公里，宽七公尺半。沿途经萧山、绍兴二县的西兴、萧山、衙前、阮社、柯桥、弥陀寺、西郭、绍兴县治等处。

丙、县道。一、杭州市。杭州市境内之重要道路，为江墅路、南山路、西大街、松木场及清泰路等。兹分述如下：1. 江墅路。本路由凤山门至武林门，接江干及拱宸桥，为杭州南北交通之要道。长三点六八公里，宽十三公尺，柏油路面。2. 南山路。本路由湖滨至苏堤，为通富阳之孔道，长三点二七公里，宽十三至二十六公尺，以砂石筑成路面。3. 西大街。本路自湖滨至武林门，与京杭国道贯通，长一点六二公里，宽六公尺，柏油路面。4. 松木场路。本路自白公路至松木场，为杭州市通余杭县之孔道。长〇点九四公里，宽十三公尺，以石片筑成路面。5. 清泰路。本路自清泰门至江墅路，为杭州市东西交通之要道。长一点五八公里，宽十三公尺。路面以柏油筑成。二、杭县。杭县境内之县道，为杭瓶路、杭塘路。兹分述于下：1. 杭瓶路。本路为杭县城镇间之重要县道，由杭州武林门起，至瓶窑镇止。全路长八点三五公里。在杭县境内一段，宽七公尺。2. 杭塘路。本路由杭州清泰门起，至塘栖镇止，为杭县城镇间交通干道。全路长四十公里。在杭县境内一段，长三十三公里，宽六公尺。

（干人俊编：《民国杭州市新志稿》，卷十，公路，民国三十七年修，杭州市地方志编纂办公室一九八七年铅印本。）

〔民国二十五年前后，浙江浦江县〕 公路：浦钟路，自浦江至钟宅三六公里。

（姜卿云编：《浙江新志》，下卷，第五十八章，浦江县，交通，民国二十五年铅印本。）

〔民国十三年至十四年，安徽太和县〕　太和居偏僻地，水陆交通滞阻。民国十三年，由士绅创组汽车公司，营业在于豫皖交界处。先自太和勘定路线，北通亳县，西达豫省周家口，购备汽车两辆，逐日开驶，以期上行货物，连络运输，便利交通。间有开驶往阜阳、蚌埠等处，非常例。一俟营业发达，增加车辆，再使路线扩充，下行开驶不绝。现赁县北门民宅为车站。

（丁炳烺修，吴承志纂：《太和县志》，卷二，舆地志下，附汽路，民国十四年铅印本。）

〔民国十八至二十三年，安徽宁国县〕　民国十八年，县长沈气含鉴于境内交通不便，拟行驶汽车，与宣城官矿轻便铁道衔接。呈报省府，由地方建筑县城至宣城之大汪村一段公路，计长三十里。沈自任总监工，委徐云涛、邹谦、胡猷鸿为段监工，分任督修，全县征工六百人，需地方公款一万六千元。是年十二月一日兴工。十九年春荒，工减，四月停止，当时计完成路基十分之七。二十一年冬，省府命建芜屯公路，派工程师到境督理工程，全县征工二千四百人。二十二年，县境路基告竣，计长八十四公里，二十三年春，芜屯通车（芜湖至屯溪二百七十三公里），本县设站五：河沥溪、县城、南门桥头铺、夹路、洪门。

（李丙麐等修：《宁国县志》，卷三，交通志，公路，民国二十五年铅印本。）

〔民国十八至二十五年，安徽桐城县〕　桐城陆路交通，从前极感行路之难，东北至无、庐，西北至潜、舒，南至安庆，均循旧日之驿道，境内城镇村市互通，仅而羊肠之小道。交通器具，仅而单轮土车及小轿两项。沿路桥梁堤坝，既不完整，每遇山洪雨雪，更感困难。洎自民国十八年，安潜太路次第完成，旅客咸由县城乘轿抵高河埠，改乘汽车晋省。旋于民国二十一年，省公路之安合舒六线先后修筑告竣，而县境之横干交通已臻完备，往昔动辄二三日之行程，今则二三小时可达矣。迄至民国二十五年二月，又将县道之桐源线、桐庐线之桐孔段、新练线、梅杨线、桐长线等路次第完成。桐源为桐潜交通之要道，本县利用安合路自范家岗经挂车河、陶冲驿，修至界牌为止，计长七十华里，接潜山路线，逢源潭铺，桐庐路为桐城至庐江，修经孔城至庐属罗昌河之平桥，计长八十华里，接庐江县道，为通庐江之路线。新练路，系由新安渡至练潭镇，计长三十华里。梅杨路，计长四华里。桐长路，系由桐城至长岭，为桐城、岳西交通之要道，计长六十五华里。除省公路逐日有公共汽车行驶外，而已成之县道尚可行驶胶皮车及脚踏车等，故县境之纵横交通渐臻具备。及民国二十五年十月，又将沿江干堤广济圩、新河口至灰河达梳妆台，计长二百余华里，加以整理，行驶汽车，凡沿堤河口闸沟均搭架便桥及渡船，以期一贯。堤面原宽四公尺，为便双车通行，每于沿堤距长二公里间，加筑让车道，而沿江之陆路交通更属便利。本年度正将桐源路加以整理，俾可行驶汽车，至未完成之桐庐路及预定将筑之桐棕路、桐阳路，刻正在勘测修筑。数年来，路道修筑既积极扩兴，车辆亦随之改良，远则京赣，近则徽、宁、芜、蚌，均隔日可达矣。

（徐国治修：《桐城县志略》，十一，交通，民国二十五年铅印本。）

〔民国二十一年至二十五年，安徽凤阳县〕 公路：有蚌合路通行汽车，完成于二十一年，逐日通车，现因营业不振，停售车票。更有明临、蚌寿两公路，现在集夫修筑，不日即可竣工。以上皆县境之干路，其支路不计其数。

（易季和纂修：《凤阳县志略》，交通，公路，民国二十五年铅印本。）

〔民国二十五年前后，安徽临泉县〕 全县修筑合度公路计有七道，即临阜、临太、临刘、临沈、临铜、临艾、临方等七路是也。临阜路，系由县城至阜阳之公路。临太路，系由县城至太和之公路。临刘路，系由县城至刘兴集之公路。临沈路，系由县城至沈邱县之公路。临铜路，系由县城至铜阳城之公路。临艾路，系由县城至艾亭集之公路。临方路，系由县城至方集之公路。是七路均可通行汽车。余如乡村道路，亦可供洋东、马车、小土车之畅行。

（刘焕东纂修：《临泉县志略》，交通，民国二十五年石印本。）

〔民国十四年至十六年，江西〕 江西修筑公路始于民国十四年十月，初由江西省道局主持办理。至次年八月，北伐军兴，暂停。十五年十二月，国民军底定全赣，复设江西公路处，接收前省道局，继续办理公路事宜。嗣因公帑支绌，越三月复行裁撤，移归建设厅接收。十六年十一月，经省务会议决议，恢复江西公路处，于同月二十四日重行组织成立。

（吴宗慈修，辛际周、周性初纂：《江西通志稿》，庶政略，交通，公路，一九四九年稿本，江西省博物馆一九五年整理油印本。）

〔民国二十三年至二十六年，江西分宜县〕 宜樟公路上自彬江五里牌，下至界首，皆分邑境，其中经过村地有路口、昌山、小水、山霞、黄土潭、钟家里、水南街、赵家里、耽江、八家亭等处，约计五十余华里。民国二十三年开工，二十五年告竣，二十六年铺沙。费用除地丁每两捐银币三元外，每保加征人工，平均各在千日以上。

（萧家修修，欧阳绍祁纂：《分宜县志》，卷二，地理，交通，民国二十九年石印本。）

〔民国十八年前后，福建同安县〕 同溪车路，路为安南永大路，山岭崎岖，交通阻碍，自厦小轮船开驶，安海邑之商务遂大减色，非由车路着手，难以挽回。近已由东头埔开辟至霞露通车往来，甚见发达。再由霞露开至大路尾之下埔，将以透达安溪之湖头。

（林学增等修，吴锡璜等纂：《同安县志》，卷十九，交通，同溪车路，民国十八年铅印本。）

〔民国二十六年，福建上杭县〕

县境内公路各项表
（据二十六年八月测量队长陈祥枢制存县册照填，以故甲壬癸路皆未列入）

路 别	全体里程	县境长度	起 点	讫 点	附 注
杭峰	67.856	同左	杭城	峰市	
杭新	65.270	47.900	杭城	新泉	
杭高	16.300	15.100	杭城	高梧	
龙汀	39.100	同左	吊钟岩	西山下	
龙高	47.900	29.800	回龙	高梧	
南茶	36.200	同左	南冈	茶地	未完
杭松	17.355	同左	杭城	松源	今废
总计	289.680	223.123			本表长度以公里计

（张汉等修，丘复等纂：《上杭县志》，卷十二，交通志，车路，民国二十八年铅印本。）

〔民国二十七年至三十一年，福建崇安县〕 县道：南通建阳，北达江西，已成崇阳、崇汾二公路通车。……陆上运输，自崇兴（崇安至兴田三十公里）、崇分（崇安至分水关三十公里）公路告成，省汽车管理处于民国二十七年设站通车，城区设总站，兴田、仙店、黄土、公馆、赤石、大安均设分站，西行车直达车盘六十公里，南行车直达建阳六十公里。

（刘超然等修，郑丰稔等纂：《崇安县新志》，卷十三，政治，建设，交通，民国三十一年铅印本。）

〔民国三十四年前后，福建龙岩县〕 陆上交通分公路、旧路两种，公路以县城为中心，计有下列数段：一、漳龙段。自县治经曹溪、新祠、适中、仁和墟出境，延水潮、南靖而达龙溪，过嵩屿渡海，可与厦门相接。在县内者计四十七公里，运输工具以汽车、肩挑、单轮手车为主。二、岩朋段。自县治沿龙门、小池、大池出境，经古田、新泉而达朋口。由此段延伸北行，经永安、南平、浦城而入浙西，行经长汀入赣。在境内者全长计三十公里。此段为进口货物转输内地之主要干线,亦为本县西部食米内运必经要道。其运输工具,以汽车、单轮手车及肩挑为主,在县城至龙门一段,间有通行双轮手车及牛车者。三、岩峰段。自县治经龙门,沿南阳坝、船巷、出坎市,经永定达峰市,顺水而下可抵潮汕。在境内者全长计二十余公里。以前海口未通之时,亦为进出口货物运输之重要路线,使用工具以汽车、肩挑为主。四、岩沙段。自县城经雁石而抵白沙,全长四十公里,为本县至漳平、宁洋之大道,惟筑后一向未曾通车。

(郑丰稔纂:《龙岩县志》,卷十二,政治志,建设,民国三十四年铅印本。)

〔清光绪二十七年至三十一年,河南怀庆府武陟县〕 黄河铁桥,通用铁质修造,自光绪二十七年八月开工,至三十一年十月工竣。北起黄河北岸,南抵广武山麓,计一百零二空,每空长十丈,合华里六里有奇,汽车往来极称便利。

(史延寿修,王士杰等纂:《续武陟县志》,卷五,地理,交通,民国二十年刻本。)

〔民国十年至十七年,河南修武县〕 民国十年,英商福公司建筑汽车路一道,自焦作起,至博爱县李封村止。十七年,中原公司监督建筑汽车路一道,自焦作起,至李河止。

(萧国桢、李礼耕修,焦封桐、孙尚仁纂:《修武县志》,卷十,交通,民国二十年铅印本。)

〔民国十一年至十三年,河南陕县〕 民国十一、二年间,陕至灵宝交通始就原有官道辟为汽车路,宽一丈二尺。十三年,因火车至陕,又就原路辟为马路,宽三丈。

(欧阳珍等修,韩嘉会等纂:《陕县志》,卷十二,交通,汽车路,民国二十五年铅印本。)

〔民国十七年至二十四年,河南灵宝县〕 汽车道,由陕州接阌乡,东西六十里,民国十七年由吴公山督办造成,自铁路交通后,汽车已寥若晨星矣。

(孙椿荣修,张象明纂《灵宝县志》,卷三,建设,民国二十四年铅印本。)

〔民国二十四年前后,湖北麻城县〕 麻城汽车路麻汉段系鄂东汽车汉界段中之一段,鄂东汽车路汉界段又系七省公共汽车路中之一段。鄂东汉界段由汉口起,至麻城小界岭,经过黄陂、宋埠、中驿、麻城、小界岭,直达河南潢川,长三百二十四华里,桥梁五座,涵洞三十余座。麻汉段,麻城至吕家寨,经过陡坡山、中馆驿、宋埠、歧亭,长七十四里,桥梁三座,每日上午七时,麻汉各对开一次,占民地二千零五十五亩。

（郑重修，余晋芳等纂：《麻城县志续编》，卷二，建置志，交通，民国二十四年铅印本。）

〔**民国十一年前后，湖南湘潭县**〕 湘潭汽车路成于民国十一年，由省城南出，沿铁路而南至县境。昭峡铺傍东一区之旧驿路，经高峰塔东至总市对河之泥湾，隔湘水直接西路。起于十八总之唐兴桥侧，西行因旧驿路时虞水患，改就山边，经西一区之姜畲市，后及西区之云湖桥后，西出湘潭。此路横贯县境，长一百一十里，是于长宝汽车路，用以行驶汽车。又衡潭路亦竣工，开车之日久矣。

（曾继梧等编：《湖南各县调查笔记》，地理类，湘潭，交通，民国二十年铅印本。）

〔**民国十五年至三十六年，湖南醴陵县**〕 汽车路由县境经过者有二：一曰醴茶路。自阳三石经盘树铺、泗汾铺、横岭、蛇湖铺、船湾、界牌，越攸县以达茶陵，是为醴陵段。又拟由县境沿渌江而下以达渌口，出株洲，接易家湾之长潭路，为醴潭段，又由西山分歧达昭陵，为西昭路。惟醴茶一段，民国十五、六年工竣通车。醴潭、西昭二路，迄未兴筑。二曰浏醴路。西自茶醴路渡河，经北门玉带桥，走第四塘、王仙、白兔潭、官寮以达界牌，出金刚头，抵大窑，接南长路。二十六年冬工竣，汽车声昼夜不竭，醴市益臻繁荣矣。越二年，长茶、浏醴二路同时破坏。三十六年，浏醴路修复通车。

（陈鲲修，刘谦等纂：《醴陵县志》，卷二，交通志，道路，民国三十七年铅印本。）

〔**民国十八年至二十七年，湖南宁乡县**〕 湘中长常公路，经过宁乡，凡四十二公里，自县城达油草铺，称长宁段，自县城达沧水铺，称宁益段，于十八年八月通车，初设临时车站于南门外之南粉墙。通常、益之车，经过沩水，仍用舟渡，自沩江桥竣工，移车站于西门外。沩江桥工程颇巨，费银七万五千余元，沙河桥次之，曾家桥、夏铎桥等又次之。按：汽车路，民国十五年，由湘中二十县代表厘定筑路纲要，计划筑路三千四百六十七里，需银二千五百元，分三期完成，宁乡为第一期。就各县田赋带征路股三成，宁乡正饷银二万六千余两，每两折收银一元零八分，带征五年，由长沙江边至县驿程一百里。十五年四月开工，十八年八月完成，费银三十万有奇。是十五年归民办，每县推代表驻省，共策路政，负保管路股、监督工程之责。十八年，收归官办，设湖南省全省公路局。二十六年三月，筑宁安公路，由县城达沩山，再通安化，按由县至沩山一段亦曰沩宁路，已修成黄材，乃以县中应征工服役之壮丁从事，每人五日，不能工作者日交代役金二角，五日共一元。第二区壮丁筑西门外至腰铺子一段，一区壮丁由腰铺子至玉堂桥，三区壮丁由玉堂桥至双凫铺,四区壮丁由双凫铺至横市,五区壮丁由横市至黄材,路基完成,桥梁尚未架设。二十七年,筑宁湘公路,自县城南城外之旧长常公路为起点,经陶家坟山、银花桥、龙凤山对照之铁坑、石潭口、朱石桥入湘乡接潭宝路。一月兴工,七月一日通车,除征工服役外,其余经费由湖南公路局统筹支配。二十八年,寇氛逼近,诸路及沩江沙河各桥,皆奉令掘毁。

(宁乡县志局:《宁乡县志》,卷二,交通,民国三十年木活字本。)

〔民国二十年前后,湖南长沙〕 汽车已通行者,有长宝路,由长沙经湘潭湘乡以达宝庆;又长宁路,由长沙至宁乡,现已开车。惟长衡、长平各路正在建筑中云。

(曾继梧等编:《湖南各县调查笔记》,地理类,长沙,交通,民国二十年铅印本。)

〔民国二十年前后,湖南汉寿县〕 汽车路:第二汽车路局所筑之常益路,在汉寿境内经过地点,为西南乡之严家河、黄岭冈、梅溪桥、陈家冲、偏坡岭、太子庙、冯家冲、殷羊冲、枣花冲、白石碑、军山铺、牛皮仑等处。

(曾继梧等编:《湖南各县调查笔记》,地理类,汉寿,交通,民国二十年铅印本。)

〔民国二十八年前后,湖南澧县〕 澧治湘西,旧有驿道。南由黄沙湾而清化驿,而鳌山,抵常德境;北由牛站岗、顺林驿至湖北公安。今改修汽车路,西至张公庙而临澧,又由张公庙分,至合口、石门;北由曾家河而东王庙,接公安界;东,澧至津市二十里,便于商旅。

(张之觉修、周龄纂:《澧县县志》,卷一,舆地志一,道路,民国二十八年刻本。)

〔民国十二至二十四年,广东钦县〕 民国十二年(一九二三)间,申葆藩氏用黄景星为公路会办,开始筑钦董公路,随后或作或辍,至十五年通车至大洞,夏间又由大洞起工,越数年完成至小董,此路长九十里。二十二年,敏行公司租路行车,董陆支路后筑。二十三年,章县长莘伦兴筑钦防公路西口筑至沙坡渡船埠头,长六十里,又从城西二十里石头坑村之钦防路中起,横分一路西北行,致至黄屋、屯墟、东村对河岸,长十二里,名钦屯路。干支两路俱二十四年工竣,租路行车者,为捷通公司,车站设二马路,即永福路内。十三、四年间,公路会办黄景星已将中山码头及对河码头建筑完成,为合钦路之起点。又从对河岸一里许修去,成路西七八里,因对河码头上数武,为冯家一园阻隔,路未通过。十八年,张之英来钦驻防,商之冯家允许,将园从中劈开,此路方通。二十四年,章县长继续修筑,延长至那器、小竹江、合浦界、长一街百三十里,与合浦所修相衔接,完成合钦路线,捷通曾兼走车。二七年,各公路俱被拆毁。三四年,日本投降,战争停息,始议修复。

（陈德周纂：《钦县志》,卷十一,交通志,公路,民国三十六年铅印本。）

〔民国十七年至二十年,广东乐昌县〕 韶平公路,由韶至乐昌一段,凡七十八里,民国十七年冬已开车,其余尚未修成。

（刘运锋修,陈宗瀛纂：《乐昌县志》,卷七,建置,公路,民国二十年铅印本。）

〔民国十七年至二十三年,广东龙门县〕 龙增公路,由县城起,经茅闪、龙华、沙迳、永汉,至增城县城,共长一百七十里,在县境者一百一十里,民国十七年开始建筑。龙河公路,由县城起,经平陵、回龙,至河源县城,共长一百零九里,在县境者六十里,民国十七年开始建筑,二十三年通车。

（招念慈修,邬庆时纂：《龙门县志》,卷十六,县政志,建设,公路,民国二十五年铅印本。）

〔民国四年至八年,广西邕宁县〕 广西公路建设,以邕武路为最早,始于民国四年。越年军兴,暂告停顿,迨军事结束,继续兴筑,民八开始通车。

（谢祖萃修,莫炳奎纂：《邕宁县志》,卷二十九,交通志二,路政,公路,民国二十六年铅印本。）

〔民国十年至三十七年,广西宾阳县〕 县境除少数山路崎岖外,余皆平坦,桥梁亦称完备,惟江流狭浅,不通舟楫。民十以后,开辟邕宾、柳宾、宾贵等省道,宾上、宾永、宾武等县道,汽车、单车、人力车不绝于途。于是自宾数小时可抵邕宁、贵县、柳州、武鸣,二日可抵桂林,四日可抵广州,乡道可以畅行汽车。

（胡学林修,朱昌奎纂：《宾阳县志》,第二编,社会,丙,风俗,民国三十七年稿本,一九六一年铅字重印本。）

〔民国十一年至十七年,广西灵川县〕 桂全公路自桂林北门外起,历甘棠,经县城,北渡凤凰桥,逾横岭而至河口。民国十一年,孙总理率师北伐,驻节桂林,仅修至桂林北门四里止。十四年,由白指挥发起,官民合办,以十五、六两年粮股续修。于十六年春二月起（收用县税亩六百二十亩六分,价额十万零一千五百六十九元,地价额四千四百二十七元三角,总价十万零五千九百九十六元三角,粮股一十一万四千四百八十五元一角四分三厘,商股七里店二百八十元。据桂全公路董事会第四次报告书）,冬竣工,十七年夏开车。

（陈美文修,李繁滋纂：《灵川县志》,卷九,经政二,营建,道路,民国十八年石印本。）

〔民国十四年,广西平南县〕 平容路,自县属武林乡起,经大安、六陈、登明等乡达容县境,民国十四年已筑成公路通车,约长一百三十里。

(郑湘涛纂修:《平南县鉴》,交通,陆路,民国二十九年铅印本。)

〔民国十四年至十五年,广西贺县〕 民国十四年,贺、富、钟三县创修公路,通汽车,干路起八步公医院前,沿河至三嘉寨、老糖寮前,渡河抵芳林虾塘庙,左趋牛粪村,过马岭界,由道石墟西走马峰、龙井、沙田,经松木村入鲁班冲、乌珠冲至公会墟,惟自公会至太平山达梧州路未成。支路起公医院前,由担石西穿松林上西湾,过官矿局前,经鸡婆塘、五巩、水上、望高,一达钟山,一达富川。商办股份贺步汽车路,民国十五年,商民集股创办贺步汽车路,自贺至步为干路,自八步至黄田为支路,属营业性质。路线自河东上街天后宫起,经大巩桥、莲塘墟,北至八步,路广二丈四尺,长三十三英里。

(韦冠英修,梁培煐、龙先钰纂:《贺县志》,卷四,经济部,交通,民国二十三年铅印本。)

〔民国十四年至二十三年,广西贵县〕 民国十四年辟汽车路,嗣是代步器具日趋精良,汽车、脚踏车之数与年俱增。民国二十三年兴筑桂贵汽车路及各区乡道,行旅往来更多便利。

(欧仰羲等修,梁崇鼎等纂:《贵县志》,卷二,社会,生活状况,民国二十四年铅印本。)

〔民国十四年至二十三年,广西贵县〕 贵兴郁民办汽车路,民国十四年兴筑,自县南罗泊湾经兴业至郁林,路线长三百三十里,其在县境者,自罗泊湾至桥墟,计长四十四里,有车站四,曰罗泊湾站、八塘站、三塘站、桥墟站(初,贵县与兴业、郁林三县人士倡议筑路,继由三县法团各举四人组临时董事会,以贵兴郁民办汽车路股份有限公司名义,呈奉政府核准注册立案,并准专利二十五年。路线以三县为限,集股以三县为主体外,外县亦得认股。全路资本总额计毫银四十万元,分四十万股,每股毫银一元,或按粮额每正赋一元派认一股,或按商店营业资本派认,或按收用土地法依照所得地价抵认,或由地方各团体分认,贵县共占股份毫银一十二万六千余元)。按:民办汽车路,全省以此路为巨擘,县属汽车路则以此路建筑最早。……邕宾贵公路,民国十六年建筑,自县北经宾阳至邕宁,其在县境者,自县北街墟尾经覃塘至雷神,路线长一百里,有车站三,曰贵县站、覃塘站、雷神站(邕宾贵公路贵雷段,原由贵兴郁民办汽车路股份有限公司建筑。民国十八年三月,经政府给价收回。现归广西道路局管理)。……贵桂汽车路,民国二十三年兴筑,自县东经大墟至桂平,路线长一百三十里,其在县境者,自县东登龙桥外经大墟至桂贵石龙墟,计长八十里。

(欧仰羲等修,梁崇鼎等纂:《贵县志》,卷六,交通,汽车路,民国二十四年铅印本。)

〔民国十五年至十六年,广西钟山县〕 县境公路东起西湾,西达木林,横贯凡百三十里。自西湾至县城对河一段,于民国十六年,西湾矿务处长莫剑衡拨款修筑。自县城北门至清塘木林坳一段,则为钟平公路局长卢世标于民国十五年,就地方粮赋附加路款修筑。至十六年秋,奉建设厅令,移交平梧公路局接办。

(潘宝疆、卢世标修,卢钞标纂:《钟山县志》,卷七,建设,公路,民国二十二年铅印本。)

〔民国十七年至二十三年,广西迁江县〕 民国十七年,省道邕迁路、柳迁路筑成后,常有汽车来往。民国二十三年,县道之良城路、迁陶路亦已告成,行旅往来,较前更为利便。

(黎祥品、韦可德修,刘宗尧纂:《迁江县志》,第四编,经济,交通,民国二十四年铅印本。)

〔民国十七年至二十四年,广西融县〕 柳长公路十七年建筑,关于县境者,自南区榕树脚起至北区长安东墟止,计一百二十五里。……融三公路,二十四年建筑,自长安东墟起,至三江县界止,计一百三十里。

(黄志勋修,龙泰任纂:《融县志》,第三编,政治,交通,民国二十五年铅印本。)

〔民国二十一年,广西明江县〕 马路经过县城东西两街,与思乐属那吞村衔接,西与宁明河边街衔接,长约五十余里。

(佚名纂修:《明江县志》,交通纪,省路,民国二十一年修,一九五九年传抄本。)

〔民国二十二年至二十六年,广西崇善县〕 平利公路,民国二十二年,县长关锡琨征调民工修筑,计该路由太平镇中渡品直达板利乡,凡长约八十余里。崇雷公路,民国二十四年,县长李希白征调民工修筑,计该路由太平镇壶关直达新和乡边界,凡长约九十余里,只有路基,尚有桥梁涵洞未建。崇思公路,民国二十六年,县长林剑平征调民工修筑,计该路由江州乡直达那贞乡之叫豪岭,凡长五十余里。驮茗公路,民国二十四年,由商民捐资,并征调民工修筑,计该路由驮卢北街直达左县,凡长五十余里。

(林剑平、吴龙辉修,张景星等纂:《崇善县志》,第三编,政治,建置,一九六二年广西档案馆据民国二十六年稿本铅印本。)

〔民国二十三年前后,广西上林县〕 宾上公路由县城外大丰墟对河起,经尖岭、青泰墟、白墟,至狮螺墟官桥止,接宾阳县四镇墟,到勒马桥,全线计长一百一十五里,上林占四分之三,宾阳占四分之一,与宾阳公路相接,直至宾阳县城南之庐墟止。路幅广英度二丈四尺,中途无有车站,每人车费收毫银二元二角,汽车售票处名新悦来公司,在大丰墟及庐墟,现有资本五千元,备车一辆,系美国所制,每小时用火水五斤。宾迁公路,经本县邹墟西北,自该墟西门起,至碉蒙隘三箭塘止,交迁江县界,经过县境路线计长一十五里,路幅广英度二丈四尺。邕宾公路,由宾阳县昆仑甲入境,经县南思陇乡第一段,转东通过古漏关,为宾阳太守团地,经过县界路线计长一十二里,路幅广度同前。

(杨盟、李毓杰修,黄诚沅纂:《上林县志》,卷五,建设部下,交通,汽车路,民国二十三年铅印本。)

〔民国二十四年至二十五年,广西榴江县〕 民国二十四年冬,榴江县政府奉层宪电令修筑中冕公路,计该路由县属黄冕乡直达中渡县,凡长约四十余里,经于民国二十五年七月完成,现可通车。

(萧殿元、吴国经等修,唐本心等纂:《榴江县志》,第四编,建设,公路,民国二十六年铅印本。)

〔民国二十五年前后,广西阳朔县〕 汽车路由县南界牌入境,经高田、碧莲、白沙、忠和、葡萄、报安六乡出桂林境,路长约九十里,路宽约二丈六尺,车站设在县城内西直街口。

(张岳灵等修,黎启勋等纂:《阳朔县志》,第四编,经济,交通,汽车路,民国二十五年修,民国三十二年石印本。)

〔民国二十六年前后,广西来宾县〕 通计县境内东西南北交通除乡路外,凡在县境内公路干线总长约五百九十三华里。

(瞿富文纂修:《来宾县志》,上篇,形势三,交通,民国二十六年铅印本。)

〔民国二十七年前后,广西田西县〕 省道百渡公路由百色县起,入本县东南,经乐里、潞城、镇岭、旧州等乡,在本县境内占二百八十里,现筑至乐里(县境四十五里),现已通车。

(叶鸣平、罗建邦修,岑启沃纂:《田西县志》,第五编,经济,交通,陆路交通,民国二十七年铅印本。)

〔民国二十九年前后,广西柳城县〕 柳三公路支线由县城直通大帽,下至柳州,上达长安,每日均有汽车往来。

(何其英修,谢嗣农纂:《柳城县志》,卷三,建置,交通,民国二十九年铅印本。)

〔民国二十九年前后,广西平乐县〕 平荔公路,由本城下关渡河至马渭村,到荔浦县属之九藏村八里,此为平乐、荔浦两县交界之处,自此以达荔浦县七十二里,又二百四十里经阳朔县城以至桂林省会,共计三百二十里。平八公路,由本城至二塘墟四十里,至榕津街六十五里,至华山街七十五里,至同安墟八十五里,至源头墟一百三十里,至钟山县属之木林村一百四十里,此为平乐、钟山两县交界之处,又一百六十里到八步市场,共计三百零五里。平恭公路,由本城取道平八公路至二塘墟四十里,入平恭公路行二十二里至平乐县属白崖乡甑山村外二里之茶厂,与恭城县属之莲花乡交界,又二十八里至恭城县城,共计九十里。

(蒋庚蕃、郭春田修,张智林纂:《平乐县志》,卷七,交通,陆路,民国二十九年铅印本。)

〔民国三十五年前后,广西三江县〕 桂穗公路已通车,此路系军事委员会运输统制局所筑,起桂林,达贵州之三穗,中经本县福安乡沙宜村,过青龙界,而出湘省绥宁县之双江,在县境一段计约二十公里。

(覃卓吾、龙澄波纂修,魏仁重续修,姜玉笙续纂:《三江县志》,卷四,经济,交通,陆路,民国三十五年铅印本。)

〔民国三十五年前后,广西龙津县〕 龙州东通窑头、饷水,西通下冻、水口,南通平而、凭祥,北通上龙、金门,四达皆已修就公路,外与邻邑公路相接,内无崎岖险阻之隘。

(李文雄、陈必明纂修:《龙津县志》,第七编,交通,陆路,民国三十五年稿本,一九六〇年铅字重印本。)

〔民国三年至二十二年,四川灌县〕 成灌马路,肇始民国三年,建筑里余而罢。十二年,省署委林烺青为总办,阅两载告成,实川路之前导也。合地皮招集诸股,都二十二万二千八百九十元,路宽三丈五尺,长一百二十里,在县境三十五里。初系官办,继改商办,中经私人倾轧,颇有亏耗,所过桥梁今乃易木以石,又延长西头路线直达都江公园。

(叶大锵修,罗骏声纂:《灌县志》,卷二,营缮志,交通,民国二十二年铅印本。)

〔民国十二年至二十五年,四川郫县〕 公路肇于民国十二年十一月,成于十四年,在县北,距城数百步,总名曰成灌路。计自县北起西上二十三里安德镇接崇宁公路,东下二十二里至成都界牌接成都公路,合计县共有公路四十五里。乡村公路成于民国二十五年,东以旧有成灌路为干,南自外南街起直通温江,长十四里,西自城南沦花起至花园场,长三十里,北自外北街起至马镇,至二十里。

(李之青修、戴朝纪等纂:《郫县志》,卷一,交通,公路,民国三十七年铅印本。)

〔民国十六年至十七年,四川遂宁县〕 遂简马路,自遂宁治城起,至简阳县城止,长二百八十里,用款达百万元。……于民国十七年二月告厥成功,开车行驶。安遂马路,于民国十六年四月开工,十七年三月告竣,开始行车。计自安岳县城起,至遂宁所属之安居镇止,长七十里,用款在十万左右。……蓬遂马路,由蓬溪发起,联合遂宁修筑。……路长九十里,用款达三十万元。

(甘焘等修、王懋昭等纂:《遂宁县志》,卷七,实业,交通,民国十八年刻本。)

〔民国十七年至二十四年,四川德阳县〕 德阳公路于民国十七、十八两年,由驻军二十九军第四师与县政府先后协同建筑,又变卖全县庙产作整理马路经费,计有德汉、德罗、德绵公路三段,全长九十五华里。德阳境内公路成立后,划德罗、德汉两段为川陕公路德阳段,全长二十六点三八公里,宽九公尺。二十四年冬季,奉令义务征工修补,全县动员,历时二月始告完竣。德绵段全长七十华里,德阳一段长四十华里,只具雏形,尚待修筑,始为完路。

(熊卿云、汪仲夔修、洪烈森等纂:《德阳县志》,卷四,建设志,公路,民国二十八年铅印本兼石印本。)

〔民国二十年前后,四川简阳县〕 汽车路:成简路,自鸦雀口经青枫坪、滴水岩、上山顶、垭口,过大槽沟至山泉铺场下,转向七里埂,又转经学堂湾、新官山石厂,下坡过飞龙桥,经老官山、金轮寺至龙泉驿场外。资简路,自县城南关外大古井起,经和尚坟、白塔坝、转湾子桅杆坡、南岩寺、石菩萨至龙桥铺,又经十里坝、柜子桥至新市铺,又经牛棚五里墩、双牌坳,至花鹿铺,又经观音寺、黄风坳、土桥子至杨家街,又经李家祠、柏林湾、刘公湾、刘家沟、桐子湾、严家沟、石缸嘴、二道桥至界牌,交资阳界。

(李青廷等修、汪金相、胡忠阆纂:《简阳县志》,卷一,舆地篇,交通,民国二十年铅印本。)

〔民国二十八年前后,四川巴县〕 成渝路,全路长一千一百华里,在县境一百二十里,由通远门车站经化龙桥、小龙坎、新桥、山洞、高店场、赖家桥、陈家桥至青木关,交璧山界。又小龙坎至龙隐镇,别为龙隐支路,长七华里(由七星冈至龙隐镇别设巴县段汽车公司,日有汽车往还)。此路日有汽车往还,自渝至省二日而达(约十七小时),快车亦有一日者,上下车皆由公路局专管营业。川黔路,此路在川境者由县属海棠溪起,至綦江崇溪河止,长一百七十七公里,在县境者长四十九公里。……全路已于二十四年六月通车,自渝至贵阳,汽车约三日程。

(罗国钧等修,向楚等纂:《巴县志》,卷十四,交通,道路,民国二十八年刻,三十二年重印本。)

〔民国三十年前后,四川汉源县〕 乐西公路在本县之南,自越巂之草八牌渡河,经过县境八牌、载阳溪、大冲、火厂坝、富林镇、白宁河、马烈、菜店、黄木厂、岩窝沟至四川峨边之冷竹坪,计长一百二十公里。雅富公路,贯串县境,自本县之西北经过坭巴山、牛市坡、县城两路口、白溪关、汉源镇、唐家坝、洪水营、龙洞营、大地头、石河、富林镇,与乐西公路连接,计长六十公里。两路之交点在富林镇,设有车站。

(刘裕常修,王琢等纂:《汉源县志》,交通志,公路,民国三十年铅印本。)

〔民国三十一年前后,四川西昌县〕 乐西、西祥两路,为联络川、康、滇三省之要道,抗战以来最大之建设,人力财力消耗不少,尤其是乐西路,西昌民工死亡最多,赔垫亦巨。两路宽度自三米至八米不等,坡度有达三十度者,路面多泥土石合成。

(杨肇基等纂修:《西昌县志》,卷一,地理志,交通,民国三十一年铅印本。)

〔民国十六年前后,贵州安顺〕 民国十七年以前,安顺通邻县之道路均系多年古道,铺以石块,坎坷不平,行旅极感不便。民国十六年,省主席周西成创修贵安(贵阳至安顺)、贵赤(贵阳至赤水)两段马路,安顺至贵阳之交通情形始大有改善。

(贵州省安顺市志编纂委员会据民国二十年代末稿本整理:《续修安顺府志·安顺志》,第十一卷,交通志,道路,安顺市志编委会一九八三年铅印本。)

〔民国二十六年前后,贵州贵定县〕 湘黔公路西由龙里而入县境皂角垭,经沿山堡、安家牌坊、瓮城桥、粽耙街、石门坎,越县城东西街达谷濛关接平越界沙坪,蜿蜒而东,县境公路共长四十二公里。

(徐实圃纂修:《贵定一览》,交通,道路,民国二十六年铅印本。)

〔民国三十年,贵州德江县〕 遵松公路自德凤桥入县境,经七星场、煎茶溪、冷板垭,至懵懂盖至县境,长约三十九公里。……民国三十年四月通车。

(张礼纲修,田广心纂:《德江县志》,卷一,地理志,公路,民国三十一年石印本。)

〔民国三十二年前后,贵州榕江县〕 榕江在省会西南,由贵阳出发,乘汽车经马场坪南折至三合，一日可达。由三合乘船经都江顺流而下，二三日可到榕江。三榕公路已经勘测完竣，着手赶修，倘能完成，由省会至榕江，汽车不难直达。

（李绍良编：《榕江县乡土教材》，第二章，榕江地理，第六节，交通，民国三十二年编，一九六五年贵州省图书馆油印本。）

〔民国年间，云南澄江县〕 呈澄路，由呈贡马金铺迤南干路分支循入省大道至澄，长二十余公里，多绕行半山中，工程甚大，土路已可通车。呈罗路，由呈贡至罗平之迤东干路经县境北部，约十七公里，土路早筑成通车，现积极铺填碎石中。

（澄江县政府编：《澄江县乡土资料》，公路，民国抄本，一九七五年台湾成文出版社影印本。）

〔民国十三年前后，云南昆明〕 市内运输机关尚有聚兴转运公司，已详见前公司中，专制备马车、牛车承运上下火车各货。现又有永安公司人力车厂之组织，已制成人力车数十辆，在本市行驶，运输器具。行人多乘肩舆，近间有使用自转车者。货物除使用马车、牛车载运外，多以骡马驮载，而用人力挑负者亦不少。若夫电车、汽车等，现尚无使用者。

（张维翰修，董振藻纂：《昆明市志》，交通，其他运输机关及器具，民国十三年铅印本。）

〔民国二十七年前后，云南昭通县〕 昭通为滇川黔交通枢纽，商务殷繁，人文荟萃，其通省大道计通川省者有三，通黔省者有一，通滇省者有二，道里站口均详载旧《志》，兹不重列，惟通滇省大道近年因兴筑滇东汽车公路，道里稍有变更。

（卢金锡修，杨履乾、包鸣泉纂：《昭通县志稿》，第十，交通，省道，民国二十七年铅印本。）

〔民国二十八年前后，云南昆明高峣〕 高峣本为水陆交通所汇，迤西商货尤必取道于此，顾自汽机发达，驰走迅捷，视前之南船北马已瞠乎其后。……（一）由高峣至省（太和街口）计长十七公里二百公尺。（二）由高峣至碧鸡关汽车站计长六百公尺。（三）由碧鸡关车站至畹町河（滇缅分界处）计长九百七十公里零七十六公尺。（四）由高峣至观音山计长十八公里五百四十公尺。以上皆已成之汽车公路，通车已久，故前此由高峣往来于省者，多恃船骑游太华、华亭者，多用肩舆，今则一车之便瞬息可达，惟观音山一路因填海工程较大，尚未通车。又滇缅一路由芒市至畹町有木桥改为石桥数座，尚未竣工，路上铺压亦稍欠平整，现正添工修造，不日可告完成。

（由云龙纂：《高峣志》，卷上，交通，民国二十八年铅印本。）

八、邮 政 电 讯

（一）邮　　政

〔**清光绪二十四年至民国三十年前后,河北通县**〕　邮政,光绪戊戌废驿站,在西大街成立通州邮政分局,隶属北京邮务总局。民国初年,在燕郊、永乐店、马驹桥、西集、牛堡屯、张家湾各集镇分设邮政代办所,并办理小款汇兑。二十年,在各大乡村增邮柜。二十四年,局址移于新城南街。二十五年,又移于万寿宫。今仍旧。

（金士坚修,徐白纂：《通县志要》,卷四,交通,邮电,民国三十年铅印本。）

〔**清光绪三十二年至民国八年,河北平谷县**〕　邮寄代办所,清光绪三十二年始置,委商店代办。邮路,由三河县至平谷县四十里。邮差,间日一班。邮票,销售票额当创设之初全年仅七十余元,厥后递增,至民国八年全年已达三百元。

（李兴焊修,王兆元纂：《平谷县志》,卷一,地理志,邮驿,民国十五年铅印本。）

〔**清朝末年至民国十一年,河北顺义县**〕　邮务代办处,清末在县城附设,从无专理机关。邮局在南门内路东,由民国十一年改代办处,为三等邮局。

（苏士俊修,杨德馨纂：《顺义县志》,卷三,交通志,邮务,民国二十二年铅印本。）

〔**民国二年,河北房山县**〕　邮政局,于民国二年设二等邮局,地点在城内北街路东。

（冯庆澜修,高书官等纂：《房山县志》,卷二,地理,交通,民国十七年铅印本。）

〔**民国二十三年前后,河北平谷县**〕　邮寄代办所设城内,每日昼班,城南四十里至三河县。

（李兴焊修,王兆元纂：《平谷县志》,卷一,地理志,交通,民国二十三年铅印本。）

〔**清道光至咸丰年间,上海**〕　外国邮局设于吾国境内者,始于英国。当我国未办邮政以前,有大英书信馆之设,曰中国书信馆(在北京路)。于是,法国书信馆(在天主堂街)、德国书信馆(在福州路)、俄国皇家书信馆(在蓬路)、美国书信馆(在黄浦路)接踵而起。至大清邮政局成立,亦改名邮政局而冠各国国名于上。光绪二十八年,日本设日本邮政局,民国十二年始撤(在黄浦路)。

（吴馨等修,姚文楠等纂:《上海县志》,卷十二,交通,邮,民国二十五年铅印本。）

〔清咸丰年间以后,上海〕 咸丰十一年,通商各国在北京设立使馆。各使馆与上海来往之信札,皆由总理衙门令驿站代递,而海关任其收发。海关以北洋冬令冰冻,由陆转运,乃于上海、清江之间设立寄信局,既又设分局于天津及沿海各岸,皆由汽船转递。光绪二年,各海关皆设寄信局。四年,试用邮票,更于海关之外试设分局,于是上海商民间有向海关寄信者。然寄信局送信不出租界范围以内,而各国多有设立专局者。二十二年三月,特旨设立邮政局,暂时属于海关,上海委造册处税务司兼管邮政事宜。又以上海通商口岸为中国寄递适中之区,分赴南北,暨入长江,并往外海,较为事繁任重,特派员役办理,仍归税务司会同监督管辖。三十年,与法国订立邮约(主要目的在双方交换包裹)。三十一年,与英国、德国订立邮约(英约两国邮票互相承认,德约根据万国邮政同盟规条互相联络)。政府为便利南斐〈非〉洲华侨交通起见,复与那塔尔政府订立专约。宣统三年,始设总局,与海关分离,上海有总局一(在南京路),支局十七(南市行仁码头、里马路、城内旧校场、彩衣街、北市爱而近路、南京路、百老汇路、西华德路、蓬路、靶子路、卡德路、巨籁达路、新闸路、文监师路、西门外、徐家汇路、浦东河塘街)。

（吴馨等修,姚文楠等纂:《上海县志》,卷十二,交通,邮,民国二十五年铅印本。）

〔清光绪四年至宣统元年,江苏嘉定县〕 光绪四年,政府试办邮政,二十二年设邮政专局,渐次推行各省。……光绪二十八年,始由上海邮政总局设邮信箱于县城及南翔、黄渡各市镇。三十二年,总局委邱良玉为嘉定邮务代办员,假南门外黄宅为代办处,专递信件包裹,不汇银钱,每日送信二次。……三十三年六月,移设城内孩儿桥北块田宅。宣统元年冬,总局派书记长英人路德兰来嘉筹设邮政分局,租定塔院前市房一所,二年二月正式开办。

（陈传德修,黄世祚、王焘曾等纂:《嘉定县续志》,卷二,营建志,交通,民国十九年铅印本。）

〔清光绪中叶,江苏川沙县〕 光绪中叶,城区始设日生信局,有局船一艘,每日上〔午〕八时,自周浦开至川沙,兼载搭客与货物,借同森泰纸店为收信处,下午一时正到，船伙上岸，收发信件，绕城一周，约勾留一时许，即开回周浦。在周浦泊将军桥西，在川沙泊三官堂桥东。兼收远处信件，由周浦转上海信局，递于他埠，取价较廉。自日生信局船开行后，未几，即有龚家路局船仿行。龚镇泊市河，川沙泊三官堂桥东，与周浦来船同处。每日上午九时，自北开南，与周浦船接洽。下午二时，则由川开回龚镇。长人、高昌两乡南北各镇，往来称便焉。按龚家路局船，其初由本城商人赵银泉开办。至宣统年间，赵银泉病故，由徐秀芳继续办理。

（方鸿铠等修，黄炎培等纂：《川沙县志》，卷七，交通志，邮电，民国二十六年铅印本。）

〔清光绪二十八年，江苏青浦县〕 邮政之制，导源于泰西。光绪四年，仿行于北京、天津、烟台、牛庄、上海五处，以客卿总税务司、英人赫德管理之。嗣后，逐渐推广，凡通商口岸之设有税关者，俱由税务司次第办理，名曰寄信局。二十二年，总理衙门议准署南洋大臣、两江总督张之洞奏请设立邮政，饬由赫德议订章程，请旨开办，以京都总税务司署中之寄信局改为邮政总局，各关所设之寄信局统作为邮政局，于是邮政之名乃始著闻于国。其官中文报向由驿站、邮铺寄递者，不为限制，而民间所设之信局，凡寄递信函，则定有交付邮政局与邮政局接送之办法。我邑邮政，始自二十八年，由上海邮政局于邑城及珠街阁镇分设代办处，渐次推及各地。其辗转传递之法，大都由附近代办处或分局邮差每日收送一次。宣统三年，上海邮政局始来珠街阁镇设立分局，驻员办事，而城治与其他各处则仍代办如故。

（于定增修，金咏榴增纂：《青浦县续志》，卷十，兵防，邮政，民国六年修，民国二十三年增修刻本。）

〔清光绪二十八年，江苏嘉定县黄渡镇〕 前《志》[①]有邮递一门，其所载之黄渡铺，性质与今之邮局迥异。黄渡之有邮政，自光绪二十八年始，由上海邮政总局设代办处于镇中某店，其邮政信件始由上海珠家角轮船运送，近由沪宁铁路火车递送，每日一次，月需经费由总局发给，随时增减，数无一定。

（章圭璩纂：《黄渡续志》，卷一，疆域，交通，清宣统三年修，民国十二年铅印本。）

注：①章树福纂：《黄渡镇志》。

〔清光绪二十九年至民国十五年，江苏川沙县〕 清光绪二十九年十月二十六日，市区同森泰纸店代办邮政信柜，名为"邮寄代办所"。宣统二年，因汇洋纠葛，经上海邮政局改由丁永泰洋广京货店接办。民国元年四月一日，始有上海邮政总局委任局员王荣瑞分设川沙支局，赁东门内大街民房开办，每月收入邮费约八十元,常年开支约六百元,均归上海总局支配。三年一月一日,改设邮局,办理收发及兑付汇票事务。七年二月一日,开办代收货价及保险包裹之国内事务收寄局(以银五百元为限)、汽机通运局、联邮包裹收寄局。十五年三月一日,开办快递邮件局。所属甲,邮寄代办所,如张江栅、祝家桥、龚家路、白龙港;所属乙,村镇信柜,即只收揽而不投递邮件者,如陈家桥、江家路、六团湾、小湾、合庆镇、顾家路、曹家路;所属丙,村镇信柜,即只收揽而兼投递邮件者,如唐墓桥、文兴镇(在横沙)。其他附近次要村镇,逐日派村镇信差,周行收揽投递,兼售邮票。区分东、西、南、北四段:东段如蔡家路、青墩、白龙港、合庆镇、新港、龚家路、大湾、王家港、小湾、暮紫桥、东门;西段如四灶、三王庙、黄家楼下、陈家桥、小七灶、七灶、凌家牌楼、陈家行;南段如小营房、畅扩、华家路、大洪墩、沙泥码头、江家路、施家浜、邓家码头、朱家店、石家宅、六团湾、滕驾桥、七团行、十一墩、潘家桥;北段以龚家路为起点,经曹家路、顾家路、蔡家路、徐家路,至赵家桥止。邮件往来,如白龙港、文兴镇、张江栅、唐墓桥、孙小桥、横泗、周浦、南汇、祝家桥间,均交民船运递。又川沙、上海间交由汽车、小轮运递。局中职员,局长一人,本城信差一人,村镇信差五人。

(方鸿铠等修,黄炎培等纂:《川沙县志》,卷七,交通志,邮电,民国二十六年铅印本。)

〔清光绪二十九年以前,江苏川沙县〕 脚担,亦呼豆腐干担。每日清晨,由城内贩运豆腐干,负担出东门,沿钦公塘至合庆等镇,转西经老护塘上各镇,往南回城。沿途销售豆腐干,并带店铺往来信件、银钱,各地保亦有寄托代缴赋课者。自邮局成立后,此业遂废。

(方鸿铠等修,黄炎培等纂:《川沙县志》,卷七,交通志,邮电,民国二十六年铅印本。)

〔清光绪二十九年,江苏松江县城〕 二十九年癸卯三月二十日,郡城设立邮政局(地在今西门外中山路马路桥东首),局有职员六人,信差十人。第一年有邮信三二〇六〇件,第二年有信六九九六七件,第三年有信七四九八七件。

(雷君曜撰,杜诗庭节钞:《松江志料》,交通类,抄本。)

〔清光绪二十九年,江苏金山县〕 县治邮局创设于一九〇三年十一月十六日,为三等邮局。至一九一四年一月一日,改为二等邮局。在未创设前,为代办所,由杨家桥堍同仁昌烟纸号经办,今已闭歇矣。

(丁迪光等编:《金山县鉴》,第五章,建设,第三节,邮电,民国二十六年铅印本。)

〔清光绪二十九年以后,江苏南汇县各市镇〕 邮政创兴,上海设总局,逐渐推广，本邑各市镇咸有分设支局之趋势。邑城北门德大纸坊既于光绪二十九年开始代办，其时商业繁盛之地，如周浦、新场、大团等镇，亦已各设有代办处矣。

（严伟修，秦锡田等纂：《南汇县续志》，卷三，建置志，邮铺，民国十八年刻本。）

〔清光绪三十四年至宣统三年，上海〕　邮政局在北京路，初附设于江海北关，由税务司兼管，光绪三十四年开办，宣统三年设专局，并设分局。

（吴馨等修，姚文楠等纂：《上海县续志》，卷二，建置上，各局，民国七年刻本。）

〔清光绪三十四年，上海〕　邮政于光绪三十四年开办，初附设于江海北关，宣统三年设专局，在北京路并设分局，由税务司兼管。沪上中、下等社会往往称邮票曰人头，或曰龙头，初不知其取义，后问之年老者，始知其得名之由。盖当中国未办邮政以前，外国先有一种书信馆，专为彼邦人交通便利而设者也，其邮票上印其国之元首肖像，故人呼为"人头"。迄前清创行邮票，上印一龙，故又呼为"龙头"云。各国书信馆已于年前撤去，吾国邮政今始统一矣。

（胡祥翰编：《上海小志》，卷三，交通，民国十九年铅印本。）

〔清宣统三年以后，江苏嘉定县真如镇〕　宣统三年五月，北大街大顺洽号京货店由上海邮政局分设邮政代办支局。民国二年归至归恒顺南货号经理，改名邮政代办所。六年，复归姚鼎顺（即大顺洽号）京货号经理，名仍其旧。

（洪复章辑：《真如里志》，交通志，邮递，民国七年后辑，稿本。）

〔清末至民国十九年，江苏嘉定县真如镇〕　邮递：真如铺，北至县前铺，东南与上海徐公铺接，西与上海江桥铺接，二十里。邮寄代办所，清宣统三年五月上海邮政局分设，称邮政代办支局，民国二年改今名。真如车站邮局，三等局，民国十二年设于暨南大学前，十九年三月迁于车站路新木桥东塥。

（王德乾撰：《桃溪志》，卷三，交通志，邮递，民国二十年抄本。）

〔清末至民国十四年，江苏嘉定县望仙桥等镇〕　邮局：宣统三年秋间，自嘉定至安亭，每日一次。民国三年，改由本乡而北，历钱门、蓬莱、葛隆而达外冈，以返嘉定。民国十四年，至本乡后更西至天福，然后至蓬莱，旋仍循故道。附：腐干担，本镇向无民局，宣统三年以前之邮递，假腐干担以达之也。

（杨大璋纂辑：《望仙桥乡志续稿》，邮递，民国十六年稿本，一九六二年抄本。）

〔清朝末年以后，江苏南汇县各镇〕　吾邑各镇，同治间已通信局，局多有船，为各镇报物价、送银钱、递书函，皆信实可恃，故营业至今不衰。光绪季年，上海邮政局委托大镇之商店代办邮政,后设邮务信柜,而于稍僻之乡镇则专差递送信件,逐渐扩充,遍于全境。

(严伟修、秦锡田等纂:《南汇县续志》,卷二十二,杂志,遗事,民国十八年刻本。)

〔清末至民国年间,江苏嘉定县嶜东地区〕 除东门外及新泾桥、徐行镇三市集稍大,交通略便外,余均僻处而为村店式之小市集。平日稍大贸易多集于附近之罗店、浏河、嘉定诸处。居民信件,在民信局时期,除住居东门外徐行镇、新泾桥者可直接投递外,均托由上述三处之商店代为收寄。邮局制行,罗店至浏河之邮件,由邮差分东、西两路递送。东路由潘家桥经猛将堂,西路由曹王庙向北行。东路附近之邮件,由吴巷乡沈家桥西首武村之武锡寿(嘏纯)氏商请邮差沿路乘便收送,西路由曹王庙之吕颂嘉氏商请收送。自此邮差单日由东路行,双日由西路行,沿途信件,得直接递传。嘉定至浏河之邮件,由邮差经新泾桥、徐行、坍石桥、新庙等处递传,沿途居民乃享受收寄之便利。民国二十五年三月,第三区公所函请邮局在护民桥、俞家桥、曹王庙等处置丁类信箱。同年十月二十一日起,嘉定邮政局谋各乡民之便利,特呈准在朱家桥、俞家湾、范家桥、北新木桥、钱家桥、张家店(与唐行乡交界处)、北双庙、八字桥、石皮弄、顾蔡湾等处,每日派差行走。三十七年,邮局谋直接乡村,托由各乡公所转由保甲长收送,益感普遍便利。

(吕舜祥、武嘏纯编:《嘉定嶜东志》,二,交通,邮递,民国三十七年油印本。)

〔民国初年,江苏青浦县各城镇〕 邮政局:青浦城内、朱家角、章练塘、黄渡、白鹤江、重固、泗泾、七宝、金泽,均有分局或代办所。

(葛冲编:《青浦乡土志》,三七,邮政,抄本。)

〔民国初年,江苏崇明县〕 邮便之设,不过十有余年。其始仅治城及桥镇两处。兹则轮船碇泊近埠之镇,皆有分局。但快信一项,犹未遍通耳。

(昝元恺编:《崇明乡土志略》,第六页,民国十三年石印本。)

〔民国二至九年,江苏上海县陈行乡〕 本乡地小而僻,向无信局,故远地往来函件,咸托上海商店转寄。民国二年,邮局推广邮政,以本乡地处浦东,近接南汇各境,故由周浦支局专派邮差,逐日收送信件,遍历陈行、题桥、塘口三市,风雨无阻。然陈行至上海,轮船来往,一日两次,而信由周浦转递者,三日始达,殊感不便。九年冬,始将上海一部之信件,改由杜行代办处收发,本日即可寄到矣。

(孔祥百、沈颂平编纂:《陈行乡土志》,第三十八课,邮政,民国十年石印本。)

〔民国元年至九年，上海〕 民国元年，南北统一，始于旧邮票上加印"中华民国"四字。二年，发行新邮票两种：一为革命纪念邮票，上孙文肖像；一为共和纪念邮票，上袁世凯肖像。三年，分全国为二十一邮区，每区设管理局一所，次为支局，次为代理支局。上海一埠自为一区，设管理局，并有支局九（方浜路、南京路、曹家渡、恺自迩路、杨树浦、徐家汇、黄浦外滩、高昌庙、烂泥渡）。是年九月一日，万国邮会在日斯巴尼亚开会，各国承认我国加入，并附入罗马包裹章程。自此，国内国外往来邮件，与各国互负递寄之责。部派上海管理局为直接互换局。九年，又在日斯巴尼亚开万国邮会博议大会，各国提议多至二千余件，而与我国有密切关系者三件：一、法国提议将国际邮政公约施行细则中关于客邮各款一律删除；二、包裹协约第五条，我国要求增收额外资费七十五生丁，附件第三条要求增收过境包裹费一佛郎二十五生丁；三、吾国提议，此次议决各约中，皆定有禁止鸦片、吗啡、高根等毒质物之专件。上三件均经大会通过。是年，政府以邮局开办十五年，特制纪念邮票。上海管理局在公共租界北京路，支局十九〔二十一〕（方浜路、肇嘉路、南市外滩、浦东烂泥渡、西华德路西段、北四川路、北车站、卡德路、新闸路、南京路、恺自迩路、公馆马路、西门、里马路、闸北、霞飞路、杨树浦、徐家汇、高昌庙、曹家渡、静安寺），邑境内地局三（闵行二等局、新龙华二等局、周家桥三等局），邮寄代办所八（洋泾镇、北新泾、虹桥、三林塘、漕河泾、马桥、颛桥、北桥），能将汇票兑款之支局十二（方浜路、南市外滩、烂泥渡、北车站、卡德路、南京路、恺自迩路、闸北、徐家汇、高昌庙、曹家渡、静安寺路），兼办邮政储金之局八（方浜路、南市外滩、烂泥渡、南京路、恺自迩路、徐家汇、高昌庙、曹家渡），兼收保险信件之支局三（高昌庙、西华德路西段、北四川路），开发国际汇票之支票三（公馆马路、北四川路、西华德路西段），兑付国际汇票之支票十五（方浜路、南市外滩、烂泥渡、西华德路、北四川路、卡德路、南京路、恺自迩路、公馆马路、闸北、霞飞路、徐家汇、高昌庙、杨树浦、静安寺），兼收代收货价之邮件支局（北四川路、公馆马路、西华德路西段）。

（吴馨等修，姚文楠等纂：《上海县志》，卷十二，交通，邮，民国二十五年铅印本。）

〔民国八年，江苏宝山县盛桥里〕 民国八年二月，罗店二等邮局分设邮务信柜于大川沙口李祥泰店内。北川沙向无邮局，今岁由上海管理局发来信箱一只，挂牌一块，执照一纸，图书（编者按：即图章）一个（九十二号），罗店局长柳锦洲经理其事。邮差间日一至，接收函件，若遇紧要事务，通信尚嫌迟滞。

（赵同福修，杨逢时纂：《盛桥里志》，卷四，交通志，邮递，民国八年后稿本。）

〔清光绪年间，直隶天津〕　邮政局滥觞于驿站。清光绪四年，设华洋书信馆于紫竹林海关旁（即冬车站），后改为拨驷达信局，最后乃为邮政局，但权柄皆操诸外人之手。

（宋蕴璞辑：《天津志略》，第十一编，交通，第三章，邮政，民国二十年铅印本。）

〔民国三十三年前后，河北蓟县〕　本县城内设有三等邮局，邦均、马伸桥、侯家营、上下仓、别山、下营各镇均设邮寄代办所。敦庄、靠山集、五百户、杨津庄、瓦岔庄各乡集亦设邮政信柜，邮递颇称便利。邮局并代收电报稿件，送由通县电报局拍发。

（徐葆莹修，仇锡廷纂：《蓟县志》，卷一，地理，交通，民国三十三年铅印本。）

〔清代至民国十八年前后，河北新河县〕　在昔封建时代，县有驿传，以传递朝廷政教，四海之内，驿路咸会归于京师。新河在清新政未行前，亦设邮驿。……清光绪二十一年，张之洞奏请设立邮局，以辅驿传之不及，专代民间邮寄。二十五年，下令实行，各省分设分局，城镇则设代支局，由商家经理，均隶税务司。宣统元年，新河邮政由南关仁德堂代理。民国元年，裁撤驿站，官署公文亦统交邮递，始专设三等邮局，而苏田信柜、荆家庄代办所亦先后设立，均属直隶邮区，辖于交通部。今城中更改为二等邮局，运送方法则用步行，快班日夜兼程。

（傅振伦纂修：《新河县志》，建设门，交通与邮务，民国十年铅印本。）

〔清代后期至民国四年，河北广平县〕　清末递铺之制几同虚设，空有其名，所有公私文书多由报房及民立之信柜转递，迟缓浮沉不可言状。光绪十八年间，始行创办邮政，设总局及管理局于津、京两埠，各县设立分局，事务较少县分设代办所或邮寄信柜。本县自民国四年，城内始改设三等邮局。

（韩作舟纂修：《广平县志》，卷八，交通，邮政，民国二十八年铅印本。）

〔清代后期至民国二十五年前后，河北香河县〕　邮政，自驿站裁撤，所有文书往来概由邮递。城内设有三等邮局一处，年来邮务发达，汇兑盛行，升为一等局，渠口、刘宋、河北镇、新安镇等，均设有邮务代办处。

（王葆安修，马文焕、陈式谌纂：《香河县志》，卷二，地理，交通，民国二十五年铅印本。）

〔清光绪中叶至民国三年前后，河北安次县〕　清光绪中始设邮政于省会，递寄公文函件，颇称便利，逐渐推广，由府、厅、州、县以及乡、镇次第设立，乃设专部于京师,以掌其事,今则日形发达矣。兹将县属已通邮政之各村庄具列如下:本城支局、得胜口、里狼城、东沽港、马头、葛渔城、调河头、落堡、廊房、万庄、旧州、南寺垡。

(杨敏莱修,刘钟英、马钟琇纂:《安次县志》卷一,地理志,邮政,民国三年铅印本,民国二十五年铅字重印本。)

〔清光绪二十五年至民国二十二年前后,河北沧县〕 邮政,自清光绪二十五年正月设立邮政局,收发邮件逐日增多。至民国二年驿站裁撤,凡官署文件均归邮局,更有加无已。但论汇兑一项,自清末迄今三十年之比较,递增至百分之八十,包裹、信函已逾其数。

(张凤瑞等修,张坪纂:《沧县志》,卷三,方舆志,建置,民国二十二年铅印本。)

〔清光绪二十七年至民国年间,河北清苑县〕 邮政,清苑为一等邮局,创设于清光绪二十七年,原名邮政支局,嗣于民国改为一等邮政局。

(金良骥修,姚寿昌等纂:《清苑县志》,卷一,建置,电邮,民国二十三年铅印本。)

〔清光绪二十七年至民国年间,河北高邑县〕 邮局,在县治西火车站,于清光绪二十七年设置,等级系二等甲级。

(王天杰、徐景章修,宋文华纂:《高邑县志》,卷一,地理,交通,民国二十二年铅印本。)

〔清光绪二十七年至民国二十三年前后,河北定县〕 定县邮政创始于清光绪二十七年,初名为代办局。时驿递未裁,驿马、火牌车络绎于途,所有公文奏折均不归邮局传递,故邮件寥寥无几。至二十九年,改为定县邮政分局。宣统间,又裁撤驿递,公私文件及包裹皆归邮局负责送递。定县系南北要冲,故渐见发达。民国二年,设二等邮局于城内。十四年,又移至西关车站,另于城内设支局,所辖之邮寄代办所共有十二处,村镇信柜计七处。至包裹递出,以眼药为大宗,而邮政储蓄亦渐见信用,此定县现在邮政之大略也。

(何其章等修,贾恩绂纂:《定县志》,卷八,政典志,新政篇,民国二十三年刻本。)

〔清光绪二十八年至民国年间,河北威县〕 威县有邮政,自前光绪二十八年始。以等级言,则二等邮局也。创办以来,日形发达。

(崔正春修,尚希贤纂:《威县志》,卷八,政事志,邮政,民国十八年铅印本。)

〔清光绪二十八年至民国七年,河北井陉县〕 清光绪二十八年八月,治城设邮寄代办所。民国二年改为三等邮局,嗣以邮汇纷如。民国七年改二等邮局。

各区设有邮寄代办所。

（王用舟修，傅汝凤纂：《井陉县志料》，第二编，地理，交通，民国二十三年铅印本。）

〔清光绪二十八年至民国二十三年前后，河北大名县〕 大名二等邮局设于清光绪二十八年九月十五日，在本城道前街赁房居住。民国九年三月八日移入东街，自建新舍。初仅本局接收邮件，厥后逐渐推广，迄今共有本城信柜四处、村镇信柜四处、村镇代办十七处，均由旱差互递邮件。递送日期分逐日、间日、四日各种。……该局成立之始，原为甲类汇兑局，复以地方商务繁盛，呈准改为特种。民国十年一月一日，添办储金。自大邯汽车路通行，邮件由汽车转运，又加递快信。二十二年会计年度，共收寄平信四十二万二千九百余件，挂号信邮件二万零三百余件，快递邮件三千四百四十余件，包裹邮件一千七百三十余件，汇兑每日每人可汇至二千五百元云。

（程廷恒修，洪家禄等纂：《大名县志》，卷十一，交通志，邮政，民国二十三年铅印本。）

〔清光绪二十九年至民国二十二年，河北万全县〕 清光绪二十九年，张家口设立邮政局，公文往来较诸驿传马递便利多多，而民、商信件亦获邮便之利。自开办巡警，县城亦设邮政代办所。平绥路通，孔、郭两站邮递更便。近年来，各区复有乡邮差之组织，消息灵通。

（路联达等修，任守恭等纂：《万全县志》，卷八，政治志，交通，民国二十二年铅印本。）

〔清光绪二十九年至民国二十二年前后，河北昌黎县〕 清光绪二十九年十二月十五日，昌黎城内设立邮政局，系租赁民房，现在西街，逐渐推广。在今六堡各集镇，如裴家堡、小蒲河、蛤泊街、安山、木井、靖安街、石门镇、大夫庄、泥井、施各庄、姜各庄、荒佃庄、赤崖、新集、会里等处，均有代办邮政处，即城局终年平均计算收发信件每日要三四百封之谱。

（陶宗奇等修，张鹏翱等纂：《昌黎县志》，卷二，地理志，邮政，民国二十二年铅印本。）

〔清光绪末年，直隶顺天府三河县〕 三河旧有驿站，以传递公文，至清光绪末年裁撤，于县城内设立二等邮局。创办者为县属胡家桥胡子衡，旋于城外之马坊、夏垫、皇庄、张各庄等镇，设立邮政代办所，不仅供官家呈递公文，并为民间寄信件、汇金钱，利国便民，诚新政中之最善者也。

（唐玉书等修，吴宝铭等纂：《三河县新志》，因革志，计改篇下，邮政局，民国二十四年铅印本。）

〔清光绪年间至民国元年,河北望都县〕 邮政,光绪季年由城内裕兴号置代办所。民国元年,移至北街,设立专局,设局长一人,邮差二人,乡差一人,信差二人,在王家疃、柳陀设信柜二处。

(王德乾修,崔莲峰等纂:《望都县志》,卷三,建置志,交通,民国二十三年铅印本。)

〔清光绪三十一年至民国三年,河南武安县〕 武安县邮政创于光绪三十一年,初办时仅为代办所,隶山西省,后因事务日繁,由代办所改为分局。民国三年始改归河南,并升为二等邮局,管理汇兑事务,加填村镇邮路,现有代办所二十二处,曰佰延、阳邑、徘徊、冶陶、继城、大贺庄、张璨、店头、□汲、周庄、上泉、淑村、和村、邑城、康城、北安庄、龙泉、庄晏、相二庄、屯枢、上百石、崇义,信柜四处,曰柏林、大洛远、魏粟山、仙庄,全县邮路共分六道。寄递日期系按邮件多寡分为邮差一日班、三日班、四日班,乡村信差三日班等四种。

(杜济美等修,郗济川等著:《武安县志》,卷八,交通志,邮,民国二十九年铅印本。)

〔清光绪三十二年至民国八年,河北雄县〕 县境邮务萌芽于清光绪三十二年,其时仅于一铺设立代办所一处。及民国元年裁驿归邮后,事务渐繁。至六年三月,由代办所改为三等邮局。八年九月,又升为二等邮局,所辖信柜二,一在北区望驾台,一在东区龙湾村,至南区史各庄之代办所及大留镇之信柜,则归霸县邮局管辖。

(秦廷秀、褚保熙修,刘崇本等纂:《雄县新志》,法制略,建置篇,邮务,民国十九年铅印本。)

〔清光绪三十三年至民国十九年,河北无极县〕 清光绪三十三年裁驿归邮,县中邮务由商人承办,立邮政代办所。至民国九年,直隶邮政管理局始来设立二等邮局,办理邮政及汇兑事项。民国十一年,复在郭庄分设代办处。十二年,在北苏设立代办处。十五年,在张段固设立邮务信柜。十七年,添设村镇邮站五十六处。十九年,又在南侯坊分设代办处,大陈村设邮务信柜,益臻便利。

(耿之光、王桂照修,王重民等纂:《重修无极县志》,卷二,建置志,邮电,民国二十五年铅印本。)

〔清代至民国二十二年前后,河北南皮县〕 邮递在清时分二宗,一曰邮铺,一曰驿站,皆供给官家应用,民间不得用也。光绪三十年均裁撤,城内设邮局,今改为二等局。城外乌马营、半壁店、董村、马村、砥桥均设邮政代办所,不但供官家递送公文,且可以为民间寄信件、汇银款,利国便民,莫逾于此。

(王德乾等修,刘树鑫纂:《南皮县志》,卷三,舆地志,交通,民国二十二年铅印本。)

〔民国元年以后,河北磁县〕 磁县邮局创办于民国元年十二月十六日,开始设局于旧城隍庙街,后迁于县署东偏,系二等邮局。有邮寄代办所八处,彭城、商城、岳城三处直辖磁县邮局,光禄镇、马头镇、西佐、峰峰、临漳等五处则归邯郸邮局管辖。临漳代办所因邮件稀少,业经撤消。

(黄希文等纂修:《磁县县志》,第十一章,交通,第四节,邮政,民国三十年铅印本。)

〔民国二年,河北阳原县〕 本县邮政始于民国二年,先是西宁县城及东城、揣骨疃各有邮寄代办所,由西城商号广盛源、东城信德兴、揣骨疃保全堂代办,分为宣西路、西揣路,接山西者,有天镇、东井集至西宁之天西路。其宣化至西宁之信差仅四日一次,交通塞滞,诸多未便。时有城董事会总董张苾鉴于交通梗阻,多方进行,即以总董名义屡呈北京邮政总局,历陈邮件迟阻情形,嗣经总局饬属迭查,咸以所称恳切,颇多采纳,准改宣西路为间日班。……民国二年七月一日,设西宁邮政支局于东街张氏宗祠,隶属蔚州邮局。……间日班之宣西路改为早夜兼程快班。

(刘志鸿等修,李泰莱纂:《阳原县志》,卷六,政治,交通,邮政,民国二十四年铅印本。)

〔民国二年以后,河北清河县〕 清河地属僻县,设邮较晚,查油坊镇系清河商埠,而临运河,于民二一月一日始设二等支局,城内民三始设三等邮局。俟后交通发达,信件、包裹、汇兑在在随社会趋势而增进,邮局自逐年进步。

(张福谦修,赵鼎铭等纂:《清河县志》,卷五,政事志,邮政,民国二十三年铅印本。)

〔民国三年至十六年,河北张北县〕 张北为三等邮局,于民国三年成立,先在什八尔台地方,至民国六年始移至县城。初为邮寄代办所,后改二等邮局,及民国十六年改为三等邮局。一、直接通邮地方,张家口、土城子、康保县、宝昌县、化德设治局、崇礼设治局、尚义设治局及本县四乡。二、邮费及汇兑,平信五分,单挂号一角三分,双挂号二角一分,快信一角七分,每年收费约六千余元,平均每年汇兑六万余元,解交北平邮政管理局。

(陈继淹修,许闻诗等纂:《张北县志》,卷四,交通志,交通,民国二十四年铅印本。)

〔民国十二年前后,河北藁城县〕 吾邑二等邮政局,初在城内七铺街,近始移于西南门内路西，凡汇款、投信、捎物，无不称便。城外各镇巨乡，亦遍立邮政代办所，如河北之黄庄、南董、南孟、赵庄、河南之兴安、梅花、郦阳、同上、表灵、故献、北席、贾氏庄、陈家庄等村镇皆有之。惟邮政局各有规定之路线，未必直接相通。

（林翰儒编：《藁城乡土地理》，上册，邮政局，民国十二年石印本。）

〔**民国二十年前后，河北满城县**〕 自驿站裁撤，所有文书往来概由邮递。城内设有三等邮局一处。江城镇、南奇镇、方顺桥镇、于家庄车站均设有邮务代办处。

（陈宝生修，杨式震、陈昌源纂：《满城县志略》，卷四，建置，交通，民国二十年铅印本。）

〔**民国二十一年前后，河北徐水县**〕 徐水北关设有二等邮局，凡国内外往来邮件及汇兑均可通行。

（刘延昌修，刘鸿书纂：《徐水县新志》，卷二，地理记，交通，民国二十一年铅印本。）

〔**民国二十二年前后，河北张家口**〕 邮政局设于桥东长安街口，而于各通衢分设邮筒，便利商民。

（路联达等修，任守恭等纂：《万全县志》，附张家口概况，交通，邮政，民国二十二年铅印本。）

〔**民国二十二年前后，河北元氏县**〕 乡村邮政由邮局派邮差一人，乘自行车四日一周赴各村收揽及投递邮件。

（王自尊修，李林奎纂：《元氏县志》，地理，交通，民国二十二年铅印本。）

〔**民国二十三年前后，河北藁城县**〕 城内有二等邮政局一所，城外各区镇亦遍设邮寄代办所，以利通讯。

（任傅藻等修，于箴等纂：《续修藁城县志》，卷一，疆域志，交通，民国二十三年铅印本。）

〔**民国二十四年前后，河北晋县**〕 本县为二等邮局，局址在公安局对过，代收电每日赴藁城、辛集各一次，赴辛集者中过东早宿，设一信柜，每日一次。代办邮局为樵镇。村镇信柜分为三线：一、楼底、周头、西钓鱼台、武邱、北魏家口、永丰村、吕家营、东里庄为一线，五日一次。二、槐树、侯城为一线，南顾、底单为一线，皆五日一次。三、总管庄为赵县分设之信柜，隔日一次。

（刘东藩、傅国贤修，王召棠纂：《晋县志料》，卷上，地理志，交通，民国二十四年石印本。）

〔**民国二十五年前后，河北涿县**〕 邮政局设于城内，分设村镇信柜于永乐张村码头、刁窠柳河营、高官庄、南良沟、南皋店、三家店、孙家庄、西疃、西城坊、松林店、长沟镇等村。

（宋大章等修，周存培、张星楼纂：《涿县志》，第一编，地置，第二卷，交通，民国二十五年铅印本。）

〔民国二十九年前后，河北邯郸县〕 邯郸县，二等邮政分局一所，在西南庄车站。代办所六，苏曹、曹张庄桥、河沙堡、户村、牛照河、王化堡。信柜四处，城内南门里、柳林桥、尚璧、曹乐堡。

（李肇基修，李世昌纂：《邯郸县志》，卷三，地理志，交通，民国二十九年刻本。）

〔清朝末年至民国年间，山西浮山县〕 逊清末已设邮局，惟驿递未裁，公文率由驿而不由邮。民国肇造，裁驿加邮，于是信件往还、包裹寄递、银两汇兑，便利无比矣。

（任耀先修，乔本情、张桂书等纂：《浮山县志》，卷十三，交通，民国二十四年铅印本。）

〔清光绪三十年至民国三年，山西沁源县〕 清光绪三十年，县城东关北街设邮寄代办所一处，邮柜一设于所前，并于郭道、王陶二镇设村镇邮柜二处，由商号代办。查邮寄代办所初设时，只递人民包裹及信件。民国三年，兼递地方公文并办快邮代电。

（孔兆熊、郭蓝田修，阴国垣纂：《沁源县志》，卷二，邮电略，民国二十二年铅印本。）

〔清光绪三十二年至民国二十年前后，山西太谷县〕 邮政局址在城内大西街中间，太谷系二等邮局，清光绪三十二年开办，收发往来平常及挂号信件，兼办邮寄包裹及国内各处汇兑事。局长一人，信差三人，邮差十八人。……县属分设代办所十二处。

（安恭己等修，胡万凝纂：《太谷县志》，卷三，地理略，邮政，民国二十年铅印本。）

〔清宣统三年至民国年间，山西曲沃县〕 邮政，局址在县城孝母巷，曲沃系二等邮局，清宣统三年开办，收发往来平常及挂号信件，兼办邮寄包裹及国内各处汇兑事宜。……县属分设代办所三处：侯马镇、高显镇、曲村镇。邻县分设代办所六处：垣曲县、绛县、横水镇、皋落镇、南樊镇、大交镇。村镇分设信柜五处：蒙城镇、厅城镇、东凝村、同善镇、三茅镇。管辖邮路四：曲沃西至绛州，快班；东至翼城，快班；南至垣曲，慢班；北至平阳，慢班。

（邬汉章修，仇汝功纂：《新修曲沃县志》，卷二十，公署表，邮政，民国十七年铅印本。）

〔清光绪二十七年至民国二十四年前后，绥远归绥县〕　邮政，清光绪二十七年设办，但奏折文书仍由驿站递达。宣统三年裁驿站，设邮局，始一切归邮局办理。归绥邮政局为一等局，设于旧城小东街，隶交通部。第一支局在新城西街，第二支局火车站。毕、察两镇设邮寄代办所。

（郑植昌修，郑裕孚纂：《归绥县志》，经政志，交通，邮政，民国二十四年铅印本。）

〔民国二年至二十年前后，绥远临河县〕　五原当民国二年改县以后，仅设邮信代办所一处。自十四年临河设治，五原改邮柜为邮局，临河设治局，注意邮政，请于交通当局在临设邮信代办所，因津贴寥寥，由设治局每月津贴洋六元，藉资维持。然文书迟滞，信件错落往往不免，而汇兑及邮包仅及五原而止，商民大感不便。自十七年秋季设治局停止津贴，邮柜益难支持。……当地绅董悉心调查，按邮局章程，非月销百元以上之邮票，不准设局。事经开议筹商，情愿由地方每月代销邮票百元，函请邮政当局设局。……近日已照章设立三等邮局，开始通行矣。

（吕咸等修，王文墀等纂：《临河县志》，卷中，纪略，交通，邮政，民国二十年铅印本。）

〔民国二十六年前后，绥远〕　绥省邮局，乃向附属于山西邮务管理局，现归绥省会，设有一等邮局；于丰镇、萨拉齐、包头、隆盛庄设有二等邮局；于二道沟、隆兴长、可可以力更、山河镇、陶林等地设有三等邮局；苏集、卓资山、张皋镇、毕克齐镇、察素齐镇、凌达沼、沙尔沁材、二十四顷地、清水河、托克托、和林格尔、五原、大佘太、乌兰脑包、拍子补隆、平地泉车站等地设有邮寄办所。

（廖兆骏编：《绥远志略》，第十章，绥远之交通，第六节，邮政之交通，民国二十六年铅印本。）

〔清光绪二十一年至民国年间，奉天海城县〕　本城邮政创于清光绪二十一年，初由华西药房代理。及三十三年，始在中街路西设邮政局，收发信件。宣统三年裁撤文报局，文报亦归邮政局经理。……民国元年改邮政局为邮务局。……本城设信箱二处，四乡设信箱十四处、代办所七处，每年收发信件二万五千余件，包裹二千五百余件，印刷品五六百件，每年共收小洋一万二千余元。

（廷瑞修，张辅相等纂：《海城县志》，卷六，政治，交通，民国十三年铅印本。）

〔清光绪二十四年至民国十二年，奉天新民县〕　邮政局为奉天邮政总局所分设，列为二等，于光绪二十四年三月开办。……民国十二年度，邮费计收大洋二万零七百一十八元二角九分，局内经费计支大洋八千一百八十元零四角。

（王宝善修，张博惠纂：《新民县志》，卷七，交通，邮电，民国十五年石印本。）

〔清光绪二十五年以后，奉天盖平县〕 盖平二等邮务局，地址鼓楼上街，清光绪二十五年四月二日开办。局内设局长一人，襄办一人，信差五人，邮差三人，邮寄代办所二处，本城代售邮票处两处。

（石秀峰修，王郁云纂：《盖平县志》，卷八，交通志，邮政，民国十九年铅印本。）

〔清光绪二十五年以后，奉天辽阳县〕 邮政局，光绪二十五年始在县城内设二等邮局，内设局长一员，襄办三员，信差八名，邮差九名。邮务分普通、挂号、汇兑、包裹四种，普通信件重量以二十格兰姆为限，即五钱二分许，逾量加票，如原贴票不足或未贴，则由收信人补纳。

（裴焕星等修，白永贞等纂：《辽阳县志》，卷十七，行政，邮电，民国十七年铅印本。）

〔清光绪二十五年至民国十年，奉天兴城县〕 兴城县二等邮局，设立县城内东街路南，清光绪二十五年三月初设为邮寄代办所。旧设于县城北关车站附近，嗣于宣统元年七月一日改为二等邮局，始迁今址。设局长一员，襄办一员，信差五名，邮差一名，为保险及代收物价包裹局，为甲类汇兑局，为汽机通运局，为联邮包裹收寄局，为电报所通之处。民国五年八月，设邮寄代办所四处，其地点一在县城西南二十里白庙子，一在县城西北三十五里红崖子，一在县城北四十五里旧门，一在县城西六十五里下碱厂；信柜二处，一在县城西北六十五里松树卯，一在县城西北二十里兴水县。民国十年六月，复设村镇投递收揽处八十四处，派信差二名，每四日轮送一周。

（恩麟、王恩士修，杨荫芳等纂：《兴城县志》，卷八，交通志，邮务，民国十六年铅印本。）

〔清光绪二十五年至民国十年前后，奉天锦县〕 锦县二等邮局，在城内南街路西。清光绪二十五年九月创办，初设局于南门内东巷。二十六年二月，移东门外地藏寺院内。夏间，拳匪事起，停办。二十七年，复设。三十三年，移今处。初为邮政局，后改为副总局，又改为二等邮局。

（王文藻修，陆善格纂：《锦县志略》，卷十三，交通，邮政，民国十年铅印本。）

〔清光绪二十五年至民国十七年，奉天开原县〕 旧时驿站仅可以传递公文，与私人函件无补也。私人则惟恃商家信局专脚以达消息已。自新政迭兴，交通日广，开原为南满路经过之地，公私往来文件日益增加，邮政局之设尤为急务。光绪二十五年二月，城内始置邮务一处，局内设局长一员，信差二名，从此收发信件按年数目增加。据调查所得，民国五年全年经收数目：平信四万八千件，挂号信四千五百件,印刷品二千五百件,包裹四百八十件,明信片一万二千张。经发数目:平信四万九千件,挂号信四千八百件,印刷品二千二百件,包裹四百五十件,售出信票洋二千五百元。至民国十六年九月一日改为支局,属孙家台二等邮政局管辖,地址定为城内东大街路北。据十七年度调查,全年发出各项信件已达二十万件之多,分设各村代办所已多至二三十处,邮政之发展已日见起色。

(李毅修,王毓琪等纂:《开原县志》,卷二,地理,交通,邮政,民国十九年铅印本。)

〔清光绪二十八年至民国十五年,奉天绥中县〕 邮政局,在南门西路北,成立于光绪二十八年。设局长一员、襄办一员、信差六名、邮差三名。管理代收邮票一处,管理邮寄代办所五处,管理村镇信柜三处。接十五年度调查,经收数目:平信九万六千件,挂号信八千六百件,明信片五万二千张,包裹四千八百件,印刷品六千二百二十件。

(文镒修,范炳勋等纂:《绥中县志》,卷四,交通,邮政,民国十八年铅印本。)

〔清光绪二十九年至宣统二年,奉天义州〕 义州邮政局,在城内东街路北大佛寺东,宣统元年四月成立。……义州邮政主要路,曰义稍路,由义州至稍户营子七十五里,班期每日昼夜兼程,为主要路。曰义沈路,由义州至沈家台九十五里,班期三日一次,为次要路。沿革,义州邮政于清光绪二十九年设,系商家代办,其代办所在城内南街路东权庆永院内。……至宣统二年改设邮政局,列为二等。

(赵兴德修,王鹤龄纂:《义县志》,中卷之二,建置志上,公署,交通机关,民国二十年铅印本。)

〔清光绪二十九年至民国二十二年前后,奉天铁岭县〕 铁岭邮局成立于民国纪元前八年,即清光绪二十九年也。在城内设立大清邮政官局,收寄官民邮件。民国改之,改称中华邮局,并于民国十六年间购置局房一所,以备永远居住。开办之初,其经办邮件计有信函类、明信片类、印刷物类、新闻纸类、货样类、包裹类及国内汇兑,事务简便。近年以来,次第开办邮政储金、代收货价、保险信函、保险包裹、国际联邮、日本国际汇兑,并先后开办铁法邮路,即通法库之路;铁三邮路,即通三面船之路;铁清邮路,即通清源之路;铁白邮路,即通白旗寨之路;铁孙邮路,即通孙家台之路;铁沈邮路,即通沈阳之路。经过之重要村镇,均设立信柜及邮寄代办所。

(黄世芳、俞荣庆修,陈德懿等纂:《铁岭县志》,卷九,交通,邮局,民国二十二年铅印本。)

〔清光绪三十二年以后，奉天沈阳〕　东三省邮务管理局，设立外攘关外公园南，清光绪三十二年创办。……本城内外分设支局十，各置局长一，襄办一。本城信箱四十二，四乡信箱五十。统计本年三省各局收发邮件，共五千二百六十四万七千三百有奇。按：奉省各署公文向由驿递，光绪三十一年裁撤驿站，置文报局，专司投递公文。宣统初年，复裁文报局，改归邮局经理，并于局内附设文报处，掌管收发各处官牍，以免稽延。其商民函件，曩由信局承寄，邮局既设，信局遂废。

（赵恭寅修，曾有翼等纂：《沈阳县志》，卷八，交通，邮务，民国六年铅印本。）

〔清光绪三十三年，奉天昌图县〕　邮政局，在县城中街，清光绪三十三年设。

（程道元修，续文金纂：《昌图县志》，第十一编，交通志，邮政局，民国五年铅印本。）

〔清光绪三十三年至民国二十年前后，奉天安东县〕　安东一等邮务局，设立埠内兴隆街，前清光绪三十三年三月八日创办。……设立支局二，后潮沟、六道沟；邮寄代办所四，九连城、马市台、汤山城、五龙背；邮务信柜，县街四处，东坎子、八道沟、于家沟、七道沟、燕窝、劈柴沟、古楼子各一处。县街设代售邮票处十三处，信筒十四座。民国十三年，安东邮局寄发之邮件约四百三十六万件，包裹约八千件，发出汇票合票一万九千八百四十元，合银四十万七千零四十六元，兑付汇票合票一万零五百七十五元，合银八万八千九百八十一元。……大东沟二等邮务局，设立大东沟重兴街，前清光绪三十三年二月开办。……邮寄代办所四，黄土坎、北井子、红旗沟、大房身。邮务信柜一处，大李家堡子。以上代办所及信柜地址虽属凤城，皆归该局管辖，每岁平均寄发之信件约二万四千件，包裹三百件，汇款大洋三千元，兑付二千元。……三道浪头三等邮务局，设立三道镇街中央，民国四年十一月二十五日由邮寄代办所改设。

（关定保等修，于云峰纂：《安东县志》，卷五，邮务，民国二十年铅印本。）

〔清光绪三十四年至民国二十三年，奉天庄河县〕　庄河县二等邮局，原驻治城上街，康德元年移于下街南首路东，清宣统三年九月成立。……该局因"九一八"事变影响，于大同元年归于庄河电报局，二年仍分立如旧。大孤山二等邮局，清光绪三十四年四月成立，驻镇后街。……大同元年亦归并于大孤山电报局，二年分立如旧。青堆子三等邮局，驻镇下街。清光绪三十四年初创为邮政代办所，民国九年改为三等邮局。

（王佐才等修，杨维嶓等纂：《庄河县志》，卷七，交通志，邮务，民国二十三年铅印本。）

〔清宣统元年以后，奉天北镇县〕　邮政局，于前清宣统元年三月成立，局址在鼓楼南路东，随街市房均系租用。内有局长一员，襄办一员，信差一名。其收发信件、运输包裹以及汇兑现洋，均以京奉路沟帮子站为中心枢纽，颇称便利。

（王文璞修，吕中清等纂：《北镇县志》，卷四，政治，交通，民国二十二年石印本。）

〔清朝末年至民国十四年前后，奉天兴京县〕　兴京二等邮局，设县城河南街，清末创设。……永陵三等邮局，设陵街东堡。……他如东路旺清门则有邮寄代办所，西路木奇、上夹河、古楼各村镇均有邮寄代办所，由此沿途衔接，逐日递达，事称至便。而附于商户代为出纳，无专司其事之人，为节省计也。南路则平定山，西南则苇子峪，西路则郑家堡、前安、河南、彰党，北路则罕羊、三家子各村镇，亦于商户附设邮政信柜，以利交通。惟不衔接，必须设差期日巡递转达附近邮局，四日而一通邮，为稍形滞濡，以视昔之信局酒资费钞书到经年则又便矣。

（沈国冕、苏显扬修，苏民、于孤桐纂：《兴京县志》，卷十二，交通，邮政，民国十四年铅印本。）

〔民国元年，奉天辽中县〕　民国元年，始创设邮务局于城内县署前大街路北。该局系属二等，设局长一，邮差一，所属代办所六，信柜一。此按邮务系统而言也。属于他局者，县境仍有分局代办所、信柜共七处。

（徐维淮修，李植嘉等纂：《辽中县志》，卷二十，交通志，邮务局，民国十九年铅印本。）

〔民国元年，奉天宽甸县〕　宽邑，自民国元年八月，始立邮局。

（程廷恒修，陶牧纂：《宽甸县志略》，邮递表，民国四年石印本。）

〔清光绪二十五年至民国二十三年，吉林梨树县〕　本境邮局计有五处，代办所二处，传递迅速，消息灵通，于以见文明之进步。兹将各局胪列如下：县城三等邮局，光绪二十五年设立，在西街路北租赁民房三间，局员一，信差一，东街、南街置信箱二。由四平街至县城三十里，汽车运送邮件，收发各一次。由县城至榆树台四十里，专用邮差来往一次。平信、挂号、汇兑、包裹常年收入，现洋七千元。榆树台三等邮局，光绪三十二年设立，租赁民房三间，局员、信差、邮差各一，常年收入现洋二千余元。四平街二等邮局，光绪三十二年设立，原在日界租民宅，嗣于民国十二年购地建筑楼房。局长一，襄办四，信差六，且于铁道东市场、四洮车站各设支局，常年收入现洋三万二千余元。郭家店三等邮局，光绪三十二年设立，租赁民房，局员、信差各一，常年收入现洋四千余元。三江口三等邮局，民国九年设立，租用民房，局员、信差各一，常年收入现洋一千五百余元。小城子代办所，系公主岭邮局支设，距程七十里，每二日收发一次，常年收入现洋约四百元。啦吗甸代办所，系八面城邮局支设，距程三十里，每二日收发一次，常年收入现洋约二百元。

（包文峻修，李溶等纂，邓炳武续修，范大全等续纂：《梨树县志》，丙编，政治，卷五，交通，民国二十三年铅印本。）

〔清光绪二十八年至民国三十年，吉林长春县〕 邮局设在商埠地四马路北、五马路南。前清光绪二十八年立，局内组织保险、储金、汇票、包裹、售票、挂号、快信七处，并设第一分局于头道沟，第二分局于城里三道街，第三分局于二道沟，通计常年邮件发往各埠者约三百二十余万件，投递本埠者约六万余件。按：日本前在城埠设置邮便取报所多处，自华府会议撤消客邮后，已移回头道沟铁路用地内。

（张书翰修，赵述云、金毓黻纂：《长春县志》，卷四，政事志，交通，民国三十年铅印本。）

〔清光绪三十三年至民国二十四年，吉林通化县〕 本县邮局成立于光绪三十三年，于东门外路南租赁民房三间，业务逐渐发展，不敷应用，于民国十年迁移城内南门里路西，仍租用民房，占用六间。开办之初，商务未臻发达，人民交际知识亦未开通，每年收入平常信件约一万八千余件，挂号七百余件，包裹二百余件，印刷品千四百余件，汇兑三千余元。入民国后，大事扩充……辖下邮路四条，计东至临江，北至柳河，西至兴京，南至桓仁，设邮务代办所十六处，四乡信柜七处。据当时调查，全年收平常信二十三万件，邮件二万二千余件，包裹二千五百余件，明信片二千余件，印刷品八千二百余件，汇兑十万余元。……今则与各县相通之国道共设代办所十五处，信柜十一处……全年收平常信二十五万余件，包裹二千五百余件，明信片一万五千件，印刷品五千三百余件，汇兑九万余元。

（刘天成修，李镇华纂：《通化县志》，卷三，交通志，邮局，民国二十四年铅印本。）

〔清光绪三十四年，吉林海龙县〕 海龙普通信件在邮政未设之前，专由信局专送（信局系私人之营业），花费既重，诸感不便。至清光绪三十四年设立邮政局，一切公私文件均由该局收转，较之文报局信局铺递便利百倍矣。

（王永恩修，王春鹏等纂：《海龙县志》，卷十一，交通，邮政，民国二十六年铅印本。）

〔清宣统元年以前至民国三年后，吉林〕 宣统元年以前，所有官书均由驿站送递，以后则文报局设立，驿站逐渐裁撤。至民国三年，因邮政局设立渐多，遂将文报局停办。至专司递送民间信件之民业信局，则民国以来渐改他业，今已无形消灭矣。

（刘爽编：《吉林新志》，下编，人文之部，第六章，交通，第五节，邮电，民国二十三年铅印本。）

〔清朝末年至民国五年，吉林桦甸县〕 桦甸邮政在清季年未设专局，附于商家，仅设信箱，邮差往来半月一次，民国五年开始立局。

（胡联恩修，陈铁梅纂：《桦甸县志》，卷八，交通，邮政，民国二十一年铅印本。）

〔清朝末年至民国十六年前后，吉林辉南县〕 辉南二等邮局，设县头道街，清季创设，始为邮寄代办所，民国元年改组为二等邮局。设局长一人，邮务生一人，信差六人。邮程计四百里，省城及各邻局每日达到一次。十四年度计发平信六万一千二百三十件，挂号信五千八百六十件，包裹一千二百一十件，邮资进款大洋三千二百三十五元，汇兑进款大洋五百八十九元，开出汇票进款一万六千七百九十八元。县境共辖邮寄代办所三处，一在杉松冈，一在抚民屯，一在中央堡。

（白纯义修，于凤桐纂：《辉南县志》，卷二，政治，邮政，民国十六年铅印本。）

〔民国元年至十六年，吉林安图县〕 邮政局，为奉天邮务管理局所分设，列为三等，于民国元年一月开办。地址，租赁县城大街路南木板房三间。局内设局长一员，信差一人。又在县治两江口设信柜一处，大沙河设信柜一处。兹按民国十六年度入口之信件计十二万八千七百九十二件，出口之邮件计十三万九千六百三十二件。

（陈国钧修，刘钰堂、孔广泉纂：《安图县志》，卷三，政治志，邮政，民国十八年铅印本。）

〔民国元年至二十四年，吉林临江县〕 县城系二等邮局，民国元年十一月创立。……村镇邮寄代办所五，信柜一，信箱二，每岁寄信约十万件，来信约十二万件，代递约五万件，全年收入约五千元，支出约四千五百元，代汇代收约一万二千元，代兑代付约一万元。……八道江镇系三等邮局，直隶奉天邮政管理局，局长一，信差、邮差各一。

（刘维清修，罗宝书等纂：《临江县志》，卷五，交通志，邮务，民国二十四年铅印本。）

〔民国三年前后，吉林延吉县〕 延吉设有二等邮政局一处，马差三十名，邮便路线由吉林至珲春一千零一十里,昼夜按站轮流接替,计七十二点钟可能递到。步差三名,邮便路线由延吉至汪清,计一百二十里,每隔二日发信一次,计十八点钟递到;由延吉至和龙计八十里,每隔一日双日发信一次,计九点钟递到;由延吉至头道沟计八十里,每隔一日单日发信一次,计九点钟递到;由延吉至六道沟,计四十里,该处信件未设专差,按日随和龙或头道沟步差捎递一次。马步邮便传递敏捷,尚无停滞之弊。

(吴禄贞修,周维桢纂:《延吉县志》,卷八,交通,邮便,一九六〇年据民国三年抄本油印本。)

〔民国四年至十九年前后,吉林抚松县〕 本县于民国四年十一月十日由邮务管理总局添设三等分局,内设局长一员,信差一名,邮差二名,在东门里路北租民房三间为办公地点。近因商民增多,邮务较繁,交通堪称灵便。

(张元俊修,车焕文等纂:《抚松县志》,卷三,政治,邮政,民国十九年铅印本。)

〔民国二十年前后,吉林辑安县〕 邮局设县城,为三等邮局。三区外岔沟亦设有三等邮局。……沿途多于商户设邮政信柜,代理邮政事宜,以相衔接。路线分为四,各设邮差,专司传递,路线列下:东路,东冈、黄柏甸子、良民甸子、大水堤台、三道沟;西路,太平沟、富有街、林江口、外岔沟;北路,蚂蚁河、青沟子、热闹街、头道崴子;西北路,准岔河、荒崴子、台上、沙宝甸、久财源子。

(刘天成等修,张拱垣等纂:《辑安县志》,卷二,政治,官署,邮政,民国二十年石印本。)

〔清光绪二十四年,黑龙江呼伦县〕 本县有一等邮局一处,于光绪二十四年成立,并无分局。

(佚名纂:《呼伦县志略》,邮局,民国十九年修,抄本。)

〔清光绪二十六年至民国十九年,黑龙江呼兰县〕 呼兰邮政,前清光绪二十六年设,初为邮寄代办所。二十八年,改为二等邮局。先是呼兰自置城后设台站官,以通各道。宣统元年,巡抚周树模又奏设省城文报总局,而于呼兰设分局焉。其时虽有邮局,惟接递民间信件而已。民国三年,文报总局以暨分局一并裁撤,所有公文拨归邮局接办,而邮政乃日益发展。呼兰邮局在南大街路东,凡设局长、襄办各一员,上隶于哈尔滨吉黑邮务管理局,下辖康金井、沈家站、石人城子代办所三。此外不属于呼兰邮局而在呼兰境内者,有松浦邮局,民国十五年设。对青山邮局,民国十四年设,皆直隶于吉黑邮务管理局。又县境乐安镇邮寄代办所,民国四年设,附属于对青山。盖邮务区域各就便利,以为传递路线,故其统属不能以行政区域为准云。

（廖飞鹏修,柯寅纂:《呼兰县志》,卷四,交通志,邮政,民国十九年铅印本。）

〔清光绪二十八年至民国二年,黑龙江绥化县〕　自前清光绪二十八年,绥化始设立支局一处。是时,合境各镇尚无收送邮件机关,所有寄往各省各处包裹信件必须经过绥化代办支局,照普通邮章各粘邮票,派差送至呼兰代办支局,分别邮递。迨宣统三年,经哈尔滨邮政副总局审查,绥化邮件日益繁多,因撤代办支局,改设邮政分局,委任供事,逐渐整顿推广各镇支局,划分路线,酌添步差,分别寻常、快信两种办法,渐臻完善。嗣于民国元年改名中华邮政二等分局,查禁民局,接收信件事权始有所统属。……二年春,又添办本国各省各埠已设邮政总分局银元汇兑处,于是绥化邮政益见发达。

（常荫廷修,胡镜海纂:《绥化县志》,卷九,交通志,邮政,民国十年铅印本。）

〔清光绪三十二年至民国十年,黑龙江安达县〕　安达县自前清光绪三十二年设治后,即立有文报局,专司送达公文,是为邮政机关之先声。迨至民国三年,文报局撤销,初由商号代售邮票、收发信件。又越二年,始行设立邮寄代办所,经理人何秉符,直属于哈尔滨一等邮局管辖之。民国九年十一月间,乃改设安达邮局,首任局长名刘庆瑞,属于东三省邮区,嗣又改称为北满邮区。至民国十年,增设哈尔滨邮区之时,则归吉黑邮政管理局直辖。

（高芝秀修,潘鸿威纂:《安达县志》,卷三,交通志,邮政,民国二十五年铅印本。）

〔清光绪三十四年,黑龙江宾县〕　宾州邮政局,清光绪三十四年九月成立,在东街路北,不设专员经理,附属商铺中,但设信柜,邮差往来每日平均一次,收入之款月交阿城分局。伽板站邮政局,三十四年十一月成立,办法同。至是始设专局。

（赵汝梅、德寿修,朱衣点等纂:《宾县县志》,卷一,交通略,邮政,民国十八年铅印本。）

〔清朝末年至民国初年,黑龙江呼兰府〕　同治以来,台站额马牛强半倒毙,公私困敝,无力买补,故文报往还愈形迟滞。光绪三十二年,知府事禀设呼兰文报委员,而以马警司递送。宣统元年,巡抚周公树模奏设省城文报总局,而设分局于呼兰。呼兰分局辖境实东抵兴东道,专任东荒邮递事。总局所发之报,由东清铁路邮政车运交对青山分所转递,呼兰分局分别投递,为旧制为善,分局经费月需千金有奇,有省库支给。邮政局,呼兰、巴彦均有之,直隶于邮传部。

(黄维翰纂修:《呼兰府志》,卷四,交通略,邮递,民国四年铅印本。)

〔清宣统元年至民国九年前后,黑龙江瑷珲县〕 瑷珲邮务局,自宣统元年设立,嗣于民国元年将二等瑷局迁于黑河,则在瑷珲复设三等邮局。现在司事宋延铭,字巨卿,山东人。

(孙蓉图修,徐希廉纂:《瑷珲县志》,卷四,交通志,邮递,民国九年铅印本。)

〔清宣统三年至民国十五年前后,黑龙江双城县〕 中华二等邮局,设县城东大街路南,清宣统三年间办,系由文报局改设,名大清邮政局,民国始易今名。现任局长何广心。……年入大洋二千五百元,由哈尔滨总局支拨。年支大洋二千五百元。……常年收发邮件数:平信六万余件,挂号信二千余件,包裹一千余件。信箱分置所:西街永德堂、北街义发东、南街永利栈、城北东省铁路车站、城内十字街。代办所地址:韩家店、五家窝铺、郎家烧锅、拉林镇。

(高文垣等修,张鼐铭等纂:《双城县志》,卷十,交通志,邮务,民国十五年铅印本。)

〔民国初年,黑龙江东宁县〕 近年以来,邮局设立,消息较灵,交通上颇称利便矣。

(田征明纂修:《东宁县志略》,第八章,交通,民国九年铅印本。)

〔民国二年至三年,黑龙江桦川县〕 民国二年七月十六日设桦川邮寄代办所,三年九月改三等邮局,并于集贤镇、兴隆镇设邮寄代办所二。事务:除投递公文及寻常信件外,有快信、有挂号信、有明信片,并汇兑及包裹等。按:邮报局民国元年裁撤,一应公件概由邮局递送,其邮局未通地点由各地方官添派脚差承转。

(郑士纯等修,朱衣点等纂:《桦川县志》,卷二,交通,邮政,民国十七年铅印本。)

〔民国三年至十四年前后,黑龙江〕 黑龙江省,自光绪三十二年裁撤驿站,改设文报局,公私文报皆设邮站递送。民国三年始归邮政局,商订官署公件往来邮递章程。今黑龙江邮务局属东三省邮务管理区,之下有一等邮局一,在龙江;二等邮局十二,在呼兰、绥化、昂昂溪、巴彦、海伦、嫩江、胪滨、呼伦、肇州、大赉、安达站、讷河;又有三等邮局二十十,代办所八。

(金梁纂:《黑龙江通志纲要》,交通志,邮务,民国十四年铅印本。)

〔民国初年至二十五年,黑龙江宝清县〕 宝清,在民国十三年以前,所有邮局系由商号宝源泰代办,迄于十三年,始经设立三等邮局,直达富锦,往返每三日一班,如遇雨雪之时,则迟班一二日。在夏季之邮件由新京至县城约需十五日以内,由省城至县城约需七八日不等。若至冬季交通梗塞,则较夏季约增加一倍以上。

(齐耀斌修,韩大光纂:《宝清县志》,交通志,邮政,民国二十五年铅印本。)

〔**民国三年后,黑龙江讷河县**〕 讷河邮政局之创设,于民国三年八月十六日正式组织成立,所有内部情形均遵邮政章程办理,计设局长一员,信差二名,邮差三名,月需经费大洋四百元,向由售出邮票收入项下开支。局所设于本城东南二道街口,租住民房。

(崔福坤修,丛绍卿纂:《讷河县志》,卷三,交通志,邮政,民国二十年铅印本。)

〔**民国七年,黑龙江珠河县**〕 珠河邮局:等级,二等。地址:城内南门里路东。状况:极见发达。开办年月:民国七年九月八日。局内职员:局长一员,襄办二员,信差三名。

(孙荃芳修,宋景文纂:《珠河县志》,卷十三,交通志,邮政,民国十八年铅印本。)

〔**民国九年至十一年,黑龙江宁安县**〕 宁安县界二等局二处,即海林、横道河子。三等局三处,即黄花甸子、铁岭、河石头、河子。邮寄代办所六处,即东京城、沙兰镇、三灵屯、上马兰河、乜河镇、磨刀石。三年内每年收入邮费总数,民国九年度收入邮费一万六千七百四十五元,民国十年度一万七千三百八十四元,民国十一年度一万九千二百四十六元。

(王世选修,梅文昭等纂:《宁安县志》,卷三,交通,邮电,民国十三年铅印本。)

〔**民国十八年,黑龙江依安县**〕 依安地非繁冲,设治六年,向无邮政。以前仅有邮寄代办所一处,由商号代办,所有函件由过往邮差传递。县城各机关文件因邮寄迟滞,且多遗误,遂改由汽车代递,然亦多感不便。民国十八年夏,经县一再呈请,始于九月间添设三等邮局,路线仍由林甸、小嵩子、昂昂溪以达省城,由省城来往文件往往迟至十余日始达依安。

(梁岩修,何士举纂:《依安县志》,舆地,交通,邮局,民国十九年铅印本。)

〔**清光绪二年至民国二十三年,陕西**〕 光绪二年,驿站外复设文报局,专将寄往出使外国钦差文报递至上海,该处为外国轮船路线之一端,并于该处传送进口外国文报。近年出使各国公署之官书,均须粘贴邮票,而文报局之职遂形减少矣。其后驿站事务乃由邮局接收矣。民国函件则有民立信局,而民局则始于绍兴口岸之宁波。盖由彼处游幕者多，函件甚伙，故立信局以寄信，后以承寄包裹、银两，信用昭著，最属可靠。嗣各省民局均以此地为中枢，而官府概不与闻。邮兴而民局亦遂撤消焉。光绪四年，我国即欲举办全国邮政，迄未实行。至十九年，政府征求各省疆吏之意见，未见有何举动。迨二十二年二月七日，此时距签定《烟台条约》之时已垂二十年，始有上谕令按照欧西方法创办国立邮，派总税务司赫德经理一切，于是总税务司又兼领总邮政司。初系归总理衙门节制，后因总理衙门裁撤，乃改归外务部管辖。未几，税务处成立，为外务部所属分立之机关，于是，所有管理海关及邮务事宜乃改由该处掌管。至宣统三年，邮政与海关划分，于是，管理邮务之事宜乃改归邮传部直辖。光绪二十八年七月、九月、十一月间，始于陕西省内凤翔、潼关、商州设立邮局，系由四川、北京及湖北三邮界以次设立，以期展至西安。同年八月，由四川巡员暂设一局于西安，在马坊门小逆流中。嗣由知府相助，在抚署旁觅屋宇一所。至三十一年，事务日繁，屋小不克容纳，乃迁于前抚升允新建之抚署前西房屋一排，后迁入时式房屋之内。从前驿站公文、民局信件均归邮局收受送递矣。光绪三十年，陕西始为副邮界，由四川邮界拨归汉口邮界管理。三十二年正月，又拨归北京邮界管理。至民国三年一月，陕西升为邮区地位矣。陕西邮政局所：光绪二十八年仅立四处，曰西安，曰凤翔，曰商州，曰潼关。嗣后逐年增加至三百余处，其较要局所共二百二十二，邮务管理局一，二等邮局二十四，三等邮局二十八，邮务支局四，邮寄代办所一百六十五；次要局所一百二十二，城邑信柜四，村镇信柜六十三，村镇邮站一十九，此据民国十年之调查也。而办理汇兑事务之局则三十六处，总计本区邮差邮路共长一万八千三百五十一里，其中次要邮路计占八百三十五里，收寄邮件曰普通邮件、挂号邮件、快递邮件；又有保险邮件，本区尚无。其收寄包裹，则以公斤重量核算。

（杨虎城、邵力子修，吴廷锡等纂：《续修陕西通志稿》，卷五十六，交通四，邮政，民国二十三年铅印本。）

〔清光绪中叶以后，陕西同州府〕 光绪中叶，同州初立邮政，由商号代办。三十一年，改立二等邮政局，始租赁民房为之，旋因驿铺全裁，由省邮政总局派专员驻同州设局办理，定额职员三人。

（聂雨润修，李泰纂：《大荔县新志存稿》，卷四，土地志，交通，民国二十六年铅印本。）

〔清光绪二十一年至民国十五年前后，陕西澄城县〕 邮政未设以前，专恃驿传转递消息。自清光绪初间，北京总理各国事务衙门奏请开办。至三十一年，澄城始创设邮政代办所。民国改为三等邮局,而驿传遂废,其路线先由大荔经寺前镇至郃阳,由郃阳至澄。民国元年,韦庄镇设立邮柜,改由大荔经韦庄直至治城,属大荔二等局管辖。寺前镇邮政所亦设于光绪三十一年,由商代办,先属大荔二等局管辖,东北通郃阳,民国元年改属朝邑,不数年又属大荔,现改属郃阳。

(王怀斌修,赵邦楹纂:《澄城县附志》,卷一,地理,邮电,民国十五年铅印本。)

〔清光绪二十八年,陕西西安府醴泉县〕 清光绪二十八年,设邮政代办处,由商人代办。后设局,列三等。

(张道芷、胡铭荃修,曹骥观纂:《续修醴泉县志稿》,卷二,地理志,交通,邮政,民国二十四年铅印本。)

〔清光绪二十八年后,陕西西安〕 西安邮务管理局,光绪二十八年九月二十日设,初在马坊门街,后移钟楼东大街新式楼房官府,前督军张凤翙为邮局建筑,初由邮局赁租,后并邮务长之寓所及南院门第四邮务局,一并由邮局购置。

(杨虎城、邵力子修,吴廷锡等纂:《续修陕西通志稿》,卷五十六,交通四,邮政,民国二十三年铅印本。)

〔清光绪二十八年至民国三年,陕西咸阳县〕 邮政,清光绪二十八年商人代办。三十年,立三等局。民国三年,晋二等。

(刘安国修,吴廷锡、冯光裕纂:《重修咸阳县志》,卷二,建置志,交通,民国二十一年铅印本。)

〔清光绪二十八年至民国十年,陕西华阴县〕 光绪二十八年设邮政代办处五处,一敷水,一治城内,一岳镇,一三河口,一吊桥。民国十年治城内改作三等邮局,余仍旧。民国元年裁撤驿站。

(米登岳修,张崇善等纂:《华阴县续志》,卷一,地理志,交通,民国二十一年铅印本。)

〔清光绪二十九年,陕西西安府鄠县〕 清光绪二十九年,县城内设邮政分局一处,秦渡镇、大王镇无专局,均由商人代办。

(强云程、赵葆真修,吴继祖纂:《重修鄠县志》,卷三,交通,邮政,民国二十二年铅印本。)

〔清光绪三十年至宣统元年,陕西邠州〕 邮政局,在城内西街,清光绪三十年设。初为邮政代办处,于宣统元年改为二等局。

(刘必达修,史秉贞等纂:《邠县新志稿》,卷九,交通,邮政局,民国十八年铅印本。)

〔清光绪三十一年至民国八年前后，陕西商南县〕 前清光绪三十一年，设邮政代办处于邑城内。民国元年裁驿归邮，间日一班，轮流接递，便于交通。现西安邮务总局拟改代办处为三等邮局。

（罗传铭修，路炳文纂：《商南县志》，卷二，交通，邮政，民国八年铅印本。）

〔清光绪三十二年，陕西汉中府南郑县〕 汉中邮局，光绪三十二年开办。邮路由汉中至凤翔为道，昼夜兼程，用差二十名。由汉中至四川边境神宣驿为西道，昼夜兼程，用差十一名。由汉中至石泉为东道，昼夜兼程，用差十二名。取道华阳佛坪一带至省为旧班邮路，昼行夜止，用差九名。

（郭凤洲、柴守愚修，刘定铎、蓝培厚纂：《续修南郑县志》，卷三，政治志，邮电，民国十年刻本。）

〔清宣统年间至民国三十二年，陕西宜川县〕 清末宣统年间，始设邮寄代办所。民国二十五年，改为三等邮局。二十九年，改为二等乙级邮局。三十年，升甲级。局址在县城正北街。县属圪针滩、集义镇、云岩镇、英王镇各设邮寄代办所一处，甘草、孔崖、薛家坪、石台寺、郭家涧、平路堡、驿马各设村镇信柜一处。邮政路线，计由宜川至韩城、桃渠二路，系昼夜兼程邮班。宜川至洛川、韩城为快班，宜川至云岩为间日快班。此外秋林、桃渠均设有军邮局。就三十二年度统计，每月平均收寄邮件五万九千五百三十件，包裹三十二件。汇兑情形，平均每月汇出五十六万六千五百六十元，汇入三十二万五千二百元。

（余正东等纂修：《宜川县志》，卷十，交通志，邮电，民国三十三年铅印本。）

〔清宣统二年至民国三十三年前后，陕西洛川县〕 洛川于清宣统二年始设邮政代办所。民国四年，改为三等邮局。民国二十八年，改为二等乙级邮局。局址在县城内，旧县设代办所一处。通邮地点，境内即旧县、土基、白益等处。邮政路线，分为由本县至宜君、肤施、黄龙山、宜川四处。邮班日期亦分四班：黄龙山四日一次慢班，余均每日一次快班，宜君与肤施且有夜班。邮差人数，随宜增减（经常宜君线邮差十人，肤施线邮差十六人，宜川线邮差六人，黄龙山线邮差一人）。十一年度统计：每月平均邮件数目为一万三千六百四十件，包裹二十六件。汇兑情形，平均每月计汇出数为二万七千五百三十六元，汇入数为二万七千三百三十七元。

（余正东修，黎锦熙纂：《洛川县志》，卷十，交通志，邮电，民国三十三年铅印本。）

〔清朝末年，陕西榆林府神木县〕 神木东趋畿辅，南达西安，西通甘肃、新疆，亦边塞冲要之地也。而其间电线未设，邮政已通。顾神木为分局，专人往来递送,较之驿马传递更为迅速。

（佚名纂修：《神木县乡土志》,卷三,邮政,清末修,民国二十六年铅印本。）

〔民国元年,陕西横山县〕 民国元年设县城、响水、石湾邮寄代办所三,波罗、麒麟沟各设村镇信柜,收寄公私包裹信件,而县城、响水仅由榆至横,为榆林支线。石湾镇为绥德通西干线,由绥德寄往安边,均雇差丁送递,出发到达,日有定程。

（刘济南修,曹子正纂：《横山县志》,卷三,交通志,邮政,民国十九年石印本。）

〔民国元年,陕西葭县〕 民国元年,裁撤驿站夫马,在治城设邮寄代办所。厥后又在乌龙铺添一村镇信柜,一切公文信件由米脂分局派差传递,五日一周。

（陈珺修,赵思明纂：《葭县志》,卷一,交通志,民国二十二年石印本。）

〔民国元年至三十三年前后,陕西黄陵县〕 中部邮政创于民国元年,时仅设代办所。二十五年,始改为三等甲级邮局。局址设城内中山街,于县属隆坊镇及宜君七里镇各设代办所一处。分洛川、宜君两邮班,每日、夜班各一次。平均每月邮件计普通信件约一万件,挂号及快信约一千余件,包裹则仅十余件。并办汇兑,每月汇出约为四万余元,汇入约为二万余元。除沦陷区域,凡设邮局之地均能通汇。

（余正东修,吴致勋等纂：《黄陵县志》,卷八,交通志,邮电,民国三十三年铅印本。）

〔民国二年,陕西安塞县〕 民国二年,县城内设立邮政代办所一处。

（杨元焕修,郭超群纂：《安塞县志》,卷五,田赋志,邮驿,民国十四年铅印本。）

〔民国十四年前后,陕西周至县〕 邮电未兴,交通厥惟驿铺。

（庞文中修,任肇新等纂：《周至县志》,卷二,建置,交通,民国十四年铅印本。）

〔民国二十四年前后,陕西岐山县〕 邮政局在城内东街,长途电话附设县政府。

（田惟均修,白岫云等纂：《岐山县志》,卷一,建置志,官舍,民国二十四年铅印本。）

〔民国二十五年前后,陕西咸宁、长安县〕 县属东关设邮政支局一,曰东关第一支局。设邮寄代办所四,曰草滩镇,至县三十里;曰新筑镇,至县三十五里;曰灞桥镇,至县二十里;曰引驾回,一名尹家卫镇,至县五十里。设村镇信柜一,曰杜曲镇,至县三十五里。

（翁柽修,宋联奎等纂：《咸宁长安两县续志》,卷四,地理考,邮政,民国二十五年铅印本。）

〔清光绪二十四年,甘肃张掖县〕 张掖邮政局,清光绪二十四年设二等局。

（余炳元纂：《新修张掖县志》,交通志,邮政,民国三十七年修,一九五九年油印本。）

〔清光绪三十二年以后,甘肃平凉府固原州〕 固原虽处荒陬,而东达平泾,西通兰会,南控秦巩,北联宁夏,置邮诚为扼要。自光绪三十二年设邮政局后,商界中悉称便益。至其办法,曰邮政处所,曰办公时刻,曰发售邮票,曰信件类,曰明信片,曰新闻纸类,曰印刷物类,曰贸易契类,曰货样类,曰挂号邮件,曰包裹类,曰保险章程,曰代货主收价,曰汇寄银钞,曰邮政责成及赔抵之法,曰投递邮件办法,曰邮件存局候领,曰无法投递邮件,曰邮件转他处,曰撤回邮件办法,曰欠资邮政,曰指诚要览,曰探问呈诉各节,曰代邮政局发收邮票。

（清　王学伊纂修：《新修固原直隶州志》,卷十一,庶务志,邮政,清宣统元年铅印本。）

〔清代至民国二十八年,甘肃天水县〕 天水当清之季世,邮政尚未兴办,一切官署文报均由驿站传递,商民函件则由信局往来。自光绪三十二年八月开办秦州邮政局,初时官民尚多犹疑。至民国三年,驿站、信局先后裁废,于是邮件数量陡增,而信用亦日渐昭著。其内容组织：设局长一人,邮务佐二人,信差二名,听差二名,邮差六名,负责办理东至乾潦池、西至关子镇、北至秦安、南至徽县、西南至礼县邮件包裹寄递事务。于民国八年改升二等邮局。十六年,因成绩优良,提升二等甲级邮局,现又提升为第一特类发汇局及第一特组兑付局,除经办包裹、汇兑、普通、挂号、快递各种邮件外,近又增设代收货价、邮政储金等事,其业务发展在甘肃邮区之内当推第二之列。

（庄以绥修,贾缵绪纂：《天水县志》,卷八,交通志,邮电,民国二十八年铅印本。）

〔民国元年至二十二年前后,甘肃华亭县〕 民国元年,始设邮政分局于城内,渐及红山镇,以商人代办之。近则改分局为邮寄代办所,邮差凡三日或隔日一循环。

（张次房修,辛邦隆纂：《华亭县志》,第三编,政事志,驿邮,民国二十二年石印本。）

〔民国元年至二十四年前后,甘肃镇原县〕 镇原交通闭塞,难于蜀道。自民国元年十一月始由平凉二等邮局委冯得安创办镇原邮寄代办所,线路由平凉经过镇原、西峰镇、庆阳、合水来往运送。至七年,改归泾川管理,路线改由玉都庙、屯子镇来往运送。十四年开设间日快班,路线由固原经过镇原、西峰镇、长武来往运送。十六年，取销固原路线，仍归泾川，按四日发班一次，至今未改。

（钱史彤、邹介民修，焦国理、慕寿棋纂：《重修镇原县志》，卷九，交通志，邮政，民国二十四年铅印本。）

〔**民国七年至十二年以后，甘肃灵台县**〕 民国七年，并裁铺司，改设邮寄代办所一处，转递公文，兼及民间信件，均用邮票代价。……十二年后，又添设邮柜于独店、什字两镇。

（高维岳、张东野修，王朝俊等纂：《重修灵台县志》卷三，风土志，庶政，交通，民国二十四年铅印本。）

〔**民国十二年，甘肃夏河县**〕 本县三等邮局于民国十二年成立，军政部无线电台于二十三年五月成立，兰州、南京间电报常由此转发。

（张其昀纂：《夏河县志稿》，卷六，交通，民国二十四年修，抄本。）

〔**清光绪三十一年至民国初年，宁夏**〕 清光绪三十一年议改邮局包办，专用人夫，颇著成效。国初将驿站一律取消，宁夏本城设邮分局一所，由省总局派人经理，各属市镇均分设信柜，并能汇银寄货，较驿站省便多矣。

（陈必淮等修，王之臣纂：《朔方道志》，卷五，建置志下，邮政，民国十六年铅印本。）

〔**民国三十年前后，青海玉树县**〕 三县仅玉树结古有邮政代办所一所，传递西康方面来往邮件，定十日一帮。近对西宁来往邮件，亦开始递送，定半月一帮，均系由来往商队代办。

（蒙藏委员会调查室编：《青海玉树囊谦称多三县调查报告书》，第三章，实业与交通，第四节，邮电，民国三十年铅印本。）

〔**清宣统年间，新疆**〕 自建行省以来，燕晋湘鄂之人稍稍奔集，往还既众，东南消息，时间一通，而山川阻修濡滞犹故也。近年，俄国东方铁路告成，乃因利乘便，偏设邮局于通商城邑（迪化省城及伊、塔、喀城四处），收受华人函信，取道西伯利亚，阅四十日而达京师，其计时速，取费廉，流寓商民利其便捷，争相输送，岁入邮资至十万卢布以上。……宣统纪元之二月，俄总领事函请设台站邮车由省城至塔尔巴哈台边界，并请代售邮票，以资推广。兼按察使荣霈援约拒之，具言于巡抚，下三司会议，佥以新疆与内地悬隔已久，民间向无信局，致外人得擅其利，自非亟谋交通，无以保固有之利权，非速兴邮政，无以杜后日之觊觎，请裁减驿站夫马之半，提充经费，先从东北两路试办，以次推行，凡公文报章均由邮递，其商民书信略仿邮政售票章程办理，惟钦差大员蒙回王公照例驰驿，及贡马饷车各差过境者仍由本地方官预备,以清权限。议既定,乃饬司详拟章程,奏咨立案。秋八月,邮部札总税务司选派洋员毕德森来新襄办其事。以新疆系就地筹款,与各直省支局属隶于北京邮政总局者不同,定以迪化为总局,东北各路为分局,臬司兼驿传事务,故总其成,自洋员以下皆禀承焉。其对于京局,但有与商榷之义,而无相钤辖之权,惟邮信印花则由京局颁发,岁缴印工纸价。局中开支款项不须关白,但按季造册,汇报于部,试办期内收入之款均存本省储备推广经费。约期三年,南路各城一律举行。若夫邮程径线,东路直达嘉峪关,与甘肃相联;属西北伊、塔两城则援万国邮政公会例商订互寄合同,取西伯利亚铁道传达京师。至官公文书统归邮局递发,仍仿直隶奉天章程附设文报局委员经理以专责成,其开办规制大略可纪者如此。冬十二月朔,省城总局开办,东北各分局(东路设吐鲁番、古城、哈密、安西州四分局,西北路设昌吉库尔哈喇乌苏、精河、塔城、伊犁、惠远城五分局)同时成立。

(钟广生撰:《新疆志稿》,卷三,邮传志,邮政,清宣统二年修,民国十九年铅印本。)

〔民国三年前后,新疆〕 邮便,尚未完全施行,近来行官设邮政,然不广。

(张献廷初稿:《新疆地理志》,第六章,交通,邮便,民国三年石印本。)

〔清光绪十六年至宣统二年,山东青岛〕 我国于[一]千八百九十年春始设邮局于青岛,兼辖青莱沂胶境内之十二分局,雇用邮差分班走递。洎[一]千九百零一年铁路通至胶州,向之青岛间二日递到之邮件,至是只需二时间可达,由是邮政从铁路而推广。[一]千九百十年冬,济南设立全省管理局,青岛始改为分局。

(赵琪修,袁荣叟纂:《胶澳志》,卷六,交通志,邮电,民国十七年铅印本。)

〔清光绪十九年前后,山东曹州府郓城县〕 地处偏僻,交通不便,境内有邮政局三处。

(清 毕炳炎编:《郓城县乡土志》,交通,清光绪十九年抄本,一九六八年台湾成文出版社重印本。)

〔清光绪十九年至民国十八年,山东泰安县〕 我国邮政动议于清光绪十九年,至光绪二十二年二月二十七日下诏裁驿改邮,泰安之有邮政自此始。……泰安县二等邮务局先是设于西关大街,近年移于灵芝街。大汶口二等邮务局,设汶口本镇。

(葛延瑛修,孟昭章、卢衍庆纂:《重修泰安县志》卷五,政教志,交通,邮政,民国十八年铅印本。)

〔清光绪二十二年至民国二十四年前后,山东德县〕 本县邮局于清季光绪二十二年设立,当时驿传以及民立信局均未取消,凡公文仍由驿递,商民信件间有由邮局寄递者,嗣因办理迅速而妥善,商民咸称便利,业务逐渐发展。裁驿之后,公文咸归邮寄,设置亦逐渐扩充。现虽僻远乡镇,亦设有代办处。

(李树德修,董瑶林纂:《德县志》,卷六,政治志,邮政,民国二十四年铅印本。)

〔清光绪二十四年至民国二十年,山东青城县〕 邮政局,光绪二十四年先设代办所,至民国八年六月二十日正式成立三等邮局,十七年添办邮政储蓄,二十年办理汇兑。

(杨启东修,赵梓湘纂:《青城续修县志》,卷四,新政志,实业,民国二十四年铅印本。)

〔清光绪二十四年至民国二十五年前后,山东东平县〕 本县邮政自清光绪二十四年初设信柜于城内,至民国二年升为三等邮局,同时并在各乡镇分设代办所八处,信柜二处。嗣以城局邮务发达,复由三等局升为二等局,乡镇代办所信柜迄今一仍旧贯云。

(张志熙修,刘靖宇纂:《东平县志》,卷三,交通,民国二十五年铅印本。)

〔清光绪二十五年至宣统三年,山东济宁州〕 邮政局,光绪二十五年设,在总府口,管辖邮寄代办八。……(按:邮政初由海关税务司办理,宣统三年始改归邮传部掌管。)

(潘守廉等修,唐烜、袁绍昂纂:《济宁直隶州续志》,卷五,建置志,附局所,民国十六年铅印本。)

注:记事自清道光二十二年至宣统三年。

〔清光绪二十五年至民国十六年前后,山东济宁县〕 邮政局,创设于清光绪二十五年,管辖邮寄代办所,计戴庄、程村、马村、安居、大长沟、老僧堂、八里庙、康庄驿凡八处。

(潘守廉修,袁绍昂纂:《济宁县志》,卷二,法制略,交通,民国十六年铅印本。)

〔清光绪二十五年至民国二十四年前后,山东莱阳县〕 县邮政之设始于清光绪二十五年,局设城内,租居民房,无定址。辖代办所二十二处,县境十四,他县者八,亦有所设县境而归他邮务局统治者六,自创办至今共三十五年。

(梁秉锟修,王丕煦纂:《莱阳县志》,卷二,政治志,交通,民国二十四年铅印本。)

〔清光绪二十六年至民国三十年前后,山东潍县〕 潍县邮局于清光绪二十六年夏间开办,设二等邮局于南关外车站之侧。嗣为事务便利起见,移于城内南门大街,又迁于布政司街。本县出品之布匹、绣货、铜货、嵌银丝等物品,赖邮局递寄他县或他省者甚伙。历年陆续推广,除坊子设二等邮局外,更于东关设支局一所,寒亭、郞鄩(非潍县境)、大柳树、固堤、二十里堡南代办处五处,及车站东关、前所街、北展(非潍县境)、张氏庄、安固、富郭庄、大圩河、流饭桥、二十里堡东信柜九处。

(常之英修,刘祖干纂:《潍县志稿》,卷二十六,交通志,邮务,民国三十年铅印本。)

〔清光绪二十七年,山东沂州府蒙阴县〕 光绪二十七年始设邮政局,凡官私文函,粘贴邮票,准重计值,官商称便。

(清 沈毂清修,陈尚仁等纂:《蒙阴县志》,卷二,建置志,附邮政,清宣统三年修,民国间抄本。)

〔清光绪二十七年至宣统元年,山东兖州府曲阜县〕 前清光绪二十七年九月二日开办邮政支局,宣统元年改为二等邮局。

(孙永汉修,李经野、孔昭曾纂:《续修曲阜县志》,卷五,政教志,交通,民国二十三年铅印本。)

〔清光绪二十七年至民国初年,山东蒙阴县〕 光绪二十七年,县设邮政局,而驿递胥裁,凡官私文函,粘贴邮票,计重付值,官民称便。民国成立,其重要事件又用电报,更为捷矣。

(黄星垣、赵家琛等编纂:《蒙阴县志》,卷三,党政农商,邮铺,民国二十年前后编纂,稿本,蒙阴县志办公室一九八七年整理铅印本。)

〔清光绪二十七年至民国二十三年前后,山东临清县〕 临清之有邮政为光绪二十七年,初置邮政代办所,二十九年改为三等邮局,三十年升为二等,而包裹挂号快递汇兑依次推广焉。计辖三等邮局一,办公所十六,城关信柜二处,村镇信柜十处,总局在锅市街。

(张自清修,张树梅、王贵笙纂:《临清县志》,建置志,交通,民国二十三年铅印本。)

〔清光绪二十八年至民国二十三年前后,山东昌乐县〕 邮政局,在城十字口西,与电报局合为一处,始于光绪二十八年六月设邮政代办处。三十年胶济铁路工竣,为谋商民便利起见,改为二等邮局。……初开办时,每平信一封须附邮费三分。后以生活程度增加,于民国十七年即将邮费由三分改为四分。继因东省被占,开支入不敷出,又民国二十一年将邮费由四分改为五分。本县每年平均邮件数目在四万件左右,每年平均收入在六千元左右,各项支出约在五千元,汇兑在六万元左右。

(王金岳修,赵文琴、王景韩纂:《昌乐县续志》,卷六,建置志,邮政局,民国二十三年铅印本。)

〔清光绪二十八年至民国二十六年前后,山东博山县〕 清光绪二十八年,西历一九零二年一月十日开办二等邮政局一,在西冶街;设代办所一,在八陡镇。现邮局移于胶济路站,代办所增至三处,信柜五处。

(王荫桂修,张新曾纂:《续修博山县志》,卷四,交通志,邮政,民国二十六年铅印本。)

〔清光绪三十年至民国二十五年前后,山东寿光县〕 铺递之制废除后,清光绪三十年西关始设邮政代办所。民国二年改为三等局,移城内。五年升二等局。邮务分二段,一由寿光至广饶,一由寿光至昌乐,设信柜十四于乡属。……公文私函往来称便,惟汇款则有今昔之殊。缘自东三省九月十八日之变,在外营业谋生者相率回籍,故由外汇入之款,自民国十年至二十年每岁平均约十二万元有奇,二十年后每岁仅汇五千余元,其故可思矣。至每年销售邮票,约在四千八百元左右不等。

(宋宪章修,邹允中、崔亦文纂:《寿光县志》,卷十,交通志,邮政,民国二十五年铅印本。)

〔清光绪三十一年,山东济南府新城县〕 光绪三十一年,县城内置邮政局,外乡张店、索镇皆有分局,传寄书信物件,人甚便之。

(袁励杰等修,王寀廷等纂:《重修新城县志》,卷七,建置志,邮传,民国二十二年铅印本。)

〔清光绪三十一年至民国九年,山东桓台县〕 本县邮政创设于光绪三十一年,其时犹为商家代办性质。民国九年八月始正式成立邮政局,并设代办分局二,曰索镇,曰田家庄;信柜三,曰扒头桥,曰北石桥,曰曹村。

(佚名纂修:《桓台县志》,卷二,法制,交通篇,邮电,民国二十三年铅印本。)

〔清光绪三十二年至民国九年,山东清平县〕 本县邮务创始于前清光绪三十二年十一月,初系邮寄代办所。至民国九年十二月二十九日始升为三等邮局,直属于山东邮政管理局。

(梁钟亭、路大遵修,张树梅纂:《清平县志》,交通志四,邮传,民国二十五年铅印本。)

〔清光绪三十二年至民国二十二年,山东莘县〕 莘县邮局,自前清光绪三十二年由铺商代理,名曰邮寄代办所。民国八年十一月,以地方情形所需要,山东邮政管理局令派巡员张育周来莘筹备,租赁房所,改立三等邮局。一切完备,改委丁立瑛任局长,雇觅城信差一名,专送城内信件。九年二月,改为二等邮局,添办汇票事务,以利商民,并加添村差一名,专送乡村邮件。自此以后,局长迭有调动,办理均甚完善,营业日见发达。"九・一八"事变,受伪国劫邮影响,邮政当局即将东三省及热河邮政完全封锁,以致邮政营业收入锐减,不敷开支,不得不裁员减政,以资撙节。二十二年五月,奉令将村差裁撤。十一月,改为三等邮局。

（王嘉猷修,严绥之纂:《莘县志》,卷二,建设志,邮局,民国二十六年铅印本。）

〔清宣统二年至民国初年,山东单县〕 邮政局,初名代办所,清宣统二年正月,全省驿站裁撤,改为三等邮局,内设局长一。民国元年,邮务日增,添办汇票,改为二等邮局,添襄办一。城信差二,每日按时投送城厢信件。昼夜间路线二,一自本县至金乡,邮差二;一自本县至城武,邮差一。间日一发之路线,一自本县至虞城,循环村镇信投递接收乡间信件;一环行城东西两方,一环行城南北两方,每四天环行一周,但有指定村庄,每方指定者有一百八九十村庄不等。外分邮寄代办所六处,投递与收寄该代办左右村庄邮件。丙种信柜六处,职务与代办同。乙种信柜七处,只接收信件。

（项葆桢等修,李经野等纂:《单县志》,卷三,赋役志,邮传,民国十八年石印本。）

〔清宣统三年至民国五年,山东济阳县〕 宣统三年,济邑商号永德和代办信柜,经理收寄信件。旋于是年八月间改为二等邮政局,侯振邦充局长,斯时开创伊始,仅收寄平信及挂号邮件耳。民国三年春,侯君调省。继任局长纽省三,诸事如恒。民国五年,局长陈守常开办汇票事务,邮务日渐扩充。

（路大遵等修,王嗣鋆纂:《济阳县志》,卷六,交通志,邮政,民国二十三年铅印本。）

〔民国二年,山东广饶县〕 清光绪十九年至二十二年下诏裁驿改邮,本县于民国二年七月设置邮局,推行以来,四民称便。

（潘莱峰等修,王寅山纂:《续修广饶县志》,卷十一,政教志,交通,民国二十四年铅印本。）

〔民国三年以前至二十二年,山东茌平县〕 茌邑在民国三年以前仅有代办所之设置,至民国三年始改设三等局,至民国八年以后,因业务增进,汇兑较多,遂升为二等局。然自二十年"九・一八"东北四省失守以后,外来之汇兑大减,盖茌平地瘠民贫，向关外谋生者不少，自交通断绝以后，进款日减。又于民国二十二年仍降为三等局，盖每年减去汇兑一百三十余万也。

（牛占诚修，周之桢纂：《茌平县志》，卷六，交通志，邮政，民国二十四年铅印本。）

〔民国三年以后，山东东阿县〕 邮政局，民国三年设立，住西城邮政街，邮寄代办所十六处……信柜四处。

（周竹生修，靳维熙纂：《东阿县志》，卷九，政教志，交通，民国二十三年铅印本。）

〔民国四年至二十二年，山东陵县〕 民国四年，陵县始有邮寄代办所之设立，当时由城内西街广来兴杂货铺承办。越二年，广来兴歇业，改由县署前广兴和商号接办，均不过单纯邮寄信件而已。迄民国八年，始改为二等乙级邮局。斯年冬，甫能开发及兑付汇票，嗣因民国二十年"九·一八"事变发生，二十二年春热河又被日本侵占，东北四省先后丧失，民众赴东北谋生者骤失出路，流落彼地者亦告失业。故邮局营业状况因而萧条，总局为节省经费起见，于民国二十二年春明令改为三等甲级邮局。

（苗恩波修，刘荫歧纂：《陵县续志》，卷三，第十编，交通，民国二十四年铅印本。）

〔民国八年以前至二十五年前后，山东德平县〕 最早为邮政代办所，民国八年始成立三等邮局，十五年改为二等邮政局。汇兑状况，从前本县民众赴关外谋生者数万人，每年汇款至家亦有数十万之巨。自东三省事变以后，遂形停顿，本县金融大受影响。近虽汇兑可通，而生业维艰，几如晨星寥落。

（吕学元修，严绥之纂：《德平县续志》，卷九，交通志，邮电，民国二十五年铅印本。）

〔民国九年以后，山东沾化县〕 邮局，系三等甲级邮局，民国九年设立于沾化城里。管理界线除黄升镇、流钟镇拨归滨县邮局外，所有沾化全县及无棣属之下洼、阳信属之陈家楼，统在范围以内。分设代办所，只下洼一处。村镇信柜，有陈家楼、富国镇、泊头镇、辛集、义和庄六处。

（梁建章等修，于清泮纂：《沾化县志》，卷六，建设志，交通，民国二十五年铅印本。）

〔清光绪十二年至宣统三年，江苏镇江府丹徒县〕 邮政总局，在江边大马路。光绪十二年，商人暂借镇江关验货厂试办，初名文书馆。十五年，改名邮政局，迁大马路。二十二年二月，奉旨允准总税务司赫德所拟开办镇江总局，与北京、天津、上海等二十四处同时设立，邮政遂归官办。继设支局二，一设西门内堰头街，一设西门外柴炭巷，市镇稍大者均设邮柜。宣统三年，驿站裁撤，归并邮政。

（张玉藻、翁有成修，高觐昌等纂：《续丹徒县志》，卷七，武备志，邮政，民国十九年刻本。）

〔清光绪二十六年，江苏淮安府清河县王家营〕 光绪中，清廷试行邮政，二十六年，王营遂有信柜之设，驿亭尤衰落，夫马钱粮，日以裁削。昔者，清口驿有递马九十匹，待食于马号者五十余户。讫于逊国，才余四骑，生意殆尽矣。

（张震南纂：《王家营志》，卷三，交通，民国二十二年铅印本。）

〔清光绪二十六年至宣统三年，江苏扬州府高邮州〕 光绪二十六年，北城外设大清三等邮政局一所。二十七年，界首镇增设三等局一所。二十八年，南城内增设邮信柜一处。二十九年，北城外东街增设邮信柜一处。三十一年，加收信资一分，合原收为二分。三十四年，南城外增设邮信柜一处。宣统三年，城内中市口增设邮信柜一处。

（胡为和等修，高树敏等纂：《三续高邮州志》，卷三，交通志，邮政，民国十一年刻本。）

〔清光绪二十七年至三十四年，江苏常州府江阴县〕 邮政局，光绪二十七年设立于北外大街，为二等局。三十四年，设分局于青旸。

（陈思修，缪荃孙纂：《江阴县续志》，卷三，建置，官局，民国十年刻本。）

〔清光绪二十七年至三十四年，江苏镇江府丹阳县〕 邮务局，光绪二十七年八月于县治东四牌楼租赁民房开办。三十四年九月，移双井巷。

（胡为和等修，孙国钧等纂：《丹阳县续志》，卷二十三，交通，邮政，民国十六年刻本。）

〔清光绪二十七年至民国十五年前后，江苏铜山县〕 邮政局，在丁字巷，清光绪二十七年设。分局八所：沛、丰、砀山、萧敬、安集、暑兰、双沟、利国驿。

（余家谟等修，王嘉诜等纂：《铜山县志》，卷十一，建置考，局所，民国十五年刻本。）

〔清光绪二十八年至民国八年，江苏泗阳县〕 邮政局，清光绪二十八年设于众兴镇南街。民国五年增设于县城东街。八年，改众兴邮政局为二等局，改县城邮政为三等局。是年，并添设邮务代办所七，一南新集，一里仁集，一北王集，一洋河镇，一仰化集，一史家集；郊外信柜六，一李家口，一三岔集，一陈老圩，一仓家集，一临河集，一中央庄。

（李佩恩修，张相文等纂：《泗阳县志》，卷二十，交通志，邮电，民国十五年铅印本。）

〔清光绪二十八年至民国八年，江苏高邮〕 民国元年，邮城及界首两局俱改为二等邮局，信资加收一分，境内著名乡镇皆陆续通邮。樊汊设二等邮局，临泽

（光绪二十八年起）、王家营、三垛（民国二年起）、柘垛、车逻、张家庄、永安各设邮政代办所，时堡、二沟各设信柜一处（王家营、临泽、樊汊、永安、时堡邮务不属高邮邮局管辖，故设立年月不能悉详）。六年，邮局迁至城内，北城门外添设信柜一处，邮片原收一分，是年加收半分。八年，于六总五里卸甲庄添设邮政信柜一处。

（胡为和等修，高树敏等纂：《三续高邮州志》，卷八，县附录四，交通，邮政，民国十一年刻本。）

〔清光绪二十八年至民国九年，江苏六合县〕 自光绪二十八年创设邮政，民国五年升为二等邮务支局。近于四乡集镇添置邮箱，信息已无地不通。况乎水路初于光绪二十四年兴，有小轮由镇江通六合，继又于二十九年由南京下关至六合亦有轮船行驶，交通之便，非他县所可语及。近复兴议添设电报、安置电线，与浦口电局相接。六合虽小邑，盖几几与通都埒矣。

（郑耀烈修，汪昇远等纂：《六合县续志稿》，卷三，地理志下，交通，民国九年石印本。）

〔清光绪二十九年至民国二十年，江苏泰县〕 邮政创始清光绪二十九年，直辖于南京邮政管理局。城区设局，先于北门外坡子街，嗣迁徙或城内或仍城外，均赁民房（按：邮区与行政区不同，例如塘头、郭村、万小庄等处，本属江都，在邮务上则划归泰局管理。而县境内小纪、樊汊之代办所，则就近由江都、高邮节制）。

（单毓元等纂修：《泰县志稿》，卷十七，交通志，邮政，民国二十年修，一九六二年油印本。）

〔清光绪三十年以后，江苏扬州府兴化县〕 官府文书，曩恃船递，民间信件，尤难克期。自光绪三十年，丹徒潘某始奉令设兴化邮政支局，民国七年改为二等邮局。其后，业务发达，推及乡镇，计全县有二等局一、三等局一、代办所六、信柜十。本城东南北三门添设信箱，局址初设四圣观，旋迁大街，现在武安街，刘庄局在东街北首。

（李恭简等修，钮敦仁等纂：《兴化县续志》，卷九，交通志，邮递，民国三十三年铅印本。）

〔清光绪三十三年，江苏徐州府沛县〕 光绪三十三年，沛县初设邮柜，由商号代办。

（于书云修，赵锡蕃纂：《沛县志》，卷五，建置志，代办邮局，民国九年铅印本。）

〔清光绪年间，江苏常州府宜兴、荆溪县〕 邮政之始，附属税务司，嗣改归邮传部，与船政、路政、电政各立专司管理。先试办于各行省海关，其后乃推行于各府县,成效渐著。宜、荆两县先在商肆附设信柜,后改代办,均隶于常州邮局。至光绪二十三年五月,在县东街开办二等邮局,始通汇兑,直接南京总局。

(徐保庆修,周志靖纂:《光宣宜荆续志》,卷一,地理志,邮政,民国十年刻本。)

〔清光绪年间至宣统二年,江苏苏州府昆山、新阳县〕 光绪之季推广邮政,昆山亦设邮箱。至宣统二年乃设局于大街,地区五图复推行,各乡镇或仅设邮箱,或设立分局,于是民局生涯益形寥落矣。

(连德英等修,李传元纂:《昆新两县续补合志》,卷五,交通,民国十一年刻本。)

注:记事至清宣统三年(1911)。

〔清代后期至民国七年,江苏南京〕 清季创设邮局,乃裁提塘改文报局,接收驿站,往来公文半由邮局转递,邮局自此益兴。民国七年,建新局于下关大马路,又设内桥、竺桥、丁家桥、汉西门、南门、奇望街、讲堂街、新街口、陵园、鼓楼、三牌楼、京沪车站、津浦车站等支局十四所。

(叶楚伧修,王焕镳纂:《首都志》,卷九,交通,邮传,民国二十四年铅印本。)

〔民国十五年前后,江苏江都县〕 邮政局,在砖街,掌收发邮政,由镇江关邮政司及税务司派员经理。

(钱祥保修,桂邦杰等纂:《江都县续志》,卷二,建置考,邮政局,民国十五年刻本。)

〔民国二十年前后,江苏泰县〕 民立信局创始于濒江沿海各省,后遍内地。吾邑城西有老公盛,城内有全盛,营业亦颇发达。自邮政兴办以来,此业稍衰,然汇兑不通之处以及遐陬僻壤,往往赖为救济。邑内民信局约十余家。

(单毓元等纂修:《泰县志稿》,卷十七,交通志,附民立信局,民国二十年修,一九六二年油印本。)

〔民国二十三年前后,江苏南京栖霞镇〕 栖霞无邮政局,栖霞街设有邮政代办所,每日上午十一时寄递一次,均系由下关转递,每日来信约在下午三时,惟银洋不能汇寄。

(陈邦贤编:《栖霞新志》,第三章,交通,邮政,民国二十三年铅印本。)

〔清咸丰十一至三十七年,浙江〕 我国邮政自清咸丰十一年海关邮政始,逮光绪二十二年,始有大清邮政局之设立。是年九月,浙江温州首先开办邮局,十二月宁波继之,次年杭州亦设邮局,均称副总局。至民国三年,温、甬两局始改为一等局,杭局则为全区管理局,局址初设官巷口,后在城站自建大厦。抗战期中,全部员工撤退,稍后始部分员工奉令返杭复邮。初办时,邮政本由海关兼管,浙江区在宣统三年方正式与海关划分权责,独立经营。民国六年裁撤驿站,所有衙署公文统由邮局寄递。但当时民信局活动甚剧,据民国十年调查统计,当时未向邮局登记之信局,尚有三百四十家。宁波、杭州等地又设有客邮(宁波有英法邮局,杭州有日本邮局)。民国十年,华盛顿会议议决,客邮始告撤销。……浙省各级邮局共计一百五十所,大县一县有数所,杭市有汽车邮局二个,邮亭八座,代办所全省有一千五百九十四处,信柜及代售处共二千六百二十五处,共计四千三百七十九处(三十七年二月底统计)。

(浙江省通志馆修,余绍宋等纂:《重修浙江通志稿》,第九十八册,交通,邮政,一九四三年至一九四九年间纂修,稿本,浙江图书馆一九八三年誊录本。)

〔清同治年间至民国二十年,浙江杭州市〕 杭州市有民信局七家,创设于前清同治年间,七家各有总局、分局之设立,局所集中于珠宝巷、鼓楼湾二处。资本总数计二千五百九十元,二十年营业总数计七千零七十元,统计二十年寄递进出件数共计六十九万三千九百件,宁、绍、金、衢各县信件分由鼓楼湾各局递送,杭、嘉、湖各县信件分由珠宝巷各局递送。其递送方法大都自备民船分送各处联局转递,寄费甚廉,每件自一分六厘起,至二分五厘止,最高寄费仅及邮政平信之半。各局在本市分发信件者十一人,每人月给工资十二元,全年共计一百三十二元,开支亦省。邮电发达,民信局之营业例应中落,渐趋淘汰,亦势使然。

(浙江省通志馆修,余绍宋等纂:《重修浙江通志稿》,第九十八册,交通,邮政,一九四三年至一九四九年间纂修,稿本,浙江图书馆一九八三年誊录本。)

〔清光绪二十二年至民国十一年,浙江宣平县〕 邮递:清以前之邮政,初不过铺递而已。铺递者,即择道设站处也。宣平蕞尔小邑,不建驿馆,仅于十里设一铺舍(旧《志》详兵防),以次达于县。旧铺自县境达于省治,由处州而温州,由温州而杭州。寻常公文均由铺司传递,其紧急者谓之钉封,则兼程而进,不能逾标定之期限,此清世驿递之法也。至光绪四年,始仿办邮政。二十二年,乃设邮政专局,官中文报改用邮递,而驿站铺司之制遂废。宣邑僻处万山弹丸之地,文化输入较为迟滞,故邮递一节,至民国初年始有之焉。邮政代办所:民国初附设太平坊吴恒和店,名曰邮政分局,至民国十一年,转设温益泰店,改名邮政代办所。

(何横、张高修、邹家箴等纂:《宣平县志》,卷一,舆地志,交通,民国十五年修,民国二十三年铅印本。)

〔清光绪二十二年至民国二年，浙江〕　国内邮政正式成立于逊清光绪二十二年，当时依照通商口岸标准，将全国划分为若干邮区，本省有杭州、宁波、温州三区。其后改以行政区域为标准，将浙江省分为浙江邮界，仍以宁波与温州各为副邮界。至民国二年，乃改订以各行省为邮区单位，本省称浙江邮区，设管理局一，统辖全区之邮政局。

（姜卿云编：《浙江新志》，上卷，第九章，浙江省之建设，邮电，民国二十五年铅印本。）

〔清光绪二十二年至民国二十一年，浙江〕　国内邮政正式成立于逊清光绪二十二年，当时依通商口岸标准，将全国划分为若干邮区，本省有杭州、宁波、温州三区。其后改以行政区域为标准，将浙江省分为浙江邮界，宁波与温州各为副邮界，至民国二年复行改订，以我国各行省为邮区单位，浙江省称为浙江邮区，设管理局一，设在杭州，为统辖全区邮政之总机关。民国五年，本市总局设官巷口，分局设清河坊、城站、拱宸桥三处。十三年，总局设三元坊，分局设清河坊、城站、笕桥、江干、拱宸桥五处。民国二十一年，局所增加更多，全省有五百四十五所，本市有支局六，二等局六，三等局一。邮路亦激增，全省数为一万八千五百三十四公里，本市无考。职工人数，全省为九百八十三人，本市无考。

（千人俊编：《民国杭州市新志稿》卷十三，邮政，民国三十七年修，杭州市地方志编纂办公室一九八七年铅印本。）

〔清光绪二十六年至民国二十年前后，浙江汤溪县〕　汤溪邮政创始于清光绪二十六年，先在城设三等邮局，翌年又在罗埠设三等邮局，后又在洋埠添设三等邮局，城局邮件亦由洋埠转送。中华民国元年颁发本省邮政试办章程及到达日期程限表。由杭州至汤溪限三日，迟则四日。因信件无多，将本城及罗埠、洋埠三局均改为邮政代办所，不设专局，隔日开班，交通仍复阻滞。民国四年，县知事丁燮详请仍设专局未准，仅将汤溪至兰溪隔日开班之邮路改为逐日开班而已，后又改称邮寄代办所，今县境设有邮寄代办所三处。

（丁燮等修，戴鸿熙纂：《汤溪县志》，卷五，建置下，邮政，民国二十年铅印本。）

〔清光绪二十八年至民国年间，浙江衢县〕　邮政局，自光绪二十八年创办是局时，风气未开，尚附民局信班而行，仅以小包分送报纸、函件，迨二三年后遂日见发达，分设邮柜。民国成立，定为二等局，由县西街迁至老天后宫街。

（郑永禧纂：《衢县志》，卷三，建置志，邮电，民国十五年修，民国二十六年铅印本。）

〔清光绪二十八至民国二十四年前后，浙江临海县〕　邮政局二处：一在城内,名曰台州城内邮政局;一在海门,名曰台州海门邮政局,光绪二十八年六月设立。台州城内邮局管辖邮寄代办所七处……海门邮局管辖邮寄代办所三处。

(张寅修,何奏簧纂:《临海县志稿》,卷五,建置,邮电,民国二十四年铅印本。)

〔清光绪二十九年,浙江嘉兴府平湖县〕 邮政局,平湖、乍浦初各设信箱。光绪二十九年,平湖设分局,在学前街;三十二年,乍浦设分局,在南门外大街。

(季新益等修,柯培鼎等纂:《平湖县续志》,卷一,建置,交通,民国十五年修,抄本。)

〔清光绪二十九年至民国十一年,浙江松阳县〕 光绪二十九年,邑令叶昭敦请设松阳邮政代办处于太平坊义和洋货店。宣统元年,又设古市代办处于三角坛徐履厚店。民国三年,松阳改设三等邮局,置局所于县前。六年,添设邮汇,始得汇寄银洋。十一年,经理丽水电报局电信,又设邮政信柜于东乡循居口。其路北走遂昌六十里,每日一至,由遂达龙游以承省城;上游可以通京东走碧湖八十里,隔日一至,由碧达丽水而承永嘉上游可以出海;邻县惟东北六十里至宣平,其余他邑不能径及焉。

(吕耀钤、秦丰元修,高焕然纂:《松阳县志》,卷二,建置志,衙署,民国十四年木活字本。)

〔清光绪三十年以后,浙江杭州府海宁州〕

海宁州邮政局简明表

所 在 地	开 办 年 份	交 通 起 讫
硖石	清光绪三十年	硖石起,沪杭讫
州城	清光绪三十二年	州城起,杭嘉讫
长安	清宣统元年自州城移设	长安起,沪杭讫

按:自邮政通行,往来行政公件以及私家函牍由局邮送,较为便捷,每县择要设立邮局,各处乡镇另设邮柜,以利交通。

(清 李圭修,许传沛纂,刘蔚仁续修,朱锡恩续纂:《海宁州志稿》,卷六,建置志,邮传,清光绪二十二年修,民国十一年续修铅印本。)

〔清光绪三十三年至民国十九年前后,浙江寿昌县〕 邮政局,清光绪三十三年由胡近南创办,附设本城中街胡济生药店内。原名邮政代办所,民国九年改为三等邮政局,并租设局址于西湖桥下直街民房。更楼、大同二镇,现各设邮务分柜一处。

（陈焕等修，李钰纂：《寿昌县志》，卷四，建置志，局，民国十九年铅印本。）

〔清宣统三年以后，浙江萧山县〕 自宣统三年，驿站全裁，文报均由邮局递送。

（彭延庆修，杨钟義等纂：《萧山县志稿》，卷二，山川门，驿站，民国二十四年铅印本。）

〔清朝末年，浙江杭州〕 中国以驿站递送公文，民间信件则惟信局是赖。光绪初年，始择通商口岸设送信官局，由总税务司暨各关税务司兼办，继乃渐议推广，而陈说邮政便利者亦渐多。二十二年，奏定邮政章程，并与各国联会，使撤回在华各局，中土驿站亦拟渐裁，由是逐渐推行于内地（以上约总理衙门奏议及邮传部四政概要）。杭州既为通商口岸，开办早于腹省，数年之间，阛阓城镇次第设局，虽山僻各县为轮船铁路所未经，电局更不及编设者，莫不有邮局焉。

（齐耀珊修，吴庆坻等纂：《杭州府志》，卷一百七十五，交通，邮政，民国十五年铅印本。）

〔清朝末年至民国二十六年前后，浙江鄞县〕 本县邮政自清季设立，今已渐推渐广，凡繁盛乡镇无不设有代办所及信柜。

（张传保等修，陈训正等纂：《鄞县通志》，舆地志，寅编，交通，民国二十六年铅印本。）

〔民国初年，浙江海盐县澉浦镇〕 澉浦向无邮政，书信物件皆由信局传递。自民国初年设立邮政代办所，计有澉镇、甪里堰、长川坝三处。

（程煦元纂：《澉志补录》，邮电，民国二十五年铅印本。）

〔民国二年至十三年前后，浙江定海县〕 邮政支局，查初立时附设于商店内，民国二年始设支局，八年改为二等邮政支局，属宁波邮政局管辖，局址在城中状元桥下。邮政代办所，定海邮局管辖之代办所共有六处，其三处在象山境内，其在定海者为沈家门、岱山、普陀三处，皆附设商店内。信柜，城道六处，乡区三处（大展、句山、白泉），海山三处（朐山、桥头、高亭，皆属岱山代办所）。

（陈训正、马瀛纂修：《定海县志》，交通志，邮信，民国十三年铅印本。）

〔民国十四年，浙江分水县〕 邮政局，在中城，十四年七月设立。分设代办所五处：毕浦、歌舞岭、百江、合村、印渚埠。分置信柜六处：珠村、塘坞、金竹坞、罗坎、儒桥、百岁坊。

（钟诗杰修，臧承宣纂：《续修分水县志》，卷二，建设志，交通，民国三十一年铅印本。）

〔民国十八年前后，浙江嘉兴县濮院镇〕　邮政局，局长一人，职员二人，收挂号快信、汇兑、包裹，每年售票六千元。

（阎幼甫修，陆志鸿等纂：《嘉兴新志》，第一章，地理，濮院镇，民国十八年铅印本。）

〔民国二十五年前后，浙江汤溪县〕　邮政代办所：汤溪、罗埠、洋埠，信件递省日期三天。

（姜卿云编：《浙江新志》，下卷，第五十九章，汤溪县，交通，民国二十五年铅印本。）

〔清光绪二十二年至民国二十三年前后，安徽〕　我国邮务创议于清光绪十一年宁海关税务司葛显理，试办于光绪十六年三月总税务司赫德，正式成立于光绪二十二年二月初七日，仍归总税务司兼管。时分全国为三十五邮界，以通商口岸为标准，就通商口岸邻近之一带划设一邮界，每一邮界设邮政总局一所。安徽分为芜湖、大通两邮界，于芜湖、大通各设总局一所。宣统二年，邮传部收回接管，因变更邮政区域，以行政区域为分划标准。全国设邮界十四，副邮界三十六，共为五十五区。安徽为副邮界，隶属于江苏，设副界总局于安庆，其芜湖、大通两局，则改为副总局。民国三年一月一日，另定新邮区制，以一行省为一邮区，全国分二十一邮区，每区设一邮务管理局于省城。安徽邮务管理局设于安庆，以邮务长统辖全省邮务，并改芜湖为一等局，大通为二等局。民国二十年一月一日，交通部为节省开支便于管理起见，以安徽与江苏邮区合并，设立邮务管理局于南京，安庆则改为一等甲级邮局。……省内铁路邮线计长六百零二里，汽车路邮线计长一百一十里，轮船暨快船之邮线计长二千四百零二里，跑差重要邮线计长二万三千零三十九里，跑差次要邮线计长一千七百五十一里。跑差之邮班，计分为昼夜兼程班、逐日班、间日班、三日班、三日以上班。按：我国未设邮局以前，驿站铺递而外，又有文报局。据邮政事务总论谓，系光绪二年设立，盖以廷寄驻外公使文报递至上海，交该埠外国轮船寄送，并于上海传送进口文报。嗣各省大吏以驿递文报费时久而需款巨，亦改设文报局，以文报交轮船投递。暨铁道兴修，并利用火车输运及邮政进步，乃始陆续裁撤，其次则民信局。盖驿站铺递专供政府之用，而民间私人书缄，迄无何等之设备，故遇紧急事件或派家丁、或雇脚夫，殊形繁费。海通以后，宁波信局乃应运而兴，其组织严密亦不亚于泰西之邮局也。民国以来迭次查禁，然至今犹有存者。吾院则又有徽州信栈开设旅馆于省城、大通、芜湖各通商口岸，专替徽商递寄信件、输送包裹。自汽车路通行以后，将不禁自绝矣。

（安徽通志馆纂修：《安徽通志稿》，交通考，邮务，民国二十三年铅印本。）

〔清光绪二十二年，安徽太平府芜湖县〕　邮政，光绪二十二年总理衙门奏定于通商口岸试办邮政局，由总税务司责成各新关税务司兼办。芜湖亦于是年设立，惟是时民办信局甚多，人民不谙邮章，所有寄件大半仍由信局汇交邮局，嗣后渐次推广，信局遂就销灭，设总局于新关间壁，分支局于长街徽州会馆。民国间，复在青石街马路增设分支局二所。乡镇则由店铺代办，沿街安置信筒，颇称便利，惟包裹仍须由总局收寄。

（余谊密等修，鲍实等纂：《芜湖县志》，卷二十九，政治志，交通，民国八年石印本。）

〔清光绪二十八年，安徽宁国府宁国县〕　清光绪二十八年，宁邑始设邮政代办所于河沥溪、县城西街、港口等处。民国七、八两年，河沥溪、县城两处复先后设立三等邮局，分东西两路，东路通平亭渡、虹龙甸、宁国墩、石口、狮桥、仙家村、云梯，达浙江于潜；西路通竹峰铺、桥头铺、济坑、东岸、胡乐，达徽州绩溪，现计全县三等局二、代办所八、信柜六，其西北线行汽车，尤见迅速。

（李丙麐等修：《宁国县志》，卷三，交通志，邮政，民国二十五年铅印本。）

〔清光绪二十八年至民国十一年，安徽太和县〕　太和邮务，光绪二十八年始设邮寄代办所，民国五年十二月，改为三等邮局，安庆管理局派主任员兼辖六代办所。旧县集、苏集、税子铺、三塔集、玄墙集、愧邱集等代办所六年七月升为二等邮局，遂增一切汇兑事宜。至九年六月，增设村镇邮站十七处，八里店、双浮图、齐桥、黑虎庙、胡集、李兴集、光武庙、蔡庙、龙冈集、高庙集、西新集、滑集、闻集、两河口、界牌集、草寺集、双河集，四日一班。十二年九月，将繁盛邮站之黑虎庙、李兴集、光武庙、蔡庙、高庙、草寺集等处改升为信柜。十一年九月，因汇兑发展，并改升为乙丙总汇办法，以便利地方。

（丁炳烺等修，吴承志等纂：《太和县志》，卷二，舆地、邮务，民国十四年铅印本。）

〔清光绪三十年至民国二十五年，安徽桐城县〕　桐城邮政，以前仅有驿站暨民局代递，信件无分平、快，概须制钱百文，用费既多，递送迟缓。迨至光绪三十年，始设县邮局，逐渐推行各乡镇。现在县境共设邮局七所，城内为二等局，棕阳为三等局，他如汤家沟、孔城、金神墩、青草坝、练潭等处，均设有分局，直属安庆总局，汇兑包裹，挂零快邮，照寄无误，且于人烟稠密之各村设有代办处，尤称普遍。

（徐国治修：《桐城县志略》，十一，交通，民国二十五年铅印本。）

〔清光绪年间以后，安徽凤阳府凤阳县〕　邮政：清光绪年，创设于府城、临淮两处。其后蚌埠因平浦路发展，营业户口繁盛，遂于该处设一等邮局，临淮为二等局，府城为三等局。红心、刘府、小溪集、小溪河、长淮卫、门台子、板桥、三铺各处，各设邮局代办所一所，村镇信柜则设于井头、总铺、徐家桥等处。

（易季和纂修：《凤阳县志略》，交通，邮政，民国二十五年铅印本。）

〔**清宣统二年至民国九年前后，安徽全椒县**〕　全椒邮政局，清宣统二年十一月初一日开办，初赁下埠民房，在袁家湾街，现迁移上埠凤凰桥街。民国元年后，各乡区亦设立分所，由商号代办，或三日或五日七日，寄递班次不等。

（张其濬等修，江克让等纂：《全椒县志》，卷二，舆地志二，邮政，民国九年木活字本。）

〔**清宣统三年，安徽颍州府涡阳县**〕　清光绪二十二年，裁驿归邮，委其事于海关税务司试办，于通商口岸逐渐达各行省。安徽邮政滥觞芜湖，二十四年大通设局，宣统三年收邮权于邮传部，饬地方编设邮局，以收统一之效。涡于是年设立邮政代办所，民国四年改三等邮局，派专员经理，京沪省道，便借津浦、陇海两路以资传达。五年改为二等，包办全国汇兑，义门集代办所亦于三年改升三等。其他如高炉集、龙山集、赵旗屯、张村铺、曹市集、石弓山，均先后设立代办所，复派邮差携邮票周行于楚店集、柘树店、路家集、临湖铺、孙村店、彪狸铺、花沟集、宝冢寺、新兴集、重兴集、丹城集、青疃集、殷家庙、顺河集等处，五日一次，收受邮件，乡民便之。

（聂宪藩修，黄佩兰等纂：《涡阳风土记》，卷二，疆域，交通，民国十三年刻本。）

〔**清朝末年至民国二十五年前后，安徽亳县**〕　本县邮局，设于北关外老砖街，距创立迄今，已有三十五载，由邮政代办所递进而为三等二等及二等甲级邮局，业务甚形发达。

（刘治堂纂修：《亳县志略》，交通，邮政，民国二十五年铅印本。）

〔**民国二十五年前后，安徽临泉县**〕　邮政：本县设治后，仅有邮寄代办所一所，嗣经本府呈请设立邮局。洎本年春始行设立三等邮局于城内东大街。乡间邮寄代办所，计有杨桥集、鮦阳城、彭马庄、姜蹇、瓦店、韦寨、长官店、老集、刘兴集、滑集、土波集、方集等处。惟邮线尚未划定，传递稍嫌迟滞。

（刘焕东纂修：《临泉县志略》，交通，民国二十五年石印本。）

〔**清光绪二十九年至民国七年，江西大庾县**〕　邮政局，在水城上大街，清光绪二十九年设立，初名南安邮政局，民国七年改为二等邮局。自驿站裁后，公文均由邮递。境内共有代办所四处，其路线南通湘粤，北达各省。

（吴宝炬等修，刘人俊纂：《大庾县志》，卷二，地理志，交通，民国八年刻，十二年印本。）

注：大庾县一九五七年改名大余县。

〔清朝末年至民国二十五年，江西〕　江西邮政自成立迄今已四十七年，初名邮政总局，附设九江海关内，由税务司兼任邮政司。旋当局为谋邮务之发展，乃脱离海关另派邮务长专司其事，并迁省会南昌办公，易名为江西邮务管理局。至民国二十五年，复改为江西邮政管理局。

（吴宗慈修，辛际周、周性初纂：《江西通志稿》，庶政略，交通，邮政，一九四九年稿本，江西省博物馆一九八五年整理油印本。）

〔清光绪三十二年至民国二十九年前后，江西分宜县〕　分邑邮政自清光绪三十二年开设代办所，宣统元年即立邮政局，民国初元更设日夜快班，自是邮政局长归省邮政总局委任。至邑中重要各市设有信柜及代办处，概系慢班制，须五日一次，其管理权多归宜春邮政局执行。惟近来邮电合作，邮局范围更觉较前扩大耳。

（萧家修修，欧阳绍祁纂：《分宜县志》，卷二，地理，交通，民国二十九年石印本。）

〔清光绪年间至民国二十四年前后，江西萍乡县〕　邮政局、电报局，两局均光绪间建设，系赁民屋办公，尚未建真局所。

（刘洪辟纂修：《昭萍志略》，卷二，营建志，邮政，民国二十四年木活字本。）

注：《昭萍志略》即萍乡县志。

〔清光绪九年至民国初年，福建南平县〕　旧有走递夫、京报夫、塘递夫之名，至光绪九年间，福建始办电报，南邑设电报局于马站。二十九年，又设邮政局于城，设分柜于各市镇，此为邮电之嚆矢也。民国初载，驿站尽废，公私文件书信紧要者多以电达，平常者付诸邮政，传送敏速，商民称便。

（吴栻等修，蔡建贤纂：《南平县志》，卷十，交通志，民国十七年铅印本。）

〔清光绪二十六年后，福建诏安县〕　诏安邮政草创于清光绪二十六年，初附设在商户。二十九年，康建常代办，仍寄柜在萃亨号，仅任传递信件。期年之后，省派黄贻昆收回，开设分局在大街，并举办汇兑，又于四都、西埔、铜山添设代办。

（陈荫祖修，吴名世纂：《诏安县志》，卷十一，交通志，邮政，民国三十一年铅印本。）

〔清光绪二十六年至宣统元年,福建福州府连江县〕

局 所 名 称	距 离 里 所	设 立 年 代
县城代办所	在县前铺河土乾	光绪二十六年
成立二等邮局	移学前铺义井街	光绪三十二年
东岱代办所	离县二十五里	光绪三十二年
丹阳代办所	离县五十里	光绪三十二年
马鼻代办所	离县七十里	宣统元年
透堡代办所	离县六十里	宣统元年

(曹刚等修,邱景雍纂:《连江县志》,卷十七,交通,邮政,民国二十二年铅印本。)

〔清光绪二十六年至民国九年,福建金门县〕 金门孤悬海外,非交通码头,邮件稀少。光绪庚子、辛丑间,始设邮政代办处于后浦街,委托殷实商号兼理。民国初年,增设沙尾街及烈屿西方乡代办处二所。迩来风气渐通,邮件日多。九年冬,始就后浦街代办处改设三等邮政局,派员专司其事,而沙尾、烈屿两处均仍其旧。

(左树燮修,刘敬纂:《金门县志》,卷八,建设志,邮局,民国十年修,一九五九年福建师范学院油印本。)

〔清光绪二十七年至民国十八年前后,福建建瓯县〕 邮政为二等局,创始于光绪二十七年九月十六日。最初设在鼓楼前河边,旋移通济门大街,现迁后街朱家巷口,均赁民房为局所。至民国十年五月,兼办邮政储金事务。……其路线由县城南行五十里至南雅口设三等邮局一所,又二十五里房村口为邮寄代办所。东南行四十里至上堡,又六十里至玉山街,又六十里至迪口,以上三处均设邮寄代办所。东行二十里至下镇,原为邮寄代办所,于民国十六年裁撤。又二十里至东峰塘,又四十里至东游,又十五里至党城,以上三处亦设邮寄代办所。北行九十里至小湖,仍为邮寄代办所。又三十里至水吉,设三等邮局一所。西行三十五里至徐垱仔,又三十里至吉阳,又四十里至房村街,复由徐垱仔行二十五里至丰乐,以上四处均设邮寄代办所。至岚下、上洋两处,地近南顺,一为邮寄代办所,一为二等邮局。所有函件均由南平传递。南、西两线系每日开班,昼夜兼程之邮路。北、东两线系间日开班,日班之邮路。又上堡、玉山、迪口及吉阳、房村街等,系间日或三日开班之邮路也。

(詹宣猷修,蔡振坚等纂:《建瓯县志》,卷二十四,交通志,邮政,民国十八年铅印本。)

〔清光绪二十八年至民国八年,福建建宁县〕 清光绪二十八年,邑初设邮柜于衙前街,规模简陋,仅具雏形。三十一年,始设局于城西廛谈别墅旧址,亦不过接将乐一线而已。至三十四年,始大扩张,南通宁化,北接南丰,邮差往来,络绎不绝,天涯地角,呼吸相通。……局所:邮局一,设城西滩驿坊,初为分局,现改为二等邮政局;代办所二,一设泰宁城内,一设宁化之安远,均归建宁邮局管辖;信柜一,设北门外溪口。局员:二等邮员一,驻建宁邮政局;代办员二,一驻泰宁,一驻安远。邮差:信差一,驻局投递信件;建将邮差四,由建赴泰至将乐县;建南邮差二,由建至江西南丰县;建化邮差一,由建至宁化县。信期:由建赴将乐,初系三日一期,现两日一期,即逢双日;由建赴南丰,初系五日一期,现隔日一期。由建赴宁化,一六日为期。

(钱江修,范毓桂纂,吴海清续修,张书简续纂:《建宁县志》,卷七,邮传,民国五年修,民国八年续修铅印本。)

〔清光绪二十八年至民国十九年前后,福建永春县〕 永春前无邮局,清光绪二十八年始开办,寄寓五里街吴氏宅,后移东门外桃源殿边。嗣因地点狭隘,不便开局,乃再移城内许来街(亦作许内街)郑姓裕轩公祠,房屋颇多,局面宏敞。自是以后,中外信件来往络绎……现升为二等交通局。此外乡市繁盛之区,如南门外大马路五里街、蓬壶、达埔、五斗、小姑、湖洋、东关、太平、剧头铺等处,俱设有代收信柜,交通甚为利便。

(郑翘松等纂:《永春县志》,卷六,城市志,交通附,邮政,民国十九年铅印本。)

〔清光绪二十八年至民国三十年,福建明溪县〕 明邑邮政创办于光绪二十八年,徐思渭为局长。继任者为揭宗甯、柯庭瑞、王桂生、陈训荫、廖发基、李炬苍、叶凌霄等。当时邮线仅东北通将乐,西通清流、宁化。……民国二十四年后,增设明城至三元邮路,逐日递送,以接南平、永安汽车邮件。二十六年,经县政府第二科科员周亮东与潘局长伯敬磋商,呈准省邮务管理局添设郊外信差,投送盖洋及胡坊邮件。三十年,现任林洲雄局长复将乡村邮线加以扩充。至是,本县邮传机构始见完备。

(王维樑等修,廖立元等纂:《明溪县志》,卷十,建置志,驿邮,邮政局,民国三十二年铅印本。)

〔清光绪三十年以后,福建永泰县〕 邮局,光绪甲辰设支局于东关外坪街,又分设汰口、葛岭、莒口、塘前、嵩口五处。

(董秉清等修,王绍沂纂:《永泰县志》,卷七,交通志,邮局,民国十一年铅印本。)

〔清光绪三十年至宣统三年，福建延平府沙县〕 邮政，总局设在县治城内，光绪三十年甲辰四月一日开办，由省委施友兰管理。分局一设东北路夏茂乡，距城六十里，宣统二年三月二十四日开办；一设在西路杉口乡，距城八十里，宣统二年三月二十日开办；又设在三元乡，距城六十里，八月初十日开办；一设南路高砂乡，距城三十里，三年三月间开办。

（梁伯荫修，罗克涵等纂：《沙县志》，卷八，交通志，邮政，民国十七年铅印本。）

〔清光绪三十一年至民国九年前后，福建龙岩县〕 邮局分一、二、三等。局下代办所，所下信柜，柜分城市、郊外。岩局有二：一城，一适中，皆二等局也。……城局，光绪三十一年成立，创办者，邑人林经也。局址先赁上井市肆，民国二年始租学署。初办时，月售票仅七八十元，后达四百元，增至五倍有奇。包裹以条丝烟刀为大宗。汇入款年约九千元，汇出款年约六千元。转寄之函件、包裹以局中严守秘密，无从查考。邮局辖地与县辖异，城局辖三等局一，设新泉，距岩局一百四十里。辖代办所八，曰龙门，离局十里；曰雁石，四十里；曰白土，十五里；曰大池，五十里；曰小池，三十里，岩辖也；曰古田，七十里，上杭辖也；曰庙前，一百二十里；曰芷溪，一百三十里，连城辖也，而龙门为最畅。辖城信柜三，德声、世和、中学校，而中学为最畅。辖郊外信柜九，曰曹溪，离局五里；曰石牌前，二十里；曰夏老，三十里；曰南阳，离白土所五里；曰船巷，离大甲所十里，岩辖也；曰乐江，离新泉局十里，连城辖也；曰南岭，离新局四十里，长汀辖也；曰溪口，离新局三十五里；曰射山桥，四十里，上杭辖也。昼夜兼程之邮路，由漳至岩，由岩至汀，由新泉至上杭，三路是也。其他邮路，只开昼班。局中局长一，巡员一，信差三，跑差七。适中局，旧代办所也。民国三年一月一日升三等局。四年，升二等局。水潮、和溪、龙潭、永福四所即于是年由漳、岩两局划归管辖。局中员设，局长一，信差一，邮差二。邮票月售百元上下，收寄包裹月八十余件，转寄永定各处函月六千余件，包裹亦日见发达。

（马龢鸣、陈丕显修，杜翰生等纂：《龙岩县志》，卷十八，交通志，邮政局，民国九年铅印本。）

〔清光绪三十一年至民国十年前后，福建闽清县〕 闽清旧未设邮政局，邑之绅士请于福州总局，始派员调查报告闽清地方允宜设立，乃于清光绪三十一年设邮政代办所于县治及六都地方。邮差一名，由县至白云渡达六都，次日复由六都至二都达县。若五都、十一都则设信柜，五日一次，白云渡亦设信柜，以通十四、十七等都,邑之江北一带则由小箬代办所转达该处。县治创设代办所时,每月只售邮票数元,今已达至三十余元,六都亦然。

(杨宗彩修,刘训瑺纂:《闽清县志》,卷五,交通志,民国十年铅印本。)

〔清光绪三十一年至民国十八年前后,福建建阳县〕 建阳县邮政支局,清光绪三十一年开办,局设县治内西街,现赁民房。兴田代办邮政一所,在建阳、崇安交界,所辖之地距将口十五里。将口代办邮政一所,在县北乡将口街,距城三十里。崇雒代办邮政一所,在县北乡崇雒街,距城四十里。彭墩代办邮政一所,在县口乡彭墩街,距城二十里。莒口代办邮政一所,在县西乡莒口街,距城四十里。书坊代办邮政一所,在县西乡麻沙街,距城七十里。界首代办邮政一所,在县西乡界首,距城一百里。长坪代办信柜一所,在县西乡长坪街,距城八十五里。后山邮政信柜一所,在县西乡后山街,距城三十里。徐墩代办邮政一所,在县南乡徐墩街,距城四十里。

(万文衡等修,罗应辰等纂:《建阳县志》,卷七,交通志,邮政,民国十八年铅印本。)

〔清光绪三十一年至民国十八年前后,福建同安县〕 邑邮局创设于光绪三十一年,原名邮政官分局,民二年升二等局,局所在,南门外铜鱼馆。本辖代办三所:龙门、石浔、马巷。城厢信柜、郊外信柜,大坪、新圩二处。局长一员,月俸五十元或百元,由省局委任,管理本辖一切事务。局中信差二名,跑差三名,月俸每名十多元。其余代办信柜,津贴费每月须银三十元。全局每月出款二百元,进款约三百元,汇票每月可收二三千元,须由别局兑出,不在进款之列。

(林学增等修,吴锡璜等纂:《同安县志》,卷十九,交通,邮政,民国十八年铅印本。)

〔清光绪三十一年至民国二十年前后,福建大田县〕 大田自清光绪三十一年始设邮政代办所于县治。宣统元年,并设代办所于贤里桃源街。至民国十一年,县治设立邮政局,邮差五名。上游则由桃源至永安,邮件来往十日三次。下游则经德化至永春,邮件来往一星期三天。前设代办所时,月只售邮票十余元,今已达至七十余元。亡何,当局以入不敷出,仍撤局而设代办,信件之传递虽得照常,而包裹、汇兑概不收受,实于交通大有阻碍。

(陈朝宗等修,王光张纂:《大田县志》,卷五,交通志,民国二十年铅印本。)

〔清光绪三十一年至民国年间,福建顺昌县〕 自前清末年邮政设立,驿站仅存其名,民国后全废。邮政局,在县治。清光绪三十一年始设邮寄代办所,翌年改置邮局。

（潘光龙、高登艇修，刘敬等纂：《顺昌县志》，卷十，建设志，邮电，民国二十五年铅印本。）

〔清光绪三十一年至民国年间，福建龙岩县〕 邮电，清光绪三十一年，邑人林经创办。民国后，于县城及适中各设二等局一所，在墟市较为繁盛之龙门、白土、雁石、白沙、大池、小池等地各设有代办所，人口密集之厦老、曹溪、铜砵、铁石洋、溪口等村落设有邮柜，邮递网密布各重要乡镇。

（郑丰稔纂：《龙岩县志》，卷十二，政治志，建设，民国三十四年铅印本。）

〔清光绪三十二年至民国八年前后，福建政和县〕 邑城内有邮局一所，清光绪三十二年创设，局所迁徙无定，收发函件可达建瓯、松溪、宁德、寿宁等处。

（黄体震等修，李熙等纂：《政和县志》，卷十八，交通志，民国八年铅印本。）

〔清光绪末年至民国二十六年，福建上杭县〕 上杭二等邮局，设城西大街。纪元前八年，由厦门一等总局派邮务员为局长来县开办。旋办理汇兑、快信、包裹等，销邮数量二十四年计达六六八六点四八元。峰市二等邮局，设上街头，纪元前六年开办，其办理汇兑、快信、包裹等与上杭局同。据县政府统计员蓝洪谟称，销邮数量二十四年亦达二二一六七点五元。蓝家渡三等邮局，纪元前一年设代办所。至十三年十二月二十八日升设三等邮局，旋由乙级升为甲级。十八年，因乱停顿。二十一年，复设代办所。二十五年十月二十一日，管理局又派员复设三等乙级局。二十六年七月一日，晋升为甲级局。

（张汉等修，丘复等纂：《上杭县志》，卷十二，交通志，邮电，民国二十八年铅印本。）

〔民国七年前后，福建长乐县〕 邮局，一在邑中西隅，一在金峰，一在古县，一在潭头街，一在潭头港，一在梅花，一在坑田，一在沙京。

（孟昭涵修，李驹等纂：《长乐县志》，卷六，城市志，邮局，民国七年铅印本。）

〔民国九年，福建平潭县〕 平潭街邮政局，民国九年十一月一日开办，局长一员，信差一名，俸给、局费每月共支银币三十五元，所有来往信件皆由福清县转寄。苏澳邮寄代办所，隶福清二等邮政局。

（黄履思等纂修：《平潭县志》，卷十八，交通志，邮局，民国十二年铅印本。）

〔民国十年，福建崇安县〕 民国十年，县城设三等甲级邮局，直属于省邮务管理处。赤石、黄土、星村、公馆、岚谷、武夷宫设邮政代办所，可通汇兑。下梅、黄柏、吴屯、黎口、大浑、大安、洋庄、曹墩、城村、黄连坑均设信柜。

（刘超然等修，郑丰稔等纂：《崇安县新志》，卷十三，政治，建设，交通，民国三十一年铅印本。）

〔清光绪二十六年至民国三十四年前后，台湾〕 台湾之通信事业，自一九〇〇年起即实施邮政法、铁道船舶邮政法、邮政汇款法、电信法，又于一九〇五年实施邮政储金法，一九一五年又实施无线电信法等。据一九三七年度统计，邮政小包之接受数为九千二百四十四万二千一百三十八件，分发数为一千二百七十八万七千二百零二件。电报发信数为一百八十七万四千二百六十二件，收到数为一百九十七万零四百八十九件。申请设置电话者为一万七千七百十五人。……目前台湾邮政、电报、电话概归交通局递信部管理，电话归电话局直接经营。邮政、电报业务除若干大城市分别经营外，各地方多由邮局兼办。电报局除台北、宜兰、富贵角、鹅銮鼻四局外，战时复在各城市增设，用以专事经营。

（柯台山编：《台湾概览》，第四章，台湾的经济，第十一节，通信，民国三十六年铅印本。）

〔清光绪二十六年，河南汝宁府信阳州〕 信阳邮政局为二等局，清光绪二十六年设立。

（方廷汉、谢随安修，陈善同纂：《重修信阳县志》，卷七，建设三，交通，民国二十五年铅印本。）

〔清光绪二十六年至民国七年，河南正阳县〕 清光绪二十六年，奉新章设邮政代办所，民国五年十二月三十日改为三等局，民国七年十月五日改为邮务二等局。

（刘月泉等修，陈全三等纂：《重修正阳县志》，卷二，交通，驿邮，民国二十五年铅印本。）

〔清光绪二十七年至民国年间，河南新安县〕 邮政局，在城西大街北。县旧有驿站，清光绪二十七年始设三等邮局，民国二年裁驿归邮，升为二等，自是开办汇兑，代收电报。旋于慈涧、铁门、石寺、狂口，暨宜阳之石陵分设代办处，又先后添设北冶、刘黄岭、石井等处邮柜，以利交通。

（李庚白修，李希白纂：《新安县志》，卷五，建置，交通，民国二十八年石印本。）

〔清光绪二十八年，河南彰德府安阳县〕 安阳邮局创始于光绪二十八年，属二等邮局。

（方策等修，裴希度等纂：《续安阳县志》，卷六，交通，邮递，民国二十二年铅印本。）

〔清光绪二十八年至民国六年，河南巩县〕　光绪二十八年，东站创设邮局，名曰代办所，平信一件制钱十文。然事系破荒，搢〈缙〉绅乐用，乡愚则否。未几升为一等局，民国六年升为二等局。

（杨保东、王国璋修，刘莲青、张仲友纂：《巩县志》，卷七，民政，交通，民国二十六年刻本。）

〔清光绪二十九年至民国二十年前后，河南长葛县〕　清光绪二十九年九月二十一日开办邮寄代办所，民国二年七月十日改为三等邮局，民国六年六月一日改为二等邮局，十二月二十日开办快递邮件，民国八年四月一日开办乙丙款汇兑。总局设城内，分局设和尚桥、石固镇、后河镇、石象镇等处。

（陈鸿畴修，刘盼遂、张蔚兰纂：《长葛县志》，卷一，舆地志，邮务，民国二十年铅印本。）

〔清光绪二十九年至民国十九年，河南获嘉县〕　清光绪二十九年十一月始于获嘉县城东关创设三等邮局，民国八年三月改为二等，旋移城内县政府后街，民国十九年复改为三等局，中设局长一员，邮差二名。

（邹古愚修，邹鹄纂：《获嘉县志》，卷三，建置，交通，民国二十三年铅印本。）

〔清光绪三十年至民国八年，河南武陟县〕　邮政局，光绪三十年五月始设邮寄代办所，民国二年五月改设二等邮局，三年三月降为三等，六年六月复升为二等，十二月开办快信，八年六月二十六日开办汇兑。

（史延寿修，王士杰等纂：《续武陟县志》，卷五，地理，交通，民国二十年刻本。）

〔清光绪三十年至民国九年，河南西华县〕　自清季裁废驿递，光绪三十年，县城始设邮寄代办所，民国九年七月改设三等邮局，并于县境各乡镇增设邮柜。

（凌甲烺、吕应南修，张嘉谋等纂：《西华县续志》，卷七，建设志，交通，民国二十七年铅印本。）

〔清光绪三十年至民国十三年，河南阌乡县〕　阌乡县于清光绪三十年始有邮寄代办所，民国七年五月二十日改为三等邮局，通汇兑，办理快递邮件。至民国十三年，全县通邮政者四处，除城内三等邮局外，又有大字营盘、豆镇、文底镇等代办所三处。

（黄觉等修，韩嘉会等纂：《新修阌乡志》，卷五，交通，邮政，民国二十一年铅印本。）

〔清光绪末年至宣统元年，河南怀庆府修武县〕　光绪末年，设修武邮政支局,宣统元年改为二等局。

（萧国桢、李礼耕修,焦封桐、孙尚仁纂:《修武县志》,卷十,交通,民国二十年铅印本。）

〔清光绪末年至民国初年,河南陕县〕 清光绪末年,陕县始设邮寄代办所,驿传塘报废。民国初,置邮局于城内,通汇兑,寄包裹,办理快递邮件。

（欧阳珍等修,韩嘉会等纂:《陕县志》,卷十二,交通,邮政,民国二十五年铅印本。）

〔清光绪末年至民国九年,河南滑县〕 滑县邮政创办于前清光绪末年,初设代办所于城内。民国九年七月一日升为三等邮局,县境集镇陆续设立邮政地点。

（马子宽修,王蒲圆纂:《重修滑县志》,卷十,交通,邮政,民国二十一年铅印本。）

〔民国七年以后,河南灵宝县〕 民国七年六月于县城设二等邮局,人员七名,曲沃、虢镇、常湾设三分站,办理汇兑、储金、包裹、信件等务,陆寄环境三百六十里,火车寄信随陇海铁路。

（孙椿荣修,张象明纂:《灵宝县志》,卷三,建设,民国二十四年铅印本。）

〔清光绪二十三年至民国九年前后,湖北夏口县〕 中华邮政创办于清光绪二十三年正月,汉口总局原设花楼河街,洋楼数层,规模宏敞。近改设英租界三道街二码头,其规模视前更阔。此外有支局八处,其地点为硚口、大王庙、新街、黄陂街、白布街、大智门车站、华景街、三元里。二等局一处,设刘家庙江岸。又邮寄代办所三处,为茅庙、易家墩、新沟(按:汉口旧有信行数家,为人传递信件,交汇银两,颇称稳妥。自仿西法创设邮政,而此数十家遂无多存焉者矣)。

（侯祖畲修,吕寅东等纂:《夏口县志》,卷九,交通志,邮政,民国九年刻本。）

〔清光绪三十一年至民国十三年,湖北郧西县〕 邮政,前清光绪三十一年,城内设邮寄代办所,天河口设信柜。民国元年上津设邮寄代办所,二年天河口改代办所,八年城内改三等邮局,十年羊尾山设代办所,十三年观音镇增设信柜。

（郭治平修,陈文善纂:《郧西县志》,卷三,经政志,新政,民国二十六年石印本。）

〔民国二十四年前后,湖北麻城县〕 麻城邮政约分三种,有代办所,有三等局,有二等局。

（郑重修,余晋芳等纂:《麻城县志续编》,卷二,建置志,邮政,民国二十四年铅印本。）

〔民国二十六年前后,湖北郧西县〕 邮电,现观音镇改设代办所,土门、香口、黄云、夹河等镇均设有信柜电话,一二三三区均已架设,四区电话现正筹设中。县政府设有收音机一，无线电台一，电话已与郧阳联络通话，湖北电政管理局拟于最近在郧西县城筹设报话营业处，架设有线电机、电杆，现已征集齐全。

（郭治平修，陈文善纂：《郧西县志》，卷三，经政志，新政，民国二十六年石印本。）

〔清光绪二十五年至民国三十七年前后，湖南醴陵县〕 醴陵之有邮政，始于清光绪二十五年。初设邮政代办所，二十六年始立醴陵县邮政局。民国二年以后，增设乡村邮政，繁盛市镇设代办所，其次设信柜。渌口初设代办所，至民国二十八年改升为局，归湖南邮政管理局直辖。县城邮局，局址初设王家巷，其后迁徙不一。战时租赁来龙门易祠。醴陵沦陷，局址亦毁。翌年春，在美田桥办公，光复后乃回县，租赁东门吴祠。在抗战以前，每日早七时封发长沙、汉口、湘潭、衡阳、广州一带邮件；下午一时封发安源、萍乡一带邮件；二时封发茶陵、攸县一带邮件；间日早六时封发浏阳一带邮件，或为火车班，或为汽车班。迨战事紧急，铁道、公路皆破，各处邮件皆用人力挑送，日行六十里，消息顿形迟滞。沦陷时，全部停顿者数月。翌年邮差用四人，绕道投递。及日人投降后，铁路通车，始复其旧。……三十四年十月复员后，除代办所及信柜外，并划分甲、乙、丙、丁四段村镇，投递偏僻乡村邮件。近又于东、北两门设代售邮票处。此外归醴陵邮局管辖者，尚有坪阳庙、高枧两代办所，田心、屋市、上坪、湖南坳、笙塘铺、山关五信柜，皆在攸县境内。邮政开办之初，在本国内规定平信一封，不分远近，概贴邮票二分。自民国三年起，始逐渐增加，是年改为三分。十四年四分，二十年五分，二十八年八分，二十九年一角六分，三十一年五角，三十二年一元，三十三年二元。后因法币贬值，复由十元而二十元，而五十元，而百元，而五百元，而二千元乃至五千元。其递信办法，向分平信、挂号、快邮、保价（按照函件价值纳百分之一保险费。如有遗失，照数赔偿）四种。至民国十八年，乃开办航邮（用飞机递送），二十五年开办平快，以平信加倍贴花。兹将三十二年本县发信件数总计于下：普通，三十六万一千二百四十八件。平快，四百三十九件。挂号，五万八千七百七十三件。快递，六千七百六十七件。保价，无。

（陈鲲修，刘谦等纂：《醴陵县志》，卷二，交通志，邮政，民国三十七年铅印本。）

〔清光绪二十八年至民国三十一年前后，湖南宁远县〕 邮政局，在北正街赁房为之。初为代办所，清光绪二十八年开办。中华民国二年，更名。初设西正街，十七年始迁今地。又于县境内分设代办所八，其所在地曰柏家坪，曰双井墟，曰天堂墟,曰禾亭墟,曰磐石墟,曰中和墟,曰水打铺,曰冷水铺。又设信柜十九。

(李毓九修,徐桢立纂:《宁远县志》,卷三,建置,民国三十一年石印本。)

〔清光绪末年至民国年间,湖南永顺县〕 邮政局,在城中赁屋办理,清光绪末年英国人设,称邮政支局。民国收回,改二等邮政局。王村设有分局,又石堤西、公羊坪等处均设代收处。

(胡履新等修,张孔修纂:《永顺县志》,卷七,建置志,局所,民国十九年铅印本。)

〔清朝末年至民国年间,湖南安乡县〕 邮政,县在清末设代办处。民国以还,设二等邮政局,外设代办处三,一三岔河,二官垱,三焦圻。邮例,月能收二十元者为代办处,每月支薪式〈二〉元,余设信柜。但局址无定所,系租赁。

(王燡纂修:《安乡县志》,卷六,交通,民国二十五年石印本。)

〔民国六年,湖南汉寿县〕 民国六年,县城创设二等邮局一所,北乡西港及东乡游巡塘、西乡沧港等市,设有收信柜。邮件由轮船负责送递,如水道不能通行时,即由旱班邮差专送,历来向无违误。乡村地方重要市镇,均由邮差每周一次轮流送信。至银洋汇兑,与各省县均无阻滞,商民称便。

(曾继梧等编:《湖南各县调查笔记》,地理类,汉寿,交通,民国二十年铅印本。)

〔民国二十年前后,湖南长沙〕 长沙邮务,电报、电话久已安设齐全。邮政总局设市西长街,此外南正街、南阳街均设有分局,并于各街衢设有邮筒。乡镇繁盛地方,各商店代售邮票,设有邮柜。电报局设市织机巷,电话局设省政府侧。

(曾继梧等编:《湖南各县调查笔记》,地理类,长沙,交通,民国二十年铅印本。)

〔民国二十年前后,湖南安化县〕 安化邮政素极迟滞,往长沙者二日一班,往各区有四日一班,或一星期一班。电报前须由新化转递,近虽县属东坪可通电报,然地处偏僻,每感不便。其余各区则交通迟钝,信件往返动辄半月。电话预定计划全县三线,一线由县城经小淹至东坪,一线由县城经大福坪接益阳天子山线,一线由县城经蓝田市至桥头河,现正在架设中。但以安化经济现状而论,成功尚需时日也。

(曾继梧等编:《湖南各县调查笔记》,地理类,安化,邮电,民国二十年铅印本。)

〔民国二十年前后,湖南永顺县〕 县城无电报,须寄至沅陵拍发,非常迟滞。客岁友人由长沙拍一四等电,同时发专函,函至三日,电报始至,其延宕如此。城中有二等邮局,现降为三等,王村、石堤各有代办所一,传递尚觉灵便。平时省城来函件,计九日可达。冬杪,雨雪所阻,则半月方到。

（曾继梧等编:《湖南各县调查笔记》,地理类,永顺,交通,民国二十年铅印本。）

〔民国二十年前后,湖南绥宁县〕 县有邮务代办所二、信柜三,凡二日可达洪江之件,必经靖局转递,五日始可投到;五日可达长沙之件,必经武局转递,九日始可投到,甚或迟至半月兼旬。

（曾继梧等编:《湖南各县调查笔记》,地理类,绥宁,道路,民国二十年铅印本。）

〔民国二十年前后,湖南衡阳县〕 衡阳水陆交通均称便利,空中交通正谋发展。办理交通机关属陆上者,则有二等邮政局四、邮政代办所数十处、湖南公路局湘粤线衡郴段管理处、衡阳赈务分会路工股;属水上者,有五轮公会、戴生昌船局、快划子公司;属空中者,有线电报局、电话总处、无线电收音机、飞机场。除戴生昌为日轮,沿《马关条约》航行内河,民众愤而抵制,永远不许抵埠;无线电及飞机尚限于军事交通之外,余军民共之。

（曾继梧等编:《湖南各县调查笔记》,地理类,衡阳,交通,民国二十年铅印本。）

〔民国二十八年前后,湖南澧县〕 清光绪中叶,吾澧民智未开,曾烧电杆,赔款立电局于薄公祠。旋于民初改建于旧道署所管之娘娘庙,即古南平公馆,近迁设于教会所有之旧典铺。而邮政局亦迁租不定,今与电局为一处。津市有电局,各镇市便交通之地,各设邮柜。

（张之觉修,周龄纂:《澧县县志》,卷一,舆地志一,邮电,民国二十八年刻本。）

〔清光绪二十五年,广东廉州府钦州〕 钦州邮政创设于清光绪二十五年(一八九九),初在城东门外赁民房设局,继迁鱼寮街赁民房设局,民国改为钦县邮政局。

（陈德周纂:《钦县志》,卷十一,交通志,邮政,民国三十六年铅印本。）

〔清光绪二十七年,广东广州府佛山镇〕 清戊戌变法后,立邮传部,派专使出洋考查邮政,与万国邮政会缔结同盟条约。于是,中国邮政大备,佛山邮政局,亦于光绪二十七年设立。初在汾流街,民国元年迁北胜街,定为二等邮局。更设支局于汾流街与普君墟。近更以佛山商务繁盛,于缸瓦栏立一等邮局,北胜街局改为支局,均收寄平常、快递、保险信件,及收寄包裹、汇兑银两。计所辖三支局、二十六代办所、信柜四十处、售邮票所三十六处,投邮件日凡七次,且兼理邮金储金。视昔之纸书迢递,驰驿加紧,尚虞洪乔者,有难易之判焉。

（冼宝干等纂:《佛山忠义乡志》,卷三,建置,民国十五年刻本。）

〔清光绪二十八年以后，广东肇庆务恩平县〕 本邑邮政，光绪二十八年始由余星南代办，附设邮局于邑城猪仔行广信药房，后改作三等邮局，旋升二等，迁局于邑城乐安街，各市亦渐推广代办处矣。

（余丕承修，桂坫纂：《恩平县志》，卷十二，经政，邮电，民国二十三年铅印本。）

〔清光绪二十八年至二十九年，广东高州府石城县〕 县城邮政，光绪二十八年设，由商店代理。安铺邮政，光绪二十九年设，由商店代理。

（钟喜焯等修，江珣等纂：《石城县志》，卷四，经政志，邮电，民国二十年铅印本。）

〔清光绪二十八年至民国十四年前后，广东阳江县〕 邮政支局，在城内，光绪二十八年开办，每月收费约六十元，代办处二十一所。

（张以诚修，梁观喜纂：《阳江县志》，卷十，建置志，邮电，民国十四年刻本。）

〔清光绪二十九年，广东潮州府大埔县〕 吾邑开设邮局，自清光绪二十九年始，初仅在县城设局一所，虎市（即名上）、三河、高陂各设代办所，由商店兼摄。及后邮件渐次发达，大麻、恭洲、湖寮、百侯、枫郎皆设代办所，三河、高陂改设二等局，更于青溪、漳溪分设信柜。凡大河流域各墟市所有邮件，皆逐日寄付小轮运载，来往甚便，唯梅河流域湖寮、百侯、枫郎三处，以船舶不通，专靠脚夫挑送，每间日始来往一次，未免稍为迟滞。

（温廷敬等纂：《大埔县志》，卷九，交通志，邮电，民国二十四年修，三十二年增补铅印本。）

〔清光绪三十年，广东罗定州西宁县〕 都城邮政二等官局，设于光绪三十年，由省委局员吴子贞（三水人）来都租铺开办。其后，县城复设有邮政代办所，与罗定邮局交通，于是县治通衢大路多有邮差来往，传递邮件，交通渐觉利便。

（何天瑞等修，桂坫等纂：《旧西宁县志》，卷八，营建四，邮电，民国二十六年铅印本。）

〔清光绪三十一年至民国二十五年，广东丰顺县〕 丰顺邮政，作始于光绪三十一年，由汕头邮政总局于新渡设代办所，因潮、梅邮路必取新渡捷径也。宣统二年，复于县城、汤坑分设代办所。民国初，留隍、潭江亦先后设置。二十五年县城代办所改设三等邮局，东、西、南、北四路均设邮差，按日来往递信。东自潘田至留隍，西经建桥、环清、径心至兴、梅，南经璜坑、汤坑至揭阳，北经龙岗墟、上林坑、大田径门川、窿沙田、小胜、黄金埠，各乡村一律设置信箱。潭江则归大埔，高陂、桃源邮差专递，三日来往一次。新渡则归梅县，邮差与西阳、丙村、白宫、留隍直接传递,邮政交通,至此颇臻普及矣。

(李唐编纂:《丰顺县志》,卷八,政治二,邮政,民国三十二年铅印本。)

〔清光绪末年,广东韶州府仁化县〕 光绪末年,县始设立邮政局,分设代办局于长江、扶溪、城口、董塘。

(何炳璋修,谭凤仪纂:《仁化县志》,卷一,建置,邮电,民国二十三年铅印本。)

〔清光绪末年,广东肇庆府开平县〕 邮铺为传递官文书而设,于民间交通无与。积久,铺兵废弛,亦属有名无实。光绪季年,县城及长沙、水口、赤磡各市次第设邮箱,于是官民便之。

(余启谋修,张启煌等纂:《开平县志》,卷十八,经政略,邮铺,民国二十二年铅印本。)

〔清宣统三年,广东广州府增城县〕 我国举办邮政,始自通商各口岸,渐次推及内地,自都会以至乡邑皆遍。粤省邮政,广州设总管理所一,汕头、北海、琼州兰处各设一等分局一,余各区域遍设二等乃至三等子局,以下更有代理信箱等等,支配规定邮线、邮费,章程明备,中外交通,千里户庭,官民两便,洵邮传之盛轨也。增城地面设二等邮政分局二,一县治,一新塘,此外各墟市、乡邑更遍设代理信箱多处。

(王思章修,赖际熙等纂:《增城县志》,卷十,交通,民国十年刻本。)

〔清朝末年至民国十五年,广东龙门县〕 清末开办邮政,本县设代办所一,隶河源邮局。民国九年改为二等邮局,直隶广东邮务管理局。十五年改为三等邮局,辖代办所七。

(招念慈修,邬庆时纂:《龙门县志》,卷十六,县政志,建设,邮务,民国二十五年铅印本。)

〔民国初年,广东乐昌县〕 邮政局,在城外南湾街,民国初年设,原为三等,旋升二等。邮政分局,在坪石中街,民国初年设。此外有代办所二,一在九峰墟,一在塘村。

(刘运锋修,陈宗瀛纂:《乐昌县志》,卷七,建置,邮政局,民国二十年铅印本。)

〔民国年间,广东感恩县〕 民国成立邮局,分设县城代办所一处,佛罗信柜一处,北黎信柜一处,皆归崖州二等邮局管辖。县署来往文册皆给邮资,交邮局邮差投递。

(周文海等修,卢宗棠等纂:《感恩县志》,卷十一,经政志,驿邮,民国二十年铅印本。)

〔民国十三年前后，广东花县〕　本邑邮务有逐日邮班投递信件，以新街墟三等邮局一所专理其事。余各墟以代办所十三处分理，如花县城、两龙墟、平山墟、龙翔市、横潭市、新民埠、长冈、狮岭墟、龙塘、白坭、国泰、赤坭、炭步等是。余各繁盛村乡均置有信箱，邑人颇便。

（孔昭度等修，利璋纂：《重修花县志》，卷三，建置志，邮政，民国十三年铅印本。）

〔民国十四年，广东儋县〕　新县治于民十四年设有邮局代办所一间，白马、新英、那大、旧城、长坡、海头、光村亦均设立。惟汇兑仅有新县治一间，汇兑一次不得超过五十大元。

（彭元藻等修，王国宪纂：《儋县志》，卷之六，政经志十四，邮政，民国二十五年铅印本。）

〔清光绪二十二年至民国二十六年，广西平南县〕　本县邮政，城厢、大乌（大安）各设三等局一所，白马、丹竹、平山、思旺、六陈、大冲（大中）、大妙、大坡、武林、大洲、登明等墟，各设代办所一所。新煳（安怀）、思界（南阴）、上渡头、官村（官成）、大新等墟，各设邮务信柜各一处。城厢邮局，即平南邮政局，设于清光绪二十二年，局址初租用店房，民国二十三年迁旧学署。大安邮局，即大乌邮政局，自清光绪末年设立，初设代办所，迨民国初，改为三等局，十年升为二等局，十二年再降为三等局，相沿至今不易。丹竹初设代办所，民国十三年改为二等局，至二十六年复改为代办所。

（郑湘涛纂修：《平南县鉴》，交通，邮电，民国二十九年铅印本。）

〔清光绪二十二年至民国二十六年前后，广西邕宁县〕　邮政之设，肇于清光绪二十二年。先时商民书信，邕市只有信馆一家代为寄达。然行信有定期，过期则不候，恒有境内终年不能达一信者，远方之人更无论矣。至于寄物，则更不足言。自设有邮政，千里之远消息灵通，邮件包裹取价从廉，又有挂号保险，其为利便，至不可言喻。顾在创办之初，本省因通商口岸，先设总局于龙州次为统辖，我县邮政局隶属焉。宣统二年，依管理上之变迁，以行政管理上为标准，乃改设管理局于桂林。民国二年，省会迁邕，管理亦随之迁移。由是南宁邮政管理局遂为省内各邮局之总机关，其支局设于商埠。此外凡城市乡镇各公所各学校，均设有信箱，以便投递。邮夫每日按时启箱收寄，至为妥善，迄今二十余年矣。至其邮路，分邮差邮路、汽车邮路、水道邮路三种。

（谢祖萃修，莫炳奎纂：《邕宁县志》，卷二十九，交通志二，邮政，民国二十六年铅印本。）

〔清光绪三十一年至民国二十三年前后，广西昭平县〕　昭平邮政，清光绪三十一年委商家代办，初隶属平乐二等局，邮件均由邮艇运至。今则添设邮务代办所于黄姚，多一线通于贺县八步，复于马江增设邮务代办一所，邮递益形便利。

（李树楠修，吴寿崧等纂：《昭平县志》，卷二，建置部，邮递，民国二十三年铅印本。）

〔清光绪三十四年至民国三十七年，广西宾阳县〕　光绪三十四年，始于城内、芦圩、黎塘三处各设邮政代办所，官署公文、商民函件概行收递。其时平信邮资仅一分，双挂号五分，后增至二分与一角。民国十年春，将城内邮政代办所改为三等邮局，始通邮汇。民国三十二年秋，更于芦圩增设三等邮局，商号寄信、汇兑咸称便利。此外县属境内有邹圩、黎塘邮政代办所，并于丁桥、武陵、思陇、四镇、大仙等处设信柜，现正积极推广各圩信柜，以便商民。

（胡学林修，朱昌奎纂：《宾阳县志》，第四编，经济，戊，交通，民国三十七年稿本，一九六一年铅字重印本。）

〔清光绪年间至民国年间，广西贺县〕　邮政局，清光绪间设置，无专所，假河东街市铺为局，总一邑邮传，省派员理其事，乡间墟市分领其任。东通大宁、桂岭，北达八步、黄田，西通沙田、公会，下达梧州、开建、都城，文缄往来无虚日，民称便。

（韦冠英修，梁培煐、龙先钰纂：《贺县志》，卷四，经济部，交通，民国二十三年铅印本。）

〔清光绪年间至民国二年，广西平乐县〕　平乐邮政局在城厢镇半边街，清光绪间设立邮政代办所，民国二年七月始改为二等邮政局。

（蒋庚蕃、郭春田修，张智林纂：《平乐县志》，卷七，交通，邮政，民国二十九年铅印本。）

〔清光绪年间至民国九年前后，广西桂平县〕　清光绪年间设立邮局，初在城外，后移城内登龙街，近照邮章定名浔州二等邮政局，县属繁盛墟场并有邮政分局。……每局设局长一人，邮差若干人，以司理邮务。局长由邮政总局委充，余由局长雇请。官民寄附，一律照章办理。其传送速率虽不及电报，然而胜于铺递，故自成立之后，公私称便，从前千里马等名目遂废。

（黄占梅等修，程大璋等纂：《桂平县志》，卷二十六，纪政，邮传，民国九年铅印本。）

〔清光绪年间至民国十七年，广西迁江县〕　清光绪年间设邮政代办所，清光绪年间设迁江电报局于城隍庙内，架通各府县电线。……民国十七年，县长何珍架设中区、中北区、上北区、南一区电话，以利交通，开迁江电话之新纪元。

（黎祥品、韦可德修，刘宗尧纂：《迁江县志》，第四编，经济，交通，民国二十四年铅印本。）

〔清光绪年间至民国二十五年前后，广西信都县〕　邮政局，清光绪间开设，无专所，现在端南新街商店代办，各墟分领。东达怀集，南通开建，西达苍梧，北通贺县，文书信函往来均为利便。

（罗春芳修，王昆山纂：《信都县志》，第四编，经济，邮政局，民国二十五年铅印本。）

〔清光绪末年至民国二年，广西陆川县〕　永宁驿久奉裁，一切公文由铺兵接递。……清光绪末年改办邮政，县属现设代办所五。县城代办所，光绪三十四年设；马坡墟代办所，民国二年设；米场墟代办所，民国二年设；马石墟代办所，民国二年设；良田墟代办所，民国二年设。

（古济勋修，吕浚堃纂：《陆川县志》，卷八，经政类，邮政，民国十三年刻本。）

〔清光绪末年至民国二十一年，广西贵县〕　贵县邮政始于清光绪末年，设局于县城（局址无定，现设于城内万寿街），为全县邮务枢纽。重要墟市，如东津、覃塘、大墟、桥墟、山东、石龙、樟木、木格、木梓等处，各设邮寄代办所。次要墟市，如黄练、根竹、龙山、瓦塘、石罅、三里、下石龙等处，则各设信柜。（贵县设二等甲级邮局，其邮路分水陆两途，陆路则邕贵、柳贵、贵兴郁等汽车路，有邮车十余辆。水路则往来邕梧、邕贵、梧贵、江贵，各有汽船。而江口、贵县间另设邮船，尤为便捷。此外更有邮艇接送汽船、汽车邮件。各汽车路及沿河航路之邮班，皆每日上午六时、正午十二时递发一二次，惟桂平经贵县至武宣之次要邮班，则每隔二三日始递发一次。历年收寄邮件及邮汇数目，计民国二十年收寄邮件凡一十五万四千三百三十八件，邮汇银数凡四万七千二百二十三元；二十一年收寄邮件凡一十二万一千零八拾件，邮汇银数凡七万零九百九十九元。）

（欧仰羲等修，梁崇鼎等纂：《贵县志》，卷六，交通，邮政，民国二十四年铅印本。）

〔清光绪末年至民国三十一年前后，广西凌云县〕　清光绪末年，邮传部推广邮务，凌邑亦于城镇、逻里等处设立邮寄代办站，其邮程一自百色至县城通凤山，一由百色经逻里达西隆。初则六日为发信期，后渐缩短为四日。自划分新县后，北路增一邮路，即自县城经乐业以达天义，最近邮期改为三日，兼办小款汇兑。

前时邮件自邕抵县,夏季五日可达,如在冬春季,竟有延至半月以上者,今邕色路通车,三日便可达矣。

(蒙启光、何景熙修,林其椿、罗增麒纂:《凌云县志》,交通,通讯,邮政,民国三十一年石印本。)

〔清宣统年间,广西南宁府同正县〕 前清宣统年间,东关墟设有邮政代办所一处,每得三日,邮差必过一次(一由邕来同往隆安,一由隆安来同往邕),所有外间消息尚觉灵通。

(杨北岑等纂修:《同正县志》,卷三,疆域,交通,民国二十一年铅印本。)

〔清宣统元年至民国二十一年,广西宜北县〕 宜北边僻小邑,不设邮局,只有邮政代办所一所,由宣统元年成立,三日一期。至民国二十一年,改二日一期。

(李志修,覃玉成纂:《宜北县志》,第四编,经济,交通,民国二十六年铅印本。)

〔清宣统二年至民国二年,广西灵川县〕 县城代办邮务处,宣统二年设立(是年始裁去传递公文之马号,按旧制县有马快八名,专司传递公文,年支工食银四十八两)。潭下墟代办邮务处,民国二年设立。

(陈美文修,李繁滋纂:《灵川县志》,卷九,经政二,营建,邮电,民国十八年石印本。)

〔民国二年至三年,广西罗城县〕 本县邮政发轫于民国成立后,民国二年,先于县城设立一邮政代办所。民国三年,黄金、龙岸相继各设一所,各设管理员一名。由宜山、融县等处邮局遴委当地商号或忠实人士充任之计,由宜山局派邮差二名行走,由宜山与天河到县城之邮件每二日一周。由融县局派邮差二名传递,由融县及黄金、龙岸到县城之邮件每四日一周。

(江碧秋修,潘宝纂:《罗城县志》,交通,邮政,民国二十四年铅印本。)

〔民国初年至二十四年,广西崇善县〕 民国初年设邮政代办所,六年改为局,十三年改二等邮局,后改为三等邮局,二十四年与电报合局办公。驮卢、板利、江州、新和等处,皆有代办所。

(林剑平、吴龙辉修,张景星等纂:《崇善县志》,第四编,经济,邮电,一九六二年广西档案馆据民国二十六年稿本铅印本。)

〔民国五年至三十年,广西隆山县〕 邮政,自民国五年,并司设县后,在县城内设有邮政代办所,南往邕宁,北通都安,邮班日期以单日为率。嗣后出征在外人数日多,留学县外学生不少,信件往来频繁,始由民国三十年起,将代办所裁撤,改设四等邮局,较为便利。

(吴克宽修,陆庆祥等纂:《隆山县志》,第六编,经济,交通,民国二十七年修,一九五七年油印本。)

〔民国七年至三十四年,广西凤山县〕 县城有邮政代办所一所,于民国七年五月成立,路线有二,一经凌云至百色,一经东兰至河池。邮差三人,五天收发一次。……民国三十二年后,邮差不走凌云、百色,单走东兰,改为两天收发一次。民国三十四年,曾设邮局一所,至同年冬即撤消,仍设代办所。

(谢次颜等修,黄文观纂:《凤山县志》,第五编,经济,交通,民国三十五年修,一九五七年油印本。)

〔民国十年,广西榴江县〕 邮政局在鹿寨镇镇东街,上通桂林,下达邕梧柳庆,用邮车输运邮件,转运黄冕代办所则用邮差,民国十年八月十五日设立。邮政代办所二,一在寨沙镇泮滨街,一在黄冕乡和平街。

(萧殿之、吴国经等修,唐本心等纂:《榴江县志》,第四编,建设,邮电,民国二十六年铅印本。)

〔民国二十一年,广西明江县〕 代办邮政局在东街,每二日或三日有邮差经过。

(佚名纂修:《明江县志》,交通纪,邮政,民国二十一年修,一九五九年传抄本。)

〔民国二十三年前后,广西上林县〕 县城、亭亮墟、思陇、三里俱有邮寄代办所,万嘉、大山二墟则设有收信邮箱。

(杨盟、李毓杰修,黄诚沅纂:《上林县志》,卷五,建设部下,交通,邮政,民国二十三年铅印本。)

〔民国二十三年前后,广西隆安县〕 邮政局虽未能设,而县城及下颜、乔建、那桐等圩均有代理,寄信者亦颇称便。

(刘振西等纂修:《重修隆安县志》,卷四,食货考,经济,民国二十三年铅印本。)

〔民国二十四年以前至三十五年前后,广西三江县〕 县之古宜、林溪、富禄、梅寨初各设邮政代办所,民国二十四年(一九三五),古宜代办所改为三等邮局,现设于古宜长西街,兼办储汇业务,而于平坦、林溪、沙宜、老堡、梅林、富禄、丹洲等处各设邮政信箱,传递邮件。

(覃卓吾、龙澄波纂修,魏仁重续修,姜玉笙续纂:《三江县志》,卷四,经济,交通,邮电,民国三十五年铅印本。)

〔民国二十五年前后，广西融县〕　长安二等邮政局在长安镇,融县三等邮政局在县城外大同街,和睦邮政代办所在和睦墟,富螺邮政代办所在富螺村。

（黄志勋修,龙泰任纂：《融县志》,第三编,政治,交通,民国二十五年铅印本。）

〔民国二十六年前后，广西来宾县〕　县城有邮政局,分递东西南三路,西路赴迁江县城路程已见前;东路自县城二十五里至正龙墟,又东北四十五里至大湾墟皆有邮局,又东二十五里至象县属之石龙墟,西北达柳局,北达象县,南达武宣;南路自江头村经寺脚、石牙,皆有邮局,路程亦见前。自石牙墟迤南行五十里至贵县属之樟木墟可达覃塘,东南达贵县,西北达宾阳。本县邮期其初间日一行,旋增设邮役,昼夜接递,东西每日各一行,惟南路仍三日一至。民国二十三年,东西两路又复间日一行。

（翟富文纂修：《来宾县志》,上篇,形势三,交通,民国二十六年铅印本。）

〔民国二十七年前后，广西田西县〕　县城及乐里、百乐、旧州各设有邮政代办所各一所,信伕六人来往,分为三班行走（一上一下）,每三日收发信件一次。惟百乐尚未设有专差,故信期往来尚未一定。

（叶鸣平、罗建邦修,岑启沃纂：《田西县志》,第五编,经济,交通,通讯,民国二十七年铅印本。）

〔民国二十九年前后，广西柳城县〕　凤山镇、大埔镇、东泉镇、洛崖乡、古砦乡、沙埔乡、太平乡均设邮政代办所,邮差三日来往一次。

（何其英修,谢嗣农纂：《柳城县志》,卷三,建置,交通,民国二十九年铅印本。）

〔明代至民国十四年，四川合江县〕　旧制,官文书之行,通衢有驿,水道,有船次,冲有铺,皆计里而更,故役不劳而行捷。合江在明代有水驿三、铺十,均以献贼之乱废。清康熙初,复设塘五,雍正间裁撤。乾隆二年,又设铺三。咸丰初,裁改为役递,曰轮差。至士民书札往还,则托之商旅,曰帮信。迨光绪三十年,设置邮务,于是官私文件胥赖赍送焉。……光绪三十四年,设邮政代办所于广泽巷洪森盛醴房,次年移设中街协和昌号,宣统二年复移南关税关代办,旋立局于南街。民国六年升为二等局,十一年始迁北街自立局。后于上白沙、先市场、富家坳、王家场、佛宝场均置代办所。

（王玉璋修,刘天锡、张开文等纂：《合江县志》,卷一,舆地,交通,民国十四年修,十八年铅印本。）

〔清光绪二十年至民国二十三年，四川华阳县〕 成都电政局创设于清光绪二十年，始为官督商办，后乃隶交通部，为线五。而树线所经地，华阳实居其四焉。近则无线电台、乡村电话亦逐渐推广，而置邮更由城治以逮乡镇矣。

（叶大锵等修，曾鉴等纂：《华阳县志》，卷三，建置，驿铺，邮电附，民国二十三年刻本。）

〔清光绪二十一年至民国年间，四川渠县〕 光绪二十一年，依仿欧西成法，北京设邮政总局，各县设邮政分局。吾渠初委邑人戴扬廷开办。光绪二十九年，始由总局委任局长，设局城中，专司其事。后于三汇镇亦设分局，自是公私简札均得付邮，转致较之铺递便利多矣。民国新建，改邮政局为邮务局，自总局以下多所更张，而邮务有时或较废弛。渠局则列入二等，隶东川邮务管理局，并于邮便之区设立邮寄代办所。

（杨维中修，钟正懋等纂，郭奎铨续纂：《渠县志》，卷一，地理志第十三，民国二十一年铅印本。）

〔清光绪二十二年至民国十三年，四川重庆〕 吾渝邮政设局始于清光绪二十二年初，称重庆一等局。民国十三年乃改升为东川邮政管理局，管理局之下别为六支局：管理局，太平门顺城街。第一支局，下陕西街。第二支局，鸡街。第三支局，大梁子。第四支局，十八梯。第五支局，江北横街。第六支局，龙门浩新街。乡镇：龙隐镇设二等局，白市驿、走马冈、北碚乡、木洞镇、广阳坝设三等局，其他代办所三十处，信柜亦三十余处，县境非极偏僻之乡镇，殆无不通邮政。邮政兴后，旧日民营信局今皆别改为运输行矣。

（罗国钧等修，向楚等纂：《巴县志》，卷十四，交通，邮政，民国二十八年刻，三十二年重印本。）

〔清光绪二十四年至宣统元年，四川顺庆府南充县〕 清光绪二十四年秋，顺庆开设代办所，由城中殷实铺商经理，给以月薪，接收往来信件，交邮差传递总包。至光绪三十年春，因邮务稍畅，改设分局，由总局派员管理，其本城邮件用局中信差投递，设邮政信箱于繁盛街道，又售邮票，便寄邮件者用之，逐日由信差取信箱邮件封成总包转寄各处，自是邮务愈畅，推行乡村代办。邮政扩充：顺庆上达成都，下抵万县，北及广元，南至重庆，邮件日多，向日邮差系属日班，未形快利。宣统元年夏，邮路加快，成都、重庆、万县、保宁则添加邮差，改为昼夜兼程，本地分局改为二等，由邮务员充任局长，添派邮务生、拣信生襄办,邮务愈形振作。

（李良俊修,王荃善等纂:《南充县志》,卷七,掌故志,邮政,民国十八年刻本。）

〔清光绪二十五年至民国五年,四川万源县〕 邮务局,光绪二十五年初设邮寄代办所,民国元年改邮务支局,二年升为三等局,赁居北门外河街民房,五年升为二等局,移住城内北街。

（刘子敬修,贺维翰等纂:《万源县志》,卷二,营建门,官署,局所附,民国二十一年铅印本。）

〔清光绪二十五年至民国十六年,四川万源县〕 光绪二十五年裁铺改邮,初设邮寄代办所于本城,三十二年更设一代办所于罗文坝,均受成都邮务管理局管辖。民国元年改邮寄代办所为邮务支局,民国二年十月复改为三等邮局,民国五年以商务日兴,邮汇发达,始升为二等邮局,至民国十六年经商民请求,又将罗文坝代办所升为三等邮局。

（刘子敬修,贺维翰等纂:《万源县志》,卷三,食货门,实业,商业,民国二十一年铅印本。）

〔清光绪二十五年至民国二十四年,四川郫县〕 县于前清光绪二十五年设邮政代办所,寄递国内通常信件每函重二十公分纳费三分,单挂号信加费五分,双挂号信更加五分。民国二年改为二等邮局,除信费照旧外,并办理包裹、汇兑事务。十二年,通常信加为四分,单挂号加为六分,双挂号更加六分。十九年,通常信加为五分,单挂号加为八分,双挂号更加八分。二十一年,开办航空寄信。二十四年,并代收航空货件、包裹。

（李之青修,戴朝纪等纂:《郫县志》,卷一,交通,民国三十七年铅印本。）

〔清光绪二十六年至民国二十年,四川绵阳县〕 绵阳邮政创办于逊清光绪二十六年,初称邮寄代办所。三十四年,改设二等支局,租佃民房开办。宣统元年,改升二等邮寄。三年,加走夜班,交通京省大道,设立丰谷井邮政代办一所。民国成立,推行愈广,始则添设魏城镇,继则添设辛店子邮寄代办所。五年十一月,奉部局令,准开办快信。九年五月,奉部局令,准开办汇兑,每票限千元汇兑。所辖三等支局曰梓潼、曰剑阁。递统代办所十,曰青莲场、龙门场、丰谷井、葫芦溪、魏城镇、武连驿,悉统属于成都路、潼川路、广元路、中坝路、安县路五路之中。丰谷井于逊清末年设立邮政代办一所,至民国十五年八月改升三等邮局,并开办每票限百元开发兑付汇票。十八年一月,奉部局令,核准列绵阳二等甲级邮局。其本所统之代办,自民国二十年开始办小款汇票,每人每日能开发及兑付汇票二张,共洋二十元。

(梁兆麒、蒲殿钦修,崔映棠等纂:《绵阳县志》,卷二,建置志,邮电,民国二十二年刻本。)

〔清光绪二十六年至民国二十七年,四川泸县〕 邮政于光绪二十六年成立代办所,二十九年升局,今为二等甲级邮局,隶东川邮政管理局,辖代办所十三,信柜二十六,村站十九。

(王禄昌等修,高觐光等纂,欧阳延裛续补:《泸县志》,卷二,交通志,邮政,民国二十七年铅印本。)

〔清光绪二十七年至宣统元年,四川成都府成都〕 大清邮政总局,设小十字街口。创于光绪二十七年,开办者为英人钮满氏、汉阳人杨少荃氏。演说报告,余亦与有力焉。四川文明之进步,邮局实促助之。图书局首先代办分局报章、地图、新书之输入,成都风气实赖以渐开。宣统元年,英人李锜到成都,改建局所,大加改良。

(傅崇矩编撰:《成都通览》,成都之邮政,一九八七年巴蜀书社据清宣统年间手写石印本标点铅印本。)

〔清光绪二十七年至民国十三年,四川名山县〕 人民通信则自组信局,光绪二十七年,邮总局始派员来县试设信柜,久之改代办所,而新店场、百丈场分设信柜。民国元年裁驿递,公文亦交邮传达。十三年,改代办为三等局,改新店场、百丈场邮柜为代办,添设信柜于永兴场、车岭镇、马鬃岭等处,公私称便。

(胡存琮修,赵正和纂:《名山县新志》,卷九,交通,邮,民国十九年刻本。)

〔清光绪二十八年至民国七年,四川新都县〕 清光绪二十八年九月一日设邮务代办所,民国二年三月一日升三等局,七年七月一日升二等局……在城内南街。

(陈习删等修,闵昌术等纂:《新都县志》,第二编,政纪,交通,民国十八年铅印本。)

〔清光绪二十八年至民国十七年前后,四川大竹县〕 大竹邮政系前清光绪二十八年开办,初为邮寄代办所,宣统三年改为二等邮局,佃北街十字口房屋作为局所,后迁东街。民国五年逐渐推至乡镇,石河场设邮寄代办所,清水铺、庙坝场设立信柜。其邮路东通梁山,西达渠县,北接绥定,继又添邻水邮班以通南路。从前售票月仅百余元,近已增至四百余元。

(郑国翰等修,陈步武等纂:《大竹县志》,卷二,建置志,邮电,民国十七年铅印本。)

〔清光绪二十八年至民国二十年前后，四川宣汉县〕　邮政，二等局也。成立实自光绪二十八年始，初在文昌宫左侧，后辗转迁徙，今在板桥街王姓院内。置信差一人，邮差二人。上下信均阳历双日发，每年售邮票千余元，汇款万余元，收常信二万余件，双挂号信千余件。

（汪承烈修，邓方达等纂：《重修宣汉县志》，卷二，营建志，邮电，民国二十年石印本。）

〔清光绪三十年至民国元年，四川乐至县〕　邮政局，前清光绪三十年开办，其时风气初开，始设代办所。嗣因路当冲要，邮件日繁，民国元年改升二等邮局，除递各种邮件外，并汇各处款洋。

（杨祖唐等修，蒋德勋等纂：《乐至县志又续》，卷二，建置志，局所，民国十八年刻本。）

〔清光绪三十年至民国二年，四川安县〕　县城于光绪三十年初设邮政代办处，日渐发达。民国二年始设邮局，嗣后东则黄土、花街、界牌，南则塔水、河坝，西则秀水、桑枣，北则永安、擂鼓、曲山、方水各场增置代办处，惟沸水、乐兴、毛家、睢水各场不达通道，尚付阙如。

（夏时行等修，刘公旭等纂：《安县志》，卷十六，建置门，邮政，民国二十七年石印本。）

〔清光绪三十年至民国十六年，四川剑阁县〕　邮务局，赁住城东街民房，光绪三十年始于州城及武连、剑门两驿设邮政代办处，皆以县人司其事。民国初，由四川邮政总局委员办理。六年，县城改设三等邮局。八年，升二等邮局。今则县属各场市大半皆设村镇信柜矣。

（张政等纂修：《剑阁县续志》，卷二，建置，民国十六年铅印本。）

〔清光绪三十年至民国年间，四川简阳县〕　邮政创于清光绪三十年，邑人代任其事，后政府收回官办，于简城设分局，各场渐次添设分所。民国以来，添设益备。

（林志茂等修，汪金相、胡忠阀纂：《简阳县志》，卷二，舆地篇，交通，民国十六年铅印本。）

〔清光绪三十二年至民国二年，四川眉山县〕　邮局，清光绪三十二年成立代办所，上接彭山，下通青神，乃正路线。宣统二年改升分局，又于民国二年升二等局，属境添设回环路线，王家场、张家坎、太平场、思濛场、莲花场、松江口、白马铺、伏龙场、太和场，交通称便。

（王铭新等修，杨卫星、郭庆琳纂：《眉山县志》，卷二，建置志，邮局，民国十二年铅印本。）

〔清光绪末年,四川成都府灌县〕　昔之交通恃驿递为枢纽……光绪末代以邮递,县城设邮政局,繁盛场市有代办处。

（叶大锵修,罗骏声纂：《灌县志》,卷二,音缮志,交通,民国二十二年铅印本。）

〔清光绪末年至民国六年,四川遂宁县〕　本县邮务创始于前清光绪末叶,初不过代办所耳,厥后改组成局,位列二等。……

本县电报局成立于民国六年十一月五日,上隶于交通部,由部拨发莫尔斯电报机二部,以供发信收信之用。

（甘焘等修,王懋昭等纂：《遂宁县志》,卷七,实业,交通,民国十八年刻本。）

〔清光绪末年至民国三十三年前后,四川汶川县〕　境内有邮寄代办所三处：一在县城,一在龙溪,一在三江镇,设于有清光绪末。迭经县人请求,西川邮务管理局已允改由代办所为三等邮局,现正筹备中。

（祝世德等纂修：《汶川县志》,卷四,交通,邮电,民国三十三年铅印本。）

〔清宣统元年前后,四川成都府成都〕　邮政局不能寄衣包、行李及银钱、背挑,大帮信局能寄,实可济邮局之不及,故民局不能废也。然信局能通之处,只本省数十州县,又不若邮局之界之广也。大帮信局,以陈麻乡约为最老之招牌,寓东大街泰和店内。东门外尚有世昌和,亦大帮信局。

（傅崇矩编撰：《成都通览》,成都之大帮信局,一九八七年巴蜀书社据清宣统年间手写石印本标点铅印本。）

〔清宣统二年,四川嘉定府峨边县〕　邮政局,设于清宣统二年,大堡支局,沙坪分局。

（李宗锽等修,李仙根等纂：《峨边县志》,卷二,建置志,局所,民国四年铅印本。）

〔清宣统二年至民国十年,四川金堂县〕　邮路,前清宣统二年创设支局于赵镇,各乡场设代办所,县城亦然,凡公私文书之投递者,均由赵镇支局转致。已而淮口镇亦设支局。民国二年,县城复设支局于南街,一县之大,遂有三支局,而输送尤为便利。……县属各路邮递均系每日开班,昼夜兼程,惟由怀口镇至中江石笋五十里昼程间二日开班或三日以外开班,由竹篙寺至广严寺十五里昼程每日开班。

（王暨英修,曾茂林等纂：《金堂县续志》,卷一,疆域志,交通,民国十年刻本。）

〔清宣统二年至民国十三年,四川江津县〕　清宣统二年,县城设邮政局,所有县属邮线东西南北冲要场镇均委托商号为邮政代办处。东路由县城外直过大江,经中兴、九龙、双河场等处到走马冈交巴县界,距城五十里。南路由县城经江口、顺江仁、沱真、武贾、嗣广、兴场等处,交綦江界,距城百八十里。西路由县城经龙门滩、李市、龙门、漳三合、柏林场等处,交温水黔界。北路由县城过大江,经德感、游溪、中白沙场等处,距城九十里。复于民国七年,白沙添设邮局,经淞溉(永川属)、朱沱,交合江界。又一支路由游溪、吴滩二场交永川界。

(聂述文、乔运亨修,刘泽嘉等纂:《江津县志》,卷一,地理志,交通,民国十三年刻本。)

〔清朝末年后,四川犍为县〕 逊清末年开办邮政,凡政府公文及人民信件、包裹,均可往来传递,诚善政也。其设局分一、二、三等,县城及竹根滩、五通厂、牛华溪、清水溪均有二等局一,并汇兑款项。其不能设局场镇设信柜代办所,其传递公文信件包裹亦如局,惟不能汇兑。

(陈谦、陈世虞修,罗缓香、印焕门等纂:《犍为县志》,卷十一,经济志,通信,民国二十六年铅印本。)

〔民国十三年,四川筠连县〕 县城于民国十三年,设三等甲级邮局。

(祝世德纂修:《续修筠连县志》,卷一,舆地志,交通,民国三十七年铅印本。)

〔民国二十八年前后,四川德阳县〕 德阳设二等邮局一所,在县城南街;邮政代办所四处,在孝泉场、黄许镇、新场、柏社镇等地;邮政信柜二处,一在隆兴场,一在八角井。

(熊卿云、汪仲夔修,洪烈森等纂:《德阳县志》,卷四,建设志,邮政,民国二十八年铅印本兼石印本。)

〔民国三十年前后,四川汉源县〕 邮政,共四局,县城三等乙级局,每月邮件约三千余件;汉源场三等乙级局,每月邮件约六千余件;富林三等乙级局,每月邮件千余件;泥头三等乙级局,每月邮件二千余件。

(刘裕常修,王琢等纂:《汉源县志》,交通志,邮电,民国三十年铅印本。)

〔民国三十一年前后,四川西昌县〕 西昌有二等邮局一,隶于西川邮政管理,下辖代办所、信柜。

(杨肇基等纂修:《西昌县志》,卷一,地理志,交通,民国三十一年铅印本。)

〔清光绪初年至民国十八年前后,贵州桐梓县〕 光绪初年有大帮信局,私人营业，往返愆期，公私多误，纳费较重，不便殊多。中年，邮政创行，禁止大帮信局，而邮递办法不论公私远近，均以轻重征费，曰平信、曰单号、曰双号、曰加重、曰减费，此快班也。传送之件，甲局递乙，乙局递丙，不分昼夜，中路循环，逐日一班，惟包裹则慢班。更有邮寄汇兑，章程细费，征费尤轻，办事认真，往来无误，误则有罚，规定极严。末年，县设代办处于南街刘姓，新站、松坎一并照设。民国九年，移代办处于东街侯姓。嗣以代办人员均不免有流弊，十二年，贵阳邮务管理局乃改设二等邮局，迁于北街，由管理局派员来县专司其事。……松坎亦设二等邮局，新站仍代办处。

（李世柞修，犹海龙等纂：《桐梓县志》，卷十二，交通志，邮政，民国十八年铅印本。）

〔清光绪三十二年至民国二十一年前后，贵州平坝县〕 平坝邮政初为代办所，成立清光绪三十二年，由全省邮政管理局给照，委商家代办（彼时商家为首饰店舒吉斋）。民国年历升至二等局，设局长，辖安顺、旧州、曾周、马场、石版房、芦获哨、广顺等十三处代办所，每次能汇兑百元款，每月邮票约售七十元。十七年至今，因营业关系，仍改代办所，停汇兑，每月邮票约售六十元，信件每日午前发安顺路，午后发贵阳路，局所租屋安设，无一定地点。信件包裹费时有更改（大约日趋加重）。

（蒋希仁等修，陈廷莱等纂：《平坝县志》，交通志，邮电，民国二十一年铅印本。）

〔清光绪三十四年至民国二十六年前后，贵州贵定县〕 县为二等邮局，成立于清光绪三十四年三月一日，现任局长为李菊人，各区均有代办所或信柜。

（徐实圖纂修：《贵定一览》，交通，邮电，民国二十六年铅印本。）

〔清光绪年间至民国二十三年，贵州安顺〕 光绪二年至二十二年为我国邮政试办时期。安顺在设邮以前，仅有佽行向省城麻乡约承领代办。信局收递省内外信件，远者汇交麻乡约转递，附近则雇人专送。取资初无一定，寄信人及收信人均须付给劳金，谓之酒钱或力钱。此种信局派出之力夫需索甚大，故非万不得已不易寄信。

光绪十九年，安顺府城天主堂悬法国信箱一具于门首，箱面附以法文，郡人无理会者，仅教会寄信及寄上海益闻录刊物而已。邮箱由教徒郡人罗矮子者管理，先后十余年。每月仅走一班。光绪二十七年，英人私设之蒙自邮局分设英国信箱一具，托普定县（即安顺县）代办，知县不知为客邮，亦贸然受之，悬于县署侧驿门外，箱面揭英国信箱字，形制窳陋，附以英文，其章程亦悉为英文，无解其义者,遂亦无人过问。久之,有县吏文良臣与寓商方茂轩等又设一信箱于郡城东街同知巷口,与县驿所悬者同式。地方人偶有投信者,然往往浮沉不达。光绪二十六年,贵州始通邮务,初未独立,乃由邻省暂设分局。岳州邮局设分局于镇远府及贵阳府,重庆邮局设分局于遵义府,蒙自邮局设分局于郎岱厅及普安厅,而郎岱分局又设代办所于安顺府、镇宁州、安平县、清镇县。光绪三十年,邮传部蒙自邮局以安顺为西路中心,易与贵阳联络,将郎岱分局移设府城东街万寿宫。光绪三十三年,邮传部设贵州邮务管理局于贵阳府,安顺分局属之。管理局局长纽满以各省邮区划分既定,贵州各分局应隶本省管理。安顺分局设供事一人,信差一人,邮差二人。接收限于信件、包裹。邮路上通普安厅(由曲靖信差来接,转递云南),下达贵阳。省内外邮件概由贵阳转发,来往异常迟缓。宣统元年,安顺分局改为二等邮局,设局长一人,襄办二人,信差二人,邮差数人。租东街民房设局,始开汇兑。西路各县及府辖各地定南、马堡、幺铺、旧州、云山坨、石板房次第设立代办所。改用快班上下,邮差昼夜兼程。班期分逐日、间日、三日三种。邮票初仅每信一分,售制钱十文,至是改为二分,售制钱二十文。民国六年,安顺增设支局于东门坡,次年撤废。又增设代办所于鲊陇,每星期三班。二十三年移局于大箭道。

(贵州省安顺市志编纂委员会据民国二十年代末稿本整理:《续修安顺府志·安顺志》,第十一卷,交通志,邮政,安顺市志编委会一九八三年铅印本。)

〔**清宣统元年至民国二十八年,贵州开阳县**〕 县城距省会仅一百余里,然僻处一隅,不通大道,民多务农,安土重迁,商矿工业,俱不发达,传递消息,诸多困难。故在昔官府公文之投递,最早则由塘哨,乱后多系专差,民商邮筒亦属如此。至与省会间,则有商贩运菜油赴省销售者,终年不绝,省县双方赖以互通消息,拨兑金钱(俗称之为油场,每间六日一次)。故昔之商贩力伕,无异今之邮差矣。降至清末(宣统元年),县城始开设邮政代办所。又县属第二区羊场(邮局称为羊场),因市镇较大,油业发达,亦于民国初年设置信柜,两者皆直隶贵阳邮政管理局。县城邮路,在昔系由修文属扎佐代办所转发,由彼至此,计约九十余里。邮班日期,初则六日,继改三日。至民国二十四年,县城代办所改隶息烽邮局,邮路亦改由息烽经县属两流泉而达县城,每间日一班,并于两县中点之两流泉设信柜一(现改为代办所)。自此以后,业务日臻发达,无论信件、汇兑、包裹,均有进展。根据二十八年邮局发表之统计,开阳收发之邮件,每月均共计三千数百余件,内计平信收二千四百余件,发一千三百余件;号信收陆百余件,发四百余件;快信收七十余件,发三十余件;航空收三十余件,发一十余件。而来往汇兑亦达三千五百元,收发包裹达四十余件,每月营业盈余约一百余元。故自民国二十六年六月二十日,开阳代办所即改为三等邮局,赁房于城内南街办公,邮路仍由息烽经两流泉而达县城,每间日一班,省会消息隔一日即能收到。至民国二十八年九月一日,经此间邮局呈准管理局,改间日班为逐日班,邮路仍旧。

（欧先哲修,钟景贤纂:《开阳县志》,第七章,建设,邮政,民国二十九年铅印本。）

〔清宣统元年至民国二十九年前后,贵州三合县〕 三合邮寄自清宣统元年开设三脚坉邮政代办所,隶属于独山邮局,每间五日递信一班,代办邮务者,月番酬饼一番耳。其后县治成立,商务日渐繁伙,民间通讯增加,邮务亦大有起色,改为间日班,每逢单日由独山经三合下都江,每逢双日由都江经三合上独山,其报酬现增为每月八元矣。

（许用权修,胡嵩纂:《三合县志略》,卷三十,庶政略,交通,民国二十九年铅印本。）

〔民国元年至二十二年前后,贵州沿河县〕 自中华民国元年,贵州盐务处沿河稽查局因旬月报不便,函请贵州邮政管理局设立沿河司邮政代办所。八年七月一日,改设三等邮局,现仍为三等邮局。

（杨化育修,覃梦松纂:《沿河县志》,卷二,舆地志,邮政,民国二十二年铅印本。）

〔民国十年前后,贵州黄平县〕 黄平县三等邮局,设县城内大街。旧州分县二等邮局,设旧城内大街。重安三等邮局,设半边街。按二、三等邮局尚通汇兑,每票一号,只汇洋十元为限。县属三局均由贵阳邮政总局分委局员,专司各局邮务。凡发信时间、邮票价值、通邮路线、平信、快信、单挂号、双挂号、明信片、汇兑、包裹一切章程,各局均牌示局门。

（陈昭令修,李承栋纂:《黄平县志》,卷五,建置志,驿传,附邮电,民国十年稿本,贵州省图书馆一九六五年油印本。）

〔民国十八年以前至二十五年前后,贵州余庆县〕 代办各所先属黄平邮局管理,于民国十八年改属湄潭邮局管理。初由黄平递寄余庆,由余庆递寄湄潭。今由湄潭递至余庆,由余庆转递黄平。前以五日为期,今以六日为期。

（陈铭典修,李光斗等纂:《余庆县志》,建置志,邮局,民国二十五年石印本。）

〔民国二十四年前后,贵州定番县〕 定番县有三等邮局一所,设于县城内东大街,成立于民国二十四年九月。成立以前,邮政概由商人代办。现在局内有局长一人、信差一人和专跑各乡村的邮差十人。该局所属代办所有下列各地：三都、边阳（罗甸属）、摆金、大塘、通州等地，并在断杉、克度、木引三地设有信柜。

（吴泽霖编：《定番县乡土教材调查报告》，第六章，交通，三，邮电，一九六五年贵州省图书馆据民国年间稿本油印本。）

〔民国二十五年前后，贵州册亨县〕 本县无邮局，仅有代办所四处，设于城内、落央、者述、打言。至威牛、坡妹、板坝则设有信柜。

（罗骏超纂修：《册亨县乡土志略》，第五章，交通，第三节，邮政，民国二十五年修，一九六六年贵州省图书馆油印本。）

〔民国二十九年以后，贵州德江县〕 县城设邮局（民二十九年始），煎茶枫香溪设代办所，东南接思南，西南接湄潭，西北接婺川，东北由思南转印江、沿河，均一日一班。牛渡滩、稳平、七星场、杉原、栏杆子等处分置邮箱。

（张礼纲修，田广心等纂：《德江县志》，卷一，地理志，邮路，民国三十一年石印本。）

〔民国三十二年前后，贵州榕江县〕 榕江邮政辟有邮路五条：一、榕江经黎平、锦屏入湖南。二、榕江经寨蒿、朗洞入剑河。三、榕江经平永、乌洛入台拱。四、榕江经三都入贵阳。五、榕江经从江入广西。

（李绍良编：《榕江县乡土教材》，第二章，榕江地理，第六节，交通，民国三十二年编，一九六〇年贵州省图书馆油印本。）

〔清光绪、宣统年间，云南云南府昆明县〕 光绪末，滇越铁道告成，中国之邮政渐臻完备，凡从前经由驿递之件，竟改归邮局寄发，而驿站之事遂已裁并无遗矣。……邮政局，光绪二十七年，开办于翊灵寺矿神庙，继改设于兴隆街公房。先是二十二年二月，上谕照欧西方法，创办国立邮政，派总税务司赫德兼领总邮政司，于是以海关区域为邮政区域，滇则设总局于蒙自，以云南府、思茅、腾越为支局，蒙自税务司总其事。至宣统三年，邮政与海关划分办理，蒙自之邮政管理局始迁于省城，并设子、丑、寅、卯四支局，归北京邮政总局直辖，隶于邮传部。后乃建邮政局于得胜桥边，与铁道车站相近，此邮局之在昆明者。未几，邮政扩充，遍及外府州县矣。昔之驿递专寄公文，而私家信件则附之民立信局，及邮政既成，电报又相辅而行，公私文件皆归焉，于是驿递废，而民局亦不能存在，势固然也。

（倪惟钦、董广布修，陈荣昌、顾视高纂：《昆明县志》，卷二，政典志，驿递，邮传附，民国三十二年铅印本。）

〔清光绪二十年至民国二十一年，云南富州县〕 富县邮政前办于清季光绪二十年,系由商民代办,并未设局,以至于今日仍然如故,尚无发展。虽因烟户稀少,商旅无多,而道途崎岖、寄递延迟,亦一大原因也。

(陈肇基纂修:《富州县志》,第十一,交通,邮电,民国二十一年修,民国二十六年抄本。)

〔清光绪二十一年至宣统元年,云南元江州新平县〕 新平邮局,清光绪二十一年,于扬武坝设邮政支局,由蒙自邮局分设。宣统元年改为分局,隶属云南大清邮政总局。

(吴永立、王志高修,马太元纂:《新平县志》,第十,交通,邮电,民国二十二年石印本。)

〔清光绪二十三年至民国二十七年前后,云南昭通县〕 邮政创始隶于海关,清光绪二十一年,南洋大臣张之洞奏准设办,吾国始改设邮政局,委派英税务司赫德代办其事。初仅设于近畿行省及畿商大埠。三十年,乃大扩充,渐及边徼各省会,继繁衍于各府、厅、州、县,诚要策也。光绪二十三年,滇省已设邮政总局,昭通设邮政分局,委任邑绅胡国桢主任其事,设局于城内怀远街。宣统末叶,划归邮传部管理,设总局于部内,统一邮务。民元而后,隶属交通部办理,改昭通为二等邮政局,专办乙类汇兑,其收寄信件、包裹,前系隔日递送,直接分寄鲁甸、大关、永善、彝良等县。近数年来,人事繁杂,邮件益多,已改逐日快班,其迅速便利,较昔之羽书驿站自不能同日而语矣。

(卢金锡修,杨履乾、包鸣泉纂:《昭通县志稿》,第十,交通,邮电,民国二十七年铅印本。)

〔清光绪二十七年至民国十三年前后,云南昆明〕 云南邮务管理局,设于南城外巡津街,清光绪二十七年成立,收寄中外公文、信件、包裹,并办理本国各处汇兑、有约各国汇兑等项。现任邮务长汉恩烈,共有邮务员十九人,邮务生八十二人,拣信生三十八人,邮夫四百二十五名。省内设有支局四处,一在东院街,一在卖线街,一在东门正街,一在城隍庙街。外有信柜八处,信箱十四处,普通信件均可随时投寄。

(张维翰修,董振藻纂:《昆明市志》,交通,邮政,民国十三年铅印本。)

〔清光绪二十八年至民国六年前后,云南大理县〕 大理邮政局,满清光绪二十八年四月设代办处,次年冬月改为支局,在府城赁住民房,迁徙无定。设局员一名,信差二名。近年所收邮费较前按年递增,足征达发,余照通章办理。

(张培爵等修,周宗麟等纂,周宗洛重校:《大理县志稿》,卷三,建设部,交通,民国六年铅印本。)

〔清光绪三十三年至民国三十年，云南姚安县〕 姚安邮政，于清光绪三十三年，就治城设立代办所，每三日与镇南大姚输送邮件一次。民国五年，改由与牟定、大姚两日输送一次。二年，并在普溯设代办所。二十五年，又于光禄街、弥兴街、前场关各设置广信箱。三十年九月，将姚安代办所改为三等邮局，并改每两日由镇南输送邮件一次。

（霍士廉等修，由云龙等纂：《姚安县志》，卷十四，舆地志，交通，民国三十七年铅印本。）

〔清光绪三十四年至民国元年，云南巧家县〕 邮政，于清光绪三十四年初，设代办所于县城，继于民国元年，设代办所于蒙姑。通邮路线上与会泽相接，隔江与四川会理、宁南等县相接，只因商务不甚发达，邮件稀少，须隔四日始来往一班，公私均感不便。

（陆崇仁等修，汤祚等纂：《巧家县志稿》，卷六，交通，塘递邮政，民国三十一年铅印本。）

〔清光绪三十四年至民国十一年前后，云南元江县〕 清光绪三十四年，设分局于城内，置经理一名，信差一名，邮差三名。宣统二年，于县属青龙厂分设支局。至民国二年，城内改设三等邮局，置局长一员，邮务生一名，信差一名，邮差三名，青龙厂支局改为邮寄代办所。三年，城内改设二等邮局，又添设邮寄代办所于县属之因远，其各薪工银均由邮政总局支领。邮程，由元至中央，经过法属越南，为二十一日；若取道贵州、湖广，则二十六日；由元至省会并水程四日；由元至普洱道署（思茅）计六日（以上邮程均就慢班计算）。

（黄元直修，刘达武等纂：《元江志稿》，卷三，建设志，交通，民国十一年铅印本。）

〔清宣统元年至民国八年，云南景东县〕 邮政，中区在本城十字街，清宣统元年设。南区一在大井街，一在奉和街，俱民国八年设。

（周汝钊修，侯应中纂：《景东县志稿》，卷四，建设志，邮政，民国十二年石印本。）

〔民国初年至二十三年前后，云南宣威县〕 宣中邮政素不发达，故民九以前仅有代办处，不立局。其后商业民智逐渐进步，始改设局，列为三等，赁用下堡民房，计有局长一员，送信夫一名。四乡中惟东区文阁设有代办处，余尚阙如。文化之迟滞，此亦一大原因。

（陈其栋修，缪果章纂：《宣威县志稿》，卷七，政治志，建设，交通建设，民国二十三年铅印本。）

〔民国三年至二十一年前后，云南泸水〕　邮政，民三年与电政同时设立，至今照常通行，只设代办所一处，在鲁掌司。

（段承钧纂修：《泸水志》，第十，交通，邮电，民国二十一年石印本。）

（二）电　　报

〔清光绪二十四年，直隶顺天府顺义县〕　平热电报线，沿平热东道安置，光绪二十四年建，自大江洼南入境，东北行至太平庄出境，入怀柔，长四十八里。

（苏士俊修，杨德馨纂：《顺义县志》，卷三，交通志，电线，民国二十二年铅印本。）

〔清同治九年前后，上海〕　同治九年，大北电报公司设立，海线通至上海，此为上海通电信之始。中国电报，于光绪初年，李文忠驻节在沪始行创办，迄三年五月五日先成一段，仅由行辕通至制造局。及七年十一月而北通天津，九年三月又南达粤东，于是总局成立，开始营业。惟西人亦有大北、大东、大德和诸电报公司次第兴设，而电政主权遂亦不完全矣。

（胡祥翰编：《上海小志》，卷三，交通，民国十九年铅印本。）

〔清光绪年间，上海〕　上海之有电报自大北公司始。大北者，丹麦之公司，其本部在丹京哥本哈根，一千八百六十九年（同治八年），丹人天得根创办。翌年，推广至远东，经营中国、日本之交通事业，设水线于珲春、长崎、上海、香港各线。上海至香港，至长崎、珲春电线，均于一千八百七十一年开办。是年冬间，各线与西伯利亚线完全接通。光绪六年，直隶总督李鸿章奏准，天津电线由陆路接至上海，由军饷内拨银十七万八千七百两，檄前津海关道郑藻如、候补道盛宣怀，与大北公司订立合同，委托代办工程。十月，工竣（是月十二日，总理衙门有公电至沪，转由外国电线寄达驻德公使，是为中国电报传达外洋之第一信）。八年三月，上海招商股八十万元，改为官督商办。又自上海而南经浙江、福建各海口，以达广东，九年三月工峻〈竣〉。是年，大北加设双线（上海、长崎、珲春间）。一千九百年（光绪二十六年），又与大东公司联合建设上海、芝罘间及芝罘、大沽间两线。一千九百零三年，美国纽约太平洋商务水线登岸，与上海陆线联合。三十四年，中国电报收归国有，计全国电报局五百余处，而上海局所在黄浦滩路（与大北、大东、太平洋商务三公司同在一处）。大北开办之际，即编订华文电码，以便华人通电,其法以号码四位与华字对照,通电时以号码传达,再译成文句。今日中国电局所用之电码,即滥觞于此(外国电报又有路透、大德和两公司)。

(吴馨等修,姚文楠等纂:《上海县志》,卷十二,交通,电,民国二十五年铅印本。)

〔**清光绪年间,江苏嘉定县**〕 电线自光绪五年创设于北洋,翌年推展至苏省,由江北渡镇江而达上海。嘉定为线路经由之域,沿吴淞江北岸境内,所属各乡皆设立电杆挂线。至三十四年,沪宁铁路告成,路局与电局合线,余杆尽撤,电信可由铁路车站电机房转电局收发。

(陈传德修,黄世祚、王焘曾等纂:《嘉定县续志》,卷二,营建志,交通,民国十九年铅印本。)

〔**清光绪七年至宣统元年,上海**〕 电报局,在公共租界,面浦,光绪七年十一月通电。邑与天津为起点处,嗣推行渐广,至宣统三年,通达各省,已有五百数十处之多。

(吴馨等修,姚文楠等纂:《上海县续志》,卷二,建置上,各局,民国七年刻本。)

〔**清光绪七年前后,江苏嘉定县黄渡镇**〕 光绪六年,北洋大臣李鸿章奏设南北洋电报,陆路由天津至江北镇江达上海,奉旨允准。黄渡为镇江至上海要道。明年六月,总办道员盛宣怀委员督饬工匠,沿吴淞江北岸设立电线。跨黄渡区域者,东自青[浦]界三十一保一区五图起,西迄嘉[定]界文五图、青界四十五保四区北九图止,凡十余里,其跨镇者自老吴淞江口起,利用直线,经迎恩桥道卜家湾,至施家浜口对岸,而仍沿江。已而,旧竿尽朽,改植新杆,则自申纪港口即径向西北行,由三十一保一区正三图入境,经文十二图、文十一图、文七图、鳞孙一图出境。至三十一年,沪宁铁路成,路局与电局合线,余杆俱撤。

(章圭璿纂:《黄渡续志》,卷一,疆域,交通,清宣统三年修,民国十二年铅印本。)

〔**清光绪七年前后,江苏青浦县**〕 邑境电线,始于光绪七年,由上海电报局派工师来县,度地竖立电杆。先是,直隶总督李鸿章以东西各国通行电报,传递军事,瞬息灵通,因试办于大沽北塘炮台,以达天津,效用显著。光绪六年,乃奏请创设南北洋电报,自天津达上海,并以海线费巨,定议设立陆线。其经行吴淞江沿岸我邑境内者,始三十一保一区五图,西讫(迄)四十五保四区北九图,继以旧杆换植新杆,改由三十一保一区正三图又三图、六图等县境。三十二年,沪宁铁路成,电杆又北迁一区四图、二区二图,而线路初长十余里者,至是仍仅四里许。其东南又有松沪电线,自上海江南制造局起,经本邑蒲汇塘、横塘、打铁桥等处,而入娄境,以达郡城提督署。此为光绪十年两江总督曾国荃奏设,专供军用者,凡商民间事,俱不为转递也。

(于定增修,金咏榴增纂:《青浦县续志》,卷十,兵防,电线,民国六年修,民国二十三年增修刻本。)

〔清宣统元年及以后,江苏川沙县〕 清光绪三十二年,同知左念慈,谕董潘其恕,就城内乔家街北首荒地,建筑小菜场。平屋三楹,四周无墙,上覆铅皮,下铺水泥,计工料银七百元零。由横沙各圩户捐银一千元,除支销七百元外,其余三百元,归入警察费。宣统元年闰二月,同知陈纶,请准邮传部,设立川沙电报房,即就该菜场改设。民国二年四月,奉交通部饬,改为三等乙级电局,并发关防一颗,文曰"川沙之电报局",委任原领班张镜湖为局长。局用经费,由江苏电政管理局拨付,每月约支银一百余元。收进电报费,平均每月约在五十元左右。本省四等华文电,每字收大洋六分,三等加急华文电,每字收大洋一角八分。外省均加倍,洋文照华文加半收资。嗣因房屋坍毁,赁居比邻赵姓民房。

(方鸿铠等修,黄炎培等纂:《川沙县志》,卷七,交通志,邮电,民国二十六年铅印本。)

〔民国四年以后,上海〕 四年一月,在吴淞设立(机器先于元年运到)〔无线电台〕,日间电力可通出七百英里,夜间可通出三百英里。十年一月,政府与旧金山美国合众无线电公司订立合同,在上海建造一千启罗瓦德之一等电台一所,又二等电台一所,由中美合办,十年期满后为中政府所有。

(吴馨等修,姚文楠等纂:《上海县志》,卷十二,交通,电,民国二十五年铅印本。)

〔清光绪四年至民国二十年前后,天津〕 天津电报设于光绪四年,由大沽径达津城,不过小试其端。光绪六年乃推广电报,设陆路线杆,达通州、达保定,沿运河而南下,通临清、济宁、清江、南京、镇江、苏州、上海,再至闽粤各省。今日已四通八达,无远弗届,传消递息,瞬息可达,诚为便捷者也。

(宋蕴璞辑:《天津志略》,第十一编,交通,第四章,电政,民国二十年铅印本。)

〔清光绪五年至民国二十年前后,天津〕 天津电报局。一、沿革:光绪五年津沽北塘架电线,为中国电报之始,六年以银十七万八千七百两开办南北洋电报,十二月十日全线通信,八年改由商办官督,二十八年归官办,三十四年后邮传部办电报。民国二年分全国为十一区,每区设电报管理局。五年,废管理局,改由一等电报局代办,今改天津电报局。二、地址:总局在法国花园旁,支局在东门内。……五、线路:海线由津通烟台者二,陆线南达上海,东达辽宁,北通北平、张家口，余皆小者。快电可达南京、烟台、上海、北平、济南等处，普通可达各要地。

（宋蕴璞辑：《天津志略》，第十二编，公用及公有事业，第五章，电报，民国二十年铅印本。）

〔清光绪五年至民国二十三年前后，天津〕　前清光绪五年，天津北塘间设电线以通消息，此为我国有电报之先河。六年，以银十七万八千七百两开办南北洋电报，天津遂于七年二月正式设立电报局。后因官办不利，于八年改由官督商办。二十八年，又归官办。三十四年，分全国为十一区，区设电报局，一由邮传部直辖之。民国后，曾改设电政监督处。国民政府成立，废监督处，设电政管理局，津沪各大商埠设特等电报局，直属于交通部。津市之特等电报局，现名曰交通部天津电报局，位于法租界三十二号路法国花园旁，全局员工四五百人。

（天津市志编纂处编：《天津市概要》，交通编，第四章，邮电，第二节，电业，民国二十三年铅印本。）

〔清光绪五年至民国十八年前后，河北新河县〕　河北电政始于清光绪五年，新河电报现由邮局代理，咸由京汉铁路石家庄站收发。

（傅振伦纂修：《新河县志》，建设门，交通与邮务，民国十八年铅印本。）

〔清光绪十七年以前至民国二十二年前后，河北昌黎县〕　昌黎未通火车之时，并无电报，有紧急之时，须由山海关电报局转。光绪十七年二月初一日，昌黎、城安山、石门设立官电局三处，至张家庄、后封台两处车站，民国三年一月一日通电报，五处均系官电局，城南关并有商电报局。北洋电报学堂，前数年设于昌黎，近移滦县矣。

（陶宗奇等修，张鹏翱等纂：《昌黎县志》，卷二，地理志，电报，民国二十二年铅印本。）

〔清光绪中叶以后，直隶保定府清苑县〕　电报，清光绪中叶由北洋电报官局分设保定，嗣又设商局于督署外。

（金良骥修，姚寿昌等纂：《清苑县志》，卷一，建置，电邮，民国二十三年铅印本。）

〔清光绪二十五年至民国二十二年，河北万全县〕　清光绪二十五年，张家口设立电报局，南通京都，北达库伦。在当时，官电而外，商电极少，一则电价太昂，二则风气不开，人民不知电政之便利，视为无足轻重，致有拳匪肇乱，遍毁电杆之举。今者交通进展，利用电力最多，逐日所发官电、商电大有应接不暇之势，故本口电报局共有三处,如左:上堡电报局,大兴园巷;桥东电报局,桥西大街;无线电报局,南教场民国十七年毁坏。

(路联达等修,任守恭等纂:《万全县志》,卷八,政治志,交通,民国二十二年铅印本。)

〔清光绪二十六年至民国二十三年前后,河北霸县〕 霸县电报始于前清光绪二十六年,东通天津,西达保定(即清苑县),电报局设于县城内。兹以电报局为起点,一西南行经贾家庄、太平庄、蛮子营等村出境者,清苑线也。一东北行经北关厢、范家坊、魏家营、大各庄、北高各庄、辛店镇、七间房等村出境,而入永清县界,方向转东,行约二十余里,至信安镇东之八步河村,复入县境,线路趋向东南,过王家场、马家堡、石家堡,至牛百湾,方向仍折东北,经何董堡、李家堡诸村,达褚河港出境,入安次县界,不数里再入县境,抵东许家堡再出境者,天津线也。

(张仁蠡、刘延昌修,崔汝襄、刘崇本纂:《霸县新志》,卷二,地理,交通,民国二十三年铅印本。)

〔清光绪二十八年至民国元年以后,河北沧县〕 电报,自清光绪二十八年始设电报局于沧县城内。宣统间一经减价,收费加多,以民国元年与宣统三年比较,增至十七分之一,从此日有增加,报务发达,贯彻南北,消息灵通。

(张凤瑞等修,张坪纂:《沧县志》,卷三,方舆志,建置,民国二十二年铅印本。)

〔清光绪二十八年至民国年间,河北大名县〕 电报局设立于清光绪二十八年八月,在本城道署西偏苗圃院内。该局系交通部直接管辖,定为二等一级,电报兼有夜班。

(程廷恒修,洪家禄等纂:《大名县志》,卷十一,交通志,电报,民国二十三年铅印本。)

〔民国初年,河北怀安县〕 本县城内向未设立电报局,惟县属柴沟堡向有交通部直辖电报支局,凡与省会及各县往来之电报,均由此处收发,于民国初年由阳高移来。

(景佐纲修,张镜渊纂:《怀安县志》,卷五,交通志,电报,民国二十三年铅印本。)

〔民国初年至二十九年,河北通县〕 电报,民国初年,在马家胡同立通州电报局,隶属北京交通部。二十四年,局址移于新城南街,与邮政局合设一处。二十六年,移设西大街。二十九年,移新城北大街。

(金士坚修,徐白纂:《通县志要》,卷四,交通,邮电,民国三十年铅印本。)

〔民国九年，河北张北县〕　张北电报局，于民国九年九月成立，其地址在城内东大街。一省线，由张北县直通察哈尔省上堡水岔总局。二县线，各县直接电线北通化德设治局，南通张家口，西经南壕堑，直通兴和县，其余均系间接转达。

（陈继淹修，许闻诗等纂：《张北县志》，卷四，交通志，交通，民国二十四年铅印本。）

〔民国九年，河北高邑县〕　电报局，在火车站中街，于民国九年四月设立。

（王天杰、徐景章修，宋文华纂：《高邑县志》，卷一，地理，交通，民国二十二年铅印本。）

〔民国十六年，河北望都县〕　本县电报局，系于民国十六年在南街路西设立，属交通部管辖，设主任一人，翻译员一人，每月经费百元，所有本县及唐、完两县公私电报均由该局代发代收，裨益交通，实非浅鲜。

（王德乾修，崔莲峰等纂：《望都县志》，卷三，建置志，交通，民国二十三年铅印本。）

〔民国二十年前后，河北卢龙县〕　城内设有二等电报局一处，线路南通滦县，北通迁安县。

（董天华修，胡应麟、李茂林纂：《卢龙县志》，卷四，交通，电报，民国二十年铅印本。）

〔民国二十二年前后，河北张家口〕　本埠有电报局两处，总局设于上堡大兴园巷，分局设于下堡桥西大街。

（路联达等修，任守恭等纂：《万全县志》，附张家口概况，交通，电报，民国二十二年铅印本。）

〔民国二十二年前后，河北高阳县〕　电报局设县城内北街，可通全国，并附设长途电话。

（李大本修，李晓泠等纂：《高阳县志》，卷一，地理，交通，民国二十二年铅印本。）

〔民国二十二年前后，河北南皮县〕　电报局，只泊镇一处。

（王德乾等修，刘树鑫纂：《南皮县志》，卷三，舆地志，交通，民国十二年铅印本。）

〔民国二十三年前后，河北定县〕　定县电政其性质可分为三：一、国有电报，发动机在西关车站。二、省有长途电话，有驻定办事处，以便军用，但民众亦可出费使用。三、地方电话，凡城内各机关及六区公安分局、区公所皆有电话联络，以便交通，其总发动机在城内公安局。

（何其章等修，贾恩绂纂：《定县志》，卷八，政典志，新政篇，民国二十三年刻本。）

〔民国二十五年前后，河北无极县〕　电报无专局，现由邮政局代为收递拍发,不收译费。

（耿之光、王桂照修,王重民等纂:《重修无极县志》,卷二,建置志,邮电,民国二十五年铅印本。）

〔清光绪二十九年至民国十七年,河北井陉县〕 电报局设于治城东关,创始于清光绪二十九年八月,由获鹿县分此。民国元年一月,改为三等局。十七年七月,改为支局,直辖于交通部,通石门市,西达太原。线杆自获鹿县入本县头泉,经过微水、横口、治城南关、长生口、核桃园出境,至山西平定县旧关,长约百里。

（王用舟修,傅汝凤纂:《井陉县志料》,第二编,地理,交通,民国二十三年铅印本。）

〔民国二十五年前后,河北涿县〕 电报局设于城内,邻县来往电报,均由此局收转。

（宋大章等修,周存培、张星楼纂:《涿县志》,第一编,地置,第二卷,交通,民国二十五年铅印本。）

〔民国二十九年前后,河北邯郸县〕 交通部邯郸电报局一所,在城内西门里。

（李肇基修,李世昌纂:《邯郸县志》,卷三,地理志,交通,民国二十九年刻本。）

〔民国三十年前后,河北磁县〕 本县近年以来产棉特盛,如南区七垣一带、东区玉曹一带皆以产棉著称,所产棉花实质光洁,纤维细长,所以棉业巨子麇集吾磁,其资本之厚、营业之盛、获利之丰,非其他各业所敢望其项背。该界以磁县电报局之设立尚付缺如,消息不灵,影响生意,爰于民国二十九年间向新民会磁县联合协议会提起建立电报局之议案,关系机关缜密考虑,积极进行,县电报局遂于三十年二月一日正式开幕矣。局内设局长一人,局务员二名、报差一名。近因与京、津各埠电报频繁,局中工作倍感紧张。

（黄希文等纂修:《磁县县志》,第十一章,交通,第六节,电报,民国三十年铅印本。）

〔清光绪十六年至民国年间,山西曲沃县〕 侯马电报局,清光绪十六年六月设立,直隶北京交通部,收发官商各电。……本局管辖线路,北至汾城史村驿,南至夏县水头镇。

（邬汉章修,仇汝功纂:《新修曲沃县志》,卷二十,公署表,电政,民国十七年铅印本。）

〔清光绪二十年至民国年间,山西太谷县〕 电报局址在城内南门楼道巷,清光绪二十年三月设立,直隶中央交通部,收发官商各电。

（安恭己等修,胡万凝纂:《太谷县志》,卷三,地理略,电报,民国二十年铅印本。）

〔清光绪十五年,内蒙古〕 蒙古之有电线,始于光绪十五年。线路自张家口经滂江、叨林、乌得、达库伦、恰克图。局凡六,俄人亦得通信,每语价四角一分三厘七毫。

(姚明辉编:《蒙古志》,卷三,电线,清光绪三十三年铅印本。)

〔清光绪十六年至民国二年,绥远〕 吾国电线创于同治十三年,光绪十六年延长山西、陕西以通甘肃、绥远、宁夏。民国二年,分设电政管理局于西安、大同等地。

(廖兆骏编:《绥远志略》,第十章,绥远之交通,第七节,电政之交通,民国二十六年铅印本。)

〔清宣统二年,绥远归绥县〕 归化电报局系二等局,隶交通部,清宣统二年创设,在旧城北门内。

(郑植昌修,郑裕孚纂:《归绥县志》,经政志,交通,电政,民国二十四年铅印本。)

〔民国四年至十四年,绥远临河县〕 五原,于民国四年,县署由包移套,经王县长呈准,设立三等电局于隆兴长。时值军兴时期,声息灵活,成效昭著。十四年,临河设治,萧局长呈准设电报房于县城。

(吕咸等修,王文墀等纂:《临河县志》,卷中,纪略,交通,电政,民国二十年铅印本。)

〔清光绪初年至三十二年后,奉天、吉林、黑龙江〕 奉吉黑电政管理局,设立德盛门内公署前胡同,光绪初年创办。庚子拳祸,所有报房杆线什九毁损,嗣议兴修,又阻于日俄战役。三十二年,始由奉省筹款规复。东三省先置电报总局于省城,继设分局于各属。……以奉天、营口、吉林、哈尔滨、齐齐哈尔、安东、长春为一等报局,以锦州、三姓、铁岭、大孤山、洮南、通化、宁古塔、延吉、海兰泡为二等报局,以昌图、珲春、新民、大东沟、辽源、伯都讷、呼兰、绥化、阿什河、海伦、双城、拉哈苏苏、榆树、宾州、新甸、抚顺、义州、岫岩、通江、公主岭、临江、佳木斯、瑷珲、兴京、海城、凤城、龙王庙、法库、辑安、额木、索伊、通富、克锦、辽阳、开原、桓仁、农安、嫩江、大赉、长白、郭尔罗斯、讷河、肇州、兴化、德墨里巴彦、绥中、沟帮子、漠河、兴隆沟、呼玛、奇干河、太来气为三等局,共辖局六十八处,所管线路凡长一万五千九百三十余里。

(赵恭寅修,曾有翼等纂:《沈阳县志》,卷八,交通,电报,民国六年铅印本。)

〔清光绪初年至末年,奉天〕 电报之管理,沈阳于光绪初年创设奉吉黑电政监督处,在德盛门内公署前胡同。庚子之乱,报房杆线什九毁损。至三十二年始由奉省筹款规复。先置电报总局于省城,继设分局于各属。三十三、四两年间,迭与日俄缔结水陆电约,协定购收联络办法,并筹设电报学堂。

(翟文选等修,王树枏等纂:《奉天通志》,卷一百六十五,交通五,电政,民国二十三年铅印本。)

〔清光绪八年至民国二年,奉天锦县〕 锦州电报局,在城内南街东胡同。清光绪八年九月创立,初设局于城外东南隅,后移今地。原为锦州电报分局,隶东三省总局。自民国二年交通部令更定职掌,改设奉吉黑电政管理局于省垣,以锦州局列为二等甲级。局长一员,司事二人,领班一人,电生七人,局设五名。线路西达绥中,东达沟帮子,北达义县。

(王文藻修,陆善格纂:《锦县志略》,卷十三,交通,电报,民国十年铅印本。)

〔清光绪二十年至民国十五年前后,奉天新民县〕 电报局为奉天电报总局所分设,于前清光绪二十年成立。……初设时仅有电线两条,一通天津,一通奉天,以后渐渐扩充,今计有线十七条,凡天津、北京、奉天、齐齐哈尔等处均可由新民直放。民国十二年度计收费款大洋二千五百元,办公经费计支大洋四千二百元。

(王宝善修,张博惠纂:《新民县志》,卷七,交通,邮电,民国十五年石印本。)

〔清光绪二十二年至民国十四年,奉天安东县〕 安东一等电报局,设立官电街,清光绪二十二年五月开办……隶奉吉黑电政管理局。……电费,本省每字大洋六分,隔省每字大洋一角二分,洋文、密码加半,急电一字作三字收费,经过沪、福、厦、港水线者概另加一倍,是为水线费。民国十四年,更定收费新章,每大洋一元收奉小洋二元二角,水线费仍照旧收现大洋。每年平均约收来报三万二千通,去报三万四千通,每年平均收入电报费约四万余元。……大东沟三等电报局,设立大东沟重兴街,光绪三十四年三月开办。初由安东局分设,现隶奉天奉吉黑电政监督处。……民国十四年,附设安沟长途电话。每年收发电报各四百余通,报费约收五百余元,电话费约收四百元之谱。

(关定保等修,于云峰纂:《安东县志》,卷五,电报,民国二十年铅印本。)

〔清光绪二十三年至民国二十二年,奉天铁岭县〕 电报局,清光绪二十三年始设局于北门外,今则移至城内谯楼北,其事迹未详。

(黄世芳、俞荣庆修,陈德懿等纂:《铁岭县志》,卷九,交通,电报,民国二十二年铅印本。)

〔清光绪三十二年,奉天昌图县〕 电报局,在县城南街及同江口,清光绪三十二年设。

(程道元修,续文金纂:《昌图县志》,第十一编,交通志,电报局,民国五年铅印本。)

〔清光绪三十三年至民国年间,奉天海城县〕 本城电报局创于清光绪三十三年,初由省城筹款自办,宣统二年改归交通部直辖。本城电报局列为三等,隶属奉、吉、黑电政管理局,地址在县公署南大街路西。

(廷瑞修,张辅相等纂:《海城县志》,卷六,政治,交通,民国十三年铅印本。)

〔清光绪三十四年,奉天义州〕 义州电报局,清光绪三十四年,奉邮传部令至立,在义州城内南街……收发往来官军商各电报。

(赵兴德修,王鹤龄纂:《义县志》,中卷之二,建置志上,公署,交通机关,民国二十年铅印本。)

〔清光绪三十四年至民国十七年,奉天庄河县〕 大孤山电报局,清光绪三十四年成立,驻该镇前街。……原为二等局,民国七年添设安大(自大孤山通安东)长途电话,电报遂受影响,该局遂降为三等。庄河县电报局,民国十七年五月成立,驻城上街县公署对过之南。……民国九年十月,添设长途电话附于局内。青堆子电报局,驻该镇下街,与庄河同时成立,民国九年附设长途电话。

(王佐才等修,杨维嶓等纂:《庄河县志》,卷七,交通志,电报,民国二十三年铅印本。)

〔清宣统元年,奉天兴京县〕 兴京电报局,设县城前街,清宣统元年开办,东接通化,西接抚顺,以达省城,电线修二百余里。……每年收入约二千余元。

(沈国冕、苏显扬修,苏民、于孤桐纂:《兴京县志》,卷十二,交通,电报,民国十四年铅印本。)

〔清宣统元年,奉天辽阳县〕 电报局,宣统元年正月,奉天电报总局奉部令在本县城内设局,内设局长一员,工匠、夫役各二名,常年收入现银元约二千元,支出约三千元,所亏之数由总局弥补。电分四等,一官电,二局务电,三加急电,四通常电。急电提前发,价视四等三倍。密电价视明码加半倍,其余译费、脚力费与各处同。

(裴焕星等修,白永贞等纂:《辽阳县志》,卷十七,行政,邮电,民国十七年铅印本。)

〔民国元年至六年前后,奉天〕 奉天电报局,设立电政管理局内,民国元年由前东三省电报总局分设今局,现隶奉吉黑电政管理局。……电费以商报为巨宗,官报次之,常年收入约八万余两。

(赵恭寅修,曾有翼等纂:《沈阳县志》,卷八,交通,电报,民国六年铅印本。)

〔**民国四年至九年,奉天绥中县**〕 电报局,于民国四年一月十三日成立,初设元宝胡同,九年移至钟鼓楼南路西。设局长一、领班一、局员二、信差一、工头二。每年收到电三百余件,发出电三百五十余件。

(文镒修,范炳勋等纂:《绥中县志》,卷四,交通,电报,民国十八年铅印本。)

〔**民国五年,奉天北镇县**〕 电报局,于民国五年八月成立,局址在城里灶君庙胡同。内设局长一员,工匠一名,局差二名。每年收入报费现洋二千五百元有奇。

(王文璞修,吕中清等纂:《北镇县志》,卷四,政治,交通,民国二十二年石印本。)

〔**民国十二年,奉天盖平县**〕 盖平电报局,地址城内鼓楼南,民国十二年一月成立。盖平向无中国电报,官商遇有紧要事件,须赴日站电局拍发。民国十一年,章县长为便利商民,挽回利权起见,呈请设立中国电报局,内设局长一员,领班一人,工头一人,差役二人。

(石秀峰修,王郁云纂:《盖平县志》,卷八,交通志,电报,民国十九年铅印本。)

〔**民国十四年,奉天兴城县**〕 兴城县电报局,在城内西街南胡同,民国十四年一月十三日创立,归奉天省垣奉吉黑电政管理局直辖,以兴城局列为三等乙级,纯系商电性质,西达绥中,东达锦县。所管路线修工事宜,东至韩家沟,西至沙后所,以两处车站为分界处。电费以官报为巨宗,商报次之。

(恩麟、王恩士修,杨荫芳等纂:《兴城县志》,卷八,交通志,电报,民国十六年铅印本。)

〔**清光绪年间至民国三十年,吉林长春县**〕 电报局,设在商埠地二马路北、永长路西,创始何年,无从查考。前清光绪二十六年收归官办,现隶奉吉黑电政监督处。……报费以商电为巨宗,官电次之,常年收入约两万元。按:报局内附设日本电信取报所一处,虽经撤消邮权,但以邮电类殊,仍然存在。

(张书翰修,赵述云、金毓黻纂:《长春县志》,卷四,政事志,交通,民国三十年铅印本。)

〔**清光绪三十三年后,吉林延吉县**〕 县境电线于前清光绪三十三年九月敷设,自宁安县至五台站,经汪清属之凉水泉子入境,即于是处分道东达珲春,西达县治,计出入境一百二十里,并未附置电话。

(吴禄贞修,周维桢纂:《延吉县志》,卷八,交通,电线,一九六〇年据民国三年抄本油印本。)

〔清光绪三十四年至民国二十四年,吉林临江县〕 电报局,清光绪三十四年,奉天电报局派王宪祖至临创设,全年收入约七千元,支出约九千元,不敷之数由奉天总局补助。自大同元年临江事变,岁收约四千元,因人员减少,支出约四千余元,出入相差无几,尚可维持现状。全境干线有四,列下:一、临通线,临江至通化;二、临长线,临江至长白;三、临辑线,临江至辑安;四、临抚线,临江至抚松。全境路线约九百六十里,电杆约六千五百根。

(刘维清修,罗室书等纂:《临江县志》,卷五,交通志,电报,民国二十四年铅印本。)

〔清宣统二年至民国二十三年,吉林通化县〕 本县电报局成立于宣统二年,系二等乙级,成立时在东门外极北,今商会之路西。民国十四年秋,移至南门里顺城街西首。共计路线西通奉天,东至临江,北至吉林、柳河、山城镇,南至辑安、桓仁。每年约计去电三千余件,来电三千八百余件,收出报资一万余元,每年经费亦一万元上下。自民国九年创设长途电话,计路线东至长白,南至辑安、桓仁,北至朝阳镇、海龙、柳河,业务益形发达。……大同二年九月一日,脱离交通部,改为会社制,由日满两国合资办理,监督权亦归两国政府。康德元年五月一日,开始收发和文电报,日满鱼雁交通又增一层便利。

(刘天成修,李镇华纂:《通化县志》,卷三,交通志,电报局,民国二十四年铅印本。)

〔清宣统三年以后,吉林辑安县〕 辑安电报局自清宣统三年创设,局设县城会泉街。电线北接通化以达省城,属本局者长约一百三十五里,属通化者九十里。

(刘天成等修,张拱垣等纂:《辑安县志》,卷二,政治,官署,电报,民国二十年石印本。)

〔清朝末年至民国二十二年,吉林〕 满洲电汽事业实肇端于俄国建设横断满洲之铁路。嗣后中国设东北电信管理处及日本关东厅管理之南满铁道附属地一带电信事业,实皆继承俄国经营之旧而加以扩充者也。吉林电政之有,亦不外此。满洲国成立,建设最大之无线电台于新京,远与世界各部通信,且可与东京、大阪直接通话,并于大同二年二月九日将政府所办之电信、电话事业,完全委托满日合办之满洲电信电话股份有限株式会社经营。

(刘爽编:《吉林新志》,下编,人文之部,第六章,交通,第五节,邮电,民国二十三年铅印本。)

〔民国三年,吉林海龙县〕 海龙电报局设立较晚,每遇公私急事,均遣专人星夜至开原拍发。至民国三年,方设电报局,始不感此种困难也。

(王永恩修,王春鹏等纂:《海龙县志》,卷十一,交通,电报,民国二十六年铅印本。)

〔民国六年至二十三年,吉林梨树县〕 黎境电报设有两局,一系设自民国六年四郑铁路开办之初,地址在四平街车站用地之内,名为四平街电报局。局内设局长一人,领班一人,修线工匠一人,信差、局役各一人。一系自民国十三年春,经驻黎东北陆军第二十五旅蔡旅长平本为谋军事消息之捷便,特请东三省保安总司令核准设立,由四平街接修线路至黎树县城,设局于城内北街,名为梨树电报局。局内设局长兼领班一人,修线工匠一人,信差兼局役一人。两局均隶属于东北电政管理局,兼营长途电话,收发官商电报。惟县城市面萧条,商电稀少,四平街尚属繁盛。

(包文峻修,李溶等纂,邓炳武续修,范大全等续纂:《梨树县志》,丙编,政治,卷五,交通,民国二十三年铅印本。)

〔民国十四年,吉林桦甸县〕 桦甸于设县之初,以地处偏宇,交通简单,未建电报。及民国十年之后,胡匪猖獗,为灵通消息以防匪患计,于十四年设局。

(胡联恩修,陈铁梅纂:《桦甸县志》,卷八,交通,电报,民国二十一年铅印本。)

〔民国十四年,吉林抚松县〕 本县于民国十四年冬添设电报局,设备均极简单,内设局长一员,工头、差役若干人,在十街南路西门,房三间为办公地点。初设时电件无多,今者人事渐繁,电件亦遂增加矣。

(张元俊修,车焕文等纂:《抚松县志》,卷三,政治,电报,民国十九年铅印本。)

〔民国十四年,吉林辉南县〕 电报局,驻县城大街路东,民国十四年春,白令经划创设。……由县署承认代购杆木,担任垫款,鸠工缔造,始底于成。

(白纯义修,于凤桐纂:《辉南县志》,卷二,政治,电报,民国十六年铅印本。)

〔清光绪十三年至民国十三年,黑龙江省〕 黑龙江省电报,清光绪十三年始设,三十三年复修,至民国初年有局所四十二,曰齐齐哈尔、黑河、嫩江、瑷珲、呼兰、绥化、海伦、肇州、兴化、兴龙、呼玛、奇乾河、林甸、龙门、漠河、讷河、拜泉、巴彦、泰来、大赉、通北、望奎、三道沟、昂昂溪、青冈、通河、兰西、海拉尔、满沟、安达、富拉尔、基扎、兰屯、博克图、兴安岭、扎冈、扎兰、诺尔、满洲里、奇克特克山、二克山、汤原,中东铁路之电报专属路用者不与焉。民国十三年,奉天特设无线电台五十八座，属于江省者有一等局四，曰龙江、呼伦、漠河、瑷珲；二等局十五，曰嫩江、大赉、肇东、胪滨、绥化、海伦、肇州、讷河、索伦山、呼兰巴彦、通河、龙镇、东兴镇、绥东。

（万福麟修，张伯英纂：《黑龙江志稿》，卷四十二，交通志，电政，民国二十二年铅印本。）

〔清光绪十三年，黑龙江〕 黑龙江省电报，设于光绪十三年，由吉林省属伯都讷城分线过松花江而北至黑龙江为一局，又北至大黑河屯而止，而齐齐哈尔城局总理其事，局设将军府前。

（清 徐宗亮纂：《黑龙江述略》，卷二，建置，清光绪中刻印本。）

〔清光绪十三年至民国十四年前后，黑龙江〕 电报，光绪十三年始设，二十六年被毁，三十三年修复。逐年添设，今有局四十二，齐齐哈尔、黑河、嫩江、瑷珲、呼兰、绥化、海伦、肇州、兴化、兴隆、呼玛、奇乾河、林甸、龙门、漠河、讷河、拜泉、巴彦、泰来、大赉、通北、望奎、三道沟、昂昂溪、青冈、通河、兰西、海拉尔、满沟、安达、富拉尔、基扎、兰屯、博克图、兴安岭、扎冈、扎兰、诺尔、满洲里、奇克特克山、二克山、汤原，又中东铁路有路用电报，沿路各站均通。无线电，民国十三年奉天办特设无线电台五十八座，其设置地点属于黑龙江省者有一等局四，龙江、呼伦、漠河、瑷珲；二等局十五，嫩江、大赉、肇东、胪滨、绥化、海伦、肇州、讷河、索伦山、呼兰、巴彦、通河、龙镇、东兴镇、绥东。

（金梁纂：《黑龙江通志纲要》，交通志，电报，民国十四年铅印本。）

〔清光绪十八年至民国八年，黑龙江瑷珲县〕 瑷珲电报局，系于光绪十八年，经黑龙江振夔恭将军镗奏请，由北洋大臣李傅相奏派侯补府少逸周公冕带领英工程师沿途修理至黑。工竣，由省电报总局派委东甫纪委员堪第管理瑷局，于是黑河为分局。嗣将瑷局迁移黑河，即改瑷局为分局，派委李海山为司事，其黑河即以东甫为总办，以致庚子瑷城不守，始行下往。迨光绪三十三年收复瑷珲，东甫复来组织瑷局。继而设置黑局，则瑷珲调派德滋陈沛元接理，于民国八年春调德滋于嫩江县局，始由阿城县局调派柏庄肃接理瑷局事宜。

（孙蓉图修，徐希廉纂：《瑷珲县志》，卷四，交通志，电报，民国九年铅印本。）

〔清光绪年间至民国十八年，黑龙江宾县〕 初，俄人为航路关系，创设松江沿岸电线，由拉哈苏苏直达哈尔滨，并不路经县城。迨清光绪三十一年，我向俄收回电政权；三十三年，始由新甸迁道栽杆，改经城内设局一，收发电报西直达哈尔滨,迄今将二十年未改。

(赵汝梅、德寿修,朱衣点等纂:《宾县县志》,卷一,交通略,电报,民国十八年铅印本。)

〔清光绪二十五年至民国十九年,黑龙江呼兰县〕 呼兰电报分两时期,先是清季,黑龙江将军恩泽奏设呼兰电线,西起茂兴站,东逾博尔、吉哈各台,以抵呼兰城,计程三百六十里,是为西路电线。是年十月,又展设松花江岸线,计程五十九里,是为南路电线,此光绪二十五年事也。次年七月,俄兵扰,呼兰电报局毁于火,杆线俱断,中间电报不通者,殆七年。至光绪三十三年,始修南路线,逾松花江至哈尔滨,以通奉天、吉林暨北平。次年,北路线成,由绥化、海伦两县以通黑龙江省城。实为今呼兰电报局局址,故系租赁,初在东城官盐局胡同,后移某处,今在东二道街。局中凡置局长、司事各如制。又长途电话局于民国五年成立,即附电报局内。此外松浦镇电报局及长途电话局,十六年设。

(廖飞鹏修,柯寅纂:《呼兰县志》,卷四,交通志,电报,民国十九年铅印本。)

〔清光绪二十五年以后,黑龙江呼兰府〕 呼兰电线始于光绪二十五年,黑龙江将军恩泽所奏设也。西起茂兴站,东逾博尔吉哈各台以抵呼兰城,计程三百六十里,是为西路电线。是年十月,又展设松花江岸线,计程五十九里,是为南路电线。次年七月,俄兵扰呼兰电局,报房毁于火,杆线俱断。三十三年,修复。南路线逾松花江至哈尔滨,以通奉天、吉林暨北京。次年,北路线成,由绥化、海伦两府以通黑龙江省城。呼兰电报局设在东城官盐局胡同,委员一人。

(黄维翰纂修:《呼兰府志》,卷四,交通略,电政,民国四年铅印本。)

〔清光绪二十七年后,黑龙江讷河县〕 讷河电报局创始于前清光绪二十七年,设莫尔斯机两部,线路西南直达齐齐哈尔,北达海兰泡,辖境南至拉哈站,北至对半泉,并附设长途电话直达拉哈站、卜奎、昂昂溪三处,以报线互相调用。

(崔福坤修,丛绍卿纂:《讷河县志》,卷三,交通志,电报,民国二十年铅印本。)

〔清光绪三十二年至民国二年,黑龙江绥化县〕 绥化自前清光绪三十二年始设报房一处,北通海伦,为拯边线路,南接呼兰,各省各埠之电报均由呼兰通之。……当开办之初,年仅收报费英洋四千元左右。嗣因电政开通,官、商电报逐渐增多,年收费增至七千元,多至万元有奇。后于民国二年二月间,经驻奉吉黑电政管理局电请交通部,准将绥化原设报房升为三等甲级分局。

(常荫廷修,胡镜海纂:《绥化县志》,卷九,交通志,电报,民国十年铅印本。)

〔**清光绪三十三年至民国十五年前后,黑龙江双城县**〕 双城电报局,开办于清光绪三十三年,其地址在城内西南隅一胡同内,系租赁民房。民国十年,迁移西大街路北,现任局长吴浩刚。电报支线共有四处,一由双往正南行,到榆树县直接吉林省城;一由双往东行,到阿城县、宾县等处;一由双往东北行,到哈尔滨直接江省呼兰县等处;一由双往西行,到扶余县直接长春县等处。

(高文垣等修,张肃铭等纂:《双城县志》,卷十,交通志,电报,民国十五年铅印本。)

〔**清朝末年,黑龙江**〕 省东电线,由海伦、绥化、呼兰接吉林,南由大赉接洮南、新民,北由墨尔根接瑷珲,西由呼伦通欧洲接蒙古。

(林传甲纂:《黑龙江乡土志》,地理,第七十课,电报,民国二年铅印本。)

〔**民国六年以后,黑龙江桦川县**〕 桦川县电报局,民国六年十二月,经商会备妥接线杆木及办公房舍,请由县署转奉吉黑电政监督吕,以郑焯与桦商感情甚洽,请来桦设局,照准,乃于七年设立三等电报局县治城东门里,路北并无分局,是为桦川设电报局之始。……电线,东西路各两线,东至富锦,西至佳木斯,北至江沿,收转由哈滨至富锦之电报。……佳木斯电报局,设立年月未详,地点在大街西牌东路北,收发国内及国外电报,属奉吉黑电政监督区,直辖交通部。

(郑士纯等修,朱衣点等纂:《桦川县志》,卷二,交通,邮政,民国十七年铅印本。)

〔**民国九年至十三年前后,黑龙江宁安县**〕 宁安县电报局,三等甲级。电线经过地点,东至铁岭河、穆棱、细鳞河、绥芬河、东宁,西至额木索、吉林,南至汪清、延吉、珲春,北至海林站。三年内每年收入电费总数,民国九年全年三千七百余元,民国十年全年三千九百余元,民国十一年全年四千一百余元。……又北路至海林站设立长途电话通讯。

(王世选修,梅文昭等纂:《宁安县志》,卷三,交通,邮电,民国十三年铅印本。)

〔**民国九年至十六年,黑龙江呼伦县**〕 本县有无线电台一处,于民国十六年九月成立,在海拉尔车站附近。有线电报局一处,于民国九年二月成立,在海拉尔车站附近。并有广信电灯厂一处,于民国九年十月成立,亦在车站附近。再有商办呼伦电话局一处,于十四年一月成立,在呼伦旧街西大街。

(佚名纂:《呼伦县志略》,电报,民国十九年修,抄本。)

〔**民国十五年,黑龙江珠河县**〕 珠河县电报局:性质,国有,三等一级。地址,城内西大街路北。……开办年月,民国十五年十二月。经费,全年支出二百元。

(孙荃芳修,宋景文纂:《珠河县志》,卷十三,交通志,电政,民国十八年铅印本。)

〔民国十六年前后,黑龙江宝清县〕 宝清于民国十六年以前,往返电报概由富锦报局收转,以邮局代寄。其后因商贾日繁,事务渐多,于十六年冬季,始经局长萧家澧奉令来宝创设,即时成立,并附设富宝长途电话,自此通信即较便利矣。

(齐耀斌修,韩大光纂:《宝清县志》,交通志,电报,一九六〇年据民国二十五年铅印本油印本。)

〔清光绪十五年至三十三年,陕西西安府〕 电报始于光绪十五年,陕甘总督杨昌濬奏请展设陕甘线路,借用两省军需报销及清理各州县交代存余银十万作为官线常年经费,统归甘督主政。其商线则自直隶保定以至县境南城为止。二十八年,商线一律归官,商股如旧。三十三年,全国电报始归上海总局管辖,西安电局亦附焉。县境线分两路,曰西潼、曰西商。

(翁柽修,宋联奎等纂:《咸宁长安两县续志》,卷四,地理考,电报,民国二十五年铅印本。)

〔清光绪十五年至民国二十三年,陕西省〕 光绪十五年陕甘总督杨昌濬奏请展设陕甘线路,后因开封已设有局,改由山西接办。款系郑工借用陕、甘两省办理军需报销,及历年清理各州县交代存余项下湘平银十五万两,作为官线养线经费。商线系由保定起,至西安南城止,作为商线报销。西安电局为商局,兼办至长武窑店止所有官线,统归甘督主政。陕省止潼关报房,归西局钤制。二十一年,复展设西安至老河口商线,以备南北,计划龙驹设子店。西安设局地址,先在旧巡抚部院东边,后移黄公祠,委周少治观察为总办,张怡村为会办,韩继云为帮办。嗣后改委赵宗怡、姚岳度继续接办。二十八年,商办电报事业一律改归官办,商股仍旧,特派前直隶总督袁世凯为电政大臣,由总办全国电务盛宣怀移交接管。三十三年,设总局于上海,管理全国电报事务,宣统二年改为邮传部直接管理。全省电报线路由省城分四干路,东干由省至渭南潼关以达河南阌乡局,由潼支路至同州;东南干由省经蓝田、商州、龙驹寨以达荆紫关局;西南干由省经鄠县、周至、宝鸡折而南至凤县留坝以至南郑,由南郑东经西乡、石泉、安康、蜀河、白河,以达湖北郧阳局,由南郑西南经宁羌州以达四川广元局;西干由省经咸阳、兴平、武功、扶风、岐山以至凤翔,由凤分两支,一支经陇州以接甘肃清水局,一支接宝鸡;由咸阳分两支,一支经醴泉、乾州、邠州以接甘省泾川局,一支由泾阳达三原,由三原复分两支,一支由富平、蒲城,一支经耀州、同官、宜君、中部、洛川、肤施、绥德,以达榆林,复由榆林东南接山西碛石口镇局,此最近电报线路也。

(杨虎城、邵力子修,吴廷锡等纂:《续修陕西通志稿》,卷五十六,交通四,电报,民国二十三年铅印本。)

〔清光绪十六年,陕西西安府醴泉县〕 电报,清光绪十六年创设,东南至咸阳,西北至乾县,每里以七杆计,二十五里县境共一百七十五杆。

(张道芷、胡铭荃修,曹骥观纂:《续修醴泉县志稿》,卷二,地理志,交通,电报,民国二十四年铅印本。)

〔清光绪十六年至民国初年,陕西咸阳县〕 电线,清光绪十六年立,东至长安,西北至醴泉;而西至兴平,则立于二十四年。民国初,由治城至泾阳亦立电杆矣。

(刘安国修,吴廷锡、冯光裕纂:《重修咸阳县志》,卷二,建置志,交通,民国二十一年铅印本。)

〔清光绪十六年至民国二十一年,陕西华阴县〕 电线,光绪十六年设,一顺东西大路由潼关入境,至华县出境;一分支向三河口出境,接朝邑以通电报,今且增电话杆。

(米登岳修,张崇善等纂:《华阴县续志》,卷一,地理志,交通,民国二十一年铅印本。)

〔清光绪二十一年,陕西商州商南县〕 前清光绪二十一年,始设电报局于龙驹寨,上接西安,下通河南荆紫关。线路由寨至县西之清油河、试马寨、捉马沟,绕县城西南门东下,由王家庄、赤地等保出金斗沟至荆紫关。邑有要件,由龙驹寨或荆紫关拍发,电费每字需洋六分六毛。

(罗传铭修,路炳文纂:《商南县志》,卷二,交通,电线,民国八年铅印本。)

〔清代后期至民国元年,陕西洛川县〕 洛川早有报房,民国元年,改设四等电报局,并附设无线电组。局址在县城北街,石堡、崾崄(今两地划入黄龙境)各设支局一处。通报路线分西安、肤施、宜川三路。无线电组,专与蒙古扎沙克及东胜旗两处通报。

(余正东修,黎锦熙纂:《洛川县志》,卷十,交通志,邮电,民国三十三年铅印本。)

〔民国二年,陕西邠县〕 电报局,在城内西街,民国二年设。

(刘必达修,史秉贞等纂:《邠县新志稿》,卷九,交通,电报局,民国十八年铅印本。)

〔民国三年至十年前后,陕西南郑县〕 电报局,民国三年设立,府西坊在道署西边。北由北门外,经褒城抵凤翔,东接西安线,西接兰州线。西由西门外经沔县抵宁羌,接四川线。东由十八里铺渡汉水,南至西乡抵石泉安康。民国九年,因北线久不通,电报每由石泉邮递至省,不便,乃修安康至老河口线,直接湖北。民国七年,镇署设支线,南抵四川小河口止,计程一百四十里,以通军情,不久即废。民国八年,由大安驿修支线抵阳平关,现通。

(郭凤洲、柴守愚修,刘定铎、蓝培厚纂:《续修南郑县志》,卷三,政治志,邮电,民国十年刻本。)

〔民国二十四年至三十一年,陕西中部县〕 昔设报房一所,于民国二十四年六月,正式成立电报局。局址在城内西大街十七号。三十一年,每月平均发军电三百余件,商电七十余件,月收报费约一千余元(商电每字收费六角,军电每字收材料费二分)。不敷局内开支,由交通部转发补助。

(余正东修,吴致勋等纂:《黄陵县志》,卷八,交通志,邮电,民国三十三年铅印本。)

〔民国二十六年至三十一年,陕西宜川县〕 民国二十六年,县长淮建民专案请准设立五等电报局一处,局址初在县城内北街。嗣因空袭,迁于南关沟渠窑洞。三十一年,改为三等局,并附设无线电台。其通报路线:甲、经韩城至西安。乙、经兴集至克难坡。丙、经孙家沟门至洛川。丁、经薛家坪、集义镇至韩城。戊、经克难坡至山西吉县。

(余正东等纂修:《宜川县志》,卷十,交通志,邮电,民国三十三年铅印本。)

〔清光绪十六年至民国二十五年,甘肃张掖县〕 电报局,清光绪十六年设,于国内外通报。民国二十五年,增设长途电话与无线电台。

(余炳元纂:《新修张掖县志》,交通志,电报局,民国三十七年修,一九五九年油印本。)

〔民国五年至十七年,甘肃天水县〕 天水电报局成立于民国五年元月,初归甘肃省电报总局管辖,十七年,改为甘青宁区天水电报局,设局长一人,译电员三人,局差二人,路线技师三人。其路线先由兰州、狄道、陇西以达天水。彼时报务尚简,九年添设秦凤路线后,可以东通陇县、凤翔直达西安,报务由此而繁。十三年,又增架秦碧路线,由此南通碧口以达四川。

(庄以绥修,贾缵绪纂:《天水县志》,卷八,交通志,邮电,民国二十八年铅印本。)

〔**民国二十七年至二十八年，甘肃临泽县**〕 民国二十七年二月，奉交通部电成立临泽报话营业处。二十八年，奉电改组为临泽电报局，在县政府对门。

（章金浤修，高增贵纂：《创修临泽县志》，卷二，建置志，电报局，民国三十一年铅印本。）

〔**清光绪十六年至二十九年，甘肃平凉府固原州**〕 固原为陇东冲要，于光绪十六年始为设局，又于二十九年增设宁线，官书、商务金称利便……而其名或曰千里信，又曰法通信。

（清　王学伊纂修：《新修固原直隶州志》，卷十一，庶务志，电政，清宣统元年铅印本。）

〔**清光绪十七年至民国十六年前后，宁夏**〕 甘肃电政创自前清光绪十七年，由陕西至固原州，由固原北门起三百九十里至宁夏宁安堡（设有报房），又二百八十里至宁夏郡城（光绪二十九年始抵宁郡，设有分局），此南路枝线也。民国二年，以东道多梗，又由北路添设电线，由宁夏北行三百六十里至磴口（设有报房），又七百里至五原，由五原直接包绥，此北路枝线也。《新通志》载光绪三十二年，核计全省收数除开支并拨还旧款，仅不敷银一千三百二十两九分，今则入款数倍于前。

（陈必淮修，王之臣纂：《朔方道志》，卷五，建置志下，电政，民国十六年铅印本。）

〔**清光绪十七年以后，新疆**〕 光绪十七年，帕米尔争界议起，英、俄交讧，文檄纷驰，而我以消息阻滞之故，艰于肆应其。明年，总督杨昌濬、巡抚陶模会奏，请筹拨经费，安设关外电线。于是总理各国事务衙门会同户部核议筹款十万两（准由海军经费及河南应解甘新协饷项下拨给），先资开办。十九年正月，总办电报津海关道盛宣怀遴选员司采运机料，西出长城测量线路，由嘉峪关以达迪化，绵亘三千余里。自春徂冬，历三百余日，始克竣事。乃立总局于省城，时南北两路尚未建设，全疆气脉仍未联贯。是年冬十一月，复会同北洋大臣奏请添筹经费，以资推广，旋经总理衙门户部议准，续拨款十四万两（准由江海关存储出使经费暨海军衙门生息项下提拨），迅速兴工。明年春二月，划分线路，南北两枝同时并举，一线由迪化向西北，经库尔喀喇乌苏以达伊犁、塔城；一线由吐鲁番向西南，经库车、阿克苏以达喀什噶尔，檄令沿途州县豫储干木。……二十一年三月，南北电线一律蒇功。是役也，综计线路延袤八千余里，凡设总局一，子局十六。

（钟广生撰：《新疆志稿》，卷三，邮传志，电政，清宣统二年修，民国十九年铅印本。）

〔**清宣统元年前后，新疆焉耆府**〕 电报局，现移居城外南关，系旧日厘金局改修。

（清　闻瑞兰纂：《焉耆府乡土志》，政绩录，清宣统元年稿本，一九五五年油印本。）

〔民国三年前后，新疆〕　电线，自甘肃来，一至伊犁而接俄国之电线，一至疏勒府。

（张献廷初稿：《新疆地理志》，第六章，交通，电线，民国三年石印本。）

〔清同治十三年至民国十年，山东泰安县〕　我国电政动议于清同治十三年沈葆桢之陈奏，至光绪五年李鸿章架线于天津，中国之有电报自此始。至二十六年四月十三日，县城西关创设入局线，十六日通报，泰安之有电报自此始。民国十年四月，交通部重设津浦新线四条，均入局。旧线泰辖至天平店，北通济南，南通兖州，新线沿车路而行。

（葛延瑛修，孟昭章、卢衍庆纂：《重修泰安县志》，卷五，政教志，交通，电政，民国十八年铅印本。）

〔清光绪六年至二十七年，山东兖州府滕县〕　电线及电报电局俱光绪六年设。邮政局二十七年设。

（生克中纂：《滕县续志稿》，卷二，建置志，清宣统三年铅印本。）

〔清光绪七年以后，山东济宁县〕　电报局创设于清光绪七年，开办时只设干线二，北达京津，南抵镇江、上海。其后加挂干线，东至烟台、青岛，西至开封、郑州，间亦直达汉口，其附近各县设局之处，亦皆径达。局设游府后街。

（潘守廉修，袁绍昂纂：《济宁县志》，卷二，法制略，交通，民国十六年铅印本。）

〔清光绪七年至宣统三年，山东济宁州〕　电报局，光绪七年设，在东关姜店街，十六年移城内游府后街（按：电报创设之初，系因河工而设，自运河道署直达各工次。厥后设干线二，北达京、津，南抵镇江，西路设线至曹县。二十四年，加挂干线二，东至烟台、青岛，西至开封、郑州，间亦直达汉口。三十一年，东路设单线通兖州，西北路至巨野、曹州等。宣统三年，改归邮传部，西路曹县又加挂一线）。

（潘守廉等修，唐烜、袁绍昂纂：《济宁直隶州续志》，卷五，建置志，附局所，民国十六年铅印本。）

〔清光绪九年至民国二十四年，山东德县〕　本县电报局，于清光绪九年设立，以西关将军庙为局址，嗣迁于城内正谊书院，又于宣统三年移于建设街。当创立之始,原系商办事业,于上海设总局,各省市县设分局。清季收为国有,隶属于交通部。至民国二十四年一月,改为与邮务合局,遂移于吕家街,租居民房为办公地点。……本县来往电报以军政各电为最多,寻常商电殊鲜,因当地务产既不丰饶,工商均不发展,则业务殊难增多也。

（李树德修,董瑶林纂:《德县志》,卷六,政治志,电报,民国二十四年铅印本。）

〔清光绪十二年至民国三十年前后,山东潍县〕　潍县电报局,创设于清光绪十二、三年间,初设于东北关,后迁于掖县之沙河,继又设于潍县北关,近年始设总局于南门外胶济车站,设收发处二,一在城内邮务局,一在东关邮务局。

（常之英修,刘祖干纂:《潍县志稿》,卷二十六,交通志,电务,民国三十年铅印本。）

〔清光绪十九年至民国十七年前后,山东青岛〕　青岛电报局,始设于光绪十九年,初为报房,租界开埠后,始改为局。民国三年冬,日军占据青岛,我国所设邮电同时停止,七年冬始得恢复。洎收回青岛后,又于市内山东路、台东镇增设分局二所。

（赵琪修,袁荣叟纂:《胶澳志》,卷六,交通志,邮电,民国十七年铅印本。）

〔清光绪二十七年至民国六年,山东临沂县〕　电报局,在邮政局里院,清光绪二十七年设立,初名沂州电报局,民国二十四年一月改为临沂电报局,线杆分三路,一通莒县诸城,一通剡城,一通峄县。

（陈景星、沈兆祎修,王景祜纂:《临沂县志》,卷十,交通,民国六年刻本。）

〔清光绪三十三年,山东武定府青城县〕　光绪三十三年,设立大郭家庄公电局。

（杨启东修,赵梓湘纂:《青城续修县志》,卷四,新政志,实业,民国二十四年铅印本。）

〔清光绪末年至民国二十六年前后,山东博山县〕　电报局,清光绪末年开办,原在县城西关,现移胶济车站内,附交通部长途电话。

（王荫桂修,张新曾纂:《续修博山县志》,卷四,交通志,电报,民国二十六年铅印本。）

〔清代后期至民国二十年,山东冠县〕　吾冠地处偏僻,在清季时代,一般士民只知有电报之名,而未见其实。自民国四年春,由东昌至大名一路栽植电杆,始见有电报之实证,耳目为之一新。当局为防护此线,乃于十年一月在冠县设立电报局。……设局多年,无若大营业,每月商电平均收数约四十元上下。……二十年五月,兹邑安设长途电话,代价低廉,传递消息多为电话代替,电报局之营业益形减缩。

（清　梁永康等修，赵锡书等纂：《冠县志》，卷二，建置志，机关，清道光十年修，民国二十三年补刊本。）

〔清代后期至民国二十三年前后，山东临清县〕　电报局之设，始于清季，初在蚂蜡庙街，光绪二十六年毁于拳匪，民国四年复置，移钞关街路东，今与邮局合并。

（张自清修，张树梅、王贵笙纂：《临清县志》，建置志，交通，民国二十三年铅印本。）

〔清宣统三年至民国二十三年，山东莱阳县〕　清宣统二年，地方变乱，于次年春设电报局，局设城内，租民房为四等局，设局长一人，路工三，自创办至今共二十四年。

（梁秉锟修，王丕煦纂：《莱阳县志》，卷二，政治志，交通，民国二十四年铅印本。）

〔民国五年以后，山东寿光县〕　电报局自民国五年设立，东通潍县，西通广饶，计路线一百六十里，五邻封以及本省外省皆可到达。……惟自长途电话线杆林立，问答捷于影响，用电报者日益鲜，故城内与羊角沟电局每月仅收入三四十元。

（宋宪章修，邹允中、崔亦文纂：《寿光县志》，卷十，交通志，电报，民国二十五年铅印本。）

〔民国六年，山东广饶县〕　我国电政动议于清同治十三年，光绪五年，李鸿章始架电线于天津，中国之有电报自此始。至民国六年，本县乃设置电报局。

（潘莱峰等修，王寅山纂：《续修广饶县志》，卷十一，政教志，交通，民国二十四年铅印本。）

〔民国十年以后，山东昌乐县〕　电报局，在大十字口西路北，设于民国十年十二月，时本县发网营业甚盛，商民需要与各处通讯，遂由地方人士陈请成立，正式通报。局中置局长一人，服务员一人至三人，线工二人，差役二人。民十八，局长名称改为主任，直受交通部及山东电政管理局管辖。……全年收入除民十一、十二、十三年当时发网事业旺盛，收入尚可足敷外，其余年份平均年收五百元左右，岁出则需三千二百元左右，系由交通部支发。

（王金岳修，赵文琴、王景韩纂：《昌乐县续志》，卷六，建置志，电报局，民国二十三年铅印本。）

〔民国十一年至二十三年，山东牟平县〕 电报局，设于牟平城里，民国十一年三月成立，至民国二十三年七月与邮局合设一处。

（宋宪章等修，于清泮等纂：《牟平县志》，卷五，政治志，交通，民国二十五年铅印本。）

〔民国十二年，山东曲阜县〕 曲阜电报局，原名曲阜电报房，成立于民国十二年七月。

（孙永汉修，李经野、孔昭曾纂：《续修曲阜县志》，卷五，政教志，交通，民国二十三年铅印本。）

〔民国十五年至二十三年，山东德平县〕 电报局，民国十五年成立，直属交通部。二十三年，奉令邮电合设，营业状况较前进步。自附设长途电话，营业尤为发达。

（吕学元修，严绥之纂：《德平县续志》，卷九，交通志，邮电，民国二十五年铅印本。）

〔民国十九年，山东济阳县〕 电报系河工公电局，始设于邑东北铁匠庄，民国十九年移于本城，交通愈形便利。

（路大遵等修，王嗣鋆纂：《济阳县志》，卷六，交通志，附电报，民国二十三年铅印本。）

〔民国二十三年前后，山东东阿县〕 电报局，在香山，系山东河务局沿河架线通电处，济南电报总局借线以通德县、东昌各处电信者。

（周竹生修，靳维熙纂：《东阿县志》，卷九，政教志，交通，民国二十三年铅印本。）

〔清光绪六年至二十四年，江苏扬州府高邮州〕 光绪六年八月，直隶总督李鸿章奏请津沪设电，以通军政，奉旨开办。七年六月，测定高邮运河东堤为电线经过地。九月，知州刘德铭查报境内沿河永、高两汛所植电杆，由一千五百十七号起，至二千八十八号止，计五百七十二根，均挂一线，属镇江电报局统辖。电杆均编镇字号，选汛兵二名巡逻，由局月给口粮，亦给汛官马乾。八年，扬州增设分局，邮境电杆改编为扬字号。十六年，总局因天津、济宁间电线中断，汛兵防河不能兼顾，乃停给沿途各汛兵弁乾银，改募工头为巡弁，工人为巡兵，仍由地方官担任保护事宜。二十四年，因报务孔繁，杆头加挂一线，为双线。

（胡为和等修，高树敏等纂：《三续高邮州志》，卷三，交通志，电线，民国十一年刻本。）

〔清光绪七年至三十四年，江苏镇江府丹徒县〕 电报局，光绪七年奏准试办南北洋电报。镇江为南北要冲，转报要埠，总局遂于八月设立。初在西城外姚一湾租赁民房；三十四年，购新河街地改建，永为部产。部定镇局一等甲级，局长一人,司事五人,电报生自领班以下额定三十人,象山炮台电报房亦归管理。

(张玉藻、翁有成修,高覬昌等纂:《续丹徒县志》,卷七,武备志,电报,民国十九年刻本。)

〔清光绪七年至民国十五年,江苏泗阳县〕 泗阳电报局为京沪干线所经之道,清光绪七年,设于众兴镇南街。

(李佩恩修,张相文等纂:《泗阳县志》,卷二十,交通志,邮电,民国十五年铅印本。)

〔清光绪七年至民国二十四年前后,江苏南京〕 南京电报由官电局于光绪七年开办,初为海防军务,只传官报。光绪三十年改章,兼收商报。前于光绪十一年归并商局,只留分局作为官线,其余悉归商局(见南洋官报局委员周震勋禀)。今有线电报由交通部直辖南京电报局办理,局设城南润德里,分设下关、鼓楼两收发处,通报路线三十条(《中国经济志》)。无线电报由交通部直辖无线电台办理,台设城内估衣廊,分设下关、杨公井两收发处,共有机号四,均系短波(《中国经济志》)。

(叶楚伧修,王焕镳纂:《首都志》,卷九,交通,邮政,民国二十四年铅印本。)

〔清光绪九年,江苏常州府江阴县〕 电报局,光绪九年,南洋大臣曾国荃为江防重要,奏准设局于黄山江防营内,与无锡福山、吴淞接线通报,并于青旸镇城隍庙隙地建设巡电房瓦屋三间,为工丁巡逻住所。

(陈思修,缪荃孙纂:《江阴县续志》,卷三,建置,官局,民国十年刻本。)

〔清光绪九年至民国十五年前后,江苏铜山县〕 电报局,在凤凰街,清光绪十七年设,兼辖山东韩庄、台儿庄两报房,管线路二百七里,南至马山与宿迁局分界,北至季保庄与韩庄分界。韩庄报房,光绪二十四年设,管线路一百七十二里,南至彭庄与台儿庄分界,西至李保庄与徐州分界,北至南沙河与济宁局分界。台儿庄报房,光绪九年设,管线路九十五里,北至彭庄与韩庄分界,南至猫儿窝与窑湾局分界。

(余家谟等修,王嘉诜等纂:《铜山县志》,卷十一,建置考,局所,民国十五年刻本。)

〔清光绪中叶至宣统年间,江苏苏州府昆山、新阳县〕 电报,光绪中由沪至苏均立电杆,路经昆山而不设局。自铁路成,昆山设立车站,于是始有电报,而电话尚缺。

(连德英等修,李传元纂:《昆新两县续补合志》,卷五,交通,民国十一年刻本。)

〔清光绪二十三年至民国二十年,江苏泰县〕 电报创始于清光绪二十三年,国营电线由江都直贯本邑至如皋、南通,竿植于官河南岸,取地高不易上水,又分支到东台。泰县四等电报局,初设南门外,继移上真殿,现在大东桥,辖于交通部(赁民房)。姜堰电报支局,在镇西板桥南,民国十年前设立(赁民房)。曲塘电报支局,在镇西桥南,民国十年设立。海安电报支局,民国十年后设,对本省有总会转达权(以上均直辖交通部)。

(单毓元等纂修:《泰县志稿》,卷十七,交通志,电报,民国二十年修,一九六二年油印本。)

〔**清光绪三十年前后,江苏常州府宜兴、荆溪县**〕 宜荆电报局,初设于在城东珠巷厚余堂内,嗣因光线不合,且电线应与轮船互相联络,叠经前商会坐办徐绅德铭商经前商会总理前四川川东道任绅锡汾,会商办理电政局补用道周,于光绪三十年七月移知宜、荆两县,在宜兴东门外沿城墙租地建造西向平屋一所,除滨河一进由轮船招商宜局分租外,其余二进均归本局电房,每月租银十六元,缴由县署,归入城租造报,派徐绅钧荣经理,于光绪三十年十月报明开局,隶京师邮传部上海电政局监督。线路由宜兴至常州长九十七里,共立杆木六百六十四根。经行处所,宜兴和桥镇、武进寨桥、十五洞桥丫河各镇乡。

(徐保庆修,周志靖纂:《光宣宜荆续志》,卷一,地理志,电报,民国十年刻本。)

〔**清光绪三十二年,江苏镇江府丹阳县**〕 电报局,光绪三十二年七月,于县治东太平桥租赁民房开办。

(胡为和等修,孙国钧等纂:《丹阳县续志》,卷二十三,交通,电政,民国十六年刻本。)

〔**民国二年,江苏高邮**〕 民国二年,高邮电线接通兴化,由城内电报局分线,向东穿过三垛等处,皆添竖杆木,上挂一线(杆数未详)。

(胡为和等修,高树敏等纂:《三续高邮州志》,卷八,县附录四,交通,电线,民国十一年刻本。)

〔**民国八年至十九年,江苏阜宁县**〕 阜宁电报局,民国八年设,初为三等,十六年改为四等,十九年改为支局,隶交通部,直达线接盐城、东台、东沟、淮安、淮阴、东坎、响水口等处,惟响水口线暂废,由淮阴转电。东沟电报局,民国九年设报房,隶阜宁电报局,十六年改为支局,隶交通部,直达线接阜宁、淮安、淮阴等处。东坎电报局,民国十一年设报房,隶阜宁电报局,与东沟同时改为支局,直达线接阜宁、响水口等处,响水口线亦由淮阴转电。

(焦忠祖等修,庞友兰等纂:《阜宁县新志》,卷十,交通志,电政,民国二十三年铅印本。)

〔民国十五年前后，江苏江都县〕　电报局，在南河下，掌往来官商电报事务，归上海电报总局管辖。

（钱祥保修，桂邦杰等纂：《江都县续志》，卷二，建置考，电报局，民国十五年刻本。）

〔民国二十三年前后，江苏南京栖霞镇〕　本镇无电报局，栖霞山车站可以代为收发，一切手续和普通电报局相同。

（陈邦贤编：《栖霞新志》，第三章，交通，电报，民国二十三年铅印本。）

〔清光绪初年，浙江金华府汤溪县〕　兰溪电报局距汤溪县城四十里，距北乡罗埠三十里，距西乡洋埠四十里，境内未设有专局，官商电报均由兰局转递。清光绪初始设电线，其线路由兰溪至两头门入县境，沿浙赣大路经花园、罗埠、下潘邵家、下徐等处，西入龙游县界，在境内者长二十里。

（丁燮等修，戴鸿熙纂：《汤溪县志》，卷五，建置下，电线，民国二十年铅印本。）

〔清光绪初年至民国十六年以后，浙江鄞县〕　本县电报可分有线电报、无线电台两种。有线电报创于前清光绪初年，无线电台则始于民国十六年之后。

（张传保等修，陈训正等纂：《鄞县通志》，舆地志，寅编，交通，民国二十六年铅印本。）

〔清光绪八年至二十八年后，浙江杭州〕　中国电报之设，权与于津沽，展拓于南北洋。光绪八年，外人请添设上海至浙闽各线，疆吏即奏办浙闽粤三省沿海陆线，以杜觊觎。是时，初由官办改商办，杭州即于次年设分，二十八年复改归官办，商股仍旧。邮传部成立，由部直辖。嗣又近隶劝业道。光绪季年，并设电话。

（齐耀珊修，吴庆坻等纂：《杭州府志》，卷一百七十五，交通，电报，民国十五年铅印本。）

〔清光绪八年至民国十四年，浙江省〕　浙江之电报线路属沪粤线，系清光绪八年架设，其线路为上海——苏州——嘉兴——杭州——绍兴——兰溪——衢州——浦城……广州。支线有六，其关系浙江者凡三：A、苏州——南浔——嘉兴——平湖——乍浦。B、绍兴——余姚——宁波——镇海。C、兰溪——金华——缙云——永嘉。民国十四年六月，调查电报局属浙江省四十所。民国二年，设有闽浙电政管理局，管理区域为福建、浙江各电报局。

（浙江省通志馆修，余绍宋等纂：《重修浙江通志稿》，第九十八册，交通，电报，一九四三年至一九四九年间纂修，稿本，浙江图书馆一九八三年誊录本。）

〔清光绪九年至民国十六年，浙江〕　国内电报事业发轫于逊清光绪五年，由直隶总督李鸿章奏请建设。至本省则创办于光绪九年,其电线由江苏吴县沿运河迤逦抵浙,蜿蜒全省。其时各局均直辖于上海电报总局,鼎革以还,组设闽浙电政管理局。至民国五年,改为浙江电政监督处。民国十六年国府成立后,更为浙江电政管理局,综理全区事务。

(姜卿云编:《浙江新志》,上卷,第九章,浙江省之建设,邮电,民国二十五年铅印本。)

〔清光绪九年至民国十六年,浙江〕 国内电报事业发轫于逊清光绪五年,至本省则创办于光绪九年,其电线由江苏吴县沿运河迤逦抵浙,蜿蜒全省。其时各局均直辖于上海电报总局,鼎革以还,组设浙闽电政管理局。至民国五年,改为浙江电政监督处。民国十六年国府成立后,更为浙江电政管理局,综理全区事务。在十六年间,本省处电报线路计长五千四百余里,自后逐年增加。

(千人俊编:《民国杭州市新志稿》,卷十二,电政,民国三十七年修,杭州市地方志编纂办公室一九八七年铅印本。)

〔清光绪九年至民国二十年前后,浙江镇海县〕 镇海电报局创于光绪九年,定为三等局,先设在招宝山,后迁至南门外梵王宫,今在打缉街。

(洪锡范、盛鸿焘修,王荣商、杨敏曾纂:《镇海县志》,卷七,营建,电报局,民国十二年修,民国二十年铅印本。)

〔清光绪十年至二十三年,浙江衢州府〕 电报局,衢之有电线,创自光绪十年,下接兰溪,上达浦城(沿旧驿站路),为浙闽之通过线。光绪二十三年,始设局于江山县之清湖镇。

(郑永禧纂:《衢县志》,卷三,建置志,邮电,民国十五年修,民国二十六年铅印本。)

〔清光绪二十年,浙江嘉兴府平湖县〕 电报局,光绪十八年与法兰西有战争,乍浦暂设电线,分达南北洋,事定局撤。二十年,与日本有战事,复行设立,乍浦置电报分局,平湖置报房。

(季新益等修,柯培鼎等纂:《平湖县续志》,卷一,建置,交通,民国十五年修,抄本。)

〔清光绪三十二年,浙江台州府临海县〕 电报局,一在城内台州卫,一在海门。光绪三十二年,邑绅何奏簧等禀请台州府知府转详设立。是年五月,工程委员由宁波接展线杆至临海县城,又自县城至海门。

(张寅修,何奏簧纂:《临海县志稿》,卷五,建置,邮电,民国二十四年铅印本。)

〔清光绪三十二年,浙江台州府宁海县〕 宁海电报局,成立于光绪三十二年九月,盖宁海线初因通甬而设也,自临宁段、宁绍段相继踵成,而宁海线重要矣。

(浙江省通志馆修,余绍宋等纂:《重修浙江通志稿》,第九十八册,交通,电报,一九四三年至一九四九年间纂修,稿本,浙江图书馆一九八三年誊录本。)

〔清光绪年间,浙江嘉兴府海盐县澉浦镇〕 电报在清光绪时曾设立,清季中日纷生,浙抚廖毂似巡视海口炮台,还省与藩司赵展如商议,设立乍澉电线,以通省城。即派大令巢风仪至沪采办物料,由嘉兴电局出东门造至平湖、乍浦、遵海而南,直达澉浦,于光绪二十一年二月二十四日告竣。设局通电,局在南门外吴氏祠,旋即停办,至民十一年始设立电话另售处,计有澉镇、舟里堰、长川坝、西海头、茶院、丰山等处。

(程元煦编纂:《澉志补录》,邮电,民国二十五年铅印本。)

〔清光绪年间至民国二十年,浙江杭州市〕 杭州市电报局系一等局,直隶于交通部,创始于前清光绪年间,装有莫尔斯发报机十部,韦斯登式收报快机一部。计有电报线路十三条,职员八十二人,信差局设十六人,机工线工五人,全年开支凡九万六千八百元。最近五年报费之收入有如下表:

年　　份	报　费　收　入
民国十六年	80 027 元
民国十七年	68 742 元
民国十八年	61 265 元
民国十九年	67 334 元
民国二十年	72 189 元

观上表以十六年为最佳,二十年次之,两年比较,相差约八千元。盖以长途电话、无线电报相继兴办,有线电报之连年递减,乃势所必然也。

(浙江省通志馆修,余绍宋等纂:《重修浙江通志稿》,第九十八册,交通,电报,一九四三年至一九四九年间纂修,稿本,浙江图书馆一九八三年誊录本。)

〔民国初年,浙江定海县〕 邑中未设水电,往来电报向转镇海电局,送费颇巨。后省来官电虽改由宁波电局交与邮局转递,而商民电报不便如故。邑中人士常思设立无线电台,以通消息。民国八年,县知事冯呈请建设电台,经交通部覆请早经筹设,惟迄今尚未成立。

(陈训正、马瀛纂修:《定海县志》,交通志,电报,民国十三年铅印本。)

〔民国三年，浙江镇海县〕 龙山镇电报局：民国三年，虞和德等创办，由龙山镇直达甬上，竖杆四百九十六支，计程五十八里。

（董祖义纂：《镇海县新志备稿》，卷上，交通志，邮电，民国二十年铅印本。）

〔民国十一年前后，浙江萧山县〕 电信已通，电线如蛛网之密布，惟至杭电话未设，恐碍电报局之营业也。邮局列二等，民局利权似因而稍减云。

（王铭恩辑：《萧山乡土志》，第三十七课，交通，民国十一年铅印本。）

〔民国十七年，浙江分水县〕 电报局，在城东门，民国十七年设立。

（钟诗杰修，臧承宣纂：《续修分水县志》，卷二，建设志，交通，民国三十一年铅印本。）

〔清光绪九年至民国年间，安徽〕 清光绪五年，直隶总督李鸿章奏准，自大沽北塘海口炮台至天津架设电线，是为我国开办电报之始。嗣清廷设电报局于天津，任李鸿章为电政总裁，与大北公司缔结架设电线特约。七年，天津上海互通电讯，时盛宣怀主其事，倡议招集商股办理电报。越明年四月，清廷乃以电报划归官督商办之中国电报商局管理，聘丹麦技师擘划经营。其后一月，瓦火普公司成立。九年，自上海溯长江沿岸至汉口筹设电线。是年冬，安徽之采石、芜湖、大通、池州、襄家汇各电局相继成立。二十八年，清廷以扩张线路架设新线改归官办，特设电政大臣管理之。三十二年九月，邮传部成立，并归部辖，然中国电报商局仍为商办事业，电费未能核减，阻碍电报发达殊甚。三十四年，乃将各省商办电报悉数收归官办，每股百元，以百八十元收买，共费银二百九十六万余元。至宣统二年，又将各直省官线收归部办，至是电讯始告统一。民国以来，则隶交通部电政司管辖。

（安徽通志馆纂修：《安徽通志稿》，交通考，电政，民国二十三年铅印本。）

〔清光绪九年，安徽太平府芜湖县〕 电报，光绪九年设局开办，线路划分三区，上游至大浪冲二百十五里，下游至南庙一百五十里，宁国线至湾址六十里，历年营业以商务为标准。

（余谊密等修，鲍实等纂：《芜湖县志》，卷二十九，政治志，交通，民国八年石印本。）

〔清光绪二十五年至民国二十五年前后，安徽凤阳县〕 电政：分有线、无线、电话三种。有线电，清光绪二十五年设于凤阳府城，通安庆、南京、寿州等处，旋以平浦路成，蚌埠繁荣，乃就其地设一等电报局，归安徽电政管理处直辖，近以邮电合一，府城、临淮皆附邮局分设支局。无线电台，惟蚌埠设立一座，属特等，呼号为XPP余直流式,电力十五瓦。电话,民国十年,交通部设立蚌埠电话局,直接管理该局。现更设皖北长途电话,宿县、五河、霍邱、凤台、正阳、怀远、涡阳、蒙城等县,刻均通话。

（易季和纂修：《凤阳县志略》,交通,电政,民国二十五年铅印本。）

〔清宣统年间至民国二十三年,安徽亳县〕 本县电报局,自宣统年间设立,迄今二十余载,由电报官局改为四等电报局。民国二十三年终因收入减少,降为支局,办理国内外官军商用交际新闻等电讯,阜阳、太和、涡阳等邻近县份均可直接通报。

（刘治堂纂修：《亳县志略》,交通,电政,民国二十五年铅印本。）

〔民国十三年,安徽宁国县〕 清宣统元年,交通部设芜屯电报线,通过县境计长八十余里,县城无局。民国十三年秋,苏皖战争,军书旁午,邮递缓滞,百感困难,地方公议呈请县府转呈电政当局,批准设立宁国电报局,规定每年先暂由地方公款项下津贴银币六百元,籍资补助,俟电费收入足敷为止,目下尚在津贴时期。

（李丙麟等修：《宁国县志》,卷三,交通志,电报,民国二十五年铅印本。）

〔清光绪中叶至民国八年,江西大庾县〕 电报局,在水城下大街巷内,清光绪中年设立。其电线南直达东粤,北遍及各省。

（吴宝炬等修,刘人俊纂：《大庾县志》,卷二,地理志,交通,民国八年刻,十二年印本。）

注：大庾县一九五七年改名大余县。

〔清光绪八年至民国五年,福建建瓯县〕 电报为三等甲局,创始于光绪八年十二月,原名建宁府电报局。光复后,因洋文译名关系,尚未更改。初赁仓前民房为局所,至民国五年移设钟楼前。其路线有三：一由福州经水口、延平、建瓯、建阳、浦城达上海,二由福州经水口、延平、建瓯、建阳至浦城,三由福州经水口、延平至建瓯。

（詹宣猷修,蔡振坚等纂：《建瓯县志》,卷二十四,交通志,电报,民国十八年铅印本。）

〔清光绪三十二年至民国三十一年,福建诏安县〕 诏安向无电报局之设,自光绪三十二年,清政府以地当闽、粤之冲,谋交通之便利,始由云霄移置于通济桥东之溪雅村赁屋设局,南通潮、汕,北达漳、厦。收入向以西埔盐业与粤商往来电费为大宗,月仅百余元,适供局中常费而已。

(陈荫祖修,吴名世纂:《诏安县志》,卷十一,交通志,电报,民国三十一年铅印本。)

〔**民国三年至八年,福建龙岩县**〕 城北中军行署,电局在焉。民国三年十一月开设,电线先仅两道,一南通漳州;一西通上杭,达长汀。南线二百四十里,西线三百四十里。七年,闽粤战开,闽军因军事上设施,西南添一道,接永定,功垂成,而粤军入岩,乃足成之,计一百二十里。八年春,粤军东路添一道,通宁洋,长一百八十里,此路荒僻,商贾寥寥,军事结束,势无须此。且电杆以松,苦而不功,亦难久存。局中岁出年一千八百余金。四年,收支相抵,短五百金。五、六年,收支适合。七年,赢三百余金。拍电关于商务者仅居半数,岩地商业概可想矣。

(马龢鸣、陈丕显修,杜翰生等纂:《龙岩县志》,卷十八,交通志,电报局,民国九年铅印本。)

〔**民国三年至二十六年,福建上杭县**〕 电报局,原设城西下中街黄巷坪,民国三年开办,十八年停,二十五年四月恢复,定名上杭电报电话营业处,附设上杭邮局内。直达地点计龙岩、永定、武平、筠门岭、会昌,其他酌由关系局转运。二十六年,以营业日旺,升为交通部上杭电报局,将武平电报电话代办处归局指挥。

(张汉等修,丘复等纂:《上杭县志》,卷十二,交通志,邮电,民国二十八年铅印本。)

〔**民国七年至十年,福建建阳县**〕 建阳县电报分局,民国七年开办,局设县治城内东门街,赁倪氏宗祠。民国十年十月,移盐仓巷福州会馆左隔壁。

(万文衡等修,罗应辰等纂:《建阳县志》,卷七,交通志,电报,民国十八年铅印本。)

〔**民国十一年至十八年前后,福建同安县**〕 电报局报房,创设于民国十一年,局址在南门内,现改设在铜鱼馆科甲巷口。邑之商务,二十年来皆小本营生,无需电局也。闽粤衅起,城中军署林立,始竖竹杆,由石浔设置电线以透达于城邑,乃从民居屋角设线直抵各军署,计路线长仅十里许耳。军事一接防,则线道遂以废置,难持久也。省督为军务紧急,消息灵通计,特设电局于南门内,同、厦之得以通电,自此始。电报路线由嘉禾山高崎以海电透达集美,直抵霞露,越溪边以通泉州大路本。十一年,厦就此线引至城内,始有电报。……局只设报房,不能比二、三等局也,然有此所,则漳、泉、厦消息易通,亦一便也。

(林学增等修,吴锡璜等纂:《同安县志》,卷十九,交通,电报局,民国十八年铅印本。)

〔**民国十七年前后,福建沙县**〕 电报,电局境内未设,距城一百四十里南平城设有分局,发电者专差赴局投递。近年设有军需电话,上通汀属,下通延属,由军官高维岳设。

(梁伯荫修,罗克涵等纂:《沙县志》,卷八,交通志,电报,民国十七年铅印本。)

〔民国二十三年,福建顺昌县〕 电报局,民国二十三年始设,西通邵武,南达将建泰,东通洋口、延平。

(潘光龙、高登艇修,刘敬等纂:《顺昌县志》,卷十,建设志,邮电,民国二十五年铅印本。)

〔民国二十四年以前及以后,福建崇安县〕 电报,民国二十四年以前,县城设电务代办所,直属于省电政管理处。二十五年以后,设五等电报局。

(刘超然等修,郑丰稔等纂:《崇安县新志》,卷十三,政治,建设,交通,民国三十一年铅印本。)

〔民国三十四年前后,福建龙岩县〕 本县设有二等电局一所,报线计有岩漳、岩定、岩杭、岩连四条,除收发官商电报外,并兼办省内外长途电话业务。

(郑丰稔纂:《龙岩县志》,卷十二,政治志,建设,民国三十四年铅印本。)

〔清光绪六年,台湾凤山县〕 电报局,在大竹里哨船头(打鼓山麓),县西十五里,屋十二间,光绪六年武弁江若震建,驻兵三名。

(清 卢德嘉等纂:《凤山县采访册》,丁部上,规制一,廨署,清光绪二十年纂,稿本,一九八三年台湾成文出版社影印本。)

〔清光绪十三年,台湾澎湖厅〕 光绪十三年,奉文购设全台水陆电线,以速邮政。复安放海线在澎湖峙里澳,接通台南之安平口,长一百八十里,于八月间安放工竣,谕令附近渔船禁避,以免触坏。峙里距妈宫二十余里,添设旱线一道,接连电椿(桩)直达城内线房,雇派工匠分驻照料,年由总局分送公票于文武各署,遇有紧要公事发寄电报,均于电稿后粘票一纸,缴销用过票根。

(清 潘文凤等修,林豪纂:《甲午新修台湾澎湖志》,卷七,武备略下,电报局,清光绪二十年刻本,一九五九年油印重印本。)

〔清光绪二十六年以后,河南汝宁府信阳州〕 信阳电报局,清光绪二十六年设立,租北门大街民房,嗣后移至东城查家胡同,南通汉口,北达郑州,东达潢川,电线在信阳境内者,南北长二百三十里,东西长六十里。

(方廷汉、谢随安修,陈善同纂:《重修信阳县志》,卷七,建设三,交通,民国二十五年铅印本。)

〔清光绪二十八年至民国元年以后，河南安阳县〕　安阳电报支局创自清光绪二十八年，设局长一人，总揽全权，电务员四人，收发一人，文牍一人，电谱号码，每字大洋三分，官商通用。民元以后，价目屡更，日益昂贵，除官府军界外，商民非遇紧急事件，无电达者。

（方策等修，裴希度等纂：《续安阳县志》，卷六，交通，电报，民国二十二年铅印本。）

〔清宣统元年，河南怀庆府武陟县〕　电报局，清宣统元年，河北道石庚禀请河南巡抚宝奏设三等电局，路线由黄河桥北取道御坝、小庄、南贾，越沁河，经马棚、童贯而达于城南，通郑州，北接卫辉，交通称便。

（史延寿修，王士杰等纂：《续武陟县志》，卷五，地理志，交通，民国二十年刻本。）

〔清朝末年至民国十三年，河南陕县〕　清德宗辛丑回銮时，电线即通过陕境。清末民初之交，陕县始设电报局，火车至堂镇，该处亦设电报分局。十三年，合并移设于南关二马路，与邮政局同地址焉。

（欧阳珍等修，韩嘉会等纂：《陕县志》，卷十二，交通，电报，民国二十五年铅印本。）

〔民国十五年，河南灵宝县〕　电报，民国十五年成立，局中主任一人，报务员一人，线工一人，差役一人，直达通电，东至陕州，西至潼关。

（孙椿荣修，张象明纂：《灵宝县志》，卷三，建设，民国二十四年铅印本。）

〔清光绪十一年至民国九年，湖北夏口县〕　汉口电报局，创始于清光绪十一年，初附设招商局内，由官督商办。三十三年，改官办。入民国，仍旧。历年以来，均租民房办公。民国九年，在英租界天津街建筑新式房屋，现已迁入。

（侯祖畲修，吕寅东等纂：《夏口县志》，卷九，交通志，电政，民国九年刻本。）

〔民国十年至二十一年，湖北麻城县〕　县城电报局系四等，省费，在义井街，莫尔斯机直达宋埠，自民国十三年春汪景衡奉委开办。局初设于北门石灰巷，二十一年冬迁南门七家湾，本年委部令与邮政局合设一处，故复迁于义井街。……宋埠亦四等局，自民国十年开办，省费，总机汉口，分机宋埠莫尔斯机直达黄陂，亦有时由汉口经宋埠、麻城县城至黄安而止。

（郑重修，余晋芳等纂：《麻城县志续编》，卷二，建置志，交通，民国二十四年铅印本。）

〔清光绪二十六年至民国初年，湖南湘潭县〕　湘潭除邮寄外，尚通电报，设于光绪二十六年。旧建分局于城内黎家祠，至民国初年，移置十六总后韩家仓。电报所至，北通省城，远及京、汉。线柱，由县东间道经北一区之湾桥樟树岭，在探塘渡湘南,通衡、永、远及粤东、粤西。线柱,由河口渡涟水,由易俗河渡涓水,南沿县南驿路,经南一区之茶园铺、东三区之黄茅驿,在界牌关出境,西通湘乡,远及云贵。线柱,沿县西驿路,经西一区之姜畲,西二区之云湖桥,在马铺出境。

(曾继梧等编:《湖南各县调查笔记》,地理类,湘潭,交通,民国二十年铅印本。)

〔清光绪二十九年至民国三十七年前后,湖南醴陵县〕 醴陵有线电报,始于清光绪二十九年。汉冶萍公司在安源开采煤矿,修筑铁路,以便运输,即于是时立杆架线,通报至长沙一带。初设总局于阳三石,由铁路总办薛鸿年主其事。旋移龙家巷,继又移曹家巷。至民国二十三年,邮电合并办公,则由王家巷迁西长街,近又与邮政局同迁来龙门易祠,而办公则各别,直隶交通部。设局长一人,系用莫氏单工机,其线直达长沙、衡阳、株洲、攸县、浏阳、萍乡、茶陵、渌口,他处则须转线。三十三年发去电报,全年一万一千余次,收报一万六千余次。沦陷时,杆线全毁。三十四年十一月复局,仍称电信局,所管辖者为电报、电话及无线电。然通电全恃无线电。至今未架线,未能与他县通话。

(陈鲲修,刘谦等纂:《醴陵县志》,卷二,交通志,电报,民国三十七年铅印本。)

〔民国元年,湖南宁乡县〕 电报始于元年一月,湖南电报局令设二等乙级局,所辖线路东至长沙属之自箬铺五十里,双线电杆二百八十八柱,北至益阳属之沧水铺四十九里,半双线电杆三百四十七柱。五年,改为三等甲级局。十年,改为三等乙级局。十八年十月,民国政府交通部令改为交通部宁乡电报局。二十一年三月,因收入不旺改为报话营业处。二十七年九月,以军讯繁迫,奉令复局。

(宁乡县志局:《宁乡县志》,卷二,交通,民国三十年木活字本。)

〔民国四年至二十八年,湖南宁远县〕 电报局,中华民国四年设立,其时匪氛甚炽,知事张立德、道县知事望云亭相谋架设电线,以通消息,不数月而工竣。初在西正街,后假居濂溪祠。二十四年,降为代办所,附设邮政局。时电线已毁,则假电话线为之。二十八年,始复其初。以避倭飞机侵袭,迁于西城外,架线二,一通道县、零陵,一通新田、桂阳。长途电话附设电报局,亦架线二,如电报线。

(李毓九修,徐桢立纂:《宁远县志》,卷三,建置,民国三十一年石印本。)

〔民国七年,湖南汉寿县〕 民国七年,县城内创设电报支局一所,电线直达益阳,计程一百四十里。拍电各省县,均由益阳分转,如益阳有故,则交通阻滞。

（曾继梧等编：《湖南各县调查笔记》,地理类,汉寿,交通,民国二十年铅印本。）

〔民国十年至十三年,湖南安乡县〕　县电报肇始于民国十年前,县议会感紧急事件必派役津沅发电,时日迂缓,诸多不便,提议每正银一两项下附加银洋二角,洎自十三年始与津澧接线合贯,颇感便利。

（王燥纂修：《安乡县志》,卷六,交通,民国二十五年石印本。）

〔清光绪九年以后,广东广州府番禺县〕　电报局,在永清门外,光绪九年开办。电线属于县境者,由局起在城基上竖立电杆,安设电线,迤逦而东至东莞县境,上通惠潮各郡,下达香港、澳门,其西北传达各省电线别隶南海县属。

（梁鼎芬等修,丁仁长等纂：《番禺县续志》,卷四,建置,局厂,民国二十年刻本。）

〔清光绪十年,广东广州府佛山镇〕　电学创自欧西,始则用之工业。西历一千八百十一年,德国人森米令始创电信机。一千八百三十七年,德国人士堂奚路六实地安设,施之军用。由是,军情传达,瞬息万里,各国推行,皆设专官,以司电政。我国于光绪中首立电政大臣,于京师各直省设电报局,后立邮传部,电政隶之。民国初元,改邮传部为交通部,设电政司,以辖各直省电政局,今如其旧。佛山电报局,创于光绪十年春,其管辖线路东至广州,西至三水,南至江门,与各地电局互相联接。电费分四等,征收一等多属官电,最为迅速,余则按等以定迟速,莫不捷如影响焉。又电话亦电政之支流,佛地尚未设立公司,惟警区、碉楼、消防所均设电话,商场之有支店者,多自行设线,供人借用,风气日开。

（冼宝干等纂：《佛山忠义乡志》,卷三,建置,民国十五年刻本。）

〔清光绪十一年,广东廉州府钦州〕　钦州电报创设于清光绪十一年,初借白沙街风神庙设局,民国改为钦集电报局。

（陈德周纂：《钦县志》,卷十,交通志,电信,民国三十六年铅印本。）

〔清光绪十三年至二十四年,广东高州府石城县〕　电报局二,一岸步,即安铺,光绪十三年设,西接廉州白沙,东达县城；一县城,光绪二十四年设,西接岸步,东达化州及高州。案：高州电报,光绪十三年巡道王之春禀准开办,设电报局于岸步、兴化州之新安墟及高州城。二十四年,知县李瑞杰、都司关在田请准在县城添设报局,时新安局亦移于化州城,岸步电报始达县城及化、高。

（钟喜焯等修,江琨等纂：《石城县志》,卷四,经政志,邮电,民国二十年铅印本。）

〔清光绪三十一年以后，广东肇庆府恩平县〕 本邑电报，光绪三十一年开办，初设局城隍庙，第一任局长为陈尧阶。通过邑境线路，东则由恩城至蒲桥六十五里，南则由恩城至文笔仔六十里，沿途建设电杆。

（余丕承修，桂坫纂：《恩平县志》，卷十二，经政，邮电，民国二十三年铅印本。）

〔清光绪三十三年至三十四年，广东肇庆府阳江县〕 电报分局，一在城内，光绪三十三年开办，每月收费约二百余元；一在儒峒墟，通高州，三十四年开办。

（张以诚修，梁观喜纂：《阳江县志》，卷十，建置志，邮电，民国十四年刻本。）

〔清光绪季年，广东罗定州西宁县〕 西江设立电报局，始于光绪季年，一在封川长冈墟，一在罗定城内。电线之入邑境，其起点由德庆上游对岸渡江，经邑属鸡骨岭、古篷（太平都属）、逍遥（裕宁都属）、西坝、连滩、龙归、佛子坝、金罗（建康都属）等处，再由东水口渡江过对岸水栗村，下狮冈山，迤逦直上大湾（保和都属），经汛地入罗定境，至邑属都城，距长同水汛二十余里，电报往来，可藉快艇交通也。

（何天瑞等修，桂坫等纂：《旧西宁县志》，卷八，营建四，邮电，民国二十六年铅印本。）

〔民国七年，广东乐昌县〕 电报局，在城外南门街，民国七年设。电报分局，在坪石下街，民国七年设。

（刘运锋修，陈宗瀛纂：《乐昌县志》，卷七，建置，电报局，民国二十年铅印本。）

〔民国七年至十七年，广东大埔县〕 电报一项，则自民国七年粤军援闽时，在大埔县三河及高陂对面蒲田埔三处架设临时电报，以通消息。及后，三河一局裁去，大埔、高坡二局遂继续设立，归交通部管辖，可与国内外各埠互通电信。民国十七年，县内办治安会以互通消息，不甚便捷，由县治安会提议各区分派经费，设长途电话。

（温廷敬等纂：《大埔县志》，卷九，交通志，邮电，民国二十四年修，三十二年增补铅印本。）

〔清光绪十年以后，广西浔州府贵县〕 电报，清光绪十年，县属始敷设电线，旋设电报局于县城，东至梧州，西至邕宁，南至郁林，皆为直接线路（贵县电报局为四等局，每年来往电报件数平均约三万七千五百件，字数约二百一十六万七千六百余字，军务、政务电报概系记费）。

（欧仰羲等修，梁崇鼎等纂：《贵县志》，卷六，交通，电报，民国二十四年铅印本。）

〔清光绪十年至宣统元年，广西太平府龙州县〕 本城电报局设在龙江街，光绪十年成立。水口关电报局，在水口圩，光绪三十四年成立。平而关电报局，在平而圩，宣统元年成立。

（李文雄、陈必明纂修：《龙津县志》，第七编，交通，电报，民国三十五年稿本，一九六〇年铅字重印本。）

〔清光绪十年至民国九年前后，广西桂平县〕 浔州电报局，光绪十年成立，现附设马家塘李真人庙内。其法以号码译字，用电传送……自有电报，军事上甚称便利，但不能寄附有质物件，今与邮政相辅而行，法亦甚善。又大黄江墟亦有电报与邮政设立。

（黄占梅等修，程大璋等纂：《桂平县志》，卷二十六，纪政，邮传，附电报，民国九年铅印本。）

〔清光绪十年至民国二十六年前后，广西邕宁县〕 有线电报，邕郡电线之设，始于清光绪十年甲申法越之变，因关内外消息阻滞，致误戎机，于是李傅相鸿章乃设电报局于南宁，以达龙州，属乙等。至管理局，则就行政区域设于桂林，计其时有桂梧线、桂柳线、桂邕线、柳邕线、邕百线、邕龙线互相衔接，均为省内干线，弹指千里可达，至为便捷。民国元年，省会迁邕，管理局移设南宁，初局址在城外粤东会馆，后迁于城内西门城楼，现又迁于中府街南头旧中营守备署。查前往来发报，本省每字核收报费银六分，省外加倍。洋文、密码加半。急电照三倍伸算。

（谢祖萃修，莫炳奎纂：《邕宁县志》，卷二十九，交通志二，电政，电报，民国二十六年铅印本。）

〔清光绪年间，广西桂林府灵川县〕 县城电线自乌金铺入境至甘棠铺，经五里排绕西关路甘奢铺至小溶江南岸入兴安境，光绪二十余年设立。

（陈美文修，李繁滋纂：《灵川县志》，卷九，经政二，营建，邮电，民国十八年石印本。）

〔清光绪年间，广西平乐府贺县〕 县处偏隅，公牍私缄恃走足，故闻事迟。清光绪间，设电报，立局八步埠，通线由富川、恭城上达平乐、桂林，下通梧州，有急报，须臾至。

（韦冠英修，梁培煐、龙先钰纂：《贺县志》，卷四，经济部，交通，民国二十三年铅印本。）

〔清光绪年间至民国二十二年，广西隆安县〕 至若电政，清光绪年间已设有电报局在城北楼上。民二十二年，架设电话，并建筑全县公路。

（刘振西等纂修：《重修隆安县志》，卷四，食货考，经济，民国二十三年铅印本。）

〔清光绪年间至民国二十三年，广西平南县〕　本县设有电报局一所，初设于白马墟，清光绪二十七年，始迁县城旧典史署，后再迁北城楼。民国二十三年，迁旧学署，与邮局同处办公所。该局为支设报机一架，西线通桂平县江口墟，线路长度二八八〇公里，线条（双线）长度五七六〇公里，电杆二七七株。林线通藤县，线路长度一〇〇八〇公里，线条（双线）长度二〇一六〇公里，电杆八八六株。

（郑湘涛纂修：《平南县鉴》，交通，邮电，电报，民国二十九年铅印本。）

〔清光绪三十年，广西平乐府平乐县〕　平乐电报局在城厢镇大中街，清光绪三十年成立，以废平乐协右营守备署修改为局址。

（蒋庚蕃、郭春田修，张智林纂：《平乐县志》，卷七，交通，电报及电话，民国二十九年铅印本。）

〔清光绪三十二年，广西榴江县〕　电报局在鹿寨镇东街，上通桂林，下达柳州，光绪三十二年六月设立。

（萧殿元、吴国经等修，唐本心等纂：《榴江县志》，第四编，建设，邮电，民国二十六年铅印本。）

〔清光绪三十二年至民国二十四年，广西崇善县〕　清光绪三十二年，设电报局于太平府署内之东房，架通邕龙电线，民商发电不便。至民国六年，移设在府知厅署。二十四年，邮电合局，始迁于中山街。

（林剑平、吴龙辉修，张景星等纂：《崇善县志》，第四编，经济，邮电，一九六二年广西档案馆据民国二十六年稿本铅印本。）

〔清朝末年至民国二十一年，广西融县〕　长安镇清末设有电报局，未几撤消。柳三长途电话，民国二十一年设。

（黄志勋修，龙泰任纂：《融县志》，第三编，政治，交通，民国二十五年铅印本。）

〔清宣统元年至民国三十二年，广西宾阳县〕　宾州电报局，创设于前清宣统元年，假城内忠义烈祠为局址。民六、七年间，迁旧忝将署东花厅。十五年，迁城南门上之雅歌楼。二十二年，迁节孝祠，管理有线电报及长途电话。二十八年，因敌机轰炸，迁往白岩。三十二年，始复迁回附近之周氏宗堂，名为交通部宾阳电报电话营业处。

（胡学林修，朱昌奎纂：《宾阳县志》，第四编，经济，戊交通，民国三十七年稿本，一九六一年铅字重印本。）

〔民国初年,广西柳城县〕 民国初年,设电报局于城厢南楼(今废)。

(何其英修,谢嗣农纂:《柳城县志》,卷三,建置,交通,民国二十九年铅印本。)

〔民国七年,广西凌云县〕 县治非省道所经,又非繁盛区域,尚无设置电报之需要。民国七年,所属暹里以商务集中,设电报分局,本县接发省电,由该局付邮转送,每稽二日。迨色凌线电话通行之后,应用电报可以电话代拍矣。

(蒙启光、何景熙修,林其椿、罗增麒纂:《凌云县志》,交通,通讯,电报,民国三十一年石印本。)

〔民国二十二年,广西罗城县〕 电报之设置,本县向付阙如,遇有紧要事件须拍电时,惟有专人持往宜山电报局拍发,贻误良多。迨民国二十二年冬,由宜山衔接本县之省电话线架设完成,适广西省政府颁行用电话传递电报办法,是本县始有电报。其办电办法,将电文译成电码,用电话传达宜山电话管理处,由该处转送宜山电报局拍发。至该局收有送本县电报,亦送交电话管理处收转,可谓便利极矣。

(江碧秋修,潘宝箓纂:《罗城县志》,交通,电政,民国二十四年铅印本。)

〔民国二十四年,广西信都县〕 电报局,信都电局设在端南巩桥街图书馆,民国二十四年,买受商会振华会馆,经已迁寓设局,通八步、梧州、怀集各处,如有急报,顷刻而至。

(罗春芳修,王昆山纂:《信都县志》,第四编,经济,电报局,民国二十五年铅印本。)

〔民国二十七年前后,广西田西县〕 县属之乐里及旧州各设有电报局一所,各处发来县城之电报由乐里电报局转,用电话传递。

(叶鸣平、罗建邦修,岑启沃纂:《田西县志》,第五编,经济,交通,通讯,民国二十七年铅印本。)

〔民国三十五年前后,广西凤山县〕 本县无电报局之设备,凡省县来往之电报,均由东兰电报局转送。

(谢次颜等修,黄文观纂:《凤山县志》,第五编,经济,交通,民国三十五年修,一九五七年油印本。)

〔清光绪十年至宣统元年前后,四川成都府成都〕 电报局在省城内南府街,周太守保臣创立于光绪甲申年者也。近已通至巴塘。本省价目,每字一角。如未设立电局之州县,则由有局之处派差转递,另加力钱。如递传外国之电,则须先传至上海,由上海传至外国。近又新奉部章,以中国电费太重,特照定价特减二成。四川已立电局之州县:成都、叙府、夔州、重庆、巫山、泸州、雅州、万县、叙永、梁山、中渡、巴塘、理塘、打箭炉。

(傅崇炬编撰:《成都通览》,成都之电报,一九八七年巴蜀书社据清宣统年间手写石印本标点铅印本。)

〔清光绪十二年至民国十三年,四川江津县〕 清光绪十二年,四川创设电局,由渝达滇线路经过县属二都(今名二守镇)、亲睦、二胜、保安三团,计立电杆二十二根。民国七年八月,县城新设电报分局。由局起,经东门对过大江北岸浒溪口、双龙、九龙、双河场等处,达巴县走马冈,接连渝泸第三线,计程五十里,共立电杆二百九十根。

(聂述文、乔运亨修,刘泽嘉等纂:《江津县志》,卷一,地理志,交通,民国十三年刻本。)

〔清光绪十二年至民国二十四年,四川重庆〕 重庆电局创自清光绪十二年,初仅两线,上通成、泸,下达夔、万。继设上、下东及贵阳、合川等线,以与长涪、垫梁、永内、合川及贵阳等局相通。于是滇、黔、鄂、蜀往来各报皆由重庆局收转,重庆遂为吾国电局中之一等转报局。及民国十七年后,更置无线电机,新设大观坪及江北弋阳观无线电台,称全国无线电通信网第五区。重庆总台直受上海交通部无线电管理局指挥,与电报局分立。二十四年,奉部令,电报局与无线电合并,仍称交通部巴县电报局。……民国二年,交通部为统一全川电政,就重庆电局设川藏电政管理局。二十四年,管理局移成都。

(罗国钧等修,向楚等纂:《巴县志》,卷十四,交通,电报,民国二十八年刻,三十二年重印本。)

〔清光绪二十一年至民国十九年前后,四川名山县〕 县城仅距雅安四十里,未设电局,凡有拍发均由雅转。电线则置于清光绪二十一年,东起治安场,西迄金鸡桥,凡七十三里,均傍孔道。

(胡存琮修,赵正和纂:《名山县新志》,卷九,交通,电,民国十九年刻本。)

〔清光绪三十一年至三十三年,四川叙州府筠连县〕 电报局设于三十一年,三十三年裁。

(祝世德纂修:《续修筠连县志》,卷一,舆地志,交通,民国三十七年铅印本。)

〔清光绪末年至民国年间,四川眉山县〕 电线,清光绪末年设,为成都小南路线,自治北龙安铺入境径城达黄中坝,至鸿化山入青神境,通嘉定。

(王铭新等修,杨卫星、郭庆琳纂:《眉山县志》,卷二,建置志,电线,民国十二年铅印本。)

〔清宣统二年至民国四年,四川犍为县〕 逊清末年创办邮政外,同时复开办电报,以灵消息。县城及五通桥均分别设局。其拍电分官、商电二种,商电须依规定给费,所给之费比邮费虽昂,然消息灵捷。……考我县电报始自宣统二年二月,邮传部以县城及五通桥为官商信报繁区,各设报房,使远信传达灵便。初为自井单线,由嘉定修建至县城,复由五通桥连达富顺。自流井开办年余,即因辛亥之变,各地电杆概毁于同志军。民国成立,改为内江单线,遂未修复。二年,奉交通部令,续办,设局于四望关三元宫,又推广由县城达宜宾线。四年,因军事不便,乃分设报房于县城上龙池街。其时护国军与犍厂运业公司成立,公官商报繁多。

(陈谦、陈世虞修,罗绶香、印焕门等纂:《犍为县志》,卷十一,经济志,通信,民国二十六年铅印本。)

〔清朝末年至民国三十一年前后,四川西昌县〕 有线电由成都至西昌,清末业已架设。民国反正时,概被砍毁。近始由交通部修复,北接成都、康定,南通会理。

(杨肇基等纂修:《西昌县志》,卷一,地理志,交通,民国三十一年铅印本。)

〔民国初年至二十二年,四川灌县〕 民国创设成松电线,而灌介其间,有电报局。今附设电话,推及于四乡十区,消息灵便。

(叶大锵修,罗骏声纂:《灌县志》,卷二,营缮志,交通,民国二十二年铅印本。)

〔民国三年至八年,四川绵阳县〕 电报创办于民国三年冬,上通西安,下通成都。七年夏,又增设直达重庆一线。八年夏,以成都西之线路不能直达重庆,又添挂成绵二线,由绵分达。是年秋,又添直通松茂一线。计共由绵置有路线五处,局务亦佃民房办理。军政绅商音讯,自此一线传达,直通海外矣。

(梁兆麒、蒲殿钦修,崔映棠等纂:《绵阳县志》,卷二,建置志,邮电,民国二十二年刻本。)

〔民国三年至九年,四川剑阁县〕 电报局,赁住县城东街民房,民国三年设立由川至陕之线,东起大木戍,西迄梓属猷土地,管辖二百四十八里电杆一千八十根。九年添设由剑至阆之线,辖至文林铺一百三十里电杆七百七十九根,设局长一,电务员二,司事一,工头二,巡丁七,杂役二。

(张政等纂修:《剑阁县续志》,卷二,建置,民国十六年铅印本。)

〔民国八年至十三年,四川渠县〕 吾国电报,自清同治中叶迄光绪五年经始成立。其后通都大邑以次设置,吾渠地稍僻左,规办未及也。民国八年,四川陆军第六师师长余际唐始于三汇镇置竿引线。逾年,所部团长陈兰亭又由三汇延至县城,设局大中街王公馆,寻以军事冲突停顿。至十二年春,复设本城饶氏私宅。十三年冬,迁移教育会,线路东通竹梁垫万,南通广安、合川、巴县,西通蓬安、南充,北通达县、阆中,官商称便云。

(杨维中修,钟正懋等纂,郭奎铨续纂:《渠县志》,卷一,地理志第十四,民国二十一年铅印本。)

〔民国十三年至二十一年前后,四川万源县〕 电报局,民国十三年,东军入川分驻时开设,川陕边防军因之。局在县署二堂外厢房及旧试院后半段,现为军民通用,又设四干路线电话。

(刘子敬修,贺维翰等纂:《万源县志》,卷二,营建门,官署,局所附,民国二十一年铅印本。)

〔民国三十年前后,四川汉源县〕 电报,共二局,一在汉源场,一在富林,县城为代办所。

(刘裕常修,王琢等纂:《汉源县志》,交通志,邮电,民国三十年铅印本。)

〔清光绪三十四年前后,贵州安顺府〕 光绪三十四年以前,贵州有线电报仅设有贵阳经清镇、毕节达昆明一线,三十四年始架设贵阳经安顺、黄草坝、兴义达昆明一线。

(贵州省安顺市志编纂委员会据民国二十年代末稿本整理:《续修安顺府志·安顺志》,第十一卷,交通志,有线电报,安顺市志编委会一九八三年铅印本。)

〔清光绪三十四年至民国三十六年,贵州兴义县〕 电报局,创设于前清光绪三十四年,其等级为代办所。……民国三十五年改称兴义电信局,包括电报、电话、会计三股。民国三十六年,升为三等乙级。

(卢杰创修,蒋芷泽等纂:《兴义县志》,第十章,交通,第五节,电讯,民国三十五年修,一九六六年贵州省图书馆油印本。)

〔清宣统三年,贵州镇远府黄平州〕 宣统三年,贵洪电线成立,设电报局于重安驿。重安电报局设正街(系租借许氏宗祠内),由省委局员管理电报。

（陈昭令修,李承栋纂：《黄平县志》,卷五,建置志,驿传,附邮电,民国十年稿本,贵州省图书馆一九六五年油印本。）

〔民国十六年,贵州沿河县〕 民国十六年设电报局于东岸观音岩之吴宅,旋因内战,电线被毁,并入思南局。

（杨化育修,覃梦松纂：《沿河县志》,卷二,舆地志,电政,民国二十二年铅印本。）

〔民国十六年,贵州贵定县〕 电局亦系二等,成立于民国十六年五月一日,现任局长为张文清,城乡电话由县城通瓮城桥、狗场、旧县小场、平伐等处。

（徐实圃纂修：《贵定一览》,交通,邮电,民国二十六年铅印本。）

〔民国十六年至二十七年,贵州三合县〕 电报,民国十六年六月十六日成立,初周省长西成入主黔政,扩充全省电讯交通,令电政监督刘作新赶修独山到榕江线路,以利军用。旧时电线系经独山基场牵出都江坝街直下榕江,因山荒道僻,民无所用,至是始改经三合,不惟便于巡查,且营业亦颇旺盛。首任局长为江苏丁少威。二十七年,电政管理局为节省经费计,改局为电报代办所,隶于都匀电局。

（许用权修,胡嵩纂：《三合县志略》,卷三十,庶政略,交通,民国二十九年铅印本。）

〔民国二十五年前后,贵州册亨县〕 本县未设电报局,偶有公电,须派人持往安龙拍发。城乡电话,因经费困难,亦尚在计划敷设中。

（罗骏超纂修：《册亨县乡土志略》,第五章,交通,第四节,电讯,民国二十五年修,一九六六年贵州省图书馆油印本。）

〔民国二十五年后,贵州定番县〕 定番的电报机关名报话营业处,民国二十五年八月十五日设立,下年八月奉部令交由邮局代办,隶属于贵州电政管理局。……每月内电报约有千多通,其中官、军电约占十分之三,商电约占十分之七。

（吴泽霖编：《定番县乡土教材调查报告》,第六章,交通,三,邮电,一九六五年贵州省图书馆据民国年间稿本油印本。）

〔民国三十二年前后,贵州榕江县〕 电政方面有电报线三：一、榕江贵阳线。二、榕江黎平县。三、榕江桂林线。

（李绍良编：《榕江县乡土教材》,第二章,榕江地理,第六节,交通,民国三十二年编,一九六〇年贵州省图书馆油印本。）

〔清同治十三年至民国七年,云南宣威县〕 电局之设,始于前清同治十三年,当时只有北线,无东线,其线路南达省,北达四川泸州、贵州毕节。民六、七间,为军事上之便利,省府始添设会泽局,线路即由宣达会。

（陈其栋修,缪果章纂:《宣威县志稿》,卷七,政治志,建设,交通建设,民国二十三年铅印本。）

〔清光绪十年至民国六年前后,云南大理县〕 大理电报局在前提督署左,满清光绪十年九月开办,设局员一员,报生七名,司事、书记各一名,巡兵五名,工头、杂役各一。近年收费较开办时略为减色。电线三路,一通省垣,一通丽江,一通腾冲。

（张培爵等修,周宗麟等纂,周宗洛重校:《大理县志稿》,卷三,建设部,交通,民国六年铅印本。）

〔清光绪十二年至宣统三年,云南云南府昆明县〕 光绪中,云南设立电报,自后朝廷谕旨以及督抚提镇章奏并各署往来公文,其限期速而关系重者,均改由电报拍发。……电报局,在东城埂脚。初光绪十二年二月,云贵总督岑襄勤公奏准开办线路,先由富州、百色直达昆明,又由昆明东路直达贵阳,而迤南迤西次及之。昆明局遂定名曰云贵电报总局。嗣归邮传部统辖,以劝业道,专司考成。其局在贵州者改归贵州专办,乃易昆明局名曰云南电报总局。宣统三年六月,附设电话总机关,其电话由各衙门局所先行安设,然后逐渐推广。

（倪惟钦、董广布修,陈荣昌、顾视高纂:《昆明县志》,卷二,政典志,驿递,邮传附,民国三十二年铅印本。）

〔清光绪十二年至民国十三年前后,云南〕 电政创办于清光绪十二年三月,电政总局设于二区五段迎恩街,各县设有分电局四十处,东路为曲靖、宣威、东川、昭通、老鸦滩六处；南路为通海、青龙厂、他郎、普洱、思茅、临安、蒙自、个旧、碧色寨、阿迷、开化、安平、河口、麻栗坡、广南、富州、剥隘、邱北、泸西、罗平、婆兮、宜良二十二处；西路为楚雄、下关、大理、鹤庆、丽江、中甸、永昌、云龙、永平、顺宁、腾越、小辛街十二处；北路为元谋一处。电报费计分四等,一等官电,省长、省议会可发,每字本省三分,出省六分。二等公电,交通部电令全国各电局之公电不计费。三等电,凡商报加急密洋文所用,每字本省一角八分,出省三角六分。四等商电,每字本省六分,出省一角二分。至全电线共长一万零九里,有局三七所,电杆四万余棵。至于通外省及外国之线路可大别为四,一经嵩明、曲靖等县至贵州毕节,一经通海、墨江、思茅等县至缅甸,一经蒙自、文山、广南等县至广西邕宁、番禺,一经蒙自、蛮耗等处至河口。

(张维翰修,董振藻纂:《昆明市志》,交通,电报及电话,民国十三年铅印本。)

〔清光绪十五年至民国三十三年,云南姚安县〕 姚安普洱段电报线,系清光绪十五年架设,民国四年添设双线,归祥云前所局管理……长度十四公里,共电杆一百六十六棵。……三十三年,交通部于治城设立有线电报局。

(霍士廉等修,由云龙等纂:《姚安县志》,卷十四,舆地志,交通,民国三十七年铅印本。)

〔清光绪二十年至民国年间,云南新平县〕 电报于清光绪二十年由羊毛冲起,至元江之相见塘止,沿途栽设电杆三百余棵,以资传达。若遇杆木朽坏时,由电局查勘明白,知会地方官转饬团绅就地采办,每棵发价银五钱(旧《志》)。民国设立如故。

(吴永立、王志高修,马太元纂:《新平县志》,第十,交通,邮电,民国二十二年石印本。)

〔清光绪二十一年至民国二十一年,云南富州县〕 电政一项创设于清季光绪二十一年,因县治偏小,只设三等甲局,现亦仍前办理。

(陈肇基纂修:《富州县志》,第十一,交通,邮电,民国二十一年修,民国二十六年抄本。)

〔清光绪二十三年至民国四年,云南元江县〕 县属青龙厂电报局设于清光绪丁酉年,设局长一员,报生二名,有时不敷调派,仅设一名,工头一名,巡丁四名。至民国元年,添设局役一名,经费月约百元,由省电政管理局支领。四年,改由县署拨领。电线路二,一通通海,一通墨江。

(黄元直修,刘达武等纂:《元江志稿》,卷三,建设志,交通,民国十一年铅印本。)

〔清光绪二十三年至民国二十七年前后,云南昭通县〕 吾国电报于清光绪间创始于福州,继设于上海、天津间,今则通都大邑,罔不敷设。云南风气较晚,有线电报初自四川泸县至贵阳经毕节、威宁直达昆明。昭人拍电必至威宁,诸多迟滞。光绪二十三年,始由威宁分支线达昭,委任局长李超群于城内怀远街赁房设局。昭有电报,盖权兴于此民元。后局长迭更,址乃旧,扩大营业,复由局分设支线,上达会泽,下达盐津,往来电文,朝发夕至,无须绕威宁一路。加以近年会泽一线附设电话,益形便利,举凡军政学商消息,瞬息千里,灌输文化,关系匪浅,岂止倍蓰于邮传。

（卢金锡修，杨履乾、包鸣泉纂：《昭通县志稿》，第十，交通，邮电，民国二十七年铅印本。）

〔民国三年至七年，云南泸水〕 民三年，鲁掌设有电政局，由永平经由云龙到泸水，旋于民七年撤销。

（段承钧纂修：《泸水志》，第十，交通，邮电，民国二十一年石印本。）

（三）电　　话

〔民国十七年前后，河北房山县〕 电话，惟车站有之。电报局无。

（冯庆澜修，高书官等纂：《房山县志》，卷二，地理，交通，民国十七年铅印本。）

〔民国十九年，河北顺义县〕 平热电话线，沿平热汽车路安置，民国十九年建筑。

（苏士俊修，杨德馨纂：《顺义县志》，卷三，交通志，电线，民国二十二年铅印本。）

〔民国二十三年前后，河北平谷县〕 电话局设县城内，通北平、天津。

（李兴焊修，王兆元纂：《平谷县志》，卷一，地理志，交通，民国二十三年铅印本。）

〔民国十二及十五年，江苏宝山县吴淞及江湾〕 淞阳电话公司，在吴淞协业里，十二年成立，资本六万元，经理戴思恭，于四月间开办，置一百门交换机二座，用接线女生六人。本埠用户一百五十号，宝山用户六号，并与交通部上海电话局订立合同，可通全省长途电话，但须按次另行收费。江湾电话分局，在宝善里，由乡公所请求交通部上海电话局装设，十五年一月间设江湾分局，预定用户五十号，可与上海通话。

（吴葭等修，王钟琦等纂：《宝山县再续志》，卷八，交通志，电信，民国二十年铅印本。）

〔民国十七年后，江苏宝山县〕 长途电话：十七年，建设局奉令筹办长途电话，全县分三线：（一）宝广线，由城治经杨行、刘行至广福，计长三十二里；（二）宝罗线，由城经月浦、盛桥至罗店，计长三十二里；（三）杨大线，由杨行至大场，计长十四里。宝广线先行建设完成，其他尚乏经费。十八年一月，宝广线开始通话，总交换所设城内猛将堂内，置二十门交换机一座，分交换所附各区公所内，计杨行、刘行置五门交换机各一座,广福置长途电话机一座。其组织,主任一人,由建设局长暂兼;事务员一人,领班一名,接线生四名,机匠一名,区役三名,则有公所仆役兼理。除开办费外,共用建设费四千一百四十四元二角一分。二十年春,整理旧线,并扩充城罗、刘场、城川三线。城罗线……至罗店;刘场线,由刘行经顾家镇(昔称顾村)而至大场;城川线,经月浦、盛桥而至北川沙。经第三次县行政会议决照办,预算经费五千九百九十七元,以沪太汽车公司十八年度营业捐留县半数三千零十一元拨充,不足之数由建设特捐,及扩充各区公所借垫。除旧有机线外,添置五门交换机一座,一千奥姆三磁石长挂机十三座,杆木四百余根,十二号镀锌铁线七十五担,于四月杪开工立杆挂线,现方竣工,续议添设农场、顾镇等机线,结果共用洋八千元。

(赵恩钜修,王钟琦等纂:《宝山县新志备稿》,卷七,交通志,电信,民国二十年铅印本。)

〔民国十七年以后,江苏嘉定疁东地区〕 民国十七年始由县建设局装设长途电话。初只嘉徐线、徐曹线、澄曹线,后由吕云彪(舜祥)、武锡寿等力请添装,于十九年九月添装娄唐〈塘〉至新庙线,后更陆续添装范家桥、施相公庙、朱家桥等线。二十二年十二月,添装潘家桥、护民桥、猛将堂诸处。"八·一三"役,线毁停止。三十七年,县政府为便利指挥乡公所,于乡公所所在地重行装设电话,惟只通县政府,如欲与电话局诸线通话,由县政府通知电话局转接方可。

(吕舜祥、武蝦纯编:《嘉定疁东志》,二,交通,电话,民国三十七年油印本。)

〔民国二十至二十二年,江苏川沙县〕 本县电话,于民国二十年九月借用电灯杆木,敷线装置县政府、公安局、警察队三处,并接通上川交通公司各车站,继又通至老洪洼。十月间,从淞沪警备司令部所设之川沙分机上放线,通至县政府与白龙港,及南汇县长途电话之川沙分机。二十一年四月,接通第二区三王乡。二十二年二月,第六区装设临时电话,并组织临时电话管理委员会。是年冬,第一、第二、第三、第四、第五各区电话,先后组成,各地消息,从此灵便。

(方鸿铠等修,黄炎培等纂:《川沙县志》,卷七,交通志,邮电,民国二十六年铅印本。)

〔民国二十六年前后,江苏金山县各市镇〕 电话:电话交换所各镇均有,唯乡镇尚未装置,犹感不便。县治所在,各机关及住户、商家装置话机者,已有四十五号,唯以经费所限,话机无多,欲装不得,徒唤奈何!

(丁迪光等编:《金山县鉴》,第五章,建设,第三节,邮电,民国二十六年铅印本。)

〔民国三十四、五年，江苏金山县〕　自〔抗日战争〕胜利后，建设科长沈三宜即草拟计划，敷设自朱泾至吕巷、张堰及松隐两线。其后限于经费，未能进行。三十五年春夏间，又敷设吕巷至廊下及张堰至金山卫、扶王埭两线，费由当地人自筹。其他各线，尚待筹款兴建。

（金山县鉴社编辑：《金山县鉴》，第六章，建设，第三节，电话，民国三十六年铅印本。）

〔清光绪年间至民国二十年前后，天津〕　电话，庚子以前，原为丹人璞尔生在津创设，旧址在英租界维多利亚士他利三号。光绪三十年间，北洋大臣袁委张振启会同海关，道照会各国领事会，勘设立租界电话杆线地点。复委孙麟伯督同工程司罗泰接收璞尔生所办天津塘沽及北平电话，一律收回自办，并备价银五万两，将所有线件材料如数购入。复聘该商为顾问，租闸口住房一所为话局基址，雇罗泰充工程司。接办以后，以话户渐增，原有临时局所不敷应用，自行建筑房舍，扩充交换机号额，改装瑞雷式交换机及共式话机。先时户少线短，其机器均系磁石式。推广次序，首本界，次日、法、英、意及前俄、德、奥各租界，次添设塘沽、小站、杨柳青、葛沽、碱水沽、唐山、胥各庄分局，次津平、津辽等长途线路。会罗氏他调，由德人施提格主任工程事务，而局方与各工部局商订改装自动机之动议。即乘时而起，一方面开始筹办，一方面采用两门子电机厂所制戳杰式，将东南西局完全改换自动，并改换中局人工一部分。截至近日，凡东南两局界内之话户，及中局界内之在日租界者，均为自动机，余为人工。北局则完全为人工。此由磁石共电而递嬗至自动所历之次第者也。

（宋蕴璞辑：《天津志略》，第十一编，交通，第四章，电政，民国二十年铅印本。）

〔清朝末年至民国十八年，河北静海县〕　城内电话，清末设立，东西南北各区警署均通达。民国十八年，又添设长途电话，直达天津及邻县。

（白凤文等修，高毓浵等纂：《静海县志》，政事部，行政志，交通，民国二十三年铅印本。）

〔民国二十一年至三十三年前后，河北蓟县〕　民国二十一年冬季，地方电话局成立，凡地方行政军警各机关，先后装设电话。……今之地方电话东转遵化县，西转通县，实兼有长途电话之功用也。

（徐葆莹修，仇锡廷纂：《蓟县志》，卷一，地理，交通，民国三十三年铅印本。）

〔清光绪二十六年以后至民国十八年，河北清苑县〕　电话，本城电话创设于清光绪庚子年后。长途电话于民国十八年设立。

（金良骥修，姚寿昌等纂：《清苑县志》，卷一，建置，电邮，民国二十三年铅印本。）

〔清光绪末年，直隶顺天府通州〕　电话，光绪末年在沙竹胡同设立通州电话局，隶属交通部。

（金士坚修，徐白纂：《通县志要》，卷四，交通，邮电，民国三十年铅印本。）

〔民国二年，察哈尔省张家口〕　察省电话，设立最早者，民国二年，张家口成立电话公司，系集股商办，交通仅限本市。十五年，万全旧城警察所设电话，供都统署、县署传递命令之用。十八年，张家口成立长途电话局，各县设分局，二、三、四区亦设分局。

（宋哲元等修，梁建章纂：《察哈尔省通志》，卷七，疆域编，交通、电话，民国二十四年铅印本。）

〔民国二年至二十二年，河北万全县〕　民国二年，张家口成立电话公司，系集股商办性质。电话机多系旧式，总局设在下堡内，现有四百七十余号，分局设于上堡朝阳洞附近，约有二百余号，按目下情形尚称足用。……民国十八年，张家口成立长途电话局，各县设立分局，本县二、三、四区亦次第安设，非特便于公务，且利商便民，莫此为甚。电费亦不昂贵，民商均利赖焉。

（路联达等修，任守恭等纂：《万全县志》，卷八，政治志，交通，民国二十二年铅印本。）

〔民国六年至二十二年，河北张家口〕　电话局于民国六年成立，总局设在堡里，号数有四百六十五；分局设于上堡朝阳洞附近，有六百号。设电话一具，除设置费不计外，每月需洋六元六角。

（路联达等修，任守恭等纂：《万全县志》，附张家口概况，交通，电话，民国二十二年铅印本。）

〔民国六年至二十八年，河北广平县〕　本县电话、电报，当于民国六年令委大名王镇守使怀庆督设，各有专线，惜无专局，不甚利用。至二十年复行改组，一次办理，仍未完善。所赖十二年间经任县长傅藻创设县立电话局于城内，分线直达各区区乡公所及各警局，消息可遍全县。事变被毁，一木无存。二十八年四月，奉令规复电话，当由军部购备电杆四百株，沿公路设置齐全，但限于军事使用，官民不与焉。

（韩作舟纂修：《广平县志》，卷八，交通，电话电报，民国二十八年铅印本。）

〔民国十二年至二十年前后，河北迁安县〕　电报电话局在县城东街，南达滦县，民国十二年设置（国设）。由县城至建昌营电话，民国十九年设置（县设）。各区电话尚在筹备中。

(滕绍周修,王维贤纂:《迁安县志》,卷二,建置篇,电报电话,民国二十年铅印本。)

〔民国十三年至十八年,河北磁县〕 本县电话自民国十三年劝业所长王纯儒开端,当时人材、经费俱感困难,进行非易。不幸至民国十六年磁县天门红枪等会兴起,人民若狂,地方糜烂,所有电话设施扫地无余。至民国十八年……磁县电话遂告恢复,并可接长途电话,如成安、邯郸、大名、邢台、石家庄都可直接通话,便利无比。

(黄希文等纂修:《磁县县志》,第十一章,交通,第五节,电话,民国三十年铅印本。)

〔民国十五年,河北三河县〕 长途电话局,在县城节孝祠,于民国十五年安设在县属东西约七十里,彼时只供军需,近日商民亦得借用。本县电话于民国二十年安设,嗣因错河作战,完全折毁。至二十三年始筹款修复,警局、商会、保卫团总部分部均消息灵通,而无蔽塞之虞矣。

(唐玉书等修,吴宝铭等纂:《三河县新志》,卷十三,因革志,新政篇下,电话,民国二十四年铅印本。)

〔民国十六年,河北南皮县〕 民国十六年,开始筹设地方长途电话,转电所附设县政府,北通半壁店,西通泊镇,东南通董村、马村各分局所,外与七县联防长途电话相通。

(王德乾等修,刘树鑫纂:《南皮县志》,卷五,政治志,实业,民国二十二年铅印本。)

〔民国十八年,河北高邑县〕 河北省长途电话局高邑县分局于民国十八年设置,在县治前西偏,通五十二县,东至新河县,西至赞皇县,南至长垣县,北至清苑县。本县电话安设城内之公安局,与各区分驻所相通。

(王天杰、徐景章修,宋文华纂:《高邑县志》,卷一,地理,交通,民国二十二年铅印本。)

〔民国十八年,河北怀安县〕 本县电话总局,设在治城内,隶于察哈尔省军用长途电话总局,柴沟堡设一分局,经费均由地方开支。凡与省会通话,须经由柴沟堡再达省会。至与各县通话,除与洗马林直接通话外,余均须经由省会电话总局转为接线,始得通话。近以电话亦能代替电报,价目低廉,时间迅速,尤为便捷,设立于民国十八年七月。

(景佐纲修,张镜渊纂:《怀安县志》,卷五,交通志,电话,民国二十三年铅印本。)

〔民国十八年前后，河北新河县〕　电话设于县政府，与宁晋、南宫县政府及南宫寻寨镇相接，为县立机关所专用。

（傅振伦纂修：《新河县志》，建设门，交通与邮务，民国十八年铅印本。）

〔民国十八年至二十年，河北清河县〕　电话为促进交通、灵通消息之利器，自不待言。清河于民十八年十二月间，县府公安总局及三、五两区之公安分局及区支团始实行装设。十九、二十年，各区若区公所、公安分局、间有事务殷繁之村公所始尽行装设。

（张福谦修，赵鼎铭等纂：《清河县志》，卷五，政事志，电话，民国二十三年铅印本。）

〔民国十八年至二十四年前后，河北张北县〕　张北电话分局，于民国十八年成立，现在地址移至建设局旧地。一、省线，由张北直达察哈尔省城。二、县线，由张北可直接通康保公会，本县各行政区暨公安各分局、啕嘛庙、太平庄、二台子、土木路及县城各机关。其余均系间接转达各县，范围，南至省城，东至啕嘛庙、太平庄，西至文书路沟、胡神庙、土木路，北至二台、馒头营子、公会、康保县。

（陈继淹修，许闻诗等纂：《张北县志》，卷四，交通志，交通，民国二十四年铅印本。）

〔民国十八年至二十九年前后，河北邯郸县〕　本县全境电话设立于民国十八、十九两年，共十一处。……总电话机设于城内建设局，东通代召镇，东南通河沙堡，南通张庄桥，西通户村，北通王化堡，东北通尚壁村，且与成安、磁县、武安、沙河等县联络，互相通话。

（李肇基修，李世昌纂：《邯郸县志》，卷三，地理志，交通，民国二十九年刻本。）

〔民国十九年至二十年，河北晋县〕　省有电话：民国十九年六月，省令修长途电话，石肃线由县出款采办线杆等品，每月出洋四十元。在城内党部西邻设河北省第二长途电话分局，派员驻守，专司电话事宜。该线西通藁城、石家庄，东通束鹿、深县以达肃宁。县有电话：是年十二月，北方军事结束，救济会剩有修汽车路及电话费甚巨，有人提议敷设县电话，由县长刘东藩函委筹备员数人积极进行，于二十年三月告竣。

（刘东藩、傅国贤修，王召棠纂：《晋县志料》，卷上，地理志，交通，民国二十四年石印本。）

〔民国十九年至二十三年前后，河北望都县〕　本县电话有长途与地方二种，长途电话归建设厅所属之省长途电话局管辖，地方电话系本县奉令筹设，归县政府管辖。……查长途电话,系于民国十九年七月间始行成立,每月由地方筹解建设厅洋四十元,名为协款。成立以来,极感便利,与邻县及北平、天津均可直接通话,且可代递电报,收价较官电局稍廉,实于商民有益。该局内部组织,司机一人,工匠一人,均由省长途电话局委派。……查地方电话,系民国二十年十二月间成立……现在本县三区及保卫团两分队均可直接通话,又与定县、完县连线,消息异常灵通。

(王德乾修,崔莲峰等纂:《望都县志》,卷三,建置志,交通,民国二十三年铅印本。)

〔民国十九年至二十五年前后,河北香河县〕 电话,民国十九年八月设长途电话一处,在城内小老爷庙办公,二十年十月设立本城电话,仍在小老爷庙内,专通各局、各区公所,兼售商电,取价廉而传达速,咸乐用之。电报尚未设立,但遇必要时,可用电话通知通县电报局按码拍发。

(王葆安修,马文焕、陈式谟纂:《香河县志》,卷二,地理,交通,民国二十五年铅印本。)

〔民国二十年,河北无极县〕 民国二十年,耿县长为消息灵通,易于实行乡治起见,筹款七千五百元,安置电话。县中重要镇市自七月间均建置蒇事。又立长途电话管理所以主之,设主任一人,司机生三人。

(耿之光、王桂照修,王重民等纂:《重修无极县志》,卷二,建置志,邮电,民国二十五年铅印本。)

〔民国二十年,河北阳原县〕 民国二十年春……于县城长途电话分局内安置交换机,以为全县电话中枢,又于东城安置交换机,以为与全省长途电话联络之用。……与分局直接通话者,有东城、要家庄、揣骨疃。线路里数,干线六十,支线三十五,总计九十五里。至线路杆数,干线则三百六十,支线则二百一十,计共四百七十。

(刘志鸿等修,李泰棻纂:《阳原县志》,卷六,政治,交通,电话,民国二十四年铅印本。)

〔民国二十年前后,河北卢龙县〕 电报局附设长途电话线路,借用电报线,南达滦县,北达迁安县。

(董天华修,胡应麟、李茂林纂:《卢龙县志》,卷四,交通,电话,民国二十年铅印本。)

〔民国二十年至二十一年,河北完县〕 电话……民国二十年九月装置完竣,正式通话,总计购置装设共费三千八百余元,从此消息灵通,官民称便。然仅限于境内,且犹有梗塞处,于外县声息更多隔阂。建设局长侯殿芬向县府提议,力谋扩充，复于二十一年春在城内教育局及商会、城外郭村、南区公安分局派出所、亭乡自治区公所各增设话机一具，对外县则南接望都，北通满城，不惟境内音耗敏捷，且于长途电话联为一气矣。

（彭作桢等修，刘玉田等纂：《完县新志》，卷二，疆域，交通，民国二十三年铅印本。）

〔民国二十一年，河北藁城县〕 境内无电报局，而有保石肃长途电话设分局于县治，西直达石门，东与晋县衔接。……民国二十一年复设县用电话局，以通城乡各区镇，传达消息颇觉灵便。

（任傅藻等修，于箴等纂：《续修藁城县志》，卷一，疆域志，交通，民国二十三年铅印本。）

〔民国二十一年前后，河北徐水县〕 徐水县政府内设有河北省长途电话事务所，津、保、北平均可直接通话。

（刘延昌修，刘鸿书纂：《徐水县新志》，卷二，地理记，交通，民国二十一年铅印本。）

〔民国二十一年至二十三年前后，河北大名县〕 民国二十一年冬，程县长来守，我邑始设地方电话管理所于县府中山堂西偏，专司装设管理之职。旋迁至道前街关帝庙后院。年来城内各机关、各大商号、各区公所、保卫分团、公安分局、所先后装设，有五十一处，路线达二百六十余里。现计东至金滩镇、南至东馆镇、西至回隆镇、北至万家堤及西北旧县，均可通话。

（程延恒修，洪家禄等纂：《大名县志》，卷十一，交通志，电话，民国二十三年铅印本。）

〔民国二十二年前后，河北南皮县〕 电话，向有七县联防长途电话，今则建设局设电话总处，城内各机关及六区区公所、保卫团、公安分驻所均已分设电机，传达消息无阻矣。

（王德乾等修，刘树鑫纂：《南皮县志》，卷三，舆地志，交通，民国二十二年铅印本。）

〔民国二十二年前后，河北元氏县〕 长途电话外通邻封各县，内连南佐、南苏、阳南、殷村、宋曹等镇。

（王自尊修，李林奎纂：《元氏县志》，地理，交通，民国二十二年铅印本。）

〔民国二十二年前后，河北沧县〕 沧有商办电话公司，现时各机关、大商号均设置，隔离他处，如对面谈。

（张凤瑞等修，张坪纂：《沧县志》，卷三，方舆志，建置，民国二十二年铅印本。）

〔民国二十二年前后，河北高阳县〕 电话，一省设长途电话，局设县城内东街,可通清苑、北平、天津大城;一县设电话,局设县城内西街,近通城内外各局、所、各学校、各商号,远通第一、二、三、四、五各区公所。

(李大本修,李晓泠等纂:《高阳县志》,卷一,地理,交通,民国二十二年铅印本。)

〔民国二十三年前后,河北井陉县〕 沿正太路各站与井陉、正丰两矿厂,均设有电话,本县如遇要公,咸可借用。

(王用舟修,傅汝凤纂:《井陉县志料》,第二编,地理,交通,民国二十三年铅印本。)

〔民国二十五年前后,河北涿县〕 电话,河北省长途电话局设于城内,与各县长途电话局互通。又本县长途电话管理所设于城内,线路总计三百余里,各机关及各重要村镇均已安装。

(宋大章等修,周存培、张星楼纂:《涿县志》,第一编,地置,第二卷,交通,民国二十五年铅印本。)

〔民国二年至二十四年前后,绥远归绥县〕 归绥电话公司初名电话局,在旧城小东街,民国二年十月设,官商合办。九年六月,迁北门内,易今名。城市之设电话者三百余户。绥远电信总局(俗呼长途电话局),在新城西街,隶建设厅,初名电信队,民国十八年十一月易今名。武川等十六处设分局,集宁等九处设分卡,线路一千二百九十里,收发官商电报,兼通长途电话。民国十五年,交通部核准归绥至萨包、丰兴等处长途电话得借用电报局电线拍发,但不收商电。邑各区著名之乡镇亦装置电话。

(郑植昌修,郑裕孚纂:《归绥县志》,经政志,交通,电政,民国二十四年铅印本。)

注:归绥县今为土默特左旗。

〔民国二十六年前后,绥远〕 绥省长途电话,其专修已成之电话线路,则有绥远经蜈蚣坝至武川,计程九十里;由绥远经东云寿至托县,计程一百六十里;由绥远经大黑河至和林县以达清水河县,计程二百四十里;又由和林县东南通山西之杀虎口;包头县北通固阳;丰镇县西通天成村分卡;集宁县(平地泉)北通陶林,南经隆盛庄至郑红口;及由兴和县西南通张皋分卡,南经郑门堡以达山西之阳高。除由郑门堡至山西之阳高,系属军电局电线外,余均系专修电线,归电信总局管理。现在武川、托县、和林、清水河、凉城、陶林、集宁、兴和等县及隆盛庄,均设有电信分局,以司收发。

(廖兆骏编:《绥远志略》,第十章,绥远之交通,第七节,电政之交通,民国二十六年铅印本。)

〔清光绪三十二年至民国六年前后，奉天沈阳〕　电话局，设立军署前胡同，清光绪三十二年七月创办。初附属电报局内，专备城内官署之用，所需材料由电报局供给，经费由度支司筹发。三十四年三月，改为通用电话，准任商民一律租设话机，一具收安设费十元，既设之后，月租六元。宣统二年，推广奉天、营口、辽阳、海城、新民长途电话，凡五处。三年六月，改设专局，复于西关置分局。凡满铁附属地内安设中国电话与中国区域内安设日本电话，须由交涉署、警察厅及本局会同日领邮便局办理。局长一，正副领班各一，班长二，稽察、文案、收支各一，司机生五十，雇员五。城关安设电话者共七百余处，常年收入计五万余元。

（赵恭寅修，曾有翼等纂：《沈阳县志》，卷八，交通，电话，民国六年铅印本。）

〔清光绪三十四年至民国二十年前后，奉天安东县〕　安东电话局，创于前清光绪三十四年，由东边道札委安东电报局兼办，租赁官电街电话胡同房屋，即于是年冬间开办。民国元年，迁局房于广济街。二年，因收入太微，赔累过甚，经东路观察使与安东商务会协议，改归商办，另招商股办理，定期十年，股本总额一万三千元。民国十一年，商办限期将满，经东边道尹与商股代表安东总商会协议，改为官督商办，于后聚宝街建筑楼房，是岁秋季迁入。官督商办由十二年五月起实行，定期二十年，添招股本共八万元，分两千股，每年分两期决算，所得余利报解东边道署二成。普通电话一具，埠内月租六元，西式话机八元，附加电话四元，其路程较远如浪头等处月收十元。……本埠现共安设电话六百二十处，浪头专线电话三处，每处年收租费一百二十元。……常年收入约六万五千元，支出约三万五千元。安凤长途电话，民国六年三月开办，每次收费大洋三角。安大长途电话，民国七年五月开办，每次收费大洋七角。安沟长途电话，民国十三年二月开办，每次收费大洋三角。以上三处均附设安东电报局。……安东乡镇电话局……民国十二年十二月一日成立，计线路七百二十五里零三百弓，各区警察分驻诸所以及商民安设电话计四十三处，每处月收奉小洋十元。嗣以奉票毛荒，平均收至十五元三角，商民偶用电话，每次按路程远近收费。……安临长途电话，附设乡镇电话局内，由东边道王道尹创办，民国十年秋成立，自安东经宽甸、辑安以达临江县，计线路九百六十五里，沿线通话地点共二十一处，均按路程远近收费。

（关定保等修，于云峰纂：《安东县志》，卷五，电话，民国二十年铅印本。）

〔清宣统二年至民国十三年，奉天海城县〕　长途电话局，清宣统二年奉天电话始推广至本城,附设电报局内。民国五年,电报、电话分立机关,始在南门里设立专局。局内设司事一员、司机一员、局役一名,每年收入电话费小洋二千余元。地方电话局,附设县公署内,民国七年七月县知事延瑞创设……以期机关灵捷。嗣因补助营业起见,并准商民租设电机,每具月租小洋六元六角,本城官商各界共设电机百余具。十一年,由公款余利拨补三万元并电话余利万余元,除将垫款偿清,又在牛庄、腾鳌堡二处设分局,牛庄共设电机三十九具,腾鳌堡十三具。

(延瑞修,张辅相等纂:《海城县志》,卷六,政治,交通,民国十三年铅印本。)

〔民国三年,奉天昌图县〕 电话局,在县城关帝庙院内,民国三年冬季,知事程道元会同各界集股创设,南接开原、铁岭、沈阳,北通鹭鸶树、四平街、八面城,与梨树交接,其余各镇尚待扩充。

(程道元修,续文金纂:《昌图县志》,第十一编,交通志,电话局,民国五年铅印本。)

〔民国三年以后,奉天锦县〕 锦县电话局,在城南门内四道胡同。民国三年六月创办。初设局于南门内二道胡同。后移今处,设局员一员,司机生三人,工匠二名,铜匠一名,差役二名。

(王文藻修,陆善格纂:《锦县志略》,卷十三,交通,电话,民国十年铅印本。)

〔民国三年至十三年,奉天铁岭县〕 民国三年,县知事陈公艺创设电话局,委邑绅吴桂芳为总理,内分行政电话、商办电话。其开办之始,招收股本六万元,但通城内各商号,谓之商办电话。并安设长途电话,南通省城,北达开原,西通法库。迨民国十三年,县知事张公勘以铁岭地面辽阔,村密人稠,事务繁盛,凡重要村镇警甲所在地亦均安设电话,以期便利,谓之行政电话,仍聘吴桂芳为行政电话局长。……又有省设长途电话局,在东关小桥子路北,但通省城及各大城埠,不通城内商号及各村镇。

(黄世芳、俞荣庆修,陈德懿等纂:《铁岭县志》,卷九,交通,电话,民国二十二年铅印本。)

〔民国四年,奉天铁岭县〕 铁岭,自民国四年县知事陈艺创设电话局,其资本系由官商合办。城内之街市电话系商办,四乡各村镇之行政电话为官办。……此外尚有省立之长途电话局,事变后撤销。

(杨宇齐修,张嗣良纂:《铁岭县续志》,卷七,交通,电话局,民国二十二年铅印本。)

〔民国四年至二十二年前后，奉天北镇县〕　官立电话局，于民国四年成立，局址在城里西街路北商务会院。……专办城内电话，每年收入款项约计五千元有奇。转电机现未设备，对于长途颇感困难。地方电话局，于民国十二年成立，局址在县署东院。……专办警、甲、区、村电话，现下扩充电匣六十余处，与邻县长途电话互相联接。

（王文璞修，吕中清等纂：《北镇县志》，卷四，政治，交通，民国二十二年石印本。）

〔民国九年至十九年前后，奉天盖平县〕　盖平电话总局，地址，县署街，民国九年三月成立。……市内电话匣一百四十八个。四乡长途电话，东路通龙王庙四十里，土门子六十里，万福庄八十里；北路通博洛铺三十里；东北通赶马河四十里，汤池六十里；西北通营口七十里；南路通孤家子十五里，卢家屯三十里，熊岳六十里，归州八十里，共计十一处。又东联线至庄河，西联线至日站，南联线至复县，北联线至海城。

（石秀峰修，王郁云纂：《盖平县志》，卷八，交通志，电话，民国十九年铅印本。）

〔民国十一年至十三年，奉天绥中县〕　电话局，民国十一年奉省长通令，为地方辽阔，消息梗阻，遇有事故，呼应不灵，筹设电话，以策治安。绥中于民国十三年遵章成立，在东门里租民房五间，城内设总局一处外，分局三处。……路线东通兴城八十里，东南通石官屯十八里，西通中前所九十里，西北通明水塘八十里、大王庙四十五里，北通南平坡三十五里、大路沟四十五里、宽邦六十里，西通前卫镇五十里。

（文镒修，范炳勋等纂：《绥中县志》，卷四，交通，电话，民国十八年铅印本。）

〔民国十二年，奉天辽阳县〕　电话局，民国十二年开办……城关线路架设以东西南北四街分接四关，为四干线。四乡线路之支配，共分五干线。邻县衔接之线路，东本溪，南海城，西辽中，北沈阳。长途通话线路以省局长途电话为中枢，东转接奉抚线，南转接奉营线，西接奉锦线，北转接奉长、奉法线。

（裴焕星等修，白永贞等纂：《辽阳县志》，卷十七，行政，邮电，民国十七年铅印本。）

〔民国十二年以后，奉天兴京县〕　电话局，设县城二道街。……民国十二年七月十一日举行开幕仪式，自此公私缓急无搔首之虞矣。冬季，十区长途电话敷设周遍，而柳河、通化、抚顺诸邻封亦以一缕金丝遥相衔接矣。计各区长途单线共计六百八十六里。……计各处所设话机，县城七十五部，永陵二十部，旺清门五部,十区二十九部。

（沈国冕、苏显扬修,苏民、于孤桐纂:《兴京县志》,卷十二,交通,电话,民国十四年铅印本。）

〔民国十二年以后,奉天辽中县〕 民国十二年,省令各县安设电话,奉文后当即招集本城士绅开会筹策办法,公同议决购地先建砖房十二间以及话机、话匣、杆线并安装等费,均按全境亩捐项下摊派。……十三年秋,建设竣事,接线通话。……共租出话匣九十份,各机关每具话匣月租现洋十元,商民用户每具月租现洋六元。

（徐维淮修,李植嘉等纂:《辽中县志》,卷二十,交通志,电话局,民国十九年铅印本。）

〔民国十三年,奉天兴城县〕 兴城县电话局,在城内南街路东,民国十三年九月十日奉文创设,以灵通信息、辅助营业为宗旨。除政治各机关暨警察各区所,并准商民租用。全境已设有六十余处。又于沙后所设立分机,官商共设话机十四具。

（恩麟、王恩士修,杨荫芳等纂:《兴城县志》,卷八,交通志,电话,民国十六年铅印本。）

〔民国十三年以后,奉天新民县〕 电话局为地方筹设之机关,地址在县署东院,于民国十三年四月成立,创始为士绅张福元,开办费由商铺担任小洋三千元,由民户每亩地征收小洋三角入手。伊始,先以此款筑房舍十间,分办公、电话、工程、传达等室。……电话匣约设六十号,每号月租费小洋七元二角,全年约收小洋五千一百元有奇。局内一切经费,全年以收数为比例,不致溢亏。交通之处,东至奉天省城,西至黑山县,南至本县属境大民屯,北至彰武县。

（王宝善修,张博惠纂:《新民县志》,卷七,交通,邮电,民国十五年石印本。）

〔民国十三年至二十年前后,奉天义县〕 义县电话局,在城内东街路北,即城守尉公署旧址,民国十三年一月创办,由农商合资组成,定名义县电话总局。……原拟设长途四百五十里,话机五十部,今扩充长途六百四十有余里,话机一百九十余部。……线路,南至七家堡与锦接线,北至魏家岭与北镇县接,西南至班吉塔与锦西县接线。收入,法价大洋每具三元,共二百具,全年七千元有奇。支出,法价大洋全年七千元有奇。

（赵兴德修,王鹤龄纂:《义县志》,中卷之二,建置志上,公署,交通机关,民国二十年铅印本。）

〔清光绪二十九年至民国九年，吉林〕　一九〇三年（光绪二十九年）八月，俄国为联络哈尔滨铁道厅内各课及各主要站而设电话十九处，此为满洲有电话之始。一九〇七年（光绪三十三年），中国于奉天电报局内设电话之装置，此为满洲自办电话之始。其后特立专章奖励之，自是本省各地方官办及民办之市内电话事业渐兴。至满洲自办之长途电话，则始自一九二〇年（民国九年）。

（刘爽编：《吉林新志》，下编，人文之部，第六章，交通，第五节，邮电，民国二十三年铅印本。）

〔清代后期至民国二十四年，吉林通化县〕　本县处东边中心，为商货机枢，与大连、安东、营口各埠直接、间接均有关系。逮民国初年，长白、安图分设县治，抚松、临江人烟日稠，商业随之兴盛，而有无交易，皆以通化为转枢，以水陆交通便利故也。地方官绅为谋便利消息，组设电话局，以转瞬万变之商息，加福商民。并以连年匪氛不靖，破邑夺城时有所闻，上峰亦以便于剿捕计，催令早日成立。乃于民国十一年由地方公款筹垫资本七万元，购置一百门交换机两部，十五处分电机一部，六处分电机八部，壁挂机一百五十部以及各种电料。其电话架杆七千余根，地方人民负担筹办。并在城内旧有公房六间设立总局，四路安设分电六处，附在各警察区所，由总局酌派司机生经理。至长途线路，东接临江之八道江，西接兴京之旺清门，西南接桓仁之冈山岭，南接辑安之苇沙河，北接柳河之柞木台子。凡县境市镇商铺冲要地点、警甲民团驻所均安置话机，消息最灵。局内经费由收支项下开支，所有赢余陆续归还垫款。

（刘天成修，李镇华纂：《通化县志》，卷三，交通志，电话局，民国二十四年铅印本。）

〔民国初年至三十年，吉林长春县〕　电话局，设在商埠地永长路，赁居民房，初系吉林商人徐文林创办，经始何年无从查考。民国九年五月始收为官办，归交通部管辖，现隶奉吉黑电政监督处。……电话租费规定三里内墙机五元，桌机六元，每增三里加收一元。长途电话附设局内，通话时间以三分钟为一次，话费规定以里程远近为标准。通话地点吉林、伊通、下九、台陶、赖昭、双阳、农安、长岭、伏龙泉、双城、哈尔滨、榆树、郭尔罗斯旗、五常、磐石、德惠等处，通计常年市内、长途两项收入约十万元之谱。

（张书翰修，赵述云、金毓黻纂：《长春县志》，卷四，政事志，交通，民国三十年铅印本。）

〔民国五年至二十三年，吉林梨树县〕　民国五年春竣工，设总局于城内，计地方机关暨商户租用话机者共五十余部。由县分向四平街、郭家店、榆树台、小城子等处敷设长途电话,各镇均设分局,附在警区之内。由四平街与昌图电话联络,可与省城通话。全境长途线路计长三百三十余里。民国十二年春,在四平街市购买地基,建设电话分局,扩充市内电话计七十余部。并东与西安接线,北由小城子与怀德联络,计需建筑工料费奉小洋四万四千六百余元,总计城镇及长途线路共四百五十余里,费款八万一千余元,悉由地方存款借用。嗣与四平街日本邮便局及奉长电话局先后联络,互相通话,消息逾形灵敏。其未经联络者仅双山、辽源两县,均在设计中。十八年度总、分各局话机租费暨长途费,岁收现洋二万五千五百二十元,岁支经、临各费现洋一万七千四百余元,收支比较,颇有盈余。

（包文峻修,李溶等纂,邓炳武续修,范大全等续纂:《梨树县志》,丙编,政治,卷五,交通,民国二十三年铅印本。）

〔民国七年至十六年前后,吉林辉南县〕 辉南电话总局,设县城头道街,民国七年成立,基金由地亩摊筹。分局二,一驻抚民屯,一驻兴隆堡。……县城机关商户设置电话共四十户,驻局双线共长三十八里零四十五弓。全境电话线路计长四百六十八里,杆数二千五百二十五株,西南通样子哨与柳河及金川二县相接,西通朝阳镇与海龙相接,北通磐石县之黑石镇。按:十四年度收入……共收款小洋四千九百六十四元四角。

（白纯义修,于凤桐纂:《辉南县志》,卷二,政治,电话,民国十六年铅印本。）

〔民国九年至二十年前后,吉林辑安县〕 电话局,设县城,于民国九年春监督成公招集地方人士筹款兴办……十一月开始架设电杆。翌年春,县城总局设置完备,各分电处亦次第就绪,四月一日举行开幕仪式,自此公私消息借以灵通。除各区分设分电处外,并与临江、通化、桓仁、宽甸各邻县互相连接,以资传达。计各区长途单线共五百里,由县城至外岔沟双线一百二十里,兼与宽甸、小蒲、石河联络;由县城至三道沟双线一百五十里,与临江联络;由县城至花甸子单线一百四十里,与桓仁联络;由县城至青沟子单线二百里,与通化联络。

（刘天成等修,张拱垣等纂:《辑安县志》,卷二,政治,官署,电话,民国二十年石印本。）

注：辑安县今为集安县。

〔民国十一年至十九年前后,吉林抚松县〕 本县电话局于民国十一年一月一日以公款处创办成立,先后约需小洋八万余元,所有局中话机多系日式。……

彼时局中话匣仅十二架,及后逐渐增加,今已增至四十余架。

(张元俊修,车焕文等纂:《抚松县志》,卷三,政治,电话,民国十九年铅印本。)

〔民国十二年至十八年前后,吉林安图县〕 本邑电话局为地方筹设之机关,地址在兴隆街路北,于民国十二年十月成立,创始者为公民关德超,开办费由县境农户担任,奉大洋二千五百元。入手伊始,即以此款购买总机一架,计二十号,并各种应用材料,租用民房四间,分办公、电话、工程、厨房四室,今仍其旧。……设立之初,仅在城内安设十一号,每号月租收小洋八元。……民国十五年二月一日,每话匣一具修改租费奉大洋十元。其后钱法愈毛,亏累益巨,自十六年四月一日起,每匣月租改收奉大洋一百元。现在县属已增至二十六处之多。至长途电话,仅可与抚松县直接通话。其所收之话费,八成解道,二成留局以作办公之用。

(陈国钧修,刘钰堂,孔广泉纂:《安图县志》,卷三,政治志,电话,民国十八年铅印本。)

〔民国十二年至二十四年,吉林临江县〕 电话局,民国十二年士绅赵金山创立,农商集股,官督民办,拟开办费六万元,嗣仅集三万六千元,租房购料费七万余元,亏数由地方继续筹齐,由县城向各区分设之支线共长一千六百余里。总局初设中富街西端,租民房八间。事变后,迁农会后院,瓦房五间。四乡分局三:甲、八道江分局;乙、六道沟分局;丙、八道沟分局。

(刘维清修,罗宝书等纂:《临江县志》,卷五,交通志,电话,民国二十四年铅印本。)

〔民国二十一年前后,吉林桦甸县〕 桦甸现用电话系由磐石电话局分设,仅供县城各机关及商号应用。长途者有达磐石一线,至通省垣长春之电话系电报局附设。县城之外,尚可通四区东距城八里之集场子,并南距城三十五里之法别沟。

(胡联恩修,陈铁梅纂:《桦甸县志》,卷交通,电话,民国二十一年铅印本。)

〔清光绪三十二年至民国二十二年,黑龙江〕 《东三省政略》载:东省电话之设,始于光绪三十二年夏间,巡抚程德全任内饬电报局代为办理,款由财政局筹备,仅基金二千五百两。初于各官署、局所、军营、学堂中择要安设,用户寥寥。改设行省后,公务日繁,商务日盛,岁有加增。盖开办之始,城厢内外,日本电话已先我而设,纵横布置,民间希冀我局扩充,旁及商用,以谋抵制。爰于三十四年五月间奏准推广,先于昂昂溪设立分局,陆续又增拜泉、满沟、新安镇各分局,小蒿子、林甸县、明水县、安达县、中和镇、祯祥镇、富拉尔基各分所。自齐克路通过泰安镇,又添一分局。其计划分期设立者,南之肇州、肇东、东南之巴彦、庆城,东北之讷河、甘南,西北之景星,皆已测勘为设置之筹备,而内地添置筹划之路线尤甚繁也。此外沿中东路之长途电话,则由昂昂溪可达中镇以至哈尔滨。

（万福麟修,张伯英纂：《黑龙江志稿》,卷四十二,交通志,电政,民国二十二年铅印本。）

〔清光绪三十三年至民国十四年前后,黑龙江〕 电话,光绪三十三年设于省城,官拨资本,呼兰等处陆续设立。又军用电话,自昂昂溪至黑河,初为日军所设,今收回。

（金梁纂：《黑龙江通志纲要》,交通志,电话,民国十四年铅印本。）

〔清光绪三十四年,黑龙江呼兰府〕 呼兰府城电话始于光绪三十四年,总电话机由省城电报总局拨给,分机及杆线则由本城商款分购。府署、商会、劝学所、巡警总局分区各设电话一具,其总机器则设于电报分局。司事一人,月薪由商会补给。

（黄维翰纂修：《呼兰府志》,卷四,交通略,电政,民国四年铅印本。）

〔清光绪三十四年至民国十九年,黑龙江呼兰县〕 呼兰电话亦分两时期,先是光绪三十四年,由省城电报总局拨给总电话机一具,其分机及杆线则由本城商款分购。时惟府署、商会、劝学所、巡警总局分区各设电话一具,其总机则设于电报分局,另置司事一人,月薪由商会补给。后于民国三年,今呼兰县电话公司始成立,将原有电机、电线皆估价归并,援照公司条例组织立案,设有经理、主任各如条例。除各机关外,商户民宅尽可任意安设,以资利用,现在计有一百六十五号。

（廖飞鹏修,柯寅纂：《呼兰县志》,卷四,交通志,电话,民国十九年铅印本。）

〔清宣统三年至民国九年,黑龙江双城县〕 双城电话公司,清宣统三年电报局长何翔生招股创办。嗣因加添资本,遂归商会接办,刻间营业甚是发达,获利颇厚。……双城长途电话,民国六年商人徐文林创办,在南大街路东设局。民国九年奉交通部令,电报局长吴浩刚将该局收归国有,附设于电报局内,局长一职现由吴局长兼任。

（高文垣等修,张肃铭等纂：《双城县志》,卷十,交通志,电话,民国十五年铅印本。）

〔民国二年至十六年,黑龙江宾县〕 民国十五年六月一日,创设电话筹备处。十六年四月一日,电话局成立通话,设总局一,分局五。按:宾县电话肇自民国二年,初由电报局兼设,后归商人专办,纯属一种营业,至是始收归总局,与长途电话为一矣。

(赵汝梅、德寿修,朱衣点等纂:《宾县县志》,卷一,交通略,电话,民国十八年铅印本。)

〔民国五年至十年,黑龙江绥化县〕 绥化城内电话始于中华民国五年八月一日,电话公司设于西二道街广信公司之东首。初设时仅各机关、大商号设置话匣一具,近则逐渐推广,安电话者已达百家。其公司之立,系集股而成,刻拟重招基本金一万元,每股五十元,共二百股,添设绥望长途电话股分有限公司,以灵通消息,便利交通而兴地面。

(常荫廷修,胡镜海纂:《绥化县志》,卷九,交通志,电话,民国十年铅印本。)

〔民国十四年至十七年前后,黑龙江桦川县〕 桦川县电话局,民国十四年函请转部备案,十一月一日开机通话,彼时只安设五十余号,现已陆续增至六十余。……其组织系商会暨发起人集股,纯系营业性质,故定为桦川县电话股份有限公司。……股本,现洋一万元,分作千股,每股现洋十元。

(郑士纯等修,朱衣点等纂:《桦川县志》,卷二,交通,邮政,民国十七年铅印本。)

〔民国十四年至十八年前后,黑龙江珠河县〕 长途电话局:性质,国有。地址,附设电报局内。员司,局长系电报局长兼任,司机一,工匠一。开办年月,十五年十二月。经费,全年支出六百元。珠河县电话局:性质,商办合资有限公司。地址,城内西大街路南。基金,现洋一万元。开办年月,十四年四月。……话匣数,现设话匣五十四家。经理王宝钟,字毓庭,宁河人。董事贾佩纯。

(孙筌芳修,宋景文纂:《珠河县志》,卷十三,交通志,电政,民国十八年铅印本。)

〔民国十四年至二十五年,黑龙江安达县〕 安达电话局,设于民国十四年七月间,由黑龙江省公署直接管理,局所设于县城内北大街,租赁民房,安置百号交换机一架,直线南接安达站,东至中和镇,然后可以分达各处。……至民国十五、六年间,电话事务颇形发达,除长途电话外,县城内各机关、商号,共设有通话机四十余部。……经"九·一八"事变后,本城通话机不过四五部而已。

(高芝秀修,潘鸿威纂:《安达县志》,卷三,交通志,电话电报局,民国二十五年铅印本。)

〔民国十六年后，黑龙江宝清县〕　本县城乡电话局于民国十六年经地方农商合资，由财务处主任汪文楼筹备创办，由县城可以直达各区，成绩颇佳。

（齐耀斌修，韩大光纂：《宝清县志》，交通志，电话，民国二十五年铅印本。）

〔民国十八年，黑龙江讷河县〕　讷河城内商民日益辐辏，而市面因之日臻发达，故于民国十八年冬季乃有商办市政电话之建设，系由创始商人田光汉主办，基址现在本城东南二道街口，租住民房。

（崔福坤修，丛绍卿纂：《讷河县志》，卷三，交通志，电话，民国二十年铅印本。）

〔民国七年至二十年，陕西咸阳县〕　电话，民国七年立，惟军官得用之。二十年，立长途电话，邑设第四分局。

（刘安国修，吴廷锡、冯光裕纂：《重修咸阳县志》，卷二，建置志，交通，民国二十一年铅印本。）

〔民国十七年至二十一年，陕西醴泉县〕　电话，民国十七年创设，惟官府得用之。至二十一年，又设长途电话，杆数与电报同。

（张道芷、胡铭荃修，曹骥观纂：《续修醴泉县志稿》，卷二，地理志，交通，电话，民国二十四年铅印本。）

〔民国二十四年以后，陕西宜川县〕　电话，有环境电话及长途电话两种，设于民国二十四年。环境电话近因防空关系，移管理所于西城外。其通话处所，为县府及中山、富云、河清、丹阳、康平各乡公所。长途电话，设于电报局内。其通话处所：甲、韩城、西安。乙、克难坡。丙、孙家沟门、要岭、洛川等处。

（余正东等纂修：《宜川县志》，卷十，交通志，邮电，民国三十三年铅印本。）

〔民国二十六年至二十九年以后，陕西洛川县〕　电话设置于民国二十六年十月，属县府。县城西门外设总机，专员公署、县政府、大同、和平、信义、仁爱、民有、民治、民享、忠孝等八乡公所均设有话机，并可与中部、宜君、同官、耀县、三原、石堡、白水、蒲城等处通话。鄜县原可通话，二十九年事变后，线路截断。是为洛川之环境电话。至长途电话，则设置于电报局，可与宜川及西安通话，遇必要时，亦可与肤施通话。

（余正东修，黎锦熙纂：《洛川县志》，卷十，交通志，邮电，民国三十三年铅印本。）

〔民国三十三年前后，陕西黄陵县〕　县属电话管理所，即设该局（按：指电报局）后院，除县府有电话机一架，各镇公所及县属各机关尚均无电话设备。通话地点,仅洛宜南北各县耳。

（余正东修,吴致勋等纂:《黄陵县志》,卷八,交通志,邮电,民国三十三年铅印本。）

〔民国十五年至二十八年,甘肃天水县〕 天水之有电话,始于民国十五年七月,其时国民军甫抵此间,架设军用长途电话,南通徽县、成县、武都、碧口,西通甘谷、武山、陇西、狄道、兰州,东通清水、陇县。二十四年,交通部令饬管理区将各县电话机收回,拟设电话处,至今迄未实行。……至县有电话总机,设在县政府内,仅可由此转达各机关使用。至商店、民家所用,则尚付阙如。此天水电话之大概情形也。

（庄以绥修,贾缵绪纂:《天水县志》,卷八,交通志,邮电,民国二十八年铅印本。）

〔清光绪二十五年至民国三年,山东青岛〕 市内电话创于千八百九十九年,初仅四五十号,至民国三年德人退去之际已增至四百二十二号。计有交换机二台,其一设于邮政局供公众使用,又一设于胶抚署内供官署使用。两交换机之间设有中继线六对以联络其交换事务。常年费每架一百元,零售者市内收费一角。

（赵琪修,袁荣叟纂:《胶澳志》,卷六,交通志,邮电,民国十七年铅印本。）

〔民国七年至二十六年前后,山东博山县〕 博山电话局系商人马子传承办,民国七年呈请北京交通部注册领照开办。至二十三年十一月,马季平又呈请中央政府交通部更换新照,资本额五万元,地址在南寺口南路东。初,用户只四五十家,现达二百余家。

（王荫桂修,张新曾纂:《续修博山县志》,卷四,交通志,电话,民国二十六年铅印本。）

〔民国十六年前后,山东济宁县〕 电话局设安阜街,城关安有一百余处。

（潘守廉修,袁绍昂纂:《济宁县志》,卷二,法制略,交通,民国十六年铅印本。）

〔民国十七年至二十年,山东济阳县〕 县有长途电话,民国十七年,县令杨光衡筹设,嗣逐渐扩充。至二十年,奉令改设长途电话事务所。

（路大遵等修,王嗣鋆纂:《济阳县志》,卷六,交通志,电话,民国二十三年铅印本。）

〔民国十九年至二十年,山东东阿县〕 本县建设局遵令筹设长途电话,于民国十九年十一月,城内各机关已架线临时通话。至二十年四月,城内正式线路架设完备。七月,长途电话次第架成。至十一月,经过黄河、大清河两线路完竣,县境均可通话。

（周竹生修,靳维熙纂:《东阿县志》,卷九,政教志,交通,民国二十三年铅印本。）

〔民国十九年至二十年，山东齐东县〕 长途电话局，在城里西街，民国十九年设立，属山东省政府建设厅，内置局长一人，管理员、巡线士、勤务各一人。……电话事务所，在城里北街，民国二十年十月设立，属县政府第四科，内置主任、管理员、练习生各一人，巡线夫二人。

（梁中权修，于清泮纂：《齐东县志》，卷四，政治志，交通，民国二十四年铅印本。）

〔民国十九年至二十一年，山东桓台县〕 民国十九年十二月，建设局奉令设县有电话。至二十年五月，装置话机十八部，各机关及各区公所均具，共长一百二十五里。二十一年一月，奉令成立电话事务所，隶属建设局。五月，奉令与临淄电话联线，自索镇第三区公所架设至桓临交界处，共十五里。

（佚名纂修：《桓台县志》，卷二，法制，交通篇，邮电，民国二十三年铅印本。）

〔民国二十年，山东德平县〕 长途电话局，民国二十年成立，设局长一员，属于建设厅，官电概不取费，营业收入只有商民部分而已。

（吕学元修，严绥之纂：《德平县续志》，卷九，交通志，邮电，民国二十五年铅印本。）

〔民国二十年至二十一年，山东曲阜县〕 本县电话于民国二十年冬开始架设，至翌年春始告完成。

（孙永汉修，李经野、孔昭曾纂：《续修曲阜县志》，卷五，政教志，交通，民国二十三年铅印本。）

〔民国二十年至二十二年，山东莱阳县〕 县有电话，自民国二十年始设电话事务所，附第四科内，由城内分达各区公所及联庄会，各区分自设者亦有之。二十二年，建设厅更架长途电话局，设城内，租居民房，置局长一人，管理员二人，巡线夫二名。

（梁秉锟修，王丕煦纂：《莱阳县志》，卷二，政治志，交通，民国二十四年铅印本。）

〔民国二十年至二十三年前后，山东济阳县〕 省有长途电话，自民国二十年建设厅积极筹设，现已通话者，计有鲁南、鲁西、鲁北及胶济铁路沿线，凡八十四县，共设分局八十六处。济阳分局在南门里王氏宗祠，通话价格每百里二角，以五分钟为限，无论何时均可通话。

（路大遵等修，王嗣鋆纂：《济阳县志》，卷六，交通志，电话，民国二十三年铅印本。）

〔民国二十一年，山东潍县〕 潍县电话事务所在县政府东厅旧址，装有五十门交换机一部，话机三十六部。与本所通话者，有城关各机关，第一、二、三、四、

五、六、七、八、九、十区，以及坊子、南流、马村等乡镇，共计三十二处，并能与寿光、昌乐、安邱、昌邑等邻县接线通话。电线线路计长二六四点三公里，电杆线路计长二〇六点三公里。商用电话：潍县电话股份有限公司成立于民国二十一年八月，资本金国币三万元，设于东关王母阁上，装设磁石复式三百门交换机一部，话机二百八十八部，每户每月收费银元六元。县办长途电话：民国二十一年一月，建设局设长途电话十一处，电线十一条，共长四百零五里。省办长途电话：山东省建设厅长途电话潍县分局成立于民国二十一年三月，设于中山大街路北，东接平度县，东北接昌邑县，西接益都县，西北接寿光县，南接安邱县，装设二十门交换机一部，墙话机三部，县境内线路长三百余公里。

（常之英修，刘祖干纂：《潍县志稿》，卷二十六，交通志，电务，民国三十年铅印本。）

〔**民国二十一年，山东牟平县**〕 长途电话营业处，附设于电报局，民国二十一年十月成立。

（宋宪章等修，于清泮等纂：《牟平县志》，卷五，政治志，交通，民国二十五年铅印本。）

〔**民国二十二年，山东寿光县**〕 城内长途电话局自民国二十二年由建设厅派员司其事，远如济南、青岛、烟台、龙口，皆可通，近者无论矣。

（宋宪章修，邹允中、崔亦文纂：《寿光县志》，卷十，交通志，电话，民国二十五年铅印本。）

〔**民国二十二年至二十三年，山东莘县**〕 莘县交通不便，向无电报，所有官商来电，俱由东昌转递。民国二十二年四月，建设厅令派周汝楹来莘筹设长途电话，栽置电杆，架设电线，近之可通邻县，远之则通济南，消息灵便，取价低廉，商民称便，耳目一新。局址初在皇路街路西。二十二年，移置大街路东。二十三年，复迁至西门大街路南，租赁民房。设局之初，原为四等分局，设局长、管理员、巡线士、勤务各一人。二十三年，进级三等分局，添派管理员一人。惟地处偏僻，商务萧条，电话营业迄不发达，每月收入最高限度尚不及经费五分之四。

（王嘉猷修，严绥之纂：《莘县志》，卷二，建设志，长途电话分局，民国二十六年铅印本。）

〔**民国二十三年前后，山东临清县**〕 电话，一设局于宁海巷东，通讯较远，一附于建设局。其长途电话通济南及鲁北、鲁西各县。其在本境之电话，线通十区。

（张自清修，张树海、王贵笙纂：《临清县志》，建置志，交通，民国二十三年铅印本。）

〔清光绪二十六年至民国二十四年前后，江苏南京〕 南京电话于光绪二十六年开办，初仅设于实缺各衙署。光绪三十一年改章收费，推广安设。宣统二年，尚仅二百余号（见南洋官电局委员周震勋禀）。今市内电话由交通部直辖南京电话局办理，局设党公巷，另于下关、鼓楼分设自动机室两处，全市用户四千七百余户（《中国经济志》）。长途电话有沪宁芜、京杭、江北三线。一、沪宁芜长途电话，敷设于民国十五年，线路长度七一三点五八公里，可与芜湖、当涂、上海、吴淞、南翔、昆山、常熟、木渎、苏州、无锡、常州、镇江等处直接通话。二、京杭长途电话，敷设于民国十八年，线路长度三三〇点〇〇公里，可与溧阳、宜兴、长兴、吴兴直接通话。三、江北长途电话，原通江北徐海各处，线路长度一五八六点〇二公里，现须由镇江转接，仅通六合、扬州（见《中国经济志》）。

（叶楚伧修，王焕镳纂：《首都志》，卷九，交通，电话，民国二十四年铅印本。）

〔清宣统三年，江苏镇江府丹徒县〕 电话局，设姚一湾，宣统三年间始营业。
（张玉藻、翁有成修，高觐昌等纂：《续丹徒县志》，卷七，武备志，电话，民国十九年刻本。）

〔民国十四年至二十年，江苏泰县〕 民国十四年，邑人单毓华、王以铭、单毓斌等呈部兴办。十五年三月，照股份有限公司资本定二万元，购制磁石式复线交换机一百门者二架，供二百户用，八月通话。户月收三元。用户，十六年八十，十七年九十五，十八年一百一十。毓斌为总经理，王副之，蒋宝鸿为工程师（城外卓家巷）。线路东至鲍家坝，西至九里沟，南至宝带桥，北至鱼行，约二十里。商办海安：十五年十月通话，线路由城隍庙北巷局起，至市东西止，用户四十九号，资本二千五百元。

（单毓元等纂修：《泰县志稿》，卷十七，交通志，电话，民国二十年修，一九六二年油印本。）

〔民国十四年至二十年，江苏泰县〕 泰县电话有限公司，民国十四年，邑人单疏斌等集股创办，厂在县城北门外，曾经交通部注册。资本：股本银二万元。设备：一百门磁石式复机交换机二架。组织：股东会、董事会、经理一人。分总务、营业、工程、会计四部，工程师一人。工人约七八人。统计用话者约二百余户。

（单毓元等纂修：《泰县志稿》，卷二十，工业志，民国二十年修，一九六二年油印本。）

〔民国十五年至十七年，江苏阜宁县〕 本邑电话，民国十五年驻防陆军旅长张中立发起创办，款由本县各商会及盐城、上间两商会分认，于本城、益林、东坎三商会成立通讯处,话线均附电报杆。十七年收归国有,改为电话营业处,附设于本城、东坎、东沟电报局,益林设代办所,仍在商会,均隶江都长途电话话务管理处。

(焦忠祖等修,庞友兰等纂:《阜宁县新志》,卷十,交通志,电政,民国二十三年铅印本。)

〔民国十五年至二十年,江苏泰县〕 民国十五年,交通部江北长途电话局办设于城区电报局内,姜、曲、海亦如之。塘湾商人代办,东至通州,西至扬镇,南至泰兴,北至盐城,均直接通话,沿运河而上亦可通至淮安,一切由扬州电话局管理。

(单毓元等纂修:《泰县志稿》,卷十七,交通志,电话,民国二十年修,一九六二年油印本。)

〔清光绪三十二年至民国三十七年前后,浙江杭州〕 杭州市电话,发轫于清光绪三十二年,当时系商办,用户仅二十余家。民国十六年,杭州商办电话局自愿收归官办。十八年冬,复由省电话局接管。因原有机件异常陈旧,且用户日增,交换机无法容纳,省厅为求杭市电话根本改善起见,决计改装自动机。十八年九月间,由省电话局开始筹备,选定三千号之旋转式自动机。该项自动机系美商中国电器公司承办合同,总价共计美金二十二万九千一百七十元。二十年秋,新机次第运华,即开始装置,并逐步完成地下电缆、架空电缆、架空明线及皮线,与改装用户之自动机等项重要工程,前后经过凡二年又五阅月,至二十一年三月全部落成通话。现有用户二千三百余,月收一万七千余元,内部机式系磁石式,容量为三千户。……长途电话,民国十一年,浙省为图军事上之便利,首先就浙西已通电报各县,将话线附挂报杆,开始通话,并与商办公司订定规则,以资联络。民国十七年三月,浙江省长途电话局筹备处成立,以杭州市为中心,敷设全省电话网线。其重要干线凡七:

1. 杭枫干线	自杭州至枫泾
2. 杭长干线	自杭州至长兴
3. 杭甬干线	自杭州至宁波
4. 甬温干线	自宁波至永嘉
5. 杭衢干线	自杭州至衢县常山
6. 衢温干线	自衢广县至永嘉
7. 杭丽干线	自杭州至丽水

无如二十年省库支绌,未能全数完成。兹据《浙江省情》,将浙江省电话局历年所筑话线,其与本市有关者录后:

线　名	起　讫	兴修年月	经营主体	全线长度（公里）
杭长线	杭州—长兴、界牌	18年1月	省电话局	167.62
杭诸线	杭州—诸暨	18年4月	同上	84.17
杭嘉线	杭州—枫泾	18年5月	同上	144.58
杭兰线	杭州—兰溪	18年10月	同上	176.26
杭绍线（加挂）	杭州—绍兴	19年5月	同上	85.20
杭余线（加挂）	杭州—余杭	19年7月	同上	36.83
杭留乡线（加挂）	杭州—留下	19年9月	省县合办	10.94
杭乔乡线	杭州—乔司	19年11月	同上	17.86
杭衢干线（加挂）	衢县—龙游	21年1月	省电话局	28.80

（千人俊编:《民国杭州市新志稿》,卷十二,电政,民国三十七年修,杭州市地方志编纂办公室一九八七年铅印本。）

〔清朝末年,浙江杭州〕　浙省电话创于浙路公司,巡抚张曾扬收回官办,库藏支绌,仅设单线。嗣经职商王钰孙等禀准作为官商合办,原有官股银五万元,再招商股五万元足成之,拟具章程十四条,定名为浙江官商合办电话有限公司,此官商更迭及合并之原委也。

（齐耀珊修,吴庆坻等纂:《杭州府志》,卷一百七十五,交通,电话,民国十五年铅印本。）

〔民国三年,浙江镇海县〕　龙山镇电话处:民国三年虞和德捐资,设在龙山镇三北轮埠公司,直达甬上及大衙头,以前绪区沙河头为南北衔接总机关。

（董祖义纂:《镇海县新志备稿》,卷上,交通志,邮电,民国二十年铅印本。）

〔民国十一年至二十五年前后,浙江〕　本省长途电话发端于民国十一年,当时原为沟通军事消息而设,工程简陋,通话地点仅及浙西数县。十六年建设厅成立,乃有全省长途电话线路网之建设。次年三月着手筹备设计,并组织工程队分期实施工程。……截至最近止,已造成干支线五二七一对公里,乡村支线及边防线二四一二三对公里,共计七七〇四对公里。全省七十五县,除南田、定海以孤悬海中暂以无线电报联络通讯外,其余七十三县均已先后通话,并与上海市及江苏、江西等处订约互通。

（姜卿云编:《浙江新志》,上卷,第九章,浙江省之建设,邮电,民国二十五年铅印本。）

〔民国十七年至一九四九年,浙江省〕 浙省长途电话干线,计分杭嘉、杭湖、杭甬、甬温、杭衢、衢温、杭处七路。其下又有分线十六条,支线十条,军用线一条,乡线四十二条,边防线三条。……浙省长途电话自十七年三月筹设,迄二十二年年终,以全省线路长度计之,已有五千七百六十一点九二对公里。二十三年造有杆线铜线十条,计四百五十八点九二对公里,铁线四条,计一千零九十七点零七对公里,合计二千一百七十点九对公里。以每年造线长度计,较之以前增加百分之三十八,百分比之高,为前此所未有,盖以立杆线少而加挂线多,易于施工也。……长途话线干线用铜线,分支线则铜、铁线并用,乡线用铁线。铜线传电力佳而易于维持,长距离通话用之最为适当。又查本省境内辽阔,因线条之长度不同,远距离之通话不能普遍清晰,现正装设增音复述器二具。该项机件之效力,非特能增进全省通话之传音率,可为省际长途通话之助焉。

（浙江省通志馆修,余绍宋等纂:《重修浙江通志稿》,第九十册,交通,电话,一九四三年至一九四九年间纂修,稿本,浙江图书馆一九八三年誊录本。）

〔民国二十一年至三十一年前后,浙江分水县〕 有线电话局,在县政府二门内,二十一年设立。内分长途电话代办所、乡村电话管理处,二十四年建设完成。按:县中有电话总机二十门一具、十门一具、皮机二具、板机一具;电话机二十一具,计县政府一,县党部一,军运代办所一,长途电话代办所一,粮管会一,防空哨一,南华、安化二乡各二,怡善、大琅岭、霞蠡湖、百新、建平、泰安、洪五、夏舞、永安、招贤等乡镇各一具。又电话局内有总机二具。线路被覆线或裸线长一百七十里,均以十四号锌丝单线架设,与邻县通话均由总机转接,长途电话代办所,由省电话局派员管理,其线路至桐庐及于潜均以十二号锌丝双线架设。

（钟诗杰修,臧承宣纂:《续修分水县志》,卷二,建设志,交通,民国三十一年铅印本。）

〔民国二十一年至一九四九年,浙江杭州市〕 杭州市内电话,计设总局一,支局二。总局内为旋转式自动机三千门,于二十一年年终竣工,至今已有二千六百户。年来以杭市商业萧条,又以各大机关添用小交换机,装户数额未呈显著之进展。本年内装拆用户相抵,约增多二百三十户。拱宸桥为杭市水道运输市场,内河小轮多丛集该处,离总局辽远,直达电缆殊不经济,乃将北支局设立是处,以利便该处商民,所用话机亦系自动机,与市内通话甚为便利,惜因商业关系,装户尚不见十分拥挤。南支局密迩江干,人工接线,自经改进后,装户渐形踊跃。……杭市电话分市内电话、长途电话两种,市内电话创设于前清光绪年间,由商人集资兴办,称为杭州商办电话公司;长途电话始于民国十七年三月成立浙江省长途电话筹备处,十八年杭湖线告成,改筹备处为浙江省长途电话局。是年秋,杭州商办电话公司之市内电话,因历年营业亏损,请求官办,商洽数月,给予让度费四十四万余元,爰于十二月由长途电话局接管,是为省办城市电话之始。省府又以该局职权变更,改名为浙江省电话局。

（浙江省通志馆修,余绍宋等纂:《重修浙江通志稿》,第九十八册,交通,电话,一九四三年至一九四九年间纂修,稿本,浙江图书馆一九八三年誊录本。）

〔民国二十三年,浙江省〕

二十三年份城镇电话概况表

局别	工作种类	交换机容量（门）	用户数目（户）	施工日期	预算总额	备考
乌镇	兴筑	100	25	3月12日	银7 900元	
长兴	同上	45	23	7月18日	6 220元	
永康	同上	60	29	9月29日	6 000元	
瑞安	接收	50	36	5月	4 700元	原系商办公司
江山	接收及整理	50	4	6月	6 000元	原系县办者
衢县	同上	100	61	6月至7月	12 000元	同上
金华	扩充及整理	200	86	1月至7月	5 880元	
诸暨	筹设				7 500元	预算尚未核准

上列表内瑞安、江山、衢县三处系由商办或县办移交省局接办者,又乌镇、长兴、永康、金华等处为本年内装置整理就绪者,尚有诸暨一处正在筹设之中。以后本省拟利用杭州市旧有之磁石机件,作扩充全省各县城镇电话之用,预期设置百门城镇电话十所,五十门城镇电话二十所。

（浙江省通志馆修,余绍宋等纂:《重修浙江通志稿》,第九十八册,交通,电话,一九四三年至一九四九年间纂修,稿本,浙江图书馆一九八三年誊录本。）

〔清光绪三十四年至民国二十三年前后,安徽〕 皖省市内电话仅安庆、芜湖、蚌埠三处,芜、蚌两处均属部办。其属于省有者为安庆市电话局,创始于前清光绪三十四年,附设电灯厂内,为磁式手摇机。民国二年,始购五十门交换机一部。十三年,随电灯厂一并租与商办。十六年,收回市办,添购一百门交换机一部。十八年,由建设厅接收,交全省电话工程处整理。十九年,由市政筹备处改为安庆市电话处。二十年,改名省会电话局,直隶建设厅,计有五十门及一百门交换机各一部,新式电话三十一架,旧式者九十九架。长途电话:皖省长途电话分路用、军用二种。路用者,工程设备较为完整。军用者,因需用急迫仓卒完成,致线杆多不一律,发音亦欠明晰。路用之线,计有安潜、安桐、芜慈、合巢等线,共长三百七十九市里。半军用者,计有太英、霍舒等十三线,共长一千一百八十九市里半。另有水东煤矿局为轻便铁路架设之宣东线,长七十市里,总计全省已成各线之长度为一千六百三十八市里半,路线分布达二十余县。此外尚有安庆至叶家集长途电话计长三百四十四公里。

（安徽通志馆纂修:《安徽通志稿》,交通考,电政,民国二十三年铅印本。）

〔民国二十三年,安徽宁国县〕　邑境芜屯公路沿线悉架长途电话,专通各站。民国二十三年冬,县办军用电话,纵横线路计长四百十里,共有总机一,通话机十四。安设之所,计县政府、财委会、西港口、河沥溪、县商长铺、石口、狮桥、云梯、虹龙甸、宁国墩、东岸、胡乐等处,线路分七道。

（李丙麐等修:《宁国县志》,卷三,交通志,电话,民国二十五年铅印本。）

〔民国二十年至二十六年,江西分宜县〕　分宜有电话,始于民国二十年,嗣后各机关接踵用之。至民国二十五年,各区署、各保联办公处陆续全设。二十六年,各保亦间有设备者。

（萧家修修,欧阳绍祁纂:《分宜县志》,卷二,地理,交通,民国二十九年石印本。）

〔清光绪末年以后,福建明溪县〕　明邑自清光绪末年创设邮局以来,驿站一律裁撤,文书命令概由邮局传寄。嗣又于各官署机关设立连县电话机及连乡电话机,以灵通消息。

（王维梁等修,廖立元等纂:《明溪县志》,卷十,建置志,驿邮,邮政局,民国三十二年铅印本。）

〔清朝末年至民国年间,福建连城县〕　有清季年,乃慨然有邮传部之设,连城以远外闽荒,地非津要,终清之世建施犹未及也,惟推行邮政,于邑城设邮局一所,厥后定为二等局,又于新泉设三等局。

（王集吾等修,邓光瀛等纂:《连城县志》,卷十六,交通志,民国二十七年石印本。）

〔民国十一年至十八年前后,福建建瓯县〕　电话始于民国十一年九月许军过境,军书旁午,暂假电报第三线安置临时电话,为异地交谈之用。嗣是驻防军队均借此为通报军情利器。今由我邑南至南雅、延平,北至建阳、浦城,东至东屯、东游、松溪,电话均可传达矣。

(詹宣猷修,蔡振坚等纂:《建瓯县志》,卷二十四,交通志,电话,民国十八年铅印本。)

〔民国二十二年至二十七年,福建上杭县〕 电话局,设县政府内。向时军界所设,无定期,无定所,事平辄去。二十二年,始设中街朱祠,定为官督商办。二十七年,收为官办,移设今地。此外城乡各机关亦多设置。其四乡总机则东设庐丰,南设中都,西设才溪,北设北砂,惟峰市自与城区直达。

(张汉等修,丘复等纂:《上杭县志》,卷十二,交通志,邮电,民国二十八年铅印本。)

〔民国二十九年至三十年,福建崇安县〕 县城设二十门总机,星村设五门总机各一架,其余各乡镇各设话机一架。长途电话,附设于电报局内,有线二,一通江西铅山,一通建阳。

(刘超然等修,郑丰稔等纂:《崇安县新志》,卷十三,政治,建设,交通,民国三十一年铅印本。)

〔民国三十四年前后,福建龙岩县〕 龙岩电话网已架设完成者,计二十四线,全长二百五十九公里。境内除内山、蒲江、云高、美和、梧新各乡镇外,其余均可通话。

(郑丰稔纂:《龙岩县志》,卷十二,政治志,建设,民国三十四年铅印本。)

〔清光绪二十三年至民国十四年,河南长葛县〕 电话,清光绪二十三年设在和尚桥车站。民国十四年,由车站引入城内。

(陈鸿畴修,刘盼遂、张蔚兰纂:《长葛县志》,卷一,舆地志,电话,民国二十年铅印本。)

〔民国二十二年,河南灵宝县〕 电话,民国二十二年八月,灵宝设长途营业电话,由电报局兼办。

(孙椿荣修,张象明纂:《灵宝县志》,卷三,建设,民国二十四年铅印本。)

〔清光绪二十八年后,湖北汉口〕 武汉电话总局,汉口之有电话,始于清光绪二十八年,由商家创办。光复后,交通部出资十八万元,收归国有。又租界电话与内地划分,亦由交通部出资九万元收归中国办理。嗣后汉口电话始归于一,此民国四年事也。原有局屋机器均不适用,乃就大智门购建新屋,换装新机。六年五月迁入,改定今名,以此为总局局长驻焉,以武昌为分局,坐办一人经理之。

(侯祖畬修,吕寅东等纂:《夏口县志》,卷九,交通志,电政,民国九年刻本。)

〔民国十八年至二十一年，湖北麻城县〕 麻城有长途电话与环境电话两种，其通达消息，利便不可胜言。……长途电话，自民国二十一年开办，省费，局设县城北门内尚书巷五号路，分西南北三干线，西路由城区经陡坡山中馆驿宋埠歧亭达汉口，南路由城区经白杲淋山河转汉口，北路由城区经黄土冈福田河出小界岭接河南长途电话。环境电话，自民国十八年，卢前县长邦燮创办，经费由省前主席夏斗寅及武汉同乡会捐集，县设十五门总机，九区公所各置分机。

（郑重修，余晋芳等纂：《麻城县志续编》，卷二，建置志，交通，民国二十四年铅印本。）

〔民国三年至民国二十年，湖南湘潭县〕 湘潭电话设于民国三年，建局十六总之后菉竹街，其线柱均依照电报。十八年，县挨户团局，为便于指挥团队起见，广筹经费，架设乡区电话。现已通话者，有东三、南一、西一、北一等区，其余各区亦正在积极架设。将来竣工之后，政府命令顷刻即可传布全县。惜与省垣电话不相联络，亦美中不足。

（曾继梧等编：《湖南各县调查笔记》，地理类，湘潭，交通，民国二十年铅印本。）

〔民国十七年，湖南安乡县〕 县电话经始于民国十七年，由地方军事关系兴修，西通澧津临澧，南达常沅，东接南华，声息相通，百里若庭户，公私利赖，后遵上令，收归邮合办。

（王燡纂修：《安乡县志》，卷六，交通，民国二十五年石印本。）

〔民国十九年至三十七年前后，湖南醴陵县〕 乡村电话，创始于民国十九年。……二十六年，始直隶县政府，设电讯管理员主其事，旋易名电讯指导员。其初仅有四乡线路，自废区并乡后，乃计划扩而充之。于县城电讯指导室，设二十门总机，于泗汾、白兔潭、姚家坝、枫林市、君子桥等五处设五门至十门总机。再分别架线，接达邻近乡镇，而结成电话网，全长计六百八十六市里。三十年三月，开放营业，颇形发达。杆线年久失修，障碍丛生，县政府屡议修换，恒苦费绌，营业亦因之中止。迨日寇陷醴，则电话线全部破坏，今始修复。……长途电话，二十三年二月，湖南省长途电话工程处派队架设长醴线，四月工竣。用十二号铜线架成，直达萍乡、株洲，由株洲转接本省各重要县市。二十七年，工程处改局，本县分处改支局。局址屡迁，今设东正街。初仅装置五门总机一部，因恐敌机空袭时通讯中断，复在第四塘装设十门预备总机一部（将各长途干线及当地重要联络线，改搭预备总机，再由预备总机架设中断线，与原有总机联络。一遇警报，各项通讯即由预备总机接转，以策安全）。交通部所辖之电话,附属电话局,其开放在省线之后,有二十门总机一部,干线通株洲、萍乡、攸县、浏阳。三十二年度,来话二万三千余次,去话一万八千余次。自寇陷衡、湘,举付荡然矣!

(陈鲲修,刘谦等纂:《醴陵县志》,卷二,交通志,电话,民国三十七年铅印本。)

〔民国十八年至二十年,广东开平县〕 民国十八年七月,商民司徒俊球等创办灵通电话公司,设总局于赤塪。十九年三月,设长沙分局。二十年三月,设水口分局。其计划将推广于邑城及繁盛市乡,又与恩平、台北、新会电话接驳,遥隔数百里,一按机则彼此通谈,众咸称便。

(余启谋修,张启煌等纂:《开平县志》,卷十八,经政略,邮铺,民国二十二年铅印本。)

〔民国十九年,广东仁化县〕 民国十九年,县长何炯璋奉令架设长途电话,计线三道,一由县城南达周田接南韶线,一由县城北达扶溪、长江、城口通汝城,一由县城西达董塘通乐昌。

(何炯璋修,谭凤仪纂:《仁化县志》,卷一,建置,邮电,民国二十三年铅印本。)

〔民国十九年,广东乐昌县〕 长途电话,民国十九年十二月成立,总机设龟峰书院,南通长埨东安,东通廊田、羊富田、麻坑;北通九峰墟,分为二,一西通岐门,一北通塘村平石。

(刘云锋修,陈宗瀛纂:《乐昌县志》,卷七,建置,长途电话,民国二十年铅印本。)

〔民国二十一年至二十二年,广东龙门县〕 本县电话由县城起,一端通东廓市,一端通茅冈,一端通河源县之平陵,一端通沙迳;再由沙迳起,一端通永汉,一端通南平,一端通麻榨;再由麻榨通增城县之正果,共长一百三十余里。设总所二,一在县城内县政府,一在沙迳第九区区公所。民国二十一年,县长招念慈筹设,二十二年通话。

(招念慈修,邬庆时纂:《龙门县志》,卷十六,县政志,建设,电话,民国二十五年铅印本。)

〔清光绪三十三年至民国十七年,广西贵县〕 贵县电话局在城内东门街,民国十七年设立,长途电话可通邕宁、宾阳、迁江、怀远、柳州、桂平等处。又贵县地方电话总机处,民国十七年设立,附属于民团司令部,县属各大墟市俱可通话。按:广西设置电话以贵县为最早,清光绪三十三年振华矿务公司自县城至平天山安设长途电话,其线路长四十余里,名曰德律风,盖译音也。公司停办,电话亦废。

（欧仰羲等修，梁崇鼎等纂：《贵县志》，卷六，交通，电话，民国二十四年铅印本。）

〔民国元年至二十年，广西邕宁县〕 邕城电话，始于民国元年。原为政府欲与各机关通话而设，总机安设于都督府内。自后逐渐推广于各商店，总机遂移于电报局，设司机生以司其事。据八年调查，安设话机者有一耳三十七家，而乡区尚未之及也。民十六年冬间，开始沿公路架设长途话线，俾省内电话联络贯通，并与邻省衔接，以利通讯。二十年，省政府又饬县筹设乡区电话，俾便消息敏捷，以利政治之推行，由是电话机遍设于各乡区矣。

（谢祖萃修，莫炳奎纂：《邕宁县志》，卷二十九，交通志二，电政，电话，民国二十六年铅印本。）

〔民国十七年，广西灵川县〕 县城电话出入境与电线路同，民国十七年冬设立。

（陈美文修，李繁滋纂：《灵川县志》，卷九，经政三，营建，电话，民国十八年石印本。）

〔民国十七年至二十九年，广西平乐县〕 平乐电话支局，民国十七年成立，借用半边街寿佛庵为局址，二十四年七月归并于电报局，改名平乐电报局电话营业处（二十五年二月迁入大中街电报局）。长途电话通达地点如下：荔浦县城、阳朔县城、桂林县城、榴江县城、柳州县城、鹿寨墟、源头墟（平乐县属）、八步（贺县属）。电话营业处收费办法：民众因事互话，以五分钟为一单位，计每单位缴纳国币五角；如须专丁通知接话者，加国币一角；如一方面或两方面所在地无电报局，可用普通明码电收发，按字照章收费。

（蒋庚蕃、郭春田修，张智林纂：《平乐县志》，卷七，交通，电报及电话，民国二十九年铅印本。）

〔民国十七年至三十七年，广西宾阳县〕 民三十年，交通部为传达军事消息迅速起见，特派员到县成立电话营业处，以通长途电话，假座于附城之周氏宗堂。县电话局创设于民国十七年，初仅有十五门总机一架，县府及芦圩等繁盛地方可以通话。经历年之推广，现各乡镇公所已均可通话，惟邻县之上林、邕宁、武鸣、贵县、迁江等处，则借长途电话线始能通讯，此后拟更推广及于各村公所，以完成一县之电话网。

（胡学林修，朱昌奎纂：《宾阳县志》，第四编，经济，戊，交通，民国三十七年稿本，一九六一年铅字重印本。）

〔民国二十一年前后，广西同正县〕 县治居在偏陆，不近大河，所出入货物皆用牛车，而以下楞为孔道。若有急事，须到驮庐或到南宁拍电，因县城尚未设有电报、电话故也。近以省令设立电话，现已筹备进行。

（杨北岑等纂修：《同正县志》，卷三，疆域，交通，民国二十一年铅印本。）

〔民国二十二年，广西贺县〕 民国二十二年，县设电话总机，通南岳区、黄田区、桂岭区、公会区，由区通各乡村，有电话机接线，合邑数百里，瞬息可达。

（韦冠英修，梁培煐、龙先钰纂：《贺县志》，卷四，经济部，交通，民国二十三年铅印本。）

〔民国二十二年至二十三年，广西罗城县〕 县属电话有省线、县线之分。省线系为县城至天河一段，于民国二十二年冬由广西建设厅派员前来架设，可与天河、宜山、河池、柳州、迁江各县通话。县线之架设于民国二十三年秋。

（江碧秋修，潘宝箓纂：《罗城县志》，交通，电政，民国二十四年铅印本。）

〔民国二十三年前后，广西上林县〕 邕柳电线所经则为邹墟、思陇两处之一小部分，思陇、胜隆墟设有电话中站。县府现设电话，乃专与省城及其他团体机关通消息者。职工二人，接电机八架，电话机十一架，每月共支毫银五十三元。

（杨盟、李毓杰修，黄诚沅纂：《上林县志》，卷五，建设部下，交通，电报，民国二十三年铅印本。）

〔民国二十六年前后，广西榴江县〕 长途电话二，一在鹿寨镇，一在寨沙镇。乡村电话所八，总机设在县政府，其余电机分设于各乡镇公所。

（萧殿元、吴国经等修，唐本心等纂：《榴江县志》，第四编，建设，邮电，民国二十六年铅印本。）

〔民国二十六年前后，广西崇善县〕 县与县间可由电报局与各邻县通话，有由县城经新和乡，通康各线，通至雷平县；经江州、那贞各线，通至思乐；经古坡线，通至驮棉、响水。其余罗白、板利、驮卢、濑湍、太平等各乡镇，均已架线通话，板崇村亦架线通话。

（林剑平、吴龙辉修，张景星等纂：《崇善县志》，第四编，经济，邮电，一九六二年广西档案馆据民国二十六年稿本铅印本。）

〔民国二十七年前后，广西田西县〕 电话：区线，直通百色区团电话专线已架设通话，在本县境内线长二百五十五里。县线，可与百色、西林、西隆、乐业及凌云之利周乡通话,共长一百九十五里。乡线,全县九乡均已通话,线长共六百二十五里,计有十门,话机二架,单机九架(本府办公厅内一架未计)。

(叶鸣平、罗建邦修,岑启沃纂:《田西县志》,第五编,经济,交通,通讯,民国二十七年铅印本。)

〔民国二十九年前后,广西柳城县〕 县治各机关及头塘、大浦、洛崖、古砦、沙埔、太平、上雷、东泉、社冲、田村、六塘、三界、中脉、马山各乡镇及沙塘农村建设试办区、无忧公司等,均架有电话机,信息流通,传达便捷。

(何其英修,谢嗣农纂:《柳城县志》,卷三,建置,交通,民国二十九年铅印本。)

〔清光绪年间至民国十六年,四川新都县〕 清光绪间设置成绵电线,计经过县地自毘桥入境至弥牟镇出境,未设局。民国九年五月设置成淮军用电话,自成都至新都牛头镇,借电报局电杆;自牛头镇至淮州另置电杆,未设局。十年五月,设置新金军用电话,未设局。十一年一月,设置新都、新繁、广汉军用电话,未设局。十四年,成都电话局设分局于新都,是年冬,改办新金汉军用电话。十六年,推广乡村电话,计有弥牟镇、泰兴场、桂林场、马家场、军屯镇、河吞场数处。

(陈习删等修,闵昌术等纂:《新都县志》,编,政纪,交通,民国十八年铅印本。)

〔清朝末年至民国二十七年,四川长寿县〕 清末距今五十余年,川省始有电报之设施,本县亦通电线,嗣乃成立电局。民国十九年,由建设局筹办乡村电话,城内设总机,陆续遍设各镇乡,从此全县消息灵通。……抗战军兴,二十七年,中央政府设置川康长途电话。

(陈毅夫等修,刘君锡、张名振纂:《长寿县志》卷十一,工商及邮电,电政,民国三十三年铅印本。)

〔民国二年至二十五年,四川重庆〕 乡村电话创始于民国十八年,其购置及经常费皆取征于粮户,管理处设城内建设局,三里分设交换所十处、分交换所九处。……管理处设五十门磁石式总机一部,交换所、分交换所亦为总机,门数多寡不等,再由总机分线通话邻近各乡镇。……市有电话时在民国二年,初由重庆警察厅购置二十五门磁石式交换机一部,附设厅内而分装于九区署,取便传达本市治安消息而已。十九年,市府乃议扩充,专募公债二十万元,购办公电式七百门交换机,设电话总所专司其事,仍隶市府指挥。次年设南岸过河线,南岸分所添置磁石式五十门电话总机,沟通南岸与城区声息。二十三年冬,再由市府拨款扩充。至二十五年一月,市内安设电话者共为一一五一号,全市通话,市民便焉。电话总所,长安寺侧;南岸分所,龙门浩普善堂;江北亦有分所,装设过河线通话。……长途电话,成渝线重庆至成都;又内江设交换机,亦可通话。川黔线,重庆至贵阳,又遵义设交换机,亦可通话。两线皆于民国二十五年完成,由电报局兼管。

(罗国钧等修,向楚等纂:《巴县志》,卷十四,交通,电话,民国二十八年刻,三十二年重印本。)

〔民国十三年,四川筠连县〕 电线亦敷设于民国十三年,除龙塘外,各乡皆可与县城直通电话。

(祝世德纂修:《续修筠连县志》,卷一,舆地志,交通,民国三十七年铅印本。)

〔民国十七年,四川渠县〕 电话始于民十七年,知事胥鉴渊就中正街红十字会内开办电话传习所,随令各场分购电话机,分竿别线,遍设各场。

(杨维中修,钟正懋等纂,郭奎铨续纂:《渠县志》,卷一,地理志第十四,民国二十一年铅印本。)

〔民国十九年,四川安县〕 县属旧无电话,民国十九年冬,由驻军令饬各县安设乡村电话,安县始就冲要各场逐渐布置,每区设电务员一人,专司其事,消息益灵通矣。

(夏时行等修,刘公旭等纂:《安县志》,卷十六,建置门,电话,民国二十七年石印本。)

〔民国十九年后,四川安县〕 驻军于民国十九年令就各场安设乡村电话,除毛家、方水、永兴、茶坪因经费问题从缓举办外,余如黄土、花街、界牌、乐兴塔、水河坝、秀水、睢水、沸水、桑枣、永安、擂鼓、曲山各场均已次第设置。所需常款由地方自行担任,县府所设电话室照省府预算,年支经费八百七十七元。

(成云章修,陈绍钦纂:《安县续志》,卷一,建置,乡村电话,民国二十七年石印本。)

〔民国二十八年前后,四川德阳县〕 电话管理处设县府头门内右侧,装设二十门交换机一部,话机二十五部,分设县府办公厅及各机关、各区署、各联保,由交换机传达,均能联络,互相通话,并通绵竹、罗江、广汉、绵阳等邻县。

(熊卿云、汪仲夔修,洪烈森等纂:《德阳县志》,卷四,建设志,交通,民国二十八年铅印本兼石印本。)

〔民国年间,贵州定番县〕 定番电话营业处也设在县城内,可通邻县贵阳、大塘、罗甸、长寨、广顺和县属各区区公所。全县电话路线共长一千零八十七公里,合计二千一百七十四市里。

（吴泽霖编：《定番县乡土教材调查报告》,第六章,交通,三,邮电,一九六五年贵州省图书馆据民国年间稿本油印本。）

〔民国十四年至二十五年前后,贵州余庆县〕 城乡电话于民国十四年,县令潘富文奉周会办令设城乡电话,召集地方士绅张仕祺等募捐创修于县署,后建立电话楼三间,令区长胡治邦、襄办员余元春监修,设置电机六处：一电话楼,二龙溪场,三箐口场,四余庆司,五龙家坝,六松烟铺。由县治达松烟铺,接湄潭界,二百里有奇,共植电杆约一千株,合共费洋七千余元。至十八年阴历全月二十九日大军过此,将本城电机携去二架。今县内所用者即箐口之电机也,至于龙家坝之电机,系由民间自制设置。

（陈铭典修,李光斗等纂：《余庆县志》,建置志,邮局,民国二十五年石印本。）

〔民国十五年至十九年,贵州开阳县〕 开阳城乡电话于民国十五年十一月奉贵州省长公署训令筹办,迄民国十九年元月方底于成,历时三年有奇。

（欧先哲修,钟景贤纂：《开阳县志》,第七章,建设,电话,民国二十九年铅印本。）

〔民国十六年至十七年,贵州安顺〕 民国十六年,省政府令各县筹办城乡电话,安顺县各区共摊筹电话款银元一万三千元。十七年,架设县城至羊武一段电话线,工竣开始通话。

（贵州省安顺市志编纂委员会据民国二十年代末稿本整理：《续修安顺府志·安顺志》,第十一卷,交通志,电话,安顺市志编委会一九八三年铅印本。）

〔民国三十二年前后,贵州榕江县〕 长途电话有通三合、都匀,通丙妹、福禄,通黎平等地。县府方面设有乡镇电话,置总机于县府,分别通达寨蒿、宰麻、定旦、新发场、朗洞等处,并可通达邻县三都、黎平、从江各县。

（李绍良编：《榕江县乡土教材》,第二章,榕江地理,第六节,交通,民国三十二年编,一九六〇年贵州省图书馆油印本。）

〔清宣统三年至民国十三年前后,云南昆明〕 电话创办于清宣统三年六月,总机关设于电政总局内,现在市内共计安设电话二百四十号,省外各属安置者计六十处,东路为大板桥、杨林、曲靖、东川、宣威、昭通、寻甸、嵩明、兔耳关九处；南路为呈贡、万树村、可保村、宣良、晋宁、昆阳、北城、玉溪、元和街、嶍峨、通海、河西、小街、元江、青龙厂、临安、石屏、安平、河口、阿迷、古林、箐黎县、江川、蒙自、个旧、开化、步十二团、江底、师宗二十八处；西路为碧鸡关、安宁、老鸦关、禄丰、舍资、广通、楚雄、摩刍、牟定、盐兴、元永井、独立营、大理十三处；北路为富民、罗次、武定、禄劝、元谋、普苴、小河、大哨、波罗村、龙头村十处。至于收费方法，省城每架无夜班者月收费四元，有夜班者加收二元。个旧已安二十九号，每架收费六元。晋宁、昆阳、石屏、江川、师宗、富民、禄劝、江底等处，每处设电话生一人，月由地方官署支给电话生津贴洋十元。其余大板桥等处未设电话生者，概不收费。

（张维翰修，童振藻纂：《昆明市志》，交通，电报及电话，民国十三年铅印本。）

〔**民国二十五年，云南姚安县**〕　姚安于民国二十五年七月就县政府设置长途电话所，东通牟定，北通大姚，并可由转换机接线与省垣及设有长途电话县局通话，不论公私，能缴费者即代通电。

（霍士廉等修，由云龙等纂：《姚安县志》，卷十四，舆地志，交通，民国三十七年铅印本。）

九、货币金融

（一）货币沿革

〔清朝初年至民国十九年后，河北顺义县〕 制钱……明以前用法无考，清初通用者曰京制钱，以五百文为一吊，别有九八钱之数，即四百九十文折九成八作一百，故名。雍乾后，使用京制钱，以九百七十五文作六吊，每吊实合一百六十二文半，通常以十六文作一百，以三十二文或三十三文作二百，总以六十五文作四百（俗称一瞥）。咸丰三年，东南军兴，滇铜不至，议铸当十大钱，增铸当五十、当百、当五百、当千数种。四年，铸当五钱，又铸铁当十钱、铁制钱、铅制钱救济币制。迨军事停顿，各种钱币概行停废，仅余当十大钱流行西南隅，每个折制钱二文，一时私铸，鹅眼薄砂，层出搀使，时禁时开。白河东岸村镇遂演出一种二八东市钱，以东钱八百四十三文作一吊，实合一百三十七文，通常以十四文为一百，多用麻绳贯穿，以两吊为一串。民初，铜元盛行，制钱改铸，迄今已成陈迹，不复流行世间矣。铜元、铜币在各国为辅币，多由日韩流入中国。清季，国家仿造之，每个当制钱十文或每百枚当一元（似学日本）。民国十一年，境内盛行制钱，受了抵制，近来改毁单枚，增铸双枚（当二十文）流行市面，花销易耗，百货渐腾贵矣。……银两……吾国金融不用金而用银，清季银法有松江高银之分，秤有库秤、县秤、市秤之别，形有圆锭、元宝、碎块，重有一两、二两、五两、十两等类。买卖物品多以银计。清季银币流行，至民国初，民便银币，银遂废。银币，清光绪末传自外国，曰鹰洋（墨西哥）、刺头洋（法国）、站人洋（英香港洋），流行境内，重七钱二分。中国渐亦仿铸龙洋，以造币厂北洋造为多，铸有七钱二分字样。民国初，铸开国纪念币，上铸孙总理像，人头洋上铸袁总统像，均按十角折合一元，并铸五角、二角、一角等辅币。自此，银元便利，无减秤、折色、加耗等弊，然辅币每有贴水，即每角贴铜元几枚，大概以十二角折一元，故现在商买犹零找小洋按贴水办理，市人每恨之。……土票，城镇各商自出，县西通行东钱票，多昌属高丽营镇,每张二吊、四吊、六吊、五吊、十吊不等。嗣因出多,无法兑现,时生挤闭之患,失却信仰,不能流行,当十钱票亦仅通行距京附近村庄。而白河东岸杨、李两镇出二八钱票,流行久远,每张多系十吊,与现钱同行,很有信用。现均因铜元流通,此等钞票完全消失。近年杨镇流使铜元票,不久停止。京票,亦曰官票。咸丰前,用京钱票,当十大钱出,流行大钱票。官银号发行银票(以两计),向有四大恒名目,后多发行官银行暨银号流行境内,与土票、制钱、银两相辅而行。民国初元,流行银币、铜子,一时纸币盛行。铜元票以中国、交通两银行为最滥,旋即停止。现行京兆财政部两官钱局每张二十枚、四十枚、六十枚,百枚最多。银钞名目繁多,旧有中国、交通、边业、兴业等银行发行,今则花旗、保商等银票,多一元、五元、十元之别。此外分发行角票,多一角、二角之分,在市面流通。……奉票,系奉军入关后一种军用票性质,在关内任意使用,不兑现,出关兑现。境内在十五、六、七三年强行使用,商民损失甚巨。二十年九月,日占辽、吉,奉军撤入关内,每奉票六十元换现洋一元,实折铜元六七枚,虽奉省府命令行使,而境未驻军,此项票子犹未见流行县内也。晋钞,山西银票,由山西发行,河北各县完全兑现。自十九年阎冯蒋作战,奉军入关,晋军退山西,阎锡山赴大连,此项票负责无人,遂亦一落千丈。

(苏士俊修,杨德馨纂:《顺义县志》,卷十一,金融志,民国二十二年铅印本。)

〔清代至民国二十七年,河北蓟县〕 蓟县币制在民之前向以制钱为单位,行使九八四钱,名曰东钱,即以制钱一百六十四文为一吊。至逊清季世,受平市大钱影响,每吊须使用当十钱二枚。嗣当十钱取消,即以一百四十七文为一吊,是为市钱。然在县境南部如下仓、侯家营等处,即仍行使东钱,境内各商所出凭帖、土票,亦均印明市钱或东钱,以为区别。在一县境内,钱法不同有如此。民初改用铜元,银钱行情仍开钱吊数目,直至民国二十七年土票禁止,铜元亦不经见,始完全为银本位矣。

(徐葆莹修,仇锡廷纂:《蓟县志》,卷三,乡镇,民生状况,民国三十三年铅印本。)

〔民国二十年前后,天津〕 津埠商店门市售货,皆以银元为本位,其批发行因有对外贸易关系,均以行平化宝为计算标准(每银元一元,合行化银六钱八分左右)。又海关征收关税,从前系用关平化宝,每千两易行平化宝一千零五十两。自二十年二月起,改用海关金单位征税,其金银比价,系由税务司核定,逐日揭示。此外尚有银辅币(即角洋)、铜辅币(即铜元)数种,用以找零而已。至本埠通用之纸币，以中国银行、交通银行、中南银行所发行者流通最广，信用亦较著。而中国银行之钞票，尤为个中翘楚，不独天津市面利赖之，即其他地方对天津中国银行之钞票，亦十分信仰，毫无折扣、贴水等弊，是则不能不归功于办事人之有能力也。兹略述各通用货币如下：银币，北洋机器局造，天津造币厂造各式银元及站人银元为主要银币。其各省各国银元亦均可行使，惟须分别照值贴水。纸币，国内外各银行纸币，凡印有天津字样者均通用。北京字样者，平时亦可通用，偶遇特别事故，亦或于短时期间不得通行，至风潮平息，仍可行使如故。其外省字样者，则须分别贴水。上海纸币有时或较本津者价值加高，是须看市面之供求相应否耳。外国纸币则为国际汇兑之需，平时市面少持用者。天津通用之纸币为中国、交通、中南、河北、中华实业、北洋保商各银行之钞票。角票为一角及二角两种，通用为农工、河北、边业三银行所发行。外国银行之钞票如花旗、麦加利、美丰等，信用亦佳。辅币，旧式一角、二角之小银元，均可使用，但每日有折合行市，须照市贴水。铜元，近年通行铜元，均为当二十者。当十之铜元虽亦通用，然甚稀少，每银币一元，可换铜元四百余枚，若专要当十者，则为不可能之事矣。铜辅币在大商店及车站找零均可使用，平时市面则罕用之。制钱亦可作找零之用，然甚罕见。

（宋蕴璞辑：《天津志略》，第八编，金融，第一章，货币，民国二十年铅印本。）

〔民国二十三年前后，天津〕 津市货币流通皆以银元为本位。初时，海关征税及对外贸易均须以关秤行平化宝计算，自海关改用金单位，政府颁布废两改元后，银元本位遂逐渐固定。此外，有银辅币、铜辅币及纸币当元、当角、当铜元数种。

（天津市志编纂处编：《天津市概要》，工商编，第一章，金融，第一节，货币，民国二十三年铅印本。）

〔清嘉庆年间至民国二十一年前后，河北徐水县〕 徐水钱币原以银及制钱两项相辅流通，在清嘉庆年间，每银一两约换制钱二千二三百文不等。迨咸丰年间，因铁钱钞票流行，钱法稍紊，每银一两曾涨至制钱三千六百文，后又渐复原状。当时之铁钱钞票在本县未能畅行，嗣光绪二十年，银价复涨至三千三四百文，继仍渐次恢复。迄光绪二十六年，每银一两可换制钱二千一百文，光绪二十八、九年，有骡贩到县买骡，所给骡价多系银元，因之银元流入农家，是为本县畅行银元之始。当时每元可换制钱一千四五百文，银两、银元尚可一并行使。迨至宣统年间,银两交易即无形停止,是时铜元亦即流入本县,每当十铜元四十八枚合制钱一吊。但彼时商民因铜元实质本轻,故每四十八枚只合制钱七百五十文,是后逐渐通行,折合制钱数目亦随之日有增加。迨民国三年,造币厂收买制钱,制钱既少,商民乃通用铜元,亦间有行使制钱者。商会为市面金融灵活起见,呈请县署布告铜元、制钱一并行使。至民国十二年,造币厂复收制钱,而制钱遂完全消灭。徐水城关钱商,在前清时均自出制钱钞票,至宣统初年即有明文禁止,迄民国四年始完全收净,不再发行。此后银元价逐渐增加,每元可换制钱二千二三百文。至民国十年,每元换三千三四百文。十七年,每元换九千五百文,为最高时期。后又稍落,近二三年来,每元换铜元八千为常行之价。铜元每千仍按九六钱合算。至若通用纸币种类,为中国、交通两银行纸币通行于市,最易行使,他种纸币流通较少。

（刘延昌修,刘鸿书纂：《徐水县新志》,卷五,政治记,财政,附金融,民国二十一年铅印本。）

〔清道光初年至民国年间,河北完县〕 县之城乡各商号,曾私自发行钞票,俗名钱帖,通行市面,并无障碍。闻诸耆老传述,此种钞票,实滥觞于有清道光初年,至同治年间最为畅行,因兑现不误,故市面行使与现钱无异。惟发行之商号往往以基金不甚充足,时发现挤兑风潮,营业主人因之破产者有之,其他商号被牵连而相继倒闭者亦有之,不惟市面金融常受影响,即民间经济损失亦不可胜计。光绪庚子后,国家创设银行,发行银币钞票,商号私自发行之钱帖严予禁止。民元以后,商号私帖已不复见,而国家银行之钞票,市面虽可以通行,但不能行用于乡曲,良以交通不便,附近又无兑现处所,人民对之不能不怀疑也。

（彭作桢等修,刘玉田等纂：《完县新志》,卷七,食货第五,民国二十三年铅印本。）

〔清同治元年至民国二十二年,河北完县〕 完县市面原以制钱为主,故银块多易为现钱而流通之。其易钱价目,向由城内钱商五家于三、八集日公同议定,报告县署,牌示大堂,通称曰"官价"。凡征收粮、租及各项杂税,遇有银两折钱时,俱以此价折合之。民间田房交易,亦多有以此价为标准者。清宣统二年,王知县将前项议价成例取消,改由钱商一家按集期评定,报由县署牌示。越年余,有人以舞弊呈控,故乃循旧例,由五家钱商接办,但另定名称曰商会临时报价局。嗣以市面肖〈萧〉疏,商号寥落,至民国十年,公议官价之钱商只存二家,汪知事恐滋流弊,复改由商会办理。综观货币变化,有清光绪庚子以前,银块之外,无他银币,银两有库平、市平大小之不同,奸商往往从中取巧。迨光绪庚子后,银元行使,颇觉便利,而银块于无形之中日即消灭。近年以来,银两已经罕见,凡市场之买卖,民间之交易,定价给付,不曰若干元,即曰若干角(实则角洋仍须折合铜元),是通行货币实际上已以银元为主,铜元为辅矣。至货币兑换价格,清道光、咸丰以前,银块每两不过兑京钱二吊有奇。至同治初,始涨成二吊六七百文。光绪庚子岁,银元行使之初,每元易京钱十三吊九百文,每洋一元易京钱九吊三百文,今已涨至京钱十吊。六十年来,银价腾贵,竟达十倍。其他物价,近年虽稍见低落,然较之曩昔,尚涨七八倍。盖物贵钱贱,民生窘困,可见一斑。民国二十二年四月,奉令自本年四月六日起,凡公私款项之收付与订立契约票据及一切交易,一律改用银币,所有以前以银两为收付者,以七钱一分五厘折合银币一元为标准,历年有名无实之银两,从此废除矣。完境银价涨落,远年已不可考,兹将清季及近年以来之状况列表于下:

记 年	银每两易京钱数	银元每元易京钱数
清同治元年	二吊六百文	
二年	二吊六百五十文	
三年	二吊七百文	
四年	二吊七百元	
五年	二吊七百五十文	
六年	二吊七百文	
七年	二吊七百文	
八年	二吊六百五十文	
九年	二吊七百文	
十年	二吊六百五十文	
十一年	二吊六百八十文	
十二年	二吊七百文	
十三年	二吊六百五十文	
光绪元年	二吊六百文	
二年	二吊六百八十文	
三年	二吊八百文	
四年	二吊七百五十文	
五年	二吊七百文	
六年	二吊六百八十文	
七年	二吊六百五十文	
八年	二吊六百文	
九年	二吊六百文	

(续表)

记 年	银每两易京钱数	银元每元易京钱数
十年	二吊六百五十文	
十一年	二吊六百五十文	
十二年	二吊六百五十文	
十三年	二吊六百八十文	
十四年	二吊六百八十文	
十五年	二吊六百八十文	
十六年	二吊七百文	
十七年	二吊七百文	
十八年	二吊六百八十文	
十九年	二吊六百五十文	
二十年	二吊六百七十文	
二十一年	二吊六百八十文	
二十二年	二吊六百五十文	
二十三年	二吊六百五十文	
二十四年	二吊六百六十文	
二十五年	二吊六百八十文	
二十六年	二吊九百文	一吊五百文
二十七年	二吊八百文	一吊四百七十文
二十八年	二吊七百文	一吊五百二十文
二十九年	二吊六百五十文	一吊四百文
三十年	二吊六百文	一吊五百文
三十一年	二吊五百文	一吊五百三十文
三十二年	二吊五百五十文	一吊六百三十文
三十三年	二吊七百文	一吊七百二十文
三十四年	二吊七百三十文	一吊八百六十文
宣统元年	三吊一百四十文	二吊一百文
二年	三吊一百二十文	二吊一百文
三年	二吊九百三十文	二吊一百七十文
民国元年	三吊一百文	二吊二百文
二年	三吊三百文	二吊二百文
三年	三吊三百六十文	二吊二百四十文
四年	四吊零五十文	二吊七百文
五年	四吊五百文	三吊
六年	四吊零五十文	二吊七百文
七年	四吊二百二十文	二吊二百八十文
八年	四吊三百五十文	二吊九百文
九年	四吊六百五十文	三吊一百文

(续表)

记　年	银每两易京钱数	银元每元易京钱数
十年	四吊八百四十文	三吊二百三十文
十一年	四吊七百文	三吊八百文
十二年	六吊三百四十文	四吊二百三十文
十三年	七吊五百六十文	五吊零四十文
十四年	十一吊零四十文	七吊六百三十文
十五年	十一吊一百三十文	七吊九百二十文
十六年	十一吊八百五十文	七吊九百文
十七年	十三吊九百五十文	九吊三百文
十八年	十三吊五百九十文	九吊零六十文
十九年	十二吊六百文	八吊四百文
二十年	十二吊六百文	八吊四百文
二十一年	十三吊五百文	九吊
二十二年		十吊

（彭作桢等修，刘玉田等纂：《完县新志》，卷七，食货第五，民国二十三年铅印本。）

〔清咸丰年间至民国二十二年前后，河北元氏县〕　元氏在清季咸同间，只用银块及制钱，咸丰年间行使铁钱，每缗（俗称一吊）杂以铁钱二百文，不久即停止。迄光绪三十年，币制逐渐改革，至民国初年，始有明令，规定以银元为本位，小洋（即角钱）、铜元为辅币。兹先述民初以前币制种类及流行情况。

民国纪元前，交易、完粮均以银两计算，尾数按制钱折合，行商、小贩及农民、妇女辈多有一生未见银块者，足证乡村流行俱用制钱，每百文普通行使九八钱，即九十八文当一百文。买卖田房，行使单底钱；粮食、货物等，行使双底钱。此外又有一种纸币，因元境多山，地瘠民贫，银根缺乏，商民多私出纸币，名曰凭帖。其种类分一千文、二千文至十千文等。光绪初年，凭帖盛行，易售欺诈。嗣后钱庄陆续倒闭，一蹶不振，商贾交易因之衰落，贻害农工，其祸甚巨。至光绪二十八年，京汉路通，元氏始有站人、正鹰两种银洋，及小洋每元兑换制钱六七百文，初尚不易行使。及光绪三十年间，天津设立造币厂，遂有北洋造龙元发现，市价亦渐增至一千文有奇。当时市面钱币种类，银块、银元、制钱、凭帖。迄清末民初，又行使铜元，币政不胜复杂。自民二国家通令以银元为本位，凡田赋杂税均按银元计算，铜元为辅币，于是制钱、凭帖、银块渐归消灭。……至于中外银行钞票，市面不能流行，城内商号亦不多见。

（王自尊修，李林奎纂：《元氏县志》，金融，民国二十二年铅印本。）

〔清同治十二年，直隶宣化府西宁县〕 凡交易，以钱三十三为一百，谓之划，倍之谓之股，积四股二划为一千，缗之谓之吊，合三缗得足钱一千，而短陌者复三十有四。凡宣郡所属多同，名曰宣钱。

（清　韩志超、寅康等修，杨笃纂：《西宁新志》，卷九，风土志，清同治十二年修，清光绪元年刻本。）

〔清光绪、宣统年间，直隶宣化府万全县〕 我县货币虽以制钱为基本单位，而一切大宗交易、出入贩运，皆以银两为标准，再以时价折为制钱。此项银价则由各钱商所组成之钱行每日公议或一日数易。在清光宣之际，银价每两约合制钱一千左右，钱商即利用此习，以行其私，尝欲擒先纵，故低其值，以求出售，一俟人入其壳，则反卖为买，最终定价即为本日银价之行市。

（路联达等修，任守恭等纂：《万全县志》，卷三，生计志，经济状况，民国二十二年铅印本。）

〔清光绪中叶至民国十年以后，山东馆陶县〕 银价涨落与民生关系至巨。前清光绪中叶，银价最低，每市平一两约合京钱二千文。及光绪二十七、八年，银价渐高，每两京钱二千五百文。尔时银元始见，每元约合京钱一千四五百文。迄三十三四年间，银价益涨，每两京钱三千有奇或四千有奇。民国纪元后，纹银改洋。四五年间，以制钱熔铜出口，流入外国，制钱罕见，铜币盛行，银价益昂，每银币一元涨至京钱二千七八百文。民十以还，市面铜元取消九八之例，同时又发行当二十文或五十文之铜元，银币价格乃益见增涨。

（丁世恭等修，刘清如等纂：《续修馆陶县志》，卷二，政治志，经济，民国二十五年铅印本。）

〔清光绪二十年以前至民国二十二年前后，河北南皮县〕 全县行使钱币，清光绪甲午以前，通用铜钱，以清代所铸制钱居多，唐、宋、元、明之制钱亦时见于市，若半两五铢已不多见。以制钱四百九十枚为一吊，谓之九八京钱，泊镇则以四百八十枚为一吊，谓之九六，每吊重三斤余。后常以私铸小钱参杂其中，小钱为奸民伪造，而商人借以渔利。又通行现银，有松江乾白之分，有元宝、零件之别。市商买卖以广平为准，清季银价每两值钱二吊三四百文，光绪三十年间，每两涨至三吊二三百文。甲午以后，始行银币，有站人银元、北洋龙元、机器银元。至宣统间，又有造币厂银元。入民国后，又有袁头银币，其余鹰洋及江南湖北各厂银币亦间有之。至十七年后，盛行中山银币，其初每元易钱一吊五六百文，商民交易暨民间买卖地亩仍以制钱为本位,地契均书九八清京钱字样。光绪季年始行当十铜币,民初以为不便,市面按八折行使,日久则以其轻而易携,照币面行使,改用满钱,无九八、九六之说,仍以吊计。入民国后,普行银币,凡百交易,但使价款微多,即以银币论价。又有辅币,清末则有龙纹二角一种。入民国,有袁头、龙凤各种,现均不多见。银币之外,兼用钞票,以中国、交通两银行钞票为最有信用以外,中央银行、河北省银行之钞票亦可通行。自铜元畅行,制钱绝迹。民国十年以后,行使当二十铜币,当十铜币又渐绝迹。社会生活需求日繁,百物腾贵,银币之价每元由一吊五六百文增至八吊矣。本县改银币后,携带轻便,易于盖藏,人民向商号存款者少,钱店多因而歇业。民间买卖田亩,亦完全改书银币,妨亏折也。

（王德乾等修,刘树鑫纂：《南皮县志》,卷六,政治志,金融,民国二十二年铅印本。）

〔清光绪年间至民国二十六年,河北滦县〕　曩年,滦县市面所流通者为松江银块,用时不加色,至五两锭子银暨十两或五十两宝银,则另议加色。清光绪二十六、七年时,每两仅换滦钱六吊上下。嗣以银元入境,银价渐涨,至光绪三十年时,每两可换滦钱十二吊有奇。民国以来,银元畅行,则不复用现银矣。铜元,清光绪二十八年时,铜元流入滦境。至光绪二十九年,市面畅行,当制钱十枚者居多数,当二十枚者无多（俗谓大铜子）。尚有当五枚、二枚、一枚之小铜元,为交易时找零之用。近年通用者,则惟当二十枚之大铜元,余则绝无而仅有矣。纸币,有清季世,滦县商号发行纸币者颇多（俗呼钱帖）,其额面则为滦钱十吊或二十吊不等（当时如开平庆丰钱帖最为乡民信用）。至光绪末年,市面上即不多见。嗣以中、交两银行钞票通行滦市,而昔日之钱帖遂绝迹矣。公家亦取缔商家私出纸币,整饬币制。银元,清光绪十七、八年时,银元入我滦境,每元仅换滦钱四吊。后改用银元,银元价格暴涨。光绪二十八年时,可换滦钱八吊。近年铜元充斥,银元价愈昂贵,每元可换当十铜元六百枚,合滦钱三十吊有奇。滦市通用之银元有数种,最初所用多老鹰（墨西哥造）,曰北洋造,曰造币厂造,曰北洋机器局,曰大清银币,曰站人洋元,曰中华民国新币（以上均称正牌）。至一角、二角之小洋及杂牌大洋（滦习以奉天、吉林、湖北各省所铸者为杂牌）,滦市已不多见,偶有用者,则当八扣。

（袁莱修,张凤翔等纂：《滦县志》,卷四,人民志,金融,民国二十六年铅印本。）

〔清代至民国二十年前后,河北卢龙县〕　卢龙为蕞尔小县,交通梗塞,商业萧条，既无银行、钱号，自无行情可言。境内习惯使用九六东钱，从前以制钱一百六十文为吊，今则以铜元币十六枚为吊。自民六起，截至现在，钱法已臻荒毛，兹列举逐年兑换数目：每银币一元，六年换一百二十六枚，七、八年换一百三十六枚，九年换一百四十四枚，十年换一百五十六枚，十一年换一百六十枚，十二年换一百六十二枚，十三年换二百四十八枚，十四年换三百十八枚，十五年换三百五十二枚，十六年换三百六十八枚，十七年换四百枚，十八年换四百三十二枚，十九年换四百十枚。此就现金而言。余则以中、交两银行纸币能维信用，颇受欢迎。省行纸币现称绝迹。至于本地凭帖流通市面者实占少数，惟边业票则倍形充斥，不过稍须贴水，大约每张一元少换铜元五六枚或七八枚不等，因民间完粮及行旅乘坐火车起票，恒被拒绝也。

（董天华修，胡应麟、李茂林纂：《卢龙县志》，卷九，金融，民国二十年铅印本。）

〔清代至民国二十年前后，河北成安县〕　成安蕞尔小邑，履其地而营任何商业者率皆小贩营业，绝少大商巨贾。市面通用钱币、钞券，种类亦甚寥寥。在光绪以前，完全使用清代制钱。至光绪年间，始有铜元流行。至三十年，市面才有银币，然一般民众不识真伪，恒不敢用。殆至民元以后，市面银币日多一日，相沿至今。通用银币有花纹银币、北洋造银币、开国纪念币。钞券只有中国银行、交通银行、中南银行、保商银行、东北官银行数种而已。

（张应麟修，张永和纂：《成安县志》，卷九，金融，民国二十年铅印本。）

〔清代至民国二十一年前后，河北柏乡县〕　柏邑向来通用生银、制钱，清末始有银元，民国成立，渐兴铜元，生银、制钱以次绝迹。其辅币有角洋，嗣因伪造者多鱼目混珠，交易时起争执，现在已不适用。钞券惟中国、交通两种流通市面，信用尚好，其他钞券概不适用。从前本地商家发行之二千文、三千文之钱帖早已废除，现在殷实商号经商会查明，取具连环妥保，备有押金，发行之一角、二角二种角票流通市面，其信用与中、交钞票同。其他若各银行之角票，概不适用。

（牛宝善修，魏永弼等纂：《柏乡县志》，卷四，金融，民国二十一年铅印本。）

〔清代至民国二十二年，河北万全县〕　通行货币在昔以制钱为基本单位，清代行之，迄末变更。洪杨之役，因国库空虚，曾一度行使铁钱，然未几即收回。自海禁大开，鉴于泰西各国之有银币及金币，始铸银元，同时并实行当十或当二十之铜币，于是制钱始渐绝迹于社会。……今日通行之银元，其重为库平七钱二，铜元为当二十文者，至当十者已不多见。纸币昔已通行，其发行处为张家口之钱行,非官出也。俗谓之帖子,票面以一千者为多,间亦有十千者,当时社会不多见也。自国家银行成立,设分行于张垣后,始有今之银洋纸币,而俗所谓之大钱帖子者,既受时代之淘汰及钱行之倒闭,皆已绝迹于社会矣。今日通行之纸币,以中、交两行为主,其式全国一律,兹不赘。因民国初年之一度停止兑现,人民至今怀疑,不过今日通行者以标天津字样者为多,本国者已百不一见。数年前之察区兴业银行、西北银行等及财政部平市官钱局,皆自备印机,印行纸币、辅币、铜元票等,数目甚巨。纸币充斥,因时局之变迁嬗递蝉连接续进行,其结果鲜有不停止兑现、席卷而去者,人民十九存储顿成废纸,紊乱经济,影响生计至为重大也。……然纸币既告终,现银又枯竭,交易行为至为困难,不得已本国商会始有约殷实钱商十家相互担保,各出铜元票若干之举,以为市面流通之需,而补现银之不足。其形式为铜版套印,纸质亦坚韧,票面有十枚、二十枚、一百枚之三种。发行以来,画办理妥善,防备严密,信用卓著,人皆乐用。

(路联达等修,任守恭等纂:《万全县志》,卷三,生计志,经济状况,民国二十二年铅印本。)

〔清代至民国二十二年前后,河北沧县〕 钱币:一、铜钱。清代流行铜钱,时沧境计钱之法以一为二,如五文为十,五十为百,五百为千(俗又呼千为吊),是曰满钱。又有所谓扣底钱者,即五十文中扣去一文,以四十九文为百也。其名曰九八钱,盖四十九以二倍之,适成九十八之数。邑治中则用九六钱,即以四十八文为百也。……二、铜币。清末铜币初兴,与铜钱杂用。民国以来,铜币独行,铜钱绝迹。铜币只有双枚、单枚二种。当一文之小铜币,沧地从未使用。单枚者,近年亦不多见。当单枚盛行时,其一枚当十文之用,故五枚即曰一百,五十枚曰一吊。双枚者,二十五枚为一吊,近以计算不便,则直曰若干枚,不用百与吊之称矣。三、银块。在昔沧地行使银锭、银块,与他方同,其计算无殊异之名称。近日银币畅行,块锭不见于市肆矣。四、银币。近年银币之流通已普遍于社会物价之计算,不及一元者则曰铜币若干枚,一元之上则曰几元几角,是即渐趋入银本位矣。但零角小银币,沧地从未行使,曰几角者则折合铜币或用角票代之。五、钞票,银币钞票十元、五元、一元及二角、一角各种亦渐普及,惟铜元票前曾有省印、县印二种,均系维持军用票之信用而发者,不久即收回。

(张凤瑞等修,张坪纂:《沧县志》,卷十一,事实志,生计,民国二十二年铅印本。)

〔清代至民国二十二年前后,河北广宗县〕 通用钱币旧日以制钱为主,间有私人商号印发凭帖流通者。计数以制钱四百九十五文为一吊，名曰京钱。自清末改用铜币，制钱绝迹，惟计算时仍以当十铜元五十枚为一吊云。旧日贸易用生银块，出入以公砝平为标准。近时均用银币，市面通行者为开国纪念币、中山像、袁头像，造币厂、北洋造及站人各种大清银币间亦有之。若辅币及小银元不能通行也。钞票惟中国、交通两银行所发者尚可通用。银币在民国初年仅兑换铜元一百五十枚，屡年增加，近兑至四百余枚。铜元昔皆当十枚者，民国十年后，当十文者渐少，当二十文者日多，最近并有当五十文者，多由河南省输入，然旋即废止。今银元一元价格抵昔年制钱五百文而弱，盖自币制变更后，凡日用品物逐渐昂贵，较前数十年不啻倍蓰矣。

（姜檝荣等修，韩敏修纂：《广宗县志》，卷三，民生略，民国二十二年铅印本。）

〔清代至民国二十三年前后，河北青苑县〕　银元，按：清苑本境向以生银为本位，自清庚子后始通行银元。市面能流通者为站人及北洋造两种银元，机器造一种稍次之。民初以来，袁总统银元及近年孙中山银元均流通无滞。辅币，清光宣间通行龙形一角至五角小银元，又有东三省鼓铸之小银元。后以成色较低，商民不乐用，遂渐形绝迹。纸币，市面交易以中国、交通、中南各银行所出钞券为最有信用，然须印有天津字样者，否则行使不便。直隶省银行所发一元、五元、十元等券风行数年，发行太多，未能兑现，旋即倒闭，商民所受损失以千万计。现在河北省银行成立，又发行纸币甚多，商民鉴于前车，流通稍滞。角票，市上流通以河北省银行所发一角、二角者为多，此外尚有中国农工商银行发行注有北平天津字样者。铜元，清光宣之间始有当制钱十文铜元一种，当制钱二十文铜元一种，其购银元价格与制钱相埒。自民初以后，当十文铜元渐少，仅存当二十文铜元一种。溯自民国十年以前，每银币一元易铜元一百六七十枚。十一年迄十五年，每银币一元易二百数十枚或易三百数十枚，至现在已增至四百枚以上。铜元日贱，物价甚昂，人民之痛苦盖可见矣。民六等年，曾设有平市官钱局，系北平总局分设，所发铜元票约数万枚。自经兵燹，官钱局停办，遗留铜元票商会设法收回，嗣后不复有铜元票矣。

（金良骥修，姚寿昌等纂：《清苑县志》，卷二，赋税，金融，民国二十三年铅印本。）

〔清代至民国二十三年前后，河北霸县〕　霸县金融状况今昔不同，清代币制银以两计，辅币厥维制钱，纸币用兑收小帖制钱，以九百六十文为一吊，小帖因之多由各商号发行，银元概不多见。清末以银元为主币，间用小银元及铜元为辅币。铜元零用论枚，大宗仍论吊。近商号纸币改小帖为花边大票，自一吊至五吊，流通称便。现趋重银元，钱票止在辅助地位，银元纸币惟交通银行与中国银行所发行且印有天津字样者流通甚畅，但其市价随时不同。

（张仁蠡、刘延昌修，崔汝襄、刘崇本纂：《霸县新志》，卷三，金融，民国二十三年铅印本。）

〔清代至民国二十三年前后，河北望都县〕 本县商民金融流通向以制钱为本位，间有以银计者，制钱行使积十成百、积百成吊，有大钱、京钱之别。以九百八十枚作一吊者曰九八大钱，以一当二，以四百九十枚作一吊者曰九八京钱。清咸丰六年，通行铁钱，与铜钱二八掺使，未几禁止。至同治六、七年，市面改用九六钱，以九百六十枚作一吊曰九六大钱，以大钱一吊作京钱两吊曰九六京钱。又本邑用银，以街市秤为准，每银百两较保府市秤弱九钱六分，府市秤百两较库秤弱一两，市秤银一两市价京钱三吊。咸丰初年，以时局不靖，每两涨至京钱七吊有奇，未几降落如故。清光宣之际，银元渐渐通行，银价一两落至二吊四五百文。民国以来，一律改用铜元，制钱渐少，初行当十铜元，继行当二十铜元，中国、交通银行纸币一律行使。十五年后，制钱绝迹，银元价值日昂，每元易铜元六七吊。至二十年后，每元易铜元十吊有奇，乡民田房交易，从前概书钱数，自银元涨价，一律改书银元数矣。

（王德乾修，崔莲峰等纂：《望都县志》，卷五，政治志，钱币，民国二十三年铅印本。）

〔清代至民国二十四年前后，河北张北县〕 货币：一、钱币。在昔通行者有三种，一种系金币，富贵之家储蓄便利，多存金沙、金条之类，出售时按市价折成制钱，以便使用。一种系银币，来往买卖多按银币交易。银币之形式有元宝（五十两上下）、有散碎银锭，亦均按市价折合制钱。一种系铜币，名为制钱，每百枚为一吊，普通行使均以制钱为基本单位，惟以绳串成，携带不便，且原质庞杂，真赝混乱，大小不一，尤感困难，人多厌之，遂形绝迹。自后海禁大开，英洋输入，较为便利，中国亦仿效，改铸银元，我县亦一律通行使用，辅币有铜元，分为十枚及二十枚两种。在民国初年，每银币一元兑换铜元一百一二十枚，每铜元一枚兑换制钱七枚，后因奸商贩卖铜元，从中渔利，逐渐增涨，现在每银一元兑换铜元四百八十枚以达至五百二十枚。二、纸币。钱币之最便利者莫如纸币，而最受害者亦莫如纸币，惟在办法良善与否耳。纸币之种类分为二种，一为铜元票，一为银元票，均由省垣流通而来，本县无此商号。在民国纪元前所行使者系省垣钱铺所出帖子，分一吊及十吊两种。后因中、交两银行设立于省垣，始有银洋纸币发行，从前钱行帖子遂受淘汰。至此察区兴业银行、西北银行、财政部平市官钱局相继成立。后因时局影响,停止兑现,先后倒闭,遂成废纸。……现在所行使者,除中、交两银行纸币外,尚有察哈尔省商业钱局发行之纸币。至于铜元票,分为十枚、二十枚、五十枚、一百枚数种,由殷实钱行十家互保,办理妥善,信用卓著,现在破烂收回,由察哈尔省商业钱局乃出新票使用,每纸币银洋一元兑换铜元票四百枚,比铜币价值高贵相差甚远,足征铜元票大有信用也。

(陈继淹修,许闻诗等纂:《张北县志》,卷五,户籍志,经济状况,货币,民国二十四年铅印本。)

〔清代至民国二十五年前后,山东馆陶县〕 本县全境市面所流通者,向以现款为本位,纸币辅之。现款之中,一曰制钱,一枚当二文,亦称京钱。二曰银,以两为单位,五十两为宝,一十两为锞,碎者称锭件。三曰银元,大洋合银七钱二分,辅币五角,小洋一角。四曰铜元,初用者一枚当制钱十文,现通行者当二十文。前清末年及民国初年,四种互用。自民国五六年后,银元畅行,纹银渐废。铜元先当十者盛行,民国十年以还,当二十者渐渐盛行,近数年间,当十之铜元几又绝迹矣。

(丁世恭等修,刘清如等纂:《续修馆陶县志》,卷二,政治志,经济,民国二十五年铅印本。)

〔清代至民国二十五年前后,河北香河县〕 香河僻处平东,无银行、钱庄专营汇兑业者,从前通行系制钱、银两,自洋元行而银两废,铜元出而制钱亡。现在通行钱币均用银元,除民国铸造银元一律行使外,旧日北洋造、造币厂、大清银币等,均与民国银元无异,惟机器造价格稍低,每元差铜币四五枚不等。他省银元不多见,亦不适用,如外国鹰洋、墨洋几绝迹矣。钞票惟中国银行、交通银行两种,城内乡镇一律通用,其余花旗、汇丰等票,亦可通融,但年来银行迭有倒闭,信用上无不影响,重用现洋。前三年每银币一元兑换铜币四百五十枚,乃价格最高之数。近年兑换铜币四百九十枚,价益进也。城内及各集镇无兑换商号,其兑换行情,均系彼此交易找补;杂货铺偶代兑换,亦系临时通融,其详数不可调查。

(王葆安修,马文焕、陈式谐纂:《香河县志》,卷四,金融,民国二十五年铅印本。)

〔民国初年至十六年,河北张北县〕 张北金融变化,其权操之于省垣,以省垣之行情为行情,以省垣之涨落为涨落,本县俯首听命,随波逐流,无权操纵。至省垣之金融操之于钱商,每日由钱商公议,以银两折制钱,制钱折银两,或以银元折银两,银两折银元(重量七钱二以六钱八、六钱九折合),随时涨落,任意操纵,人民受其骗,地方蒙其害,以致金融紊乱,不可收拾。至民国十六年,官家虽明令规定银币一元合口钱四千文,不准涨落,而钱侩贩卖铜元,随意低昂,故铜元或涨或落,仍无止境也。

（陈继淹修,许闻诗等纂：《张北县志》,卷五,户籍志,金融,民国二十四年铅印本。）

〔民国初年至二十年前后,河北枣强县〕　民国初年仍用清代制钱,乾隆、康熙铜质最优,嘉庆次之,且多铁制。光绪、宣统钱最劣,质小而多沙,俗称沙钱,若唐宋之制钱及五铢钱并清代所铸之当十、当百各钱,间或有之,未见通行。民国十年以后,铜元充斥,制钱遂不复见矣。铜元与银元相辅而行。铜元之单枚、双枚之别,现时双枚者居多。银元有站人、盘龙、人头数种,大宗交易皆以银元计,不足一元者始用铜元。一二角小洋,城市不多见。向时制钱惯用九八,今之铜元若以吊计,仍九八以百计,则满钱矣。城内商号所出之钱帖,只用于城内,各镇即不易通行。银元票,交通居多,中国银行次之。近来汇兑盛行,与外埠大宗交易多用汇票,汇费有涨落,涨则百分之一五,落则不及百分之一。至银元价值,每岁涨落无常,涨时每元可换铜元八吊三四百文,按九八一吊计算。每逢秋节、年节,即落至七吊七八百文。平均行情,以八吊计算者多。

（宋兆升修,张宗载、齐文焕纂：《枣强县志料》,卷四,金融,民国二十年铅印本。）

〔民国初年至二十一年前后,河北平山县〕　平山前数年来,市面通行者为银元与钱票。自铜元盛行,制钱无形销灭,而商家所出之钱票亦皆改为铜元票。及民国十七年,晋省银券输入,约计全县流通者不下数十万。至十九年秋,因时局关系,晋省银券价格低落,本县受此影响甚大。近则此券绝迹,而铜元票因商会取缔,亦不多见。今通行者惟现银元与中、交银券,兑换数目与现银元等,每岁平认价额约在铜元四百枚上下。此近年比较之大概行情也。

（金润璧修,焦遇祥、张林纂：《平山县志料集》,卷九,金融,民国二十一年铅印本。）

〔民国十二年前后,河北藁城县〕　吾邑通行之货币,如银元、角钱、毛票、铜元、制钱数种而已,然诸货币之中,最足扰乱金融界者,莫如毛票。毛票者,以纸代角洋之谓也。毛票有二种,一曾经商会之保证者,其信用尚称强固,流通不滞；一为私人所滥发者,信用薄弱,多负贩小商所为,若不严行取缔,一旦亏损倒闭,商民受害岂鲜浅哉。

（林翰儒编：《藁城乡土地理》,上册,货币,民国十二年石印本。）

〔民国二十年前后,河北满城县〕　满境偏僻,无汇兑银行、巨商大贾,通行钱币均用现银元,除民国铸造银元一律行使外,旧日北洋造币厂、大清银币等,均与民国银元无异,惟机器造价格稍低,每元差铜币四五枚不等。他省银元不多见,亦不适用,如外国鹰洋、人洋,几绝迹矣。钞券惟中国银行、交通银行两种城内商号稍可通融,乡镇集市不能行使,完纳夏秋两税均以现银元为主。内外找补用铜币,每日征收处公布价格。民国十八年冬月,每元兑换铜币四百四十枚,系价格最高之数。十九年春月,即渐低落,兑换铜币三百八九十枚。近日兑换铜币四百枚上下,无大差也。城内及各集镇无专营兑换商户,其兑换行情均系彼此交易。找补杂货铺偶有兑换,亦属临时通融,其详数不可调查。

(陈宝生修,杨式震、陈昌源纂:《满城县志略》,卷七,县政,金融,民国二十年铅印本。)

〔民国二十一年前后,河北景县〕　境内货物买卖以银洋为单位,其货价不及银洋一元者,以铜元找算。铜元计算法,仍用制钱折合,譬如银洋一元,价值当二十文铜元四百零二枚,不曰价值若干枚,乃曰合九八制钱吊二百文,此因制钱行使已久,计数法不易改变故也。惟境内钱商今俱歇业,银元、铜元交换之额数恒视柘镇钱行为标准,信用素著之纸币能行使于大商号,寻常市场中不易通融也。

(耿兆栋等修,张汝漪纂:《景县志》,卷二,产业志,商业状况,民国二十一年铅印本。)

〔民国二十二年前后,河北高阳县〕　调款,布商趸购麻纱,付价款时,每由同业者相互调兑,谓之调款,如甲有存款在津,乙用之,由高阳本号如数交付,而贴水若干。天津款缺,则高涨,每千元贴至三四十元;高阳款缺,则低落,甚至倒行贴水者亦间有之。此种办法与汇兑相类,而实不同。……月息,布线业占用款额甚多,正式商号少者数万,多者数十万不等。各商资本安有如此巨数,其供流通者多由息借而来,利率月约一分四五,来源则为安国、蠡县、平保各处之资本家。

(李大本修,李晓泠等纂:《高阳县志》,卷二,金融,民国二十二年铅印本。)

〔民国二十二年前后,河北高阳县〕　袁头、中山纪念币、北洋造三种为最多,大清银币、造币厂、站人次之,龙洋、机器造为最少。现洋每元兑换铜元四百枚。中、交钞券尚可通用,余则无几。普通以现洋为本位,卜兑副之钞券之行使殆偶然耳。铜元纯用当廿文者,不分种类、省别,一律通用,惟四川黄色者,人以为颜色不同,难于行使。当十文之小铜元亦不多见。

(李大本修,李晓泠等纂:《高阳县志》,卷二,金融,民国二十二年铅印本。)

〔民国二十三年前后，河北藁城县〕 本县市面通用之钱币，有银元、铜元、角票三种。银元为主币，铜元、角票辅之，每十角合银洋一元，每银洋一元换铜元五百枚，此现在金融之概况也。

（任傅藻等修，于箴等纂：《续修藁城县志》，卷一，疆域志，金融，民国二十三年铅印本。）

〔民国二十九年前后，河北邯郸县〕 纸币，普通行使惟交通、中国、中南、大中四项银行，余皆不甚通行。银币，袁世凯人头洋最多，北洋龙次之，此外大清银币、机器造、江西、湖北等杂牌亦间有之。铜元，自民初改用铜元后，仅有当十铜元一种。嗣后发现当二十及五十铜元两种，钱法似较紊乱。最近数年，突又发现当百文及当二百文之铜元充盈街市，而自始行使之当十铜元反不多见。币价，现时街市大致别为大铜元、小铜元两种代价。大铜元指当百文及当二百文之铜元而言，小铜元指当二十及当五十内间有当十铜元而言，每银一元换大铜元四百五十枚，俗称京钱九吊，换小铜元四百四十枚，俗称京钱八吊八百文。

（李肇基修，李世昌纂：《邯郸县志》，卷五，财政志，金融，民国二十九年刻本。）

〔明代至民国二十二年，内蒙古归绥县〕 邑明代为蒙人游牧地，谙达内附后，始有晋人来营商业，初仅百物互易，后始代以货币。货币银为主，制钱辅之，嗣钱商为便利用行计，始有谱银及拨兑，盖以互相转账替代现金者也。钱商每晨赴市定银分、汇水、利率、价格，买空卖空者曰虎盘，粮商亦发制钱帖子。票号有平遥帮、祁县太谷帮之分，专营汇兑。此清代金融之崖略也。民国以来，银元输入，现银、制钱渐减少，于是银元、谱银并用。九年始周中国、交通两行纸币，平市官钱局、丰业银行亦发纸币。十四年，又有西北银行票、商会救济兑换券、善后流通券、山西省银行票四种。十五年，西北军退陕甘，西北银行票成废纸，数至数百万。各商乃议定依照谱银办法同时并用谱洋，且以谱银价格为标准。十六年，晋奉战起，奉军一度入绥远，平市官钱局停兑现。十七年，邑大旱，旱灾救济会以农民粜粮受拨兑折合之损失，呈准废除拨兑，粮行帖子亦取缔。十九年，晋察绥出师战豫鲁间，平市官钱局、山西省银行、丰业银行纸币及商会救济券、善后流通券俱不兑现，且狂落。次年，山西省银行票三十元仅易现洋一元，盖金融紊乱至此极矣。二十二年二月，平市官钱局纸币经省政府主席傅公作义设法理董，以四折兑现，另发新票，商会救济券亦四折，丰业票则六折或八折。其善后流通券亦收回，并遵国府令废两改元，禁止滥发纸币及虎盘，乡镇间并设农民信用合作社。

至是谱银、谱洋不复存在,市面周行者,纸币、银洋、铜元三种而已。

(郑植昌修,郑裕孚纂:《归绥县志》,经政志,金融,民国二十四年铅印本。)

〔清咸丰十年前后,内蒙古归化城〕 和萨清托各厅俱用足钱,惟归化城惯用短陌钱,银价较他处独昂,钱数多寡不一,居民多病之,商贾谓便于贸易。

(清 钟秀、张曾纂:《古丰识略》,卷二十,市集,清咸丰十年纂,抄本。)

〔清代至民国二十四年,绥远〕 本省以前大宗贸易多以银两为货币单位,制钱辅之,惟因地处边陲,现银与制钱不敷应用,谱银与拨兑乃应运而生。所谓谱银与拨兑二者,并无实质,仅由钱行互相转账,借资周转,用以代表银两与制钱而已,其价格且常较现钱与制钱为高。周使以来,畅行无阻。迄后粮商发行制钱帖子,商民亦颇称便。鼎革以还,现洋源源输入,银两逐渐绝迹,市面交易遂成谱银、现洋并用之势。然积习难改,钱商仍以谱银为主。十五年,因西北军溃退,地方现款搜括殆尽,市面金融顿呈涩滞状态。经各商集议结果,决定仿照谱银办法周行谱洋,以资调剂。至此,谱洋遂与谱银同占商业上之重要地位,因其较普通货币价格涨落无常者颇为信用坚定故也。平绥铁路既通,平津、中、交等银行纸币渐次流入。民国九年以后,复有平市官钱局及丰业银行发行纸币。于是市面纸币逐渐流通。十四年,西北银行发行纸币,后又有商会救济市面兑换券、善后流通券、山西省银行钞票等,名目复杂,种类不一。民国十五年秋,国民军溃退,西北银行钞票数百万元顿成废纸,商民大受其害。十六年秋,晋奉战起,山西省银行及平市官钱局钞票均停止兑现,票价渐落。嗣后奉军据绥,大肆提款,绥钞愈跌愈下。十九年中原大战,需款孔亟,滥发纸币,晋、绥各钞复行狂跌。最后晋钞跌至二三十元换现洋一元,平市钞票渐跌至四折,商会救济券、善后流通券、丰业银行钞票等,亦均以不能兑现,同时平市钞票亦以跌落。金融紊乱,达于极点,商民蒙其害者,不可胜计。平市官钱局钞票,经绥远省政府一再设法整顿,自二十二年二月规定按四折无限制兑现,逐渐收销,另发兑现新钞;商会救济市面券,亦按四折兑销;丰业银行钞票,按六八等折分期兑换;善后流通券亦逐渐收回,市面金融,始归稳定。现在善后流通券业经绝迹,商会救济券及丰业银行钞票亦不多见,平市旧钞流已无几矣,市面周行者以平市新钞最多,平市旧钞及中、交两行钞票次之,绥西垦业银行钞票等又次之,此民国以来钞票兴替之大概情形也。当现银、谱银、制钱、拨兑、现洋、谱洋等相互并行之时,钱商概以谱银为标准货币,其他货币及代表之价格均涨落不定,各钱商为交易便利计,每日早晨集合钱市,按市面之需要定银分(如上海之洋厘)、汇水、利率及各币之价格。各币因价格涨落无定,钱商或他商常以各币相互买空卖空(俗名做虎盘),形同赌博,均由钱行过账,钱行坐取里外四分佣钱,获利颇厚。迨钞票停止兑现时,价格更忽涨忽落,钱局每日上市定价均以银分为标准,甚且一日而数易其价,抑勒高抬,从中渔利,市面金融愈不稳定矣。民国以来,铜元盛兴,制钱渐废。十七年,兵灾、旱灾,救济会等以农民粜粮颇受拨兑折合之亏,曾经呈准废除拨兑。又省政府为整理金融计,禁止滥发纸币,取缔粮行帖子,粮商颇受影响。迨二十二年二月,奉中央命令,废两改元,钱市虎盘均行停止,金融于以统一。二十四年一月,中央施行新币政策,而绥远对于法币之通行亦无阻矣。

(廖兆骏编:《绥远志略》,第十七章,绥远之金融,第二节,货币之沿革,民国二十六年铅印本。)

〔民国二十年前后,内蒙古临河县〕 本境近年多故,金融紊乱达于极点,现已奉令将本地各商号所出号帖小票责成各该号一律收回。全县金融在市面流通者,计有绥远平市票十五万元,善后流通券五万元,丰业银行票三万元,绥远总商会票一万元,平市官钱局及绥远总商会零角票一万元,共计全境流通钞币约二十五万元以上。

(吕咸等修,王文墀等纂:《临河县志》,卷中,纪略,商业,民国二十年铅印本。)

〔清朝初年至民国十二年,奉天兴城县〕 本邑自清初以来,市面通行向以制钱为本位,用法以十六枚为一百,以一百六十枚为一吊,亦曰一千。后以制钱不敷周转,始由当地富商(如公议店、当铺之属)印刷纸币通融市面,名曰凭帖,同时发行之纸币其通行最远(东至沈阳,西至山海关)、信用最著当以锦帖为首屈一指。至光绪十年以后,市面渐见大小银元,种类惟老鹰,日本尚不通行。后商号倒闭,凭帖拥挤,始于光绪二十七年使行保宁官帖,以资周转。后因事收束此帖,收后又于光绪三十年行使裕民官帖,系以余利充常年教育经费。时现小洋流行市面已经数年之久,颇称便利。至民国五年,因东三省上将军段芝贵为袁氏运动帝制,三省亏空甚巨,因之现小洋异常缺乏,复由县公署谕令商家出帖,维持市面。后以出帖商号陆续倒闭,一时市面行使者惟锦县各当银元票,八大镇银元票渐亦充斥。凡大小数目,前之以吊计者,自此皆以元计。后于民国九年,北镇县广济银行倒闭,其银元票无人行使,八大镇票亦陆续收回。至民国十二年底,锦票始奉文一律收净,除有特别用途需用现大洋暨东三省一二汇兑券外,现在市面所通行者惟东三省银元票、兴业银元票暨公济平市钱号铜元票各种。

（恩麟、王恩士修，杨荫芳等纂：《兴城县志》，卷七，实业志，钱法及货币，民国十六年铅印本。）

〔清宣统元年前后，奉天新民府〕 本境贸易以东钱为本位，每吊计制钱百六十四文。银元之通用，始于近十年，铜元则近年始见。当铁轨未通之时，制钱缺乏，群以纸币为周转，名曰凭帖。新民地当冲途，其凭帖行使区域颇广，今彰武、法库、康平尚多行用，顾日久竟事架空，持凭帖不能得现钱，兑银圆则于定价而外昂其值，商民为之交困。凤和履任之始，稽其总数，不下千二百万吊，乃为之严定限制为六百万，查验资本，始许行使。

（清　管凤和纂修：《新民府志》，货币，清宣统元年铅印本。）

〔清代至民国初年，奉天绥中县〕 前清钱法制造颇繁，而奉天向无鼓铸钱制，当时各县市面通融均由商号连环担负，刷印纸币，开写钱数，号为凭帖，商民交易似较便利。其钱法以二枚为一成，以十六枚为一百文，以一百六十枚为一吊，俗称一吊钱，亦称一缗钱。自光绪末年，中外银元输入，而铜钱之制造取销。自民国初年，奉天纸币倡行，而商家之凭帖禁止，市况亦随时变迁。

（文镒修，范炳勋等纂：《绥中县志》，卷七，人事，货币，民国十八年铅印本。）

〔清代至民国十年，奉天锦县〕 奉省向无鼓铸，制钱缺乏，由当业刷印纸券，开写钱数，号为凭帖，市面通融，胥赖乎此。锦邑商帖连环担保，信用素著，东至沈阳，西至山海关，通行无阻。钱法以十六枚为一百，以一百六十枚为一千，俗呼一吊，亦曰一缗。商民交易，除外省暨大宗钱财产以银计算外，统以钱为本位。自光绪季年银币通行，市况为之一变。近则纸币充斥，制钱日少，商帖亦稀矣。

（王文藻修，陆善格纂：《锦县志略》，卷十二，实业，钱法，民国十年铅印本。）

〔清代至民国十二年，奉天安东县〕 安埠往来以制钱十六枚为东钱一百文，一百六十枚作东钱一吊。光宣之际，虽有银元，仍以东钱计算。至民国五年，改以银元为本位，始革除东钱之名称。开埠以来，皆以现宝银交易。自民国年间，有日本设立安东银行、商业银行，吸收现银，以支票辗转过账，现银乘隙运出已空，支票码银毛荒。至民国七年秋，银行无银兑现，两银行遂即搁浅。时本埠商业储蓄会成立，为之接济，将两银行之银码一百六十余万两如数抹清，皆归农业储蓄会。往来银码转账，因无现银，仍属毛荒。及至民国十二年秋，奉省令缓期取消，空额支票限至十三年秋为止。又将现银弛禁，出入流通，规银陆续进口，自此安东又变为现宝银交易。

（关定保等修,于云峰纂:《安东县志》,卷六,人事,商业,民国二十年铅印本。）

〔清代至民国十三年,奉天海城县〕 县境商家从前交易以现银为主币,铜钱为辅币,市面通行之宝银皆奉天、营口制造者,他如京宝、白宝,概不多见。每锭宝银可重五十三两四钱有奇,每日随市叫行,每两大抵以东钱十吊为率。以营造交换他项宝银,则有扣色、加色之分。外有排银,即宝银排成小块者,行使时皆须扣色,谓之去火耗。甲午善后,国家改铸银元,辅以铜币。银元分一元、五角、二角、一角、半角之五种,行使时每元作市价七吊。东钱以铜钱十六文为一百,百六十四文为一吊,曰八二钱。营口以一百六十文为一吊,曰八十钱。后改铜币,分当十、当二十之两种,以当十铜币十枚抵银元一角,若市面铜币充斥时,则以十一枚或十二枚抵一角。民国成立,纸币盛行,银元日见减少,本境通行之纸币为奉天官银号、兴业银行及奉天中、交两分行之银元票,分一元、五元、十元三种。外有奉天公济、平市钱号之铜枚票,以便找零,分五枚、十枚、三十枚、五十枚、一百枚共五种。近年奉省改变大洋,以小洋十二角作大洋一元,纸币仍分一元、五元、十元三种。

（廷瑞修,张辅相等纂:《海城县志》,卷七,人事,实业,民国十三年铅印本。）

〔清代至民国十五年,奉天新民县〕 铜钱,即汉代五铢之遗制,光绪庚子以前,各省通行无阻,奉省以二枚为一成,以三枚为二成,以五枚为三成,以六枚为四成,以八枚为五成,推至十六枚为十成,即一百文,以八十二枚为五百文,以百六十四枚为一串,俗谓一吊,钱质纯系青铜,其沙片鹅眼概不行使。迨庚子乱后,中外银元输入,而此项铜钱渐渐稀少,今则所见亦罕矣。铜元,原为银元之辅币,先是铜元十枚作小银元一角,百枚作小银元一元。今则铜元毛荒,非特不能以百枚易小银元一元,即易小银元票亦有时不能对值,盖小银元为实银,小银元票则去实就虚,不过为小银元之代价……然本年小银元票每元常值铜元百四五十枚。银元,元重库秤七钱二分,分大小两种,本省官署市廛以北洋造美国站人为大银元,其余各省铸造无论成元成角者均以小银元行使。如以小银元购买大银元,须加十分之二三;如以小银元票购买大银元,须加十分五六,此为现银元与银元票互易之现状。银元票,国币有天津中、交两行现洋票一种,与现大洋对值。本省有中、交两行大洋票,每元作小洋票一元二角,此外则一律作为小洋票行使,铜元票系奉天公济平市钱号所出,有五枚、十枚、二十枚、五十枚、百枚五种票,原与小银元票具同等价值,乃至近年铜元毛荒,铜元票亦感受蹉跎,以致与小银元票有时不能对值。

(王宝善修,张博惠纂:《新民县志》,卷四,财赋,币制,民国十五年石印本。)

〔清代至民国十七年,奉天辽阳县〕 县境交易,同光以前,以现银为本位,制钱辅之,与省城及各县同。光绪中叶,国家改铸银币,辅以铜币,而宝银、排银日少,市面流通行使辽帖,注明凭帖取钱。始犹兑换制钱以十六枚为一百,百十为吊,八十二枚为五百,足数钱。辽帖七吊兑银币一元,交易亦颇便利。乃巧黠之徒无实在资本,但发凭帖,希图罔利,遂致私帖日滥,不能兑现,至以四十吊换银一元,官家乃严行取缔,一律停使私帖,人民受此折阅,不知凡几矣。日俄战后,中外交易日繁,浸假而外来之金钞票流入境内,本国银币无形外溢,省当局为流通接济计,乃由银行号发行纸币以替代银圆,复造铜枚以找零尾,究之纸币愈多,银圆愈少,愈多愈贱,愈少愈贵,乃又发行大洋汇兑券以塞兑现之漏卮,而省外市易仍需现货之需日巨,则纸币之价格日低,积至今日十仅值一,百物腾贵,民穷财竭,甚可忧也。

(裴焕星等修,白永贞等纂:《辽阳县志》,卷二十七,实业,工商业,民国十七年铅印本。)

〔清代至民国十九年,奉天开原县〕 清同光以前,以现银为本位,制钱副之。现银以宝排松锭及整锭元宝为通行品,概用市平兑换,其价值每两现银约换制钱十千上下。现重量,省城银至开原按九九二核算,每百两掉平八钱有奇。制钱以十六文为一百,一百六十四枚为一千,流转不周,皆以市帖为代用品。光绪中叶,国家改铸银元,辅以铜币,而铜为本位之制,乃进而以银为本位。始犹以银元一元当市钱七千二百文,嗣因贪鄙商家滥发私币,兑换不能应付,人民受骗者过多,政府乃严行取缔,一律禁止通行,币制乃以元、角计算,而不论制钱矣。日俄战后,南满路运输日多,外货云集,金钞各票利权逐渐伸入,而本国银币间接流溢于外,虽有各银行发行之纸币及大洋汇兑券流行市面,而价格日低,百货腾贵,民生之穷困将何以救济之也。

(李毅修,王毓琪等纂:《开原县志》,卷九,人事,实业,工商业,钱币,民国十九年铅印本。)

〔清代至民国十九年,奉天辽中县〕 本境在前清二百余年,所有交易以现银、制钱为实币,以商号凭帖为纸币。而纸币之行使,初则市面颇感便利,厥后奸商无实在资本而希图罔利,滥发纸币,以致钱法毛荒,不受其害者殆十不二三焉。

因之商民交相垢病。至光绪三十年后，国家始改铸银元，辅以铜币。银元有五角、二角、壹角、半角之别。铜币分当十、当二十之两种，以当十铜币十枚抵银元一角，后以铜币充斥，市价递次跌落。民国而后，纸币盛行，各县商号不准私出纸币，纯由省城官银号出使银元票，分一元、五元、十元三种，旋又由公济平市钱号出使铜枚票，以便找零，则分五枚、十枚、五十枚、六十枚、一百枚五种。嗣又奉令改变大洋，以小洋十二角为一元。近年更以钱法毛荒，复有现洋券之发行，分一元、五元、十元及零角数种，此币制前后沿革之大概情形也。

（徐维淮修，李植嘉等纂：《辽中县志》，卷二十六，实业志，商业，币制，民国十九年铅印本。）

〔清代至民国二十年，奉天安东县〕 县境水陆交易，商贾辐辏，光绪甲午以前，各项交易除大宗用银两外，皆使制钱。每制钱十元文作为一百，名曰东钱。嗣以实钱甚少，铺商交易概使钱飞，一名飞子，辗转易换，名曰抹兑，换取实钱，折扣甚巨，农民苦累，商贩寒心，市廛因以萧条。光绪十六年，知县盛昌华变通钱法，酌中定章，凡铺商开使钱飞数在十吊以内并十吊至五十吊，各付现钱一吊；五十吊至一百吊，付现钱二吊；一百吊至二百吊，付现钱三吊；二百吊至一千吊，付现钱四吊。在铺商不致支绌，商民得以零用，商民称便。……甲午以后，银币渐兴，铺商大宗交易则以宝银，普通交易，银币与制钱通用。甲辰以还，开埠通商，市面流通，宝银与银币渐多，制钱渐少。至铜币出，而制钱始绝。民国以来，官银分号、中国银行、实业银行、其他中外银行及储蓄会各金融机关相继设立，货币之额益增，货币之类愈众，除海关征税及商家买卖大宗货物则用现银，购买东洋货物及乘日本火车则用金票，邮务局、电报局则用现大洋外，普通商民交易则以现小洋为本位。

（关定保等修，于云峰纂：《安东县志》，卷四，货币，民国二十年铅印本。）

〔清代至民国二十二年，奉天北镇县〕 县境商民从前交易以现银为主币，以铜钱为辅币。铜钱以一百六十文为一吊。清光绪甲午年，国家改铸银元，辅以铜元，银元分一元、五角、二角、一角、半角五种，每元作铜钱六吊。铜币分当十、当二十两种，以当十铜币十枚抵银元一角。民国成立，纸币盛行，银元日见减少。本境通行纸币为奉天官银号，奉天中、交两分行之银票，及奉天公济平市钱号之铜枚票。近来奉省发行大洋纸币，以小洋十二角为一元，汇兑各省，商民称便。

（王文璞修，吕中清等纂：《北镇县志》，卷五，人事，实业，商务，民国二十二年石印本。）

〔清朝末年至民国年间，奉天庄河县〕　邑境币制，清末原以银两为本位，以铜制钱为辅币，俗呼铜钱（分当一、当五、当十文各种）。农商民户率多滥发私票（分海票、屯票二种），又呼海飞、屯飞，以资流通。额面始以吊文计，继以元角计。民国鼎立，禁绝私票，普通行使纸币即交通银行、边业银行、公济平市钱号以及中国银行、东三省官银号所发行之奉大洋等钞。

（王佐才等修，杨维𬊈等纂：《庄河县志》，卷九，实业志，商业，民国二十三年铅印本。）

〔清光绪二十年以前至民国二十三年前后，吉林〕　本省金融现象，可分为中、日、俄三大势力观察，而就三大势之消长倾压，又可分为五期述之。第一期为中国金融势独占时期，即中日战争（光绪二十年）以前。是期本省土地开辟未广，人烟出产均稀，金融界只内仰少数土产，外赖中国国库大宗济款，本省几无金融机关，然无外力参与，情形简单，中国当局尚有左右逢源之可能。第二期为俄势侵入时期，自中日战后，至日俄战争（光绪三十年）。此期中国金融紊乱，势力薄弱。俄币随其政治势力乘机侵入，深得一般社会之信用。我以农林矿畜及劳力等实物，彼以深得人民信用之纸币（俗称羌帖），西伯利亚大铁路以之得营养，中东铁路以之而修成。一时我邦人士均乐用羌帖而远本省之官帖。第三期为中日俄三种货币并用时期，自日俄战至俄国革命（一九一七年）。此期日既胜俄，其金票钞票遂伴其工商业以俱来，其势力虽不及羌帖，已隐具相当信用。第四期为中日两种货币并用时期，自欧战起后，至满洲事变（民国二十年）。斯期俄国政乱，羌帖势力随其商品之萧条而消灭。金票之信用乃大发展，比及事变前数年，吉省交易市场虽流通本省之哈大洋票、永衡官帖、永衡大洋票，而大宗交易及金融波潮，已隐以金票、钞票为依傍。盖全省之对外贸易，既与日本成最密切之发展，同时中国货币信用又复日形薄弱，日币信用之膨胀，自为当然之事。第五期为满洲国成立以后，满日协和时期。此时期中国经济势力无由越俎，苏俄经济势力亦且不绝如缕，惟日本以特殊关系与满洲成精神上之协和状态。故除通行全满洲之满洲国币外，惟金票信用尚能随其移民之所至而遍布于满洲，更通行于本省。再总括观之，本省金融基础完全建设在农产方面，农产丰而销路畅且贵，则金融顿活跃，否则顿疲弊。故欧战终了，满洲农物一时畅销于世界市场，满洲金融界亦陡呈活动富厚之象。近五六年来，因金价不稳及各国需要满洲农产品数量之减少，满洲金融界遂有否塞之象，凡此本省均同其情状。

（刘爽编：《吉林新志》，下编，人文之部，第九章，金融，第一节，概况，民国二十三年铅印本。）

〔民国三年前后,吉林延吉县〕 币制通用除本省永衡官帖外,并日帖、羌帖。

(吴禄贞修,周维桢纂:《延吉县志》,卷六,实业,商业,一九六〇年据民国三年抄本油印本。)

〔民国十六年,吉林抚松县〕 币制(根据十六年调查):铜元,有单、双两种,为省内外所通行,惟兑换之价涨落不一,每十枚兑小洋一角,每百枚兑小洋一元。现洋,市面亦不多见,欲行兑换,颇为困难,价值亦无一定。奉票,系东三省官银号所发行之汇兑券,为市面所流通者,每六十元始能兑换现洋一元,市面通行均以奉票为主币。吉帖,抚松与吉林省接壤,在数年前市面通行者以吉帖为多。吉帖者,即吉林永衡官银号所发行之凭帖也。年来地面兴盛,省币输入日多,吉帖之数锐减,且以省币兑吉帖其价值涨落不定,商家恐受亏赔,故对于吉帖皆随时推行,无存储者。

(张元俊修,车焕文等纂:《抚松县志》,卷四,人事,商业,民国十九年铅印本。)

〔民国十六年前后,吉林辉南县〕 辉境货币除省币纸币、铜币二种外,别无他种。纸币分大洋、小洋二种,大洋一元当小洋十二角,小洋一元当洋十角。又有铜枚纸币一元当铜币百枚,一角当铜币十枚,通行以东三省官银号及中国银行公济平号所发行最多,此地方货币之大概也。

(白纯义修,于凤桐纂:《辉南县志》,卷二,政治,财政,货币,民国十六年铅印本。)

〔民国十七年,吉林安图县〕 币制(民国十七年调查):铜元有单、双两种,今由钱法毛荒,铜元缺乏,市面通行率以二枚作小洋票一角使用,二十枚作小洋票一元使用。银元票,本城商农交易所通行者惟有三省官银号及中、交两行大洋票,每元作小洋票一元二角。若现大洋,时或有之,亦不多见。铜元票,系奉天公济平市钱号所出,有五枚、十枚、二十枚、五十枚、百枚五种,现时与小洋票价值相同。官帖,系吉林永衡官银号所出,本县与吉属之延吉、敦化两县接壤,商家贩运货物,恒于该处购之,故商贾交易多用官帖,每官帖一吊作小洋票一角四分,十吊作小洋一元四角,每百吊作小洋票十四元行使。金票,系朝鲜银行所出,县境与日韩隔江为邻,对于交际往来亦多用之,惟其价最昂,金票一元能换小洋票二十七八元之多,况又涨落不定,故对于金票皆随时推行,无存储者。

(陈国钧修,刘钰堂、孔广泉纂:《安图县志》,卷三,政治志,币制,民国十八年铅印本。)

〔北宋、辽至民国二十二年,黑龙江〕 黑龙江省夙称朔漠荒国……宋辽以降,始具钱币。清初皆用银宝、制钱,迨后私帖滥行,外币充斥,钱法乃益紊乱。民国以来,则有纸币,而少现金,种类多,而值不一。……今兹无论官帖即银元券,亦仅侷促一隅,未能通行他省。钞法之坏,何异于斯。或谓日俄皆恃行钞以致富强,不知以钞辅银,以银辅钞,正相辅而行,故行钞不难,贵有基本金之准备。成本若少,钞票若多,则强轻为重,强虚为实。

(万福麟修,张伯英纂:《黑龙江志稿》,卷二十一,财赋志,钱币,民国二十二年铅印本。)

〔辽代至民国十四年,黑龙江〕 黑龙江省自辽始造纸币,金初用辽宋旧钱,是为钱法所自始。……清初,皆用银宝及制钱,及后私帖行,外币入,而钱法乃日益坏。今有现金、纸帖、中币、外币,种类至多,价值各异,其紊乱不可胜言。兹将各项各类略述于后:一现银、帖银,现银日少,帖银即商号旧出银帖,今不用。一大小银元,银元少,交易皆以票计。一大小银元票,黑龙江官银号、广信公司均发小银元票。一铜元、铜元票,铜元少,票至多,官银号、广信公司均发。一制钱、江钱,制钱今已无,江钱亦仅有空名,江省合算银钱市价皆以江钱为本位。一官帖,黑龙江官银号、广信公司所发钱帖,皆称官帖。一屯帖,即私帖,各城镇屯商家所发,皆称屯帖。一羌帖,亦曰俄帖,旧用甚广,今已废。一金票、银票,皆日本银行发。

(金梁纂:《黑龙江通志纲要》,财政志,钱法,民国十四年铅印本。)

〔辽代至民国十七年,黑龙江桦川县〕 桦川前代自辽始铸钱,其耕地所得太平钱即此。金初,用辽宋旧钱,史称至天会末,虽刘豫所铸,亦用之,其钱法紊乱可知。……清代用银、铜二者,银之单位曰两,铜之原单位曰文。自外币流入,仍仿其制始铸银元,与生银、制钱、外币杂行。民国三年二月,政府颁布国币条例,乃定银为本位,名主币,曰元,而以镍、铜二种辅之,即今所谓新币也。桦川初用纸币,现改吉帖,仍以新币为主位。

(郑士纯等修,朱衣点等纂:《桦川县志》,卷五,货币,民国十七年铅印本。)

〔清乾隆初年至民国四年,黑龙江呼兰〕 银锭,大者重五十三两,小者五两,凡二种。银饼,重五两,凡一种。银元,各省铸者俱有之,吉林银元价较昂。铜元,奉省、吉省铸者居多数,当十铜元每枚作江钱三十二三文。广信公司钱票有一吊、二吊、三吊、五吊、十吊、五十吊、一百吊,凡八种,俱江钱,每吊合制三百三十三文,土人名曰官帖,官府输纳、商民交易俱用之,为本府通行之纸币。官银号银票有一元、五元数种,官府输纳、商民交易亦间用之。田赋、税捐俱以江钱为率,民间习以为常,故银票通行不及广信公司出入数目之巨。外国银元有日洋、俄洋、鹰洋、站人洋,凡四种。站洋较多,日洋次之,鹰洋又次之,俄洋最少,其价最高。外国银币以俄币卢布为通行之品,土人名曰羌帖,恒宝贵之。宣统元年市价,中国银币每元合江钱三吊六百,羌帖每元合江钱五吊一百三十。职方氏曰,呼兰本用银之国。银,贵重物,难于剖析,制钱既缺乏,不能不辅之以纸帖,藉为交易之媒介。故自乾隆初元迄于光绪中叶,皆为商帖称雄时代。维时,烧锅有帖,当铺有帖,小本商户以往往有帖,帖皆用钱,亦谓之花帖。商帖愈多,银价愈涨,初时每两值商帖三吊数百文,最后涨至十余吊。光绪二十八年,副都统果权患之,乃饬令毁销钱帖而改用银帖,其已出之钱帖,年限近者作为六七折,年限久者分别递减,最少者三四折。于是数百万、数十万江钱基本金之商铺咸受巨亏,烧锅、当铺同时歇业,其存者不过十之一二,自是商帖扫地,无价值之可言矣。逾二年,程将军德全创设广信公司,由官股、商股集合而成,其总公司设于省城,呼兰、巴彦俱设分司。公司既出钱帖,而商家新旧帖具限次第收回,谋收币制统一之效。故近十年又为公司官帖称雄时代。惟官帖虽公私通行,而公司基本金至为薄弱,储纸币者不能与现钱相概论,故恒受俄币之倾乳,帖以俄币易银,其涨落不过百数十钱,而公司官帖增加之率或至三分之一二,又逾时或倍之矣。揆其原因,一则纸币过多,现金过少,不合币制之原则;一则域于省界,匪特外人不之收受,即奉天、吉林同隶一总督之下,亦复秦越相视。币制为内政大端,操之自下,则僭上;操之外人,则几于不国矣噫。

(黄维翰纂修:《呼兰府志》,卷三,财赋略,钱币,民国四年铅印本。)

〔**清乾隆初年至民国二十二年,黑龙江呼兰县**〕 清乾隆初元迄于光绪中叶,呼兰皆为商帖称雄时代,商帖愈多,银价愈涨。咸同之际,呼兰荒地押租,银与京钱并收(同治元年,银价每两合三吊数百文)。光绪年间,完纳租赋通用银两及京钱、制钱(光绪初年,银每两浙江钱二千,二十五年每两合三吊三百四十余文)。二十八年,副都统果权饬令销毁商户钱帖,改用银帖(据十五年调查所称,其时准各商出小洋帖),其已出之钱帖,年限近者作为六七折,年久者分别递减,最少者三四折,于是数百万、数十万江钱基本金之商铺咸受巨亏,烧锅、当铺同时歇业,存者不过十之一二。三十一年九月,呼兰设广信分公司。公司既出钱帖,而商家新旧帖俱限次第收回,谋收币制统一之效。公司钱票有七种(一吊、二吊、三吊、五吊、十吊、五十吊、一百吊),江钱每吊合制钱三百三十三文,土人名曰官帖,官府输纳,商民交易皆用之,为本境通行之纸币。故自此以后,又为官帖称雄时代。

(万福麟修,张伯英纂:《黑龙江志稿》,卷二十一,财赋志,钱币,呼兰县,民国二十二年铅印本。)

〔清嘉庆十五年前后,黑龙江〕 土人用钱五百当千,此京钱也。除陌之法,一千六文,五百三文,与京师稍异。至交易,独米谷银一两折钱一千七百文,他货不然。

(清 西清纂:《黑龙江外纪》,卷五,清嘉庆十五年修,清光绪间刻本。)

〔清光绪三十一年至民国十七年,黑龙江木兰县〕 清光绪三十一年,木兰荒地交价,银钱兼收,境内通用钱币惟广信公司钱帖,余如现洋、券洋,仅有零星兑换,作旅行之用(民国初年调查)。木兰由光绪三十一年设治以迄于今,均以江钱为本位,各种大小银币、钱帖及俄币均流通于市,大小以哈尔滨为标准。欧战发生,俄币低落,商民损失颇巨(民国十七年调查)。

(万福麟修,张伯英纂:《黑龙江志稿》,卷二十一,财赋志,钱币,木兰县,民国二十二年铅印本。)

〔清代至民国十九年,黑龙江呼兰县〕 呼兰钱法向以宝银制钱为本位,各省所铸银元辅之。嗣因制钱缺乏,找零不便,在乾隆初元迄光绪中叶,城乡烧、当以及小本商号皆出有钱帖,以为辅币。其初尚有信用,日后商帖愈多,银价愈涨。光绪二十八年,副都统果权乃令毁销钱帖,改用银帖,仍复不能维持。至三十年,程将军德全在省创设广信公司官银号,出有官帖暨铜枚、银元等票,凡输纳赋税、商民交易俱适用之,限令商家次第收回新旧帖,谋收币制统一之效。尔时钱法为之一振,惟以公司银号基本金至为薄弱,储纸币者不与现钱相概论,官帖固无论矣,即前官银号之银元票与广信公司现出之大洋票,较诸昔之羌帖、今之金票,相差亦复甚巨。况公司所出官帖尤漫无限制,大有江河日下之势。

(廖飞鹏修,柯寅纂:《呼兰县志》,卷三,财政志,钱法,民国十九年铅印本。)

〔清代至民国二十五年,黑龙江安达县〕 安达僻处边陲,钱法一项向随时势为变迁,初则通用现银及铜钱,继则通用银元与铜枚。自前清末叶,黑龙江省广信公司发行钱币票通行全省,本县商民亦即以此项钱票为本位,最初每银一两仅换公司纸票三四吊。民国三、四年间,每银一两不过兑公司纸票十五六吊,银元一元则兑十吊左右。至民国八、九年间,每银一两尚易纸票七八十吊。自是厥后,愈趋愈下。十四、五年间,现银一两可换纸票三四百吊。十八、九年间,现银一两可易纸票二千余吊,银元一元则易一千七八百吊,币制毛荒达于极点,商民交困,行将破产。省当局为安定社会人心计,乃设法整顿,旋将广信公司改为黑龙江省官银号,规定法价每一千二百吊兑江大洋一元,不准稍有增加,以冀挽救于万一。但自公司纸币毛荒以来,广信不信,商民均对之怀疑,转以银元票视为无上之币制。哈尔滨所发行者名曰哈大洋,尤为宝贵,然而中、交两行以及东三省银行所出之洋票殊不多见,满市流行者仍为广信公司之大洋票焉。满洲建国后,将奉、吉、黑、热各省旧有银行悉收归中央经理,改名曰满洲中央银行,总行设于新京,各省县则设分行、支行,以便商民之汇兑,并将旧日各省滥自发行之纸币按原定法价限期一律收回,换以中央银行新行之国币。

(高芝秀修,潘鸿咸纂:《安达县志》,卷五,财赋志,币制,民国二十五年铅印本。)

〔清朝末年,黑龙江〕 江省银元以东三省造、吉林造为主,各省银元次之。铜元用奉省,纸币有官银号、广信公司及俄之羌帖。

(林传甲纂:《黑龙江乡土志》,格致,第七十七课,银元纸币,民国二年铅印本。)

〔清朝末年至民国二十年,黑龙江讷河县〕 讷河僻处边陲,向以本省广信公司帖票为本位,自前清末季即行沿用,几成为宝贵无二之币制。然初行之际,每银一两可易公司帖票数吊。即民国八、九年间,每银一两尚易帖票七八十吊。迨民国十四、五年后,竟愈趋愈下,遂演成今日钱币之现相,每银一两易公司帖票二千吊有奇,每银元一元易帖票一千六七百吊,币制之坏达于极点。省当局鉴于商民所受损失行将破产,乃设法整顿,将广信公司改作官银号,每银元一元定价一千二百吊,稍得挽救于万一。果能继此日加整理,商民或可稍苏,企予望之矣。但自帖票毛荒以来,商民对之多不信用,转以银元纸票视为无二之钱币,以故银元纸币遂充斥街市,所谓哈大洋是也。惟东三省银行、交通银行等所出之票洋则不数见,仍以前广信公司发行之票洋居多焉。

(崔福坤修,丛绍卿纂:《讷河县志》,卷五,财赋志,币制,民国二十年铅印本。)

〔民国初年,黑龙江瑷辉县〕 金砂,论足色为准,每一若勒尼克(即一钱一分八厘)昔年值羌帖四元七八,现在值羌帖八十余元。中国、交通两银行银元,每元重银七钱二分,现名之曰大洋,每元可易羌帖四十余元。广信公司钱票有一吊、二吊、三吊、五吊、十吊、五十吊、一百吊凡七种,俱江钱,有名而无实,土人名曰官帖。瑷辉虽有,无多,皆以羌帖为周行,于是羌帖每吊可易银六七钱。于民国四年间,俄德启衅,欧洲各国战开,羌帖渐荒,初尚九折,嗣落至七扣、五扣,继而中国大洋每元易羌帖五六元不等,嗣至十元左右。民国七年,欧战将终,大洋每元竟易羌帖二十余元。迨自和议结成,俄国内乱复起,新旧两党争持不下,以致民国八年,金融奇荒达于极点,俄国竟发出西毕尔克大羌帖二百五十元、一千元、五千元、一万元者四种。初以老羌帖兑换,可以九折,嗣落至七扣、五扣,而后竟以二几扣。该国复又发出黄条子,每一条纸竟开兑换羌帖几千几万元。初换大羌帖,尚在四五扣,嗣竟落至一几扣,所以大洋一元竟已涨至易老羌帖四十六元。地方商民无不受其影响,十分苦累。……官银号小洋银票,有一元、五元、十元数种,名谓小洋。十二角可易大洋一元,究实若买大洋一元,非需小洋四元不可,大洋则值羌帖四十六元,而小洋一元仅换羌帖七八吊,则小洋之荒已可概见,而且该号买卖日有规数,逾额不收,逾时闭户,人民受制殊非浅鲜。

（孙蓉图修,徐希廉纂:《瑷辉县志》,卷三,财赋志,钱币,民国九年铅印本。）

〔民国初年至十五年,黑龙江依安县〕 依安县设治伊始,未有广信公司官银分号,历年流通货币只有广信公司钱帖,他种钱币均不多见。商民汇兑均往拜泉县交由广信公司官银分号办理（民国十五年调查）。

（万福麟修,张伯英纂:《黑龙江志稿》,卷二十一,财赋志,钱币,依安县,民国二十二年铅印本。）

〔民国初年至十六年,黑龙江林甸县〕 林甸县,民国初年,民间通常使用以江市钱为本位,至银元、钞票、羌帖等项,间有用者。市中无价,一听省中价格为涨落之标准（《林甸县志》）。境内无银元、钱庄,汇兑不通,若有汇款,须赴省城或哈尔滨办理（民国八年林甸县经济调查报告）。民国十四年,行使四厘债券,每元定江钱一百二十吊。近年汽车通行,交通便利,广信公司大洋票及各种哈大洋票均通行于市上,改以大洋为本位,行市涨落仍听省市,每元兑江钱自二百三四十吊至二百六七十吊不等。十四年,设有中大分银行一所,为县城唯一之金融机关,以省城总号通汇之处均可汇兑,普通少数之款仍由邮局汇寄（民国十六年调查）。

（万福麟修,张伯英纂:《黑龙江志稿》,卷二十一,财赋志,钱币,林甸县,民国二十二年铅印本。）

〔民国初年至十七年,黑龙江肇东县〕 县境货币流通以广信公司钱帖及官银号小银元票为大宗,铜元票、俄币次之,现铜元亦有使用者。远行多兑换中、交两行银元票及俄币,其行情以哈尔滨为准。现下无银钱行号,故无汇兑处所（民国八年经济调查报告）。肇东自设治以来,商市流通以广信钱帖为最普通,羌帖亦互相流用,最盛时代竟以羌帖为本位,每羌帖合市钱四五吊。欧战发生,信用衰落,民国七年几同废纸,改用大洋为本位(民国十七年调查)。

(万福麟修,张伯英纂:《黑龙江志稿》,卷二十一,财赋志,钱币,肇东县,民国二十二年铅印本。)

〔民国元年至十六年,黑龙江泰来县〕 县境货币流通以广信公司钱帖及官银号小洋票为大宗,铜枚票次之,俄币亦有用者。远行多兑换中、交银元票,其行情以省城商务总会电报为准。现无银行营业,汇兑困难(民国八年泰来县经济调查报告)。泰来于民国元年设治,相沿流通江钱、江小洋、羌帖三种,江钱为本位。欧战后,羌帖大跌,商民损失甚巨。八年,官银号归并广信公司,收回江小洋,发行汇兑券。十四年,建筑洮昂铁路,奉界垦户来泰购荒者络绎不绝,奉票亦随之输入,行市涨落以奉属洮南商会电报为准,至今尚无变革也。商户汇兑均托洮南官银号或省城广信公司汇转(民国十六年调查)。

(万福麟修,张伯英纂:《黑龙江志稿》,卷二十一,财赋志,钱币,泰来县,民国二十二年铅印本。)

〔民国二年至十六年,黑龙江通北县〕 通北县,民国八年经济调查报告,县境流通货币以本省广信公司官帖为本位,银钱行号尚未设立,凡汇兑款项均往海伦县银行钱号办理。又商业调查报告,本县僻处偏隅,现金缺乏,商民交易异常困难(黑龙江实业公报)。本县自设治(民国二年)迄今,除官帖外并无其他币券行使,银钱行号亦未设立,商民汇兑均往邻县(民国十六年调查)。

(万福麟修,张伯英纂:《黑龙江志稿》,卷二十一,财赋志,钱币,通北县,民国二十二年铅印本。)

〔民国四年至十四年,黑龙江绥棱县〕 民国八年,绥棱县经济调查报告,全县货币仅有广信公司及官银号纸币,向无银行,信用事项由殷实商号代办,并无汇兑。又商业调查报告,商业萧条,金融非常吃紧(黑龙江实业公报)。查自设治(民国四年)以后,流通银币、纸币计有官帖、银元票、铜枚票、现银、铜元、银元六种。其初行用羌帖,仅商户赴哈埠办货兑换,农民尚少行使。迨至俄国政变,由衰落而销灭,各商损失约六万八千余元。币制钱法均以江钱为本位,以至十四年尚无变革。惟地居偏僻,交通未便,迄无分公司分银号之设立(民国十五年调查)。

(万福麟修,张伯英纂:《黑龙江志稿》,卷二十一,财赋志,钱币,绥棱县,民国二十二年铅印本。)

〔民国八年以前至民国十八年，黑龙江珠河县〕　珠河地近哈埠，交通极便，民国八年以前，以俄帖为本位，即羌帖之称为卢布者。吉林永衡官帖以吊为本位（一吊即制钱五百文，号中钱一吊，官钱以千文为一吊），商民行使，专供纳税完租之用。其商民交易贷汇款项纯用俄帖，吉林官帖几成为一种辅币，盖因东铁路权操之俄人也。民国八年，俄帖荒毛，停止行使，中东路权归我国管辖，中、交两银行国币遂通行使用。今日流通市面，纯以哈洋为本位，铜元作为辅币，惟征收租税仍沿用吉林官帖，临时遵照财政厅法价折合现洋。至永衡大洋价格，比较哈洋亦时有涨落，此珠河市面之通用币制也。

（孙荃芳修，宋景文纂：《珠河县志》，卷十一，实业志，钱币，民国十八年铅印本。）

〔民国八年至十五年，黑龙江讷河县〕　县境流通货币以广信公司钱帖为本位，官银号小洋票及羌帖亦通用，并无银钱行号，只有邮局经理少数汇款（民国八年经济调查报告）。官银号小洋票、铜元票，羌帖，均按广信公司官帖作价流通（黑龙江实业公报）。讷河县荒莽初辟，历年流通钱币均系官帖、羌帖，其行用均听省城行情。民国十三年十月，设立广信公司，仅在本省各县汇兑官帖（民国十五年调查）。

（万福麟修，张伯英纂：《黑龙江志稿》，卷二十一，财赋志，钱币，讷河县，民国二十二年铅印本。）

〔民国八年至二十二年，黑龙江龙江县〕　民国八年，龙江县经济调查报告，货币流通以官银号小银元票及广信公司钱帖并铜枚币为大宗，中国银行票、奉票及羌帖亦均通融，惟小洋纸币过于毛荒，计三四元方能兑现大洋一元。又商业调查报告，县境经济地位以广信公司及官银号为本位，中国银行不过司汇兑而已（黑龙江实业公报）。广信公司在省城大街路东，系前清光绪三十三年十一月设立。官银号在省城官银号胡同，系前清光绪三十四年四月设立（黑龙江省第二次统计报告按）。按：黑龙江省城中国银行设于民国三年，民国五年又于省城南街设交通支行一处，归哈尔滨分行管辖，所出钞票有一元、五元、十元、五十元、百元五种，并有五分、一角、二角、五角四种辅币。

（万福麟修，张伯英纂：《黑龙江志稿》，卷二十一，财赋志，钱币，龙江县，民国二十二年铅印本。）

〔民国八年至二十二年，黑龙江拜泉县〕　拜泉县市面行使以广信公司钱帖为最久，次则官银号银元票，以江大洋为本位，以一元二角作江大洋一元。又广信公司大汇兑券,民国九年发行,每元约值江钱五十吊;小汇兑券,民国十年发行,以江大洋为本位,以十二角合大汇兑券一元,每元约值江钱四十吊。自发行大洋票后,大小汇兑券均渐稀少。广信公司大洋纸币,民国十年发行,常见者为黑河、哈尔滨两种,价格与中、交两行银元券相等,每元约合江钱二百四十吊。广信公司四厘债券,民国十四年发行,每元定江钱一百二十吊。余如哈尔滨中、交行银元票、东三省银行大洋票,均自羌帖衰落后始盛行于市,均以大洋为本位,价格亦均相等。……民国八年经济调查报告,境内市面流通有广信公司钱帖、官银分号小洋票,皆以洋票为本位,至兑换羌帖及中、交票,奉票,均以哈埠行情为率。官银号办理汇兑,远至奉天、吉林,近则哈埠省城及各县,每百元汇费三元,钱每千吊汇费五十吊,颇获厚利。

(万福麟修,张伯英纂:《黑龙江志稿》,卷二十一,财赋志,钱币,拜泉县,民国二十二年铅印本。)

〔民国十五年前后,黑龙江双城县〕 双城为吉林省外县之一,地近哈埠,交通最称便利,则市廛中向之以银两为本位,而铜钱辅之,至今亦屡次变迁也。彼时现银充斥,铜钱最多,贸易流通,商民交称便利。今则银根奇紧,铜钱亦因而缺乏,复又改铸银元,以便流通市面,调剂钱法,以补现银、铜钱之不足。嗣后银元、铜钱日见短少,于是吉林议立官帖局,刷印官帖,以补助之,而永衡官帖盛行于各县。然法久弊生,流弊滋甚。近又议定发行各种银元票,挽救官帖之流弊。而银元票又有大洋、小洋之别,大票有十元、五元、一元,小票有五十元、十元、五元、一元、五角、二角不等,所有完纳租赋征收税率一律通用,法至良意至善也。惟是官帖愈多,而现银、铜钱日见其少;大小银元票愈多,而银币、铜钱遂寥若晨星,于是羌帖、日票由哈埠灌输吉省以及各县者,其数何可以亿兆计。行使愈多,流通愈广,而市廛商工无论矣,甚至乡僻耕夫樵子其于羌帖、日票一得之,如获拱璧,视为至宝,较之我国银币,行使转不如彼之通畅无阻。彼之利薮,我之漏卮也。羌帖、日票日愈尊贵,而我货物日愈腾涨;官帖、银元票日愈毛荒,而吉省钱法亦因之而愈滞矣。

(高文垣等修,张肃铭等纂:《双城县志》,卷九,实业志,钱法,民国十五年铅印本。)

〔民国十五年前后,黑龙江雅鲁县〕 雅鲁县甫经设治,地当铁路沿线,向以现洋为本位,并行使官帖,尚无广信公司官银分号及其他金融机关(民国十五年调查)。

(万福麟修,张伯英纂:《黑龙江志稿》,卷二十一,财赋志,钱币,雅鲁县,民国二十二年铅印本。)

〔民国二十二年前后，黑龙江〕 银锭，大者重五十三两，小者五两，凡二种。银饼，重五两，凡一种。近年通用银元，重七钱二分。土人用钱，五百当千，此京钱也。除陌之法，一千六文，五百三文，与京师稍异。至交易，独米价若干折钱若干，他货则否。

（万福麟修，张伯英纂：《黑龙江志稿》，卷六，地理志，风俗，民国二十二年铅印本。）

〔清康熙年间至光绪末年，陕西〕 钱币莫善于有清康雍之际，云、贵、湖南各省岁解铜、铅有盈无绌，钱质精美，轮廓分明。昔人所谓不惜铜不爱工者，始成事实。雍正时，立限一品之家许用铜器，民间除红、白铜并黄铜之乐器、天平法码及五斤以下铜镜不禁，其余概不许黄铜制造，何其综理密微也。嘉道以后，银贵钱贱，侍郎黄爵滋推本于鸦片之漏卮，其言绝痛。迨五口通商，东西洋瑰货日至，银钱外溢，巧历难计。东南各行省民力竭矣。陕西僻处西陲，受害稍迟，六十年前，民间贯朽之风尚有所闻，然至道光二十三年，陕抚奏请减卯鼓铸，则宝陕局已不免财瘅力痛矣。当事者犹不为开源节流之计斤斤焉，铸大钱，造铁钱，发官票，苟且补苴，盖至是制钱已不能鼓铸，公家之票既日出日多，私家之票亦渐推渐广，奸商乘时射利，公然买空卖空，名曰做乾盘，其间一败涂地者不知凡几。极而至于菜佣酱媪发匠狗屠均得发行钱票，换人实银，一旦齐集取钱，则东伙逃逸，铺门封闭，贫穷孤寡至有手持空票奔号终日不名一钱者。而廛里骚然矣。物穷则返本。光绪二十年后，商民相戒不用钱票，交易一以银为准。无如芦汉铁路告成，东南风气陡输西北，朝廷参酌中西，饬铸小银元、当十铜元，北洋、湖北各省靡然从风，陕西不乘其时自铸银币，而公私愈困矣。

（杨虎城、邵力子修，吴廷锡等纂：《续修陕西通志稿》，卷六十三，钱币，民国二十三年铅印本。）

〔清朝初年至宣统年间，陕西大荔县〕 荔境回乱之先，闾阎富庶，街市流通，银每两易钱多则一千二三百，少则一千有奇。然价之涨落，率视泾原为标准，以该处地当秦陇商货孔道，富商大贾皆屯聚于泾原一带，荔邑钱庄生理多随之为升降。考清初至末，造钱法凡屡变，而此间市价亦随大局而转。顺、康、雍、乾日臻鼎盛，讲求圜法，其时云南铜矿高良，所铸钱轮廓洪大，较胜前明。乾隆时，以五铢为中制，所铸铜质尤精，式缩而厚，世俗美之，曰白皮钱。闻长者言，钱价多年未盛低昂，大约纹银一两多易钱一百有奇，元银一两少易钱一百有奇。咸丰时，洪劫扰乱，南数省已非国家所有，铜无所出，不能多铸，钱不敷用，遂另铸铁钱以补铜钱之缺,每铜钱一千加铁钱二百文,有补助之名,无补助之实。同治初犹然,其后铜铁搀杂,商民厌其增累无益,于是众集会议,禀请地方官将铁钱全数裁撤,概不准用,每银一两仍易钱一千二三百文,减轻扰累。光绪初,涨至一千五六百〔文〕,高止七八百文。十八年,小钱之风起,而银价愈涨,家道殷实者因后来钱劣,多埋藏大钱,不轻使用。闻洛川等县富室有积钱数窑者,由小钱通行,而人之惜大钱益甚也。开设铜市者又以大钱铜高,往往于夜静时私行销毁,改造器物,钱根愈绌,沙苑迤南各处,小钱后愈畅行,大钱竟至绝迹。推原其故,皆自豫省携来奸商利用之,遂成市风,每千重量仅十余两,一人可携带数十千,手重握则立破,俗名毛钱,亦曰沙钱、曰渣子钱。时银价涨至三千有零。二十四年,上宪出示严禁,市井已成习惯,余风未息。二十六年,帝驾西狩,一律禁止,制钱复见,银每两易钱复至一千六七百。三十年后,跌至一千二百。此时纸币、银洋日趋简易,银价遂至清终未改。……纸币,自同治、光绪间钱法坏后,钱根日绌,商市沿券引交子法渐用纸币,以无用为有用。初行颇便营业,然一种贪人不量自己资本,出数过多,一旦折阅,闭门潜遁,持纸者无从问津,存储赔累,纸币遂为险物。小钱一禁,纸币只抵钱数百,甚至抵钱二百,茅檐蔀屋,抱楮悲痛,然此犹民间事。光绪、宣统间,帑藏空虚,息借民间,由各省藩司发给龙票。

(聂雨润修,李泰纂:《大荔县新志存稿》,卷四,土地志,钱法,民国二十六年铅印本。)

〔清朝初年至民国十七年,陕西华阴县〕 自清初迄嘉庆、道光间,一律均用制钱。咸丰间,军事迭兴,制钱日少,每钱一千搭用铁钱二百,名曰二八钱。行之十年,人以铁之贱而赘也去之,仅以铜钱八百袭一千之名,俗谓毛钱。同治改元,各商通用票钱,票一千亦如毛钱之数,名为便于携带,实以济其不足。初犹信用,久则弊生,虽钤其记曰一千准用铜钱八百,乃行之久而以虚为盈矣,行之又久而以假乱真矣。甚至商号倒闭,尽成废纸。积习相沿,其弊至光绪二十年而更极。此后沙钱搀用,弊不胜言。二十四年,知县刘瑞麟严禁,钱法日有起色。至清季,复通用制钱矣。民国成立,改用银元、铜元,每银元一枚重七钱二分,铜元一枚当制钱十文,市面交易,流通无阻,而制钱亦并行不悖。十年后,制钱日少,又添大铜元,每枚当制钱二十文及五十文、百文之类。十三年,发行纸币,每张抵银元一枚及五元、十元之类,其名有富秦、西北、陕西银行等号,而制钱断绝矣。十七年,又有铜元钱票,每张抵铜元十枚、二十枚、五十枚及百枚不等。

(米登岳修,张崇善等纂:《华阴县续志》,卷三,田赋志,钱币,民国二十一年铅印本。)

〔清代至民国十五年，陕西澄城县〕 货币：一、现币。前清交易用纹银、制钱，民国后改用银洋，纹银不复见于市面矣。铜币一枚，原定值制钱十文，近则值十五文。南乡一带，一切交易向以银计算，中、北两部皆以钱计算，近来银根紧急，合头日涨（民国五年，银洋一元合铜元一百二十枚，合制钱一千二百余文，现在合铜元四百枚，合制钱六千数百文），商与民大受损失，不可数计。二、纸币。治城商号向发行制钱一串文之钱票，在昔银洋合头低时，颇为商家所重视。现在合头飞涨，价值自减，但发行无限制，近日颇有钱票充斥，物价日增之势。民国二年，省秦丰银行曾推行龙钞于各县，未几旋废。十二年，省政府复发行纸洋，派澄换现洋三万元，以期通行。经商民贴水数千元了事。因未流用，与由贻毒市面。惟二三年前，有所谓兑拨条者，往来兑拨不能取现，近此风少减，而期条盛行。期条虽非货币性质，可以替省现金，为商家利，然漫无限制，时引起金融之恐慌。近更有放债者不用契约，由担保商号本利出一期条，至期持条在商号取洋。万一债务者及期不能清偿，非保商赔累，即期条失信用。

（王怀斌修，赵邦楹纂：《澄城县附志》，卷四，商务，民国十五年铅印本。）

〔清代至民国二十二年，陕西葭县〕 县内向用制钱及商号钱票，大宗交易使元宝银锭，并无官钱局之设，往往奸宄之徒以鹅眼、榆荚等钱搀杂制钱之内，使市面大受影响。至民国三年，银币、铜元始渐输入，而乡民尚不肯周行，用元宝、制钱者犹居多数。今则上自征收各机关，下迄商民交易，一律改用银币、铜元，间有使用山西省银行纸币者，制钱、元宝以运用不便，人多不行使焉。

（陈瑄修，赵思明纂：《葭县志》，卷一，钱币志，民国二十二年石印本。）

〔清代至民国二十四年，陕西宜川县〕 货币：清代流通者，前有通宝，光绪时有当十、当二十等铜元，并有银锞。此外殷实商号以铺号为名，出有一串、二串、五串钱帖，流行市面，辅助制钱银两，携带甚便。自鼎革后，上项货币仍多沿用。至民国八、九年间渐绝迹，而银元踵至。二十四年，国家改用法币，宜川通行。

（余正东等纂修：《宜川县志》，卷十四，财政志，附金融，民国三十三年铅印本。）

〔清代至民国三十年，陕西洛川县〕 清代货币在洛川流通者，有通宝铜质制钱，每文重一钱以上。道咸间，有当五、当十、当百钱。光绪时，有紫铜当十铜元等。铜钱之外有银锞，内分川锭子，每锭重十两；西安永兴庆锞子，每件重五两至六两；大宝，重五十两；江西元宝，重一百两；又蒲城、三原锞子，每件重二两至三两；明时圆丝锞子，每件重一两至三两不等。当时市面殷实铺商，出有一千及二千帖子，以其铺号为名，民元以后，仍多流通。至八、九、十各年，县知事傅丽春、王巽堂、李鸿钧等，出有官票，券额仍系一千及二千两种，名义由县公署第一科或第二科发行，行使县境，用为辅币。十一年后，上述各种货币渐形绝迹，而银元踵至，每元重七钱二分。粤省所铸之小银元，重七分及五仙，则行使不广。二十四年，国家改用法币，行使者大抵为中央、中国、交通、农民及陕西省银行所发行之钞票，及银质五分、十分、二十分、五十分之辅币。二十七年后，发行大券额如五十元、一百元者，则流通甚少。三十年，陕西省银行将前富秦钱局已印未发之铜元券，加盖陕西省银行字样，券额改为一角、二角、五角等数种，拨发洛川分行，以备商民兑换。

（余正东修，黎锦熙纂：《洛川县志》，卷十四，财政志，金融，民国三十三年铅印本。）

〔清代至民国三十三年，陕西黄陵县〕　清代货币流通本县者，有制钱，每文一钱，虽有当十、当百者，不惟少见，亦不通用。并行使文银，内分银锞、银锭、银块、大宝各种。并有富户私出钱帖，一串、两串居多，五串甚少。各有铺号流通本境。民元以后，改行银币，每元重七钱二分，种类有老人头、站人元、造币厂龙元等。二十年奉发陕西省库券五千元，除商民担任二百元外，余四千八百元，由各区按照田赋正银数目分配。此项库券，以陕西省金库收入作抵，分三期还清。其陕西省银行发行之钞票，县境均流行。迨至二十四年，国家改用法币，银币兑换渐绝。法币行使便利，均系中央、中国、交通、农民等银行发行者。其小辅币票一角、二角、五角，及其镍质辅币十分、二十分，今已不多见。近因战时需要，大券有五十元、一百元者，最近又行使一元、五元、十元关金券（其一元券合法币二十元，余类推）。

（余正东修，吴致勋等纂：《黄陵县志》，卷十二，财政志，地方金融，民国三十三年铅印本。）

〔民国十八年前后，陕西邠县〕　银币，现时市面通用者有一元、五角两种。纸币，有西北银行纸币流行通用。铜币，分当一十、当二十、当五十、当一百四种，现均通用。制钱，现尚通用。

（刘必达修，史秉贞等纂：《邠县新志稿》，卷八，财政，金融，民国十八年铅印本。）

〔清代至民国二十五年，甘肃天水县〕　本县向以清制钱及现银作交易与完纳赋税之代价，其间虽印有制钱制票流通市面，然亦一二商家，为数无几，初无轻重于其间也。民国三年，白匪陷城，毅军至，市物始用一枚当制钱十文之小铜币。

未几，少数银元复流入境中以代银两。又有甘肃官银钱号一两、五两、十两及一千两之银钱纸票与银元、铜元及制钱流转市面，颇称便利。九年，镇守使孔繁锦销毁制钱，铸五十、一百、二百之砂版铜元。十年，又印一千、两千、五千各钱票。十二年，陇南实业银号印行一元纸币。十三年，废砂版铜元，代以陇南粮饷局新印出之一千、两千、五千之钱票，并将以前行用之钱票概作废。此二三年内，银价昂涨，一日数变。银币每枚易票钱百数十竿，摇动金融，骇人听闻。十四年春，孔使用购来机器铸造五十、一百之新铜元，定二千易甘肃省平市官钱局印发之票银一元。十五年，孔出走，冯军驻防，停用以前各纸币，使行西北银行纸币，兼用四川铜元。不久，西北银行、农工银行设立，银洋纸币兑现周转，活动金融。十九、二十两年，马廷贤部驻扎，一切纸币销毁，凡交易、纳赋、完税皆用现洋。二十一年，陕军设立陕西省银行秦州办事处，行用一元、五元、十元之银洋纸币。二十二年，中央陆军第一师因防赤驻城内，用中央、中南、中国、交通各银行银洋纸币，咸便之。嗣后，甘肃省立平市官钱局陇南分金库及中国农民银行因辅币缺乏，发行一角、二角之银票及百枚、十枚之钱票。至二十五年，全国行使法币，而现银不复流通矣。

（庄以绥修，贾缵绪纂：《天水县志》，卷五，财赋志，货币，民国二十八年铅印本。）

〔清朝末年至民国二十四年，甘肃镇原县〕 民国元年以前，多用制钱、纹银，间用当一、当十小铜元。元年后，小铜元与四川所造大铜元并银元逐渐流通，而制钱、纹银渐次停使。十一年后，陇东官银号成立，陇东钱票充斥市面。及张兆钾败北，陇东官银号倒闭，钱票遂即作废，民间所受损失极大。……十五年后，四川所造当百大铜元逐渐流通。至今市面所用者，新旧老人头银元、中央银行纸币及当百铜元而已。

（钱史彤、邹介民修，焦国理、慕寿祺纂：《重修镇原县志》，卷七，财赋志，货币，民国二十四年铅印本。）

〔清顺治年间至民国十六年，宁夏〕 前清每值改元，必更铸钱。顺、康、雍、乾之世，国用饶裕，钱色最佳。降至咸、同、光绪，私钱充斥，商民交困。甘省开铸始自康熙六年，先在巩昌开炉鼓铸，一面铸康熙通宝，一面铸巩字，后停。雍正四年，巡抚石文焯设宝巩局，置炉十二座，不久亦停。咸丰四年，总督易棠复开宝巩局，初铸当千、当五百紫铜大钱，窒碍不行，继铸当百、当五十黄铜大钱，行而不畅。嗣又改铸当十、当五黄紫铜各半大钱，又增铸八分钱，与制钱以配搭之，仍只能行省城。同治元年,增铸铁钱,更失效力。三年,撤局。同时又行钞法,久之钞价大贱,钞一串仅抵制钱六文,百物昂贵,民困愈甚。十二年,总督左宗棠奏请给价收销,钱局亦撤。光绪十三年,户部行文,复开宝巩局,总督谭钟麟奏止之。二十三年,总督升允复设官银钱局,石印银票数十万张,准完钱粮厘税。行之稍久,百弊丛生,国初亦废。民国十年,督军陆洪涛创铸铜币,旋亦停止。宁夏自民国以来,制钱日少,商民坐困,护军使马福祥、道尹陈必淮筹设官银钱局,佐以钞法。边地偏僻,未能开通,近年乡市流行,惟恃外间输入之当十、当二十紫铜元币与孑遗之制钱相与周转而已。

(陈必淮修,王之臣纂:《朔方道志》,卷九,贡赋志下,钱法,民国十六年铅印本。)

〔民国二十四年前后,宁夏隆德县〕 隆邑只靠农耕,无巨大商业以绾阛阓之枢纽,无重要商货以维市面之流通,凡货币交易,常视平凉、静宁为涨落起点,亦随全省之潮流为漩涡、各处之风声为趋势。如前十年,陇南使用钱票大元,兰省制造银票沙元,平凉开设银行纸币,我邑各界受绝大影响,不知倒落者凡几。

(桑丹桂修,陈国栋纂:《重隆德县志》,卷二,食货志,货币,民国二十四年修,石印本。)

〔民国二十四年前后,宁夏隆德县〕 市面流通之货币,银元而外,大板铜元为最多,小铜元次之,麻钱一概不用。

(桑丹桂修,陈国栋纂:《重修隆德县志》,卷一,民族,生计,民国二十四年修,石印本。)

〔清咸丰二年至同治年间,青海西宁府〕 咸丰二年,户部因军需浩繁,筹饷支绌,有请铸当十、当五、当百三种大钱,并制造钱钞与银票、银钱,并行酌定章程,颁发中外之奏。陕甘总督易棠遂奏设宝甘局于兰州鼓铸大钱,面铸咸丰重宝四字,其背铸宝巩清文及汉文当十、当五十、当百字样,领军政各款一律配搭二成。然运至西宁,不能通行。同治八年,甘肃布政司和祥委员解当十大钱五百吊来宁,令发商配搭行使,易换制钱运省。西宁府知府挪逊阿古拉奉到之后,当即分摊循化、贵德、丹噶尔三厅当十钱各四十吊,西宁县当十钱一百五十吊,碾伯县当十钱一百二十吊,大通县当十钱八十吊,西宁县商人既请免发,以省商累,其余各厅县亦始终并未请领发商配使。此项大钱全数存储府库,嗣议熔铸制钱,惟以工本繁重,恐铸成钱不敷费用,遂停止矣。银票一项,由部制造颁发。钱钞一项,户部奏请由甘先制司钞搭放行使,省城设立官钱局,搭出钞票由局取换,只省城内尚能流转,解发各款均按成配搭,随受随取,官局不能支应,银价增昂,钱钞一千仅折制钱十余文。总督左宗棠莅任之后,奏请撤回钞票,民困得除。又西宁自兵燹以后,私钱充斥,物价腾昂,民不聊生。西宁府知府邓承伟议定自同治二年起,至十三年六月止,民间交易借贷私钱一吊以制钱四百文清销,其在十三年六月以后者概以制钱二百五十文清销,商贾复兴,军民称便。

（马步芳修,基生兰等纂：《西宁府续志》,卷四,田赋志,钱法,民国二十七年铅印本。）

〔民国九年前后,青海玉树〕 玉树货币均用藏元,藏元乃印度所用英币,辗转流布于二十五族者。每元合内地银三钱一分二厘五毫,别无辅币。即以藏元二分一、三分一、四分一等小角为畸零之用,重价以银若干秤（一秤五十两）计算,合藏洋一百六十元,亦有成都所铸之币重如之。零星贸易计算物价不以实物之单位为准,而以货币之单位为准,如云藏洋一元买桑皮纸八章,而不云每章值银若干,盖因无辅币不便计算故也。每金一两兑藏洋一百元,借银一秤月息二元或三元,契约或有或无,此汉商在番之规例也。番民有借青稞一升,来岁以三升偿之者。结古诸物昂贵,惟自藏运来之印度货反贱于内地,可以知英商之势力矣。

（周希武编：《玉树土司调查记》,卷下,实业,商业,民国九年编,抄本。）

〔清嘉庆十年前后,新疆塔尔巴哈台〕 塔尔巴哈台向无设立鼓铸钱局,俱系商民由乌鲁木齐等处前来贸易之便携带制钱,兵民易换使用,每银一两换制钱八百文并八百八十文不等。

（清 永保纂修,兴肇增补,吴丰培校订：《塔尔巴哈台事宜》,卷一,钱法,清嘉庆十年修,一九五八年油印本。）

注：塔尔巴哈台于民国二年改名塔城县。

〔清光绪三十四年前后,新疆伊犁府〕 伊犁所属现在行使制钱、红钱、官钱票,兼有使用纹银及俄帖、银元者。

（清 许国桢纂：《伊犁府乡土志》,钱币,一九五五年据清光绪三十四年稿本油印本。）

〔民国三年前后,新疆〕 新疆省之通货有种种,即银货、红钱、马钱、帖子、天庚是也。银货,乌鲁木齐、喀什噶尔二处有银元局铸造圆银,其种类有四种,即一两、五钱、三钱、二钱是也。红钱,新疆全体普通流行者,铜货与制钱同样,其质良好,以纯铜为之,其量亦有多少之异,以红钱四百文为一两之价格。然各地亦有多少之差异,如乌鲁木齐四百文,伊犁三百七十文,塔城三百六十文算银一两。马钱,黄铜钱,其形与制钱同一,以一千文算银一两,但马钱伊犁之外不通用。帖子,油布制之代用币,布政使又道台之发布,限于发行地附近,不能普及。有信用之大商店亦有发行帖子者,其流通区域甚狭。天庚,回部之旧货币之小圆银也,目下其数甚少。

(张献廷初稿:《新疆地理志》,第三章,人文地理,产业,商业,民国三年石印本。)

〔清咸丰年间至民国二十五年,山东牟平县〕 本县在昔金融状况,概以使用每千扣六制钱为普通,其特殊者,惟清咸丰年间尚有一种竹制烙印之签票,当制钱一千或二千,便利适用,颇盛行于一时。至光绪三十年后,改用铜元,制钱渐即废毁,此项竹票始归消灭,而银锭、银块、银元则与铜元并用矣。民国以来,铜元禁运,时感缺乏,钱庄各号又以纸币代之,每张兑换当十铜元百枚,初则漫无限制,亦无实在之担保。十二年,经商会拟具章程,呈请县署核准,由钱商取具不动产抵押,及二人以上之保证,经商会审查许可,加盖印证,始得照数发行,此次印发之数,竟达八十万缗,而不在商会范围以内之乡区,仍系自由滥发,多不点现,非以票换票,即折价付钱。十八年,刘张战后,财尽民穷,城市一带,虽有商会保证,而无款兑现,闭门规避,一与乡区相同,此等兑换券几同废纸,金融混乱至此已极。嗣经商会负责整理,一面设法取缔,一面量予维持,费时数月,始得恢复原状。二十二年五月一日,实行废两改元,遵照令定,按沪市规银七钱一分五厘,折合曹平六钱九分三厘五毫之数,以为标准,遂完全采用银元制度,禁止发行私钞,于是本县之铜元兑换券亦皆陆续收回,而市面则专以银元为大宗交易,以银角铜元为辅币,币制亦渐归统一,惟银元现货极少,通常所流行者仍系各银行之纸币为居多数耳。二十四年,停止现银,改用纸币,以中央、中国、交通三银行钞票为法币,其他各银行钞票限期收回,辅币则纸现两用,纸币自一角至五角不等,现币分铜质、镍质,铜质有半分、一分两种,镍质有五分、一角、二角三种,铜元票自十枚至一百枚不等。至于存款放款汇总机关,向无银行银号之设置,此项交易与汇换,概由殷实商店为之。在铜元纸币盛行时,则钱庄填街塞巷,几如林立。至禁止擅发私钞后,即陆续倒闭殆尽。金融之滞塞,亦大概可知矣。

(宋宪章等修,于清泮等纂:《牟平县志》,卷五,政治志,实业,民国二十五年铅印本。)

〔清光绪中叶至民国二十五年,山东德平县〕 德平在清光绪中年率用制钱、银锭,进而用铜元、银元矣,又进而用钞票矣。钞票畅行于城市,乡间容或泥守旧习惯者。

（吕学元修，严绥之纂：《德平县续志》，卷四，经济志，货币，民国二十五年铅印本。）

〔清朝末年至民国二十三年，山东临清县〕 本市所流通者以现款为本位，而纸币辅之。现款之中曰制钱、曰银、曰银元、曰铜元。当清末及民国初年，四种互用，并行不悖。自民国五、六年后，银元多而纹银废，铜元多而制钱废。近数年来，大铜元出而当十之铜元几又绝迹矣。……按：临市交易向以钱为本位，近因银价日增，商家受此影响，颇多折阅，于二十二年春已一律改为银码。然自清末至今，由京钱变而为铜元，由小铜元晋而为大铜元，近且由铜元升而为零角，行将弃钱而用银矣，生活前途可预测也。

（张自清修，张树梅、王贵笙纂：《临清县志》，经济志，金融，民国二十三年铅印本。）

〔清代至民国初年，山东德县〕 金融状况屡经变迁，在清代，以白银为本位，制钱为辅币。嗣以银元为本位，以铜元为辅币。至民国初年，行使银元、钞票，凡平津济沪之零整钞票俱能行使，而铜元亦日见缺少矣。

（李树德修，董瑶林纂：《德县志》，卷十三，风土志，商务，民国二十四年铅印本。）

〔清代至民国二十五年，山东清平县〕 本境农商交易向以钱为本位，其时银价甚低，人民生计较易维持。自民国十年以后，银元价值突飞猛进，一切物价与之并驰，商家受此影响，于近年来所有交易一律改为银码，而铜元几等虚设。况舶来物品均系金价，土产货物为所剥夺，竟跌价于无形之中，于是生活之程度日高，农村之破产愈甚。

（梁钟亭、路大遵修，张树梅纂：《清平县志》，经济志七，金融，民国二十五年铅印本。）

〔清代至民国三十年前后，山东潍县〕 潍县货币情形，向有各钱庄所出之京钱票，自一千文至百千文不等。民国十年后，此种钱票逐渐取销，在市面流行之铜元票角票颇为紊乱，甚至杂货铺、点心店、摆摊小贩亦自由发行，虽政府明令禁止，仍有存在者。二十四年十一月四日以后，奉令停用，现币概用交通、中国、中央三银行之法币，铜元票则有平市官钱局所出之二十枚、五十枚及百枚三种。

（常之英修，刘祖干纂：《潍县志稿》，卷二十四，实业志，商业，民国三十年铅印本。）

〔民国二十四年前后，山东齐东县〕 银两作废以后，市面纯用银元，计有龙洋、大头洋、总理纪念洋及鹰洋、立人洋数种。钞票通行者，有中央、中国、交通、实业各银行，又有平市官钱局所出之角票。铜元有当十、当二十大小两种。铜元票有十枚、二十枚、五十枚、一百枚各种。

（梁中权修,于清泮纂:《齐东县志》,卷四,政治志,实业,民国二十四年铅印本。）

〔民国二十五年前后,山东沾化县〕 白银两改元后,锭银绝迹于市面,前几年通行之币,以纸票、铜元为大宗,现洋次之。现则取缔杂票,市面交易以中央、中国、交通各银行纸币为多,铜元、现洋次之。

（梁建章等修,于清泮纂:《沾化县志》,卷六,建设志,实业,民国二十五年铅印本。）

〔民国三十年前后,山东潍县〕 钱币系现银元暨中国、交通、实业各银行并本省官钱局纸币。

（常之英修,刘祖干纂:《潍县志稿》,卷十四,民社志,风俗,民国三十年铅印本。）

〔唐开元年间至清康熙二十七年,江苏通州泰兴县〕 钞法不行始用钱,泰邑初用开元通宝,间以周元、乾元,明用嘉靖、万历。今上改元,通用顺治、康熙,无各省满、汉字式者不行。

（清 钱见龙修,吴朴纂:《泰兴县志》,卷二,户口田赋,钱法,清康熙二十七年刻本,传抄本。）

〔明代至民国二十三年前后,江苏阜宁县〕 铜币,计分二类,其一为铜钱,圆廓方孔,文为汉字,幕为满字,单位曰文,居清代制钱之最多数,以大小轻重不同分其品为西钱、徽钱、徽典钱,与前代遗留之开元、太平、祥符、洪武、嘉靖、隆庆、万历等钱,及明天启间日本流入之宽永钱,通行无滞。清咸丰间,铸当十、当五十、当百钱,行用于本邑者少。自是迄光绪二十年间,市用多杂私铸之小钱,有一九捼至四六捼,且多折数,有九九扣至九三扣,惟纳赋及不动产之交易,均用制钱,俗名足西,即通足大钱也。每文重一钱,每千大率重七斤四两。其一为铜元,俗名铜角子,圆廓而无孔,分十文、二十文,清季铸造。光绪二十九年,漕督恩寿设造币厂于清江浦,铜元于是充斥县境,虽无捼私折扣之弊,而铜钱日稀,典商茶灶出入钱数凡在十文以下,每以竹签代之,名曰筹子,市面亦颇通行。今生活程度日高,并竹筹亦无之矣。银币,俗名洋钱,前清之季我国始行铸造,县境使用者多江南、安徽、湖北、广东、福建等省所铸,名曰龙洋,即旧币也。民国三年二月,政府颁布国币条例,乃定银为本位,名主币,曰元,重库平七钱二分,成色银九铜一,即今所谓新币也。银辅币如五角、二角、一角等,县境不多见。在旧币未铸以前,外币流入者初则本洋,西班牙所铸,今绝迹矣。次则鹰洋,俗作英洋,墨西哥所铸,使用较多。次则人洋,俗名鬼子头,为英属香港所铸,间或见之。纸币,俗名钞票,自民国初年流入县境,以中国银行、交通银行两种为最多,城乡通用。近有中央银行、实业银行、中南银行、四明银行各纸币,惟城镇用之。

（焦忠祖等修,庞友兰等纂:《阜宁县新志》,卷五,财政志,钱币,民国二十三年铅印本。）

〔清朝初年至乾隆十七年,江苏常州府无锡、金匮县〕 邑中市易,银钱并用,而昔则用银多于用钱,今则有钱而无银矣。康熙中,自两以上率不用钱,虽至分厘之细,犹银与钱并用。其时多色银,九成、八成、七成不等,其精于辨银色者若八二、八三俱能鉴别无误,稍一蒙混,多致被欺。其伪造假银,亦不绝于市,雍正中犹然,其时收铜之禁甚厉,邑中铜器毁于官者殆尽,而银、钱并用如故也。自乾隆五、六年后,银渐少,钱渐多,至今日率皆用钱,虽交易至十、百两以上,率有钱无银,市中欺伪较少于昔。然昔钱价每以八十四文当银一钱（国初九十文当一钱）,后以八十文当一钱,今则以七十文当一钱矣。

（清 黄卬辑:《锡金识小录》,卷一,备参上,交易银钱,清乾隆十七年辑,光绪二十二年木活字本。）

〔清乾隆年间至光绪末年,江苏扬州府高邮州〕 高邮所用制钱,惟官项及契买田房系足串,寻常贸易乾隆时用九六六,同治以前用九九四,光绪以来用九九,惟临泽镇用九九五。乾嘉时,本无私小。道光间,他处私铸者多流入境,其时市上分三种钱,曰西典,乃山西典商所用,绝无小钱;曰徽典,乃徽州商人所用,每百两头有小钱八文、十文不等;曰毛钱,则或二八搭、三七搭、四六搭矣。咸丰时,西南回匪不靖,道路多梗,运铜不继,乃铸当十、当百钞钱,以济军用。高邮行之未久,即废止不用。然钱法渐坏,私小外,更有红砂、白板诸劣钱充斥于市,惟官项及田房价必用西典,其他贸易搭用红砂、白板私小,官府亦不能禁。至光绪末改用铜元,私小之弊虽除,然制钱日见其少,市上极贱之物俱以十文起码,而民间生活加高数倍矣。嘉庆以前,市面只用锭银。道光末,海禁既开,西班牙银元乃流行市上,俗谓之本洋。同治时,通用墨西哥银元,俗谓之鹰洋,价虽长落不一,大率鹰洋抵本洋十之八九。高邮光绪年间鹰洋畅行,本洋日少,惟湖西乡镇有兑换者,本城则不多见。光绪末,本省自造银元,俗称龙洋,初则商人故意抑勒,使其价较鹰洋少三五文不等,现则无复低昂矣。纸币,以钱铺所出戳票为大宗,其米、布杂货各业及乡镇富户,亦有出戳票者,然数目无多,不能流行。通境钱铺出票之始,必禀官五家互保,乃准通行。其额巨者百千及数十千,每年惟清明时暂出,缘邮人田价兑付悉在此时,无大票不足以资周转。其平日流行市上多一二千、三五千文者,但商人贪其虚本实利,任意多出,一遇金融停滞,互保者齐倒,官府莫可如何,而闾阎之损失不堪设想。光绪二十一年,知州钱锡宾改令觅本地殷富之家作保,富户俱不敢担任,乃令通行现款贸易,一律收回戳票,经数月而民莫之应。缘乡间买卖麦、稻,改用银洋,不能辨其真膺,仍以戳票为便,积习然也。知州不得已,听其仍旧。至光绪三十三年,江督端方饬各属设立裕宁官银钱局,通用官钱票、龙洋票,则有官造纸币出现矣。

(胡为和等修,高树敏等纂:《三续高邮州志》,卷一,食货志,钱币,民国十一年刻本。)

〔清代至民国二十年,江苏泰县〕 清代币制,政府商场均以银计,零星贸易则以钱计。道咸而后,间用本洋。同、光以来,鹰洋盛行,龙洋继起,制钱渐少,铜币代兴。民国纪元,广铸银币、铜币,而元宝、制钱皆废不用。嗣后钱币渐行,中国银行启其端,交通继之,中南又继之,比年以来,市乡通行,无异银币。又有小洋一角、二角等辅币,与铜元并行,贸易找零颇便。近则角洋又少,中国银行一角、二角、五角等钞币逐渐流通,亦昭信用。此币制更替之大风也。惟银元日昂,铜元日贱,民国元年一枚兑铜元百二十枚;十年,渐增至百五十枚;十五年,累增至二百六十枚;迨十八年,银元一枚可兑铜元三百枚;极贱时,亦有兑至三百十数枚者。物价日昂,工资日涨,职此之故,盖商场、市面均以银元为本位,故物价不随铜元市价为贵贱,惟零星贸易及工艺谋生者皆以钱计,不得不继涨增变也。

(单毓元等纂修:《泰县志稿》,卷十一,财政志,钱币,民国二十年修,一九六二年油印本。)

〔南宋年间,两浙西路临安府〕 铜钱乃历代所用之宝,汉唐以来,天下通行。宋朝开宝中,其钱文曰"宋通元宝",至宝元间则曰"皇宋通宝",近世钱文皆著年号,景定年铸文曰"景定元宝"。朝省因钱法不通,杭城增造镴牌,以便行用。元都市钱陌用七十七陌,近来民间减作五十陌行市通使。官司又印造"会关子",自十五界至十八界行使。至咸淳年间,贾秋壑为相日,变法增造金银关子,以十八界三贯准一贯关子,天下通行。自因颁行之后,诸行百市,物货涌贵,钱陌消折矣。

(南宋 吴自牧撰:《梦粱录》,卷十三,都市钱会,一九六二年中华书局铅印本。)

〔民国初年至二十四年后,浙江分水县〕 国初流通市场之货币四种,为铜钱,为铜元,为银元,为银角;二十四年后,则一律通用钞票。……县属流行最便者为拾元以下之钞票及各种角、分辅币,流通额最广者系中国、中央、交通、农民、地方诸银行所发行之币。

(钟诗杰修,臧承宣纂:《续修分水县志》,卷十,金融志,币制,民国三十一年铅印本。)

〔清顺治年间至民国九年,安徽全椒县〕 自清顺康后,历代铸有制钱,市面贸易藉以流通,数多者或用银、或用钞票。道咸间,有徽商四,多钱善贾,能操市肆之大权,其纸币之流行数至巨万,邑之有蓄积者又乐罄所有而存储于彼,稍取其薄息焉。彼则以其存储之银,屯聚百货,籴粜有无,贱入贵出,而坐收其三倍之利,其无良者或藉故亏倒,并人所存储者而掣空之。……粤乱兴,钞票废,海禁开,商民不甚用银,多乐用吕宋银币,俗谓之本洋。墨西哥银币亦间用之,每币约值制钱八九百文,俗谓之鹰洋。本洋初只抵银七钱余,易制钱约值一千一二百文,光绪末年涨至九钱及一两有奇,民间折阅甚巨,低昂之故,操诸洋商,无可挽回也。……自民国后,无论中外银币,价值一律约合银七钱二分上下,随市涨落,不得稍有参差。

(张其濬等修,江克让等纂:《全椒县志》,卷六,食货志二,钱币,民国九年木活字本。)

〔民国十年前后,安徽宿松县〕 吾邑市面流通之纸币,属于官银行号者甚少,以境邻鄂赣之故,而大宗商务又多在赣之九江、鄂之武穴,故鄂省之官钱票或汉口之中国交通各银行钞票亦间有流用,但不甚行使。境内所行使者,皆本地城乡之各钱店或其他种种各业店号所发行之钱票,其票面订有发十足钱一千文或当十铜元一百枚者,有发八足钱一千文或当十铜元八十枚者,名为花边票,此即期兑现之票由城内各店所出者,谓之街票,由乡镇各店所出者,谓之乡票。又有所谓期条者,其票内或订发足钱一千文或二千、三千、四千以及八千、十千文不等,载明经历至某年月日方可兑现,此迟期兑换之票。近更有出条取一元或五元之银元票者,按之纸币则例,均在禁止之列,然习惯相沿,积重难返。邑境商务幼稚,金融不甚发达,钱荒之弊恒所不免,人民间之交易大都以纸票行用,但准备毫无,每多滥发无节,甚至极僻之区极小之店或茶馆饭铺以及居民住宅毫无资本而亦滥出纸票,以致倒闭之事年有所闻,商业前途危险殊甚。

(俞庆澜、刘昂修,张灿奎等纂:《宿松县志》,卷十七,实业志,商业,民国十年活字本。)

〔清代至民国年间,江西南昌〕 南昌市通行之货币在昔除银元及铜元外,尚有银两数种为商业界所常用，如申票、汉票、足宝及盐封等。申票即上海通用之九八规元，因商人多向上海采办，货物往来折算均以申票为主，故申票在南昌金融市场曾占重要地位，其市价亦时涨时落，大概因本市供需之多寡而加以贴水。汉票即汉口之估平银（一千两合汉口漕平银九百八十六两），在南昌金融市场亦有盛大之势力。自全国废两改元后，申票及汉票皆改为申汇与汉汇矣。足宝昔由钱庄设有银炉者熔铸，重二百两或五十两。民国三年后，用途渐少，银炉取消，改由银楼代铸。此项足宝惟用之于南昌、九江、汉口及芜湖等地，其行情仍由钱业公会议定。至盐封，亦系银两之一种，由榷运局铸成包好，钤以局印发卖与盐商，盐商即以此为支付之具。自废两改元后，盐封亦即取销。

（吴宗慈修，辛际周、周性初纂：《江西通志稿》，经济略，八，金融事业，一九四九年稿本，江西省博物馆一九八五年整理油印本。）

〔清代前期至民国三十四年，福建龙岩县〕 清道光以前，通行元宝及散纹时牌，约每散纹一两兑铜钱一千文。道光末年，始行使银元，每元七钱三分。后因剪边打号，成为烂板，遂以六钱九分为一元，约兑铜钱一千文。光绪丙申年后，行使老广银角（一名小毫，十角兑一元）。庚子后，福建省官银局银角出，以六钱九分兑。时尚有湖南北银角，则以六钱七分兑。至铜钱之使用，分净典、沙坏两种。每千钱中，净典七、沙坏三，名三七掺。如净典六、沙坏四，则名四六掺，兑价有至二千余者。净典则以九百余兑六九银一元。又有一种名粮典，以八百四兑七三银一元。甲辰年初用铜镭，十片兑小毫一角。至乙巳年，小毫一角兑铜镭十四片，至丁未年停用。民国二年，福建官局又有一种小毫出，背面加洋码二十，亦是以六九兑。六年，复用铜镭。八、九两年，通用土板银角。十年至十二年间，有名广东造者与三国旗者出，背面有癸亥、甲子字，名时银，一名花银。十五年后，混用癸亥甲子袁头土板银角，每一元大银可兑十七角半至二十角。同时以福建官局及广东、湖北造之老毫为足银，一名净银，以十四角兑。十七年三月后，四十九师使用民兴纸，有一元、二元、五元、十元与一角、二角币。次年，共军入岩，此纸遂废。二十二年，徐名鸿使用闽西农民纸，至是年十二月遂停。二十三年后，废止银元，改用法币，而币制遂告统一。二十四年，福建省银行使用省币，分一元、五角、二角、一角、五分、一分六种（现五角以下已废止，一元币与法币并行）。

（郑丰稔纂：《龙岩县志》，卷十七，实业志，附币制考，民国三十四年铅印本。）

〔清代中叶至民国三十一年，福建崇安县〕　清道光以前，制钱牌价千文折纹银（碎银）一两。自五口通商后，佛头银元首先输入中国，为便于互市，于光绪年间改用银元制，以龙银一元（库平七钱二分五厘）当制钱千文。各省设官银局鼓铸银角、铜元，以制钱十文当铜元一枚，以铜元十枚当银角一角，以银角十角当龙银一元。降至民国，制钱日少，铜元、银角日多，卒以成色劣而价格低，大银一元换小银十七八角，小银一角换铜元二三十枚，而制钱竟至无形绝迹。货币紊乱，于斯为极。抗战之年，国民政府统一金融，指令中央、中国、交通、农民四行所发钞票名曰法币，又曰国币，将全国大小银元、银角一概收购，易以相等法币。自是以还，所有硬币不论本国所制，抑由外国输入，不复见诸市场矣。

（刘超然等修，郑丰稔等纂：《崇安县新志》，卷十一，政治，财政，货币，民国三十一年铅印本。）

〔清光绪年间至民国三十六年，福建云霄县〕　清光绪间，通货仅有银、钱两种。每大银重七钱二分五厘，兑值一千文钱。至光绪末年，小洋银活动市面，有一角、二角之别，始用十二角折合大洋银一元。迨民五年，铜元通用，每枚值十文，百枚折合大洋银壹元。未几，钱币废用，铜元值稍贬。至民二十五年，三百六十枚始折合一元银。民二十六年，政府改革币制，于是国币始归统一。纸币始自民二十三年，有"中国""中南""福建银行"发行之一元、五元、十元等票。银币未废之前，本邑流用纸币，价值较高，每元尚须数分之贴水。现通货膨胀，货值大跌，市面通用以"五十"元为单位，其五元、十元之票已无形废止。

（徐炳文修，郑丰稔纂：《云霄县志》，卷七，社会，商，货币考，民国三十六年铅印本。）

〔清乾隆十二年前，台湾〕　剑钱，以银铸成，重九钱，来自西洋。圆钱，一名花栏钱，重七钱二分，亦有小者二当一，并有四当一者。方钱，重与圆钱同，俗呼为番饼。中钱，重三钱六分。茭，亦银钱，有重一钱八分，亦有重九分及四分五厘者。以上皆来自咬𠺕吧、吕宋。通宝钱，台所用多古钱及小钱，北路即鹅眼钱，亦皆通用。……台地交易，最尚番钱，红毛所铸银币也。长斜无式，上印番字，银色低潮，以内地兼金与之，反多滞难。用小制钱外，多用昔年所铸台广昌南红铜钱，并明时旧钱，鹅眼荷叶，散若流泉，见行鼓铸，轮廓周好，交易则弃而不用，亦足异也（《赤嵌笔谈》）。

（清　范咸等纂修：《重修台湾府志》，卷十七，物产一，货币，清乾隆十二年刻本。）

〔清代中叶至光绪八年，台湾澎湖厅〕　澎俗行用番银，以七钱二分为一元，不足者补之,其价与台、厦略同。至于捐资送礼等事,或以八百文钱为一两者,盖四十年前,洋银一元止换六百余文,是犹沿昔之例也。市中现钱甚少,故亦行用钱票,其票与都门、省垣之式迥,则大抵随时取给或限期支取,辗转流通,但视图章为凭,认票而不认人,罕敢伪造者。

（清　蔡麟祥修,林豪纂:《澎湖厅志》,卷九,风俗记,民业,清光绪八年修,一九五八年油印本。）

〔清光绪十七年前后,台湾苗栗县〕　苗地银番,向来专用佛番,轻重与各种不同,故不须设秤。惟大甲近彰化地界,有用鹰番及各色轻银。渐至宛里、吞霄,亦用以七钱为准。若猫里及后垅、铜锣湾等处,仍不失前规。迨设苗县以后,通行七兑银,大小铺户俱设秤,银番始杂出其类。

（清　沈茂荫纂修:《苗栗县志》,卷七,风俗考,清光绪十七年修,民国间抄本。）

〔北宋崇宁至宣和年间,京畿路开封府东京〕　都市钱陌,官用七十七,街市通用七十五,鱼肉菜七十二陌,金银七十四,珠珍、雇婢妮、买虫蚁六十八,文字五十六陌,行市各有长短使用。

（宋　孟元老撰:《东京梦华录》,卷三,都市钱陌,一九六二年中华书局铅印本。）

〔民国二十二年前后,河南安阳县〕　在昔市面流通多为制钱及钞票、生银,非加兑换,不便使用。专营兑换之业者通名钱业,如昔年之庆丰瑞、源庆永,现在之庆贞祥,均著信用。其后银元钞票与国家制度改革,非银行不准发行钞票,于是各钱庄业多改为银号或银行。现在著名银行在安阳设办事处者,有河南省立农工银行、天津中国银行,至于银号,则无虑十余家,以同和裕、庆贞祥、宏大、复昌后等号为最知名。

（方策等修,裴希度等纂:《续安阳县志》,卷七,实业志,商业,民国二十二年铅印本。）

〔民国二十三年前后,河南获嘉县〕　钱币以银元为主币,铜元为辅币,前清制钱现已绝迹。纸币之属,民国初年各商贾盛行一时,现亦绝迹。惟值二百枚铜元最多,值百枚、五十枚者虽有过少,值二十枚者则几乎不见,且私板过多,模糊难认,铜币日滥,银币日贵,农村金融时形恐慌。

（邹古愚修,邹鹄纂:《获嘉县志》,卷九,风俗,生活,民国二十三年铅印本。）

〔清嘉庆年间至民国二十九年,湖南醴陵县〕　清光绪以前,货物交易资以介者,厥维制钱、现银两种,制钱每千枚为一串（俗呼串为吊,省枚为文）,重六斤四两（惟顺治、康熙、雍正、乾隆钱为然，余者不及。私铸者小且薄，其重或不足三斤，谓之毛钱，杂官钱用之）。迨光绪末叶，开铸当十铜元，每百枚重二十两，与制钱相互周转，无轩轾。民国初年，湖南铸当二十铜元，流通省境，每五十枚准钱千文，重十四两，一称双铜元。自是钱价骤落，而制钱绝迹于市矣。银两向以九一元丝兑现，谓之纹银，每两换制钱一千文。嘉庆后，贵贱不时。道光末，涨至二千有奇。咸同间，价复稍落，一千六七百不等。海禁既开，粤人多航海经商，外国银币渐输入内地。光绪十四年，粤督张之洞开局仿铸，北洋、江南、湖北、四川等省继之，俗因呼为洋钱，每元重七钱二分，后又增铸一角、二角、五角辅币，民间除完粮及大宗贸易外，遂罕有用纹银者。邑中使用银币，始于光绪初年，价值稍低于纹银，换钱初不满千。至民国六年，始增至二千以上。自时厥后，岁有涨缩，七十年来，金融情况可概见已。

历年银币价格表

年　别	银币每元换钱	附　记	年　别	银币每元换钱	附　记
光绪三年	800		民国九年	1 400	
光绪十三年	950		民国十年	2 000	钞票又盛行，自此以后，皆为钞票换双铜元
光绪二十四年	880				
光绪三十二年	1 000	时铸当十铜元与制钱并行			
			民国十一年	2 200	
宣统元年	1 150	时银元已盛行，并有两粤所铸之毫银输入	民国十二年	2 400	
			民国十三年	2 840	时市面钞票充斥，罕用现币
民国元年	1 250	时开铸当二十铜元制钱渐减少	民国十四年	3 200	
民国二年	1 300		民国十五年	3 400	
民国三年	1 340		民国十六年	3 400	
民国四年	1 550		民国十七年	3 500	
民国五年	1 600	铸钱绝迹于市	民国十八年	3 800	
民国六年	2 250	此系六年春价，因纸币铜元日见充斥，下半年涨至六千以上。	民国十九年	4 300	
			民国二十年	6 000	
			民国二十一年	6 000	
			民国二十二年	7 200	
民国七年	16 000	此系七年春价，及南军败退，湘省纸币一律作废	民国二十三年	6 000	自本年起通用法币，规定每元换铜元六千，以后遂无增减
民国八年	1 500	此系现币换铜元			

清季大清银行及湖南北官钱局,俱发行制钱千文纸币流通市面。民国纪元后,湖南银行印制银元票。讨袁护国护法之役,军糈咸仰给焉,以至发行益滥。迨民七政局变更,辄宣告作废。未几又渐充斥如前状。钱商操纵,纸现异价,币政日棼。民二十三年,奉国民政府令,废银币,通用法币,金融顿趋稳定。抗战以还,虽以通货膨胀之故,影响及于全国,然军政经费赖以不匮,使国家危而复兴者,其功未可没也。自官钞发见,各县印有私钞,当时政府视为当然,不过问也。光绪末年,邑中各钱庄咸印发市票,与官钞并行。民国纪元后,城乡商户相率效尤,虽小本如杂货摊,莫不各有其票币流通市面。民国十八年,湖南财政厅始明令禁止。二十三年,国民政府禁令尤严,未发者至是停发,已发者亦逐渐收回。惟农民银行、教育局、财政局所发之角票,行使如故。至二十九年冬,始克禁绝。

(陈鲲修,刘谦等纂:《醴陵县志》,卷六,食货志,金融,民国三十七年铅印本。)

〔**清代至民国三十一年前后,湖南宁远县**〕 曩者,财货之布民间银以两计,铜钱累千称贯,举国大同。海通以后,墨西哥银币来输,县近于粤东,流入视湘中他县为先。清嘉庆、道光间,桥、亭捐资刻石有曰花边者,皆时俗所名也。光绪中,造银币,每元当银七钱二分。其辅币俗呼银角,亦曰银毫,有单、双二种。单者十枚当一元,双者五枚当一元矣。入中华民国,所造币轻重悉同。纸币始于清季,近则诸银行币县悉通行。二十五年,令国中勿用银币,所通行者惟中央、中国、交通、农民四银行纸币,称法币,盖以湖南省银行纸币都五种行县中。初纸币有二三分至五角者,近以物价高,有一纸五十圆、百圆者,皆通行,未尝以为不便也。

(李毓九修,徐桢立纂:《宁远县志》,卷十七,食货,民国三十一年石印本。)

〔**民国二十一年前后,湖南汝城县**〕 钱币通行分三种,一曰银元,分大洋、小洋,小洋较大洋须贴水,但价则时有涨跌。一曰铜元,铜元分当制钱十文及二十文两种。一曰纸币,当小洋一元,仅适用于本地。

(陈必闻、宛方舟修,卢纯道等纂:《汝城县志》,卷二十一,政典志,礼俗下,民国二年刻本。)

〔**清嘉庆二十五年前后,广东广州府增城县**〕 墟市交易利用钱,故粤人盗铸最多,增江之南境旧颇习之,今则畏法鲜犯矣。

(清 赵俊等修,李宝中等纂:《增城县志》,卷一,舆地,风俗,清嘉庆二十五年刻本。)

〔清道光二十一年至光绪十六年，广东琼州府〕　海南自秦并天下，始为南越外境，通于中国。秦以水德王，其数用六，今琼人行使铜钱犹用六数，以六文为一钱，六十文为一两，六百文为一贯。又田禾以六把为半担，十二把为一担，亦用六数，皆秦旧俗也。

（清　明谊修，张岳崧纂：《琼州府志》，卷三，舆地志，风俗，清道光二十一年刻本，清光绪十六年补刻本。）

〔唐代至民国二十九年，广西柳城县〕　古者上下通行之货，钱为本位，未尝用银。汉武帝始造白金三品，未几作废。《旧唐书》言，交广之区全以金银为货。韩愈言，五岭买卖用银。宋仁宗时，诏诸路岁输缗钱，福建、两广易以银，则银钱历史由来已久，县属银、钱两种俱流通。今则钱消灭，而代以铜元，又因现银不敷周转，发行纸币，市面流通。

（何其英修，谢嗣农纂：《柳城县志》，卷五，经政，货币，民国二十九年铅印本。）

〔明代至民国二十三年，广西隆安县〕　查有明时代，货币之流通隆安市面者，有花边银及万历当十铜元、崇祯制钱等种。清代亦以制钱为大宗，分两种，一青边钱，即顺治至道光之黄铜钱，价最贵，可以纳粮，故又称粮钱；一红边钱，俗称墟钱，专流通市面，最劣为次钱，交易多挑剔之。复有纹银、英洋、法洋三种，其中纹银少见，鹰洋为多，法洋俗称七角鬼，每银一元可换圩钱一千文左右。其零碎补找除制钱外，又有碎银，系鹰洋所剪碎者。光绪年间，始有二毫龙银及五仙、公仔银。宣统以后，多有粤造银毫，并有少数之票币，而鹰洋与制钱又少，市面流通以粤银毫为多，每银一角可换次钱十三文以上。民元以后，盛行桂票，分为十元、五元、一元、五角、一角五种，价值与白银无异。民十八，粤军入桂，桂票低至五成，粤之镍币十成使用。民十二年正月后，桂票低至不值一成。民十二年五月后，一律行使银角及铜仙，桂票及次钱均归消灭。民十四年正月后，滇军入桂，行使伪银，俗称凸眼鸡，与粤银角同价，每角换得铜仙十四枚以上。五月，滇军败退后，挑剔凸眼鸡，银角不用，连粤银角亦受影响。民元至民九之粤银角每角只可换铜仙十枚，民十年以下之银角每角只可换得铜仙五六枚，是为银角恐慌。民二十年后，市面流通者除粤银角及法洋外，更有中山、嘉禾、省票三种，信用以嘉禾银为最，价值以法洋为高，每法洋一元可换嘉禾二元。此货币沿革之大略也。

（刘振西等纂修：《重修隆安县志》，卷四，食货考，经济，民国二十三年铅印本。）

〔清朝初年至民国二十五年，广西阳朔县〕 清初至同治间为行使纹银、碎银、制钱时期。光绪至宣统间为行使铜元、银角、银元、国币、本省钞票时期，外币则有英洋、鹰洋等类，其行使亦最普通。民国初为行使铜元、银角、银元、本省钞票时期。现时流通市面者有银元、铜元、银角、本省钞票四种，其兑换之比价，银元一元可兑银角十三角，银角一角可兑铜元二十六枚，钞票一元可兑银元九角、一元不等。本省钞票之信用则纯以本省银行之能否兑现为升降，铜元之贵贱则以商人操纵为起跌，惟银角信用之程度最稳健，其行使最普通者以广东银角为多，本省银角尚居少数。民国十七年以后，本省银角亦已停铸，其余则与东角无所区别。金库券间有行使者，其价与钞票等。大洋钞票每元值银角十三角，颇为社会所欢迎，外国钞票只有汇丰银票为大商号所欢迎。

（张岳灵等修，黎启勋等纂：《阳朔县志》，第四编，经济，货币，民国二十五年修，民国三十二年石印本。）

〔清代前期至光绪中叶，广西罗城县〕 金融概况及沿革，县属在清代时地方生活程度简单，人民绝少向外发展，所有各种金融之流通如银行、票号、钱庄等概行俱无，而市面上之兑换转移不过有少数商人摆设钱台找换。至光绪中年，改用银角、铜元，而此等钱台亦即消灭于无形。

（江碧秋修，潘宝篆纂：《罗城县志》，经济，金融，民国二十四年铅印本。）

〔清代前期至民国二十六年前后，广西崇善县〕 当清咸同以前，邑中金融交易，只是用钱，惟大多数目或用花边元、银锭、碎花，而仍以钱为本位。迨光绪年间，始盛行飞鹰之洋银，谓之大元。厥后各商因恐其伪，均以打印成窝，如灯盏，然若买琐碎物件，则有大洋铡出之碎粒，挑选轻重，咸感不便。未几，银毫、铜仙、钞票出焉，凡纸币、银元，皆以龙为徽，有大元、双毫、单毫、五仙等四种。至民国六、七年间，广西都督陆荣廷乃自行印刷纸币，与广东双毫及前清龙毫流通市面，初尚十足，颇能平稳。迄民国十年，本省政变，所有从前广西都督陆荣廷发行之纸币竟一跌而降为五折矣。至民国十二年，由五折而渐至每元三铜枚、二铜枚，以至于一铜枚而止。不谓纸币告终，而银毫出，而一般商民又多所指摘，谓民元至民九所铸之银毫成色尚可，民十至民十四成色太低，使用时即挑剔不取钉印。铜元即忽涨忽落，而制钱竟从此消灭矣。民国十五年，政府另铸中山、嘉禾等毫银及另制新币，然所铸之毫银无多，而新纸币惟邕宁多用之，邑中银毫又荒，每毫涨至十四铜元至十六铜元者。民十九年，外省铜仙多有运入本省，邑中市面银毫加荒,兼之市面交易多有挑剔,而以一至九东毫,每毫涨至铜仙十八九枚,中山、嘉禾银每毫涨至铜仙二十枚矣。民二十一年,政府复由省银行发行新纸币,通行使用。民国二十五年,中央实施法币政策,而新纸币又降为五折矣。现日常交易,以广西纸币及国币为本位,铜元为辅币。

（林剑平、吴龙辉修,张景星等纂:《崇善县志》,第四编,经济,金融,一九六二年广西档案馆民国二十六年稿本铅印本。）

〔清代前期至民国三十五年,广西龙津县〕 龙州市面使用货币,前清同治、光绪以前,律用制钱、碎银及老花,俗谓灯盏窝盖。其银元系用锥钻或钢印钻印银面,使其银面花窝形如灯盏,以验银质之真伪,故名也。迨甲申之役,中法议和,辟龙州为商埠。龙越毗连,彼此通商,遂有法洋(俗谓光板)、越币之输入,凡毗连越境村庄、市镇,贸易双方贸易及易于购买越方货物起见(因越方不用我国制钱、制币),买卖均以法洋、越币为本位。月积年累,市内贸易亦有以该两项外币为本位。至光绪末季,有龙毫出现(银毫面铸有龙形者),而所谓老花者遂无形消灭。其后再有铜仙及纸币通行。至民国十年以复,制钱亦遂废用。民国二十五年,省政府禁用外币,而政府亦更用制币,废用硬币,交易白银国有,往日印铸通行之银币均停止使用,由政府收回,而法洋及外币之交易已不敢公然于市面订价矣。迨日敌侵略我国,全国统一,团结一致,币制亦随之统一。计现市面所使用者,仅纸币一种,而往日纸币复有省币与国币之分。省币则有五种,即广西省银行印行曰一角、曰五角、曰一元、曰五元、曰十元。市有广西金库印行之国币券一种,卷面值一元,当省币一元三角。国币有中央、中国、交通、农民等四银行发行之纸币及中央银行印行之关金卷、各银行印行纸币,其种类由一角起至二千元止。惟抗战后,国内通货膨胀,货币贬值,所有一角至一元纸币已经停用。今则五元之中央币亦不用,惟十元以上之国币尚用。现市面贸易渐以国币为本位。省币二元则值国币一元,国币二十元则值关金一元。省币早经政府收回废用,现市面纸币仅国币及关金而已。

（龙津县修志局修纂:《龙津县志》,第六编,经济,货币种类及沿革,民国三十五年修,一九六〇年广西档案馆铅印本。）

注:原龙州县于民国二十六年改名龙津县,一九六一年复称龙州县。

〔清道光年间至民国二十二年,广西罗城县〕 县属在清道咸间,市面货币均以银锭、银块及碎银为本位币,以钱为辅币,银锭有十两、五两、三两一锭不等,银块有七钱、六钱、五钱不等,碎银有二三钱或一钱八分不等,钱则有卯钱、制钱之别。每银一两可兑换制钱一千四百文,若兑换卯钱可得二千文,市面交易均以天平厘戥衡银之轻重,而以制卯钱伸算补之。至光绪中年以迄民初,市面货币有各种银元、毫银,同时又有铜先为辅币。银元有鹰洋(币面为鹰形花纹,铸自墨西哥,故又称墨西哥银元)、龙洋(币面为龙形花纹,始铸于广东,名曰光绪元宝,后江南、湖北亦铸有,至宣统间,湖北、天津又铸宣统元宝,均通称龙洋)、港洋(币面有人像持杖而立,铸于香港,亦称人洋或杖洋)、袁头洋(币面为袁世凯像,民国三年始铸于天津,同时南京、武昌、广东亦有铸造)、中山洋(币面为中山先生像,民国十六年始铸于南京,同时杭州亦有铸造),而于毫银,在光绪二十年间,有广东、湖北两省所铸造之龙毫在市面行使。龙毫有单毫、双毫、五仙等种。同时又有香港所铸之港毫,亦有单毫、双毫、五仙等之别。由民国元年至十八年,市面毫币更行复杂,其名有广东旧毫、广东新毫及本省所铸广西杂色旧毫、广西嘉禾新毫、中山毫等等,实难尽述。又民国三年,县属始有本省纸币十元、五元、一元、五角、一角等五种在市面行使。自有纸币后,市面惟见有纸币、毫银、铜先三种,而各种银元逐渐稀少不见矣。至十一、十二年,纸币低落,以七八折兑换。十八、十九年,以二三折兑换。嗣奉省令封存。至民国二十二年,奉省令筹捐银行股金,遂有广西省银行发行纸币小洋十元、五元、一元、一角等四种,并有国币(小洋加三)一元一种,于是市面行使有纸币、毫银、铜先三种,纸币与毫银兑换平等,若以纸币、毫银掉换铜先,则小洋一角可掉换铜先二十八枚。

(江碧秋修,潘宝箓纂:《罗城县志》,经济,金融,民国二十四年铅印本。)

〔清代中叶至民国三十年,广西宾阳县〕 清光绪十五年以前,流行市面者有纹银、碎银、银元、铜钱四种。银以两为单位,钱以文为单位,市面金融颇形活跃。其后香港、广东银毫先后输入,不数年而银毫愈多,银元、碎银渐少。迨广东毫流行愈多,不特碎银、纹银绝迹于市,即银元、港毫亦因短少,于是市面用银遂变两单位为元单位,而铜钱仍通行无异。宣统间虽行用纸币,县属各市流通尚少,惟广东银毫最为通行。民纪以后,陆都督荣廷、谭督军浩明先后发行之广西银行纸币,初尚与毫银平用。民五以后,以纸币换银毫,每百元须补水三四元至七八元不等。其时铜元虽亦通行,零星买卖仍以铜钱为本位。民十政变,陆、谭下野,广西纸币骤落至五成,市面金融遂呈枯竭之象。民十一自治军兴,发行通用券,亦仅用五成,且愈用愈低。至十二年夏,遂废纸币而专用毫银。自是以后,广西银毫与广东银毫,各省铜元与旧日铜毫,并行市面,金融顿行活动。然低伪银毫搀杂其间，商场交易颇感困难，未几又屏铜钱而不用，零星买卖均以铜元为单位，人民生活程度日渐增高。民十五年，复行用广西银行纸币，而兑换比价终不敌银毫之高。民十八年，又令封存纸币而用东毫，于是中山毫与旧东毫并行市面，广西之嘉禾毫亦渐流通，价目互为高下。民二十一年，广西金库券及广西银行纸币，又复与银毫并行通用。自此纸币日多，银毫日少，二十三、四等年，每一双毫找价竟达铜元五十六枚，纸币则每元换铜元二百四十枚。现银缺乏，可以想见。二十四年冬，政府实行统一货币政策，集中现金，禁止市面行使，一切交易纳税均以中国、中央、交通三银行纸币为法币，中、中、交法币未到本省以前，仍以本省纸币折合计算，凡持有现银者，准赴银行兑换，初每银毫一元兑广西纸币一元二角。至二十六年度开始，则每银毫一元二角兑广西纸币二元，作法币一元。三十年春，又通令中国、中央、交通、农民、四明、中南、中国农工、中国农商、中国通商、中国实业、浙江兴业、中国垦业、湖南、广东（广东毫钞一元作国币七角）、本省等银行纸币一律通用。

（胡学林修，朱昌奎纂：《宾阳县志》，第四编，经济，甲，金融，民国三十七年稿本，一九六一年铅字重印本。）

〔清同治年间至民国二十四年，广西来宾县〕 县境之货币度量衡情状，在二百年前，无可考知今言其可知者，清同治己巳岁重修学宫，匠人掘地得汉之半两钱数枚，孔大而廓细，色赤黑，径比清之康熙钱，文曰半两，小篆体，左右横读。……后有人又拾得五铢货泉，两钱轮廓篆文悉与半两略同，则汉钱之流入县境可知也。唐时行开元通宝钱以后，至宋每一改元辄铸钱，号曰元宝，或兼铸重宝，或当五，或当十。清光绪初年，在厢里格兰村掘地得开元通宝钱数千，盖唐时古物。……前清顺治、康熙，作青铜钱。雍正、乾隆后，黄白赤诸铜钱虽递有变更，而肉好精良，薄海畅行，直与五铢半两开元通宝同声价。道光末叶，父老及见者言当时钱与银之比例，每钱千值银一两。咸丰丧乱，私铸沙板钱，名曰新钱，大都铜少铅多，兼含杂质，轮廓不完，质轻薄而色青黑，亦有上中下三等，上者纹犹可辨，皆书咸丰年号，书道光者百或一二焉，每钱二千值银一两。中者纹已模糊，较小较轻。下者则纹漫不可见，其小几同鹅眼，与银比例各递减至四分一，甚者三分一以下。厥时此钱盛行，遍于县境。清光绪初年，南乡石塘、寺脚、石牙、大桥、分界诸墟市改用道光以前之制钱，每钱一千五百值银一两。光绪十二年丙戌六月，县城始废咸丰新钱，北乡以次从之。官府示令，债务关系凡咸丰新钱千准制钱六百五十，制钱值银均与南乡市价同。至光绪末年，渐行政府新铸铜元，俗名之曰镭,而旧用制钱亦渐有劣钱搀杂,于是制钱与铜元兼用。铜元一常值制钱七八。民国五、六年间,铜元盛行,而清之制钱废矣。既而铜元价渐低,每百有六十值粤银一元。……光绪晚年,香港毫银县境渐有用者……县人谓一毫为单毫,二毫为双毫,每单毫值库平七分二厘,仍以轻重计也。庚子以后,广东省造毫银,即所谓粤银,与香港毫银杂用。惟单毫与半毫质较劣且轻,独双毫盛行。此后直以数计,不复较轻重,双毫俨然为本位焉。广东所铸毫银文曰光绪元宝。……清季大清银行(民国后改名中国银行)发行纸币,初行沿海商埠,以次入岭西。县境当前清宣统初元渐有行用。民国肇建,广西都督发行广西银行纸币,其数额与基本金不逾法定之比例。癸丑、甲寅间,湘粤纸币低折,而广西银行纸币且越境输出,价格与见金等。当时县境亦同在广西银行金融范围之内。纸币轻简,民咸便之。厥后当局见纸币之畅行,以为可以获利,竟不问基本金若何,滥发数倍原有基本金。又因政治问题任意移借,更增发五角纸币,最后乃发行十分元之一,即所谓壹毫者。辛酉春间,县境纸币价格降至七八成,粤军入邕,省署忽颁通令,广西银行纸币官私出入一律五折,是时省库基本金实无锱铢余存,纸币价格遂落至三四成以下,卒至一钱不值,无计维持,民间视纸币曾土苴之不若,不复行用。民国十五年丙寅岁以后,广西新政府发行新纸币。民国十八年夏间,又遭政变,所发行纸币亦不能行用。政府令人民以所存纸币各诣县市长官呈验封存,封面加钤县市印为记,谕令静候政府解决,或乃不能久待,凡地方公私所存闻梧州市商以通行毫银二成收买纸币,遂以次赴梧州易取毫银,归应急需,向之纸币殆无复存者。如是广西政府乃发行金库券,未几又发行广西银行纸币,称为通用货币,所有金库券以次收回,独行通用货币。既而又印发一毫小纸币以为辅币,意在调剂金融,又有所谓国币库券,俗称大洋纸币,与广西银行通用货币同时行用,其价格视通用货币常为十与十三之比例。政府征收田赋及诸杂税改用国币计算,凡毫银及通用货币投纳者,均加三成。铜元与毫银之比例,自初毫银一元值铜元一百五六十枚,渐增至二百以上,民国二十四年增至三百,旋复减至二百五、六十,其于纸币价格皆以毫银比例为准。

(翟富文纂修:《来宾县志》,下篇,食货一,货币度量衡,民国二十六年铅印本。)

〔清代至民国二十一年,广西同正县〕 当清咸同以前,此地金融大抵银钱两样,银则每锭约重十两,是为纹银。钱则每文约重十分,是为制钱。金特罕见,或制首饰,不作货币用也。盖日用交易只是用钱,惟大数目或用银,而仍以钱为本位,故纹银每两作钱二千余文,金叶则不过十余换而已。迨光绪年间,始盛行飞鹰之洋银，谓之大元。自通商以后，其银元久入中国，不知经几许流转，始到此边地，各商因恐其伪，均已打印成窝如灯盏，然无光板者。香港银角亦渐侵入。另有大元数种，其重量亦相同。……未几而银毫、铜仙、钞票出焉。凡纸币、银元，皆以龙为徽，有大元、双毫、单毫、五仙四种。纸币则不知若干。虽仍以制钱为时价，但购物者可以银币之角仙计算，纳粮则依旧以银元之钱两上秤也。至于民国六、七年间，南北既未统一，广西政府乃自行印刷纸币，与广东双毫及前清龙毫流通市面。初尚十足，颇能平稳。迄东军援桂，陆谭败窜，所有从前发行之纸币多囊括现银以去，而银行始则挤兑，继遂倒闭，竟一跌而降为五折矣。自是而后，地方以及各机关，凡出入收支均是纸币，不论破裂污损，一律通用。商家则抬高物价，任其操纵，即零数亦无找补。军队则强迫行使，倘不收受，将市货竟行夺取。不独银角、铜仙固少见，而即制钱之搀杂毛钱者亦且杳然绝迹。于是钞票遂大跌特跌，由五折而渐至于每元三铜枚二铜枚，以至于一铜枚而止。其时之谷米百斤有卖至一百二十元，猪肉一斤有卖至三十六元者，时人谓为鬼世界，以其类于中元之冥镪也。政府睹以现状，强为调剂，乃有四纸六现、三纸七现、二纸八现之命令，亦徒成为具文，而民间之恐慌如故，盖银根之枯窘固已久矣。……民十五、六年间，政府另铸中山、嘉禾等银毫及另印新纸币，然所铸之银毫无多，而新纸币惟邕宁多用之，此地银毫又荒，每毫涨至十四铜元及渐涨至十六铜元者。民十九年，外省铜仙多有运入本省，此地市面银毫加荒，兼之市场交易多有挑剔，而一至九东毫每毫涨至铜仙十八九枚，中山、嘉禾银则每毫涨至铜仙二十枚矣。民二十一年，政府复由省银行发行新纸币，而此地银价不再加涨矣。

（杨北岑等纂修：《同正县志》，卷六，物产，食货一，民国二十一年铅印本。）

〔清代至民国二十三年，广西贺县〕 清代行用制钱，流通最广，银元、碎银市面虽行，不多用。光绪中叶，始有广西双单龙毫、五仙龙毫、广东双毫、香港双毫及五仙同时并用，而碎银遂绝于市。复因行用铜元，而制钱又绝于市。民国纪元，收回龙毫，铸造中山、嘉禾银毫行用，但未遍及。今惟广东双毫及铜元通用，国币、外币甚少，外省外国钞票绝无，惟现时本省钞票、金库券均行使。

（韦冠英修，梁培煐、龙先钰纂：《贺县志》，卷四，经济部，货币沿革，民国二十三年铅印本。）

〔清代至民国二十四年，广西贵县〕 自清迄今，各种货币备极庞杂，流通市面,低昂靡定,恒不能以法价相绳,对于经济生活影响滋巨,特著于篇。铜钱(明代以前从略)。铜钱即制钱,清代制钱面铸汉字,背为满文,形圆而孔方,小索贯之以交易。钱一枚,俗曰一文。其成色、重量随朝代而异。乾隆以前所铸者量重质佳,每枚约重一钱二分。咸同间所铸者量轻质劣,形小而薄,灰板沙壳,俗称烂钱,为人所厌用,市肆间恒以此而生争执。是时生活程度甚低,交易以制钱一文为单位。又县属流通制钱为额颇巨,民间窖藏、市面贸易几视制钱为主币焉。民国以还,铜元输入,制钱与铜元相辅而行,每制钱十文当铜元一枚。民国六、七年后,生活程度日高,县属行使制钱渐稀。民国十年后,日常交易皆以铜元一枚为单位,而制钱遂绝迹于市。铜元。铜元俗称铜仙,清光绪二十六年,广东钱局仿英国铜币之制创铸,更袭其音曰仙,为中国有铜元之始。嗣后各省踵而行之,铜元遂渐通用。县属行使一分(又作当十)铜元,始于民国初年。粤铸铜元输入,初通用于城厢,继流布于各里,其法价为十进,每制钱十枚当铜元一枚,每铜元十枚当毫银一角。于时铜元初出,流通额尚少,与制钱相剂为用,供求平衡,故铜元尚能维持法价。民国十年后,铜元输入剧增,价值日落。民国十五年后,每铜元一十三枚换毫银一角。嗣后输入之额漫无限制,奸商唯利是图,巨额贩入,于是各省铜元源源而至,县属遂为铜元输入之尾闾,供过于求,其价值愈贱。至民国二十三年,每铜元二十五枚换毫银一角,贫民小贩终日胼胝,所得微资皆为铜元,而铜元乃日跌价,其于小民生计影响巨矣。银元。银元,银主币也,流通于县属,始自何年,载籍无考。通商以前,吾国尚无银元,是时县属使用宝锭纹银。清咸同以后,海禁大开,外国银元输入,而银元之用乃著,故俗称银元曰洋银,又简称曰洋。光绪十六年,广东创铸银元,为中国自铸银元之始。至光绪二十年间始流通县境,是时县属金融有本国银元与外国银元之别,本国银元以广东银元为多,各省银元次之,其成色、重量同,每枚七钱二分,银九铜一。外国银元则有墨西哥之鹰洋、英国之人洋、日本之龙番,纷错繁杂,羼然并用,其行使以重量计而不以枚。光绪二十三年后,市面通用渐稀。碎银。俗称碎银为碎花,盖即各种银元之戳碎者,零星授受以戥或天秤权之,与银元相辅而行。光绪二十三年后,毫银输入,以其便于行使,而碎银遂渐废用。银角。银角俗称毫银,又曰毫子,银辅币也。清光绪十六年,广东创铸银角,为中国铸银角之始。至光绪二十三年后,始流通县属,计有二角、一角、半角凡三种,其中以二角银币为主要流通,额亦最巨,在市面上、信用上几认为主币焉。币面铸蟠龙纹,故又曰龙毫,其成色银八铜二,是时县属金融以广东银角为多,各省银角次之。民国纪元，广东别铸银角，其重量与龙毫同，币面改铸民国字样，名曰新毫。元年至九年所铸者信用甚著，俗又谓之一至九毫银，在县境流通颇畅。自新毫通用后，而龙毫遂渐减少。民国八、九年间，广西自铸银角，其式仿广东新毫。至十五年所铸毫银又别以交互嘉禾花纹，俗曰嘉禾银，于时县属所流通者以嘉禾毫银与粤铸低色毫银为多，至是而广东新毫又渐减少，惟圜法窳敝，市价各别。嘉禾银曰西毫，粤铸者曰东毫，伪币充斥，取舍莫辨，商场恐慌，贸易日衰，时人谓之银潮，是为县属金融界最混乱时期，地方各法团悉然忧之，因设检验毫银会，凡囊银入口者须经检验，以别真伪，久之银潮乃息。迨民国十九年，中山毫银输入，而各种毫银又渐减少，近年市面以中山二角毫银流通额为最巨。镍币。五仙镍币始于民国十年粤军入境，由军队行使，每二枚当银币一角，县属城市通用颇广，未几废用。镍币每枚总重七分，镍二五铜七五。民国九年，广东造币厂依国币条例创铸，为中国有镍币之始。纸币。纸币俗称银纸，又曰钞票，代货币流通于社会之信用证券也。其制起于宋，元、明亦尝行之，在清代宣统三年，广西银行纸币始流通县境，有一元、五元两种，商民以其便于取携，亦乐用之。民国二年，广西银行增发新纸币，计有十元、五元、一元、五毫、二毫、一毫六种，于时县属流通额尚少，各币可易现银，已而滥发滋甚，加以世变频仍，而信用渐失，市上交易遂由低折而至拒用。民国十二年间，军事扰攘，间有省外各项纸币流入，未几不复通用。民国十四、五年间，广西银行重新成立，另行印发纸币，亦有十元、五元、一元、五角、二角、一角六种，其在县属流通额甚巨。民国十八年，政变又起，银行闭歇，纸币寻废用。民国二十年，广西省政府发行金库券，流通县属者有十元、五元、一元三种。民国二十二年，广西银行又重新成立，复发行十元、五元、一元新纸币。民国二十三年，又增发一角纸币，县属市面今皆通行。历次纸币之变更，或低折、或废用，商民损失不资。至于纸币低折时，商场或暗抬高物价，或用复价交易（纸币交易与毫银交易各异其价），其影响于民生者亦甚大也。

（欧仰羲等修，梁崇鼎等纂：《贵县志》，卷七，经济，货币，民国二十四年铅印本。）

〔清代至民国二十五年，广西平乐县〕 清代市面交易以制钱为最流通，兼用纹银，若解省赋税及发给兵饷，一律纹银。阅咸丰、同治以迄光绪初年，尚沿用纹银，有五十两、十两，皆作扁方形者曰银饼，有倾铸成五十两、十两各为一锭者曰元宝锭，又有五两、三两如杯形大者曰茶杯锭，小者曰酒杯。锭散用时，凿破之为条为片，以天秤或厘戥权其轻重。当同治时代，市面已兼用外国银元鹰洋、英洋两种。光绪中叶,有本国自铸龙银元,每枚重库平七钱二分,与外国银元同。龙双毫每枚重库平一钱四分四厘,龙单毫重库平七分二厘,龙五仙重平三分六厘,广东、湖北、江苏等省均有铸造,以广东省所铸者为用最多。同时有日本银元、香港银毫输入,亦博得信用。……自银毫流通,碎银顿绝,银元流通,制钱顿绝。光绪末叶,推行乌龙钞票,与银元、银毫并用。民国成立,乌龙钞票废矣。本省陆前都督荣廷发行一种钞票以代之。同时有中山像嘉禾银元、银毫及袁氏像银元等亦流通。……自时厥后,向有前清之龙元、龙毫逐渐收回改铸,不复见矣。民国十年,陆氏钞票废,惟广东银毫及铜元如常,普遍以双毫为最适用,而单毫及五仙又少见矣。十四、十五年间,本省自铸之银双毫并新钞票盛行。二十二年,省库备价收回新钞票,换发一种钞票,名毫币(即小洋票)及金库券(与毫币同等)、国币(即大洋票,每元值小洋一元三角,次第畅行,十足通用。辅币有二角、一角等钞票)。迨二十四年,省政府通令以毫币加二收回银元、银毫,禁止行使,先后备价收回旧二角、一角等钞票及金库券,并发行新五角、一角等钞票。二十五年,改为法币制,照毫币加六伸算。本邑向无外省及外国钞票行使。此本邑货币经过沿革之大概情形也。

(蒋庚蕃、郭春田修,张智林纂:《平乐县志》,卷七,经济,货币,民国二十九年铅印本。)

〔**清代至民国二十五年,广西信都县**〕 货币,以前用纹银,清代用碎银。清末铜元盛行,制钱减少。今则制钱绝迹,市上通用铜元、银角、铜币多,银元独少。各省皆铸大洋,英洋、鹰洋来自各国。

(罗春芳修,王昆山纂:《信都县志》,第四编,经济,货币,民国二十五年铅印本。)

〔**清代至民国二十五年,广西融县**〕 货币之沿革:清代道咸以前,用银尚稀,多以钱计,其时银与钱之比价弗可详矣。第以生活低,交易小,所用之银种类不同,成色各异,轻重亦不一致。市面交易:双方须携带厘戥,需时滞事找补为难,故习用率以制钱计,苟非巨款或公帑,识价辄曰若干千。铜钱鲜有以银计者,民间非巨富几不识朱提为何物。同光以降,有花银与制钱并行,花银交易不及一元者,砍而碎之,曰碎银。既而银毫盛行,碎银遂以绝迹。光绪季年,铸当十、当二十之铜元。宣统时,县境暂不通用,民国成立,乃复畅行,而制钱亦归乌有。……现时市面行用以广东双毫为最畅,广西银行之大洋一元纸币及一毫、一元、五元、十元之纸币亦通行为本位币,而辅之以铜元。

(黄志勋修,龙泰任纂:《融县志》,第四编,经济,金融,民国二十五年铅印本。)

〔清代至民国二十六年前后,广西崇善县〕 清时货币交易以制钱为主,以花边元、碎花、银锭为辅,尚无纸币。至光绪中叶,而花边元等银已为无形之消灭,或有用法光及纸币。光绪末叶,除用制钱外,硬币则有单毫、双毫及七角鬼银元。民国改元后,制钱改为铜元,纸币则有省府发行之纸币,硬币则有民元至民九、民十至民十四及中山、嘉禾等毫币。现以广西纸币及国币为通行使用。

(林剑平、吴龙辉修,张景星等纂:《崇善县志》,第四编,经济,金融,一九六二年广西档案馆据民国二十六年稿本铅印本。)

〔清光绪以前至民国三十五年,广西三江县〕 县在清光绪前,通用制钱、纹银、碎银。至光绪末宣统初,则制钱、铜元、龙洋、鹰洋兼用,而纹银、碎银渐稀矣。入民国,除制钱、铜元、龙洋、鹰洋外,并用香港单毫、广东单(双)毫、湖北毫、本省嘉禾毫、六角花边、单双龙毫、广西省钞。相沿至民九、民十,而纹银、碎银更稀矣。民十以还,行使广西省银行钞票、广西省金库券及光洋、银毫、铜元等,而纹银、碎银与制钱俱绝迹矣。迨二十六年,政府收回银元,中、中、交、农四行钞票(法币)输入后,则与广西省银行钞票及双毫、铜元、镍币等相输为用,惟市面如此,而四乡居民仍专用东毫,几至无此不成交易。

(覃卓吾、龙澄波纂修,魏仁重续修,姜玉笙续纂:《三江县志》,卷四,经济,货币,民国三十五年铅印本。)

〔清朝初年至民国十九年前后,四川名山县〕 清初通行之币不过两种,曰银,曰钱。银初以两计,率十两一饼,次亦九两,至八两以降则为下乔,不适于用。光绪末始行元(每枚重七钱二分),以有殽杂犹多滞,民国乃畅行,价递增至十倍有奇,向之银饼渐次绝迹于市。未几而半元者出,奸伪日起,殽杂益多,于是有厂板(四川造币厂铸)、钢板(云南铸)、杂板(军阀铸)之分辨真赝较低昂,市井嚣然。既而军饷、赋税专取大元,半元遂成废物,贫氓持此无以易升斗,惟有涕泣市途而已。钱,初制枚径六分,重十分两之一圜而函方,肉好周郭,其值一。咸丰中,军兴饷绌,济以当十大钱,旋废阻。光绪末始行铜元,小当十,大当二十,惟此两种与初币相辅,尚无滞。民国则当五、十、一百、二百纷然叠出(曾铸当五百,因滞用停),数目递加,质分递减,迄今竞铸小当二百(前铸者名为大当二百),不及从前当二十之大且重,于是钱制大乱,市肆异用,而百物沸腾,大氏无虑增数十百倍矣。自当五十者出,而前之值一者吸尽;当一百、二百者出,而前之值十、当二十者吸尽;自小当二百者竞铸,而前之大当二百几几乎又绝于市。钱益轻,物益贵,势使然也,而农、工、商均缘此坐困。

（胡存琮修,赵正和纂:《名山县新志》,卷八,食货,民国十九年刻本。）

〔清康熙年间至民国十四年,四川崇宁县〕 钱币之制,道光以前推康乾为盛,道光以后尚属平常,银一两易钱八九百及一千文不等。降及咸同,杂以伪沙,字迹不辨,而奸宄盗铸尤多,俗名曰毛钱,钱益轻,货益贵,银一两易钱三四千文之多。而币制浸以陵迟,于是更铸咸丰当十钱,重一两,文如其数,然重滞难用。同治末年,禁用毛钱,专行上年制钱,物价旋落,银价返本,与道光间相近。嗣后禁弛,毛钱日增,银一两外涨二三百文。至光绪末,弊终未革,因变通币制,改铸当五、当十、当二十三种铜币,铜质美丽,制造精良,俗名曰铜元,面文龙圜,以洋字底曰光绪元宝,上曰四川官局造,下曰每枚当制钱若干,满字当中,推行各县,最为流通,与上年外圆内方之制造大相径庭。旋又异其文以铸之,上曰四川省造,下曰当若干,移满字于两圜。丙午制造文又添改面加光绪年造四字,底文曰大清铜币,川字居中,上圜之以满字及丙午字样,旁曰户部,下曰当制钱若干,己酉如丙午之制造,惟户部字易为度支部,因立宪也,丙午字易为己酉,面注宣统年造,银一元易钱八九百或一千文。民国元年,乱兵暴动,帑藏大空,国费支绌,以制币之法而变通之。面用篆文,其文曰汉圜之以大圈,又圜以十八小圈,上曰中华民国元年,底文曰四川铜币,上曰军政府造,下曰当制钱数若干,更铸当五十铜币,文亦如之。又辅以洋纸铜币券或一百文、二百文以救银荒。洋纸易坏,遂易皮纸,旋复收回,二年铸当一百（同又铸当二百）,面有国旗,圜以洋字,底文曰二百文,绘以嘉禾,上曰中华民国二年,下曰四川造币厂,迄今踵行,尚因元年、二年之制造为制造矣。

（陈邦倬修,易象乾等纂:《崇宁县志》,卷三,食货门,钱币,民国十四年刻本。）

〔清嘉庆十七年前后,四川宜宾县〕 水陆交会,贸易四达。其各省局钱,俱与宝川局钱一例通用,价值并无低昂。现在每纹银一两,换制钱一千文。

（清 刘永熙修,李世芳等纂:《宜宾县志》,卷三十,钱法志,宜宾县,清嘉庆十七年刻本。）

〔清嘉庆、道光年间至民国十年,四川丹棱县〕 银钱交易,近百年来亦屡变更矣。清嘉道时,购物多用碎银,各有随身戥子。咸同间,需白丝。至光绪初,则尚白锭或用宰块。逮二十八年,省城设局销白锭铸银元,文曰库平七钱二分、半元三钱六分,民称便焉。民国新造,金镕不敷,仿宋代交子、会子之法,创造纸币一元、五元不等，与银元并行。继因纸币价格甚低，商民每受折约。八年，始将纸币取销，通用银元。前清铜币，以顺治、康熙、雍正、乾隆四朝为最，嘉庆、道光次之，至咸丰、同治，钱式较小，铜色亦逊，每千约重六斤，兼以鹅眼小钱层见叠出。光绪丙午改铸铜元，文曰当十、当二十国宝通用。民国初，军政府造有当五十者，有当一百、二百者。至十年，奸商将小钱收卖铜元局销化，以致零星小数补给维艰，百物因之腾贵。

（刘良模等修，罗春霖等纂：《丹棱县志》，卷四，食货志，商务，民国十二年石印本。）

〔清同治年间至民国二十七年前后，四川安县〕 在清同光时期，交易多用生银，其次则小制钱，大约每银一两易钱一千文上下，市面金融不见其盈，亦不觉其枯。自银元畅行之后，金融之枯窘迥异于前，故年来银元价较高二十余倍矣。以今视昔，消长之势不言可知。

（夏时行等修，刘公旭等纂：《安县志》，卷五十六，社会风俗，金融，民国二十七年石印本。）

〔清光绪十二年前后，四川潼川府射洪县〕 射洪少大山，不产铜铅，故无山厂充商采办等事，其转用之钱俱系省制钱，私钱无从搀杂。纹银一两，向年易钱九百余，近日价至一千五六百有奇。

（清 谢廷钧等修，罗锦城等纂：《射洪县志》，卷五，食货志，钱法，清光绪十二年刻本。）

〔清光绪二十六年前后，四川井研县〕 蜀中州县，大概兼行银钱，惟井研专用钱币，自纳课、完厘、买卖田宅、市易货物暨米盐零杂，日用之需，无不以钱，惟与他县贸易用银而已，故近岁尤患钱荒。

（清 叶桂年等修，吴嘉谟等纂：《光绪井研志》，卷八，食货四，土产，清光绪二十六年刻本。）

〔清朝末年至民国十二年，四川眉山县〕 自清末当十铜币盛行，与一文钱子母相权，尚称利便。今因军用不足，辄滥铸值百、值二百各币，母多于子，与贾值相差恒数十倍，市井奸宄争攘目前近利，肆意销毁制钱，虽严法不能禁，以致百物腾踊。

（王铭新等修，杨卫星、郭庆琳纂：《眉山县志》，卷三，食货志，土产，民国十二年铅印本。）

〔清代至民国十四年，四川彭山县〕 清时币制仅制钱一种，而银则以生者行用,尚无所谓银币焉。制钱每千重六斤四两,每文实重一钱。银则分库色(纯银无杂质)、市色(九八色曰市色,谓银一两含二分杂质也)。银有价,钱无价,以银相权,而钱乃有价。咸丰军兴,国用不给,乃增造当十、当百钱(其式与制钱同,而重与大各过之)及五百、一千等之咸丰宝钞,然民用不便,故不久旋罢。至光绪二十八年,四川初铸银、铜各币,银币每元重库平七钱二分,其二开(半元)、四开(二角半,此项未久即停)、五开(二角)、十开(一角)、二十开(半角)等重量皆准此递差。铜币初为大小二种,一当五,一当十,旋罢当五者,改铸当二十者,与制钱相辅而行,人乐用焉。此有清一代币制之大略也。及入民国,种类繁多,有银币,有铜币,有钞币,兹为分记其略如下:一、银币。辛亥以后,所铸银币成色、重量俱较清时为弱,民间行使仍通作市平七钱一分计算(自光绪三十一年以来即如此),其半元以下各辅币成色、重量又加弱焉(十一年所铸之半元成色又加弱焉)。二、铜币。民国之初,仅铸当十、当二十二种。旋又增铸当五十者,二年又增铸当百、当二百者。铜币日多,制钱日少,而物价亦遂日贵。其当二百一种尤于币制有碍,八、九年间已经停铸。近又造行,自此项行而当十、当二十者又日少矣。三、钞币。钞币即纸币,辛亥之冬,政府拟行银钞一种,名曰四川军用票,拟与银币相辅而行。初时尚形流通(持票人市换钱比银币每元多换二文、完纳税款概准作七钱二分)。元年以来,为数日多,渐至疲滞,于是又为钱票以通融之。二年八月以后,每钞一元乃仅值钱六七百文(其时银币每元值钱一千三百余文、一千四百余文)。三年,政府乃由濬川源银行制兑券收回(其法军用票概作半元,每濬川源兑券一元换军用票二元),同时又有中国银行及交通银行之两种兑券,故其后军票虽得收回,而钞票依然充塞。迨七年以后,初定银券各半之规,继乃改为银七券三之制,凡政府军政各款之开支及民间赋税捐款之上纳皆准此,而政府收入兑券又悉截角焚毁,故至八年,即渐行肃清,至九年,市中已不复再见有纸币矣。

(刘锡纯纂:《重修彭山县志》,卷三,食货篇,币制,民国十四年修,三十三年铅印本。)

〔清代至民国二十二年,四川绵阳县〕 清代钱币仍以铜铸,一面铸满文,一面铸当代年号,重约四铢,通行全国。外以金为重,宝银次之,交易通行,然马蹄银锭轻重不一。迨清末美洲墨西哥银元流入我国,商民称便。至光绪末年,始令各省自铸银元,仍准重库平七钱二分,一面铸年号,一面铸龙形,以为通用主币,铸当十、当二十铜元。民国成立,铸当五十、当二百大铜元。民十年后,形式缩小,铜元量如旧。但自川乱以来,省库被劫,军政支绌,始行使纸币,贻害滋多。……董特生长四川财政厅时,先无准备金,而滥发军用票数千万,致人兑现无期,贱视纸币,每元价低至钱数百文,咸疾首蹙额,受恶币痛苦。及民国四年,四川督军陈宧任,逮治董特生,旋令加附税,取消军币,未竟其功。及民国七年,熊克武督川,始就盐务余款收买军票销毁,人心始如寒极而春,旱极而雨及。民国十二年,川战发生,熊氏复印行军用票以济饷款,幸行之不远,熊氏退位,此币遂归停顿。四川当局复铸当五角银元流通市面,银色颇低之半元亦混杂其间,商民颇以为苦。云南半元尚为市面所重,次则为厂板元,字开口者,惟价值高低不等,交易不便,市面恒有争论。民国十七年,国民革命军二十九军屯殖司令部孙、董两司令官始令从六月一日起,官私交易一律遵用大银元,绵阳币制始定,杂板银元遂无形消灭。惟当二百之大铜元初尚通行,及改铸当二百之小铜元充斥于市,则银元价格日增,而物价亦增高数倍。

（梁兆麒、蒲殿钦修,崔映棠等纂:《绵阳县志》,卷三,食货志,币制,民国二十二年刻本。）

〔**清代至民国二十四年,四川西昌县**〕 清代用银,初沿习惯以两计,两以下为钱为分为厘,锭无定制,大致十两左右,而不及十两者居多数,称曰大锭,四五两之间称中锭,以四川夔关锭为最漂。商人于货物高涨时,交易恒向购者索漂银,货疲滞则每以九几色银交兑矣,添秤则宰大锭为小块,曰宰块,小至两以下、钱以上曰散碎,自境外来吾邑者有牌方锭,重量在四五两之间;螺丝锭,重量一两左右;偶有藏元,亦和生银用以搭秤,无不秤而用者,此光绪以前之情形也。清末铸银为元,重七钱二分,十之为角,铸五角、二角、一角、半角以辅之,凡五种。民国初元,流通至县,而银两习惯为之一变。初,以银为本位者,仅少数巨商富户也,银在黄金之次,为货品之一,故银有价,价有涨落,而钱仍居本位,凡交易置产以钱计者恒居多数。自铜元制行,而钱日轻。二十四年,银元改行法币,而钱益轻而至于废,货益昂而至于不知胡底。

（杨肇基等纂修:《西昌县志》,卷三,食货志,币制,民国三十一年铅印本。）

〔**清代至民国二十四年,四川泸县**〕 清代有银、铜二品,银有大锭、中锭、块头三种,大锭重约十两,中锭半之,块头系零件,轻重不等。铜币圜圆函方,一文为单位,约千文换银一两。钱商率制纸币,每纸一千,任人交易兑用,而钱商阴获厚利,然滥发倒闭者亦往往而有。清末铸银币,仿墨西哥制,一元约重七钱一分,另铸辅币五仙、一角、二角、半元等,铜币则有当十、当二十两种。民国后,又有当

五十、一百、二百者,然铸造不精,重量亦减,而原有制钱锁化殆尽,以此银价骤增,每两至十四五千,奸商因以为利。大板角洋故为区分半龙及东三省之角洋,故为抑勒,加以外货流入,实银输出,内战时作,外侮凭陵,购械偿债皆用现金,银根告竭,影响市面,商民交易纯用划条,农村困于输将,亦致破产,年来惟恃地方银行钞票行使。二十四年九月,复以中央夺钞,将地钞八折收回,市面流转几无复现金矣。

(王禄昌等修,高觐光等纂,欧阳延粤续补:《泸县志》,卷三,食货志,币制,民国二十七年铅印本。)

〔**清代至民国二十四年,四川长寿县**〕 银锭与银元:清代邑中通行币制为生银、铜钱两种。银有大锭、中锭、珠银、小块四等。大锭九两至十两,中锭四两或五两,铢银四五钱至一二两,小块用以找补零数。其币式,大锭、中锭系倾销作圆形,顶锐底平,面多小孔。铢银、小块无定式。其用法,上粮纳税用库平,买卖交易用官平。其色有足色、九九、九八之别,不及九八者,价亦随低。其不便使用,由轻重高下之无定,以至完纳公款,补平、补水、补火耗诸苛索缘兹而起。至光绪末年,各省改铸银元。其制为一元、五角、二角、一角四等,镌清帝年号及名称、分两,背面錾龙形。每元抵生银七钱二分,每角抵七分二厘,重量颇准。除天津造币总厂外,各省须铸省名。川省铸成后,由藩司行文分发各县一律行使。民国初元,四川省政府铸汉字银币。北平所铸有袁世凯肖像,外省所铸流入者广东、湖北、江南、北洋,皆通用。云南作八折。本省汉字分两种,银字金旁带草者通用,楷划分明者不用,五角一称半元。四川满龙者通用,四川汉字者不用。银元较银锭颇为便利,而真赝难辨,为害滋甚。自法币发行,白银收归国有,藏匿者以违制论,而银锭、银元今已绝迹矣。铜钱与铜元:清代邑中交易通用铜钱,每文重量一钱,铜质精良,名曰制钱,货物不拘多寡,贵贱均以制钱估价,每百九十九文,十百为千(又曰串),又扣串底四文。其后奸民私铸,杂溶入,质劣而轻,名曰毛钱,每钱挽三四百或五六百。极烂时,甚至私铸通行,制钱罕见,市面买卖每以钱色不同,价值悬殊,动起缪辀。自光绪末年,各省改铸铜元,川省亦铸当十、当二十两种,发行各县。民国初年,犹兴制钱并行,自三四年至十四五年,当五十、当一百、当二百铜元陆续铸出,强迫行使,吸收制钱改铸。每次新铸,式样、分两递轻,铜质亦递劣,故银元一元亦由一二千递涨至二十千有奇,即一切货物仍援用钱习惯,以定时价。当一百当二百铜元,重量、实值仅抵从前制钱十文二十文,而强以一百二百行之,无怪乎物价腾贵,而生活日高也。币制之坏,殆古今中外历史上所绝无者。十余年间,家藏铜钱、铜元已为罕见物,次第运往上海、汉口各处改铸新式铜币及弹丸矣。军用票:民国二年,省制军用票若干元(未知发行总额)发行各县驻军,以作军饷。每张一元,强迫商民行使。不久价落,每张换钱七八百文,旋许以二成搭用,商民仍多阻厄。至五年,省政府筹款交渝总商会截角收回。法币:中央、中国、交通、农民四行为国家法定银行,故发行之币谓之法币。中央行币式为拾元、五元、一元、五角、二角五仙、二角、一角五仙等。中国、交通、农民各行无二角五仙及五仙两等,余式同。自民国二十四年始发行到川,随即将四川地方银行钞票以八折收回烧毁,一律行使法币,同时并令白银收归国有,此诚币制之一大改革也。

(陈毅夫等修,刘君锡、张名振纂:《长寿县志》,卷三,食货,钱币,民国三十三年铅印本。)

〔清代至民国三十年,四川西昌县〕

时代	货币种类	货币价值	备考
清代	制钱、银锭	银一两换钱一千一二百文	清代民间均以钱为本位,惟巨商有用银本位者,银价稳定,涨落一二百文钱之间,独咸丰中,银每两价至二千以上,军兴故也。清光绪三十一年,川省已行使银元、铜元,南陲僻远,是年始输入铜元,当一十、二十两种,与制钱等值,尚有单圆军用票,不甚通用,惟幸可纳粮税。银价自此逐年增涨。军用票信用未昭故也。军用票大跌,遂为解省疑者贱价收尽,此后遂无军用票。是年驻军军饷运钢洋入境,以势力行使,故价等大洋,铜元则当一百、二百,大型铜币又复充斥,生银则为牟利者大批运滇矣。是年小铜元与大洋又大批运滇,每大洋百元至滇可获三四元敷水,自此大洋与小铜元市面绝迹矣。
民国	银钱沿清习惯	银一两换钱一千四五百文	
元年	偶有银元、铜元	铜元等于钱	
二年	银锭、大洋、军用票、制钱、铜元	银两换钱一千六七大洋一千二三票一千二百文	
三年	同上	银两换钱一千八百文,大洋一千五百文票七百文	
四年	同上	银两换钱一千九百文,大洋一千七八票五百文	
五年	银锭、大洋、钢洋、铜元、制钱	钢洋大洋每元价均二千文,银价二十八九千	
六年	大洋、钢洋、铜元、制钱	钢洋每元换铜元或制钱二千二百文	
七年	钢洋、大铜元、制钱	每钢洋一元换铜元二千四百文	
八年	钢洋、大铜元、制钱	钢洋一元换钱二千六百文	
九年	钢洋、大铜元、制钱	钢洋一元换钱二千八百文	

（续表）

时　代	货币种类	货币价值	备　考
十　年	钢洋、大铜元、制钱	钢洋一元换钱二千九百文	
十一年	钢洋、大铜元、制钱	钢洋一元换钱三千文	
十二年	钢洋、大铜元、制钱	钢洋一元换钱三千二百文	
十三年	钢洋、大铜元、制钱	钢洋一元换钱三千三百文	以上七年,制钱仍辅钢元行使,无轩轾。
十四年	钢洋、制钱、铜元分小二百	钢洋一元换制钱三千五百文	小型当二百铜元,输入每枚作制钱一百六十文。
十五年	钢洋、广毫铜元、制钱	钢洋、广毫每元均换制钱四千五百文	是年有广东二毫银币之输入,价与钢洋等。
十六年	钢洋、广毫铜元、制钱	钢洋、广毫每元换制钱五千六百文	是年广毫虽未贬值,但只能搭成使用,每钢洋八十元搭广毫二十元。
十七年	钢洋、铜元、制钱	钢洋一元换钱六千五百文	是年不用广毫。
十八年	钢洋、铜元、制钱	钢洋一元换钱七千六百文	
十九年	钢洋、铜元、制钱	钢洋一元换钱八千文	
二十年	钢洋、铜元、制钱	钢洋一元换钱十千文	
二十一年	钢洋、铜元	钢洋一元换铜元十七吊	是年废制钱,铜元亦不分大型、小型,统谓之一枚。
二十二年	钢洋、铜元	钢洋一元换铜元十八吊	钢洋一元换铜元八十五枚。
二十三年	钢洋、铜元	钢洋一元换铜元二十吊	
二十四年	钢洋、杂板、新滇票、中央法币、铜元	钢洋一元换铜元十八吊八杂板较低不久即废	是年有会理造、富林造之钢板,成色最低,入夏俱不用。新滇票与钢洋等,钢洋一元八角抵法币一元。
二十五年	法币、钢洋、滇票、铜元	法币一元换钢洋一元八角换铜元二十八吊	新滇票较钢洋为胜,遂得钢洋补水,滇票即于是年返滇。
二十六年	法币、钢洋	法币一元作钢洋一元七八角	自是年,交易纯用法币为本位,盖钢洋在当废之列,而铜元仅作补零之用。
二十七年	法币、钢洋、铜元	法币春季尚作钢洋一元六,旋降作钢洋八角	因奸商收钢洋入滇办烟,奸民亦收钢洋入夷巢故也。
二十八年	法币、钢洋、铜元	法币春初恢复价值,作钢洋一元二,旋低落如上年	猓夷重钢洋,贱纸币,种洋烟,政府禁烟、禁钢洋,而法币低降如故,钢洋之潜势力如故。

（续表）

时　代	货币种类	货币价值	备　考
二十九年	法币、钢洋、铜元	城市无法币价，但暗中数元法币抵钢洋一元	至是百货飞涨，铜元几等无用，而钢洋暗中势力竟不可遏抑。
三十年	法币	市面只有高涨一二百倍之物价，无法币本身价	因钢洋与洋烟同为违禁货品，故暗中其值昂，奸商以法币十数元易钢洋一元，其故可知矣。

（杨肇基等修：《西昌县志》，卷三，食货志，币制，民国三十一年铅印本。）

〔清乾隆年间至宣统元年，贵州安顺府〕　贵州货币素称复杂，而以安顺为尤甚，然安顺货币初亦并不复杂。查乾嘉时代，土著之民多用谷、盐为交易媒介，道咸以后始银、钱并用，光绪中各种银币先后来县行使，其后铜币又接踵而至，自此，安顺货币种类遂极为繁多。是时市面交易，贱物则用铜钱与铜元为媒介，贵物则用生银与银币。而所谓铜钱、铜元、生银、银币，又复分门别类，异样纷陈，蔚为大观。至宣统元年，贵州设立官钱局，发行钞票，乃又有纸币之行使，而安顺之货币又添一新品种。是为安顺货币之大概情形。

（贵州省安顺市志编纂委员会据民国二十年代末稿本整理：《续修安顺府志·安顺志》，第十卷，商业，货币，安顺市志编委会一九八三年铅印本。）

〔清乾隆年间至民国二十四年，贵州开阳县〕　清代地方通用货币，以银为本位。乾隆间，制钱流入，为辅币。乾嘉以后，每银一两约换制钱六百至一千文。迄光绪中，改用九八成色纹银，成色稍次者不准使用。制钱亦有毛钱、青钱之别。每银一两约换青钱一千文左右，毛钱可三千。继又禁用毛钱。毛钱系奸商盗铸，甚有以纸壳涂猪血作钱形夹贯其中者。至民国二年禁烟之后，无其他生产物品足资抵补，一时地方金融极形枯竭，市面银锭甚少，以致民间销镕银两，混杂镰砂，成色极低，有所谓乾九成者，每碎银一两，块粒参杂多至数十件。制钱复有尖担钱之名（每百文以大钱置中，两端逐渐减少，有尽大如鱼眼者，皆毛钱也，贯之以索，形如尖担，故名），三千文可换银一两。净制钱则价稍高，当时商业凋敝，物价甚低，生活极易。至七年，黔省护国军兴，脱离中央统制，烟禁复弛，商业顿呈繁荣景象。银元（重库平七钱二分）与中国银行贵州分行兑换券及滇铸满龙半元，川造当五十铜元，渐次流通市面。银元与兑换券、滇半元皆同一价格，每元可换铜辅币一千五百左右，行使称便。铜元通用后，制钱则以次减少，迄十三、四年间即已绝迹。斯时复有黔币一种（系民初省当局所发行，限于缴解厘金、屠税、契税各款），惟县境流通尚少，其价格较票面稍低。至十五年，贵州中国银行倒闭，每兑换券一元仅以银元二三角收回。十八年省政府复以滇半元之伪币甚多，禁止行使。计兹两次，县民损失达百数十万元。二十四年，中、中、交、农各银行兑换券流入县境，与银元同价行使，中央旋即公布，以中、中、交、农四行发行之流通券为法币，银元一律收归国有，于是穷乡僻壤皆以法币交易，人民便之。

（解幼莹等修，钟景贤纂：《开阳县志稿》，第四章，经济，公产，附货币，民国二十九年铅印本。）

〔**清代至民国二十五年，贵州兴义县**〕 邑中货币名目繁多，未经划一。在昔前清时，约分四项，即金条、金叶、银锭、制钱等。市面使用以银为本位，制钱辅之。但银之种类甚杂，有五十两重之元宝锭，有十两重之漂银与铰水锭，或三两、五两不等之牌坊与螺丝锭。金条每两可换银锭十两有余，银锭一两可换制钱一千文（市价有涨跌）。清末银锭、制钱成色不足，币制紊乱，改用银元及银角子（每元重库秤七钱二分，每角重七分二厘），辅币用铜元佐之。沿至民国二十五年，币制确定，遂一律改用国币。

（卢杰创修，蒋芷泽等纂：《兴义县志》，第七章，经济，第一节，金融，民国三十五年修，一九六六年贵州省图书馆油印本。）

〔**民国年间，贵州定番备**〕 目下定番县一切交易通用十元、五元、一元国币（中、中、交、农钞票），辅币有五角、二角五分、二角、一角之纸币，有二十分、十分、五分之镍币，复有十文铜元一种。这种铜元并非川、黔流行的大铜元，乃是从前各地所用的十文小铜元。这种铜元如大塘、罗甸等地亦通行的，其兑换率常有变动，现在大洋一角可兑十七文，每元可兑换一百七十文。

（吴泽霖编：《定番县乡土教材调查报告》，第七章，商业，四，兑换与度量衡，一九六五年贵州省图书馆据民国年间稿本油印本。）

〔**民国二十年前后，贵州平坝县**〕 我邑邻近滇省，新旧滇洋流入县中者颇多，与袁头洋比较，于是有大洋、袁小洋之分，民间均自由行使，政府税收只收大洋，两洋流通极便利也。二十年，政府忽张贴文告，规定小洋价格，于是小洋陡跌（甚至无人收受），县中蒙此项损失者约在十万内外，一时金融极枯窘，而以前小洋之赁贷借上，发生无数纠葛。

（蒋希仁等修，陈廷菜等纂：《平坝县志》，业产志，经济上之物品，民国二十一年铅印本。）

〔民国二十五年前后,贵州册亨县〕 本县市面多用滇造小洋,小洋有新板、老板之分。此外大洋如中山、龙板、袁头、搬椿、汽车、飞鹰、北洋、湖北、旗子（滇造）、站搬椿等银币,均可折合使用（大洋每元约换小洋二元）。惟各种纸币尚未通行。

（罗骏超纂修：《册亨县乡土志略》,第六章,经济,第二十节,货币种类,民国二十五年修,一九六六年贵州省图书馆油印本。）

〔元代至民国二十三年,云南宣威县〕 滇中贸易向用肥贝,各县皆然。历元、明屡经发钞或诏令铸钱,以资替代,而民间用肥如故也。流遗踞滇,孙可望始禁民用贝,伪铸兴朝钱,令民通用,违者剠刖之。卒至清顺治末,用钱始成习惯,于是肥贝散为妇女巾领之用,而滇中钱局遍地,匪鹅伊筊。至康熙中,已早有钱多之患矣。沾益州亦奉令设局。宣境时未分建,局所在处虽不必其为旧州沾局之鼓铸,计期亦仅五年之久,而境内之钱日杂可想。沿至清末,自西输入者有东川小钱,每三千余准银一两。自南输入者有曲靖府局钱,每二千左右准银一两。而境内奸民之盗铸,时复有所发觉,轮廓狭小,铅重而薄,不受贯,入手拈之辄碎。于是市上有净老钱、好市钱、锥把钱等名,其价相差颇远。净老钱者,部造制钱也,银一两可换千文,多至千二百文。好市钱者,制钱六,府钱四,银一两可换千三四百文。而锥把则略取制钱居中,两端夹以府局,殿以东川小钱,其形如锥也,银一两可换千七八左右。而是时银币亦颇复杂,有广锭成色足,有川锭稍次于广。其来自黔桂者有罗猓锭、螺丝旋、厂银、店银等名,成色均不甚低。本省则汇号公估牌坊锭成色九八。境内各银匠铺所销则皆八成左右,号曰撒丝,作扁圆形,一面起边,与现时通行之龙元银币轻重大小无甚差别。惟其制法粗糙,狡黠者时复作伪于其中,稍不留心,多受欺蒙。惟侯姓所销,独至九成,号曰公估,信用颇著。然自川、广锭以至撒丝用时,皆需权衡铢称两较,褒多益寡,恒需劈碎,社会中每感不便,自各国银币流入,清廷亦更改币制,于是市面上有搬庄、有飞鹰、有站人,有四川、广东之银元及本省所铸之龙元,龙元中又分一元、五角、二角、一角数种,行使甚便。近因滇省金融紊乱,多种银元均不输入,前经流通之龙元迳块及双毫、小毫等,皆相继绝迹。其通行于市者,仅本省所铸之五角半开。而制钱经铜币盛行后,亦逐渐消灭,生活程度顿为提高,计铜币一枚抵制钱十,今往往以铜币一枚为单位,一仍旧一。更无怪乎用银者向以一分为单位,今以一角为单位以购米粮。从前斗米二两,便谓大饥,近今升米一元,犹寻常等视也。铜元有双、单两种,以十六枚合银一角,钞票仅富滇银行所发一种初时效用甚好,然民间习用现金,商贾又随时操纵。民六、七间,已有逐渐低落之趋势。政府虽尽量维持,而银根既枯,转移为难,收现拒纸之禁愈严,民间之恐慌愈甚,转使奸人借口公私债务及凡款项大受影响,沿至于今,禁弛而补救之法多归无效,计票一元仅值现金一角八九而已。

(陈其栋修,缪果章纂:《宣威县志稿》,卷七,政治志,建设,商业建设,民国二十三年铅印本。)

〔**明朝以前至民国三十七年前后,云南姚安县**〕 姚安明以前用贝,今民间所存明代契约皆书价为肥子若干索,清代用生银、铜钱,民初用银币、铜钱,继兼用镍币、铜币,现用滇纸币及中央法定纸币,并少数关金票。

(霍士廉等修,由云龙等纂:《姚安县志》,卷四十八,物产志,商业,民国三十七年铅印本。)

〔**明嘉靖年间至明朝末年,云南曲靖府平夷卫**〕 交易昔多用贝,俗名肥子,一枚曰庄,四庄曰手,四手曰苗,五苗曰索,每百索值银一两。明嘉靖、隆庆间,两次铸钱,彝俗不识,格不能行。天启六年,因科臣潘士闻之条奏,巡抚闵洪学力行之,钱法始通,相继而行。至于明末,每银一两敌贝三五百索,后至七百索,而废贝不复用。

(清 任中宜纂修:《平彝县志》,卷三,地理志,风俗,清康熙四十四年刻本。)

注:平夷卫于一九五四年改名富源县。

〔**明天启年间至清康熙三十五年,云南云南府**〕 市中贸易,昔多用贝,俗称肥子。至明启祯间,贵银钱,肥遂滞不行。本朝钱法流通,民称便益,久不用贝。

(清 张毓碧修,谢俨纂:《云南府志》,卷二,地理志,风俗,清康熙三十五年刻本。)

〔**明天启年间至民国十年,云南宜良县**〕 日中为市,率名曰街,以十二支所属为街期,如未日曰羊街,戌日曰狗街,其例也。市中贸易,昔多用贝,俗称肥子,一枚曰庄,四庄曰手,四手曰苗,五苗曰索,此旧俗也。至明天启、崇祯间,贵银钱,肥遂滞而不行。清因之,银则通用纹银,钱则通用制钱,民称便宜。今则世界开通,通用银币,兼用纸币,近更有用金币者。钱则通用铜币,其零数则以制钱补助之。

(王槐荣等修,许实纂:《宜良县志》,卷二,地理志,风俗,民国十年铅印本。)

〔清光绪初年至民国二十年，云南富州县〕 清光绪初叶，富州市面往来交易均用焦银、公估、制钱三种。至中叶，仅用公估、制钱。至末叶，用法洋、制钱两项。沿至民国二十年，改用铜元，取消制钱，法洋、法毫仍旧通用，此金融沿革之情形也。

（陈肇基纂修：《富州县志》，第十三，商务，金融，民国二十一年修，民国二十六年抄本。）

〔清光绪年间至民国十二年，云南昆明〕 市内通用货币有金币、银币、铜币、镍币、纸币及制钱数种，就中以银、铜、镍各币及纸币之流通为最广。至制钱一项，使用虽多，然不过补助铜币之不及，为数甚微。其他如生金银等，则已成为一种货物，无使用者。金币有十元、五元二种。近因金价渐涨，多被奸商收集或输出、或销毁，流通市面者甚少。银币有一元、五角、二角、一角四种，多铸自前清光绪宣统年间，其形式颇多歧异，如一元、五角、二角三种皆有粗字粗龙与细字细龙之分，而粗字粗龙之一元、五角二种又有光绪年号与宣统年号之别。宣统三年为统一币制起见，乃将粗字粗龙各祖模全行销毁，专铸造细字细龙者，且自添铸五角纪念银币。后以其流通甚广，遂专工铸造，其余类多停铸，故现今流通市面者，多系细字细龙各币，尤以纪念币为最多。铜币除新铸当制钱五十文之纪念币外，尚有当二十、当十两种，亦系铸自前清光绪年间，其形式亦不一致。宣统三年统一币制时，乃将中有阴文云字之祖模毁去，只存中有阴文滇字之一种。镍币有一角、半角二种。至兑换市价，凡十元金币一枚可换银币十四元，银币一元可换铜币一百二十枚，一角镍币十枚制钱一千四百五十文，铜币一枚可换制钱十二文，纸币有富滇银行发行与殖边银行发行二种，种类繁多，形式亦新旧互异，均与金银各币同一流通，不折不扣。富滇银行前曾添发二角、一角二种小纸币，以供零星交易之用，使用尤便。至于外国货币，如墨洋等，在昔流通颇广，嗣因银价渐涨，遂被商人收买运出，现已绝迹。惟法币、港币市面虽少流通，对外贸易上仍多使用，而价格皆较高。法币每百元须升水三十八九元，港币则须升水三十二三元，且近因对外贸易之入超过巨，汇出之汇水高涨，凡由本市汇至港沪一带者，汇水恒在百分之三十至四十以上。故就对外贸易言，货币价格与港沪之货币比较，已无形低落百分之三十至四十以上矣。按：本市在昔无金银各币，凡市面用以为交易媒介者，概以生银及制钱为准。自前光绪三十二年奏设造币厂后，乃铸造银铜各币。民国八年，滇护国功成，因铸造金币，并添铸五角银币及当五十铜币两种，以资纪念。民国十二年，为便利零星交易计，复铸造镍币以辅助旧有各币之不逮焉。

（张维翰修,董振藻纂:《昆明市志》,金融,货币,民国十三年铅印本。）

〔**清代末叶,云南**〕　前清末造,外币输入滇境日渐增加,约略计之有法元、墨元、德元及英缅特殊之小洋等类。国内各分厂铸出者,如粤、浙等省之银铜元亦间辗转流入。又西康通用之半元银币由打箭炉转输入滇,流通于中甸、丽江一带者,数亦不少,俗呼为帽元。

（龙云、卢汉修,周钟岳等纂:《新纂云南通志》,卷一百五十八,币制考,外来银币铜币,一九四九年铅印本。）

〔**民国元年至二十七年,云南昭通县**〕　昭自民元以还,富滇纸币推行,颇能兑现,与银元无分轩轾。靖国军兴后,价格渐形低落,由九成、八成降而为七成、六成。洎夫官印局军用白票发行,比较银元已至二与一比。嗣后虽经十八年及二十年两度整理,终归无效。初则以纸币三抵银元一,继则银元一直当纸洋五矣。先是民十四年发行镍洋,以为辅币。初与银元等量同价,后亦渐形低落,情同纸币。今亦低达三抵一矣。……昭于制钱有大小二种,大者自唐及清各朝圜钱皆备,小者仅清末光宣及民国三种,曩者充斥市面,近因铜价高昂,操铜业者多私买销毁,制造铜器,获利倍蓰,各种大钱消灭殆尽,小钱因铜质不佳,尚流通市面,以资助零星交易之找补焉。

（卢金锡修,杨履乾、包鸣泉纂:《昭通县志稿》,卷五,商务,金融,民国二十七年铅印本。）

〔**民国五年前后,云南西双版纳地区**〕　各猛行用锅片,成色太坏,五六成、三四成不等,舍此非盐米不能交易。

（柯树勋编:《普思沿边志略》,国币,民国五年铅印本。）

〔**民国二十一年前后,云南禄丰县**〕　自钞票发行,其银、镍、铜币历年来价格不一,现下行使之价格,银币一元汇兑通用票三元,镍币二元作通用票一元,铜币三十枚汇兑通用票一元,均按市价折出入通行。

（阳仰修抄:《禄丰县志条目》,境内银币镍币铜币历年行使之价格,民国二十一年抄本,一九七五年台湾成文出版社影印本。）

〔**民国二十一年前后,云南泸水县**〕　金融无银行、钱庄、银号,仅有银币及制钱二种,无纸币行使。

（段承钧纂修:《泸水志》,第十三,商务,金融,民国二十一年石印本。）

（二）典当、高利贷

〔清同治、光绪至民国年间，江苏松江县〕 本城典当，恒升历史悠久，创设于前清同治七年，迄今九十寒暑矣。"八·一三"事变以后，该当首先复业，由今思昔，城典除恒升外，尚有全大、恒和、怡丰、正大、信元等，乡典有亭林同孚、叶谢大德、莘庄同康、枫泾同康、瑞和、泗泾庆余、祥和、新桥同康、代步、金山卫宏济，漕泾宝大、山阳、同泰等，因遭兵燹，损失甚巨，无力复业。又，西外全丰、顺昌、仁康、德昌、恒益，东外天和、公和，枫泾峰大，新桥启新，均因辛亥革命、齐卢战争，迭次兵灾，早已闭歇。今犹存者，独恒升耳，内容亦已改组。他若西外元昌、同昌、义隆、森泰、振大、恒昌，东外庆大、久大，城内中华，泗泾协升，枫泾济源，此起彼伏，义隆、济源，不久即停业。盖战前典当共有十七家，股东如南浔邢、邵楼奚、钱圩钱，皆著名富绅，资本雄厚。现在典当，只有十家，财力大多薄弱，非复曩时可比矣。战前当房，建筑非常坚固，规模非常宏大，围以高墙，防火患也；设有更楼，防盗贼也；靠街石库门，内置屏风（又名遮羞牌），大书"当"字，上书店号；柜高与人齐，朝奉向外，写票居中，店堂宽敞，关帝厅、会客间、包房、账房、钱房、饰房、厨房、柴间、灰间，无一不备，方为合式。今则各典衣包，不及战前十分之一，倘有楼房三幢，平房三间，已足以开设典当矣。战前当伙，分账包、钱饰、朝奉、中缺、小郎以及更夫、厨子，朝奉有头柜、二柜、三柜之分；中缺有写票、卷包、挂牌之分；小郎有学生一、学生二、学生三之分，循序升级，不得躐等，苟无大过，不得开缺。账房管账，包房管包，钱房管钱，饰房管饰。朝奉司当赎，多徽州籍，情当误当，负责赔偿。写票、卷包、挂牌，各有专职，学生拜管包为师，得入包房查包、挤包，无事不许外出。内缺、外缺，薪俸甚微，存箱使佣，照例分派。营业时间，亦有一定，辰开酉闭，门禁甚严。账房对于各股东，分送月报册，资产负债，一览了然。今则业务清淡，内缺仅经理、司账二三人，外缺仅朝奉、写票二三人，卷包、挂牌、查包，均命学生工作，只用厨子，不用更夫。存箱提出四成，贴补开支，其余六成，内、外缺各半，当伙较战前减少矣。战前，币制无甚变动，惟民国初年，钱码改洋码，民〔国〕二十四年，银洋改法币耳。战后，币值逐渐低落，法币换伪币二折一，伪币换法币二百折一，例如，原有当股一万元，一变而为伪币五千元，再变而为法币二十五元，同是法币，转瞬间亏折四百分之三百九十九，谁实为乏？沦陷时代万元票与现在之万元票,币值有以异乎?本县典当血本,受无形消耗,一蹶不振,职是之故。战前典当,股本三四万元,架本五六万元,当进衣饰,依《千字文》月编一字,每日当票数百号。息以月计,不以日计,月息二分,存箱六厘,限期十八个月,放赎五天。门户存款,月息七八厘。现在典当,股本一二千万元,架本三四千万元,每日当票二三号,月息每元二角,存箱一角五分,限期两个月,放赎五天。门户存款,月息一角五分左右,银钱业放款月息两角左右,利率日高,潮流所趋。本县如是,他县亦然,然而富户苦矣。噫,当包重笨,搬运困难,兵灾损失,典业最巨。同光年间,太平无事,本县地方公款在前清时代,为数四十余万元,存典生息,各当赖以挹注,营业因之发达。民元以后,公款不复存典,该业日就衰微。从前衣服朴素,对折当进,没货无多,厥后,花样迭变,日新月异,卖包亏本,势所必然。典业由盛而衰,今昔不同,爰述其沿革,见社会经济之波动,影响于典业者甚大,可不注意哉!

(陆规亮编纂:《松江文献》,松江县典当业沿革考,民国三十六年铅印本。)

〔民国初年至二十六年前后,江苏川沙〕

典 业 一 览 表

典 名	地 址	经理姓名	资本额
同　　泰	川沙南市街	徐萃甫	26 000 元
公益泰	川沙北市街	叶溶川	同上

备考:查川境典铺,原有四家。嗣因曹家路口及高行镇两典报闭,只有城内二家。民国七年,同泰典为便民起见,即在曹镇设立同顺分典,其资本额曾奉省颁调查表式,遵章填报。近因营业发展,资本已逐渐扩充矣。

(方鸿铠等修,黄炎培等纂:《川沙县志》,卷五,实业志,商业,民国二十六年铅印本。)

〔民国二十二年前后,河北万全县〕 其借贷之种类不一,择要述之如下:放颗账,农民因种田或食粮不足,向人告贷,借粮一斗,普通利息五升以至一斗,粮熟交还,甚至有借粮还钱或借钱还粮,皆随意定价,不顾时价,常差倍蓰,以渔〈鱼〉肉小农。指产借债,农民向债主借钱,以田、房作抵,借据之上书明到期不还,即由债主将抵押品自由处分,或另立卖契作己有。利滚利,债主放债,契约上订明利息分率与偿还期限,如债户到期不能清偿,即将利息并入本内计算。纸杆债,农家子弟于父母在日,家财操诸父母,无权处分,往往在外私借钱债,订明俟其父母逝世挂出纸杆时,本利两清,利息极重。小押,农民借债以衣物器皿作抵,如值十元者只能借一二元,利为大加一,即本十元月利一元,至多不过三月,到期不偿,抵物即死,由债主自用或变卖。

（路联达等修,任守恭等纂：《万全县志》,卷三,生计志,经济状况,民国二十二年铅印本。）

〔民国二十二年前后,河北广宗县〕 县内无银钱商号,商民遇有缓急,则向富民贷借,利率颇高,月息百分之二三,已为低廉,且有加多者。其抵押品大抵以田宅为多；如无抵押者,则必择一信实之人为担保。

（姜樨荣等修,韩敏修纂：《广宗县志》,卷三,民生略,民国二十二年铅印本。）

〔民国二十四年前后,河北张北县〕 其利率多有不同,普通利率多至月三分,少至月一分五厘,其期限有以一月为限者,有以一标为限者,亦有以一年为限者,在当日规定何如耳,并有大加一者,每十元钱月利一元,先扣利息,如借百元本钱,借时即给予九十元,更有重利盘剥种种不合法之行为,此所谓变本加厉,愈积愈多,无法偿还,往往受经济压迫,非逃即死,俗名为穷人阎王。

（陈继淹修,许闻诗等纂：《张北县志》,卷五,户籍志,金融、借贷,民国二十四年铅印本。）

〔民国二十五年前后,山东馆陶县〕 本县全境向无银行暨钱店之主一营业,城镇乡各市面概由油粮店、棉花行或其他营业兼理贷款事业。加以十年七歉,水旱频仍,商号、农家金融多半紧缩,是以贷款利率,长期月息少亦不下二分或一分八厘,短期者多满三分,最少亦达二分以上。但各商家相互贷借时,利率较轻,以有特别关系,非普通贷款所可概论也。

（丁世恭等修,刘清如等纂：《续修馆陶县志》,卷二,政治志,经济,民国二十五年铅印本。）

〔民国二十六年前后,河北滦县〕 滦县当铺,其资本自二万元以至一万元不等,号数约七八千号,利息二分七厘,铺友十人至二十人不等,工资自二百元至数十元不等,概况不甚发达。

（袁荣修,张凤翔等纂：《滦县志》,卷十四,实业志,商业,民国二十六年铅印本。）

〔民国二十六年前后,绥远〕 高利贷之盘剥,普通每月三分、五分或六分,亦有所谓大一分者,月十元即取利一元。更利用农民春耕时,贷以粮子,普通为春一秋二,即春贷一斗,秋完二斗是也,亦有春一秋三者,此种贷粮之给与,甚易取得。若贷金则极为困难，须有切实契保，至期不还，则利倍作本，否则即将抵押品作卖。河套又无典当业，富商绅董又兼营此业，常以农民之地契作押，至期不还，即可执管农民之抵押品。

（廖兆骏编：《绥远志略》，第十三章，绥远之垦殖，第五节，河套移垦与屯垦，民国二十六年铅印本。）

〔民国三年前后，吉林延吉县〕 质当一号，名称公益，每月利息五分，以六个月为满限。又有日人设立羽太质当一处。

（吴禄贞修，周维桢纂：《延吉县志》，卷六，实业，商业，一九六〇年据民国三年抄本油印本。）

〔民国二十三年前后，吉林梨树县〕 旧时债利最重者不过按月三分，近二三年中竟有加至七八分者。

（包文峻修，李溶等纂，邓炳武续修，范大全等续纂：《梨树县志》，丁编，人事，卷二，礼俗，民国二十三年铅印本。）

〔清嘉庆十五年前后，黑龙江〕 商家放债取利三分，至轻也。春秋二仲，算还子母，至缓也。然三月借者，秋取六个月利；七月借者，秋亦取六个月利，春季仿此。则似轻实重，似缓实急。

（清 西清纂：《黑龙江外纪》，卷五，清嘉庆十五年修，清光绪间刻本。）

〔清嘉庆十五年前后，黑龙江〕 牛、马、羊、豕外，诸货皆无税，惟城中典铺每铺岁征银二两余，号赃银。而典物限二年内取赎，过限为死，听其变价。且无问典钱若干，概三分息，此与京师不同。

（清 西清纂：《黑龙江外纪》，卷五，清嘉庆十五年修，清光绪间刻本。）

〔民国十八年前后，黑龙江宾县〕 当商，以物质钱，纳照物价十分之一，月利四分，过四不过五，以十三阅月为满。初仅五家，本年辄增至十四家。

（赵汝梅、德寿修，朱衣点等纂：《宾县县志》，卷一，实业略，商业，民国十八年铅印本。）

〔民国十八年前后，黑龙江珠河县〕 乡民生活程度最低，需要简单，每年除生活必要外，实无盈余或储蓄可言。普通贷款之习款大半耗费于不生利之用途，其利息竟有按月五分至六分者，殊足骇人。历年收买元豆者多于春夏之际以贱价或半价向农民购定元豆，而农民因迫于生活费用，不得不在豆值低廉之时出售新豆(俗名买青卖青)。一岁所产之农作物,更无余力从事于农业之发展,故每届种植时期,势必出于举债,又必经重利贷者之一层盘剥,即所谓捂小月,大加一,种种名目。其种植时之不举债者,每届秋收以前,往往又迫不及待,而辗转入于商人之手。收获季节,供给量多,价格低落,于农民以需款之故,势不得不忍痛出售。及至青黄不接之日,在从事生产之农民反须出高价以购求食粮,结果所及,必至农民无法生存,不仅生产力不能增加,即原有之生产力亦难保持矣。

(孙荃芳修,宋景文纂:《珠河县志》,卷十五,风俗志,贷款,民国十八年铅印本。)

〔清光绪十八年前后,陕西凤县〕 山外客民携资本入山小贸,易获利息,盖山民最朴,入市交易所欠债项由客民滚算,如春间限至秋还,秋后则限至明年收麦之时。过期以利息并入借本,积多则以地为质,而业非己有。客民以此致富者多。

(清　朱子春等纂修:《凤县志》,卷八,风俗,民风,清光绪十八年刻本。)

〔清朝末年至民国十五年,陕西澄城县〕 利率之高下,固因贫富而有异,兹举其最普通者。清末时,南乡债息多系月利二分,北乡二分五乃至三分。近数年来,南乡则增至三分,北乡则四分。前清以满年为期限,近日商家以六个月为期,期短利高,邑之贫困可知矣。(近有粮商放债,里长不讲利率,而十元则十日加三元以为常,借公家粮款之紧急,为奸商渔利之场合,而里□倾家破产,其为害可胜言哉。)北乡一带,旧日多于冬春揭麦,至忙后加麦清还,名曰吃颗子账,债权者俗名放斗账。清末时,每石加二斗或三斗不等,近则加五六斗,甚者尚有吃一石而还二石者。南乡近日斗账亦盛行,且加三加四以为常。夫利率高,而民穷困,往往无力偿还,商务亦因之疲敝。

(王怀斌修,赵邦楹纂:《澄城县附志》,卷四,商务,民国十五年铅印本。)

〔民国初年至二十五年后,陕西宜川县〕 民间借贷,向以田房契约作抵押,或由证人担保,书立字据,月息三分至五分(系以元计算)。迨至民国十年以后,月息竟达十分之一。二十四、五年以还,仍恢复三分、五分。乡民借贷粮食者,春借秋还,每斗加利五升或七八升,至一斗为限。

(余正东等纂修:《宜川县志》,卷十四,财政志,附金融,民国三十三年铅印本。)

〔民国初年至三十一年,陕西洛川县〕 民间借贷,向以田房契约作抵,或由证人担保,书立字据,行利三分至五分不等。民国十年,有越一账之例,即按月十分之一行息。二十五年以来，仍恢复三分至五分。乡间尚有借贷粮食者，春借秋还，每斗加利五升或至一斗之多。二十八九两年，农民银行在县办理信用贷款，共贷出七万二千八百十四元，月息九厘。嗣有省、县银行成立，但省银行因陕北情形特殊，暂不办理贷款；县银行则暂办贴现放款，规定月息三分六厘，后因股本脆弱，不敷开支，已提至五分之多。三十一年，中、中、交、有四行联合办理陕北贷款，原定总贷额为五十万元，第一期实贷出十八万元，月息仅八厘，农村高利贷之风，因而渐少焉。

（余正东修，黎锦熙纂：《洛川县志》，卷十四，财政志，金融，民国三十三年铅印本。）

〔民国三十三年前后，陕西黄陵县〕 昔时民间借贷，凭中担保承还，亦有质坠田地房屋者，书立字据，利息三分至五分不等。如有借贷粮食，每斗加利三升至五升，大半麦秋两料收割后清还。自县银行成立后，曾办放款，暂定月息三分，农民高利贷渐平。

（余正东修，吴致勋等纂：《黄陵县志》，卷十二，财政志，地方金融，民国三十三年铅印本。）

〔民国二十四年前后，甘肃镇原县〕 镇原荒旱连年，加之以师旅，因之以土匪，农村经济破产，此其大原因也。而驻军所派粮秣，仍取之于民。民愈贫，款愈重，一纸公文，急如星火，人民为顾全目前计，不得不借贷于富户。而一般土劣复乘机以高利贷压迫乡愚，加紧农村破产之速度，以致社会日趋不安，农民地无立锥，因其利息之重，有所谓"抽儿账""阎王账"者。

（钱史彤、邹介民修，焦国理、慕寿祺纂：《重修镇原县志》，卷四，民族志，风俗，民国二十四年铅印本。）

〔清代至民国二十三年，山东临清县〕 境内以放债为业者，城市谓之钱店，乡间谓之账局。其期间，乡间以年为限，城市则以月计，其利率亦各有不同。民国以前，乡间放债在百缗左右者以三分行息，城内则多为二分五厘。同业往还，以日计利，彼此同之，谓之里外较。更有小本营业，名为印子钱者，其法每日偿本百分之六，限百日还清，此虽逐日复利，迹近盘剥，然街头小贩借以谋生者多便之。

（张自清修，张树梅、王贵笙纂：《临清县志》，经济志，金融，民国二十三年铅印本。）

〔清朝末年至民国三十年前后，山东潍县〕 潍县典当，清末有四家，丰亨在西门内，元隆在南门内，裕丰、义来两家在东关大街，后陆续停业。现只义丰一家,在南门里元隆旧址,开设于民国十一年七月,资本银元一万元,只当衣服,月利二分,保管费五厘,十二个月为满期,期满再展一个月为保留期间。现时营业状况,每年架本约四五万元,每年捐普济堂、养济院贫民口粮京钱二百千,又棉衣裤一百件及棉衣折价京钱一百千。

（常之英修,刘祖干纂:《潍县志稿》,卷二十四,实业志,商业,民国三十年铅印本。）

〔民国二十五年前后,山东沾化县〕 近年以来,农村破产,金融枯竭,而以东洼各处为尤甚,即如义和庄、太平镇等处,贷款利息常在十分以上,甚至有到二十分左右者。然利率虽高,而取借乃复至难。

（梁建章等修,于清泮纂:《沾化县志》,卷六,建设志,垦殖,民国二十五年铅印本。）

〔明弘治元年前后,南京苏州府吴江县〕 小民乏用之际,借富家米一石,至秋则还二石,谓之生米。其铜钱或银,则五分起息,谓之生钱。或七八月间,稻将熟矣而急于缺食,不免举债,亦还对合,故吴人有出门加一之谚。所以富者愈富,贫者愈贫矣。

（明 莫旦纂修:《吴江县志》,卷六,风俗,明弘治之年刻本,民国十一年传抄本。）

〔明嘉靖三十七年前后,南京苏州府吴江县〕 贫民春夏告贷于富室,至冬率以二石偿一石者,名曰生米。……其贷银钱者,则出息五分,名曰生钱。按:此莫《志》所载乃成化以前事,近年钱法不行,而银息自二分以至五分,米息自四分以至七分,绝无所谓倍偿之事。甚者或并其本而负之,虽租米亦然。时之不同,有如是夫。

（明 曹一麟修,徐师曾等纂:《吴江县志》,卷十三,风俗,明嘉靖三十七年修,民国传抄本。）

〔民国二十三年前后,江苏阜宁县〕 射利之徒假手刁侩,当农家青黄不接之时,乘其急而贷以款,在夏谓之青麦钱,在秋谓之青稻钱,期短利重,农民大受剥削。

（焦忠祖等修,庞友兰等纂:《阜宁县新志》,卷十五,社会志,礼俗,民国二十三年铅印本。）

〔民国二十四年前后,江苏南京市〕 京市典当,计有公济等七家,合计店员二百余人,各家最多六十余人,少者亦十余人,合计资本二百万元。利息二分,赎期十八个月,营业季节以春秋两季最旺。农村经济破产以来,凡农民耕种、养蚕成本、红白庆吊用费、纳租还债及购买食粮，不时之需，多恃典当为惟一借贷机关。年来顾客尤形拥挤，二十二年全业营业凡三百二十余万元。

（叶楚伧修，王焕镳纂：《首都志》，卷十二，食货下，金融，民国二十四年铅印本。）

〔清同治十三年前，浙江湖州府〕 贷钱：蚕时，贫者贷钱于富户，至蚕毕，每千钱偿息百钱，谓之加一钱（《南浔镇志》）。富家实渔利，而农民亦赖以济蚕事，故以为便焉（董蠡舟《乐府小序》）。

（清 宗源瀚、郭式昌修，周学濬、陆心源纂：《湖州府志》，卷三十，舆地略，蚕桑上，清同治十三年刻本。）

〔清同治年间，浙江湖州府长兴县〕 按近来邑之南乡富户放钱，无论冬底、春间贷去，总算蚕前至蚕毕小满日为期，每千钱偿息二百文，富家谓放小满钱，贷者谓借呆头二分钱。又有无门可贷者，鹭钗质衣，典铺拥挤至昏不得合户。农家举室终岁勤动，徒为富家做牛马，每至衣食不给，殊可叹也。

（清 赵定邦等修，丁宝良等纂：《长兴县志》，卷八，蚕桑，清光绪元年刻本。）

〔民国元年前后，浙江吴兴双林镇〕 农民养蚕无资，贷钱于富家，蚕毕贸丝以偿，每千钱价息一百文，谓之加一钱，大率以夏至为期，过此必加小利，富家固渔利，而农民亦籍以济蚕事也。

（蔡蓉升原纂，蔡蒙重编：《双林镇志》，卷十四，蚕桑，民国六年铅印本。）

〔民国二十五年前后，浙江〕 典当与钱庄，同为我国旧式之重要金融机关，水陆要道随时设有。但近数年来，因受社会不景气影响，倒闭之声时接耳鼓。现在全省典业合共三百十九家，以绍兴县为最多，都四十四家，其余如鄞县则为二十五家，黄岩则为二十一家，杭州市则为十九家，余姚则为十二家，嘉兴则为十三家，萧山则为十二家。海宁、温岭、杭县、嘉善、平湖、桐乡、长兴、德清、镇海、嵊县、新昌及临海等十二县，则自六家至十家不等。富阳、余杭、临安、新登、海盐、崇德、吴兴、安吉、慈豀、奉化、定海、象山、诸暨、上虞、宁海、天台、仙居、金华、兰豀、东阳、义乌、浦江、衢县、常山、开化、建德、桐庐、永嘉、瑞安、东清、平阳及玉环等三十三县，则自一家至五家不等。计全省已设立典当市县凡五十有二，其尚未设立或设立而倒闭者凡二十六县。资本最巨者十余万元，最少者仅数千元。其营业范围大略相同，有仅收质衣服饰物者，亦有兼及农产品，农产物如稻谷、米、麦、棉、丝之属者，要随其当地之习俗而已。

（姜卿云编：《浙江新志》，上卷，第八章，浙江省之经济，金融，民国二十五年铅印本。）

〔民国二十五年前后，浙江德清县〕　金融机关，银行有农民借贷所一家，典当有济大、德长、长发、春生、善祥等九家。

（姜卿云编：《浙江新志》，上卷，第二十九章，德清县，实业，民国二十五年铅印本。）

〔民国二十五年前后，浙江东阳县〕　金融机关，典当有同福、和康二家。

（姜卿云编：《浙江新志》，下卷，第五十四章，东阳县，实业，民国二十五年铅印本。）

〔民国二十六年前后，浙江鄞县〕　本县农民银行尚在筹备，农民借款，普通多为私人借贷，先挽中人说合，写立借据，以不动产抵押，其利率按每月自一分至一分五厘，期限由双方议定。次之以抵押品或仅凭信用向钱庄借贷，利率按月一分三厘，期限一年。再次为典当，以实物作质，利率按月二分，十个月满期。此外以集会方式借贷者亦多，可约分为认会、坐会、摇会、月月红四种。

（张传保等修，陈训正等纂：《鄞县通志》，食货志，甲编，农林，民国二十六年铅印本。）

〔民国三十七年前后，浙江杭州市〕　本市典当共有十九家，散布于上、中、下城及江干、湖墅、拱埠等处，资本总数达一百零七万四千元。最大者为湖墅之寿昌典，资本达十二万元；最小者为上城过军桥之永济典，资本仅三万五千元。其组合，除东街路同康及缸儿巷咸康二家系独资性质外，余十七家均系合资性质。

（千人俊编：《民国杭州市新志稿》，卷二十二，金融，典当，民国三十七年修，杭州市地方志编纂办公室一九八七年铅印本。）

〔清道光至民国初年，安徽芜湖县〕　典业：嘉道间，十二三家；光绪间，七家。每家架本十余万，利率定章二分，满期二十四月。宣统间，因铜元损折，相继歇业，仅存四家，嗣后改用银元，较为平稳，改革后，因地方数见兵事，一律收歇。民国七年，二街开设一家，本年北门内、河南各增设一家，利息加至三分，满期十八月，俱改典为质云。

（余谊密等修，鲍实等纂：《芜湖县志》，卷三十五，实业志，商业，民国八年石印本。）

〔清咸丰年间至民国十六年，安徽宁国县〕　清末，县城有万祥典，宣统元年歇。民国初年，河沥溪设有大成质，规模甚小。十六年，因北军过境，经济竭蹶，亦停业，境内现无质典。咸丰前各镇均有典质，颇便农民云。

（李丙鏖等修：《宁国县志》，卷八，实业志，商务状况，民国二十五年铅印本。）

〔清朝末年至民国初年，安徽芜湖县〕　以钱营利者，莫如印子钱，其办法，例如以本钱一千文,加利二百文分作六十日归还,立成账折,每日还钱二十文,由债权人打一印为收过之证明,六十日满,即得本利钱一千二百文。借用此项钱者,多系穷极无聊之人,往往酿成讼端,实为不良习惯。按:此项重利盘剥,前清本于例禁,初起只山、陕人为之,亦谓之打奋子,其偿期为一百二十日,即有纠葛,不敢诉讼也。近则任人为之,且缩短偿期之一半矣。

(余谊密等修,鲍实等纂:《芜湖县志》,卷八,地理志,风俗,民国八年石印本。)

〔民国初年,安徽芜湖县〕 债权人与债务人约明以谷稻履行钱债者,谓之稻债,此项债务人恒为农人,其偿还期为阴历八月,系秋收时也,其利率则每洋一元偿利稻二十斤,以时价每石一元五比例之,约为本洋之百分之三十,此就普通利率言之。亦有超过此数,每元每年利稻二十余斤至三十斤者,则为本洋百分之三十以上至百分之四十五矣。若稻价昂至二元以上,仅纳二十斤,亦达本洋百分之四十以上矣。按:此外又有麦债、菜子债,其贷期恒为腊月,偿期则为端午节,谓之麦季,债权人能放稻、麦两季,每有一年而子过其母者。

(余谊密等修,鲍实等纂:《芜湖县志》,卷八,地理志,风俗,民国八年石印本。)

〔民国十三年前后,安徽南陵县〕 农民有豆钱、麦钱、稻钱等债,如秋后借银币一元,加息豆二十斤,以腊月为偿期,谓至豆债;至期不能偿,将本移作麦钱,又加息麦二十斤,以端午为偿期,谓之麦债;至期不能偿,移作稻钱,又加息稻二十斤,以中秋为偿期,谓之稻债。每本银一元,以三季合算,应偿息各六十斤,无论豆麦稻,以每石估价两元比例之,则子已超过母矣。农人又有抵借债,每田一亩,抵借银币五元,每元加息稻二十五斤,合借息稻一百二十五斤。除印契作信外,另立借券,期以三年为满,若三年不收息,息皆作本,本又生息,则田归乌有,所谓活死契也。

(余谊密修,徐乃昌等纂:《南陵县志》,卷四,舆地志,风俗,民国十三年铅印本。)

〔民国二十七年前后,河南西华县〕 高利贷为农村经济中之大病,小农因经济压迫,不能不受高利贷之束缚,竭全年辛勤所得,尚不足偿其利息,劳碌终岁,不得一饱,贷借情形及名称述后。行息钱,借方托人说合,与债权者订立借据,并载注偿还时期、担保产业或承还保人,普通利率有二分半,有三分四分,亦有高至加一者。稞子麦,借方托人说合,与债权者订立借据,利率大约每百串每年付息小麦一斗或二斗,偿还期间多在麦后,亦有订期在秋后本利全偿者,此种利率因粮价之变动,有数月中债权者能获利一倍以上。青麦钱,此制多行于小农及小工人，因经济困难而求贷，有借钱三串或五串，麦后连本利须还麦一斗者，利率之重如此。

（凌甲烺、吕应南修，张嘉谋等纂：《西华县续志》，卷七，建设志，农业，民国二十七年铅印本。）

〔清代至民国二十九年，湖南醴陵县〕 利率之高低，系于资金之供求量。自清季以来，恒为年息二分，迩因农村经济濒于破产，故资金枯竭，借贷利率极高，乡间尤盛行高利贷。民国二十九年，民间借贷月息三、四、五分不等。嗣后，票价愈落，利率愈高。迨醴陵沦陷后，尤难究诘矣。

（陈鲲修，刘谦等纂：《醴陵县志》，卷六，食货志，金融，民国三十七年铅印本。）

〔民国三十七年前后，湖南醴陵县〕 乡村贷款，向例谷一石，纳息二桶，以六桶合成一石计之，适等于三分之一。荒歉之岁，利率尤高。或贬价之半，预粜新谷，以至虽遇丰年，亦呼庚癸。

（陈鲲修，刘谦等纂：《醴陵县志》，卷五，食货志，农业经济，民国三十七年铅印本。）

〔清光绪初年，广东广州府香山县〕 放债取利，一其母，而百其子，曰引子账，勾引良家子弟，书券为质，日月既久，子息愈多，或挟之冶游，贷以少许钱银，诱写祖父田产，预为争耕抢割之地。于是或外迫豪强而破家，或内畏父兄而自尽，其害殆不可胜言。

（清 陈沣纂：《香山县志》，卷五，舆地下，风俗，清光绪五年刻本。）

〔清光绪六年前后，广西郁林州北流县〕 北流地近郁林，距梧郡三百余里，山多田少，五方杂处，逐末侨寓者多于土著。地无他村，岁止一稻，力田之子家鲜担储，每饔飧，杂粮饘粥参半，歉则贷谷偿银，丰则贷银偿谷，居奇负贩者坐获倍利，而北民则丰歉俱困，其俗然也。

（清 徐作梅等修，李士琨等纂：《北流县志》，卷九，学校，风俗附，清光绪六年刻本。）

〔清光绪十年前后，广西平乐府平乐县〕 有一种外来游棍，勾通本地奸徒，或瞰贫民耕种之时预放银钱，或乘农人收获之际现籴米谷。彼盘积为生者既搜采无遗，而垄断罔利者又搬运不绝，以至民间稻甫登场，而炊烟已有不继者矣。

（清 全文炳修，伍嘉猷纂：《平乐县志》，卷一，舆地志，土产，清光绪十年刻本。）

〔清光绪年间至民国二十三年，广西隆安县〕 隆安县属向无金融机关，惟清代光绪年间，下颜墟有饷押一所，月息以三分计算，后因钞票影响歇业，民元至今，全属并无继续开办者。

（刘振西等纂修：《重修隆安县志》，卷四，食货考，经济，民国二十三年铅印本。）

〔清光绪末年至民国十年，广西崇善县〕 通俗押，在县城横街，光绪末叶成立，月息三分，典质以十二个月为限，不赎发卖。民国十年，本省政变，停押。

（林剑平、吴龙辉修，张景星等纂：《崇善县志》，第四编，经济，金融，一九六二年广西档案馆据民国二十六年稿本铅印本。）

〔清代至民国二十四年，广西贵县〕 富户放债凡贷款者，须以不动产为抵押品，或只以书面取信，或仅凭口头订约，间亦有之。利息以二分至三分为普通。其取利最重者则为放花利，春夏间青黄不接，农村贫户向殷富低价预卖农产品，如谷花、糖花、靛花、粟花等皆是，民国以还浸革。

（欧仰羲等修，梁崇鼎等纂：《贵县志》，卷七，经济，金融，民国二十四年铅印本。）

〔清代至民国二十四年前后，广西贵县〕 当押，旧《志》载，典当十七间，税银八十五两，今皆歇业，只有饷押。按：饷押一名与押质物贷金融，通称便。县属当押皆商人合资开设，独资营业者罕见。清代业此者多为粤商，洎乎民国，邑人亦起而经营，故近今当押较前为夥。典质盛于春夏，取偿旺于秋冬，质期一年，月息三分，此其大较也。县属当押共二十三间，计城厢四、木梓一、瓦塘一、木格二、桥墟一、东津一、大墟一、上石龙三、蒙公一、覃塘一、樟木一、黄练一、三里一、石罅一、大村墟一、五里一、钟村一，资本最多者五万元，最少者七千元，共用职工二百四十三人，平均每年营业总数共一百六十余万元。

（欧仰羲等修，梁崇鼎等纂：《贵县志》，卷七，经济，金融，民国二十四年铅印本。）

〔清代至民国二十六年，广西邕宁县〕 商营典当业，俗名当铺，又称饷押，以其向官厅领照，又征收饷捐，方准营业，故名。此项典当业，资本至少四五万元方能开设，大抵皆富厚之家，放款虑其挞骗，惟此项营业不虞蚀本，且缓急人所时有，匮乏时得此以资救济，利便良多。虽系治标之策，自不可少。其办理手续，视抵押品给以相当之值，每月行息三分，至年底减息一分，以示体恤。以十二个月为满，满期不赎，乃出货发售，以便周转。前清时，城厢内外共有十间。……民国纪元后，仍旧营业。民十政变，纸币作废，此项营业先受影响，遂行停业，迄今十余年来，因鉴于以前之失，几如谈虎色变，恢复未遑。

（谢祖萃修，莫炳奎纂：《邕宁县志》，卷十六，食货志三，金融机关，饷押，民国二十六年铅印本。）

〔清代后期至民国二十七年，广西田西县〕　自海禁大开，外货输入如水银泻地，无孔不入，城市乡村几于非洋货不生活，经济枯竭，生产衰退，为社会普通之大病态。而生活程度日高，在昔普通每人每年生活费用仅需二三十元而已足者，今则二三倍之而犹不足。经济之源塞，生活之道穷，而又无通融救济之机关，资本苦无从出，不得不辗转于私借之高利贷，月息二三分以至四五分，甚至愿出月息四五分亦告贷无门，或仅得之利息既高，所获收益以之还本付息尚属不敷，坐是日加萎缩，而生活问题无解决之希望矣。

（叶鸣平、罗建邦修，岑启沃纂：《田西县志》，第五编，经济，金融，民国二十七年铅印本。）

〔民国二十六年前后，广西宜北县〕　高利贷时常发现，贫民向富家借债，必有正当人担保及有相当田亩作抵押，方肯允借，议定偿还日期，长期一年，短期一二个月。长期利息每月每元取息五仙，短期利息每月每元取息壹角。贫民借贷负担过重，甚至有还债而不退契者，所在多有，例如债目二十五元已经还过二十三元，尚欠二元，债权人以为尚欠尾数，故意匿契不退，日复一日，事过境迁，收债人亡故，其子以有契为凭，再向债务人重索，因此发生重大纠纷时有所闻，贫民受此病苦，亟应设法解除之。

（李志修，覃玉成纂：《宜北县志》，第二编，社会，社会问题，民国二十六年铅印本。）

〔清嘉庆十五年前后，四川雅州府里塘司〕　喇嘛大寺蓄积甚富，堪布三年一换，以所积交新堪布，乍仓亦然，示无私财也。然放债取利甚重，年将一倍。其不能偿者，则拉其牛、马、货物作抵，甚至有封其家产者。

（清　陈登龙编：《里塘志略》，卷下，清嘉庆十五年刻本。）

注：里塘司今为理塘县。

〔清光绪十一年前后，四川资州井研县〕　蜡之产较逊于丝，然岁计亦十数万，乡民购买虫包，自蓄于树，或赁树而蓄，倚为生产，与丝略同，利害亦侔焉。而蓄富之家，又时以积贮余业，俟新蜡出，放手敛买，至行贾腾跃，坐收倍称之息。县人有以此起家富至巨万者，其奸巧大猾，狭厚资、牟重利，贫户有所假贷，则先与之钱，指树蜡为券，减常贾而雠之，俗谓之卖空仓。二月卖丝，五月粜谷，古人以挖肉补疮为譬，虽官为设厉禁，迄不能止。

（清　高承瀛修，吴嘉谟等纂：《光绪井研志》，卷八，食货四，土产，清光绪二十六年刻本。）

〔清宣统元年前后，四川成都府成都〕　成都之当铺，银利每月三分，钱利每月三分。惟从冬月初一日起至腊月三十日止，钱利减为二分。

（傅崇矩编撰：《成都通览》，成都之当铺，一九八七年巴蜀书社据清宣统年间手写石印本标点铅印本。）

〔清代至民国二十六年，四川犍为县〕　当铺，逊清时代城内及牛华溪两处有陕商二家，资本雄厚，除典当外，兼营借放，商场颇形活动。国体改变后，均各歇业。近则城乡设有公质店，资本大者不过二三千元，小者数百元，仅敷典质而已。

（陈谦、陈世虞修，罗绶香、印焕门等纂：《犍为县志》，卷十一，经济志，金融，民国二十六年铅印本。）

〔清代至民国二十七年前后，四川安县〕　在前清时，民间借贷或钱或银，以二分为常率，或有浮于二分、不及二分者，视借贷本数之多寡而定，初无一定程式也。近今银钱价值涨跌不一，而贷息亦无一定程式，且民间盈余者寡，而借贷几乎无门矣。

（夏时行等修，刘公旭等纂：《安县志》，卷五十六，社会风俗，贷钱利率，民国二十七年石印本。）

〔民国二十五年前后，贵州册亨县〕　普通一般借贷方法约有下列数种：一、典。农民向富户借贷，恐口无凭，不足以取信用，乃以自置之田地为抵押品向之借贷银洋。其利率大概在百分之二十或百分之三十，最高者竟至百分之五十。……二、卖青苗。农人急于用款，将未成熟之谷物出售，是谓"卖青苗"。惟价值太低，较成熟时约廉至二倍以上。三、牛马借贷。农人无法生活，以牛马作抵押品，向富户借贷。唯有一定期限，届期无银偿还，任凭债权者没收变价、折价偿还本利。

（罗骏超纂修：《册亨县乡土志略》，第六章，经济，第十四节，借贷，民国二十五年修，一九六六年贵州省图书馆油印本。）

〔清光绪年间至民国年间，云南〕　本省典当业由来已久，有典、当、质、押四种之分。典之资本最大，利息最轻，值押亦较高。当次之，质又次之，押则实得其反。其外尚有所谓代当者，多设于乡曲小邑。至本省典当业，以光绪十九年成立之兴文当为最大，今列新旧组织之比较表如次：

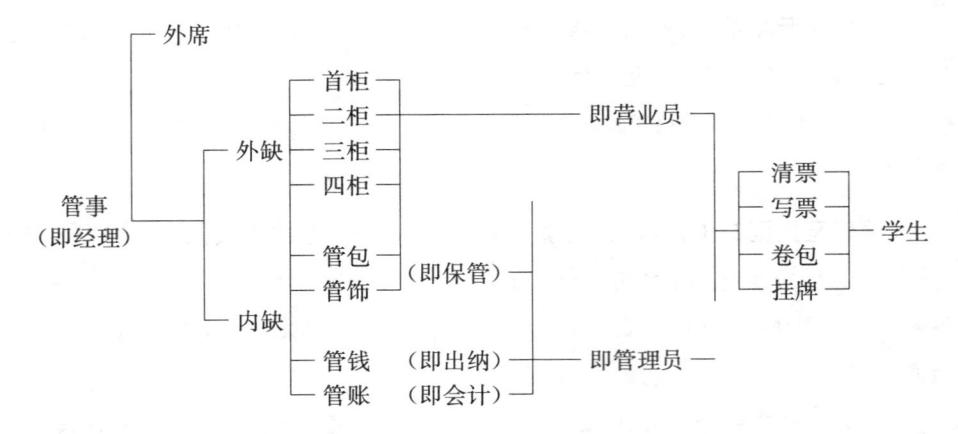

```
                          ┌─ 外席
                          │
             ┌─ 外缺 ──┤    ┌─ 首柜
             │            │    ├─ 二柜 ──── 即营业员
             │            └─┤    ├─ 三柜                           ┌─ 清票
管事         │                 └─ 四柜                           ├─ 写票
(即经理)──┤                                                         ├─────── 学生
             │                 ┌─ 管包                           ├─ 卷包
             │            ┌─┤                  (即保管)           └─ 挂牌
             └─ 内缺 ──┤    └─ 管饰
                          │    ┌─ 管钱   (即出纳)  ─┐
                          └─┤                          ├─ 即管理员
                               └─ 管账   (即会计)  ─┘
```

清季省垣银钱兼销铺亦颇发达,营业以兑换银两兼销牌坊锭为主。其较著者有万泰庆、盛福源、福盛、天源、元昌、丁福元、方永庆、李元盛、吴义顺、王源发、陈宝生、罗同兴、范镕丰、富大有、陈同昌、陈镕茂、戴天源、陈天茂、任恒春、曹德元、高祥云、王裕丰、雷庆源、朱裕源、曹宝聚、朵万泰、雷庆泰、陈鸿钧、周新盛、钟永丰、张同昌等二十余家。又有公估商,则为政府特许鼓铸成色较高之银锭,有冯世,有童福盛、余庆盛、周宝铨、陈元昌、段通宝等六家。又有以兑换制钱为主者,有源盛、同盛等家。民元后改两为元,制钱亦渐废,兼销等商遂相继改业银楼矣。

(龙云、卢汉修,周钟岳等纂:《新纂云南通志》,卷一百四十四,商业考二,金融,典当兼销公估商,一九四九年铅印本。)

〔民国初年至二十七年,云南昭通县〕 昭于民国初间,已有华丰、育英二当,资本雄厚,盖商典也。自"二六"政变,迭遭兵燹,大受损失,因而停业。一般商人应运而生,醵金组合押号者先后继起,统计经地方警察局登记纳捐之押号已有二十家,其未经登记私行营业者亦十余家。所取息金各不相等,在经登记者轻则四分,重则六分,典押货物大都六月为期。至未登记之户多有利至一角者,日期较短,四月为限,同床异梦,各不相侔,其所同者典押货物均值十当四或五,名为救济穷困,然心在重利,亦社会剥削事业之一端也。

(卢金锡修,杨履乾、包鸣泉纂:《昭通县志稿》,卷五,商务,典当,民国二十七年铅印本。)

（三）钱庄、银号、证券交易所

〔**清光绪初年至民国二十五年，上海**〕 钱庄最初营业仅系兑换一端，嗣后商业日繁，始有存款、放款及流通庄票之业务。光绪初，北市有八十余家，南市有三十余家；迨至七年中法之役，倒闭相继，仅存二十余家；旋又逐渐恢复，北市有七十余家，南市有三十余家；后营口市面衰败，沪上各庄受其影响，颇有外强中干之象。不旋踵，而"橡皮风潮"突起，市面大为震动，其消沉之象不亚于中法之役，倒闭者数十家。辛亥鼎革，市面益不可问，是时南北两市共存五十余家，至民国二年，逐渐恢复。迄今各庄资本亦日益加巨，魄力雄厚者，大都侧重于抵押放款，故北市有八十七家，南市亦有二十五家，虽经"五四"风潮、交易所风潮、"五卅"风潮，均不甚受其影响。

（吴馨等修，姚文楠等纂：《上海县志》，卷六，商务下，金融机关，民国二十五年铅印本。）

〔**民国十五年，上海**〕 钱庄之组织，略如前金融机关所述，现分已入公会与未入公会二种。至民国十五年止，计已入会者八十七家，未入会者二十五家。每庄股本最巨者三十六万两，最少者万两。

（吴馨等修，姚文楠等纂：《上海县志》，卷六，商务下，钱庄，民国二十五年铅印本。）

〔**清光绪至民国年间，江苏松江县**〕 本县银钱业历史，六十年前，无可考已〈矣〉。查银钱业为商界总枢纽，市面繁盛区域，须有银行、钱庄以资周转，势所必然。该业股东经理，如果资本雄厚，信誉素孚，则长袖善舞，多财善贾，业务自然发达。本城原属府治，人烟稠密，阛阓毗连，西门外尤热闹。前清分华、娄两县，民元合并为一。城市向有钱庄，民国成立，始有银行。兹将六十年来银钱业之沿革，划分时代，略述于下。遗漏错误，自知不免，但见闻所及，拉杂成文，藉供文献委员会参考，或不无补助云。

民元前：前清重士轻商，该业领袖，多系纯粹商人，西门大街，有甡源庄、履泰庄等，设在纸店之内，履泰旋改仁泰，城内有方汇记、恒益号、乾诚号等小钱庄，专司兑换。厥后仁泰记、汇记等相继收歇，允康、正和、惠大、裕康、德裕等庄次第开张，要皆坛（昙）花一现，独甡源庄最为悠久，然内容改组，亦已三四次矣。当时各庄股本，多者万金，少者数千元。进出用硬币，如银锭、银洋、制钱、铜元、角坯之类，或用本票，凭票兑现。往来以银两计数，月结存拆，悉照申市，欠拆酌加，存款月息六七厘，借款欠息月九厘至一分二厘，抵押品概用印单，俗所谓金蝴蝶也。信用款凭保人，账皆中式。职员三四人，大权操于经理之手，故经理得人与否，营业盛衰大有关系。

民元后：辛亥光复，绅士陈陶怡（遗）、雷继兴、闵瑞之、钱选青、谢宰平、沈思齐等，创设松江银行于岳庙前，集资十万元，公股较多，雷为董事长，钱为监督，闵为总理，谢、陈、沈等为董事。银钱业之依照股份有限公司组织者，始于此。民国八年，闵辞职，谢继之，父子蝉联任行长。民[国]二十一年，该行突然倒闭，亏欠存款六十余万元，教育经费占大部分，纵经清算，偿还无几。闵自脱离该行，即与陈、沈二公及高吹万、姚石子等另组典业银行，实收资本二十五万元，纯系商股。民国十年春，开始营业，二十六年秋，遭难停业，三十五年夏，增资复业。查松江银行性质，类似地方银行，而该行则为商业银行。松行开办之初，曾发行一元、五元、十元纸币，旋即收回，而该行十周纪念时，发行十周纪念券，每券三十元，十年期满，还一百元。两行曾在上海设办事处，均无利益，徒耗开支。松行倒闭后，中国银行、苏省农民银行、上海新华银行、中国兴业银行等，设分行或办事处于本城西门外，兴业不久即歇。钱庄除牲源外，有信余、承大、裕康等。当二十六年春夏间，本城银行、钱庄各四家，现钞集中于中国银行，盖自民二十四年改用法币以后，硬币早已绝迹矣。

沦陷后："八·一三"事变发生，本县首当其冲，中国、农民、新华三行迁入租界。典业、信余、牲源、承大、裕康宣告停业。民二十八年，本城开设茸兴庄、洽昌庄，市面逐渐繁荣。时，物资统制綦严，本城密迩上海，小贩云集，百货荟萃，遂成转口地点，钞票需用孔亟。于是，伪江苏地方银行松江支行、伪中央储备银行松江办事处，以及商办之裕农、利商、至大、和丰等行，均益、永润、协兴祥、宝丰、大康、正丰、盛丰、鼎顺、元余、人和、恒大、福康等庄，如雨后春笋，星罗棋布，共有二十一家之多，以储备银库为大本营，即今县银行住址也。本城银钱业莫盛于斯。现钞用途广，利率高，兑现盛行，获益颇厚。及抗战胜利，生意清淡，银钱业相率闭门，本城市面，一落千丈矣。

胜利后：敌伪时代，银钱业申请登记，手续简便，费用较省。收复区伪币二百折一，民众大受损失，购买力因之薄弱，政府对于原登记证，概作无效，即战前银行、钱庄请求复业，殊费周折。本城新设邮政汇业局、松江县银行。复业者，有省农民银行、典业银行、裕康、信余、甡源、承大等庄。现在各家现钞,汇存省农行。该业往来欠息及期款欠息,每月每元两角左右,往来存息三四分,定期存息八九分至一角不等,较之战前月息,大十余倍。民间印单,几同废纸,不能作抵押之用。商家借款,都重信用,门户借款,益觉困难。营业税、印花税、牌照税、所得税、房捐等,重重叠叠,名目繁多。法定利息,仍为周年二分。削足适履,银钱业毫无保障,金融前途,何堪设想。

综上所述,本城金融界,民元以前,有钱庄而无银行;民元以后,有钱庄亦有银行;沦陷迄今,交易概用不兑换之纸币,虽有银钱之名,已无银钱之实。天下事有利必有弊,抗战八年,维持财政,法币之功;今后将受法币之害,明眼人早见及之,物价较战前增加万倍以上,即币值较战前减低万分以下。第一次世界大战时,俄之罗卜〈卢布〉、法之法郎、德之马克覆辙相寻,殷鉴不远。而现在之银钱业,随波逐流于通货膨胀,币值动荡之中,求其支持稳固,不亦难乎?呜乎!前清时代,开店关店,非常自由,人欠欠人,必须清理,一经涉讼,定予严惩,正和、惠大两庄经理,所以不免于缧绁也。今则倒闭者逍遥法外,债权人徒唤奈何,政府对于钱银业,复摧残剥削之备至,该业何以立足于商界,言念及此,能不慨然。

（陆规亮编纂：《松江文献》,松江县银钱业沿革考,民国三十六年铅印本。）

〔**民国九至十年间,上海**〕 日本商人始创取引所于福州路,经营各项证券及各种物品之定期、约期买卖,一时商人趋之若鹜,取引所既获利无算,华商之有力者羡之,乃有上海证券物品交易所之设立。同时农商部亦有交易所条例颁布,由是而某某证券交易所也、某种物品交易所也、某某交换所也、某种市场也、风发云涌,层见叠出。虽有部例限制,以托足租界,故得自由组织,置法令于不顾。当九、十两年间,成立开幕者二十余家,登报筹备者逾百家,登呈部核准领有执照者不满十家。设立地点强半在爱多亚路、公馆马路一带,散见于公共租界者间有之,在内地者只二三家,股本额多至千万,少亦五十万,实际所收有不及一二成者,乃房屋什物备极奢华,聘雇员役概以百计,一时英、法两租界地价房租增至倍蓰。每一筹备处设立,购股票者辄辗转相求,付定银若干元,执收据一纸,不逾时,获利二三倍,其故由最先成立之交易所将本所股票价格高抬,于是尽人以购买股票为利益,最需要愈多,票价愈涨。办交易所者方自诩得计,不知无穷祸害即伏其中,未几该所以失信几至破产,而风行全埠之股票狂热顿落千丈,而其他诸所之已设者闭歇,筹备者取销,投机之风庶乎稍熄。然而环顾沪市,货肆之被欠损失何止千万,失业者之流荡无归何止万人。至于发起人也、股东也、理事也、投机家也、讼累者、倾家者、失踪者、自戕者又不知其几何人。至是,而交易所之岿然尚存者仅最先成立之一家与同业所组织之六家而已。盖居今日而言商业,固不能不有定期、约期之买卖,交易所之职责为平准物价,调剂供求,故其效用足以保证买卖之安全与信用,善用之,固未尝无裨于商战也。兹就现存各所列举于后:上海证券物品交易所,在四川路一号,九年立;华商证券交易所,在汉口路四十五号,九年立;华商棉业交易所,在爱多亚路,九年立;华商纱布交易所,在爱多亚路八十号,十年立;上海面粉交易所,在民国路新开河,九年立;上海杂粮豆饼交易所,在爱多亚路十五号,九年立;金业交易所,在黄浦滩九江路五号,十年立。

(吴馨等修,姚文楠等纂:《上海县志》,卷五,商务上,交易所,民国二十五年铅印本。)

〔民国九至十年,上海〕 沪上自有日本取引所,各种花、纱、丝、茧交易几尽入其掌握。甬商虞洽卿有鉴于此,遂于民国九年集同志创办证券物品交易所,市面大为震动。继之者,有华商证券交易所、华商纱布交易所、杂粮交易所、面粉交易所、金业交易所等,共达一百余家。各地资本多集于沪,且富于投机性之沪商巧立各种名目,一物之微亦以此中为媒介。卜昼之余,兼以夜市为交易,以至风发云涌,不可遏抑。至十年冬,倒闭者踵相接,识者谓为"橡皮风潮"后之第一大风潮。今犹存者,仅证券物品交易所、华商证券交易所、华商棉业交易所、华商纱布交易所、杂粮交易所、面粉交易所七家而已,其影响于金融甚巨。

(吴馨等修,姚文楠等纂:《上海县志》,卷六,商务下,金融方面所受之影响,民国二十五年铅印本。)

〔民国十年,江苏松江县〕 九月,松江吴伯扬等仿上海开设证券交易所,于长桥南特建新屋。票额每股五元,未开幕已涨至十二三元。嗣因上海交易所引起大风潮,牵动银钱业,金融甚危,松地交易所亦遂闭歇。至岁杪,闻松人之在沪投机失败者,有陆曙民、张敬垣、费湘舲、姚幼云夫妇等,为数甚巨。

(雷君曜撰,杜诗庭节抄:《松江志料》,杂记类,抄本。)

〔民国十至十五年,上海〕 信托公司乃承交易所而继起者,当时[①]不下十余家,后仅存中央、通易两家。中央信托公司,民国十一年开办。资本初定为一千万元。先收四分之一,股东以绍兴帮钱庄为多。十二年,改为实收股本三百万元,董事长田时霖。田逝世,田祁原继之,经理为严成德。公司之组织为银行、信托、保险、储蓄四部。十四年,北京路新厦落成,营业发达,世多称之。通易信托公司,民国十年开办,初名通易公司,为无限公司,黄溯初、范季美主之。旋为两合公司,无限责任股东为黄溯初、范季美、邓君翔三人。信托公司成立两合公司,即行清理,总额为二百五十万元。十五年,合并浙江丝绸银行,闻已实收二百万元,董事长兼总经理为黄溯初。其组织分银行、信托、证券、储蓄四部,营业以证券为多,且为证券业之先导者,近亦营新厦于北京路。

(吴馨等修,姚文楠等纂:《上海县志》,卷六,商务下,信托公司,民国二十五年铅印本。)

① 民国十年前后。

〔清代至民国二十年,天津〕 银行未盛时,天津市面皆操于银号、钱庄之手,其业务不异于银行,甚有得官厅之特许而能发行钱帖者,盖即钞票之滥觞也。今虽时过境迁,不如银行对工商之重要,但仍有一部分不可磨灭之势力。其所营事业,除不能发行钞票及国外汇兑外,他如存款、贷款、买卖生金银、买卖有价证券、国内汇兑,皆与银行相同。但资本较银行为弱,规模亦较小耳。其组织大略相同,最高为总经理,下有副理或襄理一人或二人。次为会计主任,专司账目。再次为出纳、存款、放款各部主任,下有练习生若干人。昔者除银号、钱庄外,尚有票庄,专司国内汇兑及买卖汇票,间亦作银号所作之事业。今则多归淘汰,所存者针市街之功成玉一家耳。

(宋蕴璞辑:《天津志略》,第八编,金融,第三章,金融机关,民国二十年铅印本。)

〔民国二十三年前后,天津〕 自银行次第成立,以资本之雄厚、手腕之灵敏,遂夺昔日银号、票庄之地位而上之。然各银号以其历史之悠久,潜势甚大,且旧式商家于习惯上与银号交往有其相当之便利,故其操持金融亦不下于银行。至于票庄,则渐归淘汰矣。

(天津市志编纂处编:《天津市概要》,工商编,第一章,金融,第三节,金融机关,民国二十三年铅印本。)

〔清代至民国二十二年,河北张家口〕 清时,张垣商业为闭关自守之时代,全市金融机关完全为私人经理,官厅不加干涉,商家之来往一律以信用为本。彼时张垣商号晋商占十之六七,故晋商势力最厚,金融机关完全操纵。大者为汇兑商,专营汇兑本国各埠之事业,以收得汇费贴水为目的。小者为银钱店,专营本埠各商家来往借贷之事业,借入则出小利,贷出则得大利。至市面通行货币,除以银块制钱通行外,并有钱帖(即制钱票)之发行。但发行钱帖非资本殷实之钱铺不得享此权利,并须其同业互相担保始能流通无阻。一俟发行之后,该号即负永久兑现之责,即或倒闭歇业,其号东亦负完全责任,是以彼时钱帖之信用非常坚强可靠也。民国时代之金融机关:张垣自京绥路通,商业繁盛,闭关自守之主义不能适用,遂一变而为门户大开之现象,各方商帮纷纷来口经营各业,全市金融机关亦由私营改为官营。第一受打击者为汇兑商,因国家银行在张设立分行,汇兑便利,汇水低廉,私营之汇兑商自难与之竞争,遂归天然淘汰之列。其次则为银钱店,此种商号虽能暂维现状,而营业范围究嫌过小,对于环境不克应付,停市歇业时有所闻。而代替兴起者为省立银行,如兴业银行、西北银行、山西银行等,亦曾操纵市面。一时之金融惟以主政者为转移,时局一变,该银行即随之而去,市面金融所受影响实大。近数年来,商业情状虽因蒙库不通而日见萧条,但市面金融尚称稳定,并无挤兑停市之事。现在国家银行只有交通一家,其余边业、河北等行虽有行址,亦无若何营业。全市金融赖以活动者仍为数十家银钱店,办理各商家来往借贷,并发行少数铜元票救济市面。此张垣金融之现状也。

(路联达等修,任守恭等纂:《万全县志》,附张家口概况,金融,民国二十二年铅印本。)

〔民国二十四年前后,河北张北县〕 本县并无汇兑庄,所有银钱往来拨兑事宜,现有一二家商号代办汇兑,惟兑拨地点仅张家口、张北二处,其他省区各地向不通汇,遇有汇兑事项,由邮局代办,尚称便利。

(陈继淹修,许闻诗等纂:《张北县志》,卷五,户籍志,商业,民国二十四年铅印本。)

〔清朝末年至民国二十六年前后,绥远〕 本省在清末,票号最为盛行,专营汇兑事务。初祁太帮,有大盛川、存义公、合盛元、锦生润;平帮有蔚丰厚等。继起者,有大德恒、大德通等。彼时因银行未兴,汇兑颇能获利。降及民初,钱庄发达,票号即就衰落。及银行代兴,手续进步,费用低廉,于是在前依票号汇兑者多舍彼而就此,票号遂相继淘汰,现在仅余大德通一家。钱庄在民国元年,省会一处计有三十二家之多,颇极一时之盛。二年,因政变影响,只余十家。至十四、五年,复增至十八家,营业亦颇发达。十七、八年,外蒙不通,兵旱为灾,业务萧条。截至现在,计有钱庄十五六家,行商银号等十余家。银行,在民国四年设有中国银行支行,继有交通银行支行,九年有平市官钱局及丰业银业之兴起,迄后又有山西省银行及北洋保商银行之增设。中间,西北银行昙花一现,旋即消灭。现存者为中、交、平市等六行而已。

（廖兆骏编：《绥远志略》，第十七章，绥远之金融，第三节，银钱业之盛衰，民国二十六年铅印本。）

〔清光绪三十二年至民国十年，奉天锦县〕 驻锦东三省官银号，在城内东街路北，清光绪三十二年设，号长一员，司书六员。

（王文藻修，陆善格纂：《锦县志略》，卷十二，实业，商务，民国十年铅印本。）

〔清代后期至民国二十三年，吉林梨树县〕 本邑辟土聚民不过百年，在昔交通机关多未完备，地方所产粮石悉用马车由旱路运往通江口、新民营口各埠兑换银两，或购回布帛盐铁一切日常需用货物，贩卖于当地。自后农户生产日众，商号因之日增，资金不足供给周转，于是仿照边外各地习惯，发行私帖期条，补助银钱之流通，官府不加限制，市面展转推行，奸商、小贩群起效尤，基金无多，架空图利，一遭挤兑，辄以货物高价抵还，农民损失往往无所取偿。此为私帖乱发之时期也。民国五年，奉天财政厅树立金融政策，以纸币发行权委之东三省官银号，严令各县勒限商号收销私帖。至民国九年，元票私帖收缴净尽，城镇商号之流动金为之枯窘，虽由官银号放款接济，而农业资金则不能直接贷用，于是有储蓄会及贷庄营业应运而生，为银行、农民之居间机关，廛借零放，交征其利，地方金融顿形灵活，此为借贷盛行之时期也。继此军事频兴，支款无度，以致奉票逐渐毛荒，利率过重，商农疲敝，无力偿还，一般放贷业连带受累，陆续倒闭，加以杂税苛捐，层层剥削，遂演成近今经济枯竭之景象。此为财政厅统一币制，被军阀摧残失败之时期也。

（包文峻修，李溶等纂，邓炳武续修，范大全等续纂：《梨树县志》，丁编，人事，卷四，实业，民国二十三年铅印本。）

〔清宣统二年至民国九年，黑龙江瑷珲县〕 黑河广信公司，前清宣统二年设置。原由省城广信公司分设于此，向系官有营业，创办库、漠两金厂，买卖货物，兑换江钱、纸币，收汇羌帖、江帖，收买金沙等事。经理人崔耀轩，司员四人，出入各款从无定额。

（孙蓉图修，徐希廉纂：《瑷珲县志》，卷二，政务志，自治，商会，民国九年铅印本。）

〔民国七年至十九年，黑龙江呼伦县〕 银钱庄有广信公司，为全县金融机关。再有蒙旗钱局，系民国七年俄币跌落之际，市面流通多为千元、五百元之俄国纸币，零星便用殊感不便，当经副都统署由各旗筹集资本，创设蒙旗钱局，发行五角、一元、五元、十元、二十五元、一百元等七种纸币，专为零星川换之用，每元可按一分随时由该局兑取现银。该局并出放贷款，利率由六厘至一分不等，约以款数、期限为断。至该局发行纸币，自哈洋票发行后，业已陆续收回，不复在市面流通。此外虽尚有兴盛、长福、昌源等数家，亦兼做汇兑，并非正式银钱庄。

（佚名纂：《呼伦县志略》，商业，民国十九年修，抄本。）

〔民国十八年前后，黑龙江宾县〕 营业之最可靠者惟钱业，其兑换出入不过得利一吊或五百文，成本在家，毫无意外损失，故宾钱商几如行山阴道中，应接不暇。其资本最大而信用稍著者首推庆和。

（赵汝梅、德寿修，朱衣点等纂：《宾县县志》，卷一，实业略，商业，民国十八年铅印本。）

〔清代至民国五年，新疆〕 新疆输至关内货物极为稀少，而由关内输入岁辄二三百万。然以关内岁须协济新省二百余万，故票号即以互相抵拨，而免转运银货之劳。民国以后，协饷断绝，票号相继歇业，输入货物之款无从汇兑，于是俄之道胜银行遂得大肆其操纵之技。盖省城若蔚丰厚、若永裕德、若同盛和等钱号，虽负汇兑之名，然不能直接向关内汇兑，仍借手于道胜银行。譬如商人交新省纸币于钱号，钱号复以购俄币，由道胜银行汇至北京；或不由道胜银行而自购俄币，由俄邮保险寄至京津分号，然后始交受款人。转折周旋，汇水愈贵，而道胜银行复得高低俄币之价格，甚且至京津道胜银行取款时，托言电报未至，迁延时日，此中汇水及无形损失岁在百万以上（至道胜银行取得新省纸币时，则交由俄商贩买土货出口，大都先期放账于缠民，到期交彼货物为多）。尤可痛者，塔尔巴哈台为北路货物出入之咽喉，中外杂居，商务繁盛，乃市面流通竟尽为俄币，即公家收入亦以俄币为标准。迩来俄货不来，输出品以增，俄市亦日以加多，际此俄币跌落之秋，商民受亏，诚不堪言。

（林竞编：《新疆纪略》，五，实业，商业，民国七年铅印本。）

〔清光绪三十三年前后，山东曹州府菏泽县〕 钱商多晋省人，无厚本巨资，即本境人开设，亦皆用晋人察视银色。近年钱业衰败，倒闭之家层见迭出。每年销卖银两约有二十万金之谱，多购自黄河粮船。

（清　汪鸿孙修，杨兆焕纂：《菏泽县乡土志》，商务，清光绪三十三年石印本。）

〔清光绪三十四年前后，山东泰安府肥城县〕 银行、钱店，城乡亦皆繁盛，但资本无多，赖纸币以周转，往往出纸币数万而资本不过数千，偶一折阅即行歇闭，商民因皆受其害,而纸币遂成废纸。

（清　李传煦纂修,钟树森续修:《肥城县乡土志》,卷九,商务,清光绪三十四年石印本。）

〔清代至民国二十六年,山东博山县〕　清时钱业尚占优势,民国以来,钱业视煤业为转移,煤业极盛时,钱业达四十余家。近以市面营业不振,兼之中国银行在博成立办事处,大宗存放及汇兑各款悉被吸收,致钱业日渐凋敝,现只二十余家。

（王荫桂修,张新曾纂:《续修博山县志》,卷七,实业志,商业,民国二十六年铅印本。）

〔清代至民国三十年前后,山东潍县〕　潍县钱庄,民国五年前均以发行京钱票为营业目的,在博取拆息。民国五年曾一度收缩,以后京钱票之营业日见销减,而境内土布业渐次发展,钱业随之变更,其营业方向渐以存放款为事业,大都以月息一分吸入,以一分二厘贷出。前潍县钱业金融来源多仰给于昌邑柳疃、黄县、沙河镇各处,至烟台、青岛、济南则为数甚少。自民国二十年后,烟台金融向之流通于大连者,今多流通于本省,潍县每年约在百万元左右,占今日金融来源之最大部分。潍县现有钱庄二十五家,各家资本最大者二万五千元,以五千元左右者为多,资本总额约十一万二千八百元。各庄吸入存款总计约一百零六万五千余元,各庄放款总计约一百一十七万七千余元。放款之最大主顾为布商及猪鬃商,近来因商业凋敝,各庄均事收缩放款,数量有减无增。钱庄亦兼营汇兑,但与银行之汇兑性质不同,系代上海、青岛、天津、济南、烟台等通商口岸之连号收换汇票,每汇票千元取手续费五角,收入后则向钱业交易所出售与当地同业或出外办货之商人。线庄,线庄本以棉纱为营业,自民国二十年后,棉纱营业为他人操纵,各庄乃改营钱业,因素与土布业交易,较钱业为深,故不啻全为布业之金融机关。潍县共有线庄二十四家,存款、放款及资本,均较钱业为多,故范围亦较钱业为大。其资本多来自昌邑柳疃,其存款以四乡布贩、布商为多,放款亦以布商为主,多以支单过账,并不提现,极为便利。汇兑亦系为布商代办,各庄以合资为多,独资为少,资本总额约四十二万六千余元。二十二年,存款一百六十四万余元,放款二百一十万余元,汇兑八十四万余元。

（常之英修,刘祖干纂:《潍县志稿》,卷二十四,实业志,商业,民国三十年铅印本。）

〔民国三年至五年,江苏高邮〕　民国三年十月,财政部咨省饬查各属有无私立银行、钱店。知事姚祖义饬各市乡呈报,时高邮市钱庄十五家,北安市八家,临泽市四家,樊永乡一家,共二十八家,银行无。四年,本城同兴公钱庄改为扬州中国银行代理店，是为邮境有银行之始。钱店添开慎泰一家，仍二十八家。五年，三垛镇添开泰昌钱店一家。

（胡为和等修，高树敏等纂：《三续高邮州志》，卷八，县附录二，实业，营业状况，民国十一年刻本。）

〔民国二十年前后，江苏泰县〕 本邑既无公立银行，钱商居于金融主位，把持操纵，其势力亦正不弱，间有附带兑换金珠者。其资本约分三等，甲三四万元，乙二万余元，丙万余元。其营业以银厘为本位，钱币为辅助，往来汇划以本庄红票为证，有随时与限期兑取两种。

（单毓元等纂修：《泰县志稿》，卷二十一，商业志，钱庄，民国二十年修，一九六二年油印本。）

〔民国二十年前后，江苏泰县〕 至金融机关，全县无分设银行，其钱庄之殷实者若泰城谦益丰、姜埝裕隆元、海安同盛，历年最久，资本亦雄。至钱币流通，多寡莫定，兑换钞票首推谦益丰，余次之。兑换铜元，泰城、海安皆在钱庄，姜埝则在货店。

（单毓元等纂修：《泰县志稿》，卷十一，财政志，钱币，民国二十年修，一九六二年油印本。）

〔民国二十年至二十四年，江苏南京市〕 京市钱庄，在民国二十年，成立同业公会时，计六十一家。旋新开七家，共有六十八家。因二十年大水为灾，继以"九·一八""一·二八"事变，农村放款既难收回，商家放款亦无力偿还，该业骤告紧张，纷纷歇业收账，最大钱庄如通汇及泰亨润、庚余三家，竟于二十年宣告停业。二十一年又停歇豫大、同康、鸿源等十七家。二十二年停歇隆太、顺康等十五家。二十三年三月以前，停歇谦益、勤康等四家，现在仅存通和、震丰等二十九家。内计合资十六家，独资十三家。各家资本大者三万元，小者五百元，全业资本一十七万二千九百元。各家店员最多二十六人，最少四人，全业三百一十六人。据该业公会主席朱德铸面称，当其盛时，每年全业营业约二三千万元不等。现年仅可营业一二百万元，恰成十与一之比。同行业务分为汇划庄、钱庄、兑换店三类。放款利率，最大一分六厘半，最小七厘半，存款最大九厘，最少三厘。汇款以千元为单位，上海收汇费三角至五角，汉口收汇费一元二角。帮派分南京、镇江、扬州三帮。钱市随上海行情为标准。

（叶楚伧修，王焕镳纂：《首都志》，卷十二，食货下，金融，民国二十四年铅印本。）

〔清代后期至民国二十五年前后,浙江〕 本省之有银行,乃近三十年之事,至三十年前,全省金融全赖钱庄业以为周转。现在钱庄业虽已渐趋式微,然全省除严州府属外,其余各旧府属皆设有钱庄,而以旧绍兴府属为尤普遍,各县皆有,利便良多。全省之钱庄资本总数九百五十三万一千三百元,每家资本以十二万元为最巨,五万元为最少,平均每家为九万九千余元。

(姜卿云编:《浙江新志》,上卷,第八章,浙江省之经济,金融,民国二十五年铅印本。)

〔民国二十五年前后,浙江桐乡县〕 金融机关,钱庄有源昌、正通二家,典当有汇源、葆昌、公泰、泰生、公义等七家。

(姜卿云编:《浙江新志》,上卷,第二十二章,桐乡县,实业,民国二十五年铅印本。)

〔民国三十七年前后,浙江杭州市〕 浙省金融,除宁、台、温三属以地域关系自成系统外,其他如杭、嘉、湖、绍、金、衢、严、处各属,咸以杭市为金融枢纽,即远如皖省徽州、赣省上饶各地,亦均以本市为其金融中心。考其本市金融势力能如此广大者,缘浙、皖、赣各地大宗土产之出口,以及各种洋广日用品之进口,莫不以本市为其集散场所。如每年茧用一项,为数达千万元以上;茶用一项,数亦达五百余万元。此项款资巨金,类皆仰赖于本市金融界从中调剂周转。况近年交通便利,除原有沪杭铁路暨运河外,复有杭江铁路横贯浙东腹地,京杭、沪杭各公路相继通车。……查杭市现有银行十六家,大小钱庄六十五家,典当十九家,保险业三十四家。

(千人俊编:《民国杭州市新志稿》,卷二十二,金融,民国三十七年修,杭州市地方志编纂办公室一九八七年铅印本。)

〔民国三十七年前后,浙江杭州市〕 大同行者,其资本最富,营业最广,为钱业公会会员,有汇划权利,故亦称之曰汇划同行,亦称客帮庄,因其专做客帮汇划也。本市现存者,计有元泰、介康等十七家。各庄资本,就登记者计算,总共五十万八千元,其中以益源、仓源、寅源、崇源及聚源等庄之三万六千元资本为最大,介康之一万六千元为最小。……小同行者,即过账同行,亦称门市店,其资本营业较弱于汇划庄,无汇划权利。依向章,如有他埠汇款,在公会上不能直接买卖,非汇划同行过账不可,过账之称即由于此。惟今则庄誉较著,声气较通之过账同行,亦可通融办理矣。本市计有小同行二十三家,其中以顺昌、盈丰、恒盛等数家,营业最大,盈余亦丰。闻往昔营业佳者,年可获利三四万元云。惟查各庄资本亦均不大,全部总计不过二十二万余元,最大者为义源之二万元,其次为同昌、诚昌、亦昌及同德之一万二千元,以瑞和及同益等之五千元为最小。……钱铺系未入公会之小钱庄,以兑换为业,并兼营贴票及卖买公债证券,故亦称兑换庄。此种钱铺,其营业故不及大小同行远甚,惟近年因经营本省公债卖买,获利亦颇丰厚也。

（干人俊编：《民国杭州市新志稿》,卷二十二,金融,民国三十七年修,杭州市地方志编纂办公室一九八七年铅印本。）

〔清道光年间至民国八年,安徽芜湖县〕 钱业：道光间票号十数家,钱业十余家,市面不及湾沚。出进以现银,无汇划。同治及光绪初年,通用二七宝规元、窀纹西票、吴票、本洋、制钱、英洋,每年出入约百余万。至光绪二十年以后,渐臻发达,钱业至二十三家,出进汇划至一千三百余万,以米款为大宗。宣统间,金融停顿,骤然缩小。光复以后,稍稍起色。今在公所者二十一家,大致通用二七纹规元、汉估宝银元、铜元、钞票数种,每年出进三百余万。比较光绪季年,相差甚远,非因商务缩小,盖自银行开设,大宗营业多被吸收也。

（余谊密等修,鲍实纂：《芜湖县志》,卷三十五,实业志,商业,民国八年石印本。）

〔民国八年前后,安徽芜湖县〕 芜埠商场利率,由钱庄每月一议,大致上半年月息由九厘至一分四厘或一分五厘为止,下半年或至一分八厘为止,通年平均计之,约在一分三四厘左右。然如十分殷实商户向庄借用,则不过一分上下。至该埠中国银行放出之款,常较普通利率稍低,至多不出一分。

（余谊密等修,鲍实纂：《芜湖县志》,卷八,地理志,风俗,民国八年石印本。）

〔民国十年前后,安徽宿松县〕 松地商务虽不甚繁,而每年输入暨输出之货亦不为少,故银钱汇兑为势所必需。邑境接壤九江,各钱店之汇兑均以九江为转折机关,凡汇出汇入之款,多由九江间接。所有汇兑之票,分为即期票汇、定期票汇及电汇三种。……吾邑邮局近亦升为二等,亦可汇兑款项,但至多以百元为限,故只便于零星小款,而关于商业之大款,仍必由钱店汇兑云。

（俞庆澜、刘昂修,张灿奎等纂：《宿松县志》,卷十七,实业志,商业,民国十年活字本。）

〔民国十五年以前至二十五年,安徽桐城县〕 在民国十五年以前,县境有钱店数家,资本由一两万至三五万不等,因受荒乱影响,均先后停歇。迨民国二十五年五月,始有安徽省地方银行设一办事处,兼管省分金库及县金库,对于市面调剂裨益诚非浅鲜。

（徐国治：《桐城县志略》，十四，经济，民国二十五年铅印本。）

〔民国二十年前后，安徽无为县〕 县无银行，钱庄约四五家，为金融活动之机关，可与芜湖银行直通汇兑。

（佚名纂：《无为县小志》，第五，交通与商务，一九六〇年据民国二十年稿本石印本。）

〔民国二十五年前后，安徽临泉县〕 本县交通不便，又系新县，金融极不活动，邮政汇兑亦仅限于小款。本年始有德顺、久益两商号代办汇兑事宜，比较稍为便利。

（刘焕东纂修：《临泉县志略》，金融，民国二十五年石印本。）

〔清代至民国三十七年，江西〕 钱庄为我国固有之金融机构，亦有称为银号者，要皆为按照各地钱业习惯经营商业银行业务者，故亦视同银行。且经核准之钱庄，其资本合于银行法之规定者，亦得改称为银行，故钱庄实为商业银行之一种。江西在未有银行之前，金融机关以票号为巨擘，而镇设有钱庄。二十三年，减至十余县镇。迨战前一年（二十五年），设有钱庄之市镇为南昌市、九江市、临川、上高、丰城、吉安、赣州、玉山、鄱阳、景德镇、吴城镇及樟树镇等十二处。计南昌市钱庄三十一家，景德镇十七家，九江市十四家，其他各县镇最多者八九家，少者仅一二家。各庄之资本额自千数百元至数十钱庄次之。其等级可分为汇划庄、钱号及零兑庄三种。前当盛时，南昌市钱庄共有八十四家，九江二十六家，浮梁十七家，铅山六家，他如吉安、赣州等处亦所在多有，各省重要县市均设有分庄联号。然其性质大率为私人组合，为独资或为合伙，其组织及资本亦无法令之根据与限制。……民国二十一年，全省尚有二十余县万元不等。其主要业务为存款、信用放款、抵押放款及发行庄票，次则买卖汇票、公债及兑换，且有兼营副业者，如南昌市钱庄多兼营棉纱油盐米谷，九江市钱庄多兼营彩票。抗战以前，本省因浙赣铁路之完成，贸易大为发展，特产运输更趋活跃，南昌市遂成为工商辐辏、百业繁荣之都市。银钱业亦随之发达，举凡庄票之流通、日常之汇划、市面拆息之议定、银元铜元之行市，均有钱业界公同决定，可见当时银钱业在南昌市金融界占有特殊地位。……江西之钱庄过去遍及省内各地，惟在抗战期间以经营困难，组织不甚健全，自行停业者亦有之。自三十四年胜利复员后，南昌渐恢复其往昔政治、经济上之地位，市面亦日趋繁荣,新成立与复业之银号、钱庄随之应运而生……截至三十七年四月底止,现已核准复业者计南昌市二十九家,九江一家。以财政部金融管制甚严,现业钱庄多为战前之老牌号。

(吴宗慈修,辛际周、周性初纂:《江西通志稿》,经济略,八,金融事业,一九四九年稿本,江西省博物馆一九五年整理油印本。)

〔清朝末年至民国初年,湖北汉口〕 钱庄,营银两、洋银及铜钱之兑换、贷出、存入、钱票之发行及兑汇业等。其开设须以同业者五名以上之连署而得官厅之特许,其时又须纳银四百两。闭店之时,赔偿之责任无限。……钱庄之资本为二三千两至四五万两,超过十万者甚稀。钱庄之小者则为钱铺。

(徐焕斗辑,王夔清补辑:《汉口小志》,商业志,民国四年铅印本。)

〔清朝末年至民国初年,湖北汉口〕 票号大概办理兑汇事务,多系山西商人之营业,或为个人资本,或为二人合资。其开业之际,由同业者连名保证,禀请地方长官,得其允许,然后开业,然关于将来之营业无受监督之必要。其营业主虽为无限责任,若债务之额至于极大,终不能完全偿还时,由保证之同业者共为填补。其于兑换业务,负担公私之存款,大概向官银号与钱庄或大商贾及有力之资本家贷借之。其贷借之法,大概以信用为主,然又有为抵当贷借者,其抵当物件为田地、家产、货物等,但必要信用之保证人。汉口票号之资本,大者四十万两,小者二十万两不等。

(徐焕斗辑,王夔清补辑:《汉口小志》,商业志,民国四年铅印本。)

〔清咸丰年间至民国三十七年,湖南醴陵县〕 醴陵之金融组织,至清代中叶始渐发达。咸同时,南乡人阳绶珊开质库,取月息,致资巨万,财雄一邑。光绪间,钱庄有公升、长源、裕源、鼎兴、萃丰、惠丰、鼎昌、斯美、年丰、乾丰、庆昌、乾益、裕丰、德丰、德昌、义源、德新、日兴、滋荣、立生、信记、咸亨、震义、丰隆、湘裕、厚乾、大昌等二十七家,多为江西帮。考其发达之原因,则由于咸同之后,漕米改征折色,田赋缴纳改用银两,故钱庄纷起,以兑换银两为主要营业。其后红茶业之兴盛及株萍铁路之修筑,均刺激钱庄之发展。当铺至民国初年,仍有同升、怡昌二家,股东虽多为本帮,然必雇请西帮人负责经理。盖因长、潭、衡各大埠钱庄、当铺,皆为西帮所操纵,可以互通声气也。民七兵燹,举付劫灰,各钱庄亦什九停业。嗣后十余年间,兵连祸结,百业凋零,且政府滥发通货,票币低落,金融混乱,故醴陵金融组织未能恢复。民十八以后,政局安定,交通便利，百业振兴，银行遂乘运而起。抗战以还，又以邑中细瓷等业转盛之故，银行益趋发达。乡村原盛行利贷，近年以来，信用合作社之组织亦渐萌芽，惟成效尚未大著耳。

（陈鲲修，刘谦等纂：《醴陵县志》，卷六，食货志，金融，民国三十七年铅印本。）

〔清同治年间至民国二十五年，广西阳朔县〕 县内向无银行、银号之设，清同治间只有钱铺、当押二种。钱铺多附设杂货店内，无有专营此业者。当押则县城内西街开设一家，为合股性质，资本银约一万元，每月营业约一千元，经理为广东人，职工人数约十余人，典质以周年为期，月息三分，每年营业约一万元，民国二年改组营业。又有白沙墟当押一家，福利墟当押一家，其性质与县城之当押同，资本亦不相上下，惟营业总数略有伸缩耳。民国十年，本省政局变动，地方不靖，同时歇业。民国二十年，有兴坪当押二家，资本三万元，月息二分五厘，每年营业总数无一定，有超过三万元者，有不及二万元者，近日二家合并为一家，因当多赎少，屯货过多，社会经济恐慌，亦已歇业。

（张岳灵等修，黎启勋等纂：《阳朔县志》，第四编，经济，金融，民国二十五年修，民国三十二年石印本。）

〔清光绪元年至民国二十五年，广西融县〕 清光绪初元，长安有营业之银号曰新生昌、兴泰隆二家，为粤人开设，便于粤商之汇兑存放。光绪中叶，银根紧缩，商业低落，因而歇业，现尚未见继起者。

（黄志勋修，龙泰任纂：《融县志》，第四编，经济，金融，民国二十五年铅印本。）

〔民国二十四年至三十三年，广西三江县〕 票号、钱庄向未曾有，初无所谓金融机构也。至民国二十四、五年，广西省银行设长安分行三江办事处于二圣庙，派郭召藩为主任，是为本县金融机构之滥觞，惟业务不见发达，旋于二十七年撤消。二十八年冬，又设长安银行三江分寓，办理汇兑、放款、存款等事，卒因业务不振，逾年而复结束。嗣县人士奉省府令，经三数年之筹备，集得股本一百二十万元，于三十三年夏成立三江县银行。甫五阅月，日寇压境，龙胜、长安相继陷落，县银行乃迫而停业。

（覃卓吾、龙澄波纂修，魏仁重续修，姜玉笙续纂：《三江县志》，卷四，经济，金融，民国三十五年铅印本。）

〔清宣统元年前后，四川成都府成都〕 自改行银元，铜元钱业日形减色，后经商务局力加整顿，钱帮设立分会，改良规则，市面以安。周保臣又组织立一钱业公司,存放均有定章。

(傅崇矩编撰:《成都通览》,成都之钱业,一九八七年巴蜀书社据清宣统年间手写石印本标点铅印本。)

〔民国二十六年前后,四川犍为县〕 县属无大规模之票号,惟富商巨贾彼此来往,或出短期票以利济一时,但资周转而已。钱铺:县属无巨大钱庄,繁华市镇仅有一种小资本钱铺,其营业专供兑换,如或通有济无什陌之数,亦可以短期借放。

(陈谦、陈世虞修,罗绶香、印焕门等纂:《犍为县志》,卷十一,经济志,金融,民国二十六年铅印本。)

〔清代至民国初年,云南〕 票号办理汇兑事业,与商业银行颇相似,始创于山西太原,后推行全国。云南之票号,最早有山西帮之百川通、宝丰隆,均在云南府设立分号,汇兑银两,总号设山西平遥县。百川通由渠敬斋、渠毓斋、渠兴周合股经营,资本二十五万两,其分号设京都、天津、上海、广州、汕头、桂林、梧州、汉口、沙市、长沙、湘潭、常德、成都、重庆、西安、三原、贵阳、云南等处,除京都分号资本三万两外,其余均为一万两。宝丰隆独出资本十万两,其分号设于京都、陕西、山西、上海、自流井、汉口、曲沃、常德、打箭炉、重庆、成都、云南等处,资本各一万两。又有浙江帮乾盛亨、盈泰兴等,亦兼营汇兑业务。本省同庆丰、天顺祥为南帮中杰出票号,与三晋巨商相驰逐,几等而上之。两号为虹溪王炽所创办,炽事略详实业传中。同治十一、二年间先在滇垣设立同庆丰,日渐发达,乃亲赴重庆仿山西票帮规例改组天顺祥,营汇兑、存放事业,以同庆丰为总号,天顺祥为分号。未几,回滇主持总号,礼聘昭通李耀廷为渝号管事,逐渐推广,京都、上海、广东、江西、汉口、常德、重庆、成都、叙府、贵阳均有天顺祥票号。总号有资本十万两,京都分号三万两,其余各一万两。并包销四川盐岸。咸同滇乱与中法谅山之役,均筹垫饷糈,获利甚巨,故资金充裕,款项灵通,两号信用大著,凡协款、丁银、丁赋均归其专办。其他商号亦有兼营汇兑者,如玉溪马勋臣设兴顺和于银、锡、普茶、山货外,兼营汇兑,分号设于四川、汉口、香港、景迈、个旧、蒙自等处,合股资本四万元。余不备述。是时汇费:汇出省外者每百两约五钱至八钱,省内者数分至二三钱不等,多数用票汇办法,通电处亦有电汇者。各大票号并发行本庄票,经政府核准可以缓急相通,与银行钞票无异,惟票面金额多千元至万元以上,鲜有数十、百元者。票号之外,又有钱庄,亦以存款、放款、贴现及汇兑为业务，通行南方诸省。光绪末年，票号势衰，乃继之而起。本省钱庄大都规模简单，惟昆明为发达。清代末叶，南门至马市口一带无虑数十家之多。清季银行既兴，凡属票号、钱庄业务均归银行办理。迄于民国初年，票号、钱庄乃相继结束。

（龙云、卢汉修，周钟岳等纂：《新纂云南通志》，卷一百四十四，商业考二，金融，票号钱庄，一九四九年铅印本。）

〔清代至民国十三年，云南昆明〕 钱业及汇兑近年已大为衰减，盖自创办银行、邮政以来，凡汇兑银钱者，多由银行及邮局办理，且自改用银币，兑换银钱已无甚利益，斯二业遂日渐衰减。现兑换银钱多办烟茶杂货副业，汇兑则多为丝纱洋杂等副业，专营者殆已绝迹。兹将钱号、汇号之较著者分述于下：同庆丰，在三牌坊邱家巷，开设历五十余年，业主王鸿图，经理陈德谦，资本十五万元，分号设于北京、上海、广东、重庆、叙府等处。云丰祥，在卫家巷，开设已数十年，为祁星阶、杨子书合资设立，经理杨子书，资本总额五万元，分号设于下关、缅甸、四川、腾冲、香港等处。茂延记，在西华街，开设已十余年，经理王重五，资本总额五万元，分别设于缅甸、下关等处。顺成号，在一区九段财神巷三号，民国元年一月开设，业主周成斋，资本总额五万元，分号设于蒙自、香港等处。福春恒，在登仕街，清光绪初年开设，经理张绍曾，资本总额三十万元，申、港、叙、渝、嘉、蓉、富、雅、会及建水、昭通、下关、腾冲、永昌、鹤庆、顺宁、英属缅甸、山东博山皆设有分号。博源钱庄，在二区九段二纛街八十五号，民国元年七月开设，系合资经营，总理陆虎丞，资本总额六万元，尚未设有分号。庆升省号，在二区十段土主庙下街十二号，民国十年三月开设，业主侯象寅，资本总额一万元，并无分号，汇兑概由他号代理。怡怡和，在二区十八段一丘田十九号，清光绪二十年三月开设，业主曹又宜，资本总额二万元，并无分号，汇兑概由他号代理。祥安发，在广聚街，民国元年开设，经理关伯涛，资本总额五万元，总号在香港，本地系分号。锦益号，在广聚街，民国十年开设，经理苏意端，资本未详，总号在香港，本地及个旧皆系分号。

（张维翰修，董振藻纂：《昆明市志》，金融，钱号及汇号，民国十三年铅印本。）

〔民国二十三年前后，云南宣威县〕 境内无大钱庄，其以兑换为业者，市面上草滩十，余资本有限，所能兑者，零星小数耳。十元以上须仰给于各商号，而各商号并不倚此为业，故兑否亦终无一定。汇号前有宣和公司、裕丰合、利源通、协义隆等，上能汇省及个旧，下汇叙府。今仅积厚、光大、有恒、利源通数家，汇路亦有限制。官立机构则邮政局有时亦通汇兑，惟不能过多，且恒视汇票之有无为定。

（陈其栋修，缪果章纂：《宣威县志稿》，卷七，政治志，建设，商业建设，民国二十三年铅印本。）

（四）银行、储蓄、保险、信用社

〔清光绪三十四年以后，上海〕 四明银行，为宁波李云书等创办，上海总行设于光绪三十四年，股本已收规元七十五万两，有发行钞票之权。鼎革时，兑现、提存赖以平定者，俱甬商之力。该行具商业储蓄银行性质，年来储蓄颇形发达。

（吴馨等修，姚文楠等纂：《上海县志》，卷六，商务下，银行，民国二十五年铅印本。）

〔清宣统元年，上海〕 浙江实业银行，初为浙江银行，宣统元年开办，官商合股，总行设杭州，上海为分行，民国初元曾代理省库。四年六月，改组浙江地方实业银行，股本官六商四。旋于十一年官商分离，改为官办者称为浙江地方银行，改归商办者称为浙江实业银行。今上海为总行，股本已收一百万元。四年，与中国银行订定领券特约，收回本行所发钞票销毁，增设国外汇兑部，所附设之储蓄处，完全独立。

（吴馨等修，姚文楠等纂：《上海县志》，卷六，商务下，银行，民国二十五年铅印本。）

〔民国元年以后，上海〕 中华商业储蓄银行，简称中华银行，民国元年创设，主办者为沈缦云，股本二十五万元。初有发行钞票之权，旋以伪票迭出停发，年来专营商业储蓄。

（吴馨等修，姚文楠等纂：《上海县志》，卷六，商务下，银行，民国二十五年铅印本。）

〔民国初年，上海〕 中国实业银行，总行在天津，上海为分行之一，前财政总长周学熙创办，股本已收三百十万余元，有发行钞票之权，其性质以商业而兼营储蓄、保险。

（吴馨等修，姚文楠等纂：《上海县志》，卷六，商务下，银行，民国二十五年铅印本。）

〔民国初年，上海〕 中南银行，上海为总行，南洋侨商黄奕住与现任该行总经理胡笔江所创办，股本已收七百五十万元，有发行钞票之权。民国十二年，与盐业、金城、大陆三行合组储蓄会，又以呈准发行之钞票，会同三行发行，合组准备库。

（吴馨等修，姚文枏等纂：《上海县志》，卷六，商务下，银行，民国二十五年铅印本。）

〔民国初年，上海〕 东莱银行为鲁商刘子山所独资创办，总行在青岛，上海为分行之一，资本二十万元。民国十二年，改组有限公司，资本三百万元，刘仍为大股东，专营商业。

（吴馨等修，姚文枏等纂：《上海县志》，卷六，商务下，银行，民国二十五年铅印本。）

〔民国三年，上海〕 新华商业储蓄银行，系中国、交通两行所筹办，初为储蓄银行，为国内储蓄银行之嚆矢。创办于民国三年，资本已收二百万元，总行在北京，上海为分行之一。初专营储蓄，厘定各种储蓄金，发行有奖储蓄票。旋因项城帝制失败，将票收回，以五年公债换给。十四年，改为商业储蓄。

（吴馨等修，姚文枏等纂：《上海县志》，卷六，商务下，银行，民国二十五年铅印本。）

〔民国三年以后，上海〕 聚兴诚银行为股份两合公司，蜀人杨依仁、杨培贤等所组织。杨氏世业聚兴诚商号（为匹头、棉花、杂粮各业），汇兑频繁，乃设此行。总行在重庆，上海为分行之一，资本一百万元，无限责任股东（皆系杨姓）与有限责任股东各半担任。

（吴馨等修，姚文枏等纂：《上海县志》，卷六，商务下，银行，民国二十五年铅印本。）

〔民国三至十二年，上海〕 盐业银行，民国三年十月，政府以盐款为财政收入大宗，特设银行经理之，派傅镇芳招股开办，股本已收六百五十万元。总行在北京，上海为分行之一。是行营业，对于国家不负盐业以外其他义务。十二年，总理吴达铨联合金城、大陆、中南三行组织储蓄会及准备库。

（吴馨等修，姚文枏等纂：《上海县志》，卷六，商务下，银行，民国二十五年铅印本。）

〔民国三至十三年，上海〕 上海商业储蓄银行，民国三年庄得之、陈光甫等创办，股本初为十万元，旋增至二百五十万元。七年，增设国外汇兑及各种储蓄。十三年，又增设旅行部。分行遍于津、浦、沪、宁各商埠。

（吴馨等修，姚文枏等纂：《上海县志》，卷六，商务下，银行，民国二十五年铅印本。）

〔民国六年，上海〕 中孚银行上海分行，系孙荫庭所发起，开办于民国六年，总行在天津，股本已收一百五十万元。上海华商银行经营国外汇兑，对外正式发表者，以该行为最早。年来兼办储蓄。

（吴馨等修，姚文枏等纂：《上海县志》，卷六，商务下，银行，民国二十五年铅印本。）

〔民国六年以后，上海〕 金城银行，民国六年开办，股本已收六百万元，具商业兼储蓄性质，总行在天津，上海为分行之一。十二年，与盐业、大陆、中南三行共同组织储蓄会及准备库。

（吴馨等修，姚文枏等纂：《上海县志》，卷六，商务下，银行，民国二十五年铅印本。）

〔民国八至十二年，上海〕 大陆银行，创立于民国八年，股本已收三百三十四万五千余元，商业兼储蓄。总行在天津，上海为分行之一。十二年，与金城、盐业、中南三银行共同组织储蓄会及准备库。

（吴馨等修，姚文枏等纂：《上海县志》，卷六，商务下，银行，民国二十五年铅印本。）

〔民国十年，上海〕 棉业银行，开办于民国十年，上海为总行，设分行于汉口，股本已收五十万元，专营沪、汉棉花押汇、押款及汇兑事业。

（吴馨等修，姚文枏等纂：《上海县志》，卷六，商务下，银行，民国二十五年铅印本。）

〔民国十年及以后，江苏松江县〕 三月一日，典业银行开幕，额定股本十万元，实收六万四千七百元，呈准松江县公署立案。第一任董事为闵瑞之、陈陶遗、高欣方、沈思齐、张受之，监察为姚石子、郑子松，董事长为闵瑞之，并聘洪孝斯、张敏修为经理。至十一年六月，股本如数收齐，经股东大会议决，增加股本十万元，一次缴足，合共二十万元。自是，扩充营业，于十六年设办事处于上海，二十年设办事处于松江西区。越年，西区办事处撤消〈销〉之后，经第七次股东会议议决，再加股本五万元，总额改为五十万元，收足半数，计二十五万元，并划出十万元为储蓄部基金。依照章程，呈准财政部注册，于二十一年七月颁到一一九号营业执照。十一月，添设征租处，专为代理不动产租金。二十二年，又经实业部颁到设字四一三号登记执照。是时，监察姚石子照旧外，以谭静渊补郑子松，经理易高君藩。

（雷君曜撰，杜诗庭节钞：《松江志料》，杂记类，抄本。）

〔清光绪三十二年至民国初年，上海〕 浙江兴业银行，开办于光绪三十二年，系浙江铁路公司所发起，股本初为一百万元，先收四分之一，杭州为总行，上海为分行之一。开办时即有发行钞票之权，鼎革时，兑现提存均能应付裕如，信用日著。民国三年，蒋抑卮手订章程，移总行于上海，于总行内设总办事处、董事、监察人，于董事中选出董事长一人，办事董事四人，常驻总办事处，对外行为以董事长代表。其时浙江铁路公司收归国有，该行即将铁路公司所附股份招他商承受，现在股份已收足二百五十万元，十二年沪行改称总行。

（吴馨等修，姚文枏等纂：《上海县志》，卷六，商务下，银行，民国二十五年铅印本。）

〔清光绪二十三年及以后，上海〕 中国通商银行，光绪二十三年，盛宣怀奏请部款，并招商股，为官商合局，上海为总行，天津、汉口并设分行。庚子之役，津行收束。辛亥之役，汉行亦歇。股本为规元二百五十万两，曾入外国银行公会，并有发行钞票之权。继设分行于宁波及本邑虹口、南市。

（吴馨等修，姚文楠等纂：《上海县志》，卷六，商务下，银行，民国二十五年铅印本。）

〔清光绪三十三年前后，上海〕 英商汇丰银行，在黄浦江滨，创办最早。后则有麦加利、汇理、道胜、正金诸银行继之，然皆洋商之产，于我国财政大有关系。近则有中国通商银行、户部银行设立于本埠，亦可以资抵制，此乃国家产业也。又有贮〈储〉蓄银行，颇利于民间云。

（李维青编纂：《上海乡土志》，第一百四十课，银行，清光绪三十三年铅印本。）

〔清光绪三十四年后，上海〕 交通银行上海分行，光绪三十四年开办，除管理交通部所辖之路、电、航、邮四政收付外，兼有代理国库发行钞票之权，为国家银行之一。民国五年奉令停兑，沪行至六年始行复业。

（吴馨等修，姚文楠等纂：《上海县志》，卷六，商务下，银行，民国二十五年铅印本。）

〔民国元年至二十一年，江苏松江县〕 二十一年正月初四日，松江银行倒闭。按：松江银行开设于民元壬子三月，行址在岳庙街。当时，因松江军政分府移用地方公款七万元，旋呈请苏省长应德闳如数拨还，即作为银行基金，由钱选青任监督，闵瑞之任行长，发行一元、五元、十元钞票，颇能流通市面。至民国十年，闵瑞之另营典业银行，谢宰平乃继任为行长。谢下世，子良达继任行长。至是，因内部空虚，周转不灵，遂倒闭，亏欠存款一百零九万。

（雷君曜撰，杜诗庭节钞：《松江志料》，杂记类，抄本。）

〔民国二十五年，江苏金山县〕 江苏省农民银行金山办事处成立后，业务日有进展。二十五年九月，主任高明强调任徐州，继任为顾慰祖，吴县人。查二十五年内，业务方面，计商业及金库部存款一百二十余万元，放款五万余元；储蓄部存款十四万余元；汇兑一项，计汇出二十八万元，汇入十一万余元。十二月六日，农行办事处又在干巷镇西市假吴姓房屋，开办农业仓库一所。二十五年十月，松江典业银行设金山办事处于县治之西林镇，经理高君藩，二十五年内营业时间虽为日无多，而存款、放款亦达二十余万元。县治原设有崇裕钱庄，二十五年春停业。张堰镇设有恒大、慎余两钱庄，营业额均达二十万元左右。

（丁迪光等编：《金山县鉴》，第六章，实业，第四节，金融，民国二十六年铅印本。）

〔民国二十五年，上海〕 国内银行，清季以通商银行为最早，大清银行为最有势力。鼎革后，大清改为国家银行之基础，其时尚有交通银行、浙江兴业银行、浙江银行、四明银行等数家。今共有五十余家，与钱庄及外国银行相鼎足。银行、钱庄俱有公会组织，有已入、未入公会二种。

（吴馨等修，姚文楠等纂：《上海县志》，卷六，商务下，金融机关，民国二十五年铅印本。）

〔清光绪三十四年至民国二十年，天津〕 中国银行：沿革，民国元年八月，由前清之大清银行改组。十七年十月二十六日，国民政府公布特许为国际汇兑银行。资本，额定为二千五百万元，现已收足。组织，设总管理处于上海，凡重要省会商埠均有分行、支行、办事处等八十余处。本市除本行外，尚有五办事处（在北马路、大胡同、金汤路、旭街、小白楼五地）。最近复在英国伦敦设立办事处。此外美国、日本分处亦正在筹备中。……

交通银行：沿革，清光绪三十四年成立，初办时组织甚简单，仅接收路款事项，与政府关系甚深。革命改组，民国三年公布为国家银行。五年，因政变而停办。六年，改为新式。十年后，宣布纸票独立，与政府脱离关系。资本，二千万元。先招一千万元，分为十万股，每股一百元，除政府于资本总额中先后认二万股外，余由人民承购，现已收足半数。组织，总行在北平，后移津，再移申。分行有上海、天津、辽宁、哈尔滨四处。黄河以北之支行及办事处（仅司汇兑）由天津分行管理，黄河以南则归上海分行管理，南满由辽宁分行管理，北满则由哈尔滨分行经理之。钞票由金库发行，设有总库及分库，以前本分汉、沪、津、关外，后改为沪、津、汉三处，因金融而异，通用各地。至津行内部组织，计分两部，一为总理，司营业；二为总发库，司发行票务。总理以下有副理、襄理及文书、会计、营业、公债、海关各部及兑换所等。……

盐业银行：沿革，民国十四年成立，初设于北平、天津，后以营业发达，乃更添设支行，支所于上海、汉口、香港、大连、杭州、郑州等处。现与大陆、中南、金城三银行连合营业，资本更较充足。另外又设保险库，保险一切贵重物品及文件等。资本，额定该行之额定为一千万元，交足七百五十万元。组织，一、董事会，该行之最高机关为董事会，董事长为张镇芳先生。二、总行，设于北平，总经理为吴达诠先生。总行以下分设支行于天津、北平、上海、汉口四处。此外附属于支行者为驻所，设于杭州、大连、香港三处。……

金城银行：创办，该行创立于民国六年春，先设天津、北平支行，后因营业发达,乃次第设立上海、汉口、大连三行。资本,额定一千万元,现在收足七百万元。组织,董事会为最高机关,有董事长一人、董事九人、监察二人,以下有总理一人。津行有经理一人、副理二人,分事务、营业、出纳、会计四部,有行员五十人。储蓄处设本行。此外另有仓库。……

浙江兴业银行:沿革,清光绪三十一年,樊世勋氏创立此行于上海。民国三年,因修沪杭铁路,故又设分行于杭州,以为经济之后盾。后始渐渐推广,与铁路脱离关系而自立,并于国内各地,如汉口、北平、杭州、天津四处设立分行,设总行于上海。津分行于民国五、六年时立于宫北,后迁法租界明记稻香村旁。民国十三年底,始迁入新居。资本,初成立时,资本不过十万。后渐渐扩充,至今额定已有二百五十万元,完全收足。公积金有一百八十三万三千元,预备加股本四十万元。组织,

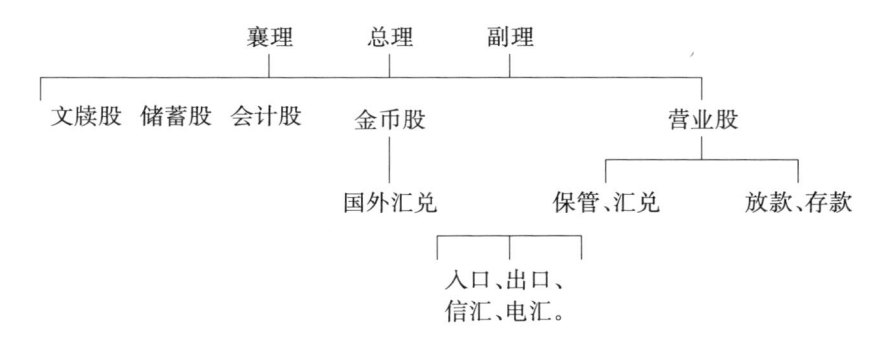

```
              襄理    总理    副理
               ├──────┼──────┤
    ┌────┬────┤      │      │
  文牍股 储蓄股 会计股  金币股  营业股
                      │      ├──────┬──────┐
                    国外汇兑 保管、汇兑  放款、存款
                             │
                          入口、出口、
                          信汇、电汇。
```

……

大陆银行:地址,法租界三号路。组织,行长为许福昞先生。行内分营业、保管、储蓄、国外汇兑、货栈及信托等六部。各大商埠均有分行,英、法、德、日、美等国皆可通汇。资本,伍百万元,公积金一百八十万元。……

上海商业储蓄银行(简称上海银行):总行上海。天津支行在法租界八号路及北马路,行长为黄勤先生。股本,五百万元。公债金,二百五十万元。……

新华储蓄银行:沿革,成立于民国三年。组织,总行在上海。天津分行在法租界中街七号路,经理俞鸿先生。资本,实收资本二百万元。……

北洋保商银行:沿革,该行于宣统三年成立,总办事处在北平,天津支行在法租界中街七号路转角,现任行长为李华先生。资本总额,六百万元。……

除上述各银行外,中国资本之银行尚有中央、中南、东三省官银号等数处。其业务亦不外存款、放款、透支汇兑等事业。惟中央、东三省官银号、大中等,特

许发行钞票。中南则与金城、盐业、大陆联合发行。因时间迫促，故访问未周，兹仅列其行名、地址如下：大生银行，魏长源，法租界。中央银行，法租界。东莱银行，薛秉深，法租界。裕津银行，温振声，宫北。边业银行，法租界。殖业银行，宋光翰，法租界。农工银行，法租界。中南银行，王镞基，法租界。中孚银行，包光镛，法租界。大通银行，英租界。东三省官银号，日租界。国民商业储蓄银行，法租界。中国实业银行，朱寿颐，英租界。垦业银行，法租界。大中银行，法租界。河北银行，东北城角。

（宋蕴璞辑：《天津志略》，第八编，金融，第三章，金融机关，民国二十年铅印本。）

〔民国二十年前后，天津〕 津市各商在外埠采办货物、调拨款项，多以上海为中心。余如香港、汉口、哈尔滨等处，及日本之大阪、神户、横滨、长崎，美国之纽约、旧金山，暨英国及欧洲大陆各国，交付货款，均直接电汇或用押汇办法。至在内地办货时，多不携现款，仅出具即期或迟期汇票付与售货人（此项汇票迟至五、七天期，或半个月、一个月、两个月期不等。大抵北宁、平汉一带多系短期，平绥路一带期限较长，亦有在票上载明付款日期者，谓之板期）。该项汇票多数辗转卖与银行、银号，寄津向该总店兑现。故每届土货登场，内地购买期票生息异常发达。

（宋蕴璞辑：《天津志略》，第八编，金融，第二章，汇兑，民国二十年铅印本。）

〔民国三年至二十四年，绥远归绥县〕

归绥市银行一览表

名　称	性　质	成立年月	备　注
平市官钱局	官办	民国九年	资本十万元，除普通业务外，并代理省金库及经理公债还本付息事项，发行钞票，流通全省，并大同等处。新票约一百五十余万元，旧票未收回者四十余万，合现洋十余万元，库存现洋约百万元，包头、丰镇、五原、萨县、兴和、临河、托县、清水河、天津、太原各设分局。
丰业银行	商办	民国九年	初资本二十六万元，发行纸币十四万元。民国十七、十八两年，纸币跌落，停止兑换，嗣按八六等折分期兑现，纸币收回者已达十三万。二十一年停业。次年九月恢复，添招资本十万元。续发钞票十万元。
山西省银行分行	官办	民国十七年	民国二十年以前之钞票换现洋一元，现已收回，另发兑现新券无折扣。

(续表)

名　称	性质	成立年月	备　注
绥西垦业银行分号	商办	民国二十一年	总号设包头，分号设太原、天津。
中国银行寄庄	官商合办	民国三年	原为支行，后改寄庄，归天津分行直辖。
交通银行支行	官商合办	民国六年	初为分行，继改支行，复改办事处，归天津分行直辖。
北洋保商银行支行	商办	民国九年	初曰办事处。

按：上列各银行外，尚有票号一家，银号、钱庄二十八家，不赘述。

（郑植昌修，郑裕孚纂：《归绥县志》，经政志，金融，民国二十四年铅印本。）

〔民国初年至二十六年前后，绥远〕　本省金融机关，计有平市官钱局一家，中国、交通、丰业、山西省、北洋保商等银行五家，银号、钱庄二十七家。兹分述如下：一、平市官钱局。平市官钱局为本省官督官办之机关，握全省金融枢纽，其地位与各省地方银行性质相似，该局创办于民国九年。……二、丰业银行。丰业银行成立于民国九年，最初资本二十六万，系有限公司组织，曾呈准发行纸币十四万元。十七、八年，因受政治影响，纸币暴跌，停止兑现。嗣以地方人士群起反对，经法院调解，按六八等折八期兑换，至现在收销者已达十三万元。该行系于二十一年三月间停止营业，后复招添资本十万元，于同年九月重行复业，并拟赓续旧案，再发行钞票十万元。在过去，每年放款约三十万元，存款二十万元，汇兑平均约二百万元。三、中国银行。中国银行系于民国三年来绥设立分行。后因营业不振，逐渐缩小，现在改为寄庄，归天津分行管辖。该行专营汇兑事业，每年汇出数约七八十万元，汇入数约四五十万元，库存现款约万余元。四、交通银行。交通银行系于民国六年来绥设立分行，嗣因营业萧条，改为支行，又改为办事处，现又恢复支行，归天津分行直辖。该行二十一年度营业，汇兑约六十万元，存款约十余万元，放款系旧欠三十余万元，库存现款约万元。五、山西省银行。山西省银行设立于民国七年间，组织系属分行，归太原总行直辖。该行营业方针系以活动市面、调剂汇划为主，惟因其为山西地方银行，故其对于本省政治、金融关系颇巨。据查最近三年间，每年平均存款约六十余万元，以公款居多数，放款约一百五十余万元，其中公家商号各占半数，汇划每年平均约四百万元左右。至该行以前流通之不兑现太原本券，早经绝迹，现在筹备发行新券，尚未实现。六、北洋保商银行。保商银行系于民国十九年间，来绥设立办事处，归总行管辖。其营业存放寥寥，惟汇兑一项年达六七十万元。该行在本省营业清淡,于市面金融影响不深。

(廖兆骏编:《绥远志略》,第十七章,绥远之金融,第五节,金融之重心,民国二十六年铅印本。)

〔民国元年至二十年,奉天安东县〕 中国银行,民国三年八月开办,初在兴隆街,民国十二年迁于中富街。内分文书、营业、会计、出纳各部,资本总额大洋六千万元,总管理处设于北京,安东支行专营银行各种业务,代收关税、盐税,发行兑换券。惟自民国四年以来,因不兑换现款,纸币价值逐渐低落矣。东三省官银分号,设于兴隆街,民国元年七月开办,内分营业、出纳、总务、会计四课。资本奉天总号奉大洋二千万元,各省分号九十二处,专营奉大洋券免费汇兑,兼营存放各款。每年盈余约奉大洋七八万元,惟因不兑现款,纸币毛荒,一落千丈矣。东边实业银行,设于中富街。安东商埠,轮轨交通,各商林立,埠内之出口货如木植、丝茧、大豆、油饼、杂粮、山货等一切商品在交易上全年综计镇平银约六千万两以上,有如斯之实质物产为交换,商业之繁兴已可概见,而地方金融机关独付阙如。民国七年,经安东县长陈艺、商会长王建极及历任会长、会董等公同几度讨论结果,遂于是年七月发起组织商业储蓄会,集资小洋九十万元,经营三载,成绩良好,复于民国十年七月增加资本,改组为东边实业银行,设专务董事一人为行长,经理全行事务。又设董事十人、监察五人,均经股东总会票选之。内部分组办事,设文牍、营业、会计、储蓄、出纳五课,各设主任一人主管之。营业性质:一、经收各种存款并代人保管证券票据及其他一切贵重物品。二、抵押放款、贴现放款、短期折息。三、办理各种汇兑与押兑。四、买卖生金及各种货币并各种有价证券。五、凡关于工商银行一切业务。六、办理各种储蓄。资本总额,额定小银元三百六十万元,已收足一百三十五万元。营业概况,自改组后,每六个月为一期,及至现在为第八期,总计经过所得纯益一百三十四万六千五百余元,除提付公积、特别公积及职员酬劳外,股东应得股利平均合年息一分四厘强。……专务董事王建极,民国七年七月任职,至今连任。

(关定保等修,于云峰纂:《安东县志》,卷六,人事,商业,银行,民国二十年铅印本。)

〔民国三年至十年,奉天锦县〕 锦县中国银行,在城内北街旧协领署胡同,民国三年七月开办,行长一员,会计课二员,营业课二员,出纳课二员,文书课二员,庶务课一员,行役六名,护勇四名(《补志》,八年六月停办)。锦县交通银行,在城内东二道胡同,民国三年八月开办,行长一员,营业一员,会计一员,出纳一员,记账一员,护勇一名,巡警二名,夫役三名。锦县广济银行,在城内南街路东,民国五年设行长一员,会计四员,营业二员,出纳三员,庶务一员,行役三员,护勇三名。

(王文藻修,陆善格纂：《锦县志略》,卷十二,实业,商务,民国十年铅印本。)

〔民国四年,奉天兴城县〕 驻兴东三省银行,旧在城内东街路北益顺隆院内,民国四年设立。驻兴兴业银行,旧在城内西街路北德增长院内,民国四年设立。旋移南街路东广生长院内。驻兴官银号,旧未设立,现以上三家合办,移西街路南德厚昌院内。行长一,营业员二,会计员一,护勇、夫役各一。

(恩麟、王恩士修,杨荫芳等纂：《兴城县志》,卷七,实业志,银行,民国十六年铅印本。)

〔民国七年,奉天北镇县〕 本城向无金融机关,于民国七年,奉天储蓄会在城内设立分会一处,派经理一人专司会务,以接济地方金融、提倡人民储蓄为宗旨。

(王文璞修,吕中清等纂：《北镇县志》,卷五,人事,实业,商务,民国二十二年石印本。)

〔民国二十三年前后,奉天庄河县〕 本县金融机关有满洲中央银行庄河支行一处,其他私人设立处所于县城有同庆当、大生当二家,于大孤山有天增当一家,青堆子有大成当、通远当二家,均以一年为期,月利三分或四分。又庄、青、孤三镇共有小钱桌十余个,为商民临时变换钱币之所。

(王佐才等修,杨维嶓等纂：《庄河县志》,卷九,实业志,商业,民国二十三年铅印本。)

〔民国九年至二十四年,吉林通化县〕 中国银行支行,设于南门里路西,租赁民房二十余间,门面华丽,颇壮观瞻,于民国九年十一月成立……交易额每年至数十万。沈海路成,山城镇商业渐兴,通化日衰,于十九年移支行于该镇,本城设办事处,委行员二人经营之。大同元年,唐乱事起,撤回未再复设,所有以前未结贷项则由支行派人办理,不再放款。中央银行通化支行,中央银行为我国代理国库之惟一银行也。建国后承继前东三省官银号及四行联合银行业务改组而成,实行统一国库与货币,取销其他一切代理国库之银行与各种纸币,维持金融,不使有不易管理之弊。其民营银行依法专营普通银行业务,不准发行纸币。故四年以来,中央纸币信用已臻坚定,货币统一,无杂项纸币流通市面也。中央总行成立之初,即决议于各省市县镇设立分支行,推广营业,扩大纸币信用。我邑……于大同二年十一月一日开办,一般银行业务当时系隶属奉天分行管辖。康德元年七月一日，奉命直隶总行，独立营业，同时内部亦另行改组，分总务、营业、出纳三系，至今因之。

（刘天成修，李镇华纂：《通化县志》，卷三，实业一志，公司及各企业，民国二十四年铅印本。）

〔清宣统元年至民国十二年，黑龙江宁安县〕 宁安县东三省官银行：创设，民国十二年九月十九日设立，意在接济市面，疏通金融。现任经理，文祥，字福荫，奉天沈阳人。资本，总行八百万元，宁行流通资本无定。通汇，哈尔滨、吉林、黑龙江、黑河、满洲里、望奎、佳木斯、绥化、海拉尔、呼兰、长春、双城、孙家台、辽源、公主岭、营口、四平街、安东、奉天、延吉、大连、上海、天津、济南、青岛、烟台。现状，办理免水汇兑，商民称便，嗣后渐作贷款。宁安县永衡官银钱号：创设，清宣统元年设立，接济市面，活泼金融。……通汇，吉林省城、长春、哈尔滨、延吉。营业现状，汇兑。

（王世选修，梅文昭等纂：《宁安县志》，卷三，职业，商业，民国十三年铅印本。）

〔民国四年至九年，黑龙江瑷珲县〕 黑河中国银行，民国四年十月一日开幕。黑河交通银行，民国八年八月十四日开幕。……黑河通济储蓄银行，民国五年阳历十月十七日开办。资本，完全商股，以羌洋为本位。营业科目，存放款项，买卖生金银汇兑。每年出入总数，每年出入原无定数，今就去年之出入总数计之，去年出入之总数为四千三百七十三万四千三百零六元一角四分。经理人，总经理白兴浦，副经理张彭久。

（孙蓉图修，徐希廉纂：《瑷珲县志》，卷二，政务志，自治，商会，民国九年铅印本。）

〔民国十三年前后，黑龙江桦川县〕 东三省官银号，东三省银行于民国十年春成立，迨十三年七月三行号合并后，该行即接各存案品移交该哈总行保存，定名为东三省官银号，分驻于此，以存款、汇款及办理银行一切业务为宗旨。

（郑士纯等修，朱衣点等纂：《桦川县志》，卷五，货币，民国十七年铅印本。）

〔清代后期至民国三十一年，陕西宜川县〕 宜川自回捻变后，商业衰颓，并无银钱行店，亦无通汇铺户之设，地方金融无可叙述。迨至民国三十一年，始成立县银行。由县长会同地方士绅及筹备人员募股筹备，延至是年正式成立，开始营业。原定股本二十万元，续募四十万元，复奉省令已筹足股本数为一百万元。

（余正东等纂修：《宜川县志》，卷十四，财政志，附金融，民国三十三年铅印本。）

〔清朝末年至民国三十一年,陕西黄陵县〕 中部金融机关,民元以前有小当商,以物质金,赖以周转。民元以后停业。地方偏僻,无银行钱庄,不通汇兑,此地方经济不振之最大原因也。二十九年,奉令筹设县银行,招集股本,于三十一年七月十五日正式成立,股本计二十五万元,开业时仅收足二分之一。

(余正东修,吴致勋等纂:《黄陵县志》,卷十二,财政志,地方金融,民国三十三年铅印本。)

〔民国二十九年至三十一年,陕西洛川县〕 洛川自当商停业后,迄无银钱行号,亦无通汇铺户,地方金融殆无可述。民国二十九年,本区专署请求省政府转饬陕西省银行在县设立分行,三十年开始筹备,至八月十五日正式营业。是年财政部令省饬设县银行,洛川列为第一期开办县份,应于三十年一月成立,嗣因招募股本及筹备行址等事,延至三十一年六月十日始行开幕。原定股本二十万元,截至开幕时已收足八万元。

(余正东修,黎锦熙纂:《洛川县志》,卷十四,财政志,金融,民国三十三年铅印本。)

〔清光绪三十一年至民国三十年前后,山东潍县〕 潍县金融业有银行、钱庄、线庄等,银行业始于清光绪三十一年之官银号。民国三年,中国银行来潍设办事处,五年停办。十四年,交通银行来设立支行。十九年,中国银行复设办事处。平市官钱局开办三家,均在东关。各行存款分定期、活期二种,大率活期为多,皆布商之往来存款,定期则寥寥无几。除官钱局无存款外,现交通、中国两行共存款一百十五万余元。放款分抵押、信用二种,以抵押放款为原则,以信用放款为辅助。所放之款以布业为最多,棉纱业、猪鬃、土产及烟草等次,织染工厂又次之。中国、交通及官钱局以布匹押款为多,同业放款则多系信用保证性质,各行皆有之。民国二十二年,总计放款七十五万余元,交通为最多,中国次之,官钱局又次之。各行汇兑总数四百九十九万余元,分信汇、电汇、票汇三种,各通商要埠均可。

(常之英修,刘祖干纂:《潍县志稿》,卷二十四,实业志,商业,民国三十年铅印本。)

〔民国初年至二十四年,江苏南京市〕 南京银行多系上海总行之分行,资本及金融之周转亦均仰给于总行。在民国十六年以前,仅有中国、交通、上海、江苏四家。自十六年迄今,继续新开一十六家,共计凡二十家(若连支行及办事处,并计为数凡二十五家)。自"一·二八"沪变发生,京沪路交通中断,致银钱来源骤告断绝,曾一度发生经济恐慌,存户提款停付,信用借款拒绝。嗣后沪战停止,交通恢复，然因银行感受战事影响，银根奇紧，不能尽量接济。直至二十二年，金融未见周转，一般欲求调剂者，各行均苦无法应付。国际汇兑业务，多由中央银行办理，其余各行内地设有分行者，多营国内汇兑；无分行者，则直无汇兑可言。且京沪交通，朝发夕至，纸币便于携带，机关汇款、商家办货，多不愿经过汇兑手续。放款业务，自二十年大水，继以"一·二八"沪变，银根奇紧，放款不惟无利可图，甚至连本亦难收回，各行均视为畏途。现在惟对于大同、扬子两面粉厂及较殷实商店稍有发放，为数甚微。存款业务，在各商家原无款存，有款存者多喜直存沪行及外国银行。押款业务，分货物及不动产两种，经过南京货物多不停留，不动产抵押以房屋为多。一因银行不愿经营此种押款，一因持货物及房屋抵押者亦少，故押款亦不兴旺。惟市民银行因性质不同，办理押款手续亦较通融，故最近两年银行业务仅能维持开支，殊少盈余可言。各行利息，分活期、定期数种。存款由三四厘至七八厘不等，放款自一分至一分二三厘不等。

（叶楚伧修，王焕镳纂：《首都志》，卷十二，食货下，金融，民国二十四年铅印本。）

〔清光绪三十二年至民国二十五年前后，浙江〕 本省银行以浙江兴业银行开设为最早，时在清光绪三十二年。其次为四明银行宁波分行，设立于宣统元年。中国银行杭州分行，设立于民国二年。此后则银行事业日益蓬勃，寝成今日总绾全省金融之现象。全省银行约可分为四类：一、国营。如中央银行、中国银行、交通银行。二、省办。如浙江地方银行。三、县立。如各县农民银行。四、商办。如建业及储丰银行。如从资金及营业范围观察，则又可分为三种：一、总行不在本省者。二、总行在本省者。三、农民银行及农民借贷所。总行不在本省者，如中国银行杭州分行、中央银行杭州分行、中南银行杭州分行、中国农工银行杭州分行、中国农民银行杭州分行、交通银行杭州分行、浙江兴业银行杭州分行、中国实业银行杭州分行、中国通商银行杭州分行、大陆银行杭州分行、中国通商银行宁波分行、中国垦业银行宁波分行、厦门商业银行宁波分行、绸业银行杭州分行及四明银行宁波分行等，其资金胥由省外调拨，并无确数。然以其资金雄厚，故营业范围亦较广大。总行在本省者如浙江地方银行、建业银行、浙江典业银行、浙江商业储蓄银行、浙江储丰银行、嘉兴商业储蓄银行、瓯海实业银行、绍兴农工银行、嵊县农工银行、嵊县商业银行及海盐农工银行等，其资金虽均有确数可查，然营业范围实不甚广大。至农民银行及借贷所，其资金什九系由各该县田赋项下带征而来，数额不巨，营业范围亦仅限于农民放款而已。其地域分布，以杭州为最多，计十七家，占总数百分之一六点五；次宁波、绍兴，一为八家，约占总数百分之八,一为七家,约占总数百分之七。盖因此三地交通便利,商业兴盛,故银行业亦随之而发达也。

(姜卿云编:《浙江新志》,上卷,第八章,浙江省之经济,金融,民国二十五年铅印本。)

〔清光绪三十四年至民国三十七年,浙江杭州市〕

杭州市各银行一览

行　名	组合性质	总行地址	杭州地址	设立年月	行长或正、副经理姓名
中央银行杭州分行	国家银行	上海	新民路	民国18年3月	正张忍甫,副郑祖义
中国银行杭州分行	官商合办股份有限	上海	三元坊	民国2年9月	正金百顺,副孙吉沅
交通银行杭州分行	官商合办股份有限	上海	开元路	民国4年3月	沈佐周
浙江地方银行杭州总行	省立银行	杭州	太平坊	民国12年3月	徐恩培
大陆银行杭州分行	商办股份有限	天津	保佑坊	民国18年6月	史久衡
中南银行杭州分行	商办股份有限	上海	清河坊	民国20年6月	正李锦堂,副余子封
杭州惠迪银行	同上	杭州	信余里	民国10年9月	正王竹斋,副舒慎安
浙江兴业银行杭州分行	同上	上海	三元坊	清光绪34年1月	正徐行恭,副倪福禄
道一银行杭州分行	同上	杭州	太平坊	民国8年4月	正萧剑尘,副韩绍镛
浙江储丰银行	同上	杭州	保佑坊	民国7年12月	张旭人
中国农工银行杭州分行	官商合办股份有限	上海	太平坊	民国19年9月	程振基
中国实业银行杭州分行	商办股份有限	天津	打铜巷	民国20年11月	吴晋山
浙江实业银行杭州分行	同上	上海	保佑坊	民国12年4月	正葛尔馨,副金杰
浙江典业银行	同上	杭州	新民路	民国11年1月	正王艻泉,副谢虎丞
盐业银行杭州分行	同上	天津	三元坊	民国4年	周锡经
浙江商业储蓄银行	同上	杭州	荐桥路	民国10年6月	正韩志学,副何创夏

上列各银行,依其营业性质之不同,可分为国家银行,如中央银行是也;国际汇兑银行,如中国银行是也;特许实业银行,如交通银行是也;省立银行,如浙江地方银行是也;商业银行,如大陆、中南、惠迪、浙江兴业、道一、储丰等六家银行是也;农工银行,如中国农工、中国实业、浙江实业等三家银行是也;分业银行,如浙江

典业、盐业等二家银行是也。尚有专营储蓄之浙江商业储蓄银行一家。

（千人俊编：《民国杭州市新志稿》，卷二十二，金融，民国三十七年修，杭州市地方志编纂办公室一九八七年铅印本。）

〔民国二十一年至三十七年，浙江杭州市〕 经民国二十一年调查结果，杭州全市共有保险公司三十四家，其中九家系国人自营，十六家系英商，四家美商，四家德商，一家法商。经理人有一家数人者，亦有一人兼任数家者，统计共有四十四人。至于外出兜揽业务所谓跑街，为数当在百余人以上。前数年，以英商太古、保兴、太阳最发达。近年则首推中国保险公司，因其信用较著，故投保者亦日见增多。

（千人俊编：《民国杭州市新志稿》，卷二十二，金融，保险业，民国三十七年修，杭州市地方志编纂办公室一九八七年铅印本。）

〔民国二十五年前后，浙江杭州〕 金融机关，银行有中央、中国、交通、地方兴业等十六家，钱庄有元泰、介康、安孚、同泰、昌记、泰生、源记等六十五家，典当有裕通、成裕、保善、协济、善庆等十九家。

（姜卿云编：《浙江新志》，上卷，第十一章，杭州市，实业，民国二十五年铅印本。）

〔民国二十五年前后，浙江鄞县〕 金融机关，银行有中国、交通、四明、通商、实业等七家，钱庄有元春、元益、元亨、元大、恒孚等一百十五家，典当有赓余、泰赉、宝顺、复泰、生泰等二十五家。

（姜卿云编：《浙江新志》，下卷，第三十二章，鄞县，实业，民国二十五年铅印本。）

〔民国二十五年前后，浙江乐清县〕 金融机关，银行有农民借贷所一家，钱庄有汇通、厚生二家，典当有金泰昌、博济二家。

（姜卿云编：《浙江新志》，下卷，第七十二章，乐清县，实业，民国二十五年铅印本。）

〔民国二十五年前后，浙江金华县〕 金融机关，银行有中国、交通等，钱庄有济源、裕源、穗源、汇源、慎源等八家，典当有同庆、广济、溥济三家。

（姜卿云编：《浙江新志》，下卷，第五十二章，金华县，实业，民国二十五年铅印本。）

〔民国二十八年，浙江分水县〕 浙江地方银行分水办事处成立于二十八年十一月，地址在县政府前赁用民宅，处中办事员七人。……业务分汇兑、抵押、信托、存款、放款、农贷、储蓄、收兑金银及其他一切银行业务。又受国府、省府委托，代理国、省、县各级公库所有国款、省款、县款、各赋税公款等之出纳收解事务,悉由该处职掌之。按:该处放款及农贷放款,年共计四五十万元,是以市面金融得以周转活泼,商界、农界交口称便。

(钟诗杰修,臧承宣纂:《续修分水县志》,卷十,金融志,银行办事处,民国三十一年铅印本。)

〔清光绪末年至民国四年,安徽芜湖县〕 银行:光绪末年,始设大清分行,旋增设裕皖、裕宁两官钱局,除收官款外,兼及营业。光复后均废。民国元年,由本省设临时中华银行。二年,因兵事停歇。三年,设中国银行,为国家金库,专收全省丁漕、厘金、关税及信用之银元、钞票,并办理营业上各种汇兑押款。四年,设交通银行,代理国家金库,兼办营业。

(余谊密等修,鲍实纂:《芜湖县志》,卷三十五,实业志,商业,民国八年石印本。)

〔清代至民国二十五年,安徽凤阳县〕 城市方面金融,在逊清时,有钱庄七八家,又各处挟资财者对于各商店等,随时皆有借贷。民国以来,地方屡受军事摧残,各钱庄先后歇业。嗣以津浦铁路完成,县境商业日渐发展,于是中央、中国、交通、上海、江苏、浙江兴业等六银行,及裕民银号,始在凤设立分行。除上海银行、裕民银号对于市面周转外,其余各行大部对资本较厚商号互有往来,然于小本商人毫无调济,遇必要时,仍须资本商号担保,或以货品抵押。乡村方面,向以出产变价,周转金融。年来灾荒迭见,商业萧条,农村经济已频破产。近虽略出土产,但变价又复不易。早年商业畅旺时,乡村大批货物,常有外埠客商及本城经纪行户往乡购办。近因灾祲之余,已无赴乡采办者,因是乡村金融遂较城市尤感枯涩。近幸年来附近山麓冈田种植烟草,收益倍于往昔,乡村经济不无小补焉。

(易季和纂修:《凤阳县志略》,经济,金融,民国二十五年铅印本。)

〔民国十五年以前至二十五年,安徽桐城县〕 桐城城市方面金融,在民国十五年前,尚有钱号放款调剂,周转颇灵通。迨至近数年来,灾荒迭见,原有钱号早经停业,以致市面金融异常枯竭。迨至民国二十五年五月,始有安徽县地方银行在县城设有办事处,对商家汇兑贷款均属便利,故城市金融较前渐有起色。

(徐国治修:《桐城县志略》,十四,经济,民国二十五年铅印本。)

〔清光绪三十一年至民国十六年后,江西〕 江西位居腹地,物产丰饶,金融机构旧以钱庄及官银号为中心。迨户部银行于清光绪三十一年派赵练卿设立九江分行,始有正式之银行。九江分行而外,南昌亦设有分行,其总办为吴鼎昌。民国既建,大清银行(户部银行改称)宣告清理,本省之民国银行乃沿江西官银号之旧起而握全省金融之枢纽,是为江西有地方银行之始。该行总行设于南昌,有分行十二,汇兑处十三,分庄七,代理店三十五,规模宏大。但因滥发纸币,至民国四年而宣告清理。继而起者为江西银行与赣省银行,营业亦殊可观。厥后赣省银行并入江西银行,易名江西地方银行,并扩充营业,集中发行权。特以滥发纸币,基金未足,于民国十五年倒闭。国民政府北伐军底定江西后,南昌各银行、钱庄几濒破产,江西钞票等于废纸,于是发生复兴隆钞票风潮。此外与该行先后成立者,有公共银行、储蓄银行、华泰银行、新安银行、振商银行、振华银行、裕浔银行、同益银行、华泰银行等。其范围甚小,营业不久也。

(吴宗慈修,辛际周、周性初纂:《江西通志稿》,经济略,八,金融事业,一九四九年稿本,江西省博物馆一九八五年整理油印本。)

〔清宣统元年至民国三年后,福建闽侯县〕 大清银行福州分行,清宣统元年成立,设在南台泛船浦,并于福州城内及厦门设立分号。宣统三年九月,民国成立,均宣告休业。中国银行福建分行,民国元年北京总行成立后,二年即筹设福建分行,三年在南台开始营业。在城内登俊里者为分号,后移南台下杭街,福州城内为办事处。

(欧阳英修,陈衍纂:《闽侯县志》,卷二十八,实业,商,民国二十二年刻本。)

〔民国二十五年至三十一年,福建崇安县〕 民国二十五年七月,福建省银行在本县设立县金库,办理县库收支事宜。嗣应地方需要与银行业务之发展,于二十八年四月,将原有金库改为分理处。三十年一月,复扩大为办事处。除仍代理县库外,兼办存贷、汇兑、储蓄、信托各业务。当成立之初,资本一百万元,今已增至五百万元。所有存贷概况,三十年上期存款总额为一百四十三万九千元,贷款总数为十二万八千元,较二十八年上期增数当在十倍。至放款对象,首重农民资金之融通,次为生产事业之发展,再次为商业之短期放款。二十八年十二月,设仓厫二所,在星村者为农业仓库,在赤石者为商业仓库。关于抵押保管业务,亦颇发达。

(刘超然等修,郑丰稔等纂:《崇安县新志》,卷十一,政治,财政,银行,民国三十一年铅印本。)

〔民国二十五年至三十三年,福建龙岩县〕 龙岩中国银行:民国二十七年七月间,设立驻岩临时通讯处,属漳州办事处管辖,对外未营业。同年十一月十日,改设龙岩办事分处,以李金山为主管员,开始营业。至民国二十八年,业务日增。同年十月九日,改为办事处,以刘愉为主任。十二月间,改调闽行襄理罗元超兼代主任。至三十年四月一日,又将龙岩办事处改为支行,调闽行副经理顾景升兼龙岩支行经理。龙岩交通银行:民国二十九年间,漳州支行为适应环境之设施,以龙岩为后方办帐处,继设临时办事处,嗣改为支行,直隶闽行。地址,中山路二十六号,办理存款、放款、汇款及各种储蓄业务。龙岩农民银行:民国二十六年,在岩设立通讯处,并兼办岩漳汇兑业务。民国二十九年,改为办事处,调昆明分行会计主任蔡同璜为主任。三十年八月一日,正式开业,管辖龙岩、漳平、永定三县农贷。龙岩福建省银行:民国二十五年七月,福建省银行设龙岩办事处,以林正传为主任。三十一年四月,改设为龙岩分行,叶萃如为经理,周有纲为襄理。三十三年五月,改设龙岩支行,陈朴为经理,仍以周有纲为襄理。其营业状况,初设办事处时,年仅七百余万元。至三十三年,则达四万万元云。龙岩县银行:民国三十一年四月创办,资本额四十万元,官商各半,推李伟夫等十七人为筹备员。同年七月,召开第一次董事会,票选蒋镛声、李伟夫、张景崧为常务董事,以李伟夫为董事长,县府财政科长为常驻监察,并聘汤文镳为经理,假县商会楼下为行址。于八月六日,以筹备处名义先行开幕营业。三十二年七月,奉到财政部所颁营业执照,规定营业范围:一、收受存款。二、有确定担保品为抵押之放款。三、保证信用放款。四、汇兑及押款。五、票据承兑或贴现。六、代理收解各种款项。七、经理或代募公债、公司债或林业债券。八、仓库业。九、保管贵重物品或有价证券。十、与其他银行订立特约等项。自经财部核准备案并颁发执照后,即正式营业。三十三年四月,奉令代理县库,业务日见发展,商人咸称便利,对地方经济诚不无裨益也。

(郑丰稔纂:《龙岩县志》,卷十七,实业志,附银行,民国三十四年铅印本。)

〔民国二十四年至三十七年,湖南醴陵县〕 醴陵之有银行,自民国二十四年始。初为醴陵农民银行,继为复兴银行,后又有省银行。分述如下:醴陵农民银行,创立于民国二十四年夏季,先是醴陵因发动民力,协助剿匪,分县、区两级组织义勇队,有兵千余,月支甚巨。经县政扩大会议决议,附征亩捐,按二十一年田赋,每正供一元,带征二元三角。设亩捐经理处于县财政局,司出入。厥后匪平缩编,经费以减,所征亩捐款项,除供义勇队开支及提拨县地方慈善公益补助外,尚余三万余元。邑人士以此款出自农民,应举办农民事业,倡设农民银行,以亩捐余款作为公股,另募私股益之,依法呈准开业。初将总行设于县城,后于长沙、邵阳、洪江等地分设办事处。二十六年,总行迁长沙朝阳巷,遂以醴行改办事处。

二十七年十月文夕，长市大火，总行受损，南迁零陵，业务衰落，公股挪用甚巨，经股东会议决议改组，由是公股全部退出，于二十八年秋间宣告结束。复兴实业银行，由醴陵农民银行原有私股部分股东，并增集新股，进而为湖南民营金融机构，依照股份有限公司组织，于民国二十九年一月呈准开业。原有资本二百万元，嗣后增资三次，至民国三十五年，增至一亿五千万元。总行最初设于零陵，继迁衡阳，设重庆、贵阳、长沙三分行，醴陵、株洲、渌口、湘潭、邵阳、蓝田、白地市、柳州、洪江、南平、吉安、北碚等十二办事处。自日寇陷长沙，西侵衡、桂，总行由衡迁洪江，再迁川属綦江，长沙分行迁沅陵，醴陵迁晃县，株、渌等处俱他徙。三十四年秋，抗战胜利，总行由綦江迁回长沙。原有分行处亦经分别迁回原址，并调整增减各分行处，计现有上海、汉口、重庆、贵阳、广州、香港、南昌、长沙、衡阳、安江、柳州、邵阳、洪江、晃县、常德、津市、湘潭、株洲、醴陵等分行处，共十九所。湖南省银行，民国二十六年以后，注重农工矿等生产事业，扩充小本工商放款，并推行质押放款。二十七年，于醴陵设办事处。三十二年改支行，经理为胡念群。三十三年增设无线电台。二十九年度，醴处存款为五五二九〇一元（为全行存款百分之一点〇六）。自二十七年始，代理县库。二十九年，县库库存为五一六七六六元。三十一年，代理国库支库。三十三年六月，倭寇犯醴，十二日，支行由醴陵撤退至攸县，旋继续撤至攸县。八月又撤退至桂东，十一月迁江西大庾复业。三十四年元月，再撤退至福建长汀。迨日本投降，始迁回。十月抵醴，筹备复业。原址房屋全毁，改租瓜畲坪筠庐为临时行址。三十五年，胡念群调总行，派总行稽核王文彬接充。逾年，迁行址于北正街，并度地谢家巷兴工营造。

（陈鲲修，刘谦等纂：《醴陵县志》，卷六，食货志，金融，民国三十七年铅印本。）

〔民国九年，广东佛山〕 邮政储金局在缺瓦栏。邮政分局民国九年开办，有储金条例及施行细则颁行。初办时，周息五厘，民国十一年改为三厘六毫，一元以上、二百元以下现金，可随时储入及支出。一元以下之储金另有办法，安存利便，诚人民唯一之良好储蓄机关也。

（冼宝干等纂：《佛山忠义乡志》，卷六，实业，民国十五年刻本。）

〔民国十年，广东佛山〕 省立广东银行佛山分行，在富文铺豆豉巷，民国十年开办，专管积聚、汇兑、按揭及银行一切营业。总行在广州南关天字马头，汕头、江门、石龙、海口设有分行，大良、香港、上海、汉口均有代理。

（冼宝干等纂：《佛山忠义乡志》，卷六，实业，民国十五年刻本。）

〔**民国十二年，广东佛山镇**〕 银行业：专营付揭汇兑事业，有兼营兑换国内外现金纸币及买卖公债者，各富户有存放储蓄之利，各行商又可藉揭借，以资周转，实一乡之金融机关。惟交易不限于内地，有远及湘、桂各省、各外埠者，营业之利钝视附户之信用及贷出者之有无负欠。大小各十余家，小者俗称炒卖铺，计共二十九店，堂名如意会馆，在汾水铺东宁街。

（冼宝干等纂：《佛山忠义乡志》，卷六，实业，民国十五年刻本。）

〔**清光绪年间至民国二十一年，广西邕宁县**〕 银行之职掌，出纳财政，居金融界中最重要地位。我县向来市场上，握全埠商界无上权威者，惟有银号、钱庄。自清光绪季年，省官钱局发行纸币，乃分设银行于南宁，名为南宁广西银行，是为我县区内设立银行之始，民国成立因之。是时省会迁邕，又为自主时期，且因银行代理省金库，与政府关系至密切，于是予取予求，透支毫无限制。民十，粤桂军兴，基金悉提被充军饷，以故纸币滥发，现金缺乏，一经政变，即不旋踵而宣告倒闭。民十五，省局奠定，复设立省银行。自民十八政变，该行又告停业。民二十一年，本省当局以为调剂金融非设立银行不可，于是本年四月间重新组织，从事筹备。逾月，于验契税项下拨毫银三百四十万元，充该行开办基金。因鉴于已往两度失败，致人民不兑现钞票，巨大损失，故此次组织，力求其社会化与合理化，冀免政潮之激荡，而于旧日章制多所兴革，如招纳商股、不代理金库，皆其著者也。据统计局调查，其条例中规定资本总额为毫银一千万元，除由政府出资五百一十万元外，另募商股四百九十万元。八月，先由政府拨出所认股本三份之一，计毫银三百四十万元，交该行开始营业。其商股之招募，则在进行中。

（谢祖萃修，莫炳奎纂：《邕宁县志》，卷十六，食货志三，金融机关，省银行，民国二十六年铅印本。）

〔**民国十七年至二十一年，广西贵县**〕 县属向无银行，民国十七年，始有广西省银行郁林分行贵县代理处，纯为官营事业。时变纷乘，逾年停闭。民国二十一年，设广西省银行郁林汇兑所驻贵办事所，即前代理处之嬗变，县属金融汇兑存放以此为枢纽，惟所与交易者多属当押及大商贾耳。

（欧仰羲等修，梁崇鼎等纂：《贵县志》，卷七，经济，金融，民国二十四年铅印本。）

〔**民国二十年，广西崇善县**〕 驮卢广西银行办事处，民国二十年成立，凡商人向办事处借银营业者，必须有抵押品及担保人，月息分半，借贷以十个月为限，如有拖欠,即将抵押品变卖。

(林剑平、吴龙辉修,张景星等纂:《崇善县志》,第四编,经济,金融,一九六二年广西档案馆据民国二十六年稿本铅印本。)

〔民国二十一年,广西融县〕 民国二十一年冬,广西省银行设分行于柳州,又设柳州分行驻长办事处于长安,旋称驻长办事处为广西银行长安分行,是为兑现纸币兼营汇兑借放之公机关。

(黄志勋修,龙泰任纂《融县志》,第四编,经济,金融,民国二十五年铅印本。)

〔民国二十三年至民国三十三年,广西宾阳县〕 广西省银行宾阳办事处,民国二十三年一月一日在芦圩成立,专办理银行一切业务。其组织内容分为:业务、会议、信托、出纳、总务、公库等六股,业务颇为发达,年支经费约四十万元,由总行拨发。……宾阳县银行,于民国三十二年四月一日成立,募股委员会开始募集股金。是年九月一日,成立筹备委员会,计募获商股一百三十余万元,并由县库提六十万元为县公股,广西省银行加入十万元为提倡股,宾兴公所加入十万元为宾兴公股,共二百万元有奇。遂于三十三年四月二十五日,在县政府大礼堂召开创立会(即第一次股东大会),通过县银行章程,同时选举董事及监察。未几,正式成立,开始营业。

(胡学林修,朱昌奎纂:《宾阳县志》,第四编,经济,甲、金融,民国三十七年稿本,一九六一年铅字重印本。)

〔民国二十六年至三十四年,广西龙津县〕 广西省农民银行龙州办事处,民国二十六年四月成立,初设立于南街,迨二十九年日军侵龙,原址被毁,迁于尚武街继续营业,系属省营。处内组织与银行略同,营业信任贷款利率一分,存款利率最高八厘,最低五厘,民国三十一年裁撤,人员归并入广西银行龙州分行,其业务由银行兼理。中国银行龙州分行,创于民国二十七年,地址在康平街,附有无线电台与各地联络。二十九年日军陷龙,迁于别处,遂停业。广西银行龙州分行,民国二十一年八月成立,官商合办,地点在新街,初行内组织分会计、营业、总务、出纳、金库五课,迨农民银行龙州办事处并入该分行后,组织扩大。至三十三年十二月,龙州第三次陷于敌,疏迁于雷平。日本投降后,迁于左县驮户镇。迨三十四年十一月,始迁返原址,并易名为广西银行龙州办事处,组织已不如前庞大矣。

(李文雄、陈必明纂修《龙津县志》,第六编,经济,金融机关及沿革,民国三十五年稿本,一九六〇年铅字重印本。)

〔民国二十九年前后,广西平乐县〕 本邑商场货物之输出输入,以桂林、梧州两处为多,大宗银两各商店互相汇驳,其汇水之涨落视市面银根赢缩以定之。自邮政局通汇后,小款之出入于省内外者,多由邮政局互汇。迨广西银行平乐办事处设立后,多趋向于此交易,尚称便利。

(蒋庚蕃、郭春田修,张智林纂:《平乐县志》,卷七,经济,金融,民国二十九年铅印本。)

〔清宣统初年至民国年间,四川江津县〕 清宣统初,邑人陈廷萃邀集巨资,就县城内组织晋丰储蓄兼殖业银行,于成、渝、申、汉设分行,经农工商部立案,颇著成效。

(聂述文、乔运亨修,刘泽嘉等纂:《江津县志》,卷十二,实业志,商业,民国十三年刻本。)

〔民国四年至二十八年,四川重庆〕

重庆银行表

名 称	资本总额	行 址	开设年月	附 注
中 央	二千万元	第一模范市场	民国二十四年	
中 国	二千五百万元	小梁子	民国四年	
农 民	一千万元	县庙街	民国二十五年	
金 城	一千万元	陕西街	民国二十五年	
江 海	一百万元	道门口	民国二十三年六月	以上五家渝为分行
省银行	二百万元	陕西街	民国二十三年一月	
聚兴诚	二百万元	新丰街	民国四年	
美 丰	三百万元	新街口	民国十一年	
川 盐	二百万元	新街口	民国十九年	
川 康	一百万元	打铜街	民国十九年	
建 设	一百万元	陕西街	民国二十三年八月	
重 庆	一百万元	打铜街	民国十九年	
商 业	一百万元	打铜街	民国二十一年一月	
平 民	五十万元	陕西街	民国十七年	以上九家渝为总行

(罗国钧等修,向楚等纂:《巴县志》,卷十三,商业,附重庆银行表,民国二十八年刻,三十二年重印本。)

〔清朝末年至民国年间,四川犍为县〕 县属素无银行,清末五通桥始有国家大清银行之设立,出放期票,以应商场之需要。至借放须数至千两以上,金融顿行活泼。国体改变后,更名中国银行,营业如旧。

（陈谦、陈世虞修,罗绶香、印焕门等纂:《犍为县志》,卷十一,经济志,金融,民国二十六年铅印本。）

〔清光绪末年至民国年间,云南〕 中国官立银行以大清银行为最早,云南亦然。光绪三十年正月,户部奏请试办银行,诏可之。是年三月,奏定户部银行章程,先备资本银四百万两,组织成立。三十四年正月,度支部奏定《大清银行则例》,并谓户部银行即为中央银行,今户部已改称度支部,拟改银行之名曰大清银行等语,自是大清银行遂认为国家银行矣。资本除户部银行原有银四百万两外,再添招六百万两,合共一千万两,规定设总行于京都,其沿江沿海贸易繁盛之处,以及各府、厅、州、县应设立分行、分号。宣统元年,部派余子清来滇垣设立分行,就经历处改建行址。其初资金不过百万元,后存款渐多,营业日盛,以迄光复,始改组为中国银行。又宣统二年二月,驻滇法交涉员宝如华照请准予在云南省城设立东方汇理银行分行。当经云南交涉使世增以云南省城非通商口岸,按照约章,外国人不能来此开设行栈,所请准汇理银行来滇设立分行,显背约章,断难照准,并声明该行不得以别项牌号托其他商人在滇省代理营业暨发行纸币等语,照复并签请总督核示。至五月,复准法交涉员面请,准予设立。同时并准云南总商会咨请拒绝,复经世使以此事滇省绅商均严予拒绝,商会反对尤力,实属碍难办理,无能为力答复法委,并将抗议情形咨复商会,此事遂中止。其后于民国间始行成立。

（龙云、卢汉修,周钟岳等纂:《新纂云南通志》,卷一百四十四,商业考二,金融,银行,一九四九年铅印本。）

〔民国元年至十三年,云南昆明〕 富滇银行:设于威远街,民国元年二月设立,分五课十二股办事,专营汇兑存款放款等业,并代办省金库及各种公债。总办李鸿纶,会办刘志道、陈钧,职员共七十九人,资本总额五百万元,概系官款。蒙自、香港、个旧、思茅、开化、下关、腾冲、昭通、上海、临安、通海、石屏、玉溪、广南、河口、会泽、曲靖、楚雄、永昌、丽江、姚安、云龙、阿迷、景东、墨江等处皆有分行。……殖边银行云南分行:设于三牌坊,民国四年七月设立,设行长一员,总理行中一切,业务副行长一员佐理,之下分总务、营业、计算、出纳四股,每股设股长一员,承正副行长之指挥,办理各股事宜。主要业务为动产、不动产之抵押、放款、押汇、经理存款,办理汇兑、贴现、放款、他银行业务之代理等,附随业务为生金银买卖、有价证券买卖、外国货币买卖等。行长解秉仁,副行长刘志道,职员共十九员,资本总额一百二十万元,概系商股。个旧设有支行一,安顺、上海、香港均设有汇兑处。云南实业银行:现章程虽经呈准立案,尚在筹备中,筹备处设于实业司署内,资本共定为五十万元,官股、商股各占半数。东方汇理银行:系法商开设,本行在蒙自,住省办事处在南城外广聚街,民国九年成立。中法实业银行:系法商开设,在南城外云津街,自民国十年停业后,尚未复业。

(张维翰修,董振藻纂:《昆明市志》,金融,银行,民国十三年铅印本。)

〔民国二年至十三年,云南昆明〕 万国储蓄会云南分会,城内事务所在登仕街云兴巷九号,城外事务所在广聚街徐璧雅洋行,民国二年成立,系中法合资有限公司。洋总理法商徐璧雅,华总理陆镐,分会资本无定额,总会资本及准备金共五百六十九万六千二百四十元,为有奖储蓄,所收储款除提取十分之二五充奖款外,余存银行,以五厘生息,作还本准备金。凡储款者,除摊还本金及息银外,并得分派余利。至储款方法,分十四年匀缴,至第十五年即为还本,并将余利按储款之多寡核算摊分之。中法储蓄分会,在一区二段万钟街三十一号,民国十二年六月成立,系中法合资有限公司,经理吴百川,资本总额国币二十万元,为有奖储蓄,一切办法与万国储蓄会同。中法储蓄云贵总分会,在二区十九段土主庙下街二十号,民国十二年九月成立,系中法合资有限公司,经理李伯贞,资本总额国币二十万元,为有奖储蓄,办法亦与万国储蓄会同。

(张维翰修,董振藻纂:《昆明市志》,金融,储蓄机构,民国十三年铅印本。)

〔民国三年至十三年,云南昆明〕 金星人寿保险公司,系股份有限公司,在一区七段三牌坊,民国六年五月开设。保险种类有普通、特别、幼孩、存银、趸缴、特种各项,股本一百万元,经理魏铸城,总公司在上海四川路,民国三年四月成立。永年人寿保险公司,系股份有限公司,总公司在上海,系英商集资创办,云南分公司在一区十一段团城脚,民国六年开设,承保各界寿险、童险,股本七百万元,经理韩光临,保险时概依普通定期保险单办理。

(张维翰修,董振藻纂:《昆明市志》,商业,保险,民国十三年铅印本。)

十、社会经济生活

（一）经济生活变革

〔**明嘉靖三年前后,南京松江府上海县**〕 人皆知教子读书为事,江海湖乡人民则倚渔盐为业,工不出乡,商不越乎燕、齐、荆、楚,男耕女织。

（明　郑洛书修,高企纂:《上海县志》,卷一,风俗,民国二十一年据明嘉靖三年刻本影印本。）

〔**明万历二十五年前后,南京松江府青浦县**〕 地局水乡,自耕织外,生计鲜少,俗尚俭啬,差胜他邑。

（明　卓钿修,王圻纂:《青浦县志》,卷一,风俗,胶卷复制明万历二十五年刻本。）

〔**清道光二十三年以后,江苏上海县**〕 上邑居江海之冲,开埠以来,时势之变迁日亟,即此四十年中,水陆形胜、政教风俗以及工商百货等等,屡变不一。

（吴馨等修,姚文枬等纂:《上海县续志》,吴馨序,民国七年刻本。）

〔**清道光二十三年以后,江苏上海县**〕 上海,特滨海一小县耳,而在明已为防倭重镇,在清又为互市巨埠,管枢南北,转输江海,交通贯于全球,聚族及于百国,京邑省郡或且逊之,固风会之所趋,亦地势利便之所致也。此近数十年中,中外交涉之繁赜,租界地址之扩充,水陆形势之变动,一切法制之兴革,风尚之迁流,既月异而岁不同。

（吴馨等修,姚文枬等纂:《上海县续志》,弁言,民国七年刻本。）

〔**清咸丰、同治、光绪至民国年间,江苏金山县张堰镇**〕 衣服之制,历来宽长,雅尚质朴,即绅富亦鲜服绸缎。咸丰以来,渐起奢侈,制尚紧短。同治年又尚宽长,马褂长至二尺五六寸,谓之湖南褂(时行营哨官、管带皆宽袍长褂,多湘产,故云)。光绪年又渐尚短衣窄袖,至季年,马褂不过尺四五寸半,臂不过尺二三寸,且仿洋装,制如其体。妇女亦短衣窄袖(先行长至二尺八九寸),胫衣口仅三寸许(先行大口至尺二三寸),外不障裙(女子十七八犹辫而不梳髻、不缠足,遵天足会也),尤近今风尚之变。

(姚裕廉、范炳垣修辑:《重辑张堰志》,卷一,区域志,风俗,民国九年铅印本。)

〔清咸丰、同治年间至民国二十五年前后,上海〕 邑境水乡,有舟无车,陆地运货向用人力。咸[丰]、同[治]以来,始有小车(俗名江北车),后又有人力车(俗名东洋车)、马车,载货则有塌车,然仅流通于北市。至光绪三十三年,沿浦筑外马路,南市始有东洋车、马车。宣统二年,城内始准通车,然四乡道路未修,小车之外,罕通行焉。脚踏车其始为单轮,今皆双轮,而单轮者绝迹矣。人力车始皆铁轮,民国初有橡皮黄包车,而铁轮车遂淘汰净尽。[民国]十二年始有脚踏黄包车,驾车者乘脚踏车于前而后系黄包车。汽车又名摩托卡,近渐盛行南北市。

(吴馨等修,姚文楠等纂:《上海县志》,卷十二,交通,轨,民国二十五年铅印本。)

〔清同治至宣统年间,上海〕 上海初辟租界时,仅有江北人所推独轮羊角车,即今所称为二把手车,亦曰小车者。迨至同治十年间,始有英人某购得双轮车数十乘,在租界中载客,以一人前曳之而行,故又称腕车。或谓上海初开埠时,此项车辆由日本人创制,故俗呼为东洋车。或云此车盛行于日本,故名。拉车者亦均日人,后因言语不通,遂由华人继办,兹勿深考。惟当时车之形式,轮高身阔,可容二人,后因日久弊生,至有男女苟且等事,捕房以事关风化,即行取缔,改小车身,只能容坐一人,相沿已久。后复有泥城桥堍日通公司发明钢丝胶皮轮三湾式车出现,华人因价贵多不坐,所以专揽洋人生意,其余各马路中则不多见,故旋即闭歇。继有铁轮者竞起,约有八九千辆之多,价亦低贱。至庚戌、辛亥间,黄包车出现,其形式与现行者略似,惟用木轮外缘实心橡皮,行时较为平稳,均漆黄色,执照亦不钉车后,故有黄包车之称。继又改为胶皮空气轮,较前更形妥善。捕房又因木轮损伤道路,逐渐取消,后遂无木轮车之踪迹矣。

(胡祥翰编:《上海小志》,卷三,交通,民国十九年铅印本。)

〔清同治四年及光绪八年,上海〕 沪上先有煤气灯,俗称自来火,或竟呼其为"地火"(揣其命[名]之由,系煤气自铁管中来,而其管曲折远达,埋于地下之故)。故称其公司为"地火行",创于同治四年,初在汉口路,次年迁往新闸,铁管遍埋,银花齐吐,当未设电灯时代,固足以傲不夜城也。电灯则始于光绪八年,创办者为西人德里,初设厂于乍浦路,十八年由工部局收回自办,始迁于有恒路,建造大厂。其初,国人闻者,以为奇事,一时谣诼纷传,谓为将遭雷殛,人心汹汹,不可抑置，当道患其滋事，函请西官禁止，后以试办无害，谣诼乃息。至电灯，俗有"赛月亮"之称，盖公共租界初用五百支烛光之瓷罩电灯，大过足球，去地三丈余，较今日为高，而白光四射，宛如满月，故也。

（胡祥翰编：《上海小志》，卷二，市政，路灯，民国十九年铅印本。）

〔清光绪五年前后，江苏娄县〕 前《志》谓，妇女馌饷外，耘获车灌，率与男子共事，故男女皆能自立。今则茶坊酒肆，时坐荷锄之夫，愿厕市人之列，亦曩时所未有也。

（清　汪坤厚、程其珏修，张云望等纂：《娄县续志》，卷三，疆域志，风俗，清光绪五年刻本。）

〔清光绪六年，上海〕 上海租界之有水道（俗称自来水），创设于光绪六年，至八年始出水。当时风气未开，华人用者甚鲜，甚至谓水有毒质，饮之有害，相戒不用。其后水公司遍赠各水炉茶馆，于是用者渐众，居户之不装龙头者可嘱水夫担送，每担取钱十文，至今租界路旁尚有公用龙头，此亦历史之可考者也。法租界则创于光绪二十七年。当光绪十余年时，关道邵小村即议创办，旋以绅商反对中止，嗣于光绪辛丑年，始由商办得以成立。

（胡祥翰编：《上海小志》，卷二，市政，民国十九年铅印本。）

〔清光绪六年以后，上海〕 自通商以后，西人于租界中装设自来水管，导浦江之水而澄清之，乃激贮于高塔，以管分注于各处，居民便之。城内及南市之人，昔饮河水，污秽不堪，易致疾病，近亦遍装水管，居民饮灌称便，且有益卫生也。

（李维清编纂：《上海乡土志》，第一百四十五课，自来水，清光绪三十三年铅印本。）

〔清光绪中叶，江苏南汇县〕 吾邑自粤匪平后，休养生息，民间元气渐苏。至光绪中叶，村落相望，鸡犬相闻，已渐有升平景象。唯海滨垦荒，客民不知积蓄，岁值丰稔，豪饮狂赌，悉罄其资；荒欠，则无衣无食，流离载道，日仰给于施赈。西境棍徒，结合枭蛋，欺压良民，片言不合，聚党数十百人，以谋报复，良懦饮泣吞声，不敢与较，唯任其屠割而已。转移风气，教与养不可偏废矣。

（严伟修，秦锡田等纂：《南汇县续志》，卷十八，风俗志一，风俗，民国十八年刻本。）

〔清光绪三十二年前后，江苏上海县〕 本邑户口殷繁，食米销路甚广，故价值腾涌，无松落之时。加以奸商贩运出口，屯积居奇，以至米价飞涨。丙午之夏，每斗几及千文，贫民粒食维艰，米珠兴叹。邑绅设法维持，开局平粜，以济穷黎，然究不足以持久。故当青黄不接之时,米价有增无减。上海居家之难,于此可见矣。

（李维清编纂:《上海乡土志》,第一百二十二课,米贵,清光绪三十三年铅印本。）

〔清光绪三十三年前,上海〕 租界之中,宝马香车,络绎不绝,而车之种类不一,有马车、人力车、自由车等。康庄驰骋,颇便行人。今租界将行电车,近来已筑轨道,他日告成,则行旅往来,尤为利便。惟电车价廉而迅速,乘者必多,而人力车不几无人顾问乎？所望当道者善为处置,庶数千车夫不致肇事也。

（李维清编纂:《上海乡土志》,第一百四十七课,电车,清光绪三十三年铅印本。）

〔清光绪三十三年,上海〕 电车,光绪三十三年创行,后又有无轨者。

（胡祥翰编:《上海小志》,卷三,交通,民国十九年铅印本。）

〔清光绪三十三年前后,上海〕 租界均有电灯,英界犹多,如星罗棋布然。晚间照耀,无异白昼,颇便行人。近年以来,南市及制造局亦已装设。而城内之天灯,几同黑暗世界,明晦悬殊,未免相形见绌也。近邑绅欲振兴城内之商业,装设电灯以惠行旅,他日告成之后,大放光明,居民定称利便也。

（李维清编纂:《上海乡土志》,第一百四十六课,电灯,清光绪三十三年铅印本。）

〔清光绪年间及以后,上海〕 上海一隅,洵可谓一粒粟中藏世界。虹口如狄思威路、蓬路、吴淞路,尽日侨,如在日本；如北四川路、武昌路、崇明路、天潼路,尽粤人,如在广东；霞飞路西首,尽法人商肆,如在法国；小东门外洋行街,多闽人洋号,如在福建；南市内外咸瓜街,尽甬人商号,如在宁波。国内各省市民、外国侨民类皆丛集于此,则谓上海为一小世界,亦无不可。

（胡祥翰编:《上海小志》,卷十,杂记,民国十九年铅印本。）

〔清光绪年间及以后,江苏上海县法华乡〕 田多高壤,宜植木棉。以牛耕者曰驶田,以铁耕者曰垄地,芸〈耘〉草曰脱花,粪田曰膏壅,雨后召工曰撮忙工。三指拈纱,以足转轮,曰脚车,能者日得一斤。聚纱曰经布,浆纱而复理之曰刷布。布有长、短两种,长曰东稀、短曰西稀。女子最勤者,寅起亥息,有日成二三匹者。光绪中叶以后,开拓市场,机厂林立,丁男妇女赴厂做工。男工另有种花园、筑马路、做小工、推小车。女工另有做花边、结发网、粘纸锭、帮忙工。生计日多,而专事耕织者日见其少矣。

（王钟撰,胡人凤续辑:《法华乡志》,卷二,风俗,清嘉庆十八年编,民国十一年续编,抄本。）

〔清光绪年间及以后,江苏青浦县〕 妇女贪上海租界佣价之昂,趋之若鹜,甚有弃家者,此又昔之所未见者也。

(葛冲编:《青浦乡土志》,二九,风俗,抄本。)

〔清光绪年间及以后,江苏宝山县彭浦里〕 农家最劳苦而安分,终岁勤动,竟无休日,若无产者受值佣工,不少偷懒。妇女亦事耕耘,暇则纺织,犹存勤俭之遗风焉。然自租界北辟,男以鬻贩营生而奢华渐启,女以纱丝工作而礼教鲜存矣。

(清 侯丙吉编:《彭浦里志》,卷一,疆域志上,风俗,清宣统三年手抄本。)

〔清朝末年,上海〕 上海介四通八达之交,海禁大开,轮轨辐辏,竟成为中国第一繁盛商埠。迩来,世变迭起,重以沧桑,由同治视嘉庆时,其见闻异矣。由今日视同治时,其见闻尤异矣。更阅数十年,人心风俗之变幻,必且倍甚于今日。

(吴馨等修,姚文枬等纂:《上海县续志》,沈宝昌序,民国七年刻本。)

〔清朝末年至民国初年,上海〕 沪以乐土著于域中久矣。市政修明,有客至如归之乐。光绪庚子以前若是也。自是以往,则避地者众,遂患人满。近顷以来,久于沪者,乃有焉能郁郁居此之叹,则盗贼横行,物价腾涌故也。日在危疑震撼中者,上等社会也;日在支持竭蹶中者,中等社会也;日在饥寒交迫中者,下等社会也。

(胡祥翰编:《上海小志》,卷六,生活,民国十九年铅印本。)

〔清朝末年至民国初年,江苏川沙县〕 川沙滨海,天然之利,不后于人,兼以近邻上海,扼中外交通之冲,农工出品销路惟何?曰惟上海。人民职业出路惟何?曰惟上海。天时地利,人工物力,种种优胜,亦既有然,惟在其人之努力。

(方鸿铠等修,黄炎培等纂:《川沙县志》,卷五,实业志,概述,民国二十六年铅印本。)

〔民国初年,江苏上海县法华镇〕 法华,一市集也。在闭关自守时代,黑子弹丸,无关轻重,即有纪述,不过乡土志之集鳞片爪耳。今者,上海既为通商要埠,国体改革后,号为自治乡区,东北毗连租界,计辖图六,户口二万有奇,苟得其人而佐理之,未始不可为模范区也。无如攘往熙来者,多见小遗大,乡中之马路,外人日思增辟,而因以为利者,竟甘为虎作伥,以致主权随路权而俱去,而乡之范围日以小,乡之交涉日以繁,乡之人民且日失其自由而冥然罔觉。

(王钟撰,胡人凤续辑:《法华乡志》,朱赞伯序,清嘉庆十八年编,民国十一年续编,抄本。)

〔**民国初年以后,江苏川沙县**〕 川沙、上海间,朝发夕至,自上川铁路通车,一小时即达,于是上海成为容纳川沙羡余人口之绝大尾闾。论其量,则数之大,以水木工人为第一,他业亦颇有相当地位。论其质,则无论以知识、以劳力,凡能自食,或因以起家,百分之九十以上皆恃上海。夫以逼临上海之故,人口有余,则移之上海;职业无成,则求之上海。吾中华全国如上海者有几?全国一千九百三十三县,其逼近大都市如我川沙者又有几?奇矣,百中一二,其余此绝大多数何?即以川沙论,花边、毛巾销路之式微,则女子停工者多矣;建筑工程之锐减,则男子失业者多矣。川沙人民生计之艰难,将与上海市场之衰落为正比。

(方鸿铠等修,黄炎培等纂:《川沙县志》,卷首,导言,民国二十六年铅印本。)

〔**民国十三年前后,江苏崇明县**〕 崇之先民,实始农人,故俗务本业,重廉耻,畏刑法,崇文教,士敦古道,励志节,安贫贱,耻营求。无田者,业工而技稍逊。商贾大者,惟棉若布;远贾者东至鲁,北至燕、至辽,南至苏、常、长江上下,操一业以营生者,所在多有。其佣力者,率至沪;佣耕者至江以北。游学之士不远万里至东、西国者,岁恒数十百人,仕宦者称是。故游食少而人足自给。

(王清穆修,曹炳麟等纂:《崇明县志》,卷四,地理志,风俗,民国十三年修,稿本。)

〔**民国二十六年前后,江苏川沙县**〕 牛,旧时只黄牛、水牛二种,近来多畜乳牛,俗呼外国牛,毛色黄,亦有黄、白相杂者,无肩峰,不能驾轭耕田,以乳多为贵。其尤者,价值三四百元以上。

(方鸿铠等修,黄炎培等纂:《川沙县志》,卷四,物产志,动物,民国二十六年铅印本。)

〔**民国三十六年前后,江苏奉贤县**〕 吾奉土地均属浦江流域,整个为长江三角洲平原之一部,地土肥沃,其中自小闸港西皆为棉稻区,以东则兼种杂粮,土性较为瘠薄。故明嘉靖间,御史宋贤尚奏准东新市迄三二桥一带为折粮田。钦公塘以外至圩塘一带辟于清光绪二十八年郭重光县令,故成熟之年尚近。历年均植番芋、高粱、玉蜀黍、花生、瓜蒌等。迩来试植稻、棉,其中棉花已自三十斤增至一担,而稻秧仍萎弱,此乃地质尚咸〈碱〉之故,补救之法,唯有在钦公塘多开涵洞,使淡水能充分灌溉。唯沿海地区能兼理渔盐,故生活尚能过去。北部金汇桥一带农民,因与上海交通较便,故兼运土产及农村副产为生。该处附近农村妇女亦勤于纺织,兼糊火柴盒为生。东北偶之新桥一带,民间女子入纱厂、袜厂工作甚多。以上二地为吾奉农村生计较优裕地带,虽各地农民生活程度不同,然均非分工细密之生活。北村又多农工,或农商兼职之农民。其不分工,农村区域最显著者,大致有下列几处：一、滨海区域,大致因地理不齐一所致,钦公塘以内均属稻棉区,钦公塘、圩塘间,兼植高粱、玉蜀黍、番芋,兼晒食盐,自岱山迁来客民几皆以晒制食盐为生；越圩塘而东,皆为渔盐之区,现袁浦盐场改善农民生活之设施已有成功者,有几个盐民合作社,设在柘林、褚家聚、朱新镇,并且为解决盐民教育问题,在上述三地设置盐民子弟学校。盐民兵役问题,依国防技术工人优待办法,予以缓役。至于渔民生活,自第一渔业合作社徐盛卿、陆慎先等努力设法改善,以制就捕鱼船数艘及大渔网等,并组织护渔队以维护捕鱼人民。自松江县属张家厍设置冰厂后,鱼类更可保藏,以免腐烂。现奉贤本藉沿海,居民大都是农、渔、盐兼职的。二、东北隅农民,新桥附近农民先进者,不乏创办新兴工业,如华申纱厂及小型袜厂多所,均可使农妇入厂工作。吴士林最近曾在民福店置田二千亩,预备成立集体农场,已向农林部登记,预备运下曳水机、拖犁机等,实开吾奉机器耕田的新纪元。三、北部近浦农民,面临黄浦,耕田不易发展,故注意及于畜养事业,每年鸡、鸭、蛋类出口数额惊人,糊火柴盒及跑单帮亦为该区农民之特长。关于不分工的农民生活,以三官塘、南桥、庄行一带最多,地属沃壤,为奉贤最上田部分,棉稻丰收,农暇辄有坐茶馆之习,妇女又习温柔楚楚之风,故民风一般而论,颇多怠性而少刚性。农民每年工作,我奉农民田园工作大致相仿：一、栽种麦子、蚕豆、油菜,其时期为隔年秋末至初夏收获。二、栽种稻粱,夏初播种、翻土、戽水、插秧、耘稻、除草,至秋初收获,有六十日、早晚粳之类,其稻之品质最佳者,为胡家桥之金果黄稻。三、种棉,在夏初下种,须除草数次,至中秋采棉,至近年已试植美棉,收效尚佳。四、其他农作物,沿海咸地,花生、番芋、高粱、玉米,亦为农村副产,周家街一带栽植薄荷亦多。浜瓜及其他蔬菜如白菜、青菜,豆类如黄豆、赤豆、绿豆,均有少量生产。家庭工作方面,以纺织棉布、饲养家畜（猪、羊、耕牛、鸡、鸭等,禽鸟如鸽子、鹭鸶以及养蜂等,亦散布各地）等较为重要。农民之服装及居住方面,大多朴实无华,离南桥、庄行、青村诸大市镇较远乡区,尚盛行土布。吾奉庄行土布,与上海颛桥土布齐名。中产之家,除少数女子学习欧化以外,余皆在过极原朴之生活。居住方面,除滨海一带草屋普遍,其他均为砖瓦,以三开间、五开间较多,中为客堂,东侧为宿舍,西侧为厨房,小屋为牲畜所居,前为堆置农作物之场地,后有竹园掩映,几皆千遍一律。较为殷富者,其宅之周围皆环河,称庄河。平民皆聚族而居,类称张家堂、王家宅等,海滨地带有称"厂"及"聚"者,如邵家厂、诸家聚等。农民的宗教信仰,吾奉庙宇之多,几三里一庵,五里一庙,现大都由住寺尼主持传教,医病、祈告及其前途,皆由神像代为决定,对于鬼神尚盛行敬礼主义。近年,青村、钱桥、望海等乡有一贯道邪教,颇为猖獗,故较国父破除迷信之理想尚远。农民在地方上之信仰,厥为土豪,其中有读书不成,略知诉讼者,对于地主、平民均有控制之能力。我国政治制度因久已成习,上层不入下层,城镇不入乡村,偶一为之,群皆怪异,唯有土豪能适应城市而居乡村生活……国家观念乃因之薄弱。诸如兵役一项,大都以购买客兵,以募代征为得体。农民今日之经济力量,八年抗战,虽以农立国,农村影响较微。然胜利以后,国事尚未平定,军粮供应甚繁,农村存粮逐渐减少,故一般状况,均呈颓丧而欠振作。至于纳税方面,因吾邑土地泰半均在地主之手,虽有迟纳、抗缴等事,然每年全省田赋之征收效率,吾奉在松江区方面,推为示范。农民生活在进步中者,厥唯农村子弟受教育者之增加。

(奉贤县文献委员会编:《奉贤县志稿》,卷二十八,农民生活之演进,据民国三十七年稿本复制胶卷。)

〔清道光、咸丰年间,江苏松江府〕 上海番舶所聚,洋货充斥,民易炫惑。洋货率始贵而后贱,市商易于射利,喜为贩运,大而服食器用,小而戏耍玩物,渐推渐广,莫之能遏。又,洋货中有火油灯,人家多习用之,不知此油遇火即燃,最易肇祸,上海城厢因此成灾者,屡矣,而民鲜知儆此,不特漏卮,且有大害。咸丰庚申,苏、浙右族避难者麇至,服饰器用习为侈靡,市廛愈盛,储蓄愈空,耗费日增,奸宄日出,洋场为众辐所趋,而各邑亦沿其弊。近时各县茶坊、酒肆以及鸦片烟馆,在仿效上海,竞为靡丽,耗费财力不知凡几,然此仅一端耳。

(清 博润等修,姚光发等纂:《松江府续志》,卷五,疆域志,风俗,清光绪十年刻本。)

〔清道光、咸丰年间及以后,江苏嘉定县真如镇〕 真如僻在邑之西南,自成市廛,士习诗书,民勤耕织,俗尚敦厚,少奢靡越礼之举。中外互市以来,洋货充斥,绚丽夺目,喜新厌故者流弃其已有,群相购置,不知漏卮之日甚。

(洪复章辑:《真如里志》,风俗,民国七年后辑,稿本。)

〔清光绪中叶以后,江苏南汇县〕 敲石取火,沿用已久。海禁初开,始有火柴,而内地尚不通行。光绪中叶以后,火柴渐推渐广,已成人家通用之物,后生少年几不知刀石作何状矣。

(严伟修,秦锡田等纂:《南汇县续志》,卷十八,风俗志一,风俗,民国十八年刻本。)

〔清光绪中叶以后,上海〕 优生〈胜〉劣败,适者生存,而不适则归淘汰,此天演之公例也。不必征诸远,征诸四十年来沪上淘汰之种种事物可矣。试略举如下事,多不烦引也。如有轮船而沙船淘汰,有洋布而土布淘汰,有洋针而本针淘汰,有皮鞋、线袜而钉鞋、布袜淘汰,有火柴而火石淘汰,有纸烟、雪茄而水烟、旱烟淘汰。吾为此言,人必谓我顽固守旧,对于陈腐之物质大有误认国粹,亟思保存之意,实则非也。特惧夫自知拙劣而不能就原有者改进之,就未有者仿造之耳。

（胡祥翰编:《上海小志》,卷十,杂记,民国十九年铅印本。）

〔清光绪二十八年,上海〕 汽车,光绪二十八年,柏医生首先试用。前虽到过二辆,未见功效,至是始渐行矣。

（胡祥翰编:《上海小志》,卷三,交通,民国十九年铅印本。）

〔清光绪年间及以后,江苏嘉定县〕 桌、椅、橱、床等类,小户多以杉木为之,大中户则用楝木、榆木而加以髹漆,花梨、紫檀、红木等名赏之器,则绝无仅有。瓷器多用江西所产之能耐久者,花纹、质料不问也,寻常以敝衣与苏州碗担交换,鲜有购买,故邑中瓷器肆不多见。光绪二十年后,洋瓷行销沪上,渐有购用者。取火之物,向用火石,其色青黑,以铁片擦之,即有火星射出,与纸吹相引而生火,人家莫不备之;光绪乙未、丙申之际,始改用火柴,俗称"自来火",为欧洲之输入品。夜间取光,农家用篝（俗称油盏）,城镇用陶制灯檠,家稍裕者,则用瓷制或铜锡制者,有婚丧事,则燃烛;光绪中叶后,多燃煤油灯,而灯檠遂归淘汰。洗面擦身之布,旧时多用土布,有用高丽布者已为特殊,其布仿于高丽,质厚耐久;自毛巾盛行,即下至农家,亦皆用之。洗衣去垢,曩日皆用本地所产之皂荚,自欧美肥皂行销中国后,遂无有用皂荚者。计时之器,仅有日晷仪,用者亦不多,购买外洋钟表者尤为稀少;自轮船、火车通行,往来有一定时刻,钟表始盛行。箱箧之类,乡间盛行板箱,中上人家则用皮制者,嫁妆内所备多用朱漆,余则用广漆;光［绪］、宣［统］之间,西式提箱仿造于沪地,于是旅客多购用之。窗格旧用蛎壳,亦有以纸糊者;光绪中叶以后,则多用玻璃矣。肩舆俗称轿子,以竹为架,外罩蓝布或黑布为轿衣,亦有不用轿衣而以细篾编成者,其用蓝呢为衣,三面镶嵌玻璃,俗称官轿,则非绅宦或富家鲜有备者,俭约之风可见一斑。

（陈传德修,黄世祚、王焘曾等纂:《嘉定县续志》,卷五,风土志,风俗,民国十九年铅印本。）

〔清光绪年间及以后,江苏南汇县〕 光绪以前,人燃灯,注豆油或菜油于盏,引以草心,光荧荧如豆。未几,有火油,灯明亮远胜油灯,然煤灰飞扬,用者厌之;未几,加以玻璃罩,光益盛而无烟,且十光五色,或悬于空中,或置于几上,或垂于壁间,使光反射,其色各各不同,而又各各合用。于是,上而缙绅之家,下至蓬户瓮牖,莫不乐用洋灯,而旧式之油盏灯淘汰尽矣。

(严伟修,秦锡田等纂:《南汇县续志》,卷十八,风俗志一,风俗,民国十八年刻本。)

〔民国初年,江苏宝山县盛桥里〕 商业以棉花为大宗,旧时轧花多用小车,每日花衣多者十余斤,少或七八斤。近年用外国轧车,每车一日可轧花衣六七十斤。更有驾牛轧花,事半功倍。商业之发达,每视风会为转移也。

(赵同福修,杨逢时纂:《盛桥里志》,卷三,实业志,商业,民国八年后稿本。)

〔民国二十五年前后,上海〕 宏茂昌所制等布袜,邑人用之者已绝无仅有。普通所著概为线袜,初系舶来品,继而广东等处购机仿制,运销沪上,购用者众,而各机器厂亦能仿制织袜机。于是,织袜厂先后设立者百数十家,进而为丝光线袜、闪光线袜、麻纱袜、绒线袜、纯丝袜、男女、大小、长短,日新月异,布袜仅销诸内地矣。

(吴馨等修,姚文柟等纂:《上海县志》,卷四,农工上,工作品,民国二十五年铅印本。)

〔清道光年以后,江苏崇明县〕 吾邑向安朴素,士庶之家,疏(蔬)食布衣,婚丧惟称家有无,绝不妄费。自道光以来,渐即奢潜,衣则鲜华时样,食则腴隽精烹,遇庆吊事,必用信炮仪从,夸耀排场。即无力者,且勉强为之,而商贾、胥隶之家,亦无不越分伤财。此风不改,伊于胡底。所望有识者示俭示礼,力为维持也。

(清 林达泉等修,李联诱等纂:《崇明县志》,卷四,风土志,风俗,清光绪七年刻本。)

〔清咸丰初年至光绪初年,江苏南汇县〕 邑素崇俭朴,虽士大夫家,居只布素,有事暂服绸绫。今差役之流,居然天青缎套,其妇女亦天青缎、披红绉裙、满头金珠矣。咸丰初年,宴会犹只八簋,今则多用燕窝、鱼翅、炎燠诸品。良由近沪相沿成习,渐趋华靡云。

(清 金福曾等修,张文虎等纂:《南汇县志》,卷二十,风俗志,风俗,清光绪五年刻本。)

〔清咸丰末年至民国九年前后,江苏金山县张堰地区〕 农耕女纴,兼工针黹,商贾安业,风气称朴。辛酉兵燹后,礼趋于简,习渐侈靡,非复昔比矣。昔时谒见尊长必衣冠,今则竞尚便服,甚而贺吉吊凶,亦有不具衣冠者。商贾不衣锦,中产家妇女无金珠罗绮,士大夫一筵之费不过一二千钱;今则无论士庶舆台,但力所能为,衣服宴饮,越次犯分不为怪。

(姚裕廉、范炳垣修辑:《重辑张堰志》,卷一,区域志,风俗,民国九年铅印本。)

〔清光绪初年，江苏嘉定县〕 居民以花布为生，男耕女织，冬夏无间，昼夜兼营，食粝衣粗，仅堪资给。迩来，颇习华靡，非茶肆听书，即酒家醵饮，日计无多，月计非鲜，丰年既少盖藏，欠岁立形匮乏，中人之产，居以华夏，使以仆婢，非腥膻不下咽，非绸绫不著体。靡费既多，生计自窘，力挽颓风，在乡先生以身先之。

（清　程其珏修，杨震福等纂：《嘉定县志》，卷八，风土志，风俗，清光绪七年刻本。）

〔清光绪四年前后，江苏金山县〕 向时缎衣貂帽，例非绅士不得僭，今则舆台胥吏亦有服之。一切器用必用红木、楠、梨等。寻常燕享，无海错山珍，群以为耻。风俗奢靡，莫此为甚。

（清　龚宝琦等修，黄厚本等纂：《重修金山县志》，卷十七，志余，风俗，清光绪四年刻本。）

〔清光绪五年前后，江苏娄县〕 向来商贾不敢衣锦，中人之家，妇女不饰金珠，不蓄罗绮，士大夫一筵之费，不过一二千文，今则靡靡奢侈。此生计之所以日绌也。

（清　汪坤厚、程其珏修，张云望等纂：《娄县续志》，卷三，疆域志，风俗，清光绪五年刻本。）

〔清光绪末年以后，江苏嘉定县〕 光绪初年迄三十年之间，邑人服装朴素，大率多用土布及绵绸、府绸，最讲究者亦以湖绉为止，式尚宽大，极少变化；厥后渐趋窄小，衣领由低而高，质料日事奢侈，多以花缎为常服矣。唯乡间染此习者尚鲜。

（陈传德修，黄世祚、王煮曾等纂：《嘉定县续志》，卷五，风土志，风俗，民国十九年铅印本。）

〔清宣统至民国年间，江苏南汇县〕 团区濒海，素著俭勤，虽士大夫家，居只布素，有事偶服绸绫。同光间，衣服渐渐逾格，即奴隶亦穿绸着缎。近则以钱为胜，甚厌绸布而喜呢绒者，虽有节衣之布告、布衣之大会，不问也。至于宴会，向只六簋、八簋，今用山珍海味，甚有除鸣〈鸡〉、除肉等名称，而燕窝、鱼翅，犹粗鄙品也。

（傅学洙纂：《二区旧五团乡志》，卷十三，风俗，民国二十五年铅印本。）

〔明弘治七年前后，京师保定府〕 土狭而田硗，民贫而俗朴，稍事诗书之业，略无侥幸之风，土产无甚奇货，商贾舟楫罕至。

（明　章律修，张才纂，徐珪重编：《重修保定志》，卷之一，风俗，明弘治七年刻本。）

〔清康熙五十年前后，直隶宣化府宣化县〕 宣化地瘠民贫，风俗朴素，人民多务农,营商者少。

（清　陈坦纂修:《宣化乡土志》,风俗,清康熙五十年抄本。）

〔清同治九年前后,直隶广平府曲周县〕　曲地平而土疏,田非膏腴,俗无机巧,田舍翁勤耕织。

（清　王延桂、存禄修,刘自立等纂:《曲周县志》,卷六,风俗,物产附,清同治九年刻本。）

〔清同治年间,直隶永平府迁安县〕　自神农氏日中为市,而周官遂有司市之掌,盖以通商亦以便民也,而民之所好,即为商之所趋,市场贵贱,足以征风尚焉。迁邑僻瘠,习俗较永郡他属为朴,然自迩年洋舶沓来,技尚淫巧,市肆所陈,率非日用所急需,王制云:"器之不中度量者,不鬻于市,黜奇衺,崇本务。"有心世道者,当不能膜视之也。

（清　韩耀光等纂修:《迁安县志》,卷八,市集,清同治十二年刻本。）

〔清光绪二十六年以后,直隶保定府望都县〕　自铁路交通,风气一变,城市及较富村镇,居民生活程度渐高,而乡村普通居民,俭朴之风仍未尝稍异,兹将民生状况纪其概略如下。衣:县西、南两部地质稍沃,种棉者多,妇女皆习纺织布为业。居民率衣土布,自织自用,只取其蔽体御寒,不求华美。寻常衣服,棉改袷,袷改单,敝而后已,虽褴褛之衣,犹作鞋履之用,不肯轻于一掷。从前用洋布者甚少,夏葛冬裘,锦衣绣裳者,虽上户亦不数观。农工之家,布鞋、草笠以为常,非冠婚丧祭,不衣新衣,否则皆嗤为奢华。近年渐趋浮华,洋布、呢绒恒见于市,富厚之家,仕宦之人,多服之,现在提倡国货,各公务人员,各学生一律易以土布短服,以为民倡,盖崇俭也。食:望民凿井而饮,耕田而食,所食者以小米为大宗,小麦次之,䅟麦、高粱、玉蜀黍又次之,中上之户,饭皆粗糠,中下之户,则皆搀糠和菜为食,半年粮尚不足,一遇凶年,恐慌立至,则树叶草根亦以充饥。小麦、面粉皆不常用,麦秋之后,家家食麦面数日,借酬农工之劳,过节度岁亦食之,余者收藏备粜,以为度日之费,日常食用,以小米为主要品,不尝酒肉,一年之中,春冬以菜蔬、红薯、白菜,夏秋以萝卜、北瓜等物为菜羹,用以佐餐,俗云"糠菜半年粮",盖述实也。豆酱一种,家家不备,香油、酸醋食者恒鲜,昼长之时,日食三餐,昼短减为二餐。集市之间,豆腐、酥酪、火烧饽饽而外,无他珍馐。城东高岭一带,产谷最佳,春小米为粥,香滑适口,皆乐食之,诗云"唐俗勤俭",此其遗俗欤?住:望邑民房有瓦屋、砖屋、土屋数种,瓦屋甚少,砖屋约十之一二,土屋占十分之八九。民俗迷信风水，一遇筑屋，须请堪舆家相其阴阳，按照五行星宿方位相生相克，以定吉凶，盖为在昔卜宅之遗意欤？室家居处，按宅之上下，定长幼之次，所以明尊卑也。行：县境泉河纵横，桥梁利涉，惟水仅细流，无舟楫之利。铁路斜贯，城距车站仅一二里，南达汉口，北通平、津，商旅往来，无不称便。全县无轿车，至于四轮马车、胶皮洋车、四轮汽车更属无有，人民乘坐均用载重两轮大车，另备木架席棚或布帏，有事时，则临时安置，如轿车然。又有单轮推车，亦载物二三百斤。近年脚踏轮盛行，商人及各机关多用之，普通人民率皆步行，彼乘骡马、跨驴者，恒不之见。衣、食、住、行而外，日用之物亦有可以纪述者。光绪庚子以前，居民取火以火镰、火绒、火石取火，燃灯则以瓦灯、棉子、豆麻等油，炊爨率用柴薪，吸烟则烟叶、烟丝皆国产也，近则取火易以洋火，燃灯多用煤油，而油坊稀少，炊爨以柴薪不敷，半用煤炭，他如纸烟充斥，洋货盛行，漏卮之巨，可胜言哉！

（王德乾等修，崔莲峰等纂：《望都县志》，卷十，风土志，民生状况，民国二十三年铅印本。）

〔清代后期至民国年间，河北高阳县〕　本县地居平原，土性硗薄，在晚清时代，人民生活备极艰苦，后以提倡工业，全县日渐繁荣，商业繁盛，生活日裕，风俗渐靡，而对于力农亦渐就颓废，盖终年劳苦，不逮工业一月所入。而城市商贾云集，市廛栉比，教育因之大受影响，盖小学毕业后，多转入商界，即不求升学矣。

（李大本修，李晓泠等纂：《高阳县志》，卷二，风土，民生，民国二十二年铅印本。）

〔清代后期至民国二十二年前后，河北元氏县〕　元民以农为本，所食者率皆本地所树之粟，所衣者率皆本地所出之棉，男耕女织，终岁勤劳。常见农民自顶至踵所用衣、袜、鞋、带皆由自力织成者。如此，则不言抵制外货，而舶来品无由输入也。自京汉路通，民风日侈，饮食衣履渐讲时髦，外货之销售日多，而失业者为数甚伙。至居住一节，房屋虽亦趋繁华，然平房居多，大抵半砖半土，若楼房瓦屋，城镇外，不易睹也。凡出行，近时无论士商必脚踏自行车，故自行车之销路有一日千里之势，惟农民出门多步行。西境多山路，妇女多骑驴；东境平坦，妇女咸赖车马以代步。总之人民生活程度日渐增高，财政日形拮据。清末普通民众冬春两季食糠秕、茹菜根者居其大半，今则不及三分之一，且土货日减，洋货日增，生活艰难，债台高筑，民众之借债于邻封及石庄者，比比然也。故提倡实业，救济民生，诚为当今之亟务。

（王自尊、李林奎纂修：《元氏县志》，风土，民生，民国二十二年铅印本。）

〔**明万历二十七年前后,山西大同府应州**〕　间尝闻之故老:应州人,专务稼穑,不知纺织,终岁家居,懒出经营。土瘠而多思善,俭啬有古唐人风。平居招与,辄对面相名;士大夫见,彼此称字。少者拜,长者不答。婚姻论门第,不论富势。里中子弟,浮薄者常羞见长老,畏避之,其质直类如此。至于今,则稍稍凌迟矣。器物日硗,衣冠日诡,市井日欺,顷者,里夫贱胥,且以号称,饮食宴会,率竞以侈。甚至博奕纵饮,武断轻生。饭僧念佛,男女晓夜无倦。

（明　王有容修,田蕙纂:《应州志》,卷一,风俗,明万历二十七年刻本。）

〔**清康熙四十九年前,山西隰州**〕　旧《志》云:"人不事商贾,勤于耕牧,简于日用,妇事蚕而不能织纺。婚姻死葬,邻佑相助。"又云:"有神农稼穑之遗风。温阳十里,亦多桑蚕之务焉。"

（清　钱以垲纂修:《隰州志》,卷之十四,风俗,清康熙四十九年刻本。）

〔**清光绪六年前后,山西绛州河津县**〕　县境水深土厚,俗尚勤朴。南原地广人稀,专事农亩;北乡地沃人稠,民以负戴食,因陋就简,犹有古风。

（清　茅丕熙等修,程象濂等纂:《河津县志》,卷之二,风俗,节序附,清光绪六年刻本。）

〔**清光绪八年前后,山西平定州寿阳县**〕　勤俭质朴,劲悍少文,大率居民,务本者众,故耕农之外,别无生理。近代以来,兼资纺织而贸易于燕南塞北者,亦居其半。

（清　马家鼎等修,张嘉言等纂:《寿阳县志》,卷十,风土,风俗第二,清光绪八年刻本。）

〔**清代后期至民国六年前后,山西临县**〕　境内水陆不通,天时地理阻力特甚,以致民无远志,且无论航海渡关经商作工者,绝无其人,即本地城镇之坐贾行商,数十年前皆系客民。土人安于椎鲁,不知为也。乡民非纳粮不至城市,甚有终身未见县城者。近年民智渐开,城镇坐贾以及肩挑贸易,本地人已居多数。

（胡宗虞修,吴命新纂:《临县志》,卷六,区所谱,区所,民国六年铅印本。）

〔**清光绪七年前后,陕西同州府大荔县**〕　大荔自遭回乱,各乡及朝、渭富室避居城中,服食器用竞趋华丽,朴素之风为之一变,街巷车马,鄰鄰往来如织……市商一饭亦动费七八千。

（清　饶应祺修,马先登等纂:《同州府续志》,卷九,风俗志,清光绪七年刻本。）

〔清光绪二十五年前后,陕西延安府靖边县〕 邑人业农者多,工商寥寥,油房、客栈外,绝鲜经营。

(清 丁锡奎修,白翰章纂:《靖边志稿》,卷一,田赋志,物产,清光绪二十五年刻本。)

〔民国二十年前后,陕西潼关县〕 潼关虽当秦、晋、豫三省之交,然风俗之淳固称自古昔。近因铁路已通,事变日多,娼妓纵横,良贱杂处,更有奸人假乱敛财,恣为煽诱,曾几何时,已非复当年之旧。

(罗传甲修,赵鹏超纂:《潼关县新志》,卷上,地理志,风俗,民国二十年铅印本。)

〔明天启元年至清康熙二十七年,甘肃阶州成县〕 成县,古成州旧郡,川原平衍而偏狭,民以耕织为业,居食自足。

(明 杨恩纂修,清 纪元补订:《巩昌府志》,卷七,风俗,明天启元年修,清康熙二十七年补订刻本。)

〔清康熙二年前后,甘肃凉州府隆德县〕 隆德僻处山谷之间……民止农作,不习商贾之事。……男子冬夏披羊裘,间著疏布短衣,即称富民。……能织褐,又渍麻及胡麻为布,但粗恶特甚,村民自蔽体耳。

(清 常景星修,张炜纂:《隆德县志》,上卷,风俗,清康熙二年刻本。)

〔清道光十三年前后,甘肃兰州府〕 兰属本属边地,自建设会城以来,四方冠盖相属,附郭之地渐染以熟,日趋于文。

(清 陈士桢修,涂鸿仪纂:《兰州府志》,卷二,地理志,风俗,清道光十三年刻本。)

〔清光绪十九年前后,山东兖州府泗水县〕 大抵泗民业农桑者居多,喜树植,事畜牧,士及工贾,皆不废农事。

(清 赵英祚修,黄承膺纂:《泗水县志》,卷九,风俗志,清光绪十九年刻本。)

〔明嘉靖十六年前后,南京徐州砀山县〕 地僻民聚,躬稼食力(嘉靖年《州志》)。

(清 刘王瑗纂修:《砀山县志》,卷一,舆地志,风俗,清乾隆三十二年刻本。)

〔明嘉靖二十一年前后,南京扬州府兴化县〕 兴化地多陂泽,民居水乡,以农渔为业,舟楫为途,淳厚而力勤稼穑。

(明 朱怀干修,盛仪纂:《惟扬志》,卷之十一,礼乐志,风俗附,明嘉靖二十一年刻本。)

〔明嘉靖二十一年前后,南京扬州府江都〕 国朝江都当江淮之冲要,民俗喜商,不事农业,四方客旅杂寓其间,人物富盛,为诸邑最。其乡沙土甚平旷,民皆务农为业。

（明　朱怀干修，盛仪纂：《惟扬志》，卷之十一，礼乐志，风俗附，明嘉靖二十一年刻本。）

〔明隆庆六年前后，南京淮安府海州〕　土虽广远而瘠薄，海产鱼盐，民多逐末，故田野不辟，米粟不丰，小民不出境事商贾，不习工艺，虽本土贸易之事，亦皆外来人为之，故民多贫。

（明　陈复亨纂修：《海州志》，卷之二，风俗，明隆庆六年刻本。）

注：海州今为连云港。

〔明万历六年前后，南京扬州府通州〕　贫者力作取食，而商不列行，不赶集，不以女妇主店，不久客在外，仅仅于本土贸迁有无。

（明　林云程修，沈明臣等纂：《通州志》，卷二，风俗，明万历六年刻本。）

〔明崇祯六年前后，南京扬州府泰州〕　泰俗民朴而鲜淫巧，士重信义，斥浮薄。今渐以奢侈相尚，宴会、服饰比于三吴。

（明　刘万春纂修：《泰州志》，卷一，职方志，风俗，明崇祯六年刻本，传抄本。）

〔清康熙五十二年前后，江苏镇江府〕　大江蜿蜒七千余里，以达于江阴之海门而入海，其势平衍漫流，无复奔腾冲突怒、涛骇浪之险异，而金、焦峙乎其中，片石孤撑，巉岩秀拔。其下涌沙洲五十余，而开沙为最大，绵亘六十余里，俨若古子男之邦。田土沃腴，物产饶裕，居民万余家，习诗书，务耕渔，风淳俗茂。

（清　王锡极纂，丁时需增纂，王之瑚删订：《开沙志》，王之瑚序，清康熙五十二年修，民国八年刻本。）

〔清乾隆十三年前后，江苏淮安府〕　阜宁，地界山盐，土俗与山盐相类。近日风气渐开，文物寝盛。地多流寓，齐、鲁、徽、闽之人杂处，趋向不一。

（清　卫哲治等修，顾栋高等纂：《淮安府志》，卷十五，风俗，属邑，清乾隆十三年刻本，清咸丰二年重刻本。）

〔清乾隆十三年前后，江苏淮安府清河县〕　清河，土田常罹水患，多歉少收。旧俗吉凶礼简，室服从朴，器无华饰。近滋奢侈，仍次于淮。

（清　卫哲治等修，顾栋高等纂：《淮安府志》，卷十五，风俗，属邑，清乾隆十三年刻本，清咸丰二年重刻本。）

〔清乾隆十三年前后，江苏淮安府安东县〕　安东，盐醝孔道，土沃物丰，生齿蕃庶,士知学而民畏法。近罹河患,丰歉不常。

（清　卫哲治等修,顾栋高等纂:《淮安府志》,卷十五,风俗,属邑,清乾隆十三年刻本,清咸丰二年重刻本。）

〔清乾隆十三年前后,江苏淮安府盐城县〕　盐城,僻处海隅,四方舟车不至,稼穑而外,以捕鱼、治礁、采薪、织蒲为业,章缝之士争掇科第,与山阳相埒。往昔布帛菽粟专尚节俭,近则酒醴纂组,踵事增华。

（清　卫哲治等修,顾栋高等纂:《淮安府志》,卷十五,风俗,属邑,清乾隆十三年刻本,清咸丰二年重刻本。）

〔清同治年间,江苏淮安府山阳县〕　近兵燹残破,稍复古矣,然轻纨绮縠、丰狐大貂、妇女锦绣饰缘,值过衣材,宾朋高燕、鲑珍奇腴,一饭之费至兼金以上,则犹未尽革也。

（清　存葆等修,何绍基等纂:《重修山阳县志》,卷一,疆域,风俗,清同治十二年刻本。）

〔清光绪七年前后,江苏江宁府高淳县〕　近年俗渐增华,嫁女娶妇,或有破产业以营妆奁夸从舆者。

（清　杨福鼎修,陈嘉谋纂:《高淳县志》,卷四,疆域,风俗,清光绪七年刻本。）

〔清朝末年以后,江苏苏州府昆山、新阳县〕　邑人素尚俭约,食不厌疏粝,衣不尚文绣,城居之民有老死未尝越境者。自苏沪铁路成,邑境实为孔道,商贾贸易,繁盛于旧,而居民亦习于奢华,轻于出游。

（连德英等修,李传元等纂:《昆新两县续补合志》,卷一,风俗,民国十一年刻本。）

注:记事至清宣统三年(1911)。

〔民国九年前后,江苏六合县〕　居处城内瓦屋甚多,草屋寥寥;乡镇瓦屋居十分中之三,草屋居十分之七;乡村瓦屋百中之一,草屋百中之九九。……衣服所以章身……乃靡俗相渐,绮罗相耀,外腴中枯,恬不为怪,随时制度,导以奢华。吁!身日富而家日贫,鲜不病矣。……茶坊酒肆,座客常盈,市脯烹鲜,虽贫不免,且有以精异相夸、优乐相助者,富家一肴之味可当贫家数口之粮。

（郑耀烈修,汪昇远等纂:《六合县续志稿》,卷三、地理志,风俗,民国九年石印本。）

〔明朝初年至清乾隆二十四年前后,浙江宁波府象山县〕　庸庶勤于耕稼,少蚕织,多渔盐,无巨室巨商,淳厚有古遗风焉。明初蒋国子景高曰:"人乐家居,而惮远行,去家百里,率有难色。"

（清　史鸣皋修,姜炳璋等纂：《象山县志》,卷之一,地理志,风俗;清乾隆二十四年刻本。）

〔明嘉靖三十九年前后,浙江宁波府象山县〕　民多刚劲质朴,利渔盐,务稼穑,乐于家居,而惮于远出,去家百里,辄有难色,语京师则缩缩丧气。

（明　周希哲修,张时彻纂：《宁波府志》,卷四,风俗,象山,明嘉靖三十九年刻本。）

〔明隆庆年间至清乾隆六年前后,浙江宁波府慈溪县〕　隆万后,有仕宦挟重资者,遂开奢荡之风,其俗所由变耶。

（清　曹秉仁等修,万经等纂：《宁波府志》,卷六,风俗,慈溪县,清雍正十一年刻本,清乾隆六年补刻本。）

〔明万历三十六年前后,浙江宁波府象山县〕　邑负山环海,民多刚劲而质直,利鱼盐,务稼穑,乐家居,而惮远出。

（明　吴学周修,陆应阳等纂：《象山县志》,卷三,风俗;明万历三十六年刻本。）

〔明万历三十六年前后,浙江台州府仙居县〕　其地硗,其俗啬,无雕镂纂组之奇,故农事不害,女红不伤,使悉一方之力供一方之用。

（明　顾震宇等纂修：《万历仙居县志》,卷四,食货,明万历三十六年修,民国二十四年铅印本。）

〔清康熙十一年前后,浙江处州庆元县〕　庆元山多田少,地僻民朴,舟楫不通,市无商贾,耕读之外无余事。

（清　程维伊修,吴运光等纂：《庆元县志》,卷一,舆地志,风俗,清康熙十一年刻本。）

〔清康熙二十二年前后,浙江金华府东阳县〕　族居岩谷,不轻去其土,以耕种为生,不习工商。

（清　张荩修,沈麟趾纂：《金华府志》,卷五,风俗,东阳县,清康熙二十二年刻本,宣统元年重印本。）

〔清康熙三十七年前后,浙江金华府永康县〕　总县之民,什九为农,士与工商,处其什一。

（清　沈藻修,朱谨等纂：《永康县志》,卷六,风俗,清康熙三十七年刻本。）

〔清康熙五十年前后,浙江衢州府〕　瀫水以南,民务耕稼;其北,尚行商。

（清　杨廷望纂修：《衢州府志》,卷三十五,风俗,清康熙五十年刻本。）

〔清雍正十一年至乾隆六年前后,浙江宁波府奉化县〕 奉邑枕山襟海,多鱼盐之利、竹木之材,昔人所称陆海者近之。然水浅势泻,舟楫难通,境内之货不得出外方,淫巧之物亦无自至,衣食皆资于本邑。

（清　曹秉仁等修,万经等纂:《宁波府志》,卷六,风俗,慈溪县,清雍正十一年刻本,清乾隆六年补刻本。）

〔清乾隆初年至光绪三年前后,浙江嘉兴府海盐县〕 茶坊,乾隆初年无有也。邑城只县前及马头有之,亦不甚闹。自后城中渐有增设,既而市镇亦有之,今则所在都有,凡村落之有桥亭者无不然也。

（清　王彬修,徐用仪纂:《海盐县志》,卷八,舆地考,风土,清光绪三年刻本。）

〔清乾隆二十四年前后,浙江宁波府象山县〕 城市之民皆事农业,凡士宦家、兵家、商贾家,无不畜耕牛负耒耜者。其男女虽极贫苦,不肯鬻为僮仆为婢。

（清　史鸣皋修,姜炳璋等纂:《象山县志》,卷之一,地理志,风俗;清乾隆二十四年刻本。）

〔清乾隆年间至光绪二十年前后,浙江嘉兴府嘉善县〕 乾嘉时,风尚敦朴。咸同而后,渐染苏沪风气,城镇尤甚,男女服饰厌故喜新,东南乡多小市。

（清　江峰青修,顾福仁纂:《重修嘉善县志》,卷八,典秩志下,风俗,清光绪二十年刻本。）

〔清代前期至民国十三年前后,浙江定海县〕 五十年前,敦尚质朴,虽殷富之家,男女皆衣布素。非作客、喜事,罕被文绣者。海通以后,商于沪上者日多,奢靡之习由轮舶运输而来,乡风为之丕变。私居燕服,亦被绮罗,穷乡僻岛通行舶品。近年虽小家碧玉,亦无不佩戴金珠者矣。往往时式服装,甫流行于沪上,不数日乡里之人即仿效之,较鄞镇等邑有过之无不及。

（陈训正、马濂纂修:《定海县志》,册五,方俗志第十六,风俗,民国十三年铅印本。）

〔清代至民国十六年前后,浙江象山县〕 数十年前,尚有乡民终老未至城市者,而今则无远勿届矣。非特男子出外游学或经商,远至各省及各国,即妇女之出外省者,亦实繁有徒,世风为之一变。

（李沬等修,陈汉章纂:《象山县志》,卷十六,风俗考,古今俗习,民国十六年铅印本。）

〔清宣统二年前后,浙江临安县〕 田少山多,鲜巨富又乏珍产,无奇技淫巧。妇女缫丝,北工于南;商贾贸茶,南多于北。居民不喜远游,土产俱贸迁近地。

（清　彭循尧修,董运昌、周鼎纂:《临安县志》,卷一,舆地志,风俗,清宣统二年活字本。）

〔民国十二年，浙江镇海县〕 自交通便利，镇邑以商起家者，衡宇相望，昔人谓："室无再世之富。"今非其时矣。惟农工之学尚待讲求，鱼盐薪米之外，日用所需多仰给于他郡。出口之货，北乡有棉布，南乡有锡箔，柴桥有茶荈、杨梅、柑橘之属，他无闻焉。士子素以离乡为戒，今则出洋求学者亦多有之。

（洪锡范、盛鸿焘修，王荣商、杨敏曾纂：《镇海县志》，卷四十一，风俗，民国十二年修，民国二十年铅印本。）

〔民国十六年前后，浙江象山县〕 各烟均属消耗，而以纸烟为尤甚。始则学为时髦，后乃成为习惯，近且无人不吸。考其金钱之损失，全邑每年不下数十万元。……禁吸鸦片十余年来，尚不能净绝，而纸烟之害更有甚于鸦片者。

（李洣等修，陈汉章纂：《象山县志》，卷十六，风俗考，古今俗习，民国十六年铅印本。）

〔唐代至南宋淳熙二年前后，江南东路徽州〕 其人自昔特多以材力保捍乡土为称，其后浸有文士。黄巢之乱，中原衣冠，避地保于此，后或去或留，俗益向文雅。宋兴，则名臣辈出。其山挺拔廉厉，水悍洁；其人多为御史谏官者。山限壤隔，民不染他俗，勤于山伐，能寒暑，恶衣食，女子正洁，不淫佚。虽饥岁不鬻妻子，山谷民衣冠至百年不变。自唐末，赋不属天子，骤增之，民则益贫。然力作重迁，犹愈于他郡。比年多徙舒池无为界中。歙为负郭县，其民之弊，好为人事，泥葬陇卜茔，至择吉岁，市井列屋，犹稍哆其门，以傺吉向。休宁俗亟多学者，山出美材，岁联为桴，下浙江，往者多取富。女子始生，则为植杉，比嫁斩卖以供百用，女以其故，或预自蓄藏。始秦黟地广，今更为小县，俗淳俭。绩溪俗有二，由徽岭以南，壤瘠赋重而民贫；其北，壤沃赋平，人有余，则柔循。然愚民嗜储积，致不欲多男，恐子益多而资分始少。苏公谪为令，与民相从为社，民甚乐之。其后，里中社辄以酒肉馈长吏，下及佐史，至今五六十年，费益广，更以为病。婺源阻五岭，其趋鄱阳径易。唐末常使总浮梁德兴诸县盐榷，县专其兵，与鄱通封疆，则民俗近之。前世贤吏，多表其民之良以为劝。祁门水入于鄱，民以茗、漆、纸、木行江西，仰其米自给。俗重蚕，至熏浴斋洁以饲之，此其大凡也。

（宋 罗愿纂：《新安志》，卷一，风俗，宋淳熙二年纂，清康熙四十六年刻本。）

注：徽州在明成化以前称新安府，成化以后至清末称徽州府。

〔明弘治至万历三十七年前后，南京徽州府歙县〕 国家厚泽深仁，重熙累洽，至于弘治盖綦隆矣。于是家给人足，居则有室，佃则有田，薪则有山，艺则有圃。催科不扰，□□不生，婚嫁依时，闾阎安堵。妇人纺织，男子桑蓬，臧获服劳，比邻敦睦。诚哉一时之三代也！岂特宋太平、唐贞观、汉文景哉？诈伪未萌,讦争未起,芬华未染,靡汰未臻,此正冬至以后、春分以前之时也。寻至正德末、嘉靖初,则稍异也。出贾既多,土田不重。操资交拙,起落不常。能者方成,拙者乃毁。东家已富,西家自贫。高下失均,锱铢共竞。互相凌夺,各自张皇。于是诈伪萌矣,讦争起矣,芬华染矣,靡汰臻矣,此正春分以后、夏至以前之时也。迨至嘉靖末隆庆间,则尤异矣。末富居多,本富尽少。富者愈富,贫者愈贫。起者独雄,落者辟易。资爱有属,产自无恒。贸易纷纭,诛求刻核。奸豪变乱,巨猾侵牟。于是诈伪有鬼蜮矣,讦争有戈矛矣,芬华有波流矣,靡汰有丘壑矣。此正夏至以后、秋分以前之时也。迄今三十余年则迥异矣：富者百人而一,贫者十人而九。贫者既不能敌富,少者反可以制多。

（明　张涛修,谢陛纂：《歙志》,风土,明万历三十七年刻本。）

〔**明朝年间,南京徽州府休宁县**〕　明兴,椎朴少文,里子不识城市。……熙治以还,人文骎起。嘉隆间,汇拔联翩,云蒸龙变,即就试有司,动至数千人。其有怀才而登别籍,或怀资而登成均。至占籍者,国伙于乡；起家者,客垺于主,文岂不日盛哉。

（明　李乔岱纂修：《休宁县志》,卷一,舆地志,风俗,明万历三十五年刻本。）

〔**明嘉靖二十九年前后,南京凤阳府天长县**〕　本县东北乡多圩田,西南乡多冈阜,富家妇女骄逸,不知纺缉；中家妇女力田稼,亲井臼。

（明　邵时敏修,王心纂：《皇明天长志》,卷三,人事志,风俗,明嘉靖二十九年刻本。）

〔**明嘉靖年间至清康熙三十八年前后,安徽徽州府**〕　吾闻之先大父曰："嘉隆之世,人有终其身未入城郭者。……有少与外事者,父兄羞之,乡党不齿焉。"今则武断者比比矣,而闭户不出者,即群而笑之,以为其襁褓若此也。

（清　丁廷楗、卢询修,赵吉士等纂：《徽州府志》,卷二,风俗,清康熙三十八年刻本。）

〔**清康熙二十二年前后,安徽徽州府黟县**〕　农人终岁勤劬,亩收不给,多远取于池饶。贫不能负者,仰采岩谷薇葛以充。习向重离土,一闻挟薄资,游都会,相戒摇手。近始学远游,亦知权低昂时取予,岁收贾息,然其家居务俭啬,与贫瘠者等。

（清　王景曾修,尤何等纂：《黟县志》,卷一,风俗,清康熙二十二年刻本。）

〔**清康熙二十二年前后,安徽徽州府黟县**〕　徽商遍天下,而黟独事耕作,鲜经营。徽号华邦,而黟多朴陋。虽休、歙不远数十里,终不以侈丽易其俗。

(清 王景曾修,尤何等纂:《黟县志》,卷一,风俗,清康熙二十二年刻本。)

〔清同治十一年前后,江西袁州府萍乡县〕 溪濑湍急,大舟不得进,四方工巧奇靡之费不至,其民不见可欲,贫者间操商业,贸易不出境内。

(清 锡荣、王明璠纂修:《萍乡县志》,卷一,地理志,风俗,清同治十一年刻本。)

〔明嘉靖二十二年前后,福建邵武府〕 邵、光、泰三邑之民,力田树艺,鲜为商贾,商贾亦鲜至。土地小狭,人民众,无兴贩贸通之利。……闻十年之前未有以鹅筵宾者,今间或有之。蜜添饭至数十品,衣帽渐鲜,亦有为商贾者矣。建宁土地膏腴,专有鱼稻油漆苎布之利,以通商贾,邻于建昌。

(明 邢址修,陈让纂:《邵武府志》,卷二,地理,风俗,明嘉靖二十二年刻本。)

〔明万历四十年前后,福建建州府闽县〕 小民谨事畏法,耕稼鱼盐为生,道学几于洙泗。迩来崇侈,婚嫁竞丰,饮食衣服靡费滋多,实士大夫家倡之。

(明 王应山纂:《闽都记》,卷一,福郡建置总叙,明万历四十年纂,清道光十一年刻本。)

〔清乾隆五十二年前,福建泉州府永春州〕 农居山谷,勤稼穑,种麻苎,妇女专辟织、园蔬、池鱼、山果,取自给,弗鬻于市。陶型之器亚于饶磁,蜃蛤鱼盐皆从外邑转贩。市无巨商大贾,稍有力者营田积谷,以图温饱,不肯出资逐什一之利。

(清 郑一崧修,颜璘等纂:《永春州志》,卷七,风土志,风俗,德化县,清乾隆五十二年刻本。)

〔清光绪二十四年前后,福建邵武府建宁县〕 土地膏腴,专有鱼、杉、油、漆、苎麻之利,以通商贾。邻于建昌,染为奢俗,谚曰:千金之家三遭婚娶而空,百金之家十遭宴宾而亡。

(清 王琛、徐兆丰修,张景祁等纂:《邵武府志》,卷九,风俗,建宁县,清光绪二十四年刻本。)

〔清乾隆五十四年前,河南怀庆府孟县〕 男耕女织,勤于本业。

(清 布颜、杜琮修,洪亮吉纂:《新修怀庆府志》,卷三,舆地志,风俗,清乾隆五十四年刻本。)

〔民国十三年前后,河南考城县〕 凡在集镇者多营商贾,在乡村者多务耕耘。停科试之后,士之兼农工而转业商贾者亦复不少。

(张文清修,田春同纂:《考城县志》,卷七,物产志,习尚,民国十三年铅印本。)

〔民国九年前后，安徽英山县〕 虽极贫困，不肯轻去乡里，故游宦者少。今则风气稍开，宦游就学及出外经商者日众。

（徐锦修，胡鉴莹纂：《英山县志》，卷一，地理志，风土，民国九年活字本。）

注：英山县今改属湖北省。

〔清同治年间，湖南永州府江华县〕 江华民瑶杂处，编竹为篱，结草为庐，衣布帛而不文绣，食稻粱而不珍惜。人敦古，处士少宦情，一二殷实之家，岩栖谷汲，有老死不识官长者。城市无茶坊酒肆之设，青楼尤所未睹，妇女多跣足操井臼，不炫妆饰，此其可风矣。

（清　刘华邦等纂修：《江华县志》，卷之十，风土，风俗，清同治九年刻本。）

〔秦代至宋代年间，广南东路广州番禺〕 番禺隶省会，自秦开粤即为州郡牧伯所莅。……自是而后，衣冠士族渐次南徙，人物、风俗浸与上国争衡。宋时旧记言："番禺大府，节制五岭，秦汉以来，号为都会，俗杂五方，海舶贸易，商贾辐辏。"

（清　李福泰修，史澄等纂：《番禺县志》，卷六，舆地略，风俗，清同治十年刻本。）

〔明清之际，广东广州府顺德县〕 顺德割南海三都膏腴，人民富庶，水乡为多，聚族以处，烟火稠集，楼房高至五六丈，遥望之如浮阁，高出林表，参差不一。最富豪者有回字楼，高倍之，四檐落水，内阁三层，中有八柱厅，下有井有窑，积柴米其上，虽有寇盗，可数十日守，俨若一城堭焉。明末猲扰，每恃此备盗，其制出而愈巧，防火则四墙皆可喷水，或盗已入，则抽其机，而室地忽陷于穴，因获焉。国朝承平久，十毁其八矣。

（清　戴肇辰等修，史澄等纂：《广州府志》，卷十五，舆地略七，清光绪五年刻本。）

〔清朝年间，广东琼州府崖州〕 民风朴茂，不喜华靡。衣服宫室，概从简略。士兼耕读，农务种植。妇女纺绩吉贝，为斜纹花布等形，兼治外务（旧《志》参《府志》）。田畴一年再熟，冬种夏熟曰小熟，夏种冬熟曰大熟。高田山园种旱稻、番薯、菽、麦，以代粒食（参《府志》）。安土重迁，不事远贩。惟货土产，槟榔、椰子及沙糖、生油、藤板、皮张、沉香、益智、艾粉等物，皆不甚抵值。故产计万金者，城落无数家（参《府志》）。

（清　张隽等纂修：《崖州志》，卷之一，舆地志一，风俗，郭沫若一九六二年点校，广东人民出版社一九八三年版。）

〔清乾隆以前至光绪二十二年前后，广东肇庆府四会县〕 乾嘉以前，俗尚敦用俭朴,少雕缋之饰,衣裳布素,无锦绣之文。此素风大变于光绪中叶以来,又男多出洋,女司耕作。古者男耕女织、夫耕妇馌,无以妇女沾体涂足杂作于田间者。北省至今犹古也。北人南来,初以妇女裸足不袜为异事,何况裸足至两膝以上,今不独田间然矣。

（余棨谋修,张启煌等纂：《开平县志》,卷二,舆地略,风俗,民国二十二年铅印本。）

〔清光绪年间至民国二十三年前后,广东恩平县〕 男耕女织,在昔成为风气。惟光宣而后,质朴之习已变浮华,衣服多尚丝绸,妇女鲜事纺绩,士夫皆于嬉游,日以麻雀相从事,亦风气一大变也。

（余丕承修,桂坫纂：《恩平县志》,卷四,舆地,风俗,民俗,民国二十三年铅印本。）

〔清末至民国初年,广东始兴县〕 始兴民性质朴,少于争讼。男则专力农功,而罔事商贾者,有皓首而足迹不履城市者。妇女惟好纺绩,居室仅足以蔽风雨,衣服皆朴素而无华饬。迩来趋尚礼仪,风俗丕变,服饰、居处、衣冠、文物蔚然可观,亦庶乎与中州无异焉。

（陈庚虞等修,陈及时等纂：《始兴县志》,卷四,舆地略,民国十五年石印本。）

〔清代至民国十四年前后,广东阳江县〕 往昔安土重迁,士鲜游宦,稍知书者终身授徒,年脩仅二三十金,而俯仰自足。经商亦惮远出。贫民佣惟往恩、新邻境作苦工,间有佣于远地或外洋者,大率罕所成就。二十年来,轮渡畅通,凡游学、从军、营利、求禄远行者络绎矣。

（张以诚修,梁观喜纂：《阳江县志》,卷七,地理志,风俗,民国十四年刻本。）

〔清乾隆二十二年前后,四川保宁府广元县〕 环县皆山,出产稀少,食藉耕作,衣藉蓄棉纺织,而蚕桑之利渐兴。

（清 张赓谟纂修：《四川保宁府广元县志》,卷七,风土志,风俗,清乾隆二十二年刻本。）

〔清嘉庆十八年前后,四川嘉定府洪雅县〕 民业农桑,不娴商贾……村落之民有白首不见官府者。

（清 王好音修,张柱等纂：《洪雅县志》,卷三,方舆志,风俗,清嘉庆十八年刻本。）

〔清代后期至民国三十七年前后,四川筠连县〕 衣饰,服质以棉麻为主,丝毛次之,贫富不同,服用亦别,富者或丝或毛或棉,贫者终年麻服而已。科举时代,士人幸搏一衿,乃制丝衫缎褂,终身服之,且有遗诸子孙者。近岁毛制革制,愈出愈奇矣。食物,中资之家以食米为主,贫民则食玉、麦,间以杂粮。清末,富家食肉,月仅二三次,近则一席之费,亦有当贫民数月粮者。

(祝世德纂修:《续修筠连县志》,卷七,人文志,风俗,民国三十七年铅印本。)

〔清乾隆二十三年前后,贵州大定府毕节县〕 农人务本力田,有老死不入城市者,沕穆朴实,简陋异常。自开厂设局以来,百货走集,五方杂处,俗渐华靡,不类往日矣。

(清 董朱英修,路元升纂:《毕节县志》,卷一,疆域,风俗,一九六五年贵州省图书馆据清乾隆二十三年刻本油印本。)

〔清嘉庆年间,贵州镇远府黄平州〕 土著之人读书而外,惟知力田,刀耕火种,以备饔飧,他如诸匠作及铺店,皆外省人为之。故四民之中恒士恒农,工商殊少。

(陈昭令修,李承栋纂:《黄平县志》,卷三,方舆志,风俗,民国十年稿本,贵州省图书馆一九六五年油印本。)

〔清咸丰四年前后,贵州安顺府永宁州〕 吾永属在边隅,地仅弹丸,大寨不上千家,中寨不上百家,甚至五六七家,三四五家,星罗棋布,亦称小寨。

(清 修武谟纂修:《永宁州志补遗》,卷四,艺文,一九六四年贵州省图书馆据清咸丰四年刻本油印本。)

〔清同治年间至民国二十年代末,贵州安顺〕 同治年间仍相沿咸丰时勤俭之风。士惟知务学,以品行自重,以道德相高,以奔走权门为耻。除月课(每月一次)以外,足不履县,非公不至官厅。又复三五人,或六八人私立文社,以相砥砺。乡里农民则致力耕耨,不知他务,除纳赋税、送田租外,常有终身埋头田野不入城市者。至于工人,虽无奇巧技艺,然家常日用之所需,本境均能自造自给,不感缺乏。商人虽不远行,然就地方所出,有无相通,利不外溢,民感利便。妇女尤为勤劳,灯前月下,纺织之声比邻不绝。男女服装均极朴素,即富有之家,亦鲜着纱罗绸缎。饮食简单,盘中无非土产,山珍海味,视为奇珍。房舍朴质无文,其阶不过一级二级,若至三级,已非缙绅之家所有。房高则一丈五尺八寸,一丈六尺八寸或一丈七尺八寸者居多,丈八八者已极鲜见。御寒则冠以风帽,士非贡、举,不敢冠以红心,非廪附,不敢饰以红边。光绪初年与同治年间尚无甚差异,以及中叶,鸦片畅行,酷染嗜好者率皆习于怠惰。而托为生业者,以之运销外省,既不免染其华风以归;而两湖、两粤之富商大贾旅此贸易者,又挟彼奢靡之习以俱来。加以土产日盛,商旅日多,市面因之活动,富有者日趋挥霍。踵事增华,互相仿效,惰奢之风,逐渐养成。至于末叶,更变本加厉。是时,嗜好鸦片者极为普遍,几于无家无之。大约男子占十之六七,女子居十之二三,疲神怠志,旷职废业,莫此为甚。无论衣、食、住房,皆与同治年间大异,勤者变惰,俭者化奢。此风大致黔中皆然,而以安顺为甚,以其地为黔中商旅辐辏之区故也。迄至光绪末年及宣统年间,以后行烟禁之故,虽利源稍塞,然勤俭之风则稍有恢复。

（贵州省安顺市志编纂委员会据民国二十年代末稿本整理：《续修安顺府志·安顺志》,第十六卷,礼俗志,安顺市志编委会一九八三年铅印本。）

〔**二十世纪二十年代末,贵州安顺**〕 人民安土重迁,不乐远行,株守故园之风甚盛,乡民有终身未至县城者。对内则汉、夷、苗各族之间,大多不相往来;对外则仅少数汉人因应试与宦游而涉足远方;其余大多不出百里之外。同光以后,鸦片畅销,湘、川、粤、桂商人陆续前来,各族间亦渐有互通有无与往来者。乡居人民十九务农,且多男女共作。其他各种生业,亦多有妇女参与,如编织什物,大多出自女工,负贩赶场亦有女商人,开矿采煤亦有女挑夫等是。

（贵州省安顺市志编纂委员会据民国二十年代末稿本整理：《续修安顺府志·安顺志》,第十六卷,礼俗志,生活状况,安顺市志编委会一九八三年铅印本。）

〔**清乾隆五十六年前后,云南临安府蒙自县**〕 蒙民愿而慤,重农怀土,贸易不出其境,不与富商巨贾斗智争遂,虽有铜锡之厂,开采者多他省人,邑人在厂地者鲜。

（清　李焜纂修：《蒙自县志》,卷二,风俗,清乾隆五十六年刻本。）

（二）劳动力迁徙

〔**明朝,京师河间府天津三卫**〕 天津近东海,永乐初,始辟而居之,杂以闽广吴越齐梁之民,风俗不甚统一（明王鄂三又沽旧碑）。

（清　唐执玉、李卫修,陈仪、田易纂：《畿辅通志》,卷五十五,风俗,天津府,清雍正十三年刻本。）

〔**金代至清雍正中叶,直隶张家口厅、独石口厅、多伦诺尔厅**〕 塞北徼外之地,山川荒漠……金源以来渐为郡县,风气日开。元则两都并称,銮舆岁幸,俗阜土丰,百产滋殖。至前明中叶,弃地内徙,遂使城堡邱墟,沃壤膏腴仍为碛卤,识者至今惜之。国朝统一区夏,边徼以北尽为牧地,及察哈尔八旗分驻之所旷土闲田所在皆是。雍正中,始募民垦种坝内以为农田,划井分区,村落棋布。

（清 黄可润增修：《口北三厅志》,卷五,风俗物产志,清乾隆二十三年刻本。）

注：三厅指张家口、独石口、多伦诺尔,现为张北、沽源、多伦三县,多伦县今属内蒙古自治区。

〔清道光十一年至光绪十三年前后,直隶承德府〕 热河本无土著,率山东、山西迁移来者（御制诗注）。口外隙地甚多,直隶、山东、山西人民出口耕种谋食者岁以为常。今中外一家,口外仍系内地,小民出入原所不禁,一转移间而旷土游民兼得其利,实为从古所未有。东自八沟,西至土城子一带皆良田,直隶、山东无业贫民出口垦种者不啻亿万,此汉、唐、宋、明所无。

（清 海忠纂修,廷杰、李世寅重订：《承德府志》,卷二十七,风土,清道光十一年修,清光绪十三年重订刻本。）

〔清光绪末年至民国十四年前后,河北献县〕 四民惟农多而最苦。邑地瘠下,又无灌溉之利,蓄泄之方,旱则焦,霪则污,岁一不登,嗷嗷待哺而已,否则,流离四出也。其佃于人者,春无食,贷粟于主,所贷准春值为母,及收,以秋值取其粟,故虽与主中分,而即场以责负,往往所余无几,佃固无词也,则吞声堕泪者有之,至于又不得佃田作时,荷锄于市以受雇,邑不登,外出趁熟焉（旧《志》）。旧《志》所载之民风,直至清光绪中叶犹未大变,由光绪至今二十余年间,而顿改旧观矣。铁路、机厂之招工,得值既多,其劳又省于汗流禾土,军队无限制之招兵,以鼠变虎,其荣乃不啻拔宅飞升,于是昔日之农,今则非工即兵矣。

（薛凤鸣等修,张鼎彝等纂：《献县志》,卷十七,故实志,民国十四年刻本。）

〔清代至民国二十六年前后,绥远〕 清代以前,绥远为蒙古游牧地,汉人甚少。有清三百年间,内地汉人逐渐出塞移殖,塞外之地农业渐兴,蒙民亦渐归化。至今设县之区已什九为农业发达区域,蒙人未受汉化者退出于农业区域之外,即今之盟旗境,仍以游牧为主。至绥省,人口多密集于平绥铁道以南,归、萨、托、和、清、凉、丰、兴一带,此带垦辟已久,而地形较为平坦,土壤为冲积土或黄土,甚为肥沃,故人口较稠,农业称盛。后套一带如包头、五原、临河诸县,近年移民日众,土地日渐开辟,人口趋于增加。

（廖兆骏编：《绥远志略》,第五章,绥远之人口,第六节,结言,民国二十六年铅印本。）

〔清朝初年至光绪末年，绥远〕　清初对于蒙地有禁垦之功令，其时后套之垦务不能发展者，即此之故也。至乾隆年间，禁垦之功令废除后，汉人乃陆续往河套开垦。察哈尔四旗之厂地，亦渐开放。但本省之开地，非始于乾隆年间，而在康熙时已经开垦，如今之归绥东乡所谓四村水地，且各厅粮地，在雍正年间，已由土默特都统丹津奏准开放，征收军米。归化庄头地，亦在雍正年间招垦，此为绥省开牧最早之地。至口外牧厂地，多在嘉庆以后，始招民垦种，按年征种，当地农民称征米官地为大粮地，征租厂地为小粮地。当时五厅，除少数官粮地及察哈尔四旗境内之丰镇、宁远二厅王公马厂地，由官招垦征赋外，大部土地，均由汉人直接向蒙户商得同意，立约承种。蒙利民租，汉利蒙地，自行交易，官厅概取放任主义，不加干涉。故前清种地，每年仅交蒙古地租，在官厅并无任何负担。迨民国后，因清理官地，始征官租，前已详述。后套在明清之际，陕西、山西两省之边境农民入套租地耕种，始终未曾间断，但无大规模之渠道，仅就河引水而已，春出秋回，亦无村落之聚成。又据父老传言，康熙年间，大军西征噶尔丹，内地人民多有随大队，而沿兵站大路西入河套，从此套内地户较前增多，缠金渠附近开地甚多，即今之所谓永济渠是也，乃为后套八大渠中之最先之一渠。道光、咸丰年间，后套因经多年之经营，地方颇为繁盛。同光之间，军队剿平回匪后，长期驻于套地，人民负担至重，地户多有逃亡，因而地荒渠废，渐见衰败。经地商郭敏修、王同春等努力开渠，至光绪中年，套地又渐复兴。在光绪末年垦务局未设以前，后套能不断之经营，未至闭歇，国家并未加以提倡，完全为人民自垦之结果也。

（廖兆骏编：《绥远志略》，第二章，绥远之沿革，第三节，绥远之变迁，民国二十六年铅印本。）

〔清代中叶至民国年间，绥远〕　绥远汉族约占十分之六，多来自山西、河北、山东、陕西、甘肃等省，多于有清中叶移来，山西人数居各省之首。

（廖兆骏编：《绥远志略》，第四章，绥远之种族，第二节，汉族，民国二十六年铅印本。）

〔清光绪九年，绥远清水河厅〕　清水一郡所属幅员辽阔至千余里，原系蒙古草地，所有居民并无土著，大抵皆内地各州县人民流寓，而附近边墙之偏关平鲁二县人为尤多。

（清　文秀修，卢梦兰纂：《新修清水河厅志》，卷十六，风俗，清光绪九年修，抄本。）

〔民国年间，绥远武川县〕　民国以后，为近边放垦名区，居民以晋、豫、鲁移来为多。土著蒙人多事牧畜,内地人则事农作。

（廖兆骏编:《绥远志略》,第七章,绥远之县邑,第六节,武川县,民国二十六年铅印本。）

〔民国十一年后,绥远包头县〕 包头人民平时不过六七万,民十一年,包绥路通火车,内地人民来此者日众,骤增至十万余,约三万户,人口种类自以汉人为多……内地人士来此者,以燕、豫、鲁三省为多,南人次之。

（廖兆骏编:《绥远志略》,第七章,绥远之县邑,第八节,包头县,民国二十六年铅印本。）

〔民国二十六年前后,绥远萨拉齐县〕 平绥车站在北门外里许,城内人口三万,全区人口二十万,多自山西移来。

（廖兆骏编:《绥远志略》,第七章,绥远之县邑,第七节,萨拉齐县,民国二十六年铅印本。）

〔民国二十六年前后,绥远临河县〕 居民以山西、陕西移来者占三分之二,蒙人次之。

（廖兆骏编:《绥远志略》,第七章,绥远之县邑,第十三节,临河县,民国二十六年铅印本。）

〔明代至清代,奉天海城县〕 县境本明屯卫,前代户口甚稀,清顺治十年始设治招民开垦,直、鲁、豫、晋之人来者日众。

（廷瑞修,张辅相等纂:《海城县志》,卷七,人事,户口,民国十三年铅印本。）

〔明朝末年至清朝年间,奉天绥中县〕 明末清初,山海关外荒城废堡,黎庶凋残。清康熙三年,招民垦田令下,汉族迁徙日繁,或经商落户,或流寓入籍。统计大数,山东、直隶居多,山西、河南又其次矣。

（文镒修,范炳勋等纂:《绥中县志》,卷七,人事,种族,民国十八年铅印本。）

〔明朝末年至民国二十三年前后,奉天庄河县〕 本县在明末时代,人民稀少,主要为汉族。有清定鼎而后,实行拨民实边垦荒,使直、鲁、晋、豫等省人民陆续北来,尤以山东省东部居民为最多数,率由海道北上,辟垦聚居。迄今二百余年间,与当地原有之汉、满民族互聚生息,其数约占全人口六成以上,久已融溶混化而自成一海隅渔盐农林之县份矣。

（王佐才等修,杨维嶓等纂:《庄河县志》,卷九,实业志,农业,民国二十三年铅印本。）

〔清顺治十年以后，奉天辽中县〕 汉族，劳来蕃殖始于清初（查顺治十年定辽东招垦条例，其招民系于每岁内按时给粮，按人给地及耕牛）。由是来者日众。其他有自由个人迁徙及经商落户与发遣而入籍者，闻亦有之。综核人数，以来自山东、直隶者居多，而山西及河南次之。

（徐维淮修，李植嘉等纂：《辽中县志》，卷二十三，人类志，种族，民国十九年铅印本。）

〔清顺治年间至民国二十二年前后，奉天北镇县〕 明清交战，广宁久经兵燹，民多迁徙。及清世祖定鼎燕京，拨内地各省人民来垦斯土，愿投旗者编入汉军册档，不愿投旗者另编民籍。三百年来，生聚日繁，今居全县户口十分之七，原籍直隶最多，山东次之，山西、河南之人亦间有之，惟为数甚罕。

（王文璞修，吕中清等纂：《北镇县志》，卷五，人事，人类，汉族，民国二十二年石印本。）

〔清康熙二十年，奉天辽阳州〕 辽阳自设州以来，民贫于旧，而未必朴于前。缘以招集穷民，四方杂处。

（清 杨镳修，施鸿纂：《辽阳州志》，卷十七，风俗志，清康熙二十年修，民国二十三年铅印本。）

〔清代前期，直隶承德府朝阳县〕 朝阳初有居户不过蒙族巨室宝姓者数家，与其为奴者相聚而居，皆事牧养，不事耕种，故山荒平原尚广。自清雍正初始有直、鲁贫民孤身北上，依于蒙古巨室或其奴隶之家，披荆斩棘，垦荒而耕，年纳其租于蒙族。尔时以山荒初垦，土尚肥沃，益以风雨调和，所入者多，所纳者少，较内地谋生顿易，由是来者日众，或效力于豪族，或租地以自耕，始立家室育子孙。初无官府，悉依豪族之风俗，此民户各家历年而有祭火之举也。至乾隆初，复遣直、鲁贫民于此借地安民，民户始各构房屋以居，自为村落，亲友时相往来，而蒙民风俗遂各异焉。

（周铁铮修，孙庆璋纂：《朝阳县志》，卷二十五，风土，民国十九年铅印本。）

〔清同治中叶至民国年间，奉天安东县〕 县境在昔属边外荒土，禁止居人。同治中，山东因捻匪之乱，人民避难东来者，潜于其中，于是县境始有居人。自光绪初元开放设治，人民之来者始众，故今日土著之民皆自他境迁徙而来。……考其族属，惟汉族最多，满族次之，回族又次之，蒙族最少。

（关定保等修，于云峰纂：《安东县志》，卷六，人事，民族，民国二十年铅印本。）

〔民国四年前后,奉天宽甸县〕 宽甸民风朴厚,素少文学,商民半属山东,以垦荒为业。

(程廷恒修,陶牧纂:《宽甸县志略》,风俗略,民国四年石印本。)

〔清朝年间,吉林〕 满清发祥长白,入关以后,尊为圣地,封禁几二百年,不准汉人践履。乾嘉而后,渐弛封禁,汉人遂蜂涌而至。故本省汉人皆来自山海关以西,大部为燕、齐之民,而皖、晋、豫之民次之。

(刘爽编:《吉林新志》,下编,人文之部,第三章,人民,一九六〇年据民国二十三年铅印本油印本。)

〔清代,吉林通化县〕 通,岩邑也,其东陲之山国乎。山林甫启之时,物饶土沃,内省流寓携家而来者,齐、鲁之民最多,其次幽燕,其次晋、豫,而土著居其少数。

(刘天成修,李镇华纂:《通化县志》,卷二,礼俗志,民国二十四年铅印本。)

〔清代前期至宣统元年,奉天靖安县〕 县境未设治以前,只有蒙古种,考其世系,皆元之后裔。设治后,其扎萨克图本旗蒙人尽迁入留界内,现居属蒙古,多自朝阳府迁来汉人,原籍多系直隶、山东,东三省现时人类止此蒙、汉两族,尚未有他种人类。

(清 朱佩兰纂修:《奉天省靖安县志》,人类,清宣统元年修,一九六〇年油印本。)

注:靖安县于民国三年改名洮安县。

〔清道光元年至光绪三十二年前后,吉林怀德县〕 本境古为游牧之区,蒙古人居之。至道光元年招民垦荒,蒙古人尽数北徙,四方之民携耒耜负襁褓愿受一廛,遂成土著。而今世俗所称犹有南城(金、复、海、盖诸州县)、西城(承德、锦州诸府)、关里(顺天、永平、河间诸府)、山东(即山东省各府县)之别,要皆汉人也,并无番苗民族。近有旗民数户、回民十数户,汉人分屯散居,务农为业。旗人佃种人田,无世家大族,大抵系甲午之变来此避难者,初为侨客,今作齐民矣。回人,城市间有之,贩卖食料,小计营生而已。

(清 孙云章纂:《怀德县乡土志》,人类,清光绪三十二年铅印本。)

〔清光绪初年至民国二十年前后,吉林辑安县〕 辑安僻处辽宁东隅,清光绪初始开辟,居民多系汉族,自山东移殖而来,满族居少数,回族尤少。兹将调查所得之数比较列下:汉族,占全县民族百分之九十七,满族占全县民族百分之二,回族,占全县民族百分之一。

（刘天成等修,张拱垣等纂:《辑安县志》,卷三,人事,民族,民国二十年石印本。）

〔**清代后期至民国二十三年,吉林梨树县**〕　自内地流民出边之禁弛,直、鲁、辽海之汉人源源而来,盖以草莱初辟,谋生较易故也。去今百年,服习既久,安若故乡。最近调查,全境住民汉人占十分之九五,均以农业为基本生活,继续居住五十年以上者,凡七百余户。

（包文峻修,李溶等纂,邓炳武续修,范大全等续纂:《梨树县志》,丁编,人事,卷一,人类,民国二十三年铅印本。）

〔**清宣统二年至民国十九年前后,奉天抚松县**〕　抚松僻处辽宁东边,昔属吉林濛江州。……清宣统二年春,划归奉天,始放荒设治。人民多无室家,皆以围猎为生,以山东人为最多,直隶次之。迨民元以后,人民移来垦荒者日见增加,总以山东人占多数,直隶、本省人次之。年来户籍日繁,土地日辟,兹将调查所得之数目比较如左:汉族占全县民族百分之八十八强,满族占全县民族百分之十,回族占全县民族百分之二。

（张元俊修,车焕文等纂:《抚松县志》,卷四,人事,民族,民国十九年铅印本。）

〔**民国四年前后,吉林双山县**〕　新集之民,齐、鲁、燕、赵十之四,西丰、西安、怀德、奉化、辽源、昌图十之三,宁远、锦州、新民、盖、复、岫、岩、奉天各县及吉林、长岭、磐石等处十之三。商家以昌图之八面城人居多数。

（牛尔裕纂:《双山县乡土志》,风俗,民国四年铅印本。）

〔**民国三十年前后,吉林长春县**〕　长邑住民大部为汉族,来自燕、鲁、晋、豫诸省,业农者十之五,业商者十之三,余则各业皆有之。

（张书翰修,赵述云、金毓黻纂:《长春县志》,卷五,人文志,民族,民国三十年铅印本。）

〔**清朝初年至民国十四年前后,黑龙江**〕　省境满蒙杂处,昔为索伦、达呼尔、鄂伦春等族游猎地。清初编旗制,分满洲、蒙古、汉军八旗,皆称旗人。有站丁,为云南戍籍。商贾初多山西人,农户多直、鲁人,又有回回,是皆汉人。全省以汉人为多,满、蒙次之,索伦诸族今已少矣。

（金梁纂:《黑龙江通志纲要》,户籍志,民国十四年铅印本。）

〔**清雍正十三年至光绪十七年,黑龙江**〕　呼兰全境在诸城中最为腹地,初设城守尉时,额兵不满三百,不过弹压屯庄,兼缉逃人,即水师亦无专设,仅一领催带同水手伺应往来粮运之船屯仓而外,设官最简。然地势平坦,土脉膏腴,自雍正十三年后,移屯设庄,日肆开辟。至咸丰、同治之际,直隶、山东游民出关谋食,如水走壑,稔知呼兰地利之区,竞赴屯庄佣工。积日既久,私相售卖,占地益广,聚徒益繁,虽欲恪守禁令,驱逐出境,势固有所不及。于是历任将军奏办民垦,计亩纳租,而改定营制,增设民官。

（清　徐宗亮纂：《黑龙江述略》,卷三,职官,呼兰城,清光绪中刻本。）

〔**清代后期,黑龙江呼兰县**〕　汉族原于清道光后由旗人招致辽宁、山东等省人民来呼兰垦荒者为多,次则河北、山西两省人民,率以工、商各业而来,凡张、王、李、赵、刘、马、于、孙、高等姓较多,其最先至者已均编为汉军矣。

（廖飞鹏修,柯寅纂：《呼兰县志》,卷一,地理志,种族,民国十九年铅印本。）

〔**清光绪三十年后,黑龙江安达县**〕　安达居龙江省之东南、滨江省之西北,为两省适中接壤地点。原为蒙古杜尔伯特旗游牧之地,向无村落,更鲜人迹。自前清光绪三十年后放荒招垦,始由奉、吉、龙、热等省迁来汉、满、回等民族领荒开垦或经营商业,积年累月,始成村屯与城镇。

（高芝秀修,潘鸿咸纂：《安达县志》,卷一,地理志,种族,民国二十五年铅印本。）

〔**清朝末年至民国初年,黑龙江铁骊县**〕　地名铁山包,初隶庆城县,开放荒山,以距县甚远,山道复杂,匪类潜滋,于民国四年先立设治局,督催垦务以兴地利。嗣升为县,人烟日盛。民国九年,直隶灾民之出山海关者多归焉(《三省地志》)。

（郭克兴辑:《黑龙江乡土录》,第一篇,方舆志,第四章,绥兰道,铁骊县,黑龙江人民出版社一九八七年校点铅印本。）

〔**民国初年,黑龙江东宁县**〕　东宁居民土著甚少,大半为晋、鲁、直、奉之流寓人。

（田征明纂修：《东宁县志略》,第三章,风俗,甲,礼俗,民国九年铅印本。）

〔**清代至民国年间,陕西佛坪厅**〕　佛坪老林未辟之先,招集外省流民纳课数金,指地立约,给其垦种。流民不能尽种,转招客佃。积数十年,有至七八转者。招主各受佃户顶银,胶葛滋讼。

（杨虎城、邵力子修,吴廷锡等纂：《续修陕西通志稿》,卷一百九十五,风俗一,佛坪厅,民国二十三年铅印本。）

〔清乾隆二十年以后,陕西商州商南县〕 邑自明末被流寇李自成杀伤殆尽。清顺治、康熙时,民少地荒,禽兽逼人。乾隆二十年后,江南安庆数县人襁负迁商,爰得我所,闻风兴起接踵者日益众,此商南有小太湖之名也。地虽属陕,而服食器用、文字语言实有南方风气。

(罗传铭修,路炳文纂:《商南县志》,卷二,风俗,民国八年铅印本。)

〔清乾隆四十三年至光绪年间,陕西商州雒南县〕 乾隆初,中干山南老林未开,土地荒芜。及四十三、四等年,安徽、两湖数省屡被灾浸,小民流徙,络绎前来,多散布于山谷间,渐次开垦,安然乐业,遂成土著。迄今相传四五世,又日益众。

(清 佚名编:《雒南县乡土志》,卷三,人类,清光绪年间抄本。)

注:雒南县今为洛南县。

〔清道光二十二年前,陕西汉中府留坝厅〕 土著民人甚少,大半川、楚、安徽客民,均系佃山地开垦为生(《秦疆治略》)。

(清 贺仲瑊修,蒋湘南纂:《留坝厅志》,卷四,土地志,风俗,清道光二十二年刻本。)

〔清光绪元年前后,陕西西安府蓝田县〕 南乡南带秦岭,溪谷莽亘,土宜芋、栗、荞、麦、包谷,多系客民开垦,无定著。

(清 吕懋勋修,袁廷俊等纂:《蓝田县志》,卷一,图,二十里图,清光绪元年刻本。)

〔清光绪六年以后,陕西西安府富平县〕 光绪六年以后,土旷人稀,阖邑丁口约略计之,三去其二。当事筹划垦辟,遂仿南山诸邑招集客民开垦例,于是川楚无业之氓坌然而至,计口授田。

(清 樊增祥修,谭麐纂:《富平县志稿》,卷三,风土志,风俗,清光绪十七年刻本。)

〔清光绪二十五年前后,陕西延安府靖边县〕 近来地荒人稀,土民多占绝产,然力不能垦,东路客民携眷迁居。

(清 丁锡奎修,白翰章纂:《靖边志稿》,卷一,风俗志,习俗,清光绪二十五年刻本。)

〔民国二十三年前后,陕西兴安府〕 兴安在昔地广人稀,近年楚、蜀游民踵至,栖岩依谷,侨寓开荒,户口渐增数倍。

(杨虎城、邵力子修,吴廷锡等纂:《续修陕西通志稿》,卷一百九十五,风俗一,兴安府,民国二十三年铅印本。)

〔清雍正年间,甘肃张掖县〕 清世宗雍正时,徙张掖人民于敦煌,每人开田一分,每分拨田五十亩,每额正耗屯科京斗粮二石三斗四合,张掖人民共居一村,故以县名,今改为坊。

(余炳元纂:《新修张掖县志》,民族志,移徙,民国三十七年修,一九五九年油印本。)

〔清乾隆四十三年前后,甘肃兰州府皋兰县〕　除夕男祭于木,主妇哭于大门之内。说者谓有明之初,兰人自江南等省迁徙丁口者十居七八,妇人除夕遥祭母家亲属,天涯望哭,遂成风俗。

(清　吴鼎新修,黄建中纂:《皋兰县志》,卷八,风俗,清乾隆四十三年刻本。)

〔清乾隆年间至嘉庆十四年前后,甘肃秦州徽县〕　幅员周七八百里,四远穷山密箐,人迹罕到,土著民人视为不毛,惟采樵者入之。数十年来,四川、湖广人络绎而至,垦荒落业,山中已无闲田,编其户曰"客民"。

(清　张伯魁纂修:《徽县志》,卷七,食货志,风俗,清嘉庆十四年刻本。)

〔清同治年间至民国二十四年前后,甘肃镇原县〕　清同治兵燹后,土著寥寥,田亩荒芜,募人耕种。光绪三年,关中大饥,饥民逃难于县者,初则为人佣工,继则小本经商,久则娶妻生子,大有此间乐不思蜀也之意。至河南、山西人之入籍者,皆近三十年之事。

(钱史彤、邹介民修,焦国理、慕寿祺纂:《重修镇原县志》,卷三,民族志,种类,民国二十四年铅印本。)

〔清同治年间以后,甘肃平凉府华亭县〕　华亭人民分汉、回两族,汉族占七分之六,土住汉民经同治乱后仅余六分之一,川陕武都、静宁、庄浪、秦安、清水汉民由安辑迁徙而来者占六分之五,土住回民及安抚陕西回民占七分之一。

(张次房修,幸邦隆纂:《华亭县志》,第五编,礼俗志,民族,民国二十二年石印本。)

〔明洪武初年,陕西宁夏卫〕　夏俗淳厚驯雅,自洪武初尽徙其民于关中,实以齐、晋、燕、赵、周、楚之民,而吴越居多,故彬彬然有江左之风。

(清　汪绎辰纂:《银川小志》,风俗,清乾隆二十年修,一九八〇年宁夏图书馆油印本。)

〔明朝初年以后,宁夏〕　夏俗淳厚驯雅,自国初尽徙其民于关中,实以齐、晋、燕、赵、周、楚之民,而吴越居多,故彬彬然,有江左之风。

(明　王珣修,胡汝砺纂:《宁夏新志》,卷一,地理,风俗,明弘治十四年刻本。)

〔清朝年间,青海大通县〕　汉民,历代视此地为异域,或藉〈籍〉居、或流寓,原籍于此者为数无几。自有清收入版图,由是有以军入者,有以商入者,亦有由内地各县分移迁入者,加之改县以后,加拨西宁所属十堡内除石山一堡皆回族外,其余均系汉民,此汉族之所以日见其多也。

(刘运新修,廖偲苏纂:《大通县志》,第二部,种族志,汉民,民国八年铅印本。)

〔清雍正年间以后,青海大通县〕 回回之入内地由来久也,然该民于大通原籍无多,清雍正间,或由河州、或由甘凉、或由西宁府属各邑渐次迁入,日增月盛。……民之生性能耐劳苦,喜作零星贸易,兼充经纪牙侩,邑中金厂为所充斥,煤矿亦占多数。

(刘运新修,廖偲苏纂:《大通县志》,第二部,种族志,回民,民国八年铅印本。)

〔清代至民国三十二年前后,青海恰布恰〕 恰布恰在郭密之西,濒恰布恰河,两岸河崖甚高,其中拓为平地,田畴错列,渠水交流,气候温暖,可称塞外沃土,汉人在此耕种者甚多,乃前清垦务局所招徕者。

(许公武纂:《青海志略》,第四章,青海之自然区域及政治区域,十六,恰布恰,民国三十四年铅印本。)

〔清乾隆、嘉庆、道光、咸丰、同治各朝,新疆阜康县〕 乾隆二十九年至四十一年,计县垦地四百三十五顷四十七亩。四十二年至嘉庆五年,垦地一百五十三顷八十七亩。又,乾隆五十一年,丈出余地四十七顷四十四亩。至道光中,县境殆少荒田。咸同之际,计地增至一十一万五千六百七十亩一分四厘。迨逆回妥得麟蹂躏之后,负来秉耜之氓,散亡尽矣。然自建设新省几二十年,而垦之田尚不及原数之半,岂非相地因时之术未尽讲哉。夫不以传舍视职,而尚有一二政事之足述,斯亦贤于寻常万万矣。

(佚名:《阜康县乡土志》,政绩录,一九五五年据清光绪三十四年抄本油印本。)

〔清道光、咸丰年间,新疆镇西〕 其民皆来自秦、陇,其俗犷戾不均,然厚重多君子,黉序之士,祁祁如也。好稼穑,恶衣食,以致其蓄藏,有关西之风。当全盛之时,修边备,列障起亭,旍旗相望,稞麦鱼盐之饶,甲诸部,其地四达,多重装,富贾珍异物聚。道光、咸丰之间,称极盛焉。同治后,数用兵,编户莱亡,汗雕不治,商旅又多出南道,民鲜居积,而井邑益戚醮萧条矣。

(宋伯鲁撰:《新疆建置志》,卷二,民国二年铅印本。)

注:镇西今为巴里坤哈萨克自治县。

〔清同治年间至宣统元年，新疆〕　同光军兴，北疆被祸最烈，其后劳徕抎煦，离逖稍集，及宣统元年，户版赢于光绪三年之数二倍，然多侨户，土著十无二三。天山南北以气候风土之不同，故饶瘠众寡之数因以大异。南疆惟新平婼羌壤地荒僻，乌什丑土垅陋，人民稀少，其他各城则既富且庶，熙熙称盛矣。

（钟广生撰：《新疆志稿》，卷一，新疆建置志序，清宣统二年修，民国十九年铅印本。）

〔清光绪初年后，新疆〕　自光绪八年至二十八年，凡设道四、府六、厅十一、直隶州二、州一、县二十一、分县二，地东西七千余里，南北三千余里（按《汉书》云：东西六千余里，南北千余里，盖其时玉门、阳关皆在今敦煌之西，而天山以北不在界内，故较今为狭也）。东界甘肃安西州，南界退摆特及克什米尔、巴勒特等部，东北界阿拉善及喀尔喀蒙古。西北界俄国七河省、斜米省（视乾隆期蹙地千余里），民户四十五万一千一百五十六，口一百五十九万四千四百零八。军兴，北疆被祸最酷，间阎衰耗，耆定后，抎煦菻耕，离逖稍集，及光绪三十三年，赢于光绪三年之数数倍（按《戡定新疆记》：光绪三年，迪化州旧户四千二百有奇，现报承垦者已三千六百余户；阜康旧户三千九十余，今存二百一十余户；绥来旧户三千七百余，今存八百五十余户；奇台旧存五百七十余户；济木萨县丞所属旧户二千八百有奇，今存三百五十余户；呼图壁巡检所属旧户千七百三十有奇，今存二百八十余户；库尔喀喇乌苏旧仅八十户有奇，今存数十户；精河旧仅四十户有奇，今有百余户；镇西厅户口无考，旧种地六万亩，今报民垦三万六千余亩，兵垦四千余亩，土客渐臻，此北路民户现存实数也。镇迪道属自木垒河、抵精河地，多腴区，土客民人及遣散兵勇，领地耕种，逐渐加增。）

（宋伯鲁撰：《新疆建置志》，卷一，民国二年铅印本。）

〔清光绪初年，新疆温宿府〕　光绪初，有陕西回种散居本城北关市镇暨浑巴什阿瓦堤庄，为数无多。

（佚名纂：《温宿府乡土志》，人类，一九五五年据清光绪三十四年抄本油印本。）

〔清光绪初年至三十四年，新疆精河厅〕　查本境回民，光绪初年先后自内地出关，居于木城南关，耕种者十之一二，贸易者十之八九。而永集湖大河沿亦间有之，陕西籍居其半，甘肃籍亦居其半。

（清　曹凌汉纂：《精河厅乡土志》，人类，一九五五年据清光绪三十四年抄本油印本。）

〔清光绪初年至宣统元年，新疆哈密厅〕　汉民自兵燹后流离殆尽，光绪初年随队出关,聚此贸易,生齿颇觉繁盛。招户开垦,由秦陇迁徙而来者居多,土著尚稀。

（清　刘润通纂：《哈密直隶厅乡土志》,人类,一九五五年据清宣统元年通判原呈本油印本。）

〔清光绪年间,新疆赐扎萨克印绶等地〕　其民三种杂居,而缠为土著,回王治之。自军兴以来,阎户衰减,及左宗棠规划新疆,汉民贩缯帛稍稍随大军出关。久之,辟畴殖谷,流亡还集,三十年中,增至五六百户,而汉、回之来自秦陇者,亦百有余家。光绪初,大军屯哈密,人众多,取用宏,商贾骈阗。罢兵后,滞顿之物无所委,折阅者多。初哈人好服斜布,斜布之利倾一市。其后,俄商贩藻布,五色玢丽,焕若濯锦,出斜布上远甚,人争取之。斜布壅遏不可行,于是商旅大困,独羊氄之输出者,岁尚八九万斤,瓜匏饶多,其干者,或售诸远方,然其细已甚,而俄商网取土物归,而机制之,以倒输本境,其羡恒倍蓰焉。

（宋伯鲁撰：《新疆建置志》,卷二,民国二年铅印本。）

〔清光绪三十四年前后,新疆乌鲁木齐阜康县〕　零丁孤苦约而言之凡三种,曰汉,曰回,曰缠。其汉人十八行省之游手皆有,而北五省人为较多。回本西域种,而县之回民自陇右、西宁、狄河迁徙而来者盖十之七八。缠即准噶尔遗种,县仅百余家,亦积渐自库车、土鲁番等处移此者。

（佚名纂：《阜康县乡土志》,人类,一九五五年据清光绪三十四年抄本油印本。）

〔清光绪三十四年前后,新疆乌鲁木齐昌吉县呼图壁〕　本境除土著汉民及川、陕流寓外,多新旧汉、回,皆自关内西安、河湟来者,余惟南疆缠回到境受苦,未经承户垦种。

（佚名纂：《昌吉县呼图壁乡土志》,人类,一九五五年据清光绪三十四年稿本油印本。）

〔清宣统二年,新疆〕　大抵南疆农民尽土著,北疆农民多客籍……客民之善治生者,津人为上,湘、鄂次之,秦陇最下。津人勤苦耐劳,又善莳蔬,多治园圃。湘人善艺稻（深畔溉种,亩收十钟）。鄂人工植棉（所树之棉较土人繁茂,尤擅长轧花,省城以弹棉为业者大半皆鄂籍,湘籍什一而已）。秦陇之人则不务本业,多种罂粟为生。

（钟广生撰：《新疆志稿》,卷二,实业志,农田,清宣统二年修,民国十九年铅印本。）

〔清光绪二十年以后,山东登州府莱阳县〕　清光绪二十年后,洋轮往来领海,交通便利,邑人轻于离乡,赴辽东营生者日众。先是辽东土阔民稀,或迫于饥寒,率眷往家者有之,然皆势弗容已,故土谚曰:"死逼梁山上关东",极言其不得已也。至此骤增,年入银币可百余万元。

(梁秉锟修,王丕煦纂:《莱阳县志》,卷二,政治志,实业,民国二十四年铅印本。)

〔民国二十年前后,山东德平县〕 出外谋生,以在东三省作苦工者较多……出外人数最多之时,达二万六千余人,邮局兑款一年曾达百万余元,农村经济不无小补。"九・一八"后,侨居东省多被迫回籍,收入骤减,生计顿感穷促矣。

(吕学元修,严绥之纂:《德平县续志》,卷十,社会志,县民生活,民国二十五年铅印本。)

〔南宋建炎年间至明正德五年,南京城〕 金陵山川浑深,土壤平厚,在宋建炎中绝,城境为墟,来居者多汴、洛力能远迁巨族仕家,视东晋至此又为一变。

(元 张铉纂:《金陵新志》,卷八,民俗志,风俗,元至正四年刻、明正德五年补刻本,民国间传抄本。)

〔清咸丰年间以后,江苏淮安府盐城县〕 县境口逾百万,人满为患,佣力之供过于所求,江南各埠,海通以来,竞事逐末。其乡村下县,经洪杨乱后,户口未复,力食者稀,由是邑人往南者,如水趋壑。秋禾既登,提挈而往沪、锡、嘉善,人逾数万,苏、湖、常润并盈千百;男子引车操舟,行佣转贩,女子缫丝纺绵,补绽浣洗,麦熟乃返。其家无恒产者,辄留而不归,亦有逐什一致富而还乡里殖田园者。

(林懿均等修,胡应庚等纂:《续修盐城县志》,卷四,产殖志,劳动,民国二十五年铅印本。)

〔清咸丰十年以后,江苏太仓州镇洋县〕 城东南乡一带,慓悍性成,咸丰十年兵燹后,招江北人垦荒,率无业游民,轻生好斗。

(王祖畬等纂:《镇洋县志》,卷一,封域,民国八年刻本。)

注:镇洋县今属太仓县。

〔清咸丰年间至光绪中叶以后,江苏淮安府山阳县〕 咸同间,每遇水旱,耕者弃田庐,携妇孺过江就食。江南经寇乱,榛芜待垦,去者或留而不归。光绪中叶,江南商埠繁盛,运河轮舶通,丰穰之岁,中下农民秋获毕亦相率南下,麇集各埠,力食致饱,麦熟乃返。勤朴者归有余资,习于浮靡,往往不克力田,而田转荒。且交通既利,米谷转输常弛厥禁,粟菽以外,贩及鸡、豚,物值腾涨,饔飧之费视昔三倍。而城乡居户又仅恃田业无他技,岁丰则温饱,岁歉则冻馁,乃渐以农事为重视……然水利失修,非旱则涝,大农坐困,小农愈贫。

(周钧修,段朝端等纂:《续纂山阳县志》,卷一,疆域,风俗,民国十年刻本。)

注:山阳县今为淮安县。

〔清咸丰十年至光绪三十年前后,江苏江宁府句容县〕 自咸丰十年兵燹以后,县之南乡户口凋零,不及承平时十之二三,田地山场大半荒弃。光绪十四年,荆豫客民来开辟殆尽,其器用与耕耨之法与吾乡大异。今土民类多效之。

(清 张绍棠修,萧穆纂:《续纂句容县志》,卷六,风俗,清光绪三十年刻本。)

〔清同治十三年至清朝末年,江苏江宁府六合县〕 十三年,部催开征时,百亩之入完赋外,不得一饱,有田已熟而复荒者。迨光绪九年启征,而六合荒田尚十之四五焉。是后,年复一年,生息休养,人民日多,污莱渐辟,迄乎清末,荒芜者鲜矣,然一遇水旱偏灾,乡农之佣力就食于外者,十室而九,盖素无积粟余食故也。

(郑耀烈修,汪升远纂:《六合县续志稿》,卷十四,实业志,农业,民国九年石印本。)

〔清光绪十年前后,江苏淮安府〕 每遇水旱,佃户贫民竞弃田庐,携妇孺过江乞食,络绎于途。江南经寇乱,田畴榛芜,招徕垦治,去者或留而不归,而本境之田益荒。

(清 孙云锦修,吴昆田等纂:《淮安府志》,卷二,疆域,风俗,清光绪十年刻本。)

〔清光绪末年,江苏江宁府句容县〕 江宁府属各县,地势大半滨江枕山,低则患水,高则患旱,田土本非饶沃,与苏、松情形迥然不相同。自粤寇陷,十有余年,蹂躏殆遍,被害之惨无逾于此。现虽克复已久,而土著农民十无四五,力田之家添雇客民,工本既大,花息尤微,从前每亩收米一石者,今只收谷一石,谷价每石不过五六百文。

(清 张绍棠等修,萧穆等纂:《续纂句容县志》,卷五,田赋,清光绪三十年刻本。)

〔民国时期,江苏盐城县〕 自泰和、大赉各公司来此购地植棉,以土著之人娴习者寡,乃招海门、崇明人至。其始,试种多败,近则成效大著,连获丰稔,来者益众,其人多于春初挈妻孥以至,泊秋收既毕,售棉得钱,则委其室庐而去焉。

(林懿均等修,胡六庚等纂:《续修盐城县志》,卷四,产殖志,劳动,民国二十五年铅印本。)

〔清康熙年间至乾隆以后,浙江温州府泰顺县〕 自康雍以后,多汀州人入山种靛,遂至聚族而居,今皆操汀音。乾隆以后,多平阳北港人入山耕种,有发族者,类皆国初由兴泉内徙之民,故又特操泉音。

(清　林鹗纂,林用霖续纂:《泰顺分疆录》,卷之二,舆地下,风俗,清同治四年修,清光绪五年刻本。)

〔清乾隆四十二年前,浙江处州府青田县〕 青田旧日土旷人稀,外民多聚于此,种麻者多江西人,栽菁者多福建人,破柴者多广东人,烧炭者多仙居人,永嘉、平阳、龙泉、金华、东阳亦间有寄居者。每岁稽察棚民,种麻、种菁二项,搭棚于此,故名,今入籍有室家者甚多。

(清　吴楚椿纂修:《续青田县志》,卷四,风俗,外民,清乾隆四十二年刻本。)

〔清咸丰年间以后,浙江嘉兴梅里〕 里中自咸丰兵燹后,户口流亡,田荒不治,国赋大减。同治初,有司招徕垦复,初只宁、绍、温、台四府农民负耒而来。光绪中,豫、湘等省人亦至,由是土客杂耕,时有龃龉。七年,知县施振成分温、台、宁、绍、河南客民为三大帮,设清垦局,延绅选董订章编查,遇有土客争竞事件,由董报案核办,里之东乡客垦较多,亦有以此起家田连阡陌者。

(余霖辑:《梅里备志》,卷二,风俗,民国十一年刻本。)

〔清咸丰八年至同治三年前后,浙江处州府云和县〕 工匠杂伎,土著绝稀,业此者多外籍人,故流移转徙者比比而是。

(清　伍承吉修,王士钫等纂,涂冠续修:《云和县志》,卷十五,风俗,清咸丰八年修、同治三年续修刻本。)

〔清同治、光绪年间,浙江湖州府南浔镇〕 粤逆平后,户口凋残,镇之四乡,荒田计十之三,乏人开垦,污莱满目,郡西山田荒旷尤多,温、台人及湖北人咸来占耕。自同治至光绪初年,湖北人蔓延郡东,凡一圩中无主荒田,无不占踞耕种,搭盖草棚,每圩被占者不下数十百亩,秋收仅钱粮数百文,向之业主不敢顾问,且性情狠戾,欺压土著,强取芸蔬,借用农器,时多口角,地保圩甲亦畏之如虎。浔之四栅沿乡均有棚民,即本地户口繁盛,亦恐未能使客还主,近虽设有客民委员,编立户册门牌,稍示约束,然主客之间终未能相安无事也。

(周庆云纂:《南浔志》,卷三十,农事一,民国十二年刻本。)

〔清同治初年以后,浙江严州府建德县〕　粤变后,异地棚民盘踞各源,垦种苞芦。

(夏曰璈、张良楷等修,王韧等纂:《建德县志》,卷二,地理,林场,民国八年铅印本。)

〔清同治初年以后,浙江新登县〕　工:洪杨兵事后,土著稀少,匠作来自外邑,雇工均系客民。

(徐士瀛等修,张子荣、史锡永纂:《新登县志》,卷十,舆地篇九,风俗,民国十一年铅印本。)

〔清同治初年至光绪二十三年,浙江湖州府长兴县〕　自粤匪乱后,客民垦荒,豫、楚最多,温、台次之,农忙作散工者夏来冬去又数千人。四安之方、谢二区,吴皖通衢,兵燹尤重,客民什七八。

(清　朱镇撰:《长兴志拾遗》,卷下,风俗,清光绪二十三年刻本。)

〔清光绪初年以后,浙江南田县〕　南田开禁招垦以来,异籍人民相率来南,温、台居大多数,象山次之,宁波又次之。五方杂处,习俗不同,尽力农业者十居八九,入海捕鱼上山采薪者间亦有之,而商工则寥寥无几。

(吕耀钤、厉家祯修,吕艺延、施仁纬纂:《南田县志》,卷三十,风俗,民国十九年铅印本。)

〔民国二十五年前后,浙江台州地区〕　台郡庶而不富,生齿日繁,人浮于地,田不敷耕,天、仙尤甚,或散之四方觅食劳工。黄、太人稔稼穑,赴杭、嘉、湖、甬佃农以亿万计,往往春出冬归,健者或积资置产不返,占客籍焉。

(喻长霖等纂修:《台州府志》,卷六十,风俗志一,民国二十五年铅印本。)

〔明朝初年至民国二十年前后,安徽无为县〕　全县男多于女,人口密度(方里)约为一一八,合英制(方哩)计一二〇八点三二,以农业区域而有如许密度,不谓不巨,故县民之出外谋生者年不下千人,男则多佣于他县为人耕作,一年一归,女则恒往芜、沪为仆役,亦有应招赴他处垦荒者,多留不复归,携男挈女别营家屋。京都附近之江心、八卦二洲,无为垦民约三万人,芜湖、南湖亦不下千人。……明季初年,男不过五万丁,女数虽无记载,然充其量亦不过与男等(普通均男过于女)。后江南徽州人大行迁入,类皆经商而留居者,吾族即徽籍他姓多。然清季淮河流域水旱时闻,灾民入境者甚众,开辟草莱,垦耕荒地,因而农业大盛,生聚日众。然地终有限,遂演成近来过剩之现象。

(佚名纂:《无为县小志》,第七,居民,一九六〇年据民国二十年稿本石印本。)

〔清朝年间至民国九年前后，安徽全椒县〕 清代承平日久，民安耕读，不习外事，客商多麇集于此，若闽若苏、徽等帮，商业最巨。土人之贫者，率恃负贩为生，其富者又坐拥良田美宅而不知锥刀之利。……咸丰乱后，客商星散，土著什不存三四，田多而人少，故数十年来，邻县如合肥、潜山等客民多侵入其间，或佃田，或垦山，颇获厚利，而土民愚拙，间有舍本逐末者。

（张其濬等修，江克让等纂：《全椒县志》，卷四，风土志，风俗，民国九年木活字本。）

〔清咸丰以前至民国二十五年前后，安徽宁国府宁国县〕 宁国为农产之区，土产甚富，足以供给，无商货经过。清咸丰前，民康物阜，盐以外，几无外货入境。兵燹后，土地荒旷，移两湖农民居此，乃以剩余物产对外贸易，素以竹木、柴炭为贸易大宗。近如桐油、香菇、杂粮、茶、烟、皮、纸等货，亦皆运销于外，衡之在昔，出入相抵，稍有盈余。年来，农村破产，商业日趋险恶，若非桐油各山货提高，行将总崩溃矣。

（李丙麟等修：《宁国县志》，卷八，实业志，商务状况，民国二十五年铅印本。）

〔清咸丰十年至同治年间，安徽广德州〕 因庚申遭寇难，州民存者无几，江督曾候出示招垦，于是楚、豫各邻省之民络绎来归，坌集境内，垦荒纳税，并入籍与考。不久，客民即为土民，其日臻富庶矣。

（清　胡有诚修，丁宝书等纂：《广德州志》，卷十六，户口，清光绪七年刻本。）

〔清咸丰年间以后，安徽宁国府宁国县〕 宁自清咸丰兵燹后，土民存者不足百分之一，客民居多数。

（王式典修，李丙麟纂：《宁国县志》，卷四，政治志下，风俗，民国二十五年铅印本。）

〔清咸丰年间以后，安徽泗州盱眙县〕 咸丰兵乱，户口消亡，人仅存什之一，则销盐亦不过什之一尔。

（清　崔秀春、方家藩修，傅绍曾纂：《盱眙县志》，卷二，食货志三，盐法，清同治九年修、十二年刻本。）

〔清同治初年以后，安徽滁州〕 大乱之后，土著十不存三四，大率光州、安庆之人挈室而来，开垦荒土，赋额渐复，系客民之力。

（清　熊祖诒纂修：《滁州志》，卷二，食货志一，风俗，清光绪二十三年木活字本。）

〔清同治初年以后，安徽广德州〕 州民被咸同兵燹后，土著不及十分之一，招客民开垦入籍，湖北人居其四，河南人居其三，江北人居其一，浙江人居其一，他省及土著共得其一。

（钱文选编：《广德县志稿》，客民，民国三十七年铅印本。）

〔清光绪年间以前，安徽宁国府宁国县〕 宁邑旧称居城列肆皆徽郡人，在乡营生多江右之客（旧《志》）。既而旌、泾之人遍于四境，而住棚垦山皆安庆人，谓之棚民。及兵灾后，则湖北人满阡陌矣（清光绪旧《志稿》）。

（王式典修，李丙麟纂：《宁国县志》，卷四，政治志下，风俗，民国二十五年铅印本。）

〔清康熙四十九年前后，江西南安府南康县〕 南康近产糖蔗……糖蔗悉系闽人赁土耕种，多杂引匪类，蔗林茂盛，易于藏奸，及至搭棚绞糖时，聚众至百有余人，地方难以稽查。

（清 申毓来修，宋玉朗纂：《南康县志》，卷三，舆地志，土产，清康熙四十九年刻本。）

〔清乾隆五十四年前后，江西南昌府〕 自闽、楚来垦山者，初谓之棚民，今则尽为土著矣。

（清 陈兰森等修，谢启昆等纂：《南昌府志》，卷二，疆域，风俗，清乾隆五十四年刻本。）

〔清乾隆十四年前后，福建福州府永福县〕 永邑皆山田，火耕水耨，陇亩崖锄，用力勤矣。……至若穷冈邃谷，多漳、泉、延、汀之氓，种畬栽菁，伐山采木，其利乃倍于田，故永多客氓。

（清 陈焱等修，俞荔等纂：《永福县志》，卷一，舆地，风俗，清乾隆十四年刻本。）

注：永福县于民国三年改名永泰县。

〔清道光至光绪年间，福建邵武府光泽县〕 杂处此土者有畬民（居山种山），有泉州民（北乡多族居成村落），有新城、泸溪、铅山、贵溪民（城居极多），视土著不啻十之三。

（清 盛朝辅原本，李麟瑞、钮承藩续修，何秋渊续纂：《重纂光泽县志》，卷八，风俗略，清光绪二十三年增刻道光本。）

〔清咸丰年间以后，福建建宁府浦城县〕 浦城地当孔道，海禁未开之日尤觉冲繁，五方杂处，向来本多客民。自遭兵燹后，死亡转徙，土著愈稀，客籍愈众，城乡市镇列肆坐廛，客民十居八九，而以江右人为最伙。负贩食力之流，又大半皆浙江人。至挟货运出，转运舟车，懋迁货物者土人亦十无一二。

（清 翁天祐等修，翁昭泰等纂：《续修浦城县志》，卷六，风俗，清光绪二十六年刻本。）

〔明代至清康熙二十九年前后，台湾澎湖〕 澎湖旧属同安县，明季因地居海中，人民散处，催科所不能及，乃议弃之。后内地苦徭役，往往逃于其中，而同安、漳州之民为最多。……澎湖初无水田可种，人或采捕为生，或治圃以自给。今幸大师底定，贸易辐辏，渐成乐土。

（清　林谦光纂：《台湾府纪略》，附澎湖，清康熙二十九年刻本。）

〔明代至清乾隆十二年前后，台湾〕 台阳僻在海外，旷野平原，明末闽人即视为瓯脱。自郑氏挈内地数万人以来，迄今闽之漳、泉，粤之潮、惠，相携负来，率参错寄居，故风尚略同内郡。

（清　范咸等纂修：《重修台湾府志》，卷十三，风俗一，清乾隆十二年刻本。）

〔清康熙五十六年，台湾诸罗县〕 凡流寓，客庄最多，漳、泉次之，兴化、福州又次之。……各庄佃丁，山客十居七八，靡有家室，漳、泉人称之曰客仔，客称庄主曰头家。

（清　周钟瑄修，陈梦林纂：《诸罗县志》，卷八，风俗志，汉俗，清康熙五十六年修，雍正二年刻本。）

〔清康熙五十九年前后，台湾台湾县〕 台无客庄（客庄，潮人所居之庄也。北路自诸罗山以上，南路自淡水溪而下，类皆潮人聚集以耕，名曰客人，故庄亦称客庄。每庄至数百人，少者亦百余。漳、泉之人不与焉，以其不同类也），比户而居者非泉人则漳人也。尽力于南亩之间，暇则入山伐杂木，车至邑中，价多者盈千，少者不下数百。

（清　王礼修，陈文达纂：《台湾县志》，卷一，舆地志，风俗，清康熙五十九年刻本，一九六一年《台湾文献丛刊》重印本。）

〔清雍正元年至十年，台湾台中地区〕 雍正元年，增设彰化一县，淡水一厅。五年，台湾御史尹秦调查台湾田制利弊，奉准颁布新制于彰化以北新开地，垦务加展，大陆移民始大举迁入本市。至雍正十年，犁头二墩……等地市肆继立，遂使本市成为台湾中部首屈一指之大城市。

（王建竹、林猷穆等纂修：《台中市志》，卷二，人民志，第二篇，氏族，第一章，住民，第三节，流移，影印一九六八年至一九八三年铅印本。）

〔清乾隆二年前，福建台湾府〕 旧省《志》云：台湾僻在东南隅，地势最下，四面皆海，气候与内地不同，燠多于寒，秋冬无霜……地宜五谷，迩来士知读书，民务稼穑,漳、泉子弟视为乐土,相率而往者岁数千人。

（清　郝玉麟等修,谢道承等纂:《福建通志》,卷九,风俗,台湾府,清乾隆间《四库全书》本。）

〔清乾隆七年前,台湾〕　台阳,海中彝岛也,自郑堨归诚,始隶闽中,漳、泉之民多居焉,故风尚与内郡无大异。久则粤人垦耕,商航贩载,蚁聚云屯,华靡相耀,亦自成一俗也。

（清　刘良璧纂修:《重修福建台湾府志》,卷六,风俗,清乾隆七年刻本。）

〔清乾隆十七年前后,台湾台湾县〕　邑境窄狭,开垦年久而地硗,每岁不能再熟。民非土著,大抵漳、泉、惠、潮之人居多,故习尚与内地无甚异。五谷悉运自南北诸港,百货皆取资于内地。男有耕而女无织,以刺绣为工。

（清　鲁鼎梅修,王必昌纂:《重修台湾县志》,卷十二,风土志,风俗,清乾隆十七年刻本。）

〔清代中叶,台湾卑南觅社〕　本县沿铁路线各乡,有称平埔族者,其移来时间,在清代中叶,初至卑南,以牛酒奉献大土官,求得耕种之地。后被分遣居住于大庄、富里一带,生聚日众。

（黄拓荣、罗鼎等纂修:《台东县志》,卷二,人民志,第二篇,山胞,影印一九六三年至一九六四年铅印本。）

注:卑南觅社今为台东县。

〔清光绪年间,台湾安平县〕　台无土著,土著者,熟番与生番而已。其民人五方杂处,漳、泉流寓者为多,广东之嘉应、潮州次之,余若福建之兴化府、福州府,全台合计两府之人流寓台地者不过万人而已,外此更寥寥无几焉。约计台之丁口在二百万左右,生熟土番不过二十分之一,隶漳、泉籍者十分之七八,是曰闽籍;隶嘉应、潮州籍者十分之二,是曰粤籍;其余隶福建各府及外省籍者百分中仅一分焉。

（清　佚名纂:《安平县杂记》,住民生活,清光绪年间纂,民国六年抄本,一九六八年《台湾方志汇编》铅字重印本。）

〔清光绪年间,台湾安平县〕　台南之地,民非土著,原系移居。闽之漳、泉,粤之潮、惠,五方杂处,皆无一姓。

（清　佚名纂:《安平县杂记》,风俗,清光绪年间纂,民国六年抄本,一九六八年《台湾方志汇编》铅字重印本。）

〔清光绪二十年,台湾台东州〕　台东本番地,土著皆番人,以居平地,称平埔番。客民则闽、粤人,自前山来者居多。北路则宜兰人居多。

（清　胡传纂:《台东州采访册》,风俗,清光绪二十年纂,稿本,一九八三年台湾成文出版社影印本。）

〔清光绪二十年前后,台湾澎湖〕　澎人多籍金门,亦有从同安禾山及漳州来者,故其岁时伏腊大致略同。

（清　潘文凤等修,林豪纂:《甲午新修台湾澎湖志》,卷八,风俗记,岁时,清光绪二十年刻本,一九五九年油印重印本。）

〔清嘉庆四年前后,河南彰德府涉县〕　贫民无所得食,往往出张家口佣作,有数十年不归者。

（清　咸学标修,李文元纂:《涉县志》,卷一,疆域,风土,清嘉庆四年刻本。）

〔民国十七年至十八年,河南滑县〕　民国十七年户口调查表,有他住人数男女总计共九千三百九十余人。至十八年六月间,迁往东三省就食之民,又达六七千人之数。

（马子宽修,王蒲园纂:《重修滑县志》,卷七,民政,民生状况,民国二十一年铅印本。）

〔民国二十四年前后,河南灵宝县〕　灵邑自匪旱频仍,主户逃亡,时雨既降,佣工无人,故南山一带多有内乡、邓县、淅川一带之穷民携眷来灵租田耕种,得利则留,失利则去,难作一定之户口。稠桑一带黄河滩地甚广,近有山东侨民随意耕种,遇黄水不大发之年,其得利者亦不少焉。其他四乡之中,所觅之雇工多有洛阳、偃师、许州诸县之人,春来冬去,习以为常。

（孙椿荣修,张象明纂:《灵宝县志》,卷二,人民,民国二十四年铅印本。）

〔明代至清乾隆年间以后,湖北施南府恩施县〕　邑民有本户、客户之分,本户皆前代土著,客户则乾隆设府后贸迁而来者。大抵本户之民多质直,客户之民尚圆通。

（清　多寿、罗凌汉纂修:《恩施县志》,卷七,风俗志,地情,清同治三年刻本。）

〔清咸丰以前至同治四年前后,湖北施南府咸丰县〕　咸邑旧惟土著,自改所归流后,外来寄籍者不少,然皆耕凿相安,两无猜忌。迄咸丰初年,四川彭邑人民始有迁移入咸者,近则愈迁愈甚,接踵而至者遍满乡邑,有非我族类之感焉。

（清　张梓修,张光杰纂:《咸丰县志》,卷七,典礼志,风俗,清同治四年刻本。）

〔元末至民国三十七年，湖南醴陵县〕　醴陵各姓率多聚居，在数百年前，皆客民也。田无永业，居无恒守，流离丧乱，转徙相仍。历代兵燹，元为最惨。旧《志》：建安山俗呼油尖寨，元末居民避乱立寨于此；又云，元明之际，土著存者仅十八户。湘赣接壤，故是时迁入者，以赣西、赣南一带之人为多。明末清初，重罹浩劫，土旷人稀，播迁远来者，则十九为闽、粤两省汀江、东江流域之人，盖当明季以开垦种麻，相率徙入袁州府属宜春、万载等处。明鼎既革，因麻棚兵屡参加抗清之役，被清吏歧视，琐尾流离，遂渐散居县境，久乃入籍。语言习惯，不改其常。而赣人习商，后先以贸易至县，因而置产成家者亦不少。遂大别为建帮、广帮、西帮，皆有会馆以著其原籍。其来自前明者，至是转为土著。

（陈鲲修，刘谦等纂：《醴陵县志》，卷六，氏族志，民国三十七年铅印本。）

〔明嘉靖十四年前后，湖广常德府〕　土民日敝而客户日盛矣，客户江右为多，膏腴之田，湖泽之利，皆为彼所据。

（明　陈洪谟纂修：《常德府志》，卷六，食货志，户口，明嘉靖十四年刻本。）

〔清道光年间以后，湖南汝城县〕　道咸以降，屡经兵燹，田旷户稀，东南边境且多招客籍为佃。

（陈必闻、宛方舟修，卢纯道等纂：《汝城县志》，卷十八，政典志，实业，民国二十一年刻本。）

〔清同治初年，湖南宝庆府城步县〕　查城步地方辽阔，从前设县时必地广人稀，不惟山土不必耕种，即水田亦可择肥美而耕之。彼时人少粮足，谷价必贱，本境户有余粮，无所消售，即欲卖诸邻境，除去往返盘费，则又所余无几，是以丰年陈陈相因，及遇水旱偏灾，亦必绰有余粮，此每年耕种一次之所始至终。近日情形与前迥异，在本地居民已经生齿日繁，更兼以新化农民多有携眷来县开垦土山者，大约人丁加增较昔已不下数十倍，虽将前弃薄田及开垦平坦山土改为水田，一律普种稻谷，无如邑中并无水陆通衢运来谷米接济，此则不得不筹之于杂粮矣。查同治四、五两年，季夏皆旱，四年所收稻谷尚在五分以上，五年亦在六分以上，惟山上歉收较甚，年来谷价有增无减者，实缘人多粮少之故。

（清　盛镒源修，戴联璧等纂：《城步县志》，卷十，物产，附兴除，清同治六年刻本。）

〔清代后期至民国年间，湖南宁远县〕　宁远、新田旧俗至俭，土屋敝衣，不以为陋，其民皆由乱定后招徕而至，垦辟荒土，久而富饶。人皆习农，不言他事。

（李毓九修，徐桢立纂：《宁远县志》，卷十八，风俗，民国三十一年石印本。）

〔清代后期至民国二十年,湖南城步县〕 近百年来,外县人来上五乡垦植谋生者数达七八千,且多获厚利,致富裕。……外县人来上五乡垦植者,以新化为最多,祁阳、邵阳均次之,如蓬瀛乡全乡人口不满五千,新化人占十分之八以上。

(曾继梧等编:《湖南各县调查笔记》,地理类,城步,土宜,民国二十年铅印本。)

〔民国二十年前后,湖南蓝山县〕 城北之五里坪,昔为荒土,后为客籍侨民从事开垦,讲求农业,杂粮甚富。近年种百合,价昂贵,收入不资。

(曾继梧等编:《湖南各县调查笔记》,物产类,蓝山,民国二十年铅印本。)

〔明代至清嘉庆二十五年前后,广东广州府增城县〕 客民者,来增佃耕之民也。明季兵荒叠见,民多弃田不耕。入版图后,山寇仍不时窃发,垦复维艰。康熙初,伏莽渐消,爰谋生聚,时有英德、长宁人来佃于增,葺村落残破者。居之未几,永安、龙川等县人亦稍稍至。清丈时,山税之占业浸广,益引嘉应州属县人杂耕其间,所居成聚,而杨梅、绥福、金牛三都尤伙。

(清 赵俊等修,李宝中等纂:《增城县志》,卷一,舆地,客民,清嘉庆二十五年刻本。)

〔明万历年间至民国二十四年前后,广东罗定县〕 万历未开州以前,其土著与瑶僮杂处。自开州以后,四方来占籍者日众,据《王州志》:三都双脉、石步二村为新兴人,路诰、新塘等九村为翁源、英德人。今城市商场多广州人。

(周学仕修,马呈图纂,陈树勋续修:《罗定志》,卷一,地理志,风俗,方言,民国二十四年铅印本。)

〔清同治年间,广东潮州府大埔县〕 陶旅匠,多在本地佣作。其木匠、墁匠相偕往漳、泉各府。铁匠相偕往三阳、澄、惠各县。春初离家,岁暮旋里,计工受值,而总未有作奇技淫巧者。

(清 张鸿恩等纂修:《大埔县志》,卷十一,风俗,清光绪二年刻本。)

〔清末至民国初年,广东恩平县〕 山农:县属山多川少,距城西北数十里,层峦叠嶂,毗连新春,虽四环峻岭,隔绝内外,其中山腰山麓,往往形成斜坡,有数十亩,田望堪栽五谷杂粮,足以赡数口之家者。从前地方宁谧,人多分种其地,各谋生活,衣斯食斯,尚足自给。自客人乱后,转徙他方,四庐荒废,变为虎豹窟穴。光绪初年,始有宜县民披荆斩棘,从事开垦,逐渐恢复原状。此处山陵起伏,峻险异常,砖瓦等物,搬运维艰,居民惟结茅出坑,泥墙草檐,甚有穴居岩处者。日常食品,以粗粝和麦、豆、蜀、粟或山芋、蕃薯同煮,或常备粥糜,饥食渴饮,殊少佐膳之物,因离市太远,购买甚难,非独财不易备也。其男子,勤苦耐劳,时而樵,时而牧,时而猎,时而采药,时而烧炭,时而耕锄,出而入息,乐业安居,间有老死未与山外人往来者。至于妇女,大率业缝纫,助耕作,赤足露臂,慨然有丈夫风。若男女婚娶,均限于其地居民,以山外人风习不同及往返不便耳。

(余丕承纂:《恩平县志》,卷四,舆地三,民国二十三年铅印本。)

〔民国十五年前后,广东始兴县〕 始兴工业多沿旧法,新发明者少。普通工人以木行、船行为最多。杉木为本境出产大宗,伐木、运木编扎成排,需工人四五千,工作本粗浅,而邻邑人不优为之,往往木之出产地为南雄、曲江、仁化等县,而伐木扎排必雇始兴人为之,以其有专长也。南雄至韶州航业为始兴人所专有,需工人三四千,农隙贫民赖此生活。至于造纸、挖煤、烧石灰、榨油、捆烟、制砖瓦,需工亦伙。其余织布、织草鞋、烧炭、造船、制香粉、制香菇、制墨烟、制茶、制松香、制硝、铸锅、造炉、腌鸭皆能为之,而出品不多。其有一乡专业若石下罗所、岭头之制纸爆,朔源、跃溪之制瓦缸、碗碟,外营、黄禾湾、姚前之编草席,狐狸坑、千家营、寨头之造木砻,高椅坑之腌牛皮,留田之制皮鼓,低坝之制木屐,虽制法守旧,而箕裘是绍,亦足以谋衣食之资。若夫日常所需,如木器、竹器、铁器、首饰、缝纫、刺绣、建筑业等工作,本境之工足供本境之求,惟油漆、药材、铜器、锡器,邑人为之者少,往往需诸外地工人焉。

(陈赓虞等修,陈及时等纂:《始兴县志》,卷四,舆地略,民国十五年石印本。)

〔汉代至清朝年间以后,广西宜北县〕 县地系楚外方,亦属荆蛮,昔乃苗、瑶、僮三族混居。自汉迄清,汉人自外省迁入,以由山东而来为多,湖南次之,因之相渐染,均归同化,惟有治安乡达科村仙桃洞赵姓数户苗族后裔而已,其余全系汉族。

(李志修,覃玉成纂:《宜北县志》,第二编,社会,民族,民国二十六年铅印本。)

〔唐宋两代后,广西宾阳县〕 稽各姓氏,多自唐宋时,由山左迁来,其后有由闽、粤、长江各处迁来者,风俗习惯亦与俱化。

(胡学林修,朱昌奎纂:《宾阳县志》,第二编,社会,丙,风俗,民国三十七年稿本,一九六一年铅字重印本。)

〔宋代至民国二十六年前后,广西崇善县〕 邑古南粤地,汉属交趾郡,苗、瑶、僮、犷杂处其间,殆不乏焉。至宋略有山东汉人随狄将军征蛮而流落斯土,明时自广东、江西、福建各省迁居是邦者颇多,至今生齿日繁,汉族人数已达至五万余人。其他种族若苗、若瑶、若犷俱不传,惟僮散居县之各乡,因沐化日深,渐变其旧习,言语与汉人颇通,服饰小异而大同。

(林剑平、吴龙辉修,张景星等纂:《崇善县志》,第二编,社会,民族,一九六二年广西档案馆据民国二十六年稿本铅印本。)

〔明朝年间至民国二十四年前后,广西迁江县〕 邑当秦汉时,虽已隶属中土,而瑶、苗、狼、僮尤杂处如故,内以僮人为众,汉人尚少。迨有明一代,千户分屯八寨平靖,汉人之生齿始繁,而陆续来自山东各省者,亦益盛矣。就中尤以来自山东、广东两者为最。汉族人口现已达至七万九千四百余人,苗僮人口仅存四十余名,潜属大里乡之弄六、弄漏深山中,自为村落。

(黎祥品、韦可德修,刘宗尧纂:《迁江县志》,第二编,社会,民族,民国二十四年铅印本。)

〔清光绪十年前后,广西平乐府平乐县〕 城中聚处五方流寓,东粤三楚为多。

(清 全文炳修,伍嘉猷纂:《平乐县志》,卷一,舆地志,风俗,清光绪十年刻本。)

〔民国二十九年前后,广西平乐县〕 本邑汉族之来源:来自东粤者多设商肆,来自三楚者多操工业,而来自江西、福建亦不乏人,其散处乡村者溯其籍贯,以四省流寓为多,安居乐业,已成土著。

(蒋庚蕃、郭春田修,张智林纂:《平乐县志》,卷二,社会,民族,民国二十九年铅印本。)

〔东晋时期,益州蜀郡〕 汶山郡,本蜀郡北部冉駹都尉,孝武元年置。……土地刚卤,不宜五谷,惟种麦。而多冰寒,盛夏凝冻不释。故夷人冬则避寒入蜀,庸赁自食,夏则避暑反落,岁以为常,故蜀人谓之作氐、石子也。

(晋 常璩撰:《华阳国志》,卷三,蜀志,清乾隆间《四库全书》本。)

注:蜀郡今为四川成都。

〔明洪武十四年后,四川雅州名山县〕 县中古户自宋末酷罹天祸死亡转徙,几无孑遗。明洪武十四年徙楚实蜀,名山号为乐郊,来者尤众(县人多楚籍缘此)。

(胡存琮修,赵正和纂:《名山县新志》,卷五,户口,民国十九年刻本。)

〔明朝末年以后,四川成都府安县〕 川省明末遭献贼之乱,安县一带荒郊十之七八,招民开垦,楚与蜀连,县境各场占籍者以楚省人为最多,其次粤省,其次秦省,其次闽省、赣省,故各场通称之为五省人,其他滇、黔人入籍者亦甚寥寥。

(夏时行等修,刘公旭等纂:《安县志》,卷五十六,社会风俗,占籍,民国二十七年石印本。)

〔明朝末年以后,四川雅州府〕 雅地自献逆蹂躏之后,土著者少,四方侨寓大率秦、楚、吴、粤、滇、黔之人居多。

(清 曹抡彬修,曹抡翰纂:《雅州府志》,卷五,风俗,清乾隆四年刻本。)

〔明朝至清朝年间,四川重庆府长寿县〕 吾邑旧族,明清间,自楚、赣迁来者十居六七,遗传所在,万口一辞,虽近俚俗,亦未尝无所本。

(陈毅夫等修,刘君锡、张名振纂:《长寿县志》,卷四,风土,方言,民国三十三年铅印本。)

〔明朝末年至民国年间,四川泸县〕 泸人自明末遭流寇之乱,死亡转徙,孑遗无多,自外省移实者十之六七为湖广籍(麻城县、孝感县),广东、江西、福建次之。楚人、粤人多事耕种,赣人、闽人多营商业。

(王禄昌等修,高觐光等纂,欧阳延贾续补:《泸县志》,卷三,礼俗志,风俗,民国二十七年铅印本。)

〔明朝末年至民国十年前后,四川双流县〕 明季张献忠之乱,村市为墟,清初招徕,大抵楚黄之人为多,次则粤东,次则由闽、由赣、由陕服贾于此,以长子孙,今皆土著矣。

(刘佶修,刘咸荣纂:《双流县志》,卷一,风俗,民国十年铅印本。)

〔清朝初年至嘉庆十六年,四川成都府金堂县〕 国朝平定之初,土著无几,招徕来居者皆湖广、江西、广东、福建之民,间有流亡而返者,大都知此而不知彼也。

(清 谢惟杰等修,陈一津、黄烈纂:《金堂县志》,卷二,疆域志,乡镇,清嘉庆十六年刻本、民国二年修订本。)

〔清同治十三年前后,四川懋功厅章谷屯〕 六甲屯民概系平定金川后,由内地安插而来,小川北各县之人居多,按户授地,专以务农为本,稼事兼资妇功。土风尚敦朴,习俗亦勤俭,平时以麦稞杂粮为饔飧计,食毕必以麦炒焦,入茶叶、酥油少许熬以佐饮,盖终朝食麦,须饮此始消化,因地取宜,非蹈麦习也。

(清 吴德煦辑:《章谷屯志略》风俗,清同治十三年刻本。)

〔民国三十五年前后，四川西北部〕 汉人，居于岷江流域大小路两旁，大部由安岳、东至、大邑、崇庆等县以及陕甘南部移入者，多业商，间有上番羌门而为赘婿者则业农。回人，居于松潘、茂县间之各乡镇，而以居松潘城内者为最多，大部由甘、青二省移入。

（郑励俭纂：《四川新地志》，第三编，区域地理志，第三章，盆地外部，第二节，西北边区，民国三十六年铅印本。）

〔明朝年间，贵州思州府平溪卫〕 吾邑前明时，官军两籍多江南人，其语言服习及吉凶诸礼岁时各仪，皆有江左之遗。

（清 赵沁修，田榕纂：《玉屏县志》，卷二，区域志，风俗，一九六五年贵州省图书馆据清乾隆二十二年刻本油印本。）

〔明代至清宣统元年，贵州兴义府安南县〕 本境人类除汉族外，有苗、僮、猓、狢、家、蔡家各种，大约汉族居十分之三，各种居十分之七。汉族由前明征调而来，前此未有也。其后遂以北方人移居于此。

（清 易辅上编：《安南乡土志》，第一编，乡土历史，六，人类，清宣统元年修，一九六四年贵州省图书馆油印本。）

〔明朝初年至民国年间，贵州兴仁县〕 兴仁本爨蛮世踞之地，駃舌卉服，洗骨跳月，聚族滋息。明初南征，设卫所，兵屯戍，中原文明历渐输入。九驿通后，商贾贸迁，各省人士杂越寓止，大别之为汉、回、夷三族，自为风气。

（冉聂修，张俊颖纂：《兴仁县志》，卷九，风物志，引言，一九六五年贵州省图书馆据民国二十三年稿本油印本。）

〔明朝初年至民国二十九年前后，贵州开阳县〕 汉族，今县人号为客籍，其先来自江西、湖南、四川等省者皆称汉族。……其始迁，姑断自明始，约分为五时期，即朱明初叶为第一期，籍江西之老户多属之；明末清初为第二期；乾嘉之际为第三期，江西、湖南、四川皆有之；光绪时代为第四期，由川移来者皆是；民国初元迄于现在为第五期，自云南徙居者是。然自云南新迁者，其十九皆滇南之士人也。……入民国后，黔省若滇之外府，滇省士人相率移来，今县境偏僻之处、山谷之间，以垦荒为事者皆是，其人口约占最近全县人数十分之一，其余籍江西者约占十分之一又五，籍湖南者约占十分之一，籍四川者约占十分之四，其他各省籍者总共约占十分之一。此外十分之一又五为土著之苗族，其人口都不过二万而已矣。

（欧先哲修，钟景贤纂：《开阳县志》，第九章，社会，民族，民国二十九年铅印本。）

〔民国十八年前后,贵州桐梓县〕　县地山多田少,合平田、山田约占百分之三十,山地约占百分之七十。粤军乱平后,时有川湘之民复戴而至,日事开垦,熟土约得百分之三十,童山石岩约占百分之四十。

(李世祚修,犹海龙等纂:《桐梓县志》,卷十一,实业志,农业,民国十八年铅印本。)

〔汉代至清雍正年间,云南昭通府恩安县〕　汉人之莅昭,旧《志》谓汉初唐蒙开西南夷,设立郡县,官与兵吏悉皆流寓于此。然自唐后,禄氏独立,未必不沦为夷族。及元,置宣慰司,调云南、四川兵屯田,计有汉民三千余人,为数已不少也。但稽现时所有大族,又皆雍正间平定后迁徙云南、曲靖二府之民至昭填籍,并原驻之兵,考其祖籍皆江南者为多,此一因也。即建城之时,招募砖瓦木石金工匠人等并来自各省,迨工既竣,遂相率留籍,此又一因也。

(卢金锡修,杨履乾、包鸣泉纂:《昭通县志稿》,卷六,氏族,种族,民国二十七年铅印本。)

〔明朝年间,云南景东府〕　明初原隰多棘,夷山居,多㑩㑩,是为土著,性尚驯朴。自设卫后,卫所官兵皆江右人,并江右、川、陕、两湖各省贸易地者多众焉。于是人烟稠密,田地开辟,大抵山居多种杂粮,平川多种粳稻,士敦礼让,家习诗书,风气俗情日蒸月化矣(旧《志》)。

(周汝钊修,侯应中纂:《景东县志稿》,卷二,地理志,风俗,民国十二年石印本。)

〔明朝初年以后,云南楚雄府楚雄县〕　汉人自汉唐宋元来楚邑落籍者,远不可考,惟明初所来官军商民落籍,其数极多。后或贵显,或富厚,至今后人尚能道人。

(清　崇谦等修,沈宗舜等纂:《楚雄县志》,卷二,地理述辑,风俗,清宣统二年修,一九六〇年据抄本传抄。)

〔明洪武中叶至清朝年间,云南曲靖府宣威州〕　宣境本夷疆也,明洪武中开滇置驿通道……太祖设法徙民苏、松、嘉、湖、杭一带,土著除移田临濠外,来滇者实属不少,今随执宣人询问原籍,大多数皆言来自南京,盖其祖皆乌撒卫所屯戍之众也。建文、永历两代,均有从亡之臣流落于斯,清初两次用兵,将士中留居斯土者亦有所闻。其后铜厂旺,则川陕两湖之客来;碗花盛,则江西之帮至,邑中汉族竟占全人口十分之九,为主要部分。

(陈其栋修,缪果章纂:《宣威县志稿》,卷八,民族志,种族,民国二十三年铅印本。)

〔明朝初年至民国九年前后,云南蒙化县〕 汉族多系明初设卫屯田官军之裔,及官商经离乱而流寓者,其籍以吴楚豫章为最,巴蜀次之,余省则寥寥也。

(李春曦修,梁友檍纂:《蒙化志稿》,卷十六,人和部,人类志,民国九年铅印本。)

〔明代至民国年间,云南石屏县〕 吾屏地瘠民贫,谋生不易,有明一代,烟户稀少,尚易为力;入清以来,户口渐繁,不能不谋食于四方,故自元江以至墨江、普洱、思茅、茶山一带,几成吾屏之殖民地。

(袁嘉谷纂修:《石屏县志》,卷六,风土志,商业,民国二十七年铅印本。)

〔清朝年间,云南澄江府〕 本县民族有汉、回、夷(猓猓)三种,汉人最多,回次之,夷则多汉化,现已无几矣。考云南汉人,多系由江苏、安徽、江西、四川等省迁徙而来,其迁徙原因以从军征讨留镇而家者为多。

(澄江县政府编:《澄江县乡土资料》,民族,民国抄本,一九七五年台湾成文出版社影印本。)

〔清朝年间,云南东川府巧家厅〕 汉族,或因经营商业、或开采矿产、或习工农、或从军从政而寄居流寓于此者,其迁移时代多在设流以后。

(陆崇仁等修,汤祚等纂:《巧家县志稿》,卷八,氏族,汉族,民国三十一年铅印本。)

〔清咸丰三年前后,云南大理府邓川州〕 客民:江右人贸易城中仅数户,余则川、广、黔、粤无业之徒,负襦携妻,垒垒踵至,为人充佃户,垦火山,诛茅结社于羊塘里,不下数千人。

(清 钮方图修,杨柄锃、侯允钦纂:《邓川州志》,卷四,风土志,民类,清咸丰五年刻本。)

〔清光绪初年至民国六年前后,云南路南县〕 路南向无苗人,自前清光绪初年始由昭通移入十余家,至今成为土著矣。

(马标修,杨中润纂:《路南县志》,卷一,地理志,风俗,传抄民国六年铅印本。)

〔民国三十一年前后,云南巧家县〕 回族,以三区回甲、乌龙、老厂等处为较多,其先当系经商、开矿而来。

(陆崇仁等修,汤祚等纂:《巧家县志稿》,卷八,氏族,回族,民国三十一年铅印本。)

〔民国初年,西藏〕 西藏惯例,如吾内地人之赴藏者,无论官民一概不准携带妇女,故驻扎西藏之官吏及商人等侨寓生地者皆娶土人之为妇,是以近年以来,凡西藏之接近内地及都会之处,混合种日见重多,而固有种族日见重少。总计西藏之人口约在六百万之数。

（邵钦权纂：《卫藏揽要》，卷三，风俗，民国六年抄本，一九六八年台湾成文出版社影印本。）

（三）华　　侨

〔清乾隆年间至民国三十四年，福建龙岩县〕

南洋侨商概况表

侨　居　地	人口数	经营业务	备　考
英属新加坡	1 500	土产杂货	
英属槟榔屿	2 500	同上	
英属大小霹雳	600	杂货	
英属吉打埠 　加　央	200	同上	
英属沙罗越 答株巴辖 　麻　坡	300	同上	
英属仰光	300	土产杂货	
暹　罗	500	同上	
荷属苏北	300	同上	
荷属苏西	300	同上	
荷属苏东	350	同上	
荷属苏南	400	同上	
荷属爪哇	350	土产布匹杂货	
合　计	7 450		

按：岩人在清乾嘉以前，多向内地发展。迨光绪末年，始稍稍有南渡者。近数十年间，商务蒸腾，名家子弟乘风破浪者日众。各地侨胞深明大义，对桑梓公益事项尤多盛举。近有岩人章子渔远涉重洋，在东南非洲推动教育，殊为难能可贵。

（郑丰稔纂：《龙岩县志》，卷十七，实业志，附各地会馆，民国三十四年铅印本。）

〔清同治年间至民国十年前后，福建永泰县〕　同治初年，英、荷诸国开辟荒岛，乏人垦治，以重资诱往作工，遂有贩卖猪仔之事，入境又招若群豕然。前年，中国驻坡领事官设法议禁，英员不允，后经移请惠潮道出示查禁，乃示悬旬日，卒为驻粤英领事断□于大府,檄令收回。吾永年来赴星加坡者,不下数千人,获归者十不得一焉,道赴坡事,辄为酸鼻。

（董秉清等修,王绍沂等纂:《永泰县志》,卷四,户口志,民国十一年铅印本。）

〔民国二十至三十年间,福建古田县〕 百年来,邑生齿日增,地弗足尽其力。为之上者,无与谋厚生道,数患贫矣。前清光绪中,闽清孝廉黄乃裳领工渡南洋垦荒,邑民亦有受招雇,人情安土重迁,非为饥驱,孰肯轻弃其乡,只身客万里外。久之,因彼中易得食,挈眷家焉,转相歆羡,往者渐多。箕子之之朝鲜,泰伯之之荆蛮,且变其国俗,而大厥族胤,即不然,于目前生计,先得安置,蓬累往,或可捆载归,侨胞自为计未失也。惟国家抚此元元,欲有息无耗,一旦封疆不足,以域散之异国,昔人所为重慨乎流也。然今列强之民,侨居吾国者,传教经商,所在皆有,识者亦嘉其勇于进取,无伤国体。所异者,列强于外侨,节节有加以保护,使虽在异国,仍如游化日光天之下,毫无痛苦,我国是时适清政不纲,失治外法权,听民自去来,无为之劳来辅翼,致旧客之狡黠者,诱卖新客,与外人为佣,谓之卖猪仔,即其时旧客尚欠团体组织,托人宇下,亦殊有未便。改革后,政府注意及此,给以出国证书,复设侨务局保护之,侨民亦知自亲爱援助,斯弊早已告绝。按：南洋群岛,我国称之彼中,及欧美人则谓为马来群岛……现其地多为荷兰所属,英、美、葡次之,而吾古田之侨胞,则又于诸州中所谓峇株巴辖吉隆坡、实吊远、永平港、新福州各地居之。……实业以垦植橡胶树为大宗,垦植故事,应先向彼中政府领若干地,配植若干株胶皮树,纳若干税,亦有中途以之移转他人者,人之贫富,亦于树之多寡计之。……祖国伟大事业,如先总理之革命运动及此次之全面抗战,多有赖于侨胞之输助。上述情形,为我国侨胞共通原则、共同生活,吾邑之侨胞,因无以异。吾邑侨胞,初时往者,仅农、工、商、学嗣亦间厕,约计人数在一万强,亦咸自振奋。于彼中实业、教育、社会诸事,声誉腾起,于祖国伟大事业,亦追随侨胞诸巨子后,热心输迪。近十余年来,吾邑经济得以充分周转,亦无非仰赖其源源汇济,挹彼注兹,是侨胞于国家固堪嘉奖,于吾邑亦大有光,是不可以不书。

（黄澄渊等修,余踵英等纂:《古田县志》,卷三十八,侨胞小史,民国三十一年铅印本。）

〔清代后期至民国二十二年前后,广东开平县〕 开平人富于冒险性质,五洲各地均有邑人足迹。盖由内地农工商事业未能振兴,故近年以来,而家号称小康者,全恃出洋汇款以为挹注。查邑人之出洋者,南洋群岛尤众,惟获有巨资者无多，而影响于全邑民之生活者不得不首推美国及加拿大二属。民国十一年，邑绅吴鼎新因筹款建设私立开侨中学校及治匪事，遍游美洲，调查全美四十八省，华侨五万余人，开平实占十分之一。全加七省，华侨六万余人，开平亦占十分之一。所业不等，其生计之优，以民国四年至八年欧战起后及甫停战期间为最。以美属计，就民国元年以后至十八年以前之金价计算，侨美邑人五千余名，每名平均年可得省币二千三四百元，则统计一年可得工资达省币一千数百万元。另有商业之操奇计赢所得者，约数百万元。合计全美邑侨年入达省币二千万元。以加属计，全加邑侨六千余名，每名平均可得省币一千七八百元，则统计一年可得工资达省币一千万元，另由种种营业所得约数百万元。合计全加邑侨年入达省币一千数百万元。综计美、加两属，共达省币三千数百万元，其影响生计固大，对于邑内维持治安、推广教育裨益弥多。此邑民以前之生计情形也（以上据调查册报）。惟侨民既得此巨资回国，惜不能用诸生产事业，以增长物力，徒然为求田问舍之谋，一则增涨田土价值，使贫民益难为生；一则提高生活程度，使风俗日趋浮靡。……美加两国政府限制华人入境之例愈出愈严，此后新客固无问津之路，而入境者以次老死或老归，日形减少，恐三数十年后，彼都无复邑侨足迹矣。届时邑内年少三千余万外款之输入，其结果正不知若何状况也。然则提倡俭德以节其流，振兴实业以开其源，讵非邑民所应未雨绸缪者欤？（按：道咸之际，仁客交讧，水荒并作，邑民疲悴，至斯而极，然风尚勤朴，工商营业年得百金，可称家肥。是时，海风初开，客乱难民纷走海外，阅时而归，耕作有资，于愿已足，谚云"金山客，无一千，有八百"，羡之也。至光绪初年，侨外浸盛，财力渐涨，工商杂作各有所营，而盗贼已熄。嗣以洋货大兴，买货者以土银易洋银，以洋银易洋货，而洋银日涨，土银日跌，故侨民工值所得愈半，捆载以归者愈多，而衣食住行，无以不资外洋。凡有归俗，则门户争胜，凡有新装，则邯郸学步。至宣统间，中人之家，虽年获千金，不能自支矣。而烟、赌陷之，盗贼乘之，房赎惨杀，樵采不宁，穷民无告，未知与道咸间相去几何也）。

（余棨谋修：《开平县志》，卷二，舆地上，民国二十二年铅印本。）

〔清同治、光绪年间，广东广州府香山县〕 刘亮沅，号湘浦，隆都人，父秋卿，邑诸生。亮沅少颖悟，能文，未冠补诸生。同治丁卯，举于乡，次年春闱落第，以京师人才渊薮，遂入资为主事，留学都中。师事陕抚冯誉骥，而与梁耀枢、黄槐森为畏友，切磋数年，学尤进。时外侮日亟，交涉渐繁，会副使陈兰彬出使美、日、比国，奏调从行，亮沅以禄养，故又欲习知外事，遂首途。先乞假归省，至里而母殁，致书兰彬辞职,故事出使随员丁艰,毋庸开缺,兰彬复书,慰勉备至,秋卿亦以大义相督责,遂于百日后登程。逾年奏派充古巴总领事官。古巴为日斯巴尼亚属国,产烟叶、蔗糖,富家喜蓄奴力作。先是黠匪诱拐华人,贩运外洋,谓之猪仔,其被贩至古巴者,自道光丁未迄光绪戊寅,数逾四万有奇,往往遭虐毙,政府不及知,亦不能禁。旧例,居民出入,皆须领照,号行街纸否则必遭拘辱,或迫充苦役,华人欲领者,必以工主所给满身契纸为凭,以故主者辄抑勒之,至有逾限多年者,及满工时,又索费数十百金,或至受奴终身。亮沅谒见日督,反复辨诘,为订条款五事,凡华人应享利益,与列强等,又诣苦工所按籍而释其囚,凡二千余人,其行街纸,则本人备资,由领事署代领,凡给四万余张,远近欢跃。又为华民主信局,代给邮资,刊通用信文万余纸,俾不知书者,填注付邮,于是乡耗始通。古巴俗尚豪侈,喜游宴,领事初至署,绅商争欲睹汉官仪,亮沅于元旦在署开设茶会,至者款叙弥日,一改曩任领事龌龊之习,日官尤敬服之,以后凡有商办,皆得委曲如志焉。庚辰,丁父忧入为使臣,援案奏留,在古巴八年,华民视为众母,调秘鲁参赞,官抵任,知华民被虐如古巴,为请诸贵要拔其囚数千人。未几,派充代办出使大臣,己丑春,归里葬父。庚寅,入都再赴礼闱,时已积资至二品补道员矣。七月指分,粤西辛卯,充文武闱监试官,旋会办当务处。壬辰委校阅桂梧水陆防营,轻舟迅发,谢绝供张,军民畏服。癸巳署左江道察,吏治禁苛扰,四境肃然,旋委署盐法道,莅事甫一月,奉委督办通省厘务,西陲故瘠区,军饷所需,全恃以挹注,比半税单三联票盛行,厘务愈无起色,亮沅别立比较章程,所入乃赢于旧。以疾卒于任。亮沅倜傥有职略,与人交无城府,少擅八法,工诗词,晚岁赴都,犹倚装为韵语,好义举。甲申、乙酉间,顺直水灾,亮沅在古巴倡捐助赈,得二万金,归粤省甘竹滩设救生船,亦筹助三千金。里有孀妇止一子,被匪诱贩出洋,十余年无耗,亮沅为之侦访,卒赎归,资遣回籍,初不识其人也。卒年六十有二。

(厉式金修,汪文炳等纂:《香山县志》,卷十一,列传,民国十二年刻本。)

〔清光绪年间,广东广州府佛山镇〕 冼耀南,幼名伯忍,字礼厚,号敬之,体貌魁梧,性刚直,少孤,须理生计,遂弃儒就贾,弱冠赴越南,依其世父恩球习商业,河内海关监督,刚以富者补受,无分外国人,且得承袭,越南王以恩球富埒一国,诏补是职,时年已耄,有子汝炳尚幼,不克负重,乃将海关监督奏请以耀南荫,王可其议,遂并滇、粤诸帮商业悉委之,字以信义,榷税顿增,商业亦利市三倍,由是顿成巨富。恩球病,亟遗命汝炳财产均分,辞弗受,曰:"吾之财产即伯父所赐,敢求多乎?"待汝炳加厚。素具侠气,中国人有急难奔越南及华侨落魄者,莫不拯济之，或助以资，或假以事，食客日百余人，均加殊礼，远近莫不闻名。凡滇、粤外交官吏与越南豪俊，结识殆遍，初有何远芳者，南海勇士也，因犯杀人罪，走越南依之为活，久而暴行又作，遣之去，遂出河内走保胜，招聚丁壮，占领某地，未几，越蛮白瑶欲夺之，商民惊皇无措，保胜商业以耀南为最巨，请其策画，耀南曰："微公等言，吾亦当往。"或以何远芳性暴戾，前被遣去，今得志必报复，为之危。耀南曰："远芳虽暴，我不行，即误一方也。"遂径抵保胜，远芳闻其至，先遣将校逆于道，比至，喜曰："予望公久矣，今公来，围可解也，御敌不难，只消足下运筹，事无不济。"乃为筹饷械就地募丁壮二百，伐木建栅，节节为防，立远芳为团练长，有侠士吕品当徒盈千，亦称雄越南，与耀南友善，遂约援助，以成犄角。布置甫毕，白瑶即至，后知有备，乃言与嘉应州人有仇，特欲假道耳。索犒五百金，约不犯商场，立与之，即遁去。后黑旗吴忠部将刘义以何远等据保胜，淫威大肆，思袭击之，先邀耀南至，曰："先生信义素著，凭公传语，商民暂避锋镝，事平如有损，共愿负赔偿。"耀南要其誓，乃再奔保胜，密告戒备，刘果袭击，远方逃死，遂代领其众，前后二役，微耀南力，保胜为墟矣。年六十一，倦游归里，刘义遣兵护送，抵中国境而止。后刘义内向，更名永福，贵至碣石总兵，贻书召耀南曰："在越南惟识公一人，及回广州，亦惟识公一人。"其见重若此。性恬澹，不通贯游，未尝一至官署，家居修祠，字恤亲族，赈灾黎，代合族偿积欠之虚粮，慷慨用财，受惠者众，任侠之性然也。优游林下世二十年，寿八十有一，子孙世厥业。至今不替耀南官越南监督职，制与中国略同，及归以筹赈，功叙府同知，归部铨用，富贵寿考，一时无两，中外以为光荣。

（冼宝干等纂：《佛山忠义乡志》，卷十四，人物八，民国十五年刻本。）

〔清光绪年间至民国二十三年前后，广东恩平县〕 邑人向业耕稼，远出逐利者少。光绪而后，闻邻邑经商海外者橐载而归，心焉向往，乃抛弃父母妻子，近适南洋，远至欧美。或洗衣裳，或种瓜菜，得以汗血所蓄汇归故乡。邑中得此灌输，困难稍减。但外人排华举动日甚一日，每设种种苛例，非令华人绝迹不止。非从国内另辟利源，则无源之水涸可立待耳。

（余丕承修，桂坫纂：《恩平县志》，卷四，舆地，风俗，民俗，民国二十三年铅印本。）

〔清光绪末年至民国初年，广东赤溪县〕 县属山多田少，人民生活维艰，查近二十年来，县民挈眷往南洋各埠寄居谋生者，计每年不下数百家。

（王大鲁修，赖际熙等纂：《赤溪县志》，卷四，经政志第三，户口，民国十五年刻本。）

〔清宣统三年前后，广东增城县〕 郑嗣文，号慎之，新村人。父兴发，以家贫,值红匪之乱,只身出洋谋生活,音问久绝。嗣文居家力耕养母,境益窘,事畜恒不给,奉母命往寻其父,见之于南洋小霹雳岛,止焉,乃随父营工商业,积资稍裕,归赡其母。

（王思章修,赖际熙等纂:《增城县志》,卷二十,人物三,民国十年刻本。）

〔清朝末年至民国初年以来数十年间,广东大埔县〕 近数十年来,邑人以内地谋生困难,纷纷奔走于南洋群岛,当此国势未强,保护无力,往往备受外人之践踏蹂躏,其中以奔走南洋致富者固不乏人,因而飘流异域穷而无告者亦不知凡几,索其原因,皆由内地工业不兴故耳。然以形势度之,或利用水力以兴机械制造,或辟公路使便转运,或奖励种植以裕原料,吾邑工业岂无可以振兴之希望,特愿邑人早自觉悟,速从内地振兴工业。或扩充瓷业,添以机械之力;或改良烟丝,而制造卷烟;或扩充制纸,以杜外货;或改良织席、制扇,以推广出口销路。如是则内地工业已多,人民皆得有谋生之机会,不致无力营生者徒然飘飘异域,致流离失所,是一邑之幸,亦即国家之福也。

（温廷敬等纂:《大埔县志》,卷十,民生志上,工艺,民国二十四年修,三十二年增补铅印本。）

〔民国以来,广东大埔县〕 山多田少,树艺无方,土地所出,不给食用,走川坐越重洋,离乡井,背父母,以靳补救,未及成童,既为游子,比比皆是,吾埔人特别之困苦矣。不图近数年来,地方丧乱,殴民而流离四方,各乡村竟呈特别萧条景象,回忆十数年前之困苦,反如仙乡乐土。呜呼!民生日蹙,影响必及于民族,此必至之势,再加百年,将复不堪设想。未以面积七千余方里,且富襞积之土地,地皮地骨皆大利所萃,乃废弃不用,坐令货藏于下,人穷于上,区区三十万众反致不能养活,政府固无以对吾民,而吾民亦大身暴弃,须知乡邑为吾人根本,异乡羁旅,备尝艰困,实迫不得已,欲取得他乡利益以资挹注而已。今吾邑侨外人数几不亚于在乡,查其所营业务亦多不小,今农工学日进,若以昔日冒险远出之精神,移其资力返以经营故乡,则大学所谓"有人,有土;有土,有财;有财,有用",不及数年便可实现,古人岂我欺哉!愿邑人同心协力,昔之冒险而出者,今则冒险而归,弩末之外洋,不及我新辟之大埔远甚。地方不爱宝,行见数百年贫瘠之耻一旦涤除,而仙乡乐土不难复见矣。

（温廷敬等纂:《大埔县志》,卷十一,民生下,殖外,民国二十四年修,三十二年增补铅印本。）

〔民国二十四年前后，广东罗定县〕 侨居南洋群岛约三万余人，其佣工以割树榕、掘锡米为最多。或联合公司向外国政府租领地段自种树榕亦有之。每年汇入银约三百万元。

（周学仕修，马呈图纂，陈树勋续修：《罗定志》，卷一，地理志，风俗，民国二十四年铅印本。）

〔民国三十二年前后，广东丰顺县〕 邑属国外汇兑，以南洋侨批为大宗，向由汕头批馆转驳各墟商店交收，尤为汤坑、留隍两处最多，每月少则五六帮，多则八九帮，皆源源汇驳。自汕头沦陷，广东省银行分设办事处，所有批汇改由香港转汇省行办事处直接交收，亦有由外洋径行汇驳者，各商店购办货物亦多由办事处汇寄，商民称便，营业日盛。

（李唐编纂：《丰顺县志》，卷七，政治一，金融，民国三十二年铅印本。）

〔民国三十二年，广东大埔县〕 巴生，又名吉冷，英文名 KLANG，在吉隆西，为雪兰莪属县，马来王居焉。曩原管辖吉隆，自吉隆开埠后，遂形落后，唯该埠公路、铁路东达吉隆，西达港口，更有支路达各小埠，商业亦颇不恶，仅亚于吉隆而已，由星洲乘船至港口十二小时，然后由港口转乘火车、汽车到此，或由星乘火车直达，尤为方便。埠中有商店四百余，居民合村落约五万人，旅居邑人在市者三百余，村落小埠者亦三百余，妇孺约占总数十之二，工人占十之五，尤以黄梨厂工人为多，耕种畜牧者十之二，植树胶者十之一，经商者十之二，有洋货店十一家、当店一家、打铁店六家、白铁店九家、药材店六家、新衣店二家、油漆店一家，又港口药材店一家、洋货店三家、当店一家。团体组织者，有大埔俱乐部，由茶阳音乐社改组，经费由社友捐助，社址在巴生后街。

（温廷敬等纂：《大埔县志》，卷十一，民生志下，殖外，民国二十四年修，三十二年增补铅印本。）

〔民国三十二年，广东大埔县〕 万津或曰湾丁，英文名 BANTIN，在吉隆西，亦雪属，由巴生乘车一小时可达，有商店一百，合附近小埠则有五百，居民总数约四万，埔侨六百，经商者十之一，商店雇佣十之三，种菜牧畜者十之二，树胶工作者十之二，小贩十之一，土木工及杂工十之一，妇孺占总数百分之十五，学童数十，去年创办中小学校一所，正力求进展。

（温廷敬等纂：《大埔县志》，卷十一，民生志下，殖外，民国二十四年修，三十二年增补铅印本。）

〔民国三十二年,广东大埔县〕 安南又名越南,古交趾地,秦汉已来数千年为吾国藩属。从前文化与中国同,曾以科举取士。……国王阮姓,潮州人,而受同化者。其地与滇、桂、粤三省毗连,居滇省澜沧江、元江之下游,及桂省镇南关之门户,在吾粤则与钦州之东兴仅隔一界河。其海口曰海防,与我北海相望,诚我国南部一大要地,不独关系殖民已也。清光绪十一年,谅山之役战胜法人,殪其大将,而反倒割让,清末丧失邦土,此为最痛人心之事。今法人虐待华侨日甚一日,反客为主,主人成为奴隶而不可得。言念乃此,国人苟有血气,当如何策励,期雪此耻。现该国分上下六省,华侨之居留者自数十万。吾埔人营业所在之埠市共计八十三处,营业种类药材居十之八。兹将居留地方及其商号人数略志于下。(一) 马德望埠:商店十二家,侨商五十九人;(二) 榜清扬埠:商店十一家,侨商四十八人;(三) 河边:商店二家,人数十四;(四) 金塔埠:商店四,人数二十九;(五) 地里:木工商共三十五人;(六) 堤岸:商号十四家,侨商一百三十五人;(七) 西贡埠:商号三,侨商二十五人;(八) 碗厂下:工商二十五人;(九) 东坛:十五人;(十) 左瓷:二十人;(十一) 土梳:二十五人;(十二) 罇秋:二十人;(十三) 旧邑市:商号三,人数十四;(十四) 福云市:商号三,人数十七;(十五) 永隆省:商号十,人数七十三;(十六) 莪䀹市:商号四,人数五十四;(十七) 三平市:商号十七,人数九十五;(十八) 茶温市:商号十,人数四十四;(十九) 和美市:商号二,人数七;(二十) 沙的市:商店一,人数十二;(二十一) 茶荣埠:商店二,人数七;(二十二) 茶句市:商店二,人数十六;(二十三) 大余市:商号五,人数十七;(二十四)安大市:六人;(二十五) 近玉市:商店二,人数八;(二十六) 浪大市:商店三,人数十二;(二十七) 东一市:商店二,人数八;(二十八) 桥官市:商店四,人数二十二;(二十九) 乌则市:商店二,人数十;(三十) 新立市:商店三,人数十七;(三十一) 提阳市:商店一,人数四;(三十二) 巴沙市:商店一,人数三;(三十三) 乾隆市:商店四,人数十四;(三十四) 永濂市:商店四,人数十六;(三十五) 全瓯省:商店十四家,侨商五十九人;(三十六) 太平:商店三,人数十二;(三十七) 广户:商店二,人数四;(三十八) 辛平市:十二人;(三十九) 丐鹿市。十三人;(四十) 波立市:十二人;(四十一) 新里十人;(四十二) 莪巴市:商店四,人数十六;(四十三) 巴棋市:十五人;(四十四) 丐衽市:商号四,人数二十;(四十五) 迪石埠:商号十,人数六十五;(四十六) 东川省:商店三,人数十九,另乡下二十五人,共四十四人;(四十七) 珠笃省:商号四,人数二十六;(四十八) 安友市:商号六,人数二十;(四十九) 百细:商号二,人数十二;

（五十）丐般市：商号六，人数三十六；（五十一）丐怒市：商号四，人数十一；（五十二）美萩埠：商号八，人数六十一；（五十三）棋市：商号三，人数三十一；（五十四）巴越：商号八，人数四十三；（五十五）墰胶：商号三，人数十二，（五十六）憧庙：商号三，人数九；（五十七）墙竜：商号三，人数十一；（五十八）桥罙：商号六，人数二十六；（五十九）丐瓜：商店一，人数五；（六十）左贪：商号八，人数三十二；（六十一）樱榔：商号五，人数六十二；（六十二）美隆：商店二，人数四，（六十三）乡点：商店一，人数七；（六十四）巴知：商店五，人数三十七；（六十五）薄寮：十五人，（六十六）童春：商号二，人数十二；（六十七）美仁：商店一，人数十；（六十八）滀臻市：二十人；（六十九）芹苴：五人；（七十）盛富：商号二，人数五；（七十一）独饶：商号二，人数七；（七十二）丐礼：商店一，人数三；（七十三）淇川：商店一，人数三；（七十四）巴称：商店二，人数七；（七十五）富丰：商店一，人数四；（七十六）永金东：商店二，人数十一；（七十七）新合：商号三，人数七；（七十八）新安：商店二，人数十一；（七十九）守承：商号十七，人数五十三；（八十）丁壬市：三十人；（八十一）德建市：十五人。

（温廷敬等纂：《大埔县志》，卷十一，民生志下，殖外，民国二十四年修，三十二年增补铅印本。）

〔民国三十二年，广东大埔县〕 文冬……在彭亨西，清光绪间，邑侨张弼士与华侨陆佑、谢梦池三人合资四十万开辟，由星州乘火车至文德甲转乘电车抵此，由吉隆乘电车亦可。全埠商店二百一十二间，商务冠彭属全属，约二万人。华人占十之六，多为矿工，尤以广西人为最多。邑侨旅此者，计有洋货十家，药材店一家，计五十五人，打铁及白铁店九家，计四十人，营业树胶等生意者八人，树胶工四人，种菜者三人，矿工五人，妇孺六十一人，共一百七十六人。工人工值平均每日约一元，若胶、锡涨价，可得二元以上。

（温廷敬等纂：《大埔县志》，卷十一，民生志下，殖外，民国二十四年修，三十二年增补铅印本。）

〔民国三十二年，广东大埔县〕 文德甲……斯文丹属，开辟于清光宣间，商业较斯文丹为盛，由星洲乘火车二百二十二英里，九小时可达，全埠合各村落人数一万三千，华人占十之六，共有商店五十五间。埔人旅此者，计洋货店三家，二十七人；药材店二家，十人；当店一家，六人；京果店一家，十人；白铁店一家，六人；打铁店二家，九人；营实业者七人；树胶园工十二人，共八十七人。有何毓芝，莒村人,南游二十年,颇有积蓄,慷慨急公,人咸称之。

(温廷敬等纂:《大埔县志》,卷十一,民生志下,殖外,民国二十四年修,三十二年增补铅印本。)

〔民国三十二年,广东大埔县〕 东爪哇又名泗水……在爪哇及马渡拉之东,由星洲乘轮直达,交通便利,商业极盛,为爪哇各埠之巨擘,商店数千间,亦南洋一大商埠也。埔侨留居者约千人,团体组织有大埔同乡会,会址在另卡难第四十七号。民国十八年饶星帆、唐遂初、林梗楠等组织成立,附设平民学校一所,常费尚由同乡认捐,年约须三千盾,营业商运乏精细之调查,未能悉其确数,大抵在市者以洋货、陶器、罐头、药材为多,在山园则以咖啡、糖米、杂货为多云。

(温廷敬等纂:《大埔县志》,卷十一,民生志下,殖外,民国二十四年修,三十二年增补铅印本。)

(四)少数民族生活

〔民国二十二年前后,绥远〕 蒙古人之常食,大体为乳、茶、炒米、羊肉、白面、炒面等。终日饮茶、食米,在开垦之地方与汉民同,用乳及其制品者少。邻接于开垦地之地方,以粟为常食,牛乳及羊肉、兽肉则杂用之。

(绥远省政府编:《绥远概况》,第十四编,乌伊两盟概况,五,蒙人之生活,民国二十二年铅印本。)

〔民国二十六年前后,内蒙古〕 东部内蒙古之蒙古人,如上所述,可大别之为纯农民、农牧民、纯牧民三种。……一、纯农民。纯农民亦可分为两种,一为在开拓地方之土著,与汉人杂处,以农耕为生活;一为接近开拓地方之土著,专事农耕,兼业畜牧,嗣以逐年开拓,牧地受其影响,渐次缩小,遂不得不以农耕为主业,亦成土著农民矣。纯农民所住房屋及耕作方法,与内地人民完全相同,其作物以粟、麦、高粱为主,一家之食粮有余,则运之市场贩卖。富裕者田地广大,雇用东省及内地人为其佃户,日常生活与内地富户相同,其风俗习惯亦与内地人民无异,而且经营副业,牧养牲畜(以自用之牛马及羊为限),为一家经济之补助。二、农牧民。农牧民以牧为主业,以农为副业,即所谓牧七八、农二三是也。除纯牧民与纯农民之全部外,余皆属此,均以畜牧为生计,蒙古固有之风俗依然存在。观其畜牧牛马之多寡,即可知其贫富。然亦稍种粟麦,聊以自给。居住则有一定之地点,与逐水草而居游牧民完全不同。在东西扎鲁特、阿鲁科尔沁、达尔罕、博王等旗之农牧民中,尚有种瓜者,取其瓜子贩卖于市。耕作方法极其幼稚,不如纯农民远甚,其计算地之面积,以牛马之行程为准,播种收获皆以碗量。作物听其天然生长,不加管理,丰凶归之天命。一家之食用不足,则以乳制品以补充之。三、纯牧民。纯牧民纯以游牧为生计,春夏秋冬四季驱牲畜逐水草,无一定居住地方。盛夏移住河流湖沼边之清凉处所,严冬则匿于山腹、山凹、山峪中之可以避风处所,随其季节辗转迁徙,收牲畜之乳汁或加以制造为主要之饮食品,或以之交易谷物以资食用。手工则制造毛皮、缠服、毛毡、毡幕,依然太古时代之游牧生活,即所谓绩毛饮湩之民也。

（许崇灏编：《内蒙古地理》,附录,内蒙古风俗,民国二十六年铅印本。）

〔**民国二十六年前后,绥远**〕 绥远之蒙商多集中在归绥、包头两市场,故此等市场为绥、蒙商业关系之根据地,而蒙古各地半游牧或纯游牧区域之商业脉络,均以此两处为连系之枢纽也。

（廖兆骏编《绥远志略》,第十六章,绥远之商业,第五节,蒙民之商业,民国二十六年铅印本。）

〔**清乾隆三十八年前后,奉天塔子沟**〕 蒙古婚娶以牛马羊酒为聘礼,各称其家之贫富,以为数目之多寡。

（清 哈达清格纂：《塔子沟纪略》,卷十二,附余,蒙古风俗,清乾隆三十八年刻本,民国二十三年铅字重印本。）

注：塔子沟今属朝阳地区。

〔**清道光年间,吉林**〕 黑津,名目不一,珲春东南滨临南海一带者,谓之恰喀尔,三姓城东北三千余里松花江下游齐集以上至乌苏里江东西两岸者,谓之赫哲,齐集以下至东北海岛者,谓之费惟喀,又东南谓之库叶。……乌苏里江口、松花江下游,黑津私下贸易常于冰冻后,以数狗驾车而来,捷如奔马,性嗜酒,贪小利。奸商能懂黑津话者交易换货,其利倍蓰,每以辣椒水掺烧酒换去。

（清 萨英额纂：《吉林外纪》,卷八,风俗,清道光间纂,清光绪二十一年刻本。）

〔**清康熙年间,黑龙江**〕 索伦达呼尔不谙农事,康熙间,特遣部院课其耕种,尝以郎中博奇课耕有法,禾稼大收,奉旨褒美。

（清 西清纂：《黑龙江外纪》,卷四,清嘉庆十五年修,清光绪二十六年刻本。）

〔清嘉庆十五年前后,黑龙江〕 鄂伦春俗重鲜食,射生为业,然得一兽即还家,使妇取之,不贪多,亦不以负戴自苦。索伦达呼尔旧亦然,近日渐知树艺,辟地日多。呼伦贝尔依然畜牧为生,富在羊、马,力田者寥寥也。

(清　西清纂:《黑龙江外纪》,卷六,清嘉庆十五年修,清光绪间刻本。)

〔清嘉庆十五年前后,黑龙江〕 商贩旧与鄂伦春互市,地名齐凌,转为麒麟,因有麒麟营子之号。后将军傅玉搜获逋逃无算,乃禁互市。今无闻。

(清　西清纂:《黑龙江外纪》,卷五,清嘉庆十五年修,清光绪间刻本。)

〔清嘉庆十五年前后,黑龙江布特哈〕 布特哈向无商贩,其俸饷例于纳貂后支领,故楚勒罕时城中集上无男女争买货物为一岁之计。然老妪坐穹庐外,捻麻绳、造桦皮斗,易钱自给者不一而足,其艰窘可知。

(清　西清纂:《黑龙江外纪》,卷五,清嘉庆十五年修,清光绪间刻本。)

〔清光绪十七年前后,黑龙江〕 蒙古人不耐耕作,每播种下地,天雨自生,草谷并出。亦不知耕锄,一经荒芜,则移而之他。江省初辟时,尝倚蒙古糜田以资日食,民垦既兴,转有运售蒙古各部者矣。

(清　徐宗亮纂:《黑龙江述略》,卷六,丛录,清光绪中刻本。)

〔清朝末年,黑龙江〕 游牧为蒙古生计,有牛群、马群、羊群,逐水草所在,插帐棚为居,以肉为食,以酪为浆,省西南各处皆是。

(林传甲纂:《黑龙江乡土志》,格致,第三十三课,游牧之法,民国二年铅印本。)

〔清朝末年至民国初年,黑龙江〕 自什勒克喀河、额尔古纳河相会处,至瑚玛尔河注入黑龙江处之间,有鄂伦春人及玛涅克尔人。……鄂伦春人及玛涅克尔人虽以行猎为生,然亦有永久住址,时出时归,行猎所获恒以犬马或北鹿驮载,故视犬马、北鹿皆家畜之有用者。所居房舍,通常用圆筒帐幕柱梁包以桦皮,屋上包以鹿皮。玛涅克尔人以渔猎为业,其渔舟为轻便小艇,长六尺至八尺,供晒干鱼肉等之用。至其武器,则鄂伦春人及玛涅克尔人均用火枪代弓矢,技术颇精,虽飞燕之渺小,亦无不应弹丸而下。

(郭克兴辑:《黑龙江乡土录》,第二篇,部族志,第四章,鄂伦春,白眉初《满洲三省志》,黑龙江人民出版社一九八七年校点铅印本。)

〔清朝末年至民国初年,黑龙江春源县〕 春源县,在杨源西北,伊春河之源,当兴安岭之阳,群山盘郁,赫斤人居之。有碓营,为猎户所集,确户须领腰牌、枪照,始能入山行猎(《乡土志》)。

（郭克兴辑:《黑龙江乡土录》,第一篇,方舆志,第四章,绥兰道,春源县,黑龙江人民出版社一九八七年校点铅印本。）

〔清朝末年至民国初年,黑龙江呼伦县〕 城在铁路旁。人皆渔猎,操满、蒙语(《乡土志》)。

（郭克兴辑:《黑龙江乡土录》,第一篇,方舆志,第六章,呼伦道,呼伦县,黑龙江人民出版社一九八七年校点铅印本。）

〔清朝末年至民国初年,黑龙江车陆县〕 治车陆屯,为毕拉尔路鄂伦春协领所驻。鄂伦春人以狍皮为衣,桦皮为碗,生长山谷,能耐寒苦,至城市则必先种痘(《乡土志》)。

（郭克兴辑:《黑龙江乡土录》,第一篇,方舆志,第五章,黑河道,车陆县,黑龙江人民出版社一九八七年校点铅印本。）

〔清朝末年至民国初年,黑龙江瑷珲县〕 此县汉族居全境人口十之六七,次为满族,次者为达呼尔、索伦等部落,有鄂伦春人七百余户,此族人不置恒产,逐水草而居,以猎为业,专归鄂伦春两协领管理(《三省地志》)。

（郭克兴辑:《黑龙江乡土录》,第一篇,方舆志,第五章,黑河道,瑷珲县,黑龙江人民出版社一九八七年校点铅印本。）

〔民国九年前后,黑龙江瑷辉县〕 鄂伦春人,俗名之曰栖林,凡其居处,倚山傍河,林深树密之中,以木杆数根绳捆于梢,而枝撑之,周以桦皮,并草敷盖,其顶上洞开烟道,即时便成窝堡。如稍殷实,亦有用狍皮者。内中用木生火,暖屋、造饭皆恃此。……每饭或以肉干、鱼干、少米作粥以飨。……一家获牲,必各家同餐,互为聚食,久惯为俗。妇女熟皮成衣均能自理,男童如及十三岁即可持枪行猎,女孩十三亦可编笼捕鱼。

（孙蓉图修,徐希廉纂:《瑷珲县志》,卷十三,库路志上,民国九年铅印本。）

〔民国十四年前后,黑龙江索伦族〕 金矿甚多,但皆金沙,且金苗旺处悉被政府设局开采,非独外国人不易着手,即本地人亦不获染指于其间也。

（郭克兴辑:《黑龙江乡土录》,第二篇,部族志,第三章,索伦,赵铣《索伦纪略》,黑龙江人民出版社一九八七年校点铅印本。）

〔民国十四年前后,黑龙江索伦族〕 所用布帛器皿多不自制,冬日行猎取其皮毛,夏日猎鹿取其胎茸,以及虎骨、麝香等类,俾作贸易之品。

（郭克兴辑:《黑龙江乡土录》,第二篇,部族志,第三章,索伦,赵铣《索伦纪略》,黑龙江人民出版社一九八七年校点铅印本。）

〔民国十四年前后,黑龙江索伦族〕　该处之经营商业者,多为附近之民族,习其语言,谙其地理。夏历四、五月间,车载布帛、器具等类,化装入山,易其皮货、药品而归,转售于大埠商贩,而获其利(迩来胡匪多俟其归时而劫之,故商人多裹足)。交通便利之处,日用所需,易为罗致,穷山僻野,则不免困难矣。

（郭克兴辑:《黑龙江乡土录》,第二篇,部族志,第三章,索伦,赵铣《索伦纪略》,黑龙江人民出版社一九八七年校点铅印本。）

〔民国十五年前后,黑龙江鄂伦春族〕　鄂伦春,索伦之别部也。……此族穷守荒山,以皮易物,所需食用,概恃俄商供给。……其习惯耐寒恶热,夏秋则沿牛尔河两岸捕鱼,以便休息;冬春则入雉鸡山一带游猎,以谋生活。

（郭克兴辑:《黑龙江乡土录》,第二篇,部族志,鄂伦春,民国十五年铅印本。）

〔民国二十三年前后,黑龙江布特哈〕　嫩江讷谟尔河一带,屯所地域平坦广阔,宜于垦殖耕种(如小麦、苓当麦、荞麦、大豆、小豆、马铃薯、白菜、萝卜、葱、茄子、稷、粟、黍、玉蜀黍、大麻、烟叶、黄瓜、香瓜、西瓜等类)。农暇则在嫩江捕鱼,鱼类则黄白鲫鳜、草根鲚头等为多。或赴嫩江、甘河、努敏河上游山林砍伐,木排顺流放下江省变卖以谋生活者亦复不少。且有擅制大轮车辆之艺术,每年八月间从山路运往海拉尔(即呼伦尔贝)属赶珠尔庙(即寿宁寺)集会,交换牛羊马匹藉资营生者。

（孟定恭编:《布特哈志略》,村落姓氏,民国二十三年铅印本。）

〔明万历四十四年前,陕西行都司肃镇山丹卫〕　山丹卫昔为羌戎所居,男女罕事耕织,惟弓马是尚,畜牧为生。今则士风淳朴,人知耕稼,大异往昔(总《志》)。

（明　李应魁纂修:《肃镇志》,卷一,地理志,风俗,明万历四十四年刻本,清顺治十四年重刻本。）

〔明代至清乾隆二年前后,甘肃肃州〕　肃州属夷,本居嘉峪关西口外。……自宏治中,土鲁番侵扰哈密,渐及沙州以东诸卫,由是,属夷不能自立,皆求内徙,遂迁至关内,于肃州附近地方安插住牧。迄今,本朝德化涵濡,渐摩愈久,并多褫毡裘而袭冠带,俗同编户,与内地人民一体,纳粮当差以供赋役,可谓盛矣。

（清　黄文炜、沈青崖纂修:《重修肃州新志》,肃州,第十五册,属夷,清乾隆二年刻本。）

〔清乾隆二年前后,甘肃肃州〕 查肃州所属地方,只有黄、黑二种番夷,其黄番一种八族,旧在临城各坝居住,与民一例种地当差,其间有无地之番民,或充伍食粮,或与民佣工,或放牧为生,原与土著之民无异。而黑番一种,旧在南山一带与民杂处,其间有在川种地纳粮者,亦有在山认垦者,更有牧放为生者,旧系武职管辖。于雍正四年十月内,奉文改换头面,有司管辖。

(清 黄文炜、沈青崖纂修:《重修肃州新志》,肃州,第十五册,属夷;清乾隆二年刻本。)

〔清乾隆十五年前后,甘肃凉州府古浪县〕 番族,依深山而居,不植五谷,惟事畜牧,磨面和乳以为饮食,果其腹者,畜类也。

(清 张之浚、张诏美修,赵璘、郭建文纂:《古浪县志》,风俗志,番夷回类附,清乾隆十五年刻本。)

〔民国二十四年,甘肃夏河县〕 夏河县人口约三万四千,除县城系杂居外,殆尽属藏民。……甘肃省西南隅之藏民,依其与汉民距离之远近、同化程度之深浅,复可分为半藏、近藏、远藏三类。半藏俗称半番,向化内附,为日已久,与汉人踪迹甚密,混有汉人血统,居川口,成农村,生活习惯浸染华风,最近且多改土归流,如洮河下流岷县、临洮一带土司所属之藏民是。大夏河下流之临夏县,元明间尚多藏族,今则变夷为夏,不可复辨,已完全同化矣。近藏,俗称熟番,又称"龙娃"。近城中,通汉语,半耕半牧,渐成熟地,居土屋,有力者亦居板屋,高楼暖坑,仓储充盈,惟服饰仍存藏俗。洮河上流临潭县卓尼附近之藏民,即属此类。在夏河县惟拉卜楞附近少数藏民,有田庐,务耕植,兼以接近县族,不通汉语,不受影响,插帐迁移,不知庄稼……食料则为肉类、酥油及青稞粉(名为糌粑),向不食用鱼介蔬菜,以牛马粪作薪,所谓"鲁炭"是也。

(张其昀纂:《夏河县志稿》,卷三,民族,民国二十四年修,抄本。)

〔民国三十一年前后,甘肃临泽县〕 黄番住甘肃境内者称黄番,又名熟番,系古西喇古尔黄番,蒙古裔也。……黄番生活状况,或种田,或畜牧,暖衣布褐,寒衣皮毛,饔飧浑酥,居则帐房,架木为屋者甚少。……黄番风俗,番俗轻贫弱重富豪,富豪之家侵渔小民如仆隶,故贫者日削,富者日强。

(章金浤修,高增贵纂:《创修临泽县志》,卷三,民族志,黄番,民国三十一年铅印本。)

〔民国三十一年前后,甘肃临泽县〕 自县城至白盐池一百九十里地方,向隶于县属平川营管辖,地瘠山童,不适于农。其人为蒙古族,以游牧为生活,随畜荐居。其畜牧以骆驼、羊为主,牛、马次之。以毡为庐,以皮毛酥油茶等物易汉族之米粟而食之。

（章金泷修,高增贵纂:《创修临泽县志》,卷三,民族志,蒙古,民国三十一年铅印本。）

〔民国十六年前后,宁夏〕 蒙俗,人性好勇,不适农业,以游牧为本……居以毡为庐。……其近边者濡染华风,间有筑室而居,且耕且牧。其畜牧以马、牛、羊为主。

（陈必淮修,王之臣纂:《朔方道志》,卷三,舆地志,风俗,蒙俗,民国十六年铅印本。）

〔清乾隆十二年前后,甘肃西宁府大通卫〕 人有汉、土番、回之殊,俗以耕植孳牧为业,五月冻解,八月田熟,用褐为衣,以土为屋,崇尚黄教。

（清　杨应琚纂修:《西宁府新志》,风俗,清乾隆十二年刻本。）

〔清乾隆五十七年前后,甘肃兰州府循化厅〕 甘肃农桑多缺不讲,而循化尤甚,番民以畜牧为生,耕种者不及半,惟撒喇族回民及起台边都二沟番民颇有水田,得灌溉之利,然皆卤莽特甚。至于蚕事,不独目所未见,亦复耳所未闻矣。

（清　龚景瀚纂修:《循化厅志稿》,卷七,农桑,传抄清乾隆五十七年刻本。）

〔民国八年前后,青海大通县〕 番民……俱以务农为本,兼奉佛法,近来亦有知汉学而崇儒术者。

（刘运新修,廖徯苏纂:《大通县志》,第二部,种族志,番民,民国八年铅印本。）

〔民国九年,青海玉树〕 田多沙砾,掘地数尺皆然,粪田以马矢,犁田之法以横木缚于两牛之角中,属长木引犁,知用头力而不知用肩力,番人之愚如此。岁二月晦、三月朔为播种青稞之时,五月草生始耘,八九月收获,四、五月种蔓菁,农事亟,则寺僧多请假归家,协力南亩,亦犹内地村塾之忙假也。地独宜青稞,唯拉布寺附近有种麦者,今列可田区如下：通天河流域,自协曲水口以下,沿河两岸及固察称多拉布歇、武义曲、结古曲诸水滨皆有田。以上可田之区除供本地各族食粮外,其加迭、喀桑、娘磋、玉树各族食粮均仰给于此,其交易以牛、羊、皮毛、酥油。子曲河流域,自吹灵多寺以下始有田,姜云、药曲、曹曲等水滨皆有田。杂曲河流域,自觉拉寺以下始有田,以强喜云为最多,地稍腴。巴八曲河流域,无田。鄂穆曲河流域,自材沙百长属地以下始有田。以上可田之区除供本地各族食粮外,其中坝、格吉各族食粮均仰给于此。西番量地无亩数,以播种之多寡为差,大率上地下种一斗收获十倍,中地七八倍,下地四五倍。耕种地段岁易其处,有一易者,有再易者,犹古辕田之制也。

（周希武编:《玉树土司调查记》,卷下,实业,稼穑,民国九年编,抄本。）

〔**民国三十二年前后,青海藏族**〕 南部番人互市,多聚集于寺院。寺院会集俱有定期,平对则多聚集于结古等处,亦有负贩至各村落者。除物物交易外,亦有用银钱交易者,惟物价较昂耳。

（许公武纂:《青海志略》,第五章,青海之经济概况,第九节,商业,民国三十四年铅印本。）

〔**民国三十二年前后,青海蒙古族**〕 北部蒙人于每年秋冬二季至湟源、亹源、大通一带互市,春夏二季则在本境以内集市,数百里间皆来赶集,就旷野为市场,物贵者蔽于帐,贱者曝于外,器物杂陈,汉商所贩运者,大抵皆布匹、糖、茶、木器及供佛应用之零星物件;土人所出卖者,则全为本地产物。交易由双方拣选估价至相当价值而止,每次凡二十余日乃散。

（许公武纂:《青海志略》,第五章,青海之经济概况,第九节,商业,民国三十四年铅印本。）

〔**民国三十二年前后,青海共和县**〕 地据黄河南北关键,为青海精华荟萃之区,气候温和,物产丰富,土地肥沃,上郭密膏腴之地不下数千顷,蒙番民族多事游牧,以致货弃于地。近汉民多往开垦,将来交通便利,荒地成熟,可成为极富庶之区。沿河一带森林亦多。下郭密则地瘠民贫,土人多以游猎为生。郭密在黄河北岸,东北距西宁二百二十里。

（许公武纂:《青海志略》,第四章,青海之自然区域及政治区域,九,共和县,民国三十四年铅印本。）

〔**清乾隆年间,新疆**〕 准噶尔全境不乏泉甘土肥种宜五谷之处,然不尚田作,惟以畜牧为业,择丰草绿褥处所驻牙而游牧焉。各有分地,问富强者数牲畜多寡以对。饥食其肉,渴饮其酪,寒衣其皮,驰驱资其用,无一事不取给于牲畜。

（清 傅恒等修,褚廷璋等纂,英廉等增纂:《钦定皇舆西域图志》,卷三十九,风俗,准噶尔部,畜牧,清乾隆二十七年修,四十七年增修,清乾隆间《四库全书》本。）

〔**清乾隆年间,新疆**〕 安集延,回子一部落也……乾隆二十三年归附中国,在布鲁特之西有城池屋宇村堡田园,业耕种,土产谷豆瓜果皆备,而桃称独绝。畜牛马,恒围猎,人不畜发辫,禁猪肉。衣圆领窄袖,帽方无翅。

（清 椿园纂:《外藩列传》,清乾隆间纂,清光绪十七年铅印本。）

〔清乾隆三十七年前后,新疆〕 回人稼穑大率以麦为重,虽有秋稻粟豆,不为常食。耕具有犁有耰,播种时无耩无耧,惟凭手撒,无锄不知芟芸。登场时堆于平地,用马牛驴数十践踏而已。收藏则皆埋于地窖,随时舂磨,以供食用。有水处水磨甚多,藉以收利。

（清　苏尔德纂：《回疆志》,卷二,耕种,清乾隆三十七年纂,一九五〇年吴丰培校订油印本。）

〔清乾隆三十七年前后,新疆〕 回人谓市曰巴杂尔,岁首第一日曰沙木毕,二日曰雅克沙木毕,三日曰都沙木毕,四日曰赛沙木毕,五日曰插沙木毕,六日曰排沙木毕,七日曰阿萨那,以阿萨那日为期,周而复始,如北方之集,南方之墟。是日各处之货以及羊马牲畜瓜果咸集,男女杂处,言语纷纭,互相贸易,傍晚多醉而归。无经纪牙行,但凭在市众人论价,米量并无升斗,以察拉克噶尔布尔乃八十斤,又八之为一巴特满,乃六百四十斤。惟察拉克系用绳悬横木,两端各系木盘如天平,以普儿为准,每五普尔为一两,以普尔较准铁石、土块为凭,金银、脂粉、丝棉、米粮等俱以察拉克称兑。布帛长短有定数,每布一匹较内地尺长丈六七,宽尺五寸,若买零布,每见方谓之叶立木哈斯,即内地一尺,加一倍为敝哈斯,即二尺也。他如买油、肉等食物,亦以察拉克计之。

（清　苏尔德纂：《回疆志》,卷二,交易,清乾隆三十七年纂,一九五〇年吴丰培校订油印本。）

〔清乾隆三十七年前后,新疆〕 新疆惟和田回人知养蚕缫丝织绢,他处桑虽多,食椹而已。惟赖种棉织布为衣,其纺车机梭形虽小异,而用则同。远近各外夷以羊马诸货易去,回人颇为利益,每年额收布匹,官为运送伊犁,与哈萨克易换牛羊马匹,为伊犁、乌鲁木齐、巴里坤等处应用。

（清　苏尔德纂：《回疆志》,卷二,织纴,清乾隆三十七年纂,一九五〇年吴丰培校订油印本。）

〔清咸丰七年前后,新疆乌什〕 回子惟以种麦为生,别无生业,故多穷户。

（佚名纂：《孚化志略》,杂录,回俗,清咸丰七年抄本。）

〔清光绪三十三年前后,新疆莎车府蒲犁厅〕 布鲁特回民以游牧为生,多住毡帐,亦间有住土房者。塔吉克回民以游牧为生,均多住土房,夏间则住毡帐。

（清　江文波纂：《蒲犁厅乡土志》,人类,一九五五年据清光绪三十三年稿本油印本。）

〔清光绪三十四年前后，新疆伊犁府〕 伊犁五方杂处，客籍、土著随在皆有，除索伦、锡伯拨有屯地自种自食，其察哈尔、额鲁特向系游牧为生，至于汉、回、缠民，有租地耕种者，有自种业地者。

（清　许国桢纂：《伊犁府乡土志》，各种人生业，一九五五年据清光绪三十四年稿本油印本。）

〔清光绪三十四年前后，新疆疏勒府〕 本境缠民俗尚简朴，务农为业者，十居八九。

（清　蒋光陛纂：《疏勒府乡土志》，实业，一九五五年据清光绪三十四年稿本油印本。）

〔清宣统元年前后，新疆焉耆府〕 境内未设农务学堂，口外耕种不及内地勤而得法，现有汉农二十余家，缠农一千四百余家，回农四百三十余家，蒙古近来亦知耕种，乌沙克他庄有蒙古六户，前报垦有案。

（清　闻瑞兰纂：《焉耆府乡土志》，实业，清宣统元年稿本，一九五五年油印本。）

〔清宣统元年前后，新疆焉耆府〕 蒙民：土尔扈特盟长夏日避暑住珠勒都斯，冬时住八蓝太，距城二站马路部下蒙民时出山来城市易食粮、货物。

（清　闻瑞兰纂：《焉耆府乡土志》，人类，清宣统元年稿本，一九五五年油印本。）

〔清宣统二年前后，新疆婼羌县〕 缠民近年以耕牧为业，渐知种植，亦渐有纺织者，工艺极拙，无所师资，商业尚未发达。

（清　唐光炜纂修：《婼羌乡土志》，实业，一九五五年据清宣统二年稿本油印本。）

〔清朝末年至民国初年，新疆〕 新疆土著缠回好贾，趋利甚于汉人，常越境行贾，以土货往，以俄货归，时获赢羡。

（钟广生撰：《新疆志稿》，卷之二，商务，民国年间铅印本。）

〔民国三十六年前后，新疆维吾尔族〕 饮食则以麦面、小米、玉米为主，稻米次之。寻常面食多以糖为主，制法颇似米烧。若煮稻米，喜将羊肉细切，加鸭蛋、红萝卜、和饭炒之，名曰抓饭，为食品之上者。肉食皆牛羊肉，而羊尤多。油以酥油为最，系提牛羊乳之油质凝冻而成者。饮酒、吸烟，女子不忌。

（丁骕撰：《新疆概述》，十，维吾尔人，民国三十六年铅印本。）

〔民国三十六年前后，新疆哈萨克族〕 其俗无城郭庐室，逐水草，事游牧，冬夏迁徙。

（丁骕撰：《新疆概述》，十一，柯尔吉兹及哈萨克，民国三十六年铅印本。）

〔清顺治年间至光绪四年前后,浙江处州府宣平县〕 处州有畲民者……顺治间,迁琼海之民于浙,处州十县尤多,结庐深山,务耕作,畲妇戴布冠,缀石珠,赤足负戴,畲民或为人肩舆,土著者贱之。

（清　皮树棠纂修:《宣平县志》,卷五,风土,附畲民考,清光绪四年刻本。）

〔清顺治年间至民国十四年前后,浙江松阳县〕 畲客系盘瓠遗种,昔号蛮夷,清顺治十八年,由交趾迁琼州,由琼州迁处州,丽水、云和、景宁、遂昌四县较多,松阳、宣平、青田各县次之。其俗喜居山谷,结茅庐,少瓦屋,男妇力耕,性愚直,鲜读书,恒受土人欺。畲妇戴竹筒,包以花布,缀石珠,插铜簪,自谓凤挑,以为公主遗制,赤足担负无异男人。

（吕耀钤、秦丰元修,高焕然纂:《松阳县志》,卷六,风土志,畲〈畬〉客风俗,民国十四年木活字本。）

〔清同治年间至民国十六年前后,浙江象山县〕 同治《志》稿:蜑女,俗称踝跣婆,系闽产,网捕为生,以船为家,惟石浦盐仓前有之。近则错居岸上矣。

（李湉等修,陈汉章纂:《象山县志》,卷十六,风俗考,古今俗习,民国十六年铅印本。）

〔民国十四年前后,浙江龙游县〕 畲民风俗:同姓可以为婚,无子则招女婿为子,以女为其妇。近土人间有娶其女为妇者,以女嫁畲民则未有也。

（余绍宋纂:《龙游县志》,卷二,地理考,风俗,民国十四年铅印本。）

〔民国二十五年前后,浙江丽水县〕 本县商业交易均以钱币往来,惟县北一带杂处畲民,间有携货以通有无者。

（姜卿云编:《浙江新志》,下卷,第七十七章,丽水县,实业,民国二十五年铅印本。）

〔清嘉庆二十一年前后,福建漳州府云霄厅〕 瑶人……自结婚姻,不与外人通也,随山散处,编荻架茅以为居,植粟种豆以为食,言语侏僷,性颇骛悍,楚粤多有之,闽省凡深山穷谷之处每多此种,错处汀潮接壤之间。

（清　薛凝度修,吴文林纂:《云霄厅志》,卷三,民风,瑶僮,清嘉庆二十一年刻本,民国二十四年铅字重印本。）

〔清乾隆二十九年前后,台湾凤山县〕 诸番傍岩而居,或丛处内山,五谷绝少,砍树燔根,以种芋魁,大者七八斤,贮以为粮。收芋时穴为窖,积薪烧炭,置芋灰中,仍覆以土,聚一社之众,发而啖焉。

（清　王瑛曾纂修:《重修凤山县志》,卷三,风土志,番社风俗,清乾隆二十九年刻本。）

〔**清乾隆二十九年前后，台湾凤山县**〕 头以鸟羽为领，围于顶，或用螺壳，或用草珠、海石串如贯珠。农事之暇，男则采藤编篮、砍木凿盆，女则织苎织布，惟土官家织红蓝色布及带头织人面形，余则不敢。各社生番持与熟番交易珠布、盐、铁，熟番出与通事交易（按：番社交易，以布、盐、铁易之，就货折银，价甚贱，若买以银，钱虽多不售）。

（清　王瑛曾纂修：《重修凤山县志》，卷三，风土志，番社风俗，清乾隆二十九年刻本。）

〔**清乾隆二十九年前后，台湾凤山县**〕 番稻七月成熟，集通社阄定日期，以次轮获。及期各家皆自觞牲酒以祭神，遂率男女同往，以手摘取，不用镰铚，归则相劳以酒。

（清　王瑛曾纂修：《重修凤山县志》，卷三，风土志，番社风俗，清乾隆二十九年刻本。）

〔**清乾隆五十七年前，湖广地区**〕 湖广瑶蛮土司下当作状，言近洞官山产臭泥，可代煤，请令群蛮开采。时部吏人蛮贿，为转请甚力。谷韦取泥熟视之，故和土下当作诡为之耳，白于尚书，不许。

（清　李慈铭撰：《乾隆绍兴府志校记》，选举志，王谷韦，民国十八年铅印本。）

〔**清乾隆二十一年至民国二十一年前后，湖南汝城县**〕 汝瑶有高山、平地两种。平地瑶自清乾隆二十一年改称新民，与民杂处，仰沐抚绥，作育深仁，凡耕读赋役，冠婚丧祭，服食居处，俱与民同。昔时惟九龙冈、南洞江二处之瑶居崇山峻岭，刀耕火种，蓬头跣足，衣食言语等俗皆相悬殊，今二处亦涵濡日久，与新民一体，无相悬之俗矣。

（陈必闻、宛方舟修，卢纯道等纂：《汝城县志》，卷二十一，政典志，礼俗下，民国二十一年刻本。）

〔**清道光年间，湖南桂阳州**〕 道光时，雷光华亦以贷息起其家。光华居州北茶料，邻瑶地，瑶人多贫，有垦土者，得金数百斤，以为锡，光华贱买之。既易钱，诸瑶反从贷焉，遂致十余万金。

（清　汪敦灏等修，王闿运等纂：《桂阳直隶州志》，卷二十，货殖，清同治七年刻本。）

〔**清道光年间，湖南永州府江华县**〕 道光中，瑶人入江华市易银，贾人夹锡与之，觉而往请更之，反怒骂击瑶人，归集十余人复往，贾讼县官称瑶劫掠，尽捕下狱，于是瑶众怒起，杀奸贾，推金龙为首，桂阳新田瑶应之，有徒党千数百人，州县遽以瑶变闻。天下承平久，大吏不知政体，见瑶变，以为此大敌，可邀奇功，提督海凌阿、副将马韬率驱入其境,兵不持刀矛,捆载以行,瑶伪为土民,负其军器去。已乃大噪,官兵闻声奔走,或自跪道傍,遂杀海凌阿及马韬,得其火器,攻新田,杀知县王鼎铭。

（清　汪敩灏等修,王闿运等纂:《桂阳直隶州志》,卷二十三,洞瑶,清同治七年刻本。）

〔清同治年间,湖南永州府江华县〕　江华半系瑶人,半系土著,亦有外来人入籍耕凿为业者,山多田少,火种刀耕,所产稻禾为最,木棉、杂粮间有之。春耕,夏耘,秋获,节序与常、澧同,无长江大河之利,惟沱水源远流长。泂溪泉甘,宜稻,砆、洑二水来自西东北,流布六乡,可资灌溉,村民垒石为坝,于急流处置筒车、轮水注田,工巧力省。然土瘠而硗,终岁勤动,仅给衣食,无积聚,秋冬刈草拾粪,以备来岁之用,余则种蔬折薪,无稍闲暇。

（清　刘邦华等纂修:《江华县志》,卷之十,风土,风俗,清同治九年刻本。）

〔清同治年间,湖南桂阳州〕　蓝山与群瑶杂居,按:瑶俗朴,力作,无大贫富。又:县水陆险阻,舟难行,日不数里,山路曲仄,车偾马惊,人夫负荷,肩磨踵决,百步九息,商货尤艰。康熙中,知县刘涵令民立墟南门,日中行者皆掉臂而过,涵下令定墟期,以一、四、七日设百戏,弹丝、吹笙、击鼓、登歌,城中民出观数日,远近辐辏,百物皆集,涵为政可,谓能弛张矣。故富民墟传之至今,蓝山居民殷富甲一州,涵之惠也。大桥、毛俊、宁溪皆大墟也。瑶人男女出互市,言不二价,凡瑶中无,高资易得小赢,衡、永、宝庆民争趋焉,日得百钱,人力勤即得自给,诸贫民侨居其间,反逾于大都会,观其情熙熙如也,诸墟必有廛舍憩息,亦不易兴也。

（清　汪敩灏等修,王闿运等纂:《桂阳直隶州志》,卷二十,货殖,清同治七年刻本。）

〔清同治年间,湖南沅州府黔阳县〕　今县所存者惟罗翁山,考张扶翼《瑶山志》及《沅州府志》,县东供洪子弟乡界,去县城一百八十余里,其山八面,七面向湖之南,一面向西北,即县界也。山各有峒,峒各有寨,随所居而异。民以时盛衰,其俗质直,好斗,少长不去兵,长于毒弩片刀,跣足登山,捷若猿猱,身服红短衣,刺以杂彩,所居不为屋宇,随在构木茸茅,足蔽风雨而已。不设寝具,男女一室卧,苫以上旁为火池,虽隆冬盛夏不去也。按:今亦有寝具,设木榻,高四五尺,男女杂卧其上,下则猪、牛、犬、鸡之属,山所生惟黍、乔,凡菽、粟、盐、布皆需于外,药惟黄柏皮,客之少本者,市盐、布、杂彩缯到山交易,刻期与货,亦不爽约。

（清　陈鸿作等修,易燮尧等纂:《黔阳县志》,卷十,山川考四,瑶峒,清同治十三年刻本。）

〔清同治年间，湖南宝庆府城步县〕 苗、瑶与里民异俗，近被王化渐摩，已染华风。所不变者，苗人喜吹芦笙，略如雅制，而长大十倍之，正月则男女混杂，且跳且吹，其声乌乌，其状蝶匕，观之不雅。男多以蓝巾缠头，女则银饰满身，叮匕啴匕，而足尽赤，或鞋而不裹。瑶人喜衣花边衣，即粗布亦以丝绣，赤体短衣犹然，少年为甚，采药无分四时。他如犷者变而异，淫者变而端，曩之跳月以婚配者，今则媒妁相通矣；曩之操戈以报复者，今则控诉待质矣，士彬雅，农兢业，与汉民无大异。

（清　盛锚源等修，戴联璧等纂：《城步县志》，卷四，风土，增民俗，清同治六年刻本。）

〔清同治年间，湖南衡州府酃县〕 酃瑶二种，一曰高山瑶，一曰平地瑶。高山瑶蓬头跣足、言语侏儺，衣服斑斓，或以环饰手耳，以帕覆首，登高陟险，捷若猿猱，婚嫁不用礼仪。女未配髻前横小竹箭七根，已配则五枝，生子则一枝。平地瑶妇女以帛裹头，前后多缀五色线小结，如垂珠状，饮食衣服与汉民同，其佃种、力作、营生、置产皆然，惟与瑶人言，则瑶语，与汉人言，则汉语。女多赘婿于家，婿弃其姓而从之，生子后乃去。

（清　唐荣邦等修，周作翰等纂：《酃县志》，卷之七，户口，瑶族附，清同治十二年刻本。）

〔清同治年间，湖南桂阳州〕 大抵州境瑶与八排瑶略异，高山瑶性勤耐苦，种山粮，罕谷食，以野猎为肉食，不畜牛马，常有好犬。夏至，则群瑶登深山打鹿，余日肘小火枪一人行逻，遇野兽虽至猛捷，瑶一见追数十里，逾山绝涧，必获之。其居多就山崖穿土置灶当门，其炊爨斫树全烧之，木长数丈，则余本出门外道上不斧斯也。平地瑶亦买田，供税，列宅，如土民，尤敬客。客人入其门，主人必逾后垣挟篓从门外仓皇入，谢客言己从外来，不夙具也。具食以鸡为敬，日食数双，初草具客啖之，尽，即大喜，设果饵、菜羹、酒肉、山海珍错，以次出矣。客初不食，则不复具馔。路人过者求食，辄不与，已入其室，候其食时，直取箸碗踞坐同食，反大喜，恣其醉饱。过山瑶自外来，曰顶板，瑶笼负子女器械。不入平地，登山尝土斩木而种。男著青布衫裙，女妇顶木板幂青布其上，腰红布囊，皆跣足，美者如凝脂，不皴瘃，刺亦不伤也，数年辄徙去。山瑶土著不徙，皆不喜入城市，其女再嫁者，与土人俗，甚贞静，负所产薏苡、原朴、肉桂诸药物、鹿茸、虎骨、龙须草易布粟而去，近瑶山墟市往往相习，亦有酬酢之礼，妇女不妄与人语，头必负帕，颈婴银珞数十，以多为侈，其礼俗与内地大同。

（清　江敦灏等修，王闿运等纂：《桂阳直隶州志》，卷二十三，洞瑶，清同治七年刻本。）

〔清同治年间,湖南辰州府溆浦县〕 瑶依山而居,斩木诛茅,取蔽风雨,间有瓦屋,无窗牖,墙垣内设大榻(高四五尺左右)各一,中置大炉、炊爨坐卧其上,男女无别。客民宿其家,就西榻,主人就东榻,虽严冬,寝不覆被,惟向火而已。饮食多杂粮,渴则饮溪水,所植芝麻、粟、米、麦、豆、穄子、薏苡、高粱、荞麦、苞谷之属,刀耕火种,三四年后,辄弃而别垦,以垦熟者硗瘠故也。弃之数年,地又肥,则复来兼种茶、漆。或赁民山耕作者,岁人鸡一只、漆一盂、茶一二斤,以为常。山有林木,则为山主守之,所畜牛、羊、豕、鸡、犬,牧马不能乘,惟售以获利。男子今皆薙发,杂以小花带、织成辫,更用大花带裹之,衣无大襟,自胸以下,另作搭包掩护,跣足,两胫缠布,间著红嗦草履。女子穿耳垂环,发从中分,用花带作两辫,垂额左右。妇人加髻于前,衣服较男子略长,斜领直下,绣花为饰。老少皆跣足,冬夏皆单衣,故常伛偻行风雪中。

(清 齐德五修,舒其锦纂:《溆浦县志》,卷之八,瑶俗,清同治十二年刻本。)

〔清同治年间,湖南宝庆府城步县〕 县民有三,一曰里民,在安化石井赤水,敦礼明伦,务农勤织;二曰瑶民,在城步大水,性尚剽悍、好武少文;三曰苗民,在五峒四十八寨(旧《志》六寨,今正之),椎髻跣足,佩刀挟弩,语言侏𠌯,辄习击刺,死丧而歌,先娶后冠,男少女长,与瑶同风。

(清 盛镒源等修,戴联璧等纂:《城步县志》,卷四,风土、民俗,清同治六年刻本。)

〔清同治年间,湖南永州府江华县〕 近年以来,熟瑶纳粮,当差令行禁止,与民无异。生瑶杂处山谷,自食其力,不为民害,若抚驭尽善,化导有方,以瑶治瑶,不易其俗,则兹之椎髻,侏𠌯文衣,负剑者皆吾良民也,何叛服无常之有?

(清 刘华邦等纂修:《江华县志》,卷之十二,杂记,瑶峒,清同治九年刻本。)

〔清同治、光绪年间,湖南永州府宁远县〕 瑶峒即古荆蛮也,种类至伙,其在长沙、黔中、五溪间者,为盘瓠种。所居皆深山重阻,人迹罕至,椎髻跣足,衣服斑斓,刀耕火种,耐饥忍苦,履险如坦涂,官司春秋,祭虞陵、笙歌跳舞,遇国家庆典,遣官祭陵,亦如之。此则高山瑶也。若夫平地瑶,耕织、畜牧、婚姻、葬祭与乡民同,地有峒长,小争则峒长分解,大争乃讼于官,其隶于宁邑者,风较朴茂,故至今为湘南瑶籍之最。

(清 张大煦修,欧阳泽闾纂:《宁远县志》,卷二上,建置、瑶峒,清光绪二年刻本。)

〔清光绪十一年前后,湖南靖州〕 居处:斩木结茅以蔽风雨,其室卑隘,近亦有建瓦屋者。无层次定向,亦无窗牖墙垣,缭以茅茨,檐低门矮,出入必俯首。

内设一大榻,高四五尺,中设火炉,炊爨坐卧其上,曰火床,翁姑子妇兄弟妯娌,男女杂卧,即客民宿其家,亦与之杂处,不以为怪。惟析居,乃另置床,人处其上,而牛马鸡犬即处其下,盖防盗也。饮食:日常两餐,春夏三餐。所食多粟米,或以杂粮为饵餐。渴饮溪水,客至或煮姜汤,或胡椒汤,以示敬。不知五味为何物,得盐则遗其类,各以一撮实掌中舐之,以为美。近日至城市易盐者颇多,而僻远之苗尚有不知其味者。入市交易,止负土物,如杂粮布绢之类。粮以四小碗为一升,布以两手一拓为四尺,易盐易茧种易器具,以通有无……种植:苗地山多田少,稻谷无几,俱种杂粮于山坡,如芝麻、粟米、麦、豆、稷子、薏苡、高粱、荞麦之类。披其榛芜,纵火焚之,煨烬然后开垦,所谓刀耕火种也。种三四年,则弃其地而别垦。以垦熟者为硗瘠故也。其男妇俱勤耕作,腰镰负笼,出入必俱。其笼以竹为之,旁有两耳,贯以两臂,秋成以获杂粮,平时以负柴薪。其银铁木石等匠,皆自为之。妇女亦知饲蚕,惟不知育种。春间俟民间育蚕及初眠,结伴负笼以土物易去。上簇缲成,抽丝染色,制为裙被等物。……亦能绩苎织布,其机矮,席地而织,惟不善作履,以男女跣足故耳。

(清 卞宝第等修,曾国荃等纂:《湖南通志》,卷四十,地理四十,风俗,清光绪十一年刻本。)

〔清光绪十九年前后,湖南郴州〕 西山在县东南一百五十里,东界广东乳源县,西界客家峒,南界乳源,北界笆篱堡、圣公坛。男妇面目黧黑,山多地少,禋山为生。四筒诸瑶无顶板之饰,惟来自永桂诸处,入峒耕山者则有之。居无定所,携子女器械入山,以口尝土辄知肥瘠,肥则搭寮而居,地力尽则仍他徙,土人呼为过山瑶。男亦薙发,衫裤皆青,女则横板于首,幂以青布,中横箭,长而二三尺,缀珠累累为饰,腰束红带,短衣跣足,间负笼卖药城市,亦颇驯顺。

(清 朱偓等修,陈昭谋等纂:《郴州总志》,卷之二十二,苗瑶志,清嘉庆二十五年刻本,光绪十九年木活字重印本。)

〔清光绪十九年前后,湖南郴州〕 郴属瑶岗虽只分山瑶、民瑶两种,共有三千四百余户,惟山瑶语类鸟音,不纳粮赋,各县亦少,其余瑶系民瑶,种杂粮于山坡,如粟、米、穄、高粱、荞麦、薏苡、麻、豆之类,极其榛芜,火焚煨烬,然后开垦,谓刀耕火种也。男妇俱谨耕作,腰镰负笼,出入必俱。其笼以竹为之,旁有两耳,贯以两臂,秋或以获杂粮,平时以负柴薪,总能背负,而不能肩挑。上山下岭间,赤足健捷如飞,奔马不能及,棘刺毒蜇不能伤。入市交贸,止负土物药草以易盐、米、具器,食多杂粮,渴饮溪水。客至,或煮姜汤,或胡椒汤,以示敬。居处斩木结茅,以蔽风雨。迩来始有建瓦屋者,无层次定向,亦无窗牖,墙垣缭以茅次,亦能绩苎、织布,但不能如辰、永土人为峒锦、峒被、峒巾耳,素皆跣足,不善作履。

(清 朱偓等修,陈昭谋等纂:《郴州总志》,卷之二十二,苗瑶志,清嘉庆二十五年刻本,光绪十九年木活字重印本。)

〔清光绪十九年前后、湖南郴州桂东县〕 境内瑶人共三十六户,均与汉民比邻而居,并无苗人峒寨,不分界址,盖桂只有高山瑶,随山伐木,种菽黍杂粮以营生,无平地瑶。承耕垦田以纳赋,散处山中,耕种度日。原议瑶总一名,约束稽查,现在安分守法,尚未设立。

(清 朱偓等修,陈昭谋等纂:《郴州总志》,卷之二十二,苗瑶志,清嘉庆二十五年刻本,光绪十九年木活字重印本。)

〔清光绪年间,湖南宝庆府邵阳县〕 县地瘠,不产珍异,谷之美者,有种禾,早熟味香,有陆稻,种不需水,瑶人多种之;菽有绿豆,有薏苡;木有楠杉,又有猫竹、方竹、实竹;他若铁、纸、油、蜡、漆、靛、棉花、麻、葛、布、绢、茧绸,工不及他省良;茶不甚多,产龙山赤水者甘,九龙岭者,瀹之气若云雾,棉视他产为温。

(清 黄文琛纂:《邵阳县志》,卷六,食货,物产,清光绪三年刻本。)

〔清光绪末年,湖南靖州〕 苗峒往往饲蚕织丝,布地加丝,作棋纹,名峒锦,少市售。

(清 金蓉镜等辑:《靖州乡土志》,卷三,物产,清光绪三十四年刻本。)

〔唐朝年间,岭南道邕州〕 夷人通商于邕州石溪口,至今谓之獠市。

(唐 刘恂撰:《岭表录异》,卷上,一九八三年广东人民出版社铅印本。)

注:岭表即岭南,唐岭南道辖今广东、广西及越南北部一带。邕州即今南宁。

〔宋代至清朝年间,广东琼州府崖州〕 番民,本占城回族人。宋元间因乱挈家泛舟而来,散居大蛋港、酸梅铺海岸。后聚居所三亚里番村。初本姓蒲,今多改易。不食豕肉,不供先祖,不祀诸神,惟建清真寺。白衣白帽,念经礼拜,信守其教,至死不移。吉凶疾病,亦必聚群念经。有能西至天方,拜教祖寺茔,教祖名穆罕默德。归者群艳为荣。岁首每三年必退一月。本月朔见月吃斋,以次月朔见月次日开斋,为元旦。捕鱼办课,广植生产。婚不忌同姓,惟忌同族。不与汉人为婚,人亦无与婚者。参旧《志》。

（清　张隽等纂修:《崖州志》,卷之一,舆地志一,风俗,郭沫若一九六二年点校,广东人民出版社一九八三年版。）

〔南宋绍兴年间至清康熙四十七年前后,广东连州〕　连地自古无瑶,《连志》载,自宋绍兴年间,州乡宦廖姓者为西粤提刑,及旋里,带瑶八人防道,见连地皆深山峻岭,易于耕锄,遂不去,始居州境油岭、横坑各山,刀耕火种,及日久种繁。

（清　李来章撰:《连阳八排风土记》,卷三,风俗,瑶种,清康熙四十七年刻本。）

〔明清二朝,广东广州府增城县〕　瑶本槃〈盘〉瓠遗种,流布岭表溪峒间,椎髻跣足,刀耕火种,有采捕而无赋税,故一名莫瑶。其人愚憨嗜斗,长技在强弩药失〈矢〉,发无不中,中则立毙,处深山而玩狼虎者,恃此具也。明代屡出肆掠。隆庆间,从化松子寨寇作,瑶峒多从乱,邑人黎邦宁抚平之,当事委授抚瑶官,宁卒,瑶仍梗化,弟萝吉复能驯之,于是奉委世袭。国初,邑中多贼,瑶官黎振彩召瑶分守四门,城恃无恐,左翼都督同知许尔显上其事,录功给衔,仍世袭焉。罗浮书苏罗石畃之间多瑶,有上、中、下三瑶村,分盘、蓝、雷、锺、苟五姓,自相婚姻,士人与邻者,亦不与通。女子未嫁则作髻一叠,中妇二叠,大妇三叠,聘以十六金为率,无则与妇父佣工,其值已足,乃得携妇归。明初设抚瑶,土官领之,俾略输出赋,赋论刀为准,羁縻而已。罗浮之瑶,有抚瑶官黎姓者,为之家。增城片纸传语岀崋,诸瑶无不奉命,亦易治之瑶也。

（王思章修,赖际熙等纂:《增城县志》,卷一,舆地,民国十年刻本。）

〔清乾隆四十八年前后,广东惠州府归善县〕　瑶人俱来自别境,居深山中,椎髻跣足,衣斑斓布褐,刀耕火种,采食猎毛,食尽一山,则他徙。

（清　章寿彭修,陆飞纂:《归善县志》,卷十五,风俗,瑶蛋,清乾隆四十八年刻本。）

注：归善县今为惠阳县。

〔清嘉庆十六年至咸丰六年前后,广东嘉应州兴宁县〕　瑶……散处南粤,在在皆有之,大抵依聚山林,砍树为辇,刀耕火种,采实猎毛。

（清　仲履振纂修,张鹤龄增补:《兴宁县志》,卷十,风俗志,瑶蛋,清嘉庆十六年刻、咸丰六年增刻本,民国十八年铅字重印本。）

〔清道光五年前后,广东肇庆府恩平县〕　县属瑶山有九……其俗椎髻跣足,短衣斑编,依林积木以居。言语侏𠌯,不与齐民通,刀耕火种以自食。所种惟砂仁、豆芋、楠漆、皮藤之属。地力竭则徙他处，无常所。……暇则相聚捕兽为食。

（清　杨学颜、石台修，杨秀拔等纂：《恩平县志》，卷十五，风俗，瑶，清道光五年刻本。）

〔清同治年间以前，广东韶州府〕　瑶人一种，惟盘姓八十余户为真瑶，皆盘瓠之裔也。别姓亦八十余户，性犷悍，鸟言，今亦渐习华语。韶属六封，曲江、乐昌、乳源、英德四县有之。一曰板瑶，戴板于首，以油腊束发，粘其上，月正一次，夜以高物庋首而卧，采山为生者也。无板曰民瑶，或耕山，或耕田。耕山者，花麻而不赋；耕亩者，编户与民同。女饰耳环，妇则屏之，跣足无裤，穿重裙，男子亦穿耳饰环。男妇通着彩绣花边，首裹花帕，婚姻不辨同姓，腰刀弩，搏虎狼，食多野兽，以粟米酿酒，七月十五日祀其祖，有狗头王者，小男女衣花衣，歌舞为侑。性亦巧，或制器以易盐米。摄其族者，有瑶总，岁时间一谒县令。今虽编入册籍，然非我族类，不无盗心，或通宜章莽山、阳山、鹅子峒诸瑶，互相煽引，非设方略以禁之未易治也（旧《志》）。器用尚质，有竹铛，截大竹以当铛鼎，食物熟而竹不燔，有铳鼓，状如腰鼓腔倍之，上锐下侈，以皮鞔植于地，坐拊之，有编架弩无箭槽，编架而射（俱见《桂海虞衡志》），习尚似朴而近于戆焉。

（清　额哲光等修，单兴诗等纂：《韶州府志》卷十一，舆地略，清光绪二年刻本。）

〔清同治十年前后，广东韶州府乐昌县〕　乐昌县瑶人居县属之大岭及龙岭二处，距城五六十里。其服饰与曲江箭瑶仿佛，或时用花帕缠头。瑶妇亦盘髻贯箭，短衣短裙，能跣足登山，亦常负物入市。

（清　徐宝符、段继传修，李棪等纂：《乐昌县志》，卷一，方域志，瑶峒，清同治十年刻本。）

〔清同治十三年前后，广东韶州府曲江县〕　曲江县瑶人居县属之西山，距城百二十里。男子椎髻环耳，领缘尚绣，膝以下束布至胫，常用瓮囊携物，出山贸易。瑶妇髻贯竹箭，覆以花帕，重裙无裤，跣足而行，能作竹木器，舁负趁墟，以易盐米，因妇人髻贯竹箭，故概名曰箭瑶。

（清　额哲克等修，单兴诗等纂：《韶州府志》卷三十八，列传，清光绪二年刻本。）

〔清同治年间，广东韶州府乳源县〕　乳源县瑶人，居深山中，耕山为业，距城百五十里，有生、熟二种。生瑶不与华通，熟瑶常出贸易，头缠花帕，身带大环，瑶妇恒簪小竹杆二三枝，夏缠以发，用帕蒙之，身衣短衫裙，不蔽膝，时有往来城乡，与民人市易盐、米者。

（清　额哲克等修，单兴诗等纂：《韶州府志》卷三十八，列传，清光绪二年刻本。）

〔**清光绪初年,广东韶州府曲江县**〕 瑶,盘姓,古盘瓠之裔也。别种有赵、冯、唐、邓等姓,系以土著而隶于瑶者,俱居县西北境幽溪、列溪、西山、草场坪、柳坑、水源、宫薯、粮坑、大料坑诸峒,茅屋穴居,间或露处。性犷而悍,不习拜揖,龁舌侏傈,深居溪洞,刀耕火耨,腰刀弩,搏虎狼以为业。巧者制器易盐米,男子穿耳饰银环,衣服通体著绣花边,首裹花帕,不着屦履,跣足而行。女子无裤,穿双裙,俱绣花边,头戴板发髻,沐以蜡油,光闪闪似蜻蜓羽,亦跣足而行。婚姻不辨同姓,食多野兽。以粟米酿酒,七月十五日祀其祖,曰狗头王者,以小男女著花衣,歌舞为侑。平时,多出桂头市贸易,与土人相呼,男曰同年哥,女曰同年嫂,喜饮酒,负货来市,土人多以酒笼络之,或负药入城,医治颇效。良瑶耕田输赋,如编户,且有延村师教读书者。悍瑶夜游盗窃,甚则劫掠,来去飘忽,土人患之。乃诱瑶长,约以岁犒酒肉,曰和瑶,则终岁不犯,其亦有信欤! 瑶山下向设瑶练约束之,然非所能控制也。道光年,大料坑瑶叛,群出为害,经巡道杨殿邦督兵平之,始复其旧,今则相安无事矣。然思患预防,司牧者宜加察焉。

(清 张希京等修,欧樾华等纂:《曲江县志》卷三,舆地书一,清光绪元年刻本。)

〔**清光绪初年,广东肇庆府**〕 粤之顽民,性喜攻击与撞突,故曰獞,俗与瑶略同,而性特剽悍,魋结贯耳。富者男女皆以银作大圈加颈,男衣短窄,裂布束颈,出入常佩刀,女衣不掩膝,长裙细褶,缀五色绒于襟袂裙幅间。男女齿等,以衣带相赠遗,谓之结同年。葺茅作屋而不涂,衡板为楼,上以栖止,下顿牛畜。抟饭以食,掬水以饮。盛夏露处,冬则围炉达旦。宴客以肉,盛木具,或竹箕,均人数而分置之,罢则各携所余去。分肉或不均,衔之终身莫解。有所要约,必以酒肉,得肉少许、酒半酣,虽行劫、斗狠无不愿往也。又好掠缚人入山谷中,刳大木,中凿为窍,纳一足械之,索赀听赎,伏草射人,攻剽村落,为患于民,自昔为甚。

(清 屠英等修,胡森等纂:《肇庆府志》,卷三,舆地,獞俗,清道光十三年刻本。)

〔**清光绪初年,广东惠州府**〕 夫瑶、疍二种,错居山河,侣禽兽,亲鱼龟,先王不弃外焉,其来久矣。瑶猜忍,喜仇杀,轻死,急之则易动,加以奸民与瑶峒犬牙者,往往为乡道,利分卤获故,数侵轶我边,踉跄篁竹,飘忽往来,州县觉知,则已赶入巢穴,官军不可入,自古记之,宏治中大望山胡彭之事可鉴也(详《兴宁志》)。近年邻峒土豪占夺瑶山,反令输税,巡司假搜捕惊扰,甚者诬盗责贿,盖屡形愬言矣。疍尤艰窘,衣不蔽肤,狭河只艇,得鱼不易一饱,故流徙失业者过半,而课米取盈见在，疍长复通悍客，举贷即一钱计日累百，自鬻不已，质辱妻孥，河泊官又时朘削之，不激而亡且盗难矣。良有司察瑶情，谨处置，择彼素爱服者，听使抚领，而厉科害之禁，庶可少戢乎！夫鱼课本计舟，非田赋比也，无人无舟，课将安出？盐课无征者，尝奏豁以续长灶丁充捕矣，不可援此以请乎？税鱼苗商舟代蛋米之虚，肇庆固行之矣，不然以其籍与课隶之，县如兴宁例，则河泊官可裁省也，在择而行之已尔。

（清　楼震等纂修：《惠州府志》，四十五卷，杂识，风俗，清光绪七年刻本。）

〔清光绪初年，广东潮州府饶平县〕　瑶人，又名峰客，有四姓：盘、蓝、雷、钟，自谓狗王。后男女亦推髻跣足，依山结茅互居，迁徙无常，言语侏儸不可辨，刀耕水种，不供赋役。善射，独以毒药涂弩矢，中兽立毙，居于本县深山中白沙潭、杨梅山、凤凰山、平溪、柘林、葵塘等处。

（清　惠登甲纂修：《饶平县志》，卷四，户口，清康熙二十六年刻，光绪九年增刻本。）

〔民国二十年前后，广东乐昌县〕　邑有瑶，不知始于何代。居九峰、西坑者，曰熟瑶，与汉族无异，惟女不适人，招婿入赘，不限于其族。居西南各乡山岭中者，曰生瑶，男生则婚，女长方嫁，聘金多者百余元，少者数十元，亦有酒肉宴乐，但新郎不与新妇同床，妇有恋爱者，终身不二，亲夫即长不敢干涉。有头目曰瑶甲，及死入殓，不即阖棺，以白布展瓦上旋，揭诸旗头，谓之上天，其余则否。瑶甲死前，必以方术授其人，谓之渡身，其人预斋三日，至期，有七日功果，竖刀鸣角，略如巫觋，用费颇巨，此人即号为瑶甲。以后，瑶族事无大小，听其公断，有疾痛痌瘝，乞其符水治之。每年拜王（俗谓狗头王，即盘瓠，瑶之始祖），有三日功果，意在祈丰驱厉。清明前十日祭祖。大族上坟，人各提铜锣，又有乐官鼓子，小族否。村中夜不闭户，路不拾遗，偷盗欺凌杀无赦，人勇健，善鱼猎，跣足飞行，履险若夷，通力合作，故稻粱菽粟足以自给，惟入市购盐，恒恐不足，儿童读书，不外《幼学琼林》，学堂中奉祀邱琼山。《府志》谓，男妇通着彩绣花边，首裹花帕。今惟见男子穿耳垂环，妇人戴高冠，冠用篾为架，缝以白布，左右成高尖，下围短裙，无裤，衣垢不浣，案尘不拭，性耐寒，冬不衣绵，饮食亦不洁，尝宴客，客嫌之，则不悦。惟其人尚有诚信，常以药茶、材木运入市肆交易，无欺，或与人约，虽风雨而不爽期，若与冲突，则以死抗，所谓喜则人，怒则兽也。

（刘运锋纂修：《乐昌县志》，卷三，风俗，民国二十年铅印本。）

〔民国二十五年前后，广东儋县〕　结茅为屋，如复盆，上以居人，下畜牛豕。

衣用布缝如单被,或织吉贝,为之前后下垂,无袖穴,其中央以头贯之下体为裙,长不掩膝。

(彭元藻等修,王国宪纂:《儋县志》,卷之八,海黎志四,黎情,民国二十五年铅印本。)

〔清乾隆二十九年前后,广西柳州府马平县〕 县城外十里则有僮,百里外则有瑶,耕田输赋皆熟瑶、熟僮也。又有狑、犽二种,风俗陋简,以种山捕兽为业。

(清 舒启修,吴光升纂:《柳州府马平县志》,卷二,地舆,瑶僮,清乾隆二十九年刻本,清光绪二十一年重刻本。)

〔清道光二十六年前后,广西桂林府龙胜厅〕 诸蛮皆耕田而食,常以粘米作粥,时时啜之,取杂菜及牛羊皮骨久沤成酱以佐餐。虽家畜鸡、豚,而不轻食肉。水田低则称田,旱地高则称地。田皆种稻,地种杂粮,间有种旱禾。雨水足即丰收,谓之靠天田。禾有早晚,随月而名,如六月禾、八月禾也。然岁止一熟,非似粤东两收。水田之中多喜栽芋,食芋可当饭也。

(清 周诚之纂修:《龙胜厅志》,风俗,民国二十五年据清道光二十六年刻本影印本。)

〔清光绪八年至十七年前后,广西思恩府百色厅〕 汉土各属间有瑶民散处陇峒,食惟山薯芋粟,垦种余闲别无事,女知纺织,多植木棉,衣裙青色,夸银饰,以多且重为贵,老少寝处无异室。

(清 陈如金修,华本松纂:《百色厅志》,卷三,舆地,风俗,清光绪八年修、清光绪十七年增补刻本。)

〔民国二十二年,广西榴江县〕 榴江县属瑶僮杂处,据民国二十二年调查,共有五万七千八百七十余丁口,僮人约百分之六,瑶人则仅八百九十五丁口而已。僮人久与汉族同化,婚姻互通。惟瑶人则深居于穷山大谷中,鲜与汉族往来,虽间有来市贸易者,亦仅数十人,其衣服、言语尚与汉族迥异也。

(萧殿元、吴国经等修,唐本心等纂:《榴江县志》,第二编,社会,民族,民国二十六年铅印本。)

〔民国二十四年前后,广西全县〕 瑶族之栖息于广西省境内者几各县皆有,而以省之西北部近云贵边境之各县为最多。然近湘边之兴、全、富、贺,亦不鲜也。……职业,瑶人日以锄山、挖岭、耕作、渔猎为业,工商业非彼辈所能。近十余年来,多有楚人入赘,渐开设纸厂、木厂、香厂,亦有知养蜂者,日逐蝇头,经济稍裕。出产品,以包粟、杉、竹、桐茶为大宗,山术、豆类、天化粉、炭、桂花、纸、蜂蜜、高粱等类次之。每逢墟期，男女老幼均背负各种出产品下山，至各市场贩卖，并购食盐及各需要品回山。

（黄昆山、虞世熙修，唐载生、廖藻纂：《全县志》，第一编，社会，风俗，瑶俗，民国二十四年铅印本。）

〔**民国二十六年前后，广西崇善县**〕 蛮族风俗……男子天寒好包头，多跣足。女子带颈圈，染黑齿，穿短衣，扎长裙。少年男女好唱歌，少读书，目不识丁者不知凡几。

（林剑平、吴龙辉修，张景星等纂：《崇善县志》，第二编，社会，风俗，一九六二年广西档案馆据民国二十六年稿本铅印本。）

〔**清雍正十一年前，四川龙安府**〕 番多汉少，男曰安达，女曰白麻，衣惟氆衫是尚，食以酥油为佳，日耕野壑，夜宿碉房（《松潘志》）。

（清 黄廷桂等修，张晋生等纂：《四川通志》，卷三十八，风俗，龙安府，清乾隆间《四库全书》本。）

〔**清乾隆五十七年前后，四川雅州府打箭炉厅**〕 饮牛乳茶、青稞酒，食则糌粑、牛羊肉。糌粑者，以青稞炒面为之。

（清 马揭修，盛绳祖纂：《卫藏图识》，图考，下卷，番民种类图，打箭炉，清乾隆五十七年刻本。）

〔**清咸丰七年前后，四川宁远府冕宁县**〕 各夷皆喜以牛、羊毛绩线，作毡毯，男女衣服取给焉。郑康成《尚书注》，织皮，谓西戎之国，良不诬也。衣服之外，横披大幅长毯，若释氏袈裟，日以蔽风雨，夜以代衾褥，寒暑不改服。

（清 李英粲原修，林骏元补修，李昭原纂、林茂元补纂：《冕宁县志》，卷十一，物产，货之属，清咸丰七年刻，同治九年增刻，光绪十七年再刻本。）

〔**清同治十三年前后，四川懋功厅章谷屯**〕 夷人耕稼多用二牛，以木五尺许缚二角端中，施一长木至牛后，横加短木，下贯锹锸，形齐如锄，启土艰难。……近因内地屯民栉比，多仿汉式独牛锐锸之制，农工简便，倍于曩昔。

（清 吴德煦辑：《章谷屯志略》，风俗，清同治十三年刻本。）

〔**清同治十三年前后，四川悉功厅章谷屯**〕 耕耨之外，夷妇力作居多，主持家事，市茶布，悉委诸妇女；供力役，咸与焉，更有健于男子者。稍暇系筲笼，捻毛线，织毪子，以供衣服。其治麻枲一如捻毛线法，织而成布，长二丈为一匹，宽一尺三寸许,夷人制衣多用之。

（清　吴德煦辑:《章谷屯志略》,风俗,清同治十三年刻本。）

〔清同治年间,四川理番厅〕　粮役重于中土,按地科粮以大小计,虽凶年不减,有鬻子女以偿者。官有工役,自备器具载木石。而往争讼,各就决于所辖土目,未服,方决于土司,负轻则为官负薪水,重则藉田产,最重并其子女卖之,或加以投河、坠崖、剔目诸刑。

（清　吴羹梅修,周祚峄纂:《理番厅志》,卷四,边防志,夷俗,清同治七年刻本。）

注：理番厅于民国三十四年改名理县。

〔清光绪二十一年前后,四川叙州府〕　夷地出产药材,如贝母、黄连、附子、厚朴、麝香,并包谷杂粮之类,入汉地换布匹、烟、盐、针、线并绸绫、倭缎等件。汉地奸民有贪其货利者,率先以酒醉之,然后议价,价值虽多,乘夷人醉,随便给与,即可掣骗,既而觉悟,滋生事端,往往由此。其逼近夷地,凡有场市地方,每逢赶集场期,夷人彻出贸易,更有夷人通事,由该场各店铺客民留其长往,资其日食,往来场上,以待交易者,谓之牙口蛮,专为经纪贸易。凡蛮民携出货物之多寡,交易成后,酌量分厘留与牙口蛮,谓之牙口银；或遇奸民短少刻扣、欠负及先许后骗,皆足为酿衅之端,当责之。该场客长秉公严切查察,庶不致于滋事,而附近夷地场市之客长,其责任亦匪细故矣。

（清　王麟祥等修,邱晋成等纂:《叙州府志》,卷十二,风俗,清光绪二十一年刻本。）

〔清光绪三十二年前后,四川宁远府越巂厅〕　西蕃尚勤俭,男女均劳,穿中衣,穿鞋,喜缉羊毛线,头插线车,腰系小篾筐,盛羊毛出入,走坐手不停缉,用织铁皮羊肚布毛毡。男爱烟、酒,女爱红线；好盐、茶、布帛,重牲畜,有三四分近汉俗处。

（清　马忠良纂修,孙锵、寒念恒增修:《越巂厅全志》,卷十,夷俗志,清光绪三十二年铅印本。）

〔民国四年前后,四川峨边县〕　夷地向无市镇,交易惟在汉地,以县城为最繁盛。输出之品通常以笋子、牛羊皮、蜂蜜、黄蜡、包谷、豆子、二季豆、赶山狗等类,间有麝香、鹿茸、鹿熊筋胆、豹皮、豺狼、有牛、岩牛、野牛、土猪、豪野猪、绵羊皮、山羊、哐哐鸡、野鸡、猞子、麂子、兔子、野猫、催生子、青刷、红豆、海椒、洋芋、香烟(即叶烟)、菜蒿子、厚朴、贝母、黄柏皮、天麻、独活、硃砂、莲虫缕、大血藤、小血藤、桃子、梨、胡桃、猿猴、蛮耳子、输菌、金刚胜、五倍子、通草、龙胆草、竹根契、秦椒、半夏、续断等物。输入之品通常以盐巴、布、线、针篦、头绳等物。

(李宗锽等修,李仙根等纂:《峨边县志》,卷四,边荒志,夷情,民国四年铅印本。)

〔民国三十一年,四川西昌县〕 汉人往猓区贸易货物,入山者以盐、布为大宗,次则针、线、绵带、梳篦之属。出山者以马、牛、羊、猪畜及牛羊皮为大宗,次则柴草、芋、豆、猪油、蜂蜜之属。猓区无场市、旅馆,无通用货币(银元、银票亦折合银锭计算),每银一锭重约八两上下,然只论锭数,不较轻重,当付货价,又只给少数银锭,其余以牛马货物折价抵偿,汉人谓之牛打马算。至小贩杂货,其汉人入猓区贸易值不多者,则皆以有易无,不用银锭,无关税,惟有保护费及介绍费,盖猓区不能自由通行,货物易遭劫盗,如赴甲区,必请甲区有势力而可信任之黑夷保护,谓之保头。保头允诺,椎鸡为盟,验其货物之多寡,抽取保费,而后派娃偕行,乃无危险。又必请熟谙汉猓语之猓夷为介绍人,介绍买卖,译议价值。介绍人则按其卖价抽取介绍费,谓之吃呷拉,但皆为数无多。汉人既给保费,食宿保头家中,不再给旅居费。如汉人须转赴乙区时,则由甲区保头代觅乙区有势力之忠实黑夷为第二道保头,亦按货抽取保费焉。

(杨肇基等纂修:《西昌县志》,卷十二,夷族志,民国三十一年铅印本。)

〔民国三十一年前后,四川西昌县〕 黑夷自种之地,当农作时,本支娃子每家应派一人先为耕种,不给工资,每日每人给荞巴(即荞面所制饼)一个而已,收获时亦然。

(杨肇基等纂修:《西昌县志》,夷族志,民国三十一年铅印本。)

〔民国三十一年前后,四川西昌县〕 猓夷以农牧为业,农牧之事,皆娃子任之,黑夷不工作也。猓区以旱地为多,水田绝少,农产品以荞为大宗,次为玉蜀黍、为黄豆、为燕麦、为园根、为芋,每年只种一季,不耘、不耨、不施肥料,自播种后,静待收获,亦有产稻水田,然不过百分之一而已。黑夷自种之地(略似古制公田),当农作时,所属娃子应每家出一人为之耕种收获,黑夷每日给工作娃子荞巴一个,无工资,所收粮食归黑夷独有。

(杨肇基等纂修:《西昌县志》,卷十二,夷族志,民国三十一年铅印本。)

〔民国三十三年前后,四川汶川县〕 按:汶邑有民族三,曰汉、曰羌、曰土。以地不产稻,故以玉麦为日食大宗,小麦、荞麦附之。以山谷多大风,故所居多平顶房,以泥土敷屋顶当瓦。羌、土寨居,远视如西式洋楼,每当玉麦收获之季,寨墙上遍曝麦实,红实绿树,辉映于日光下,亦奇观也。以地产羊毛,人多以编毛为生,故多织毛为衣,三族皆同,仅羌、土较普遍而已。

（祝世德等纂修：《汶川县志》,卷五,风土,民国三十三年铅印本。）

〔民国三十七年前后,四川筠连县〕 筠邑少数民族,仅有回、苗二种。回民计六户,凡丁口三十余人。苗民则散居今巡司（第十一、十五、十六保）、双河（七至十四保）、大乐及龙塘四乡,约计户三七五,男女丁口一三七〇左右。各种习俗与汉人微有不同,兹略记之。一、生活。大半居高山中,房舍已同汉人。终岁衣麻,无间寒暑,自织自染。男子装束略同汉人,妇女着条花麻裙,无裤,故成年后,即思登楼。头缠麻布,内衬蔑兜,帕愈大,则愈阔绰。食品以玉蜀黍及洋芋为主。男女一生惟着草履,无鞋袜之饰。生活勤苦,老幼妇女行止均手绩麻纱不歇。家中人口无大小必操作。每人农作,年以一斗种为度,家中增一人,则增种一斗,嫁女或有死亡,则减种焉,率以为常。故生活虽苦,而衣食得以无虑。

（祝世德纂修：《续修筠连县志》,卷二,管理志,户口,附苗族,民国三十七年铅印本。）

〔清康熙六十一年前后,贵州思州府〕 都坪属后山洞苗,男人略与汉人相似,女人多穿青衣花裙,婚嫁不凭媒约,姑家之女必字舅氏之男,名曰酬婚。

（清 蒋深纂修：《思州府志》,卷一,区域志,风俗,清康熙六十一年刻本,一九六六年贵州省图,馆重印本。）

〔清雍正二年至乾隆六年,贵州〕 瑶人,黔省原无,自雍正二年有自粤西迁至贵定之平伐。居无常处,必择溪边近水者,以大树皮接续渡水至家,不用桶瓮出汲。男女衣尚青,长不过膝,所祀之神曰槃〈盘〉瓠。勤耕种,暇则入山采药,沿村寨行医。

（清 张广泗修,靖道谟等纂：《贵州通志》,卷七,地理,苗蛮,清乾隆六年刻本。）

〔清乾隆六年前后,贵州〕 谷蔺苗,在定番州,男女皆短衣,妇人以青布蒙髻,工纺织,其布最精密,每遇场期出市,人争购之,有谷蔺布之名。

（清 张广泗修,靖道谟等纂：《贵州通志》,卷七,地理,苗蛮,清乾隆六年刻本。）

〔清乾隆九年前后,贵州大定府黔西州〕 妇人多纤好,以青布蒙髻,长裙细折,多至二十余幅,拖腰以彩布一幅,若绥,仍以青布袭之,性勤于织。

（清 冯光宿纂修：《黔西州志》,卷二,地理,苗蛮,清乾隆九年修,一九六六年贵州省图书馆油印本。）

〔清乾隆二十一年前后，贵州大定府平远州〕 箐苗，与花苗同类，但不跳花。居依山箐，迁移不常，不善治田，惟火种荞麦稗粱，力耕而食。多种火麻，缉线而衣。

（清　李云龙修，刘再向等纂：《平远州志》，卷十一，风俗，清乾隆二十一年刻本，一九六四年贵州省图书馆油印本。）

注：平远州于民国二年改县，次年改名织金县。

〔清乾隆三十三年前后，贵州都匀府独山州〕 黑苗，衣服皆尚黑，故曰黑苗，妇人绾长簪，耳垂大环银项圈，衣短以色锦缘袖，男女皆跣足，陟冈峦、躐荆榛，捷如猿猱。勤耕樵，女子更劳，日则出作，夜则纺织。食惟糯稻，舂甚白，炊熟必成团冷食，时或无匙箸，辄以手掬，艰于盐，用蕨灰浸水食。

（清　刘岱修，艾茂、谢庭薰纂：《独山州志》，卷三，地理志，苗蛮，清乾隆三十三年纂，一九六五年贵州省图书馆油印本。）

〔清乾隆五十六年前后，贵州镇远府〕 黑苗……耕种悉与汉人同，而勤苦过之，性嗜秫，故种植尤多。女则自织自染，袖以彩绘绣。饮器或木或瓷，以手抟饭，常不用箸。宰牲畜，火去毛羽，艰于得盐，用灰水滴卤为盐以腌物，亦有挖池养鱼者。

（清　蔡宗建修，龚传绅纂：《镇远府志》，卷九，风俗志，苗俗，一九六五年贵州省图书馆据清乾隆五十六年刻本油印本。）

〔清嘉庆八年前后，贵州大定府黔西州〕 箐苗，居依山箐，迁徙无常，不善治田，惟种荞麦稗粮，衣麻衣，皆其自织。

（清　刘永安等修，徐文璧等纂：《黔西州志》，卷二，地理，苗蛮，清嘉庆八年修，一九六六年贵州省图书馆油印本。）

〔清道光四年前后，贵州铜仁府〕 苗人服饰五姓俱同，衣常斑丝，女工以此为专务。被用花斑，甚短，夜卧蒙头而露足。饮食，苗地亦有五谷，多山种少田稻，牲畜不宰杀，用棒打，以火烧去毛，仍用锅煮，带血而食。遇病不服药，专以祭为事。

（清　敬文修，徐如澍纂：《铜仁府志》，卷二，地理，苗蛮，一九六五年贵州省图书馆据清道光四年刻本油印本。）

〔清光绪二年前后，贵州大定府水城厅〕 花苗者……裳服先用蜡绘花于布而后染之，既染去蜡，则花见，饰裹〈袖〉以锦，故曰花苗。……散处山谷间，聚而成村曰寨，诛茅构宇不加斧凿，架木如鸟巢，寝处炊爨与牲畜俱。夜无卧具，掘地为炉，热炭而反侧以炙，虽隆冬稚子率裸而近火。所食多以麦稗杂野蔬，稻则储以待正供或享宾,有终身不谷食者。

（清　陈昌言纂:《水城厅采访册》,卷四,食货门,族姓,土俗附,清光绪二年纂,一九六五年贵州省图书馆油印本。）

〔民国十年前后,贵州黄平县〕　苗仡,力田外小有经商及作木、石各匠。饮食极简单,佃作者食盐都难,如茹荤,惟取田中之鱼、蟹、螺、蚌各虫。服饰,青蓝大布,多自纺织,妇人喜用银作装。住屋,自田者多瓦屋,佃作者多茅屋。器具,煮饭均用铁鼎锅,除农作物外,少有器皿。婚姻,礼物极俭,媒妁亦有,惟不必定向父母请求。……酬酢,年节少来往,庆吊礼物多用米、畜之类。好尚,力稼穑,喜垦新田。长积聚,重迁移。……歌谣,秋收之后及春间,男女摇马郎均喜唱歌。起居,安土重迁,早出作,夕入家,农时鸡鸣即兴。

（陈昭令修,李承栋纂:《黄平县志》,卷三,方舆志,风俗,民国十年稿本,贵州省图书馆一九六五年油印本。）

〔民国二十六年前后,贵州贵定县〕　苗民之生活:衣,富者多作布衣,饰以花纹,贫者均以麻自织为衣。食,以米麦杂粮为大宗,蔬菜肉食,甚少供食。住,住房多在山间,草屋占多数,构造极简单。行,苗民体魄健强,爬山越岭,是其特长。

（徐实圃纂修:《贵定一览》,人口类别及其生活习惯,苗民之生活,民国二十六年铅印本。）

〔二十世纪二十年代末,贵州安顺〕　安顺地区古称岩疆,苗夷杂处。自汉族南移以后,播迁来此者日众,土著则日趋减少。举凡日常之生活,以及田地、户、婚、完粮纳税等事,在在俱与汉人相接触。而汉人中良莠不齐,官吏则循污互见,对于土著不免有愚弄甚至欺骗讹诈之情事。土著思得一保障之法,其惟择社会中之有权势者认之为主,遇事仗其声威以杜他人之欺凌,甚而可免胥吏之舞弄与差役之苛扰,是之谓"投庄"。安顺县南方鸡场、新场一带有此情形。凡投庄者尽将其所有之田、地、山林无需分文代价拱手送与庄主,年纳佃租,与出卖者无异,不过较卖出者为轻而已。如普通之田能出谷百石者,通例应纳租谷五十石,投庄之田则仅须纳租谷一二十石。但投庄之田除纳稻谷与玉蜀黍为正租而外,尚有重于出卖者,即所谓杂项是也。此种杂项之供应,项目极繁,难以枚举,往往庄主不计其田、地、山林为僦来之物,而剥削之方反较买来者为甚。综其大者,可别为四类,即火炉银、有产必纳、服力役与尽招待是也。一、火炉银。凡成家者必有房屋,然房屋非借主人之山场无以建立;必有烟灶,又非于房屋中无以安置。于是,庄主视其人口之多少以定纳租银之多少,俨同人口税然。是之谓"火炉银"。此种火炉银每年征收一次,亦在秋收后完纳。二、有产必纳。凡投庄者,除年纳稻谷与玉蜀黍为正租之外,举凡地土所产者,皆须适量输纳于庄主,俗称"见货当行"。如豆、麦、薯芋、烟叶、葵花、辣椒、鸦片以及各种蔬类、果类等皆是。此外,田有田鸡,地有地鸡,均须每分一只。如有河流之田庄,尚须缴纳细鱼与虾米等。此之谓"有产必纳"。三、服力役。一经投庄,凡为佃户者,对于庄主,除遇有红、白喜事应倾家而来尽力帮忙外,又有所谓"气"者,即力役是也,又谓之"差"。即每年视其庄上佃户之多寡而轮流服力役于庄主之谓。此种力役包括轻工、重工。如饲猪、喂马、挑水、洗菜以及踏碓、转磨、拭物、扫地甚而荡涤溺器、清除厕所等等,真是包罗万象,无所不为。四、尽招待。庄主视佃户如奴隶,而佃户亦视庄主如主人,庄主苟欲下乡巡视,佃户无不尽力招待。通常庄主出发前佃户即须派人前来迎接,并预往城中采购各种贵重食品以资招待。及其至也,杀猪、宰羊,倩人烹饪,山珍海味,奉若天人。而庄主亦狂饮大嚼,视为当然。甚至在酒足饭饱之后,需索庄中妙龄少女以餍兽欲,恬不为怪,而佃户等亦莫可如何。返城时又须派人抬送,并赠送各种礼物以满足其贪欲。

(贵州省安顺市志编纂委员会据民国二十年代末稿本整理:《续修安顺府志·安顺志》,第八卷,农林志,农业,投庄,安顺市志编委会一九八三年铅印本。)

〔**民国二十年代末,贵州安顺**〕 仲家、补纳、补农所居多系土质肥沃,优于水利之地。夷族性团结,常聚族而居,与外族杂居者少。男女习于农事,勤苦耐劳。多系自耕农,少有佃农。妇女除从事农业外,勤于纺织,衣裤用布多自织。能织斜纹、斗纹等布,俗谓之仲家布,极厚实经久,并能自染青、蓝等色。畜养牛、马、猪、羊等。日食三餐悉土中自产。喜饮酒,好楼居。住房多系瓦屋或石板房,结茅以居者甚少。近年洋纱盛行,制衣之布渐多自市购入。除农业外,近亦有从事工商业者。殷实之家且有读书、习武、入文武庠者。民国以来亦有入中、小学肄业者。倮罗多与汉族杂居,男女均从事农业,多系佃农,畜牧牛、马、猪、狗,嗜酒,日食三餐悉土中自产,衣皆购布为之。仡佬多居山地,从事农业,勤苦耐劳,善垦荒种植及畜牧,嗜烟酒,日食三餐悉土中所产,衣多购布为之。

(贵州省安顺市志编纂委员会据民国二十年代末稿本整理:《续修安顺府志·安顺志》,第十八卷,土民志,夷族,安顺市志编委会一九八三年铅印本。)

〔**民国二十年代末,贵州安顺**〕 生产以农业为主,手工业为辅。男女同事耕种,风雨不避,牧牛畜马,善体物清。所着麻衣,均系妇女自织,麻亦自种、自绩。家置矮机,随绩随织。绩麻不仅家居时为然,行路时亦多以未绩之麻团挽于掌上随时捻绩。住房多系自建。副业有修建房屋、圆盆桶、编竹器等。农闲时或成群结队荷鸟枪、携弓弩、带猎犬以猎取野兽;或扳罾撒网以捞取鱼虾;亦有从事贸易,贩运粮食牛马者。生活,苗族生活至为简单,日食二餐(有农事时三餐),或米、或包谷、或荞、或麦,总为自耕田土所产粮食。喜食酸汤及甜酒,如汉人之饮茶。衣除自织麻布外,多购白色棉布自染、自缝。住房绝大部分为草房,盛产石板之地则为石板房,瓦房极少。无论何种,均互相帮助,自行修建。每家必有牛圈以养牛助耕。

(贵州省安顺市志编纂委员会据民国二十年代末稿本整理:《续修安顺府志·安顺志》,第十八卷,土民志,苗族,安顺市志编委会一九八三年铅印本。)

〔民国三十二年前后,贵州榕江县〕 边胞多食白米饭,但其所食之味少用籼米,多食糯米。糯米既煮为饭,再搓饭为团,以手送于口中,鲜有用碗筷者。倘如到山中或田内工作,则纳其糯米饭团于竹匣中,背之而行,饿则取而食之,渴则掬山涧之水而饮之。

(李绍良编:《榕江县乡土教材》,第三章,乡土社会,第五节,风俗,民国三十二年编,一九六〇年贵州省图书馆油印本。)

〔民国三十二年前后,贵州榕江县〕 边胞衣服恒为自纺自织,自染自制。侗胞有白色、蓝色,苗胞多为青色。

(李绍良编:《榕江县乡土教材》,第三章,乡土社会,第四节,风俗,民国三十二年编,一九六〇年贵州省图书馆油印本。)

〔民国三十三年前后,贵州剑河县〕 苗族男均着黑色短服,头束青巾。女性着裙无裤,上衣则为黑色大袖,领绣花纹。侗家衣著与汉族同,惟苗、侗女性项上、腕上、耳上均喜悬银钏、锁、镯之类,一耳环重率四五两,甚为累赘云。苗家习俭朴,生活简陋,县境中有苗民食不用箸,但以撮取者。一家之中,猪、牛同栖堂室之内。

(阮略纂修:《剑河县志》,卷七,民政志,礼俗,民国三十三年铅印本。)

〔东晋时期,宁州哀牢〕 孝明帝永平十二年,哀牢抑狼遣子奉献。明帝乃置郡,以蜀郡郑纯为太守。属县八,户六万,去洛六千九百里,宁州之极西南也。……有梧桐木,其华柔如丝,民绩以为布,幅广五尺以还,洁白不受污,俗名曰桐华布。

以覆亡人,然后服之及卖与人。有兰干细布,兰干,僚言纻也,织成文如绫锦。

(晋 常璩撰:《华阳国志》,卷四,南中志,清乾隆间《四库全书》本。)

注:哀牢,在今云南西部盈江一带。

〔元代至民国二十七年前后,云南昭通县〕 回民之来昭,据旧《志》所载,实起元时以兵屯田,多半皆系回人,后遂流落于此。及前清哈元生两次平昭,所带兵丁多系回民,领土占籍,择取地方,悉得东南一带高原。其俗强悍,重耕牧,习武事,科举时代常中武魁,及入伍者亦列显宦。但居乡人多除农畜外,及以走厂贸易为事。住城中者皆聚积东南角,以造毡子做皮货为生计。在当时所设清真寺共有四十八所,可云盛矣。自遭咸同之变,逃徙死亡不知其数。至承平后,经六十年之休养,以迄今日调查各乡区总四十余地,而得花户五千五百十八,丁口二万六千零六十二,生齿亦不少也。惟其所居之地,俱皆瘠薄,竟有衣食难济者。

(卢金锡修,杨履乾、包鸣泉纂:《昭通县志稿》,卷六,氏族,种族,民国二十七年铅印本。)

〔明朝年间,云南景东府、蒙化府〕 景东、蒙化之间,夷民能织斑丝,盖亦土蚕之茧织成紫白相间如记所称吉贝者⋯⋯然幅狭而短,不堪作衣耳。

(明 谢肇淛纂:《滇略》,卷三,产略,清乾隆间《四库全书》本。)

〔清康熙四十四年前后,云南曲靖府平彝县〕 黑猡猡⋯⋯居深山,虽高岗硗陇,亦力耕之,种甜苦二荞自赡,善蓄马,牧养蕃息。器皿用竹筐、木盘。交易称贷无书契,刻木而折之,各藏其半。市以丑、戌日。

(清 任中宜纂修:《平彝县志》,卷三,地理志,风俗,种人附,清康熙四十四年刻本。)

注:平彝县于一九五四年改名富源县。

〔清乾隆元年前,云南景东府〕 民多僰夷,性本驯朴,田地旧皆种秋,今则悉为禾稻(旧《志》)。

(清 鄂尔泰、尹继善修,靖道谟纂:《云南通志》,卷八,风俗,景东府,清乾隆间《四库全书》本。)

〔清道光二十八年至光绪三十一年前后,云南广南府〕 白猓猡,散处四乡,性情刚,蛮凛畏法度,刀耕火耨,男子耕种为生,妇人绩麻为衣,平时赴城买卖,价值不敢多增。其习俗好猎,信鬼,病不服药。

(清 李熙龄等纂修:《广南府志》,卷二,风俗,影抄清道光二十八年刻、光绪三十一年补刻本。)

〔**清光绪十一年前后，云南曲靖府沾益州**〕　乾猓猡，于夷人中最贱苦，绩麻捻火草为布衣之，男衣至膝，女衣不开领，缘中穿一孔，从头下之，名套头。虽高冈硗陇，亦力耕及之，种惟荞菽燕麦，四时勤苦，仅足食。懒农及衣棉者，众讲罚之。茅草版片树皮为矮屋，中设火炊，男女两列坐宿，四时日夜火不断。刻木为信，各收其半，为交易之符。极谨朴，无敢为盗。

（清　陈燕、韩宝琛修，李景贤等纂：《沾益州志》，卷二，风俗，彝风附，清光绪十一年刻本。）

〔**清宣统二年，云南楚雄府楚雄县**〕　猓猡有黑白各种，山居田少，刀耕火种，缠头跣足，男带刀，女辫发，皆披羊皮，嫁女则与羊皮一张，皮绳一条，以为背负之具。衣襟饰海蚆绣花。绩麻、织布，或市洋毛布、火草布为交易，记数用木刻星。

（清　崇谦等修，沈宗舜等纂：《楚雄县志》，卷二，地理述辑，风俗，清宣统二年修，一九六〇年据抄本传抄。）

〔**民国九年前后，云南蒙化**〕　猓猡有二种……其在蒙城、安远两乡及南涧五里、公郎四里者，皆以耕种樵薪牧养为业，衣羊皮，贫则麻布，其富者间亦学汉式，多短衣。

（李春曦修，梁友檍纂：《蒙化志稿》，卷十六，人和部，人类志，民国九年铅印本。）

〔**民国二十一年前后，云南西北部**〕　查夷族食饮生活最减而廉节，泸水山地食粮以玉麦为大宗，夷民之食，每日三餐用大锅一口，将玉麦用手桩成三五成瓣，水量各半，煮成粥，杂以菜，如豆类等掺入，不加油盐，淡泊而食。

（段承钧纂修：《泸水志》，第十七，礼俗，饮食，民国二十一年石印本。）

〔**民国二十七年前后，云南石屏县**〕　夷民不习纺织，男女皆刀耕火种，力作最苦。耕用二牛，前挽中压后驱平地。种豆、麦，山地种荞、稗。服食俭约，俗尚古朴。

（袁嘉谷纂修：《石屏县志》，卷六，风土志，农业，民国二十七年铅印本。）

〔**民国二十七年前后，云南昭通县**〕　苗子，原有二种，曰花苗，曰白苗。其居均傍山溪，勤耕作，畏见官。然惯制弩箭，射击善中，恒以此制毒蛇猛兽。家贫者固多，悉为夷家佃，并能自织衣裙，惟以花白别其种类。近则渐习文化，群知向学，有游历外省外洋者矣。

（卢金锡修，杨履乾、包鸣泉纂：《昭通县志稿》，卷六，氏族，种族，民国二十七年铅印本。）

〔**民国二十七年前后，云南昭通县**〕　白夷，其族较黑夷为多，皆系旧日夷目子孙,常为黑夷佃户,家贫者尤众,其子女悉应役于官家,故一切起居莫敢与抗,生活除业农之外,亦无他职焉。

(卢金锡修,杨履乾、包鸣泉纂:《昭通县志稿》,卷六,氏族,种族,民国二十七年铅印本。)

〔民国三十一年前后,云南巧家县〕 夷族,为当地土著,其人勤于耕织,性强体壮,文化习俗与汉族同。

(陆崇仁等修,汤祚等纂:《巧家县志稿》,卷八,氏族,夷族,民国三十一年铅印本。)

〔民国三十一年前后,云南巧家县〕 苗族,性懦而善治田,每为大地主服劳役,生活简单,知识低下,人口甚少。

(陆崇仁等修,汤祚等纂:《巧家县志稿》,卷八,氏族,苗族,民国三十一年铅印本。)

〔清乾隆十四年前后,西藏〕 过溜筒江抵中甸通云南工布,约有人民万余户。再南则系生番噶尔地方,有酋长五人,一名噶南巴,所辖人民七千余户,皆以耕种为生。

(清 张海撰:《西藏记述》,清乾隆十四年刻本,清光绪二十年重刻本。)

〔清乾隆五十九年前后,西藏〕 藏番蒙古不拘贵贱,饮食皆以茶为主。其茶熬极红,入酥油、盐搅之,饮茶食糌粑、肉米粥,名曰土巴汤。其次面果、牛羊肉、奶子、奶渣等类。牛羊肉多生食,而日食不拘顿数,以饥为度,食少而频。男女老少皆日饮蛮酒,乃青稞所酿,淡而微酸,名曰呛。

(清 佚名纂:《西藏记》,下卷,饮食,清乾隆五十九年刻本,民国二十六年铅字重印本。)

〔清道光二十五年前后,西藏拉萨〕 日间食物:牛肉、羊肉、奶子、奶渣、茶,上下一般最嗜好茶,贵贱饮食皆茶以煮,为茶煮法熬煎牛羊肉食之。……房屋,土人、牧人各其构造,拉萨东至四川打箭炉沿道各地房屋皆石筑之,屋根扁平,覆土石以名碉房;至富家,二层、三层、六七层皆有之。

(清 李梦皋纂:《拉萨厅志》,卷上,风俗,清道光二十五年纂,据稿本影印本。)

〔清乾隆二十四年前后,西藏〕 甲噶拉里及宁多濯拉山、阿杂山等地蕃民皆以牧养为生,居无定所,或结茅为巢,或织牦牛尾、殺氇毛为屋,以其便于徙移耳。

(清 萧腾麟纂:《西藏见闻录》,卷上,居室,清乾隆二十四年刻本,一九七八年吴丰培校订油印本。)

〔清乾隆二十四年前后，西藏〕　贸易货殖，男妇皆习其业，就地铺设货物，以作夷市，蕃贾辐辏……。货物则玛瑙、玻璃、珊瑚、车渠之属，有灿其宝绫缎霞绮、氆氇、藏锦、藏茧、藏毯、卡契缎、卡契布，其集如簇。哈达、藏香、茶叶、酥油、牛黄、阿魏、紫草茸，积犹棘薪。通用系铸银为钱，每枚重一钱五分，无穿孔，二面凿蕃字花纹，名曰白丈。亦有以货易货，彼此交换，各称其值者。

（清　萧腾麟纂：《西藏见闻录》，卷上，经营，清乾隆二十四年刻本，一九七八年吴丰培校订油印本。）

〔清乾隆五十七年前后，西藏〕　西藏番民多食糌粑、牛羊肉、奶子、奶渣等物，其性燥而茶所急需，故不拘贵贱，饮食皆以茶为主。其茶熬极红，入酥油、盐搅之，饮茶食糌粑或肉米粥，名土巴汤。至牛羊肉，多生食。

（清　马揭修，盛绳祖纂：《卫藏图识》，识略，上卷，饮食，清乾隆五十七年刻本。）

〔清光绪十二年前后，西藏怒江流域〕　怒江之水，宽数里，两岸壁削，中流急湍，人莫能渡。其北一带亦名工布，绵亘颇广，南即貉㺄，中隔一江。貉㺄乃野人，名老卡止，嘴割数块涂以五色，性喜盐。其地产茜草、水竹、紫草茸，不耕不织，穴室巢居，猎牲为食。

（清　黄沛翘辑：《西藏图考》，卷六，藏事续考，清光绪十二年刻本。）

〔清光绪十七年前后，西藏〕　西藏地广人稀……土产金、银、铜、铁、珠玉、水银，麦、米罕见，多黑莩，土人屑以成面粉，和以水酪，以充糇粮，食禽兽肉，牛羊尤甚。

（清　龚柴纂：《西藏纪略》，清光绪十七年铅印本。）

（五）贫　民　生　计

〔民国十五年前后，河北平谷县〕　农力耕而苦无田，为富室佃种出倍息，故家鲜盖藏。而富室亦积财不积粟，徒仰给于岁，冀常稔，稍歉收，则米价腾贵，贫者无所得食，饥困不可言状。

（李兴焯修，王兆元纂《平谷县志》，卷三，社会志，民生，民国十五年铅印本。）

〔清光绪年间，上海〕　海上忘机客云：三十年前，余家在城内，赁屋二幢，月租仅两元。其时尚未通行机白米，米价最高每石二元余，故三四口之家，月入二十元，尽可敷衍，时银元兑制钱多不足一千，二十元无过十九千或十八千数百文耳。住屋、食米为居民最大问题,就余当日此问题例之,供给此二项仅须四千余,余则日用必需与必不可少之消耗,尚存十五六千,生活自可勉强,苟非浪费,不至如俗所谓打饥荒也。其时雇坐人力车,自十二三文贵至四五十文,过此必其道路甚远,例如自福州路至沪西梵王渡,亦多至一角,西门至徐家汇,不过六十文。啜茗最大茶肆,为华总会、万华楼等,两人入座,例进一碗,为二十八文,点心面则十六文至二十八文,馒头各式每件七文,无复再加,故偶与亲友三四人入肆茶点,不为他用,大都用钱二百文已足;若在四角以上,则必连饮酒、点菜在内。其时,普通菜馆不过京、徽、粤三种,夜入晚膳,两人用银五角,已大堪醉饱,一元之费,可请客矣。食住二者如彼其易,消耗酬应如此其轻,而彼时尚多入不敷出,左右支绌之人,虽曰未知撙节,亦足见上海作客之难也。呜呼!三十年来,平民已有生众食寡之苦,物价日昂,生计日绌,而益以铜元之滥,稻米出洋,食力小民日得几何不足一饱,或曰:是不啻在上者之挤之于沟壑也!

(胡祥翰编:《上海小志》,卷六,生活,民国十九年铅印本。)

〔清朝末年至民国初年,上海〕 地面有限,人口无限,房屋栉比,赁价日增,僦居者月縻不资,交通稍便之处租费尤昂,昔时每幢一二金者,今有增至十数金或数十金矣。且须小租、挖费及开门钱种种。至房屋开间则愈造愈窄,天井小如一线,灶披窄仅数尺,喻以"鸽笼"非过也。租昂不克担负,一幢往往居有数家。丛积之物,为残余,为排泄,炭气之充塞,火灾之危险,疾病之传染,沪居皆然,此则尤甚。拟以地狱或且过之,佛家视世界为秽土,此真秽土矣。窃按:国变以后,祸乱相寻,岁无宁月,徙沪者益众,屋租之增,岁且至再租,界内外几无隙地,而有欲僦不得,愿出重资使人让屋者。此十余年来沪患人满之故有三:一、禁烟,内地吸烟,辄为在官人员所诈,乃遂麇集于此;二、兵事,兵战也,兵变也;三、盗匪,今日洗劫此乡也,明日洗劫彼镇也,富贵者大惧,皆尽室而来矣。中有以暴富而至此谋安乐者,有以素封而至此避患难者,至者遂日夥。若内地之窭人,尤以沪为求食之地,鬻技者有之,为盗者有之,行乞者有之,沪之人遂满坑满谷。土木虽日兴,殆犹有欲庇一椽而不得者。辛酉秋冬间,赁值暴腾,尤甚于昔,则受交易所大盛之影响也。时新屋亦因之而盛,以地亩、屋材、匠役各费之昂,而取盈于赁费犹可言也,至数十年前之老屋亦然,一若骨董之愈久愈破而愈昂,为富不仁,不得以经济学之原理自文矣。久之而居者大恐,谋抗之,乞免乞减者相应而起,或曰蓄宅者有所有权,抗之,背法律是也,然何以有遏粜之明禁乎?诚以食住皆为日常生活之必要,非此不足以救济贫民也。且按照经济学之原理,城市之房租,常随城市各种事业之发达而骤增,于是房主乃得不劳而获之增产。盖所增之高额乃社会公共组织之效果,而并非由房主之私自经营而获得者也。故经济学家有以此增产由私人与公众分润之议,虽其说近于社会学者之主张,揆诸事理,亦未始无成立之价值。今房主既独享此由社会群策群力而得之增产,复乘机而攫取重利,予取予求,视社会公众为其牺牲品,则公众之加以取缔,谁曰不宜。

（胡祥翰编：《上海小志》,卷六,生活,民国十九年铅印本。）

〔清道光至光绪初年,江苏奉贤县〕 奉贤地多产棉。道光间,棉值昂贵,每担率十数缗,今且不及十之三四。小民终岁勤动,无所获利。

（清 韩佩金等修,张文虎等纂：《重修奉贤县志》,方锜序,清光绪四年刻本。）

〔清同治至民国初年,江苏嘉定县〕 市西土著既少,农民大半来自他乡。人皆朴愿,惟田亩悉依他处绅富所置。夫束一项,业主不肯与间。每年举保办粮仓差,责令佃户,任其鱼肉,苦不胜言。近则征粮改为自封投柜,民困稍苏。前清,每年责令田多者举报保里正,司收粮之职,赔累滋多,自夫束废后,由县雇人散发由单,名曰催科吏,始与乡民不涉。

（童世高编：《钱门塘乡志》,卷一,风俗,一九六三年《上海史料丛编》本。）

〔清光绪初年,江苏青浦县〕 卓《志》云：俗务纺织,里妪抱纱入市,易棉归,旦复抱纱出,纺法用两指拈纱,名手车,织者率日成一端,入市易钱以佐薪水。田家收获,完赋偿租外,未卒岁而室如悬磬,其衣食艰难如此。近于耕时贷米,至冬亦偿以米,其息甚昂,有一石偿二石者,谓之债米。农无田者,为人佣耕,曰长工;农月暂佣者,为忙工;田多而人少者,请人助己而偿之,曰伴工。

（清 陈其元等修,熊其英等纂：《青浦县志》,卷二,疆域,风俗,清光绪五年刻本。）

〔清光绪初年,江苏金山县〕 邑方言、土俗,类郡城者十之七,类平湖者十之三。士秀而良,工商乐业,泛泖者举网,濒海者熬波。南乡畏旱,多种木棉。北境宜桑,兼勤蚕绩。昼犁宵杼,妇馌夫耕,游惰之民无有也。乃近年来,泖涨成田而渔户困,海滩沙积而灶户困,水利不修而农民又困。一年之中,中元前后,患在风潮;中秋前后,患在螟螣;秀时霜多,患在冻浆;获时雨多,患在腐穗。往往夏秋间满拟丰收,转瞬顿成欠岁。地方奏报,例在秋分以前,其时丰欠未定,故间有报丰而转欠收云。

（清 龚宝琦等修,黄厚本等纂：《重修金山县志》,卷十七,志余,风俗,清光绪四年刻本。）

〔清光绪九年，江苏上海县法华乡〕 光绪九年，夏秋两遭飓灾，秋收欠薄。木棉统扯每亩三十斤，每担售洋四元。种棉一亩，仅值一元二角。完纳条漕外，能有几何？小民粒食维艰。

（王钟撰，胡人凤续辑：《法华乡志》，卷三，荒政，清嘉庆十八年编，民国十一年续编，抄本。）

〔清光绪二十三年，江苏嘉定县〕 我邑城西一带，贫民居多。光绪二十三年冬，收成欠薄，据情上报当道，以时过十月，批驳不准。至二十四年春，各乡佃田之户，粒米无存，几至不能度日。

（童世高编：《钱门塘乡志》，卷十二，灾祥轶事，一九六三年《上海史料丛编》本。）

〔民国十七年，江苏川沙县〕 职教社规定每人至少调查三十户。今因川沙情形复杂，约亲友五六人各就所在地按照表式分头调查。计调查过东南乡十四户、西南乡六户、北乡四十一户，共六十一户。……

有数点应先声明：（一）川沙农田向行两年三熟制，麦为小熟，棉、稻为大熟。谷雨种稻，秋分、白露间收获。寒露种麦，次年芒种收获。随种棉，秋分、立冬间收获。经数月之荒芜，使地力稍得休息。至明年谷雨，再种稻，周而复始。间有贫苦人家，棉花收尽，立即种麦，叫做花田麦。麦收获后，再种棉花，叫做叠田花。因田无休息，缺乏滋养，大概不能丰收。亦有麦未收获，先种棉，叫做攒花。此棉早种早获，不受深秋风雨的害，但麦须条播方可。（二）除自种田外，有租田及分种田两法，租额每亩图田四、五、六元，团田六、七、八元不等。一切费用，田主不问，但纳税归田主。至分种田，产物主六、客四者，主出种子及肥料；其主客均分者，一切费用，主概不问，但税均田主纳耳。此分种限于棉、稻，其小麦，田主自收。（三）依现在田税额，团田正附税并计，每亩六七角，图田一元二角至一元五角。……

（一）调查所及的六十一户，共田九百七十一亩，平均每户得田十五亩九分一厘。内：最多者四十五亩，一户；次多者四十亩，一户；最少者两亩，三户；次少者三亩，三户；又次少者四亩，一户；同亩数最多者，八户，各八亩；其次七户，各六亩；又次四户，各三十亩。

查川沙全县田亩数，以户数平分之，每户不足八亩，与同亩数最多者每户之数略相等。北乡调查者报告，满三十户左右之村落，每种三十亩左右者，实为仅见；二十亩左右者，亦但三四户；十五亩左右者，五六户而已；四五亩者居多数。

无田者亦有之,十亩左右者亦甚少数。南部满二十亩之户亦甚少。以户口与田亩较,每户扯不到十亩。西南乡调查者声明,种不满十亩之农家,绝无盈余,故略去之云云。然则此次调查中,有一部分尚偏重种田较多者,如要绝对准确,恐尚不满此数。

(二)此九百七十一亩内,自种田六百九十三亩,租田一百四十三亩。此六十一户内,纯种己田者四十六户,纯分种者三户,纯租田者三户,兼两种以上者九户。本届调查,注意在自食其力的农家,但川沙富户拥田至千亩者极少,或竟可说为没有(沙田除外)。不但富户欲多买田而不得,即贫户欲多种几亩租田而亦难。以上六十一户中,纯种己田者占百分之七十五以上。在总亩数九百七十一亩中,纯田自种者占百分之七十一以上。北乡四十一户,且系完全自种。

(三)此六十一户内,无副业或不详者十九户,有副业者四十二户。此有副业的四十二户内,工二十五户,商十五户,农一户,教员一户。每户种田过少,全靠副业维持他们的生活。男子副业,如木匠、泥水匠、芦匠、裁缝、鞋匠、捕鱼等,但养牛种稻之家,不能再有副业。女子副业为制花边、织毛巾等。若织布,三十年前大盛,现已稀有。花边、毛巾,前十年大盛。花边,虽十三四龄女童,每日可得三四角。今两者均衰落,花边一日仅可得一角左右耳。故妇女除农忙外,一人秋冬即无相当工作。北部工商副业,大都依靠上海市,所以北乡四十一户中,十分之九皆有副业。

(四)另从原表上检得农产收获量及售价如下:稻每亩最多收四百斤者,三户;次多三百七十五斤者,一户;又次多三百五十斤者,五户;最少二百五十斤者,四户。稻售价,每百斤最贵四元二角五分者,一户;次贵四元者,九户;最贱三元五角,八户;最多数四元者,八户。棉每亩最多收一百十斤者,一户;次多一百斤者,六户;又次多九十斤者,一户;最少六十斤者,一户。棉售价,每百斤最贵十六元者,一户;次贵十五元者,二户;又次十四元五角者,一户;最贱十三元者,一户;最多数十四元者,十五户。

川沙团田与图田,荣枯不同,面积大小亦其一因(现在团田清丈完了,最好图田从速清丈)。如棉在图田,近十年来很少收百斤者,团田常有之。上述每户收一百十斤之户,东乡团地也。其售价,大都因农家需款过急,一收成立即出售,其时价格往往较贱(亦偶有较贵者),等到涨时,利归于商了。川沙不种高粱,略种玉蜀黍,但供己食,并不出售。与小熟同时收者,有蚕豆、菜子〈籽〉。与大熟同时收者,有黄豆、脂麻,均供己食,菜子〈籽〉换食豆油。惟黄豆除供己食外,略有出售,然为数不多。皆农夫所说。

（五）农民净得数如下：九百七十一亩,共九千九百六十九元,每亩平均十元零二角六分。内纯自种田五百九十一亩,共八千三百四十元,每亩平均十元一角一分。纯分种田六十一亩,共一百九十五元,每亩平均三元一角九分。纯租田六十三亩,共二百九十九元,每亩平均四元七角四分。

照以上收益统计,每亩平均仅得十元有零,则八口之家,给他十亩地,亦且不能过活。某农夫告我:"夫妻两口,两个小孩子,十亩田认真种,可以过活。"但依全县田亩数,即使做到耕者有其田,也不满每户十亩。而况以上统计,租地的须满三十亩,其收益才等于自田十亩,更哪里来每户三十亩呢？租田每亩收益（四元七角四分）与自种田每亩收益（十四元一角一分）相差之数,即是田主从资本上取得之利息。其中一部分,也可以说分取佃农的利益。但川沙田价,图田每亩五六十元,团田一百至一百二十元。所收租息（图四、五、六元,团六、七、八元）,除去粮税（图一元二角至一元五角,团六、七角）,所得不过百分之七左右,亦不算优厚。不过,田主也应该自力谋生,不应该单靠收租吃饭。……川沙靠收租吃饭的还不多,这是可喜的。

以上统计,都是民国十七年的川沙农村情况。

调查时,与农夫谈到下列几个要点：

（一）种子。问:"你们种子哪里来的?"农夫说:"自己收下来的,也有买来的。"我说:"要农产好,一大半靠种子,俗话说,若要体气好,先要种气好。现在讲究种田的人家,种子要拣选,要用温汤浸过,有的用盐汤浸过。"农夫说:"这种新法,我们不懂呀。"

（二）人工。川沙东南乡,有一家农家,七个壮健男妇,种田十亩,种得羹香饭熟,这是很少见的。大概夫妇二人,两三个幼童帮助,可种十亩地,但农忙时仍须雇工,工资每天四角,饭须优待,又是四角。种棉着重去草,俗名"脱花"。有雇工的,也有包工的,大约每亩雇工费至少须以三元计。种稻灌水,用脚踏车的渐少,因人工太贵,大多用牛车。牛每头约百元,食料如棉饼、稻草,每年约三十元,牛车、船只及一切器具,约百三十元,常年修理抹油,约又须三十元。不养牛的农家,如有田十亩,内五亩棉花,尚可自种,五亩种稻,必须分种于养牛人家。我说:"人工贵到如此,用机器灌水,岂不省事?"农夫说:"天旱,棉要干死了,那时用机器灌水（俗名车花）是有的。机器灌稻田是没有的。"我想,何以车花可用机器,车稻不可用机器呢？怕是习惯问题了。我又说:"棉田去草,有一种新式农具,一个人可抵八个人工作,我亲见过的,但棉须条播方可。"农友们很以为奇。

(三)麦用猪粪、鸭粪。我问:"肥田粉用过否?"答:"肥田粉价很便宜,每亩数角够了,但此物拔地力很厉害,辟如今年用了粉,明年用中国肥料,竟然无效,不是更糟了吗?所以用不得。"我想,此点总须实地试验才好,所以不做声。

(四)农产价值。照普通情形,农产初收获,价必贱,因为农家急于脱售之故。数月以后,价渐渐贵了,但货物已落商人之手。譬如去年棉花大多数农家售出,每百斤不过十四元,而现在已涨至十七元。如果每百斤多售二三元,岂不大妙?而无如农家待用很急,不能不售。所以有设立公仓的一法。农产收获后,可送公仓抵取现款,俟价格相当时脱售,认还款息及寄仓费外或者还有利益。以此法告农友们,皆大赞成。

(五)完粮。西南乡七十多岁的老农说:"前清漕粮,每石五千零七十二文,永不加增。民国元年,改为五元,其时每元换钱一千二三百文,与前清所征相差尚不多。近年每元涨至三千文,而上年起漕粮每石骤加二元,连前共七元,合钱二十一千文,其带征各税尚不在内。小民有口无处诉苦。可否请为长官说说?"我的意思,不希望减税,但希望公家将取自农民的钱,提出一部分,为农民谋福利,共同解决上开种种问题,那就无量的功德了。

(方鸿铠等修,黄炎培等纂:《川沙县志》,卷五,实业志,农业,民国二十六年铅印本。)

〔**民国十八年前后,江苏南汇县**〕 农夫最勤亦最苦,辨色既起,枵腹入田,谓之做卯时;长日如年,全家男妇沾体涂足,日落始返;黄昏后,男则踏车编蒲包,女则纺纱织布,率至三鼓始睡。

(严伟修,秦锡田等纂:《南汇县续志》,卷十八,风俗志一,风俗,民国十八年刻本。)

〔**民国二十六年前后,江苏川沙县**〕 乡间自耕农,中稔之年,除去资本,每亩获利不过银币三元内外。一遇凶欠,或农产跌价,更属不堪设想。

(方鸿铠等修,黄炎培等纂:《川沙县志》,卷十四,方俗志,川沙风俗漫谈,民国二十六年铅印本。)

〔**民国二十六年前后,江苏川沙县**〕 通境人口十三万余,而国税、省税、县地方税,最近并计,得二十五万余元,平均计算,每人纳税几及二元。

(方鸿铠等修,黄炎培等纂:《川沙县志》,卷十四,方俗志,川沙风俗漫谈,民国二十六年铅印本。)

〔**民国二十六年前后,江苏川沙县**〕 乡人务农,田多者苟能勤俭,尚可有余;

田少者或作工艺,或种种杂贩,亦能自赡;惟老弱妇孺,家无壮丁,又无恒产,富岁犹虞不继,一遭饥馑,更无办法。

(方鸿铠修,黄炎培等纂:《川沙县志》,卷十四,方俗志,川沙风俗漫谈,民国二十六年铅印本。)

〔民国二十六年前后,江苏川沙县〕 图田瘠狭于团田,而赋税倍蓰之。农家卒岁勤劳,仅可敷衍。迩来濡染沪风,衣食日用,远胜于前,工商家奢华尤甚。平时不稍积蓄,一遇灾荒,立见困乏。余三余一,实罕闻之。

(方鸿铠等修,黄炎培等纂:《川沙县志》,卷十四,方俗志,川沙风俗漫谈,民国二十六年铅印本。)

〔民国二十六年前后,江苏金山县〕 全县田亩秋收总生产量,计八百二十八万元,以全县十六万人口分派,每人仅得五十元有零,假定八口之家,仅得四百余元。丰年如此,歉岁可知。况耕牛、农具、种子、肥料等费,均为必需之支出。使上列估计而无悖于事实,农村经济之衰竭,可以思过半矣。

(丁迪光等编:《金山县鉴》,第六章,实业,第一节,农业,民国二十六年铅印本。)

〔民国二十六至三十四年,江苏金山县〕 本邑农村在沦陷期间,凋敝至不堪言状,捐税之繁多……农民剥肤及髓,唯隐忍以待胜利而已。其时,地下政府一切军政所需,既有赖于民间之捐助,而伪府敌寇更多方搜刮,利用保甲,经手收款,蒙蔽欺诈,浮收至不可纪极,民众痛苦,于斯为甚。三十一年后,搜购军粮,不遗余力,于是乎盖藏空焉。

(金山县鉴社编辑:《金山县鉴》,第九章,社会,第二节,农村,民国三十六年铅印本。)

〔民国三十六年前后,江苏嘉定县〕 不论男女,百分之九十九业农,且多自耕农。因田少人多,普通农户有田约八九亩,少者一二亩。二三十亩者称为小康之家,数十亩者称大户,百亩者凤毛麟角。二三亩者不能维持生活,每向中、大户借种田亩,为之帮工若干日,俗称帮生活,又称脚色,系中、大户之劳力剥削。通常每亩旧为帮工四十二到四十五工,今有减至三十工者。惟借种三亩以下者如此计工。四亩以上者,不计工日,主家有事需为,均须前往助之,主家除借给田种外,夏季大、小熟收获后,给以柴草,逢节赏以时食,如清明、七月半赏以粉团,端午赏以粽子,年终赏以年糕。作物以棉为主,稻三年轮种一年,小麦、蚕豆种于明年轮种水稻之田内,收获后,作为购买稻田肥料费用,明年轮种棉花之田畴沟种以荚麦,以供饭食,大麦种植无多,供猪食而已。豆与其他杂粮种于棉田之畴沟与岸旁河畔。普通农户棉产供家用,稻与杂粮供食用,勤耕勤种,足以自给。年来人口日增,谋增收获,河边滩岸亦设法种至近水,坟墓多加垦种,可谓地尽其利。

（吕舜祥、武嘏纯编:《嘉定疁东志》,四,实业,农,民国三十七年油印本。）

〔清同治、光绪年间,江苏青浦县盘龙镇东乡〕 邑当泽国粳稻之区,第吾乡东半,土地高燥,水道淤浅,多种木棉,工繁而利薄,输官偿租外,未卒岁而室已空,生计艰难可知。

（清 金惟鳌辑:《盘龙镇志》,风俗,清光绪元年修,一九六一年《上海史料丛编》本。）

〔清光绪七年前后,江苏崇明县〕 海咸河淡,水性之本然也。故凡沙洲之在江中者可耕,在海中者难艺。邑地居江之委,如平安等沙则接扬子江、白茆塘诸水,竺泊等沙则接吴淞江、蔡陶浜诸水,长沙一带则接刘河、七丫诸水,更赖高、廖二嘴,将东北外洋之咸潮上下横截。每清明后,江水涨发,咸潮衰退,得所引灌,以利田畴。用是,南区之沙颇产五谷,惟北区新灶、永宁、洪勋、永盛、太平、永安等沙,江水遥隔,终岁咸潮,半属不毛之地。若霜降后江水上涸,咸潮下涌,则无论北区,即南区亦被咸水,幸此时禾稼已收,不妨听其长消。所患者,夏秋之交,禾黍方茁,一值亢旱,江流顿缩,或遇东南风,则高家嘴咸潮北涌,东北风则廖角嘴咸潮南涌,一沾禾黍,立就焦枯,虽南区亦变槁壤。此邑中田产与内地州县悬殊也。

（清 林达泉等修,李联琇等纂:《崇明县志》,卷四,风土志,风俗,清光绪七年刻本。）

〔清光绪年间,江苏上海县法华乡〕 木棉:府《志》云出自西番,宋时乡人始传,其种于乌泥泾镇,今高乡多种之。法华田皆沙土,尤宜木棉。种者居七八,有紫、白二种,每于春末夏初下种;既出后,妇女荷锄删莠,名曰脱花;花开时携袋撷之,曰捉花;方蕊未花,曰花盘;初开黄花,曰鲜花;结实尚青,曰花铃子;晚结无花,曰僵囊;经霜而色糙,曰霜黄;捉罢后折干为薪,曰花萁;其未拔时,贫苦之家拾取遗剩,曰捉落花;近界有无赖辈结队成群,恃强摘取。良有君当严行禁止,以安农业也。

（清 王钟编,金祥凤增补:《法华镇志》,卷三,土产,清嘉庆十八年编,光绪末年增补,抄本。）

〔民国初年,江苏宝山县盛桥里四乡〕 吾乡土性高者宜棉,卑者宜稻,棉居其七,稻居其三。旧时种棉,随手散布花子〈籽〉,疏密不匀,今则犁田之后,每亩分列数行,耙土甚细,用锄打潭,加以肥料,播种而耰之,此即古者泺耕之法也。日后择棉之肥而长者,摘去花头,俾横生枝节,多结花铃,业此者颇获丰收。惟积习相沿，未能一律。去年，江苏实业厅劝种美国棉花，虽有明文，未见实事。至于种稻，或用牛车，或用人力车，借以灌溉。居民于农隙之时，纺纱织布，习以为常，可见民风之勤俭也。

（赵同福修，杨逢时纂：《盛桥里志》，卷三，实业志，农业，民国八年后稿本。）

〔民国十年前后，江苏宝山县〕 邑境地形平亢，土质含砂，宜于植棉，故棉为生产大宗，约占全邑面积十之六七。植棉习惯不施肥料，每间二年必种稻一次，轮稻之田，始［施］粪、豆饼等以培地力，为植棉之预计。稻则粳稻为多，糯稻次之，籼稻又次之。若旱稻则种者绝鲜。此外，又有芝麻、赤豆、绿豆之类，皆秋季成熟，谓之大熟。麦则元麦为多，大麦、小麦次之。此外又有蚕豆、菜子〈籽〉之类，皆夏季成熟，谓之小熟。至特种农产苴草（可制草履、绳索），则在城市月浦沿塘一带；蒲草（可制装货之包）则在罗店北乡；竹园则真如、大场较多，但非大宗出品。

（张允高等修，钱淦等纂：《宝山县续志》，卷六，实业志，农业，民国十年铅印本。）

〔民国十至三十六年，江苏嘉定县疁东地区〕 本邑为农邑，为改进计，于民国十年后，由县政府筹措经费，遴选场长，就在本区之先农坛基地设置县农场，谋全县农业之改进与推广。嗣拨附近暨在石冈门等处之公地，以供试验。初由葛尔蓬任场长，十七年七月，教育局以先农坛附近之学田四十亩，与建设局交换体育场西边旧农作物试种场，作推广体育场基地，农场属建设局。建设局乃以此四十亩土地拨给农场，辟为棉作物试验场。九月，省农矿厅令改为县立稻作试验场，委顾兆昌为主任，十一月着手进行。二十二年五月，奉令改为农业推广所，未几，将上海商人在江桥掘卖泥土之土地百余亩收回，交给推广所管理，于是土地益多，事业益容易发展，曾提倡种植薄荷、除虫菊以及百万华棉、江阴白籽棉，畜养来克杭鸡、荷兰乳牛，并备新式农具。以未试有成效，即行提倡种植百万华棉，遭受损失，大失农民信仰。见本区汤家巷素重育蚕，于民国二十三年三月，就该处开办育蚕合作指导所。二十六年七月始，遵令裁撤农业推广所，所有业务并入县政府建设科，科设实业股主任以管理之，主任委任农业推广所管理员潘昌恒充任。抗日胜利之初，由第一区辟为实验农场，嗣仍由县政府呈请恢复为农业推广所。三十五年春，县委秦秋农为主任。三十六年，改委绝无农业知识之转业军官何志成，七月，又改委转业军官陈式漏充任，雇用农夫以旧法种植少数棉稻，收获不如普通农民。余田租借农家，收租充〈作〉日常开支。

（吕舜祥、武骃纯编：《嘉定疁东志》，五，自治，县农业推广所，民国三十七年油印本。）

〔民国十三年前后,江苏崇明县〕 中华以农立国,而崇明尤以务农为本,故业农之民十之八。北沙东部,岁有新地,通、海人民,负耒耜而来者,时有所闻。崇土多含沙质,新涨地方颇沃,间有筑圩太早,地乃瘠嫩。或以咸潮久蓄,积为斥卤,然尽力培壅,则瘠可变腴,经年惨淡,则卤可成田。种植遍地无荒土。虽潮有咸水、淡水之别,地有沙泥、黄泥之殊,而豆、麦、粮、棉则无处不宜。惟中部西乡受江水,多植稻;东乡受海水,多以土果为大宗;北沙则豆、麦之外,遍植草棉也。至滨水之处,尤利渔盐,能讲渔捞新法,则天赋之利,取之不尽矣。

（昝元恺编:《崇明乡土志略》,第六—七页,民国十三年石印本。）

〔民国十三年前后,江苏崇明县〕 邑境西受江水,土淡宜稻;东濒海,土坟壤杂沙,宜黍、麦、粱、菽、玉蜀黍（俗称包米）、薯芋之属;外沙卤性尤重,宜粱、菽,然全境种棉者十六七。种棉之法曰精拣核、早下种、深根、短干、稀科、肥壅,邑人颇得其术,以清明前后种,立秋后收。种前频耕,令地熟;种后勤薅,令根疏。盛夏开花如秋葵,结小颗如铃,铃绽出棉落地,妇女结裳掇拾,或囊或筐,负担载路。秋深其落,拾遗不禁（俗称拾野花）,有豳俗遗秉滞穗之风。轧车有铁挺,下承木杆,去棉核,以木弓绷弦弹棉,令匀,竹杆卷之,木板搓之,为絮条,就纺车抽绪为纱,络车经之,织机纬之,为布坚密厚阔,以特产闻,贸之青口、牛庄,为生计大宗云。

（王清穆修,曹炳麟等纂:《崇明县志》,卷四,地理志,风俗,民国十三年修,稿本。）

〔民国二十六年前后,江苏嘉定县矖东地区〕 稻作占农田三分之一,即三年中一年种稻,二年种棉。"八·一三"抗日战争期间,棉贱稻贵,争种禾稻,一反棉七稻三素习。胜利后,虽稍改变,但仍较"八·一三"前为多。自食多,出售少。多种粳稻,糯稻仅作造酒制饵之用。

（吕舜祥、武嘏纯编:《嘉定矖东志》,五,物产,天然物,民国三十七年油印本。）

〔民国元年至二十二年,江苏川沙县〕 民国元年,全县税捐总额仅七万六千五百七十五元耳;至民国十五年,乃达十三万八千八百八十,视民元几及一倍;至民国二十二年,乃达二十四万五千七百六十八,视民元竟逾三倍;今后民力克胜与否,大宜虑及已。

（方鸿铠等修,黄炎培等纂:《川沙县志》,卷首,导言,民国二十六年铅印本。）

〔民国二十六年前后,江苏川沙县〕 北乡各图,民贫畏讼。男事耕耘,女勤纺织。迩来,壮强男子多往沪地习商,或习手艺,或从役于外国人家,故秧田耘草,妇女日多,竟有纤纤弱质、不惮勤劳者。此则今昔之不同也。

(方鸿铠等修,黄炎培等纂:《川沙县志》,卷十四,方俗志,川沙风俗漫谈,民国二十六年铅印本。)

〔民国三十五年前后,江苏金山县〕 本县植稻之田,约计三十万亩,每亩平均估计获米三石,是全县共得米九十万石。以四十万石作为食用,剩余五十万石,养生送死,一切家用皆在其中。此五十万石,依本年冬至□米价每石三万七千元计算,总数不足二百亿。若以秋间最高米价每石六万元计算,相差一百亿有零,其数不为不大。农村经济之困苦,稻谷收获时价格低落,实为一大原因。农民银行若于此际作大量抵押放款,裨益农村,非浅鲜矣。

(金山县鉴社编辑:《金山县鉴》,第七章,实业,第一节,农业,民国三十六年铅印本。)

〔清道光十四年前,江苏松江府上海县塘湾乡九十一图〕 织布女,首如飞蓬面如土。轧轧千声梭若飞,手快心悲泪流雨。农忙佐夫力田际,农暇机中织作苦。贫家习苦自荒疲,积得余资期小补。谁知秋获半输官,一半犹亏功本数。算来私债布支当,布尽凭何谋二䌷。雪白绵柔好女功,来朝知属何人主。停梭向天发浩叹,空际悲风自旋舞。

(清 何文源等纂:《塘湾乡九十一图里志》,下编,物俗,王蔼如《织布女》,清道光十四年纂,一九六二年铅印本。)

注:塘湾乡今为上海县吴泾地区。

〔清同治十年前后,直隶顺天府宁河县〕 自分县以来,宁地无膏腴,芦台大河以北与东西各村均洼下瘠产,遇丰岁每亩所收不过五六斗。大河以南,地更卤薄,不任耕种,即间有成田者,无雨即旱,有雨即涝,且多患蝗孽,故十岁九不收,而邑民素少积聚。

(清 李鸿章等修、黄彭年等纂:《畿辅通志》,卷七十一,舆地二十六,风俗,清同治十年修,清光绪十年刻本。)

〔明成化年间至隆庆元年前后,京师真定府赵州〕 成化、弘治间,俗尚勤俭,民多殷富。男务耕读,女务蚕桑。服蔽身体,屋蔽风雨。婚不论财,筵不尚华,妆奁亦甚朴素,是以民无游食。今也不然矣,一遇凶荒,虽号为富室者亦称贷以卒岁,其他可知已。

(明 蔡懋昭纂修:《赵州志》,卷之九,杂考,风俗,明隆庆元年刻本。)

〔明弘治十五年前后,京师保定府易州〕 郡实西北喉咽,□□一带,地皆沙碛,岁收甚薄,土之所宜,不足以供所需,而民困益甚。

（明　戴敏修,戴铣纂：《易州志》,卷四,贡赋,明弘治十五年刻本。）

〔**清康熙五十一年前后,直隶宣化府龙门县**〕　年丰谷贱,价不能偿民之劳。年俭谷贵,食不能给农之需。

（清　章焯纂修：《龙门县志》,卷五,赋役志,风俗,清康熙五十一年刻本。）

注：龙门县今为赤城县。

〔**清雍正八年前后,直隶正定府井陉县**〕　衣无华靡,绅士韦布,庶民短衣,不能蔽体,甚至有冬无棉衣,夜乏衾枕,惟恃煤火御寒者。

（清　钟文英纂修：《井陉县志》,卷之一,地理志,风俗,清雍正八年刻本。）

〔**清乾隆十二年以前,直隶宣化府赤城县**〕　年丰谷贱,价不偿农之劳。年俭谷贵,食不及农之腹。加以地土瘠薄,霜雪偏多,附郭田无几,而远耕山坡粪不易到,歇荒而种。土著人稀,又靠山右人伴锄,仍两平分,所费甚奢,所获甚啬。

（清　孟思谊修,张曾炳纂,黄绍七补订：《赤城县志》,卷一,地理志,风俗,清乾隆十二年修,清乾隆二十四年补订刻本。）

〔**清乾隆二十六年前后,直隶河间府献县**〕　四民惟农多而最苦,邑地瘠下,又无灌溉之利、蓄泄之方,旱则焦,霪则污,岁一不登,嗷嗷待哺而已,否则流离四出也。

（清　万廷兰修,戈涛等纂：《献县志》,卷四,礼乐志,风俗,清乾隆二十六年刻本。）

〔**清乾隆年间,直隶顺天府永清县**〕　四乡贫无艺业者,春取榆荚、柳芽,夏掘苦菜,秋冬捋取稗实、草子,用以给食。

（清　周震荣修,章学诚纂：《永清县志》,户书第二,一九八五年文物出版社《章学诚遗书》影印本。）

〔**清咸丰年间,直隶大名府**〕　五方之产不一,大抵名山大川必多金玉、珠玑、丹砂、翠羽珍贵瑰奇之物。大名土地平旷,其民人习于耕稼,不尚镂饰,其种植土宜,皆取适用,州邑之间,庶几长厚务本矣。

（清　何俊等修,郭程先等纂：《大名府志》,卷之五,方物,清乾隆二十五年修,咸丰四年续修刻本。）

〔**清同治五年前后,直隶永平府昌黎县**〕　县境西北多山,东多水,膏腴上田盖无几矣。惟城南一带,土为黄壤,种宜谷、麦、菽、秫,农家尚多殷实,特不修水利,旱涝悉听于天,丰年每亩收获计市斗不过五六,但籽粒一项,村氓赔累甚多,故终岁皆为下农,而盖藏不富,所幸年虽不熟,亦乐输将,殆所谓劳知向义、穷多返本者欤!

(清 何崧泰等修,马恂等纂:《昌黎县志》,卷之十,志余,风俗,清同治五年刻本。)

〔**清同治年间,直隶宣化府西宁县**〕 家勤稼穑,虽城居必资于耕,而地硗薄,为赋仍屯额之旧,轻重不均,故逋负为常,岁小欠,即不免流徙。富民则多庄田,计村二百为佃庄者几三分之一,其衣食率仰给于田主,不肖者或重利掊克之,有终岁勤苦而妻子不能饱暖者。

(清 韩志超等修,杨笃纂:《西宁新志》,卷之九,风土志,清光绪元年刻本。)

〔**清同治年间,直隶天津府盐山县**〕 盐邑地阔土疏,又多荒碱,一遇旱涝,即民力不支,地瘠民贫,由来旧矣。盖疆界平衍,无沟渠以为之蓄泄,雨水过多,则遍地汪洋,其患一;北接草洼,芦苇之内,蝗蝻易生,其患二;地宽则人工稀少,稼穑之务,贪多而不暇求精,其患三;邻邑梨枣成林,果木足资,而邑则种植不繁,其患四。是在仁心牧民者,顺天时,因地利,尽人事,倡率而董劝之,自可使境无旷土,人无惰农,家给而人足也。

(清 王福谦等修,潘震乙等纂:《盐山县志》,卷之五、风土志,风俗,清同治七年刻本。)

〔**清光绪初年,直隶永平府临榆县**〕 农,编氓小户,大抵有田者少,佃人之田,岁纳租粮,丰稔,则于纳租外,仅可自给,一遇荒歉,种田者既鲜盖藏,为佣者亦无由食力,哀鸿遍野,良可矜怜,然性多愿谨,虽至冻馁而不为非,则尤可悯焉。

(清 游智开等修,高锡畴等纂:《临榆县志》,卷八,舆地编,风俗,清光绪四年刻本。)

〔**清光绪九年以后,直隶永平府滦州**〕 州境东界滦水,西绕沙河,其上游山水纠纷,夏秋之交,盛涨急湍,并归两河,少溢则害田。光绪九年之后,夏多苦雨,滦水尤汹涌,半改故道,自马城迤东,沃壤数十里变为平沙,居人昔殷富者,今多凋落。惟西自古冶、开平、南至稻地等村庄,厥土黄壤,宜六谷,然地狭民稠,生者不敌其所食,转资给于关东口外之粮,其膏腴又多系勋亲圈地,输租加丁粮数倍,民力拮据,以阖境田亩折准计之,田适为下下,人穷则反本,是以男务耕耘,女勤纺织,恒然发勤动不敢自暇逸,《通志》称:节俭务农,良有以也。

(清 王大本等纂修:《滦州志》,卷八,封域志中,风俗,清光绪二十四年刻本。)

〔清光绪十四年前后，直隶天津府南皮县〕 南皮，古兖州之域，密迩邹鲁，又叨在辇毂之下，沐浴醇化。第无山林薮泽之饶、商贾工匠之业，丈夫勤励农作，以给徭役，女子纺织针工佐之。

（清　殷树森修，汪宝树等纂：《南皮县志》，卷之五，风土志，风俗，清光绪十四年刻本。）

〔清光绪二十三年前后，直隶赵州〕 农终岁勤动，田畴开辟，耕稼纺绩，比屋皆然，老幼鲜惰窳，胼胝无虚日。

（清　孙传栻等纂修：《赵州志》，卷二，风俗，清光绪二十三年刻本。）

〔清光绪末年，直隶广平府临漳县〕 近漳之地，宜于种麦，北乡土性焦燥，宜于种棉，每遇春雨愆期，棉花早秋不能播种，市集粮价即日见腾昂，囤积之户，垄断居奇，操其利权，小民薄产，多为兼并，是以富者愈富，贫者愈贫。

（清　朱秉彝等纂修：《临漳县志》，卷十六，艺文，杂志，骆文光撰《兴建民仓议》，清光绪三十一年刻本。）

〔民国元年至二十一年，河北阳原县〕

种类	身份	民元每月工资	民五每月工资	民十每月工资	民十五每月工资	民二十每月工资	现在工资
瓦工	大工	三角	三角	三角	三角	二角	二角
	小工	一角五分	一角五	一角五	一角五	一角	一角
木工	大工	三角	三角	三角	三角	二角	二角
	小工	一角五	一角五	一角五	一角五	一角	一角
油工	大工	三角	三角	三角	三角	二角	二角
	小工	一角五	一角五	一角五	一角五	一角	一角

（刘志鸿等修，李泰棻等纂：《阳原县志》，卷八，产业，工业，民国二十四年铅印本。）

〔民国十至二十年，河北阳原县〕 十五年来，本县失业人数增加万余，现洋入口数目厘毫未有，而赋税苛杂之纳又数倍于往昔，即杂粮出口亦告停顿，盖以平绥沿路捐税繁多，商民无法输运，遂致粮价低落几至三倍（民国十年前，每石八元，去岁仅二元），以农为生者，大率完粮、纳税外，毫无盈余，八口之家，生活悉资累债。近数年来，借债亦已无门，全县昔日富户以及中产阶级，今皆穷无所依，有产不能售，有债无法偿，而其先已贫者，更无论矣。农村破产固为全国通病，然其情形绝无再甚本县者。

（刘志鸿等修，李泰棻等纂：《阳原县志》，卷十一，生活，概论，民国二十四年铅印本。）

〔民国十五年以前及以后，河北阳原县〕 农人作业时期，年约七月有半，自国历三月至十月中旬，此外则为农暇……因其非在农时，故皆谓之副业。男子副业，则为采运煤薪，凡有骡马驴牛者，则牵以入山运煤。本县与广灵县及蔚县交界处，有土法开采煤窑若干，任人贩运。往返则八十里以至百里，日未出而作，日已入始息。翌日，除自用外，余以售于煤市，然此犹富农或自耕农之所业也。……民国十五年后，各军屡次过境，牲畜多半被征，牛驴价涨，购养无资，即其前之副业，亦再无法经营，惟有以人代畜，负煤采薪，一人所负恒在百斤以外，一日所行又在百里以外。

（刘志鸿等修，李泰棻等纂：《阳原县志》，卷八，产业，农业，民国二十四年铅印本。）

〔民国十八年前后，河北临榆县〕 农，旧《志》称：编氓小户，自己无田，佃人之田而代为耕种，丰年则于纳租外，仅免饥寒，一遇凶荒，有田者既鲜盖藏，为佣者亦无由食力，哀鸿遍野，诚可矜怜，然性多谨愿，虽至冻馁，而不为非，则尤可悯。此皆言其苦也。今则苦又加苦，统县境论之，山南海北，田本无多，以全县地供全县民半载尚不敷用。而京奉路复占去若干，柳江、长城两铁路复占去若干，地窄人稠，衣食更无所出，全赖有从中调剂者。或开硗瘠，或辟硷（碱）荒，或栽植树株，设法代为保护，再以机器耕植，用力少而收效多，庶几民有蓄储，国亦不至匮乏，是所望于农会预计而熟筹焉。

（高凌蔚等修、程敏候等纂：《临榆县志》，卷七，舆地编，风俗，民国十八年铅印本。）

〔民国二十年前后，河北张北县〕 张北农民向来负担过重。在数年前，乡公所之花费、车辆之征发、公款之摊派、往来公务人员之食宿、保卫团之饷项、学校之经费，在在需款，层层剥削，每顷地需洋十余元，而粮赋附加不与焉。故全年土地收入，尚不足应付，不得不变卖牛、马、猪、羊，以救其急。久而久之，田地无出，牲畜售罄，愈逼愈穷。或仍有不足，强悍者势必挺而走险，驱入匪类；懦弱者抱头鼠窜，逃往他方为匪日众，随意扰乱善类；富有者亦不得安居乐业，其结果亦均四散迁逃，不敢久居。迁徙逃亡者既众，将何不致村落为墟田地荒芜耶！村无居民，粮赋何出故？张北虽有三万余顷地，而所种不过二万顷上下，所纳粮赋亦在五成左右。至逃亡之户，即使劝导归来，仍理旧业，而历年所欠粮赋愈积愈多，不敢露面，若从此由官厅收为国有，另招新户，更无应者，旧者不返，新者不来，虽官厅亦无可如何也。

（陈继淹修，许闻诗等纂：《张北县志》，卷五，户籍志，金融，农民之负担，民国二十四年铅印本。）

〔民国二十一年前后，河北阳原县〕 副业：农人作业时期，年约七月有半（自国历三月至十月中旬），此外则为农暇。故自耕农及半租农之子弟，往往冬季入学，其情形已如上述。而贫农子弟，冬季亦无此暇，则成年男女之必须工作，更无论矣。因其非在农时，故皆谓之副业。男子副业则为采运煤薪，凡有骡、马、驴、牛者，则牵以入山运煤（本县与广灵县及蔚县交界处有土法开采煤窑若干，任人贩运），往返则八十里以至百里，日未出而作，日已入始息。翌日，除自用外，余以售于煤市，然此犹富农或自耕农之所业也。十稔以前，半租农亦多饲畜（即上述骡、马、牛、驴等），以资春耕而夏耘。民国十五年后，各军屡次过境，牲畜多半被征，牛、驴价涨、购养无资，即其前之副业亦再无法经营。惟有以人代畜，负煤采薪，一人所负，恒在百斤以外，一日所行，又在百里以外。若属男童，年在十三以上者，虽不运煤，亦常负薪，不过所负较少耳。年在十岁以上者，则又鸡鸣而起，负筐拾粪，不过多在本村或三五里内，不必远行，且其工作皆在午前，较之入山苦负终日者，省力多多矣，盖以其年尚稚，不克任重致远也。至于妇女工作，则夜饲牲畜，鸡鸣主馔，男子食毕入山，主妇能入睡，若有余暇，即代贵妇洗衣，少得零资，可补生活之不济。甚至所生子女养以粗粥，节乳以哺富家之童年，获工资一二十元（吾县富家倘有子女不能自乳者，或佣乳母至家，或以子女送于乳母代养，此谓外奶），以备全家添衣（每人年添新衣一件，仅须五六角耳），或储作其子婚费。故贫农之室，苦不减于男子也。此外，凡属农家，无间贫富，不计秋春，皆有一种共同副业，即牧畜是也。然此类牧畜不同蒙古，既无牧场，亦非专业，不过半为储用，半图生产，规模极小，聊胜于无耳。牛、马、驴、骡至今皆为富农所蓄，然亦每家至多四头，原以任重致远，驾耧耕地，并非专图滋生，故每年生驹数不一二。富农于此外，亦有牧羊者（有山羊、绵羊之别），但亦至多百头，年产子不过母，其余自耕、半租以及佃农等户，均各养豕滋生，而鸡鸭亦所恒蓄，生卵得资，贫农不无小补。

（刘志鸿等修，李泰棻等纂：《阳原县志》，卷八，产业，农业，民国二十四年铅印本。）

〔民国二十一年前后，河北阳原县〕 自耕农：全县自耕农户在昔仅占十之一二，即自耕之田皆为自有，阖家男妇终岁勤劳，年倘非凶，尚能温饱，纵有子弟读书,亦仅三冬为止(冬为农暇,故令子弟读书,前清专有冬馆,以备贫家子弟之入学识字,年学三月,学费不过三角而已)。但有学校发达,私塾取缔,是种季读之馆亦无设者,又乏余力完成国民教育,昔之能记农工账簿者,今则只得终身文盲。此等农家素鲜盖藏,偶遇岁荒人祸(如客军过境或省军驻在者,农民须供草料,多不发价,即发些许官价,层层剥削,民得亦实无几。然在发价者之军队长官反以不扰地方自豪,民虽敢怒亦不敢言)。即须债台高筑,苟无特机,偿还不易,重利盘剥,数年破产。故十年前之自耕农今则沦为半耕或佃农者,十已六七矣。半耕农:全县半租农户,径占十之三四,即所耕之田,除自置外,半为租于富家者,年纳定额租价,生活勉强维持。其子弟之未成年者,则以负薪拾粪,绝少读书机会,更无丝毫储蓄。倘遇凶年匪患,自有之半亦必质以借金,愈穷而其利贷愈高,不数年后,田即归人。故十年前之半租农,今则情形悉变,强悍者为兵、为匪;老弱者为丐、为乞;信用著者或可仍租人田勉维最苦生活,然其衣食住行,几与乞丐同劣,其所异者,即多纳捐摊款耳。

(刘志鸿等修,李泰棻等纂:《阳原县志》,卷八,产业,农业,民国二十四年铅印本。)

〔民国二十二年前后,河北静海县〕　吾邑业农居百分九十八,除有余粮可易外地之金钱外,并无其他大宗来源,年丰则谷贱,岁歉则乏食。故地面向来贫窭,现俗渐奢华,金钱外溢,若不急制抵,等将来不知伊于胡底也。

(白凤文等修,高毓浵等纂:《静海县志》,申集,人民部,金融状况,来源,民国二十三年铅印本。)

〔民国二十三年前后,河北张北县〕　语云:谷贱伤农。足征谷贱之时,即农村破产之时也。何则?售出者贱,购入者亦应随之而贱,始合经济之原则,不料适得其反,在民国十五年,每斗莜麦价值五六角,至十八、九年,每斗莜麦涨至一元七八角以至二元以上。至近年来,每斗莜麦不过二三角,现虽稍涨,相差远甚,但日用零星物品,其价值仍不稍衰,而人民之负担如故,赋税如故,应酬如故,衣服饮食仍如故。以莜麦一大斗不过换粗布五尺,或点心二斤而已。每亩出产莜麦平均二斗,除子种、人工、粮赋及其他一切花费外,所入不偿所出,其将何不贫且穷也。

(陈继淹修,许闻诗等纂:《张北县志》,卷五,户籍志,金融,物价,民国二十四年铅印本。)

〔民国二十三年,河北张北县〕　农民之生产情形不一,故生活状况亦异。地主之家,土地虽多,门户较大,花费颇巨,生活程度亦随之增高,故有疲敝之状；自耕农之家，虽比地主之家门户较小，花费减轻，然因天灾人事之压迫，亦有入不敷出之叹；半耕农介乎地主与自耕农二者之间，折衷办法，似可救济，然谷价低廉，以终年劳动勤苦及分收二三成之租粮，实不抵粮赋与一切花费之用；至佃农之家，生活简单，自食其力，如能勤俭自励，尚可维持，惟除地主分收外，所余无几，况本无积蓄，遇有歉收，危险殊甚。兹将农民生活状况，分别等第，列表如下：

张北全县农民生活状况表

类别	生活状况	及户口数	百亩以下	百亩以上	千亩以上	万亩以上	备考
地主	生活充裕者	户数 人口数	三二四 一四五八	一一二〇 五〇四〇	三三 一四九	六 五四	
	盈亏相抵者	户数 人口数	四三二 一九四四	一四五三 六五三九	四四 一九八		
	生活困难者	户数 人口数	五四〇 二四三〇	二五四二 七一一〇	五〇 二二五		
	共计	户数 人口数	一二九六 五八三二	五一一五 一八六八九	一二七 五七二	六 五四	
自耕农	生活充裕者	户数 人口数	八九五 五四一八	八二〇 四五一〇	一二 六六		
	盈亏相抵者	户数 人口数	一九三〇 九六五〇	一七五〇 九六二五	一五 八三		
	生活困难者	户数 人口数	三四六六 一二三四一	二一四四 一一八四七	二〇 一七〇		
	共计	户数 人口数	六二九一 二七四〇九	四七一四 二五九八二	四七 三一九		
半耕农	生活充裕者	户数 人口数	三八二 一九一〇	二〇三二 九一四四	一七 八五		
	盈亏相抵者	户数 人口数	一二三〇 六一五〇	三〇五三 一一七三九	一五 七五		
	生活困难者	户数 人口数	一〇一九 五〇九五	三一五〇 七三七四	二〇 一〇〇		
	共计	户数 人口数	二六三一 一三一五五	八二三五 二八二五七	五二 二六〇		

(续表)

类别	生活状况及户口数	地亩数	百亩以下	百亩以上	千亩以上	万亩以上	备 考
佃农	生活充裕者	户数 人口数	一八四六 八三〇七	七三五 二六〇八			
	盈亏相抵者	户数 人口数	二三〇八 一〇三八六	一四二一 五五八五			
	生活困难者	户数 人口数	二八七四 一六九六五	一五六二 七〇二九			
共　计		户数 人口数	七〇二八 三五六〇八	三五三八 一五二二二			
总　计		户数 人口数	一七三三六 八二〇〇四	二一六〇二 八八一五〇	二二六 一一五一	六 五四	

（陈继淹修，许闻诗等纂：《张北县志》，卷五，户籍志，生计现状，民国二十四年铅印本。）

〔民国二十五年前后，河北涿县〕 三坡居民率皆务农，可耕之田约五十顷（内有纳房山县粮者约六七顷），其田论天不论亩，计每牛一天可耕田四亩，以故四亩田即呼之为一天。地形方长大小不等，除山坡，即河底，无平坦地，清丈不易也。农人勤苦耐劳，所耕之田遇山水冲毁，即于春、冬周围垒以石，候夏季山水发时泥淤其间仍可耕种。土质干燥，不宜种麦，每年只有秋收，一遇透雨，男女均往田间工作。惟玉蜀黍、高粱之种后耕地，苗出之后，有如天星，拨苗时亦不分陇，且内中杂种豆角、芥菜、倭瓜等，亦特殊习惯也。农器无异，惟犁锄稍有不同，搧车较短，各村农户有贫苦不堪者，即迁往山中觅地开垦，渐足自给，远望山坡，俯视沟壑，三五家之小村落比比皆是。全坡产粮每年仅敷食用，倘逢荒年，就近由口外、樊山、桃花堡等处购粮接济。其地亩有粮无契者居多，移转以白字为据，以里书过割为证，典买皆不知投税，然坡人恪守成约，无一伪造或诈欺者。官产局职员迭往查勘，因民众反对甚力，迄无办法，此虽属人民顽抗，实则无力留置黑地，亦经济现状所驱使也。

（宋大章等修，周存培等纂：《涿县志》，第八编，三坡志，实业，民国二十五年铅印本。）

〔民国二十五年前后，河北馆陶县〕 每地一亩，每岁人工肥料等费（牲口饲养料亦在内)共计需洋约五元有奇。普通岁收,每亩约获五元上下(即麦、谷等类每亩按百斤上下计算,棉类按六十斤上下计算)之收益仅可供工作资料之费,非值麦秋丰收之年,赋税杂款等项仍须于每亩收益外另行设法弥补,一值灾歉,则粒食维艰,饥寒难免。

(丁世恭等修,刘清如等纂:《续修馆陶县志》,卷二,政治志,经济,民国二十五年铅印本。)

〔民国二十九年前后,河北邯郸县〕 地瘠人众,仅赖土产不能维持生活,贫者借肩挑贸易以养家口。县西与河南武安接壤,该县煤矿极多,普通人家多借运煤为生活之补助,亦有以人力推煤为营业者。

(李肇基修,李世昌纂:《邯郸县志》,卷六,风土志,民生,民国二十九年刻本。)

〔明万历二十七年前后,山西大同府应州〕 应州田地,视他郡不加多,而赋实倍之。大约负郭村庄之地,腴饶者十一,卤薄者十九。春夏苦风旱,秋苦霜早。田仅种一科,不能兼种。不产蚕桑,不种芝棉,无山海利,比之腹里地方,相去甚远。遇凶年,力不能支,多逃;即丰岁,亦病谷贱伤农。终岁勤动,嗷嗷然不知有生之乐。其在于今,贫苦更剧,乡民多布衣不掩胫,菜色不堪观者。

(明 王有容修,田蕙纂:《应州志》,卷三,田赋,明万历二十七年刻本。)

〔明万历二十七年前后,山西大同府应州〕 境内惟下社村、侍中庄、禾种村三处,土地颇肥,赖水灌溉,宜树、宜果、宜花、宜蔬,故唐贾岛谓之"小江南"。然区区数十里之地耳!税极重,而种之又难,今其土力亦俭竭,民不见利矣!

(明 王有容修,田蕙纂:《应州志》,卷三,物产,明万历二十七年刻本。)

〔清康熙四十九年前后,山西隰州〕 隰之民,所居之室在地中,所耕之田在天上,无水可溉,有石难锄。当年则壤成,赋或未必在纳緫纳秸之列也。今地丁正额,较郡属洪、翼、沃、闻诸大邑,居三之一。而土之肥瘠,民之多寡,俗之贫富,相悬万万。人既不为商贾,地亦别无生产,所望惟夏秋两收,八口赖之,正供赖之,何怪夫民间之十室九空乎!

(清 钱以垲纂修:《隰州志》,卷之十三,田赋,清康熙四十九年刻本。)

〔清乾隆二十八年前后,山西大同府浑源州〕 土多斥卤,禾黍不生,仅免木,衣大艰,鲜食之。

(清 桂敬顺纂修:《浑源州志》,卷二,城池,清乾隆二十八年刻本。)

〔清乾隆五十五年前后，山西沁州武乡县〕 地隘土瘠，山高气寒，是故七月陨霜，农人往往清明前后种麦豆，五六月种黍荞等。丰岁上腴亩仅一釜，斗米二百钱，其常也。中人日仅再食，岁不登，则糠榆木屑悉以充腹。

（清　白鹤修，史传远纂：《武乡县志》，卷二，风俗，农，清乾隆五十五年刻本。）

〔清同治初年至光绪初年，山西隰州〕 隰僻在深山，既无显宦，亦少富商，惟恃力农糊口，而地无水利，全凭雨泽。自同治七年以来，迭遭亢旱，比岁欠收，民间已十室九空。至光绪三、四两年，复遭大祲，而民力愈不可支矣。

（清　崔澄寰修，王嘉会纂：《续修隰州志》，卷之二，户口，清光绪二十四年刻本。）

〔清光绪十六年前后，山西大同府天镇县〕 边地瘠薄，耕之所获，即逢年不过三五分，每布值需谷五六斗甚至八九斗一石不等，以二三亩之所获，仅供一布之费，数口之家需布若干，用粟若干，竭终岁勤动而不能抵偿布债者，所在皆是。

（清　洪汝霖修，杨笃纂：《天镇县志》，卷四，风土记，清光绪十六年刻本。）

〔民国十一年，山西襄垣县〕 全邑男丁八万有奇，自民国十一年合县职业表计之，约占六万三千五百人以上，为士者千分之二五，为农者百分之五十，为工者百分之十五，为商者百分之二十，为医卜、星相、僧尼、道士等其数最少。

（严用琛、鲁宗藩修，王维新等纂：《襄垣县志》卷二，生业略，民国十七年铅印本。）

〔民国二十年前后，绥远临河县〕 河套农业以水渠为命脉，谚云"地随水走，人随地走"。甲岁南阡成聚，乙岁北陌列廛，民无恒业，人无定居，势使然也。

（吕咸等修，王文墀等纂：《临河县志》，卷中，纪略，风土习俗，民国二十年铅印本。）

〔清雍正十年前后，陕西鄜州宜君县〕 山居穴处，气质朴野，习尚勤俭而重农，妇女间有纺织者。

（清　查遴、沈华纂修：《宜君县志》，风俗，清雍正十年刻本。）

〔清乾隆五十年以后，陕西兴安府〕 乾隆五十年后，深山邃谷到处有人，寸地皆耕，尺水可灌，刀耕火种。

（清　叶世倬修，董绍纂：《续兴安府志》，卷二，食货志，土产，清嘉庆十七年刻本。）

注：兴安府今为安康地区。

〔清道光四年，陕西汉中府略阳县〕 道光四年，米粮每斗钱七百余文，价虽不昂，民饥而死者大半。

（清　桂超纂修：《新续略阳县志》，灾异，清光绪三十年刻本。）

〔清光绪十七年以前，陕西西安府富平县〕 农习，地狭人众，赋厚役繁。县则膏沃，鲜十亩之家；乡则盖藏无数钟之粟，资生之计甚艰，衣不掩膝，肉不知味（孙《志》）。田百亩者不多见，妇子胼胝，水旱少逢，啼饥立见（乔《志》）。终年服勤力穑，习苦安分。

（清　樊增祥修，谭麟纂：《富平县志稿》，卷三，风土志，风俗，清光绪十七年刻本。）

〔清光绪三十一年前后，陕西绥德州〕 绥境田多土松，即平地亦少沃壤，不独居乡之人皆务农业，即城市居民亦间资耕作。然雨泽稀少，而春耕时尤难调匀，播种失时，即收获难望。近年乡民有坝溪水以灌田者，获利亦少。况秋霜早多，有秀而不实之虑，故旱干之年，衣食恒多不给。至栽桑业蚕之风，东南乡间亦有之，实未获其益也。

（清　孔繁朴修，高维岳纂：《绥德直隶州志》，卷四，学校志，风俗，清光绪三十一年刻本。）

〔清光绪三十三年前后，陕西西安府兴平县〕 本境人口共一十一万七千九百四十四，约为一百分，士居百分之二十，农居百分之七十，工商合居百分之十，其士而农者又有二十分之半强，盖风俗重农，其本然也。

（张元际编：《兴平县乡土志》，卷四，实业，清光绪三十三年活字本。）

〔民国十三年至十五年前后，陕西澄城县〕 邑民既以农为职业，其农事之外，不能不副事他务，以助生理，兹撮其重要者分述如下：境内农产物内，麻子多用以酿酒（麦之次者及受霉者亦酿酒），烧酒之家各处均有，并附养豕、造粉条等，为农家一大利益。酿酒家数每年多寡不等，民国十三年共计烧房一百二十余家。其次则榨油、挂面，皆于农暇时为之。其在北乡者以地接洛川县，农事之暇用铁轮小车运售由洛川转入及本地出产之麦于同朝，每年冬春两季络绎不绝。沿河各处多产芦苇，故该处农人多能织席及打箔子等。近北山居民利用山木制造各种器具。又有贩卖核桃及烧卖木炭、伐运木材者，近来北山多匪，此项业务较前萧条矣。其在中部者，以长闰镇产煤，农事之余则运售煤炭于郃阳同朝各处，贫寒之家肩负驴驮，络绎不绝，故谚有"无事干，去卖炭"之语。其在南乡者，旧时多事搏埴，每年农隙，贫家壮者作工于窑场，陕、晋各地之窑业大半皆澄人。民国成立，兵事倥偬，窑业倒闭，贫民少此项利益矣。

（王怀斌修，赵邦楹纂：《澄城县附志》，卷四，实业，物产，民国十五年铅印本。）

〔明代至清道光五年前后，甘肃凉州府镇番县〕 镇邑在前明时，户口凋零，土田旷废,良缘番夷不时侵掠,加之以赋役繁兴,遂致民不聊生,流离失所。我朝轻徭薄赋,休养生息一百八十余年之久,户口较昔已增十倍,土田仅增二倍耳。以二倍之田养十倍之民,而穷檐输将踊跃,毋事追呼,公家仓廪充盈,足备灾祲。

(清　许协修,谢集梧等纂:《重修镇番县志》,卷三,田赋考,物产附,清道光五年刻本。)

〔清康熙二十六年前后,甘肃兰州府金县〕　邑近马寒,阴气凝结,四月飘雪,八月飞霜,地寒土瘠,五谷鲜熟,蚕绵弗产,男不晓经商,女不工织纺,此衣食艰难,大逊中原膏腴之民也。

(清　耿喻修,郭殿邦等纂:《金县志》,卷上,食货,清康熙二十六年刻本。)

注:金县今为榆中县。

〔清乾隆十九年前后,甘肃泾州〕　泾居秦西鄙,地瘠民朴,半多穴处,有邠土之遗风焉。地广原多用少,畏旱潦,宜五谷、蔬果,农民务稼穑耕耘之外,无他能,女不织纺。

(清　张延福修,李瑾纂:《泾州志》,上卷,地舆,风俗,清乾隆十九年刻本。)

注:泾州今为泾川县。

〔清乾隆三十九年前后,甘肃巩昌府西和县〕　西和地近川陇,层峦叠嶂,深谷幽岩,山多而地少,可耕者仅十之四五,珍奇瑰异之物固未尝经见,即居民日用所需,亦多借资他处。

(清　邱大英纂修:《西和县志》,卷二,物产,清乾隆三十九年刻本。)

〔清乾隆六十年前后,甘肃秦州清水县〕　清水接壤秦安,较秦州地益高、田尤瘠……勤躬耕之外,间有从事市酤躬提壶以应客者。

(清　朱超纂修:《清水县志》,卷四,风俗,清乾隆六十年刻本。)

〔清道光二十年前后,甘肃巩昌府会宁县〕　会邑濒年以来收成歉薄,民之得免流离者,皆赖振恤之。

(清　徐敬修,周西范纂:《续修会宁县志》,卷上,赋役志,清道光二十年刻本。)

〔清光绪三十三年前后,甘肃巩昌府洮州厅〕　洮地高寒,稻粱不生,布帛、丝麻之类皆来自他邦。每岁五谷一收,民无蓄积,一遇雨旸不时,或雨雹伤稼,便有室如悬磬之叹。

(清　张彦笃修,包永昌等纂:《洮州厅志》,卷二,舆地,物产,清光绪三十三年刻本。)

〔清光绪三十三年前后,甘肃巩昌府洮州厅〕 衣,绅商率布帛,庶人则春夏尚麻布,秋冬尚褐皮,多短衣。食,上麦、青稞为主,佐以豆、荞燕麦、早韭晚菘之类。

（清 张彦笃修,包永昌等纂:《洮州厅志》,卷二,舆地,风俗,清光绪三十三年刻本。）

〔民国年间,甘肃永登县〕 农,勤于耕耨,虽相距数十里或百里外之旱地,不惮劳苦,女亦耨草,但不能织纺以助衣服,是以八口之家,布帛蔬薪,丰犹能给,歉便称贷矣。

（周树清等纂修:《永登县志》,卷二,风俗志,士农工商执业,民国年间抄本,一九七〇年台湾成文出版社影印本。）

〔民国十九年,甘肃和政县〕 人性质朴,俗尚俭约,城乡无甚富甚贫之户……文化落后,农勤耕作,糊口有余。工人因陋就简,不求精巧,商民资少本缺,不务竞争。

（马凯祥修,王诏纂:《和政县志》,卷一,地理门,风俗,民国十九年修,抄本。）

〔民国二十二年前后,甘肃华亭县〕 华民业农者十之九,业商者十之一。十一之商且多兼营农业,而业工者则甚少,故衣物需用恒多取给于客商,一切资费皆赖枲谷以出之,故生计无论年之丰歉,均不免有乏食乏财之患。至二区窑镇,则有业农而兼营瓷业者,然制瓷之工人率皆聘之外省土工,绝无推陈出新之技能。西南近山之民业农之暇,则砍天然林木出售,冬季或燃炭卖之以养生。

（张次房修,辛邦隆纂:《华亭县志》,第五编,礼俗志,生业,民国二十二年石印本。）

〔民国七年前后,新疆〕 新疆土田全恃渠水,百姓往往上下争水,致酿大故,故农管主持分水轮灌之事。

（王树楠纂:《新疆小正》,民国七年铅印本。）

〔清乾隆二十五年前后,山东沂州府〕 山东十府,惟沂最贫,土多硗瘠,家鲜盖藏。

（清 李希贤等修,潘遇莘等纂:《沂州府志》,卷四,舆地,风俗,清乾隆二十五年刻本。）

〔清乾隆二十八年前后,山东武定府蒲台县〕 东北一带地苦斥卤,且洼下积水,一遇阴雨,尽付波臣。农家终岁勤动,不免菜根糠核,仅供朝夕。

（清 严文典修,任相等纂:《蒲台县志》,卷二,风俗,清乾隆二十八年刻本。）

〔清宣统三年前后,山东泰安府莱芜县〕 莱多山田,皆在八千顷之外乎。夫山田之开,固由于生齿之日蕃,而实由于低田之逼仄也。盖莱邑山国,又汶水上源,南北两大经流,延纳众流,每山水暴涨,冲没良田,不可胜计。小民失业,始就山垦种,此山田之所由来也。然开山愈多,而良田之冲没益甚。草树既尽,土松石露,一雨未毕,沙石随下,低田乃益受其害,垦一冲十,得不偿失。而山田遇水溃堰,即化为乌有,更不足恃。

（张梅亭修,王希曾纂:《莱芜县志》,卷十一,田赋志,田制,民国十一年铅印本。）

〔民国二十年后,山东冠县〕 "九・一八"事变后,由关外回籍者约以万计,半无恒产,人民生计至为危险。

（清　梁永康等修,赵锡书等纂:《冠县志》,卷二,建置志,机关,清道光十年修,民国二十三年补刊本。）

〔民国二十四年前后,山东掖县〕 掖滨山海,其地隘狭瘠卤,物寡人众,仰给邻封。

（清　魏起鹏辑:《掖县全志》,卷一,物产,民国二十四年铅印本。）

〔民国二十五年前后,山东德平县〕 全县农民占百分之八五,概为自耕农或半自耕农。丰收之年,每亩平均获粟三百斤,足供全县食用而有余分销邻省,借以维持生活之所需。一遇荒旱,则束手无策,因而荡析流离,甚且铤而走险。

（吕学元修,严绥之纂:《德平县续志》,卷十,社会志,县民生活,民国二十五年铅印本。）

〔民国三十年前后,山东潍县〕 职业概况:农、商十分之七,工业及其他居十分之三。

（常之英修,刘祖干纂:《潍县志稿》,卷十四,民社志,风俗,民国三十年铅印本。）

〔明朝中叶,南京淮安府盐城县〕 盐城地僻海边,俗尚简朴,士敦礼让之风,民乐鱼盐之利。迨明中叶洪水为灾,民鲜粒食。

（清　黄垣修,沈伊纂:《盐城县志》,卷四,民事,风俗,清乾隆十二年刻本。）

〔明嘉靖十七年前后,南京苏州府昆山县〕 乡村女妇最为勤苦,凡耘耨刈获桔橰之事,与男子共其劳。官府有召,则男子避去,而使老妪当之。至于麻缕机织之事,则男子素习焉,妇人或不如也。

（明　杨逢春修,方鹏纂:《昆山县志》,第一卷,风俗,明嘉靖十七年刻本。）

〔明隆庆六年前后,南京淮安府海州〕 淮北数州县,地广人稀,一户之田常有四五顷,一人之身常有数十亩,耕者不能尽其力,故田偏污莱,官府不能稽其弊,故赋加偏累,豪富之粮独少,而贫穷之粮独多,瘠土之粮独多,而沃土之粮常少。

（明 陈复亨纂修:《海州志》,卷之三,户赋,明隆庆六年刻本。）

〔明万历二十八年前后,南京徽州府祁门县〕 田高亢易枯,十日不雨则仰天呼;骤雨山涨暴,粪壤之苗又就颓靡。其依山垦者,累十余级不盈一亩,快牛利剡不得用,入甚薄,岁祲,小民粉蕨葛佐食。

（明 余士奇修,谢存仁纂:《祁门志》,卷四,人事志,风俗,明万历二十八年刻本,一九六一年合肥古旧书店重印本。）

〔明万历三十二年前后,江苏扬州府泰州〕 泰地当淮海之中,而田滨下河者十七,民虽享鱼盐之利,而粒食为艰,漂没为易也。

（明 李存信修,黄佑、章文斗纂:《泰州志》,卷一,风俗,明万历三十二年刻本,传抄本。）

〔明朝末年,南京扬州府通州〕 吾通弊之大者,莫大于今岁而预提明岁之赋。盖一岁之赋,征之且有逋者,况先期可乎？皆繇本州吏胥与道府吏胥相缘为奸,每至年终,辄檄州征银起解,皂隶以数十金买一票,摄诸里长,需索不资。里长惧,质衣代诸花户输纳,又重以羡赢及银归吏胥,任意营什一之利,经年不解,甚至多乾没者。

（明 邵潜纂修:《州乘资》,卷一,徭役,明弘光元年刻本。）

注:《州乘资》即《通州志》。

〔清咸丰年间,江苏常州府江阴县杨舍堡城〕 工人造作,类备艺分,惟水、木、衣三者最繁,庚申之难,房屋、器皿、衣服十毁八九,克复以来,竞相制造。故水、木两工向例日支七十者,近则加至九十及百,且晏作早歇,憩息日必四五次,艺尤劣者,多此给膳记工者也。若自膳者,日加饭资八十,至于总包之工,类多偷减,工则强省,价必取盈。其制器之工,有方作、圆作,方者为桌凳,圆作业盆桶,惟嫁奁多需此,余则构置尚稀,而方作尤寡,盖树料鲜来源也。成衣工价亦同水、木,旧例重阳后,清明前作夜工补贴,今则倡议霸除,亦为恶俗。他若金银一工,渐趋精巧,有以掺和攫利者,工资既贵,银价尤昂。铜锡等工业者恒寡,漆石亦然,有大工程恒借材异地。染工土著外,多溧水、丹阳人。竹工、皮工,土客参半。要之,诸工互有良楛,其专门者,以勤作不苟为上。

（清 叶钟敏重纂:《杨舍堡城志稿》,卷六,风俗,清光绪九年木活字本。）

〔清同治年间,江苏江宁府上元、江宁县〕 荒乱之余,元气未复,且本地农民无多,招人佃种,工本倍费,而荒芜已久,无力壅培,岁获比前不及一半。

(清 刘寿曾等修:《同治上江两县志》,卷六,田赋考,清同治十三年刻本。)

〔清同治十三年前后,江苏江宁府上元、江宁县〕 今之农困苦逾昔。历年抵征亩收钱二百五十文,业户尚形拮据,弃田不啻敝屣,以致有既熟复荒者。

(刘寿曾等修:《同治上江两县志》,卷六,田赋考,清同治十三年刻本。)

〔清光绪初年,江苏苏州府吴江县〕 朝廷赋税既普减三分之一,而民岁输之数尚不及三分之二,民气凋敝,终岁而耕,不供数口一岁之食,兢兢焉惟水旱偏灾之是惧。今北至境内有数千星,幸未为害,而雨雪偶多,收获不时,办赋不能如期。

(清 金福曾等修,熊其英等纂:《吴江县续志》,卷首、陈鹏序,清光绪五年刻本。)

〔清光绪初年,江苏苏州府昆山、新阳县〕 苏省田地科则多至二百有奇,业户只知田亩多寡,不知斗则轻重,每至征收,地漕书差据为利薮。又花户完纳银米,取资于粜谷、卖丝,往往所得之洋银钱文,零星交柜,书差阴持其柄,洋银可以短估,银价可以高抬,而且正供之外,尚可勒索。串票册费,小民之脂膏有限,书差之欲壑无穷,种种弊端,殊难枚举。

(清 金吾澜等修,汪堃等纂:《昆新两县续修合志》,卷六,田赋二,清光绪七年刻本。)

〔清光绪初年,江苏苏州府吴江县〕 各厅州县,征收钱漕,有截串发差保、领追代纳一事,最为恶习。小民之受害、牧令之赔累,皆由此起。凡差领之串,非县中摘欠截给,乃差保自开户名,由串书登填流水请掣,或借口舟车饭食格外多收,或竟以荒指熟需索规费,无非欺侮乡民,择肥而噬。其至一经开征,不待民间完纳,先请掣串镇领追漕米,则年内领串,年外加收,小民年复一年,视为成例,即欲赴城亲自完纳,亦必为若辈所阻。所收之钱,任意侵用,延欠不交,一遇本官交卸,即成纸上空谈。皆属自种小户,其租业衿监之串,不但不愿承领,并且不敢向催,不知抗欠者悉是衿监租业之户。其自种小户不但不敢抗欠,并且颗粒不能短完,是差役领串所追皆急公愿完之民,作疲玩抗欠之户,该州县自以为简便省事,不知差催愈多,完数愈绌。

(清 金福曾等修,熊其英等纂:《吴江县续志》,卷十一,杂税,清光绪五年刻本。)

〔清光绪六年前后,江苏江宁府〕 据耆老绅民禀称:开垦荒田完交振征实已勉力,今闻开办丁漕,银米并纳,不胜惶恐。实缘今日情形大非昔比,从前人物富庶,务数农家父子相承,无不尽力于南亩,赋额虽重,无敢异议。今则本地农民无多,招人代种,工本倍费,而荒芜已久,失于培壅,收获不及从前一半。若仍照旧则完粮,恐未垦之田无人敢领,已垦之田又将复荒。……上元、江宁、句容、高淳等县垦熟田地按照原额才过五成,溧水一县则不足五成,六合县熟田最多亦仅得六成半之数。其故由于田多人少,赋重息微,即遇全熟之年,每亩所收租籽除完纳正赋之外,仅余数斗,倘遇水旱偏灾,竟无颗粒余剩,若不酌减科则,不独催科为难,诚恐业户无利可图,弃之如遗,荒田无人领垦,而熟田转将复荒。

（清 蒋启勋、赵佑宸修,汪士铎等纂:《续纂江宁府志》,卷二,田赋,清光绪七年刻本。）

〔**清光绪六年前后,江苏苏州府昆山、新阳县**〕 江南昆山、新阳二县有沿江浜河地亩虽不类于版荒,坍没有芦草蓁芜,不堪树艺,或地处低洼,十载九荒,乃原编科时则分晰未清,竟有以下产而供上赋者,以致小民输纳维艰,终归逋欠。

（清 金吾澜等修,汪堃等纂:《昆新两县续修合志》卷六,田赋一,清光绪七年刻本。）

〔**清光绪八年前后,江苏苏州府周庄镇**〕 近地之人,在镇者,业商贾、习工技为多;在乡者,鲜不务农,然农日贫,而工商因之亦贫。其故在田租之重,又益以十数年来之谷贱也。顾兹事重大而颇繁碎,非千百言不足以尽其弊。……至于游手之徒,亦在镇多而在乡少,妇女则皆以木棉为纺织,间作刺绣,未有娴蚕桑者矣。

（清 陶煦重辑:《周庄镇志》,卷四,风俗,清光绪八年刻本。）

〔**清光绪十三年前后,江苏苏州府吴江县平望镇**〕 吾乡饲蚕者少,服田者多,而服田全赖人工。旧时雇工价廉,资本较轻,今则佣值加增,食物腾贵,再加膏壅所费已巨,每亩收成不过二百有奇,每石获钱不过二千上下,除去粮租、工本,所得无多。天下之大利在农,农困则工商亦因之而交困,此物力之所以日形其绌欤。

（清 黄兆柽纂:《平望续志》,卷一,风俗,清光绪十四年刻本。）

〔**清光绪十三年前后,江苏徐州府睢宁县**〕 壤土瘠薄,非有膏腴薮泽之饶,夏麦秋禾,亩无沟隧,不宜稻产。近虽物植繁多,而贱质凡材,莫疗贫困,计岁之所获,恒粪其田而不足,故民无卒岁之藏,俗尚俭啬,有自来矣。所赖耐勤苦,春冬率食甘薯,而粮价得以常平,不然岁虽屡丰,人不尽温饱也。至于无业游民,夜聚剽掠附近地方,时有出没,顾化导之权,操自司牧,正其本而清其源,勿谓诛不胜诛也。

（清　侯绍瀛、丁显等纂:《光绪睢宁县志稿》,卷三、疆域志、风俗,清光绪十三年刻本。）

〔清光绪中叶前后,江苏江宁府六合县〕　六邑地当冲要,水陆交通,商贾辐辏,自厘局设立,捐务日形发达,分卡岁有所增。初设卡于瓜埠、东沟、通江集等处,验票稽征;继则江口、卸甲店及四城外均设小卡,稽查偷漏;继又因新挑河成,设分局于张家堡地方,抽收滁来全入境出江之船只,凡由滁河转输外出之米、麦、杂谷,岁约百数十万石,与本邑土产花生、烟叶及由外江输入之油、糖、纸、箔、绸、布、竹、木各种百货,均仿照常关捐章办理,以是货厘踊跃。先是解省五成,月不过数百千,至光绪中叶,全年额数达八千八百九十八缗。

（郑耀烈修、汪昇远等纂:《六合县续志稿》,卷六,赋役志下,厘税,民国九年石印本。）

〔清光绪二十六年,江苏苏州府昭文县〕　光绪二十六年夏,旱损苗,十月,官府征科,而私家无收也。昭文之任阳农民啸聚至数千人,令不急治,势益猖,巡抚发兵征之,始靖。而常熟塌山民蒋松亭等到千人夜半为盟,金村人言问知之,密告于会杨公,杨公惩任阳事,率兵掩捕蒋氏父子,其党始窜散。

（金鹤翀撰:《金村小志》,卷一,民国十二年铅印本。）

〔清光绪三十年,江苏江宁府、扬州府〕　江宁各属自兵燹后,民间元气未复,全赖米谷丰登借资生计。迩来适遭歉岁,小民绝少盖藏。本年入夏后,雨泽愆期,禾稻未能及时栽插,补植杂粮又以交秋后日久无晴,长发不茂,其滨临江河湖荡处所,农民尽夜车戽,竭力灌溉,虽倍费人工,尚须设法补救,藉获收成。惟徐州、萧县、宿迁等处,间有因夏间骤雨,河南山东诸水下注,一时宣泄不及,不无被淹之处。此外各属高阜田禾,人力难施,率皆因旱受伤,秋成减色,甚至有黄萎枯槁,颗粒无收。现就各该州县禀报情形详加查核,以扬州府属之甘泉县被灾为最重,其余如句容、仪征、六合、江浦等县,山田居多,收成亦歉,迭据各该地方绅耆,以民情困苦,待哺孔殷,纷纷呈请赈抚。

（清　张绍棠等修,肖穆等纂:《续纂句容县志》,卷四,实政,清光绪三十年刻本。）

〔民国元年至十年,江苏盐城〕　木瓦业归例供给食膳,每日百二十文,民元以后增至二百文,民十以后增至四百文,后改为银三角左右,视最初价格,以钱计之凡八倍,以银计之凡二倍。

（林懿均等修,胡应庚等纂：《续修盐城县志》,卷四,产殖志,经济,民国二十五年铅印本。）

〔民国七年前,江苏江宁府高淳县〕 淳自筑坝后,三湖沉浸,为祸于民,民之逋逃者,恨不能为精卫木石之填。

（刘春堂等修,吴寿宽纂：《高淳县志》,卷三,山川下,民国七年刻本。）

〔民国十五年前后,江苏泗阳县〕 农则二麦一耕而获,春田必用钩锄。户少盖藏,丰年差堪自给,一遇凶荒,则流离失所,其苦况有不堪形容者。

（李佩恩修,张相文等纂：《泗阳县志》,卷七,地理志,风俗,民国十五年铅印本。）

〔明永乐年间,浙江温州府乐清县〕 乐清昔为文雅之邦,傍山沿海,土瘠民贫,虽竭力稼穑,仅支一岁之食。山乡悉事陆种,或遇水旱,艰食者多。罕事桑柘,丝绢之属悉资邻郡,惟勤纺绩,故布帛粗给。濒海之家多借鱼盐之利。

（明　佚名纂：《温州府乐清县志》,卷三,风俗,明永乐间刻本。）

〔明嘉靖三年前后,浙江严州府淳安县〕 山多地瘠,民贫而啬,谷食不足,仰给他州,勤于本业,更蒸茶割漆栽培山木,以要懋迁之利。

（明　姚鸣鸾修,余坤等纂：《淳安县志》,卷之一,风俗,明嘉靖三年刻本。）

〔清朝年间至民国二十四年前后,浙江嵊县〕 堕民,嵊亦有之,其内外率习污贱之事。男子每候婚丧家,备鼓吹,索酒食;妇则习媒或伴送良家新娶妇,四民中居业不得占,彼所业,民亦绝不冒之。男业捕蛙、卖饧、拗竹灯檠、编机扣、塑土牛、土偶、打野胡（方言跳鬼）;女则为人家拗鬏髻梳发为髻,四民中所籍,彼不得籍,彼所籍,民亦绝不入,四民中所常服,彼亦不得服。籍与业,至今不乱,服则稍僭乱矣。雍正元年,御史噶尔泰题准照山陕乐户,削除其籍,俾其改业自新,与民同例,毋得习为污贱,乃籍虽削,而业终未改云。

（牛荫麐修,丁谦、余重耀纂：《嵊县志》,卷十三,风土志,风俗,民国二十四年铅印本。）

〔清康熙三十七年前后,浙江金华府永康县〕 农亩之外,太平乡多养蚕织绢,清渭多种花织布,其女红之利,几四田租之一。若他乡盖不能尽然,其诸深山中,多种苎,植柿栗,濒溪或操舟。

（清　沈藻修,朱谨等纂：《永康县志》,卷六,风俗,清康熙三十七年刻本。）

〔清康熙年间以后,浙江绍兴府萧山县〕 清代自康熙清丈后,田籍大定,复先后有永不加赋,丁随粮纳之明令,薄敛恤民,不得不谓为一代之盛轨也。顾岁月荏久,情事变迁,官如传舍,吏缘为奸,而包征包解、诡寄浮征诸弊次起,观夫同一粮赋,而有大户小户之差异,则弱小受抑,担负不平,固已久矣。

（彭延庆修,杨钟義等纂:《萧山县志稿》,卷四,田赋上,民国二十四年铅印本。）

〔清雍正十一年至乾隆六年前后,浙江宁波府镇海县〕 镇滨大海,其壤斥卤,灌溉皆资于他邑,耕者终岁勤动,卒少仓箱之储,濒海之民,渔罟敖波,仅给衣食。

（清 曹秉仁等修,万经等纂:《宁波府志》,卷六,风俗,镇海县,清雍正十一年刻本,清乾隆六年补刻本。）

〔清雍正十三年,浙江杭州府临安县〕 俗重迁徙,数十世不忍析居,故著姓较他邑独蕃。山多田少,鲜巨富,只竭力农桑,以给公输。乏珍产,无奇技淫巧。妇女缫丝,北工于南;商贾贸茶,南多于北。

（清 李卫等修,沈翼机等纂:《浙江通志》,卷九十九,风俗上,清雍正十三年修,清光绪二十五年刻本。）

〔清乾隆年间,浙江台州府黄岩县〕 黄岩、太平、宁海三县,各设有贫难老少一百名,给以腰牌,每日许赴公店挑卖数十斤,照依此间买价,每斤减银一厘。贫难老少将盐转售,每日可得数十文,尽足糊口（见乾隆元年浙江总督嵇曾筠奏）。台、温二府,向例虽有额设老少,但乞向公店挑卖,贫民沾润无几,又复惮于远涉,是以数十年并无顶替认充,现在亦无老少挑卖盐斤之事（见乾隆四十年两江总督高晋奏）。

（清 陈钟英、郑锡滜修,王咏霓纂:《黄岩县志》,卷六,版籍志三,盐法,清光绪三年刻本。）

〔清乾隆年间至同治以后,浙江嘉兴府嘉善县〕 乾嘉时,农民力耕而畏法。咸同之后,惰耕而玩法。附近城镇之农,习惯抗租,长工佣钱倍于昔时,往往不能如约,田已垦熟因而复荒者有之。

（清 江峰青修,顾福仁纂:《重修嘉善县志》,卷八,典秩志下,风俗,清光绪二十年铅印本。）

〔清嘉庆年间至同治三年后,浙江湖州府德清县〕 嘉道年间,文运少衰,而勤俭之风如旧。咸丰庚申辛酉,两次兵燹,民鲜孑遗,田野荒芜。同治三年恢复后,流亡渐集。

（吴嚣皋、王任化修,程森纂：《德清县新志》,卷二,舆地志二,风俗,民国十二年修,民国二十一年铅印本。）

〔清道光年间至光绪二十二年前后,浙江杭州府〕 现征地丁二十四万余,漕近十万,厘局八处,抽丝茶百货及洋货落地五十万有奇,缁黄遍道。未乱时（按：指太平军起义）,城内丁口六十万,现时上中下三城,户仅三万。

（清 李应珏撰：《浙志便览》,卷一,杭州府序,清光绪二十二年增刻本。）

〔清同治初年,浙江杭州府新城县〕 同治初,值洪杨乱后,田荒无主者,多作公会田,按年轮管,谓之义祭。

（徐士瀛等修,张子荣、史锡永纂：《新登县志》,卷二十,拾遗篇,风俗,民国十一年铅印本。）

注：新城县于民国三年改名新登县,一九五八年并入桐庐县。

〔清同治十三年前后,浙江处州府丽水县〕 土人循山开田,高低鳞次,或数级才能盈亩,惟赖山水灌注。

（清 彭润章纂修：《丽水县志》,卷十三,风俗,清同治十三年刻本。）

〔清光绪四年前后,浙江处州龙泉县〕 畬,音奢,火种也,民以畬名,其善田者也。相传自粤东来,有钟、蓝、雷三姓。其民与江右浙闽异姓,勤播植,旁山结茅,男女均事力穑,自耦其群,不与众伍,婚姻亦三姓世为之。女未嫁者,戴石珠数串,竹其中而布其外,间纬花纹,嫁则去之。服不过葛苎色缁,稍赢者衮以锄犊,日用饮食俱极椎鲁,云邑称夥龙最稀,今则或招或附,所在多有。

（清 顾国诏纂修：《龙泉县志》,卷十一,风俗志,畬民,清光绪四年刻本。）

〔清光绪五年前后,浙江温州府泰顺县〕 农比他邑亦最苦,盖土多瘠,稍沃则租加重,非勤无获。田禾菽麦之外,兼种山植,嘉庆以前多种蓝靛,今则多种蕃薯,贫民之粮半恃焉。农隙则运鱼、盐于他邑,以助生计。

（清 林鹗纂,林用霖续纂：《分疆录》,卷二,舆地下,风俗,清光绪五年刻本。）

〔清光绪八年前后,浙江温州府永嘉县〕 山乡陆地则种豆、麦、麻、枲木、棉之属,女红罕事剪绣,惟勤纺织,虽女孩老媪未尝废织,或贫不能鬻花苎,则为人分纺分绩。女工巧拙,视布之粗细,若永之双梭布,乐之斜纹布,较他邑为最。

（清 张宝琳修,王棻等纂：《永嘉县志》,卷之六,风土志,民风；清光绪八年刻本,民国二十四年补版本。）

〔清光绪二十二年前后，浙江温州府泰顺县〕 邑境高峰回环，无十数里平地，城内荒凉，仅数百家，多系茅房。

（清 李应珏撰：《浙志便览》，卷四，泰顺县序，清光绪二十二年增刻本。）

〔清光绪二十二年前后，浙江衢州府、严州府〕 浙东衢严诸山邑，穷民专仰给包粟为食，种菜子、拣茶给用。种包粟者，六月收稻后，与麦同种。九月收，约三百包为一担，价昂于稻。盖工作者便，其制粉作饼，无蒸饪之烦也。种菜子者，每百斤得油三十斤，饼七十斤。惟拣茶则女人，仅日拣五六斤，每斤钱五六文，不如纺绵之为愈矣。

（清 李应珏撰：《浙江便览》，卷一，临安县序，清光绪二十二年增刻本。）

〔清光绪二十八年前后，浙江台州府宁海县〕 宁海民有三等，附郭居民务农为业，平畴沃野，所在多膏腴。沿海民无常产，专恃网罟之利，逢渔汛则出洋张捕焉。山僻鲜可耕之土，赖有桑麻竹木，可收树艺之利，畜牧孳生，亦足以裕民财。习俗恋家乡，畏远行，经商非所长。

（清 王瑞成等修，张濬纂：《光绪宁海县志》，卷二十三，杂志，风俗，清光绪二十八年刻本。）

〔清光绪三十二年，浙江杭州府新城县〕 三十二年新城岁歉，四月十九日，乡民聚众至西门外劫略米铺，知县沈惟贤不敢治。匪胆益张，四乡闹米案迭出。至五月初七日，遂有劫城之变，官山道士黄清风及子利生为之魁。先是，有江西人方有德者，素狡黠，平日自称客董，数以事干，惟贤为所斥，方嗛之，乃奋身会匪中为谋主，日夜鼓煽以起。事势蔓延，其党不下数千人，思一逞，遂议分四路扑城，北路有德为之魁，约是日午齐扑城，惟贤诇知之。屈黎明，捕获其侦目陈米典、杜得胜等，斩于北门城下。北路匪党遂先发，由草鞋庵迤逦至松溪镇，举火焚教堂为号，远近居民惊避一空。及抵西郭门，而三路匪无应者，先至者方徘徊间，省委管带黄云飞率城兵突出掩击，匪党奔窜，官兵追之，斩其殿后匪目一人而返，余匪散至各乡，为团练兜捕送县。先后杀王阿贤、胡野狗等三十余人，事以平而方有德及余党卒漏网遁去。

（徐士瀛等修、张子荣等纂：《新登县志》，卷二十，拾遗，民国十一年铅印本。）

注：一九一四年改名新登县。

〔清光绪三十二年前后，浙江杭州府富阳县〕 谨案：富阳最为民累之事有二，一为坍没之虚粮，一为重征之新粮。查沿江各庄地处沙碛，江水冲刷，坍涨不常,自道光间定例,不准以此处之坍,补彼处之涨。是一有新涨,黠者纷纷报佃,而原坍之粮开除不易,仍在本户科征。闻西南洋涨各庄,于三十一年止,据旧图核查,其坍没村落十二处,田地约五千亩之数。东南望仙、江阴各庄,其数当亦相等,小民无力呈请开蠲,惟有隐忍完此无业之粮,传之子孙亦不能免,沿江民力之穷,实由此。况自后沧桑犹难逆料,此累一也。又富阳匪前,各庄里书例,得彼此提粮,如此庄坐粮之田,为彼庄人所买,即将此粮提入彼庄完纳,匪后,庄册有存有毁。其毁者,科粮无据,不得不用新丈。于是将全庄之田悉数丈入,殊不知在内之田,先有提在他庄完纳者也。而此庄以新号征彼庄此旧号征,一田两完,如惠爱、惠民等庄皆是也。夫田苟执业完之犹可,乃有旧号尚未查明,其田先被彼处土著隐占,于新丈时报陞,承入己户,及旧号查出,纷纷讦讼,反不直此,又一累也。前之累,惟望爱民之主据实申详,代求蠲免,后之累,尤非勘丈精明,不能平反。孟子曰:"经界正,则庶民兴。"是所赖乎贤父母矣。论曰:自井田废,而历代取民之制各不相蒙,唐变租庸调为两税,明变两税为一条鞭,揆时度势,得所权宜矣。我朝政尚宽恤,而东南财赋甲于天下,杭嘉湖属其尤重者焉。邑踞杭上游,地滨大江,田卑土薄,小民终岁胼胝,一田所收,不过五斗米,而输官几及十之三,综一邑户口与土田相絜度,中稔之年,仅够七月食,又况上江洪汛,自春徂秋,一遇了花(富谚,以六七月大水为了花水),粒颗不获,普免之诏,非可幸邀,要在官斯土者,裕国计于民生,寓催科于抚宇民,其庶有豸乎!

(清　汪文炳等纂修:《富阳县志》,卷十二,赋役,杂税,清光绪三十二年刻本。)

〔清光绪三十二年前后,浙江杭州府富阳县〕　民风南北互异,北乡自经匪乱,人少产多,恒以一人而领十数家之业,凭借有资,田功不尽勤力,又土客杂处,势尚相逼。南乡多山少田,居民终岁勤劳,造纸易钱,只足购米,积蓄颇难,嗜好尚少。城中则风气稍靡,男女服式皆趋时尚,茶酒之肆竟以女子当炉者。惟无论城乡,民皆畏讼怯官,视差隶如虎,虽有冤抑,甘隐忍,不求伸,故上控之案绝稀,亦无逋欠粮赋者。

(清　汪文炳等纂修:《富阳县志》,卷十五,风土,风俗,清光绪三十二年刻本。)

〔清光绪三十三年,浙江海宁、桐乡县〕　海、桐错壤之间,曰大洪村。是年因岁歉漕重,要求绅富请减漕轻租,不得,至是近村民应之,每晚纠众鸣钲,声闻数里,自路仲伊桥、斜桥、庆云桥蔓延扰硤石填及诸桥、祝桥、鄞墅等处。初五晚,乱民分两路:一扰袁花镇,经虬墩、八寺庙、马桥、新仓、旧仓等处;一自硤石塘至海宁攻邑城。署知州余文钺畏葸无策,卸任丁忧,知州程赞清任守御,所请省防兵已调宁入城。乱民势如潮涌，围攻北门，撞击微开，有以刀斩关将断者。程命防兵登城，枪虚发，不退，实击之，中数人，程亦手枪从门隙击之，仆一人，乌合之众，一时骇散，乃捕殷福生于路仲、张永庆于硖石、黄新民于伊桥，骈戮之，事遂平。桐乡、石门、海盐之民，同时蠢动，亦闻风弭。是役也，乱民至祝桥，则攻毁学堂并祝氏仁昌杂货铺及育蚕室，毁焉；至硖石，则毁教堂、学堂、汛署及铁路购地局、厘局，又攻入裕丰酱园，坛瓮器具毁破无算，酒酱冲溢如流。并入徐姓家捣其门窗、什物，所损颇巨。其时，袯襫之夫，阗溢市巷，入茶食铺攫而啖之。凡鞋、袜、杂货等铺，为其临时所适用者，辄掠以去。至马桥、新仓、旧仓，则亦毁学堂，并劫镇绅挟之行，求之乃免；至袁花，则直攻龙山学堂，毁大门而入，扁额、围屏、门窗、桌、椅等类，折毁殆尽，员生衣服物件堆积而一炬之，书籍散弃满地，蹂躏殆遍，真无妄之灾也。综计全邑所毁教堂一、学堂十二、局所二、汛署一，民果何仇，而星火燎原，蚁穴溃堤，几有不可收拾者。夫人非胜、广，迹异盗跖，为时不旬日，推众至盈万，潜形于白昼，啸聚于昏夜，起事始一隅，延祸几全邑。使良懦之人仓皇奔避，东伏西窜，若以褐夫皆巢泄者，亦可笑已。此诚近今未有之奇变也。推原祸始，不得不归咎于官长之不恤民，而民之冥顽无知为甚悯焉。

（朱锡恩等续纂：《海宁州志稿》，卷四十，杂志，兵寇，清光绪二十二年修，民国十一年续修铅印本。）

〔民国十二年，浙江德清县〕　至收成之薄，一亩石许者幸矣，甚者仅数斗耳。曩者遇是米色不堪充漕，即充漕，又无以卒岁，因贷米富室而预拟来岁贸丝以偿之者，不啻十之六七，此清邑农民之苦也。湖郡蚕丝之利，清邑与焉，然以瘠地而广植桑，地力不足，故芟培之功不遗余力，偶一不谨，则叶量顿减。又桑性恶湿，如逢水涝，桑根受浸辄死，此植桑之难也。育蚕之家桑叶都不足，而簠筐薪炭油焙之物，又无一可缺，必预贷资本于富室而贸丝以偿之者，又十之六七。其或天灾为厉或人事不至，则蚕利又不可必，故有终岁失望而反负富室之资本者，此清邑育蚕之苦也。

（吴翯皋、王任化修，程森纂：《德清县新志》，卷四，食货志，农桑，民国十二年修，民国二十一年铅印本。）

〔民国十三年前后，浙江定海县〕　各乡男子多有在沪上轮埠充当苦力者，谓之码头小工。妇女则多佣于沪上住宅，其月薪三四金不等。印刷、丝、纱各厂服务之男女，近来亦多有之。

（陈训正、马瀛纂修：《定海县志》，册五，方俗志第十六，风俗，民国十三年铅印本。）

〔民国十三年前后,浙江定海县〕 舟山列岛除有数繁盛处外,大都皆苦瘠异常,悬海岛户以产米不敷,所食每饭必杂以补充粮食,如薯丝、包粟等,而薯丝为最多,通常一饭米仅居十之三四,而薯丝且占其六七。其交通稍利便之地,虽有运米商店,然居民习于艰食,亦多杂饭薯丝,此食事之概况也。民生纤啬,果腹且不能,何论饰身,寻常岛户仅取足御寒已为大幸,故于衣服一项尚守俭朴之风。惟城道甬及沈家门等繁盛地稍染侈习耳,此服装之概况也。至房屋一项,因近海风大,楼房绝少。列岛渔民板户,止有草盖厂屋,除大岛及市集外,盖未见有瓦屋,此居室之概况也。

(陈训正、马瀛纂修:《定海县志》,食货志,县民生活之概况,民国十三年铅印本。)

〔民国十五年前后,浙江宣平县〕 宣邑农民除种靛、烟外,别无其他出产以充家用。近又改种莲子,借资补救。……近来山居农民讲求炭业,择取高山硬木,筑新式炭窑以烧之,名曰银炭,远可通销外洋。有不择木而仍照旧式之窑以烧之,名曰杂炭,只能通行本国。近又发明一种放香菇暨放银耳等事,颇获厚利,惟成本较重,贫民力有未逮,皆归商家集股经营。又山民夏秋间以采箬皮为业,男妇皆工作,曝干装捆,出售瓯江,近来亦为一种利源。

(何横、张高修,邹家箴等纂:《宣平县志》,卷四,礼俗志,风俗,民国十五年修,民国二十三年铅印本。)

〔清光绪五年前后,浙江宁波府镇海县〕 今七乡之民尽力农亩,即世籍亭户,亦莫不耕耨为生,故山窝海涨,悉垦为田,专事鱼盐者鲜矣。

(清 于万川修,俞樾等纂:《镇海县志》,卷三,风俗,清光绪五年刻本。)

〔民国十九年前后,浙江南田县〕 饭以稻米,中户兼食薯丝,下户则薯丝豆麦间和以米,每日三餐,力作者则四之。……服则夏苎冬棉,由家人自制。居室瓦少茅多,聊蔽风雨而已。

(吕耀钤、厉家桢修,施仁纬等纂:《南田县志》,卷三十,风土志,风俗,民国十九年铅印本。)

〔民国二十、二十一年,浙江嘉兴竹林八圩〕 去年辛未上簇之际,连雨五六日,缫质大坏,茧一斤得丝八钱。今年壬申,大帮到山,初则暴热,继以烈风,雷雨三四日而未已,缫质更逊。去年以旧法试缫,往时茧一斤可得丝一两四五钱,今仅及半,而缫工则倍之,且粗细不匀,颣块满目,不匀由于丝脆(初合二三十茧成一丝车,数转断什八矣)。颣块由于惊惶(吐丝时一惊生一颣,雷电皆足以致惊),

蚕产无法,惟有售茧。茧行以上年缫质之骤增(昔年五百斤得丝一担,今则七百斤),丝价之低落,丝销之滞积,全县开收者,仅什一。茧价比前落三分之二,次货一斤,售不到一角,野老吞声,室人号泣,投缫奔井,日接于耳,空前之惨,不图于我躬而亲阅之。而丝厂又受日本跌价竞卖之累,全国歇业者什九,其故由中日之丝皆行销欧、美,自有人造丝之乱真,丝销已减。欧战后,世界窘态毕露,不揣其本,仍提倡奢侈以增耗费,日造淫巧,以夺人力。政府聚金备战,遑恤敲吸。豪商今资垄断,以罔市利。经济失平,供求不剂,贫人日多,剩货山积,社会购卖无力,工厂自难支持,而丝益寡销矣。此皆食人欲横流、学说偏颇之赐,而邦人君子犹日以科学救国相号召,可不哀哉! 日本三岛出丝倍中华者六,近来积滞之丝达十余万担,不得不向欧美贬价十之五六而捼卖,华丝随之而抑,此两年来丝茧衰落之原因,而缫质之不良又其一也。

(祝廷锡纂:《竹林八圩志》,卷三,物产,民国九年纂,二十一年石印本。)

〔民国二十一年前后,浙江德清县〕 清邑西北多山,东南多水,山多砂石,故近山田地皆硗确。水势流滥,少停蓄,故近水田地皆黏埴地,必步罱泥以培之,田必屑豆饼以粪之,否则不能望地德之滋生也。以硗确黏埴之故,牛鲜能犁,必人之强有力者尽力耕治;又无水泉灌注之滋,故经旬不雨,必戽车引水而入;无高原放水之便,故数日积霖必踏车引水而出;又害稼之虫种类不一,驱除为难,或油泼其翼以铩之,或渍烟水遍洒以杀之,或视苗有萎状亟剪拔之,俾无蔓延,或用治虫新法分别护之除之,然此虫灾多在深秋,最难补救。至收成之薄,一亩石许者幸矣,甚者仅数斗耳。

(吴蜀阜等修,程森等纂:《德清县新志》,卷四,食货,民国十二年修,二十一年铅印本。)

〔民国二十一年,浙江吴兴县乌青镇〕 二十一年,饥,南乡白马塘饥民向乡村大户以借粮为名,结队抢米。

(董世宁原修,卢学溥续修:《乌青镇志》,卷二,祥异,民国二十五年刻本。)

〔民国二十六年前后,浙江鄞县〕 甬埠工人总数约为二十万,男工百分之八十,女工百分之二十。码头工人、车夫及帮工,以温台籍居多。船夫,宁绍籍各占半数。工场工人,大都邑人充之。女工以织帽为多,帮佣者多。

(张传保等修,陈训正等纂:《鄞县通志》,食货志,丙编,工业,民国二十六年铅印本。)

〔明万历二十八年至清顺治九年,安徽徽州府祁门县〕 田高亢易枯,十日不雨则仰天呼,骤雨山涨暴,粪壤之苗又就颓靡。其依山垦者,累十余级不盈一亩。快牛利剗不得用,入甚薄。岁俭,小民粉蕨葛佐食,即丰年不能自支,恃外贸子钱为恒产,春出冬归,或数岁归。家务蓄积,茹淡操作,日三食饘粥,不畜乘马,不畜鹅鹜。贫娑数月不见鱼肉,女人织木棉,同巷相从绩纺,常及夜分。

（明　余士奇修,谢存仁纂:《祁门县志》,卷四,风俗,明万历二十八年刻,清顺治九年补刻本。）

〔明万历三十五年前后,南京徽州府休宁县〕　舍士而农,则山谷田畴十不有五。厥土骍刚而不化,高水湍悍,少潴易枯。十日不雨,土燥坼如龟文;骤雨暴涨,粪壤悉已淹没。山隈溪隙,肆力垦辟,越十级不盈一亩,犁犊无所施功。入山益深,则势益峻绝,为力愈艰。故中人之家,不惮老稚男妇,毕力胼胝,尽瘁三时,获仅为平野之半。

（明　李乔岱纂修:《休宁县志》,舆地志,风俗,明万历三十五年刻本。）

〔明嘉靖十年前后,南京广德州建平县〕　邑地广人稀,饭稻羹鱼,火耕而水耨,民靡事商贾工技,其妇女屏铅华,一意蚕织。

（明　连矿修,姚文烨等纂:《建平县志》,卷一,舆地志,风俗,明嘉靖十年刻本。）

〔明嘉靖二十九年前后,南京凤阳府天长县〕　《宋史·地理志》称,江淮土壤膏沃,有茶、盐、丝帛之利,人性轻扬,喜商贾,鄽里饶富,多高赀之家。今观本县则不然,惟知耕种,少事贩鬻,衣食取足,不知畜积,每年谷麦粜于外郡,岁一不收,而仰外郡之粟,则必有饿死之家矣。

（明　邵时敏修,王心纂:《皇明天长志》,卷三,人事志,风俗,明嘉靖二十九年刻本。）

〔清顺治四年前后,安徽徽州府歙县〕　地隘斗绝,厥土骍刚而不化。高山湍悍少潴蓄,地寡泽而易枯,十日不雨,则仰天而呼。一骤雨过,山涨暴出,其粪壤之苗又荡然空矣。大山之所落,多垦为田,层累而上,指至十余级,不盈一亩。

（清　宋希胄修,吴孔嘉等纂:《歙志》,卷一,舆地志,风俗,清顺治四年刻本。）

〔清康熙十四年前后,安徽池州府石埭县〕　地固瘠薄,近益凋敝,富者拥厚资,恣兼并,贫者居什之七八,以故重财利,矜势力,健讼好斗,穷民逋赋逃亡,即大户亦往往夤缘奸胥,飞隐田亩,挪移甲乙。

（清　姚子庄修,周体元纂:《石埭县志》,卷二,风土志,风俗,清康熙十四年刻本,民国二十四年铅字重印本。）

〔**清康熙二十二年前后,安徽徽州府黟县**〕 严主仆之分,数世不更其名,一投门下,终身听役,即生子女,一任主为婚配。

(清 王景曾修,尤何等纂:《黟县志》,卷四,尚祥卿"箴佑论",清康熙二十二年刻本。)

〔**清康熙二十二年前后,安徽徽州府祁门县**〕 人重去其乡,婚姻论门第,辨别上中下等。所役属佃仆不得犯,犯则正诸公庭,即其人狡狯多财作胥吏,终不得列上流。

(清 姚启元修,张瑗等纂:《祁门县志》,卷一,风俗,清康熙二十二年刻本。)

〔**清康熙三十八年前后,安徽徽州府**〕 婚配论门高,治桂裳装具,量其家以为厚薄。重别臧获之等,即其人盛资厚富,行作吏者,终不得列于辈流。

(清 丁廷楗、卢询修,赵吉士等纂:《徽州府志》,卷二,舆地志下,风俗,清康熙三十八年刻本。)

〔**清乾隆年间,安徽和州**〕 和州,当水陆之冲,负山面江,民食仰给圩田。西南地滨江湖,潮汐泛滥,为诸圩害,旧筑铜城闸保障州县七十二圩,事详水利图中。故事筑堤缮闸,岁需所出皆取给于民田。崇祯间,横水为灾,民困不自给,如融则周历污潦,相度形势,出家资千余金,甃石树枋,完治堤闸。为立法置堰长十人,分直启闭,又输田二十余亩,令司事者岁收租税供缮修,为久远计,和州人至今赖之。

(清 章学诚纂:《和州志》,列传第十二,马如融,清乾隆二十九年修,一九八五年文物出版社《章学诚遗书》影印本。)

〔**清乾隆十六年前后,安徽六安州**〕 农火耕而水耨,视星出入婆者佣佃自给,乏牛者岁赁养牲之家,或雇人代耕,但山田硗瘠,忧旱为多。

(清 金弘勋纂修:《六安州志》,卷六,风俗,四民,清乾隆十六年刻本。)

〔**清乾隆二十年前后,安徽宁国府太平县**〕 太民难于为业,亦勤于为业,如农力田,其平畴宽衍号称沃饶者,十不得五。余悉硗瘠,幸高山之巅流泉出焉,佃其上,当秋获时,高高下下鳞次如云,亦奇观也。但土薄石肥,或一丘不得谷数斤。耕不以牛,以锄。其山居无田者,则又以锄山为业,芝麻、稷、粟、豆、稗、茨、芦菔之属以给。地逼仄或壁立不能留足,上下如猿猱,用火耕法,三年一易,又间植桐漆、植茶,以资旦夕。

(清 彭居仁修,魏子嵩纂:《太平县志》,卷三,风俗,清乾隆二十年刻本。)

〔清乾隆二十一年前后,安徽徽州府绩溪县〕 绩邑于徽称最小,而特当入徽之冲。绩邑与歙为接壤,而独受多山之累,且南辕北辙,惟绩鲜挟资之游人。而山压水冲,遍绩有难耕之确土。

(清 陈锡修,赵继序、章瑞钟纂:《绩溪县志》,卷一,风俗,清乾隆二十一年刻本。)

〔清咸丰年间以前,安徽庐州府庐江县〕 旧《志》称:庐民勤稼穑而多殷富,富户不为商贾,有余资则占田招客户耕种,于是有东佃之目。自经兵燹,十室九空,田归富户,富者益富,贫者益贫。且近日人情率多好讼,以次倾家失业者不少,而愿谨者,终岁勤动,足不入城市者亦自多也。

(清 钱锳等修,卢钰等纂:《庐江县志》,卷之二,舆地,风俗,清光绪十一年木活字本。)

〔清咸丰以前至民国九年前后,安徽全椒县〕 县境除山阜外,田亩居十之七八,民生其间,率以业农为本务。自清咸丰乱后,满目污莱,六十年间逐渐垦辟,近始稍复旧观,而桑麻鲜植,林业未兴。

(张其濬等修,江克让等纂:《全椒县志》,卷五,食货志一,实业,民国九年木活字本。)

〔清同治年间,安徽徽州府祁门县〕 祁地山多田少,土产不足给居民之食,旧《志》所谓计饷不支三月是也。邑之田高者,宜早籼,然五日不雨,则苗槁矣;低而沉者,宜粳、宜糯;仰于陂塘溪竭者,宜寒籼、早糯。然山源之田,叠石为塍,如接梯然,几数十级,不盈一亩,牛不可耕,而手锄之。其临溪河田亩,近年山垦卸沙成壑,有不堪耕种而虚供赋税者。物力艰难,兹邑为甚,黜奢崇俭,庶可支持,乃一群饮而啖数口之餐,一制衣而损终岁之计,是不知量、不知节,即饥馑之媒,而欲家给人足,得乎?开源节流,是所厚望。

(清 周溶等修,《祁门县志》,卷十六,食货志,物产,清同治十二年刻本。)

〔清光绪年间,安徽宁国府宁国县〕 邑境周匝多山,山田虞旱,濒田近水,第治生素拙,栽秧种谷,只知待命于天,雨泽稍迟,争水构讼者纷然四起。男妇不务蚕织,又无懋迁有无之利,百物所需皆仰给于他人,商贾利其值而债欠之,春负者,偿夏之麦;夏负者,偿秋之禾;秋冬负者,岁终而会焉。

(李丙麠等修:《宁国县志》,卷四,政治志下,风俗,民国二十五年铅印本。)

〔清光绪十八年前后,安徽凤阳府凤台县〕 凤台地处淮浜,向苦水患,嗣是浚河玄坝,防御綦周,民勤耕凿,近水滨者多以渔为业。又广畜鸡豚,贩卖谋利,妇女勤农桑,习纺织,而不以为苦。

（清　李师沅修,葛荫南等纂:《重修凤台县志》,卷十,舆地志,风俗,清光绪十九年木活字本。）

〔清光绪季年,安徽六安州霍山县〕　霍境多山,平畴陌阡之所登,恒不及三之一,故谷不足供民食。附城必资邻籴,西南二百里中半借山粮糊口。山高寒早,峭而多石,所出常苦不丰,更必资采山、伐山、猎山之利以佐之,则邑之物产皆吾民续命膏也。惜人多坐享,耻言工商、贩运,制造悉资外人,又只知用,而不能培。虽目前极易畅旺之货产亦墨守固陋,不克改良。今故于物产有关吾民生计利病者,无论何物,悉综入货类,不惜反复琐屑言之,深望霍人之警醒也。

（清　秦达章等修,何国裕等纂:《霍山县志》,卷二,地理志,物产,清光绪三十一年木活字本。）

〔清宣统年间,安徽池州府建德县〕　周馥《述村农苦况》:麦欲老时雨如缕,冒雨腰镰裸两股。割来一束釜中煴,姑妇夜舂儿渴乳。人家麦熟忙上仓,侬家麦熟已断粮。半纳田租半偿债,枷板未停检衣卖。东家老农怜我饥,手分遗穗供作糜。夜深一饱枕蓑卧,蚊雷殷殷泾风吹。三更炊饭四更起,入山采樵二十里。樵归担向市中卖,杯盐升米养妻子。夜来西风透骨寒,一家喜跃忘衣单。橡林坠果纷满地,拾来可供三日餐。侬家无田分外苦,何用劝农烦官府。山头垒石尚栽粮,贫人安得一亩土。山居宜种淡巴菰,叶鲜味厚价自殊。可怜粪田无豆饼,典衣买饼培田腴。无衣或且借衣典,邻里痛痒关肌肤。六月炎风天忽雨,烟叶沾濡色如土。妇子收烟忙苦奔,淋漓遍体无干缕。侬家无田植烟卖,忍饥不负三分债。三月招得采茶娘,四月招得焙茶工。千箱捆载百舸送,年年贩茶嫌价贱。茶户艰难无人见,雪中芽草雨中摘。千团不值一匹绢,钱小秤大价半赊。口唤卖茶泪先咽,官家摧茶岁算缗。贾胡垄断术尤神,佣奴贩妇百苦辛。犹得食力饱其身,就中最苦种茶人。种田莫种黄泥沟,嫁女莫嫁莲花洲。沟田年年发秋水,洲家顿顿餐稌子。结姻仍是旧姻家,但求佳婿足桑麻。朝出负薪暮汲水,日助锄苗夜纺纱。柳林霜重争收叶,叶匮天干独灌瓜。渠侬不劳乏生路,但鲜治生劳不苦。只恐青黄不接时,嫁衣典尽饥难度。幸免饥寒愿即伸,终身荆布敢辞贫。茫茫天道那堪问,此辈偏多孤寡人。

（清　周学铭等修:《建德县志》,卷十九,艺文志二,诗,清宣统二年铅印本。）

〔清朝年间至民国十四年前后,安徽黟县〕　黟为山邑,田少于山,土地瘠确,高地种菽麦,低地种粳稻、芝麻、芦穄,各适土宜。而米谷一宗,每年所收,仅供数月之粮。加以土人耕种不得法,锄犁徒把健妇,粪种不师草人,以至所入益寡,虽遇丰年,犹虞欠收,乞籴邻封,成为惯例。矧土带沙质,不宜桑棉,又无蚕织,到处熟地,渐尽荒芜。清季始来客民垦荒,近时日益加多,所种蔗、苎、薯蓣、落花生之属,产额最巨,颇称能尽地力,需要不事外求。然四围高山,尽堪培养森林,苟能处处种竹养木,除作材料之外,以之仿造外国纸张,农工商业,利益无穷。

(胡存庆纂:《黟县乡土地理》,物产,民国十四年铅印本。)

〔民国九年前后,安徽全椒县〕 椒之为地,其土瘠,其民劳,遇中稔,民率不获终岁饱,而歉岁,固可知已。然民之以生、以养、以长孙,卒无可舍而他去者,毋亦鸡肋食之无所所,弃之如可惜耶?东南之芦荡、西北之污莱,客民垦荒,日盛一日,盖地不爱宝顾人力何如耳?吾邑地非通衢,民非惰窳,迭经兵乱,元气未苏,其出产仅恃米为大宗,而麦、豆次之,药材又次之,其余若菜蔬、若水果、若羽毛鳞介之物,足供一邑取求而已,境无大山,矿产甚鲜。

(汪克让等纂修:《全椒县志》,卷四,风土志,物产,民国九年木活字本。)

〔民国二十年前后,安徽无为县〕 农民居县人百分之九十,其他不过数万而已。泽农居十之八九,西北山农仅十之一二。泽农畏潦,山农苦旱,每遇灾荒,以玉蜀黍、黄豆为食,而田租独不可少。……农民受人鱼肉,生活最苦。

(佚名纂:《无为县小志》,第七,居民,一九六〇年据民国二十年稿本石印本。)

〔民国二十至二十四年,安徽桐城县〕 桐城乡村金融,向以出产变价,借资周转,而出产方面,咸以粮食为大宗。迨至民国二十年遭遇大水,二十三年又遭大旱,农业收入至不足以自给,以致农村经济濒于破产。近年来,虽有农村合作社十九、互助社八十三、预备社十二,放款救济,而杯水车薪,终难普济。民国二十五年,秋收虽较为丰稔,由于过去元气大伤,一时犹难恢复,兼以通商口岸,市面萧条,农村即有出产,亦鲜客商深入乡村采办,因之乡村金融遂较城市为尤感枯涩。所幸民国二十三年建设厅与农民银行在棕阳合组农仓一所,二十五年度省农仓管理处在孔城建设有省农仓一所,容量一万五千石。县管理委员会在青草塥设第一农仓,新安渡设第二农仓,收容量均约五六千石,又棕阳农仓已奉令改为本县第三农仓,归本县接管,将来不无裨益农村之处。

(徐国治修:《桐城县志略》,十四,经济,民国二十五年铅印本。)

〔民国二十六年,安徽歙县〕 东接绩溪,习尚俭朴,类能力田,服贾,以裕其生。南分水陆二路,陆即古邑东,民质重厚,耐劳苦,善积聚,妇女尤勤勉节啬,不事修饰,往往夫商于外,所入甚微,数口之家,端资内助,无冻馁之虞。水南村落棋布,新安江上游左右地少人多,山农辄梯山筑舍,号曰山棚。远望之如燕巢,然贾善奇赢,农工纤俭,习事粃糁之食,藜藿之羹,刻苦过于陆南,重厚亦稍逊之。

（石国柱等修,许承尧等纂：《歙县志》,卷一,舆地志,风土,民国二十六年铅印本。）

〔清同治六年前后,江西建昌府广昌县〕 昌邑僻处上游,地势益高,重山大岭,居三之二,土尤圹垆,率不宜麦。岁秋,稻一登场,山濯濯无别种,妇不机杼无布帛,男不商贾无贸殖,并无孳牧鱼盐负贩以为利,故邑无千金之家。

（清 曾毓璋纂修：《广昌县志》,卷之二,赋役志,清同治六年刻本。）

〔清光绪初年,安徽徽州府婺源县〕 婺居徽、饶间,山多田少,西南稍旷衍,东北则多依大山之麓,垦以为田,层累而上,指至十余级不盈一亩,牛犊不得耨,其闲力耕大种,兼溪涧之润,多不及受,而仰泽于天。按：溉田之利,无如龙骨车之溥,婺之西南乡多用车,而东北罕用者,地势高而难达也。梯接而引之,亦可达,顾不肯为者,惮其工费多也,又或田主不肯出卖也。且一区之中,田亩散落,田主之心不一也,诚能同心合力,公买半亩之地,为牛车一座,以牛代人,力大而费省,则溪涧之滨,皆可为膏腴,不徒仰泽于天矣。是在有志者董率而行之,每一步概田所入,不足供通邑十分之四,乃并力作于山,收麻、盐、粟、麦,佐所不给,而以其杉、桐之入易鱼稻于饶,易诸货于休,走饶则水路险峻,仅鼓一叶之舟,走休则陆路山崎岖,大费肩负之力,故生计难。

（清 吴鹗等修,汪正元等纂：《婺源县志》,卷三,疆域六,风俗,清光绪九年刻本。）

〔清光绪九年前后,安徽徽州府婺源县〕 农终岁勤劬,亩不获一口之入。土瘠而硗,犁仅一咫,与休接壤而有膏腴瘦薄之分。一出婺界而入饶,愿瞻田苗隐牛没崔,如是而欲农之为土,安可得也？子妇拮据……冬月多掘蕨根以充食,至夏麦登,则屑粃杂米,名曰干粮,戴星负薪走市觅米,妇子忍饥以待,不幸为负租家夺,则数腹皆枵。农之苦,孰有如婺者。士农之家五,商之家三,工之家一。技无绝能,习无淫巧,雕金镂玉无所好于人,即工亦无所用。第工砚,盖自叶某始,而今叶氏世之。

（清 吴鹗修,汪正元纂：《婺源县志》,卷三,风俗,清光绪九年刻本。）

〔清光绪三十四年前后,安徽徽州府婺源县〕 主仆之分甚严,役以世,即其家殷厚,终不得例于大姓。或有冒与试者,攻之务去。

（清　董钟琪、王廷璋编：《婺源乡土志》,第六章,婺源风俗,清光绪三十四年活字本。）

〔清光绪三十四年前后,安徽徽州府婺源县〕　我婺山多田少,而南稍旷衍,东北多依大山之麓,垦以为田。概田岁入,不足供通邑十分之四。幸三面与饶接壤,得资其余以补不足。然山林之利,我婺独擅,惜农力不勤,半成荒秽。

（清　董钟琪、汪廷璋编：《婺源乡土志》,风俗,清光绪三十四年活字本。）

〔明万历九年以前,江西广信府弋阳县〕　弋介溪山之间,民俗淳朴,纤啬自给,不为虚夸。

（明　程有守、詹世用等纂修：《弋阳县志》,卷二,疆域志,风俗,影印明万历九年刻本。）

〔清顺治三年至四年以后,江西瑞州府上高县〕　丙戌丁亥年间兵寇之后,继以凶年有宁耳,饿莩不食嗟来者,庶几黔娄之节焉。嗣是田荒户逃,哀鸿遍野。

（清　刘启泰修,李凌汉纂：《上高县志》,卷一,舆地志,风俗,清康熙十二年刻本。）

〔清康熙十一年前后,江西抚州府金溪县〕　近来赋重弊增,杂泛差徭,吏胥中饱,几倍正供,一充里役,其家立破。

（清　王有年纂修：《金溪县志》,卷一,风俗,清康熙十一年修、二十一年刻本。）

〔清康熙十二年至十五年前后,江西南康府〕　宫室……乡村小民诛茅筑土,仅蔽风雨而已,星安犹不甚僭侈,他邑称极敞焉。

（清　廖文英等修,熊维典等纂：《南康府志》,卷一,封域志,风俗,清康熙十二年刻、六十年补刻本。）

〔清道光六年前后,江西南昌府奉新县〕　土瘠地隘,罕通山泽,播种之法,各随地利,以顺天时。如上乡宜晚稼,下乡宜早获,其树艺节候迟早互异。干旱则下乡多歉,雨寒则上乡不实,故奉邑每乏丰年。农积终岁胼胝,常不足于事畜服畴,力穑亦孔艰矣。

（清　邹山立修,赵敬襄纂：《奉新县志》,卷一,舆地志,风俗,清道光六年刻本。）

〔清咸丰六年前后,江西赣州府长宁县〕　本县之俗,男勤而女亦劳,男则力作,妇则纺绩,刻无宁略。然其获利甚微,类不能自给。

（清　苏霈芬修,曾撰纂：《长宁县志》,卷三,风俗,清咸丰六年刻本。）

〔清同治十三年前后,江西袁州府〕 袁僻处山陬……民拙工匠商贩之业,土瘠民贫,虽饥寒而重去其乡,自耕读外,无他艺能。

(清 骆敏修等修,萧玉铨纂:《袁州府志》,卷一,地理,风俗,清同治十三年刻本。)

注 清袁州府辖萍乡、宜春、分宜、万载等县。

〔清光绪元年前后,江西吉安府吉水县〕 土瘠薄物,力无所出,计亩食口,仅得十三,民多取四方之资以为生。

(清 彭际盛等修,胡宗元纂:《吉水县志》,卷九,地理志,风俗,清光绪元年刻本。)

〔清光绪二年前后,江西赣州府长宁县〕 农最勤劬,今户口日稠,无地不垦,无山不种,而所出仅供食指,岁歉则菜色立见。

(清 金福保等修,钟材权等纂:《长宁县志》,卷二,舆地志,风俗,清光绪二年刻、二十五年木活字本。)

〔明弘治十六年前后,福建兴化府莆田县〕 莆地瘠人贫,往时非飨客不杀鸡,邻里吊丧,城市人钱六文或十文,乡下或用谷一斗。……其为治生,近海鱼盐,近山稼穑。下里少田地,则为商贾,终岁勤动,不敢休息,故莆人无厚产,而用常足。

(明 陈效修,周瑛等纂:《重刊兴化府志》,卷十五,礼纪一,风俗志,清同治十年据明弘治十六年刻本重刻本。)

〔清乾隆四十六年前后,福建福宁府宁德县〕 邑西、南、北崇峦迭嶂,山多沙瘠,地少平腴。农民终岁作勤,半资樵采,仅免饥寒。东则滨临海峤,山嶂外洋,番舶商艘,鲜集于此。

(清 卢建其修,张君宾等纂:《宁德县志》,卷之一,风俗,清乾隆四十六年刻本。)

〔民国三十六年前后,福建云霄县〕 工人工资每日约二千至四千,而米价有时斗至七八千,是工人取得最高工资,不能供给数口生活,其痛苦可以想见。

(徐炳文修,郑丰稔纂:《云霄县志》,卷七,社会,工,工人生活概况,民国三十六年铅印本。)

〔清道光十四年前后,台湾彰化县〕 彰化负山面海,草莱渐辟,地多广衍膏腴,其高原平闪者为旱园,可治埤圳灌溉者为水田,利赖不在江、浙之下,耕获有早、晚二季。……地有圹土,民无惰农,所以力穑有秋也。暇日则牵车牛以服贾,残冬则操斧斤以入山,场功既毕,或挫蔗为糖,至三、四月乃止。

(清 李廷璧修,周玺等纂:《彰化县志》,卷九,风俗志,农事,清道光十四年刻本。)

〔清光绪二十年,台湾云林县斗六堡〕　冬夏著布与葛,少绸缎,士、农、工、贾,等级分明,无敢混乱。……士家戴小帽,农、商多以布包头,曰头布。呢羽等物皆购自内地,惟土织葛布则从附近彰属而来。

（清　倪赞元纂:《云林县采访册》,斗六堡,风俗,衣服,清光绪二十年纂,民国抄本,一九八三年台湾成文出版社影印本。）

〔清光绪二十年,台湾云林县斗六堡〕　田园并耕,一岁两获。作若余闲,或入山砍折柴薪赴街贸易,或投制糖场所而为佣工,以资家费,颇耐勤劳焉。

（清　倪赞元纂:《云林县采访册》,斗六堡,风俗,农事,清光绪二十年纂,民国抄本,一九八三年台湾成文出版社影印本。）

〔清光绪二十四年,台湾嘉义县打猫西堡〕　鱼肉蔬菜,富家陈设极丰,烹调亦美,每食山珍海味,以白米炒饭最妙。贫家以地瓜干合为粥饭,菜蔬多食酱瓜、笋等物,最为俭省。村庄亦然,甚至专食地瓜干而无合米者。

（清　佚名纂:《嘉义管内采访册》,打猫西堡,饮食,清光绪二十四年修,民国六年抄本,一九六八年《台湾方志汇编》铅字重印本。）

〔清光绪二十四年,台湾嘉义县打猫南堡〕　衣服:士、农、工、商各有别,士子家头戴小帽,以乌贡缎为之,形似碗,名曰碗帽。农、工、商家多以乌布、浅布包头,曰头布。冬衣布,夏衣葛。士衣长覆足,农工商皆衣短衣,等级分明,不敢混杂。至于各色绸缎,富贵家多为衣服,商家亦有之,农家少见。以红线辫发,农商家皆然,惟士者不尔。饮食:每日三餐,贫富不同,富家多食鱼肉,调五味,贫家每食蔬菜;富家食白米饭,贫家食粥,多调地瓜,且多食盐瓜、酱笋等物,村庄大抵如是。

（清　佚名纂:《嘉义管内采访册》,打猫南堡,衣服、饮食,清光绪二十四年修,民国六年抄本,一九六八年《台湾方志汇编》铅字重印本。）

〔清光绪二十四年,台湾嘉义县打猫南堡〕　田园并耕,有早晚二冬。收成明白,或作苦力,或作佣工,或贩货以资家费,日日勤劳,不敢稍暇。

（清　佚名纂:《嘉义管内采访册》,打猫南堡,农事,清光绪二十四年修,民国六年抄本,一九六八年《台湾方志汇编》铅字重印本。）

〔明嘉靖三十五年前后,河南汝宁府光山县〕　农耕多不以粪,堕者不知自力,轻于卖产,远近失业。自弘治以后,流亡者过半。地间种木棉,并治葛,差役之费,率多赖之。然布易成而贱,葛稍贵而精细者难成。上有征取,价即腾踊,反为里甲之害。

（明　沈绍庆修,王家士纂:《光山县志》,卷一,风土志,风俗,明嘉靖三十五年刻本。）

〔清康熙三十六年前后,河南卫辉府封丘县〕　麻、麦、五谷,在在树艺,间岁不登,所入常不足供租税。

（清　孟镠修,李承绂纂:《封丘县续志》,卷三,土产,清康熙三十六年刻本。）

〔清乾隆三十二年前后,河南河南府嵩县〕　其山农尤苦,地皆陡瘠,不任行犁,专恃人力,初垦荒时得粟颇多,三年后土薄,不堪艺植,则移垦他处,名为倒荒。夏秋治田亩,冬春兼运贩山产逐食。其民多流寄佃垦他姓荒山,稍有资蓄,仍归原籍。

（清　康基渊纂修:《嵩县志》,卷九,风俗,清乾隆三十二年刻本。）

〔清嘉庆元年前,河南汝宁府〕　汝属有等土豪蠹恶,或结党援,或凭城社,武断乡曲,凌轹无知,收纳衣食无依之辈,诱致逋亡失业之人,一入其家,如投陷阱。即育有子女,每婚嫁,大则夺其聘材,小亦受其劝贺。间有不堪其苦,逃至他所,则必构党作中,捏成卖券,鸣之官司,验其契证有据,亦莫能辩。迨至断归原主,而势愈鸱张,心愈狼戾,终无脱身之日矣!

（清　德昌修,王增纂:《汝宁府志》,卷二十三,艺文,金镇《条议汝南利弊十事》,清嘉庆元年刻本。）

〔清光绪二十九年前后,直隶大名府南乐县〕　南乐之俗,士尚诚朴而略于礼数,农勤稼穑而拙于经商。

（清　施有方等修,武勋朝等纂:《南乐县志》,卷一,志地理、风俗,清光绪二十九年刻本。）

〔民国年间,河南仪封县〕　赋役不均,在昔不免,然未有甚于今日者,膏腴赋轻,沙瘠赋重,田多者差少,田少者差多,甚且有田者无差,无田者有差,弊端横出,不容殚述。

（耿愔续修:《续仪封县志稿》,食货,恤政,河南省兰考县县志编纂委员会据一九四七年耿文郁手抄本整理,《兰考旧志汇编》一九八六年铅印本。）

〔民国年间,河南仪封县〕　本县因地力瘠薄,收获不敷平年食用(多数只敷六个月用),故人民生活极苦,多食粗粮,着土布,居陋室,出外经商自食其力者不少,经济状况非常板滞。

（河南省兰考县县志编纂委员会：《兰考旧志汇编》,编者按,中册,第八三三页,兰考县志编委会一九八六年铅印本。）

〔**清乾隆五十年前后,湖北郧阳府竹山县**〕 竹邑幅员宽广,土浮于人,又山多田少,水田十之一,旱地十之九。近因远方萃集,木拔道通,虽高岩峻岭,皆成禾稼。……每岁烧荒肥土,田不加粪,盖平地用水,山地用火,秋冬之时,顺风扬焰,四山常有。

（清　常丹葵修,邓光仁纂：《竹山县志》,卷十,风俗,清乾隆五十年刻本。）

〔**清道光二十二年前后,湖北施南府建始县**〕 建邑僻处万山,谷寒土瘠,舟车靡至,背负维艰,民之所食者包谷也、洋芋也,次则蕨根,次则蒿艾也,食米者十之一耳。

（清　袁景晖纂修：《建始县志》,卷三,食货志,清道光二十二年刻本。）

〔**清同治三年前后,湖北宜昌府东湖县**〕 地多山岭,田尽硗确,刀耕火种,牛力难施,五日雨则低田即涝,十日晴则高田即旱,纵有丰年,仅亦半熟,必兼别业,乃免冻馁,惟坪田则否。

（清　金大镛修,王柏心纂：《东湖县志》,卷五,疆域志下,风俗,清同治三年刻本。）

〔**清同治三年前后,湖北施南府恩施县**〕 户口较前奚啻十倍,地日加辟,民日加聚,从前所弃为区脱者,今皆尽地垦种之,幽岩邃谷亦筑茅其下,绝壑穷岭亦播种其上,可谓地无遗利,人无遗力矣。低山田地收获之后,旋种菜、麦、麻,则三季收之。

（清　多寿修,罗凌汉纂：《恩施县志》,卷七,风俗志,地情,清同治三年刻本。）

〔**清同治年间,湖北施南府恩施县**〕 高低田地,皆用牛犁,间有绝壑危坳,牛犁所不至者,则以人力为刀耕。农器,诸类悉具,而筒车转水溉田,尤为事半功倍。

（清　多寿修,罗凌汉纂：《恩施县志》,卷之七,风俗志,地情,清同治三年刻本。）

〔**清光绪初年至民国二十四年前后,湖北麻城县**〕 工人以劳力糊口,每日工价初以制钱计,自光绪初讫清末,每日由数十文增至数百文,今则有加无已,皆因百物昂贵,时势使然。

（郑重修,余晋芳等纂：《麻城县志续编》,卷一,疆域志,风俗,民国二十四年铅印本。）

〔民国九年前后,湖北夏口县〕 吾邑四周皆水,耕而得获,十仅二三,其辛苦垫隘,为他邑之所无。滨湖之处,略资渔利,河领一带,补种蔬菜,皆借汉口以为销场,故乡民不致流亡殆尽,然究无解于终岁之苦矣。

(侯祖畲修,吕寅东等纂:《夏口县志》,卷二,风土志,礼俗,民国九年刻本。)

〔明万历元年前后,湖广岳州府慈利县〕 临坪之田,土膏肥而用力易,其居深山者,刀耕火耨,谓之铍畬。潘曾诗云:种粟惟便火耕,岩秖惯刀,此其大凡也。又有茶椒漆蜜之利,暇则摘茶、采蜜、割漆、捋椒,以图贸易。其女人俱以纺绩为业。

(明 陈光前纂修:《慈利县志》,卷六,风俗,明万历元年刻本。)

〔明嘉靖十四年前后,湖广常德府〕 吾常德土瘠而民寡,每岁田亩所获不能当江、浙上郡十之四五。

(明 陈洪谟纂修:《常德府志》,卷六,食货志,明嘉靖十四年刻本。)

〔清康熙初年至光绪十五年前后,湖南长沙府湘潭县〕 康熙初,土旷人稀,多占田号标产。标者折竹木枝标识其处,认纳粮,遂为永业。其时大乱,漕重役繁,弱者以田契送豪家,犹惧其不纳,至今鬻产者于旧主有脱业银,始于此也。

(清 陈嘉榆等修,王闿运等纂:《湘潭县志》,卷十,货殖第十一,清光绪十五年刻本。)

〔清道光二十九年,湖南靖州〕 道光二十九年,米大贵,每斗价钱八九百文,土匪乘势劫仓谷,州主惩办多人,其风方息。

(清 吴起凤等修,唐际虑等纂:《靖州直隶州志》,卷十二,事纪,清光绪五年刻本。)

〔清道光末年以后,湖南辰州府溆浦县〕 溆邑俗尚敦朴,男女专业,无旷土,少游民,饮食衣服维中人产始衣裘帛,宴客稍丰。然近山谷各处,力耕苦作,悃幅无华,犹仍其旧。

(清 齐德五修,舒其锦纂:《溆浦县志》,卷之八,风俗,清同治十二年刻本。)

〔清同治元年至三年,湖南长沙府醴陵县〕 同治元年饥。先是连年寇警,县无城郭,仓谷惧为盗资,檄运归省,至是饥民无所得食,乃清仓谷若干石发下。三年饥,连年岁歉,谷价腾贵,饥民聚扰,几酿不测,旋将仓谷散发,众乃定。

(清 徐淦等修,江晋光等纂:《醴陵县志》,卷十一,灾祥,清同治十年刻本。)

〔清同治初年,湖南常德府武陵县〕 农务耕种,终岁勤动,西南多山,岁仅一获,东北滨水,可再熟,然夏涝不消,即秋成莫卜,故资网罟为生者多。妇女皆务纺织,工刺绣,东北乡间有插秧刈草者。

（清　恽世临修,陈启迈纂:《武陵县志》,卷之七,地理志,风俗,清同治二年刻本。）

〔清同治十三年前后,湖南澧州〕　衣服,襄城乡衣服纯用棉布,见衣绫绸者,相顾愕眙。今庶民绣衣丝履,不以为异。

（清　何玉棻修,魏式曾纂:《直隶澧州志》,卷四,舆地志四,风俗,清同治十三年黄维瓒增刻本。）

〔清同治年间,湖南澧州慈利县〕　讼狱边境最多,附近亦间有之,然刁诈者恒因官之操纵为出没,唯胥役溪壑难填,故一讼之狱,辄至破产,虽良有司不能革。

（清　嵇有庆等修,魏湘等纂:《续修慈利县志》,卷之九、风俗,清同治八年刻本。）

〔清同治年间,湖南永州府江华县〕　江华向称锡方,亦云产铁,宋时有黄富铁锡三场置官,今惟上伍堡间有之,其实产富川贺县者多。山农田少,多植桐、茶、松、杉,以资食用,秋成后种麦、荞、菜蔬,自食其力,其贫者,半以负薪、捕鱼为业。

（清　刘华邦等纂修:《江华县志》,卷之十,风土、土产,清同治九年刻本。）

〔清同治年间,湖南宝庆府城步县〕　今将本邑一切利弊所关,按条缕晰,开列于下:一兴利除弊,贵在以勤为本也。查邑中风俗勤俭皆为不足,每年耕种一次,农民旷闲半年,故使吾民鲜有盖藏,近年来生齿日繁,所收稻谷不敷所食,因此谷价逐渐加增。谷价腾贵,利在富民,而日谋升斗之贫民,则受其累,今欲求谷米减价之法,无逾勤于稼穑,多种杂粮,粮米既足,价值自贱,虽富民有闭籴高抬,欲利腾贵,恐其无术矣。况圣人云:"劳力者治于人",正谓农民耕种辛勤,且人不患贫,惟患不自立耳,苟能自立,无不温饱者。一因时制宜,必须量入为出也。查境中并无水陆通衢,外间亦无粮米运至,近来所产谷米不敷,所食不得不筹之于杂粮,访闻乡间富户,多系贩卖竹木以兴家,甚有无耻小人,以重利盘剥而得利,务农发家者,百无一二。果务农不可起家乎? 直是有田不耕之所致,且贩卖竹木必待成材方能砍伐,获利甚迟,何如务农获利为速耳。尔贫民等若亦仿照富户,耕种一次,是自暴自弃,甘愿贫乏,借人重利,殊不思以身谋食者,空闲半年,虽不借债,已不免拮据,况加负以重利,其有不饥馑者,几希矣! 今欲免此患,若非急早广种杂粮,别无善策。多种一次,即可多收一次利息,俟收割后,其利方知效验,惟思彼时皆有余粮,又恐任意耗费,嗣后各户必须均按丰年减半五分收获,核计一年用费若干,量入为出。遇丰收,则有一倍盈余,即或六分收获,亦必有余粮,以防歉收之岁,从此可保家家温饱,再无冻馁之虑。从前仅可敷衍之家,不数年即成富户；前之饥馑者，亦可渐渐小康矣，谁谓务农果不能兴家致富耶！一耕种什粮，应严定赏罚也。查水田播种什粮，自今秋为始，无论自种、佃人，均以五分为率，假如有田百亩，须以五十亩耕种杂粮，无予赏罚；若种四十亩者，于完粮时查明，照应完钱粮加以半倍；三十亩者，加以一倍；二十亩者，加以倍半；十亩者加以二倍处罚；如颗粒不种，系佃户，予限二年，准业主另佃；本身自种，予限三年，将田亩入官充公。若能全行耕种，富户给予匾额花红，贫民酌给钱文，以示劝惩，均令各部团总保甲于九月未完下忙钱粮以前造册结报，予于赴乡时抽查所报是否属实。倘有以少报多等弊，并治团保之罪，如此严定赏罚章程，庶可挽此积习，野无旷土矣。至于牛马牲畜，仍应照前禁止野放，有残食他人田内禾苗者，令团保查看残食若干，按收获数目加倍赔偿。倘不遵依呈报到官，仍令照前赔还，并加枷号示众。一佃户勤劳，宜量加鼓励也。查耕种杂粮，原与稻谷不同，所种杂粮籽种，如系业主给与，将来收获时连籽种分给业主三成。若系佃户自出籽种，成熟时只准分给业主二成，以为勤劳者劝。此议原为寒苦农民谋画，尔富户等不得争多竞少也。或佃户原欲耕种杂粮，而业主反行搁阻，不准种植，准佃户于未种以前呈报查实，将田亩入官。如佃户无力出种，令业主给与籽种，而不与者，许佃户赴本甲经发积谷绅保处言明，该绅等查明实系家贫无力，准粜谷易种，俟收获时，不惟颗粒不准给与业主。次年仍不借给，即将田入官，均令原佃播种。所还积谷，均听其便，各随二分利息交纳。惟荞麦价贱，如归还荞麦，须加一倍。其积谷止准借与秋日耕种水田者，至耕种山土，仍一概不准借给，以示区别。如佃户懒惰，虽业主给与籽种，仍不耕种，许业主驱逐。倘敢借以田旁有山土，或霸住庄屋不肯搬移者，呈报到官，即将山土入官，无土者，治以应得之罪。一农器宜讲，以适利用也。工欲善其事，必先利其器。余去岁在乡，每见耕种山土除莠，皆以人蹲而拔之。从前田少尚可易为，嗣后普种杂粮，则未免费力。查北方耘田除草之物，其名曰锄，形似铁锹，质薄而短柄，细而曲大者，宽仅一尺，长五六寸，约重三四斤，以此耘田，较蹲而拔之，可力省而功倍。惟此物施之于按陇耕种者，则相宜，若乱散籽种，不分陇亩，则难以为力，制造是物，则人人利用。更见彼地犁田下种，或撒之，或耧之。撒者以人多握籽种立而按陇掷撒；其用耧者，形似小车，上安一斛，斛旁至底处有一小眼，籽种置于斛内，以人推置摇而行之，其种由小眼中徐徐漏于土中，车脚前临地处，有似犁形三尖小铁一块，用以开土。俟种入地后，另一人用辘铲石将籽种掩盖轧平，以免野鸟啄食，亦较此地用手种植似觉省力，惟用耧下种，非熟于稼穑者，不能如法。乡民初学，恐未能必善，徒多耗籽种，书此以备留心务农者。一农务既兴，人皆归正也。查从前各乡于稻谷登场后，则农民旷闲半年，毫无所事，其守分者，或肯出外谋生，亦担柴售卖者；其不肖者，闲居不善，则喝酒、赌钱、奸盗等事，无所不为矣。今若变通耕种杂粮，必须工作，以冬春二季百余日核计，约需零工数十万。以出外谋生并担柴之人与游手好闲者，皆以半计之，则不肖之人亦帮作零工十数万。若辈身有所事，不惟糊口有赖，更剩有辛力钱文以养赡家口，并可省吃酒赌钱之资。从此奸盗之事亦为敛迹，此诚一举兼有数益，岂小补云耳。又粪田法，如粪不敷，即禽兽骨烧灰亦可，或用毛血芋田，较粪尤壮。一男勤于耕，女亦应勤于织也。查耕织二事，乃务农之本，余去岁屡次赴乡，见田地荒芜，已不胜痛恨，且沿途并未闻有纺织之声，更堪诧异。询之团绅，皆云本地向不出产棉花，妇女并不知绩纺之事。夫男既惰於农，而妇女复不习织，未识此辈何以觅生活，思之良可浩叹也。查纺织必须终年辛勤，方能获利，妇女既惰于绩，若莫养蚕，养蚕之法，只自春至初夏即可竣事，所获利息，较于纺织可加增十数倍。邑中山土本多，颇可种桑，或扦插枝条，或种桑椹，二三年间，即可成树。江浙养蚕每年获利何止数百万金，欲觅蚕种，至麻阳、江口一带，余前任税局当差，见彼处妇女多有饲蚕者。有情愿学习纺花，自应各听其便，惟不可使其懒惰性成，终日饱食暖衣，则思邪而无教矣。一粮米价贱，不致伤农也。识者或曰："若使什粮稻谷一律丰收，恐价贱伤农"，此诚不达时势之谈。试问谷米价贱，既有伤于农，而价贵时，在贫苦农民抑有伤无伤乎？且访得从前每谷一石价值三四角文，并未闻有伤农之事。近来生齿日繁，到处皆然，米谷昂贵，非此一邑，尚能有此贱价乎？甚至所产稻谷无多，竟有赴山采蕨根而食者，以此悬揣，设使二粮丰收，亦不过令我贫民赚一温饱而已矣。或又曰："地处极边，山高风劲，恐冬令严寒过甚，种植不宜，徒劳工力，无济于事。"余虽浙人，实生北方，来楚十余年，周历各州县，城步虽比邻境稍寒，而较之北地似觉温暖。甚且境中所产萝卜、青菜，均系收获稻谷后深秋始行种植，并未闻有冻壤不生者。即此可以类推麦子、蚕豆、油菜等什粮矣。再种植以上什粮，至迟四月间必可收获，决与耕种稻谷不悖也。一禁重利盘剥，以苏民困也。查借债生息，原通有无为例不禁，惟息重只准三分，如过三分，即照例治罪。风闻乡间贫民所借谷石，皆在青黄不接，谷价正贵之时，借者俱以现时价值计之。虽利息仅言三四分，迨至秋成谷价贱时，照价还谷，是一石已收两石，更有甚于此者。似此加倍利息，在放债者悖出悖入，固属丧尽天良，在贫民亦甘愿借之而无悔，殊不可解。除从前既往不咎，嗣后如再有放此重利者，倘经访闻，或被告发，定将赈项追出入官，并治以违例之罪。一宜永禁米谷煮酒熬糖也。查本地所造水酒饴糖,从前均以米谷煮做,虽屡经出示严禁,而无知之徒,仍敢以身试法。嗣后煮酒熬糖,只准以包谷、高粱、粟米等什粮制造,再有以谷米成做者,一经拿获,或被告发,以糟查验,除先行枷号示众,并令将米糟食尽,方准开释。一无益浪费,亦宜禁止也。每见邑中妇女,出门必手携一篮,内装满糯米做成饼子,以油炸熟,名曰米花。无论贫富,归宁探亲,必携此物,是妇女出门果不准徒手乎?仰积习相沿牢不可破耶?似此卑陋风俗,在富户,用此些微,原关痛痒。而在贫寒小户妇女,只知非此不能出门,而不知已耗去数日之粮乎,虽极贫之家,亦不得不勉力相从,实为无益之事。且现值油米腾贵,尤应禁止,以节糜费,嗣后妇女出门,只准徒手,再有携带是物者,惟罪坐户长夫男,庶可挽此陋俗矣。一入官罚项,宜归实用也。所有罚项田地并给予奖赏,一切出入皆由局绅管理,一概不准入署,亦不准署中人经手,以杜弊窦。尔等若能一律普种,应得奖赏,即无罚款收存,余愿捐廉给予。如奖赏之外,罚款尚有盈余,除提若干仍交局绅存留,以备万一军需之用外,每于年终,酌给书院宾兴会中,以作培植斯文生童膏火之费。并令局绅造具管收,除在青册送县,由县申转禀报,余奉各大宪殊恩,俾以此任,自去春下车以来,直至于今,但有与民有益诸事,无不行之。谅尔百姓自必周知,尤于贫苦之人,随事随时,无不格外体恤。如历催收钱粮,必募勇丁带往,余深知若辈假以县官威势,到处骚扰情形。所鱼肉者,贫民多,而富户少,其被凌虐弱者,意敢怒而不敢言。强者即或控告到官,县官必又以粮钱用雇,其曲本在百姓,未免左袒。及有将该勇惩办,而小民已受摧残矣。是以去岁上、下两忙,并未募带一勇赴乡者,惟恐贫民身受其累也。及此较所收钱粮亦未见少于往年,愿尔等熟计而细思,余是否徒托空言,抑果有实惠也?以上所议各条,实关邑中利弊,余不避嫌怨,以镂心刻骨之言,再三反复开导者,原欲人人温饱,免致饥寒。尔百姓等若再如前漠视,不惟尔等皆为玩梗之民,而余不能挽此颓风,使民出于水火,仍有饥寒之苦,亦深觉有愧于心,难以对尔等,更难以对富户也。惟此耕种杂粮尤为最关紧要之举,迟早必须行之,方免冻馁之患,能行之早数年,则早苏民困数年,效验后,方知余之斯议为不谬也。至所拟条款中果有窒碍未能尽善经久者,除不准阻止耕种并争分粮多寡外,实有见解可采之处,准其来县面陈,或具禀呈报,再行更改。总期事在必行,可垂永久,使乡民均沾实惠,庶不负余之一片苦心耳!此外,尚有与贫富乡民大有裨益之事数件,俟此举各乡遵办后,再为次第逋禀举行。

(清　盛镒源等修,戴联璧等纂:《城步县志》,卷之十,兴除,清同治六年刻本。)

〔清同治年间,湖南沅州府〕 勤于垦荒而拙于备旱,劳于耕耔而逸于耘耔,壤狭田少,山麓皆治。有泉源者,坐收其灌溉之利,而陂塘少治,其近水者,截流筑坝,谓之堰田。渴则两人对舁其具,戽水以润之,殆视桔槔为劳,而踏车引水之事,今方效之。近郭之田,粪之,远乡不可得粪,则壅草以秽。农人连袂步于田中,以趾代锄,且行且塔,塍间击鼓为节,疾徐前却,颇以为戏。各乡所产稻谷不足,则杂植荞麦、稷、菽以佐之。农妇饷饁之余,颇勤纺织,然仅足备衣履之缺,无羡物获利。以田少人众,或业操舟戽斨,低蓬险滩上下,稍称轻便,行旅赖之。顾谋此惟麻阳最繁伙,郡中亦仿制其式,皆以麻阳舡名焉,习其打桨庸食于外者甚众,亦资生之一端尔。

（清　张官五等修,吴嗣仲等续修《沅州府志》,卷十九,风俗,清乾隆五十五年刻,同治十二年增刻本。）

〔清同治年间,湖南衡州府耒阳县〕 耒土近燥,厥田下中,间有膏腴,不过十之二三。加以旱干时逢,民维艰,"十年五旱,五年三旱,高高下下,只收一半",此古谚所为作也。且他处衍三天当稻获之空,可再种荞麦,耒则为利甚薄,荒歉之岁,即偶为播种,卒之逢年者稀。

（清　於学琴等修,宋世煦等纂：《耒阳县志》,卷七,风俗,清光绪十一年刻本。）

〔清同治年间,湖南长沙府醴陵县〕 农勤耕作,隙地皆垦种,无弃壤,田所宜惟稻,岁两熟,有早、晚两种。山阿元田,地气冷,仅一熟,莳稻早不过立夏,晚不过芒种,晚亦两种,夹莳早稻缝中者,曰亚禾,另莳早稻获后者,曰翻子。农人终岁勤动,视他邑岁一熟者尤为劳苦。山谷则种薯芋、豆、粟等杂粮及植茶、麻,以资食用。按《萍》志杨陈熙《社仓约引》谓：农夫八口之家,耕不过二三人,田不过十数亩,收不过数十石,完官租,应公役,又私自戚里往来,庆吊相仍,其所赢无几。一家男女长幼衣食嫁娶皆出其中,其俭者折薪数米,尚足自给；其稍耗者,左支右绌,已不免剜肉医疮之患。岁值水旱,家口嗷嗷,操券以贷,出倍称之息,或仰求无门,于是有卖田宅、鬻耕牛以度祲岁者矣,言之痛切。醴俗亦然,加之兵兴以来,连岁收歉,输刍挽粟,民力尤瘅,十室九空,不待岁祲而已,难支解悬,苏息之望,是在贤当路之望,是在贤当路之加意拊循也已。

（清　徐淦等修,江普光等纂：《醴陵县志》,卷一,舆地,风俗,清同治十年刻本。）

〔清同治年间,湖南沅州府黔阳县〕 农家勤于垦荒,而拙于备旱,劳于耕耔,而逸于耔耘。邑中壤狭田少,山麓皆治,有泉源者,坐收灌溉之利,而陂塘少治,其近水者，截流筑坝，谓之堰田，涸则两人对昇水具，斟水以润之，又或为水车转轮激水，视抱瓮为易。近郭之田，粪之，远乡不可得粪，则壅草以秽，其法于岁前储草以待春作。或临春翦〈剪〉柔条嫩叶聚诸亩，覆以土，俟其腐败，然后纳种，则土腴而禾秀。又煅石为灰，将耨时，撒灰于田，而后耘之，色黄者一夕而青，否则薄收，灰多出桐木，煅灰者二、三月间大船装载，放田户记薄，谓之放灰，收获之后，收灰谷，岁以为常。各乡所产稻谷，不足供一岁之食，则杂植荞、麦、稷、菽以佐之，然亦不多，故问盖藏于此邑，鲜不病歉也。每秋收后，结伴入山采取蕨根，漉汁作粉，以充食，虽来岁且然，盖以此御我穷冬，而留粟以供来岁耕作也。值荒，则采者益众，附近山壑为空，竟穷搜越境，连担而归。农妇饷馌之余，颇勤纺绩，然仅足备衣履之缺，无羡物获利。

（清　陈鸿作等修、易燮尧等纂：《黔阳县志》，卷十六，户邑三，风俗一，农，清同治十三年刻本。）

〔清同治至光绪年间，湖南澧州石门县〕　同治三年，巡抚恽世临檄设义仓署，知县吴毓瑛募民出谷，得一万二千二百三十四石，分布各乡。当时富民仅注空籍，未纳勺粟，惟下户罢软者输如额，主簿多非其人，或阴欺显夺，或强贷不归，未几讼者蜂起。中人以下大抵破业，而猾民以告讦攘利，奸胥以幸较受球，费不可胜数也。光绪六、七年间，守道闻民间乾没多，遣巡检某来稽核，且益募民出谷，某贪狡恣威侵削，乡侩市豪附之渔利，由是人尽侧目矣。癸未岁饥，众谋往劫持之，然囷藏枵然，无有也。事闻守道，守道严檄饬县。檄下再四，于时知县郭定祥庸劣不能举职，民间谓之郭糯米，事遂寝，自此宿储扫地矣。

（清　阎镇珩辑：《石门县志》，卷六，储积，清光绪十五年刻本。）

〔清光绪元年前后，湖南郴州兴宁县〕　兴宁土瘠民贫，勤于农事，早作夜息，不劳劝课，终岁无暇。日浸种以桐华为候，早稻于二月半播种，四月上旬插秧，六月获（惟北乡有插春田者，七月上旬可以全收）。中稻、晚稻播种栽插较后，至七、八月获，近山田水寒者，或至九月甚至十月者（东乡之东山高多阴，水寒而冽，有至芒种后始插，立冬后始获者，故必须牛骨烧灰调水蘸根乃插，否则秀而少实）。入冬，惟薅粪蓄水，无复栽种，父老相戒莫干冬田，干则来岁无望。四乡山多田少，居民半恃耕山，一夫耕数十石田，必兼种山土杂粮，山复多石，不宜黍麦，只种包菽、荞麦、薯蓣糁子等类，杂稻米以佐饔飧，或掘蕨根滤粉为糜充饥。迩来生齿日繁，谋生者众，几使野无旷土，人无游民，地力尽而民力亦困矣。惟是耕夫佃种年久,往往借端拖欠,甚有改塍骗产盗卖,踞庄霸耕强获者,以致滋讼,谚云:"久田生奸",可不慎欤。

(清 郭树馨等修,黄榜元等纂:《兴宁县志》,卷之五,风土,风俗,清光绪元年刻本。)

〔民国年间,湖南澧县〕 民国反正,军事频兴,需用繁急,捐筹挪借,缓不济急,于是预征钱粮一年至两年、三年不等。流通抵借之票以出,折价者有之,停废者有之,乃准附加超过正供。谷不再实,棉不再花,民生日蹙,尚何言乎!

(张之觉修,周龄纂:《澧县县志》,卷三,食货志,田赋,民国二十八年刻本。)

〔民国十五年前后,湖南醴陵〕 醴陵号称七十万人,男子从事力田者十之六七,工商及杂作十之一,其他或为士,或不士而被以士名者,殆十之二而有余,惟仕宦甚少,近则大多从军。工业以土磁为多,东三区一带或业编爆〈鞭炮〉,编爆及瓷碗皆有妇女为之者。夏布除织工外,则纯系女子。东南乡之妇女,农忙时,多能助耕。西北乡则否,农工雇佣所得,以粗给家用为衡。近则物力日艰,虽终岁勤劳,恒虞冻馁。又人浮于地,而游民且日多,故改进农工生活,尤在多辟利源,使人人各执一业,振兴农、林、磁业,固今日之要务也。

(傅熊湘编:《醴陵乡土志》,第四章,风俗,生活,民国十五年铅印本。)

〔民国十五年前后,湖南醴陵县〕 醴陵土地肥沃,交通便利,县民素以农作为生,工商差给日用而已,顾以人浮于地。又迭经兵燹、水火之灾,百业凋零,救死不赡,生计日困。而物价乃愈高,加以征发频仍,盗匪纷起,外货输入日多,财源无由自辟。以今视昔,固远不如昔,以后视今,将不如今,又可知也。夫农之利,宜为醴人所擅,磁业、夏布又醴之特产也。今田亩既不足自给,而荒山失植,一有兴作,买树株洲,红茶之利,久已放弃无余,棉、麻、染料且均自外来。土磁近虽改良,日有所出,又绌于资本,无由发达,年复一年,利权外溢,然则县人果何恃而不恐耶?夫欲一地方之不贫弱,必其商货输出之所值足与所输入者其数相抵。岁计册中所列,货入欲其短,值入欲其赢;货出欲其赢,值出欲其短。货出赢而入短,则地方富;值出赢而入短,则地方贫。推之一国,莫不皆然。吾醴今日输出之所值不足以抵入,固彰彰明矣。而厘税之率又特苛焉,此民生之所以重困也。今欲进求实业发展之方,请先言其现在。

(傅熊湘编:《醴陵乡土志》,第六章,实业,民国十五年铅印本。)

〔民国二十一年前后,湖南汝城县〕 汝邑男性业农为多,业商次之,业工又次之。业农有耕田、耕山之别。耕田又较耕山为多。凡耕山者,以种杉种竹为主要物。业商俱是小贸,而无巨商富贾。业工亦是手工业,而无大规模之工厂。女性缝绩、汲炊、园艺外,山乡妇女间以分任耕锄、樵采、负贩之事。

(陈必闻,宛方舟修,卢纯道等纂:《汝城县志》,卷二十一,政典志,礼俗下,民国二十一年刻本。)

〔明隆庆六年前后,广东潮州府潮阳县〕 西南江上又有曰疍户者,岸无室庐,耕凿不事,男妇皆以舟楫为居,捕鱼为业。旧时生齿颇众,课隶河泊,近或苦于诛求,逼于盗贼,辄稍稍散去,或有弃舟楫入民间为佣保者矣。

(明 黄一龙修,林大春纂:《潮阳县志》,卷八,风俗志,明隆庆六年刻本。)

〔明崇祯以前至清雍正七年,广东嘉应州兴宁县〕 蛋,谓之水栏,辨水色则知有龙,又曰龙户。……旧有船四百余只,与民船同。崇祯初,仅存四十余只。康熙十八年,查点蛋船,仅十余只。盖兵役以来,各徙别地,逃窜躲差。康熙二十年后,始复旧业。雍正七年,奉旨准其在于近水村庄居住,与民一体编甲,以便稽查。

(清 仲履振纂修,张鹤龄增补:《兴宁县志》,卷十二,外志,瑶蛋,清嘉庆十六年刻、咸丰六年增刻本,民国十八年铅字重印本。)

〔清康熙二十九年前后,广东广州府新会县〕 西南多农鲜贾,依山濒海者,以薪炭耕渔为业,民皆砦窳偷生,无积聚而多贫。

(清 贾雒英修,薛起蛟、汤晋纂:《新会县志》,卷五,地理志,风俗,清康熙二十九年刻本。)

〔清嘉庆二十年以前,广东潮州府澄海县〕 旧《志》曰:"邑僻处海滨,号称沃壤,农安陇亩,女勤绩纺,务本业,谨盖藏,为潮属九邑最。"第地狭人众,土田所入纵大有年,不足供三月粮。濒海居民所恃以资生而为常业者,非商贩外洋,即鱼盐本港也。前《志》云:"农工商贾皆借船为业",信矣。

(清 李书吉等纂修:《澄海县志》,卷六,风俗,生业,清嘉庆二十年刻本。)

〔清嘉庆二十五年前后,广东嘉应州平远县〕 居民重本轻末,耕耘绩纺,昼夜操作,鲜行商远贾,间有饶于资者煽炉冶铁,然因此致累者亦复不少,居民每不乐就。

(清 卢兆鳌修,余鹏举等纂:《平远县志》,卷二,风俗,生业,清嘉庆二十五年刻本,民国二十四铅字重印本。)

〔清道光五年前后，广东肇庆府恩平县〕 疍户浮家泛宅为业，以县城分上水、下江之界。上水者只渡县河以上之货物，下江者专接县河以下之客商，不相涉也。每岁无鱼米课。男女粗蠢，不谙礼数，婚姻以酒食相馈，联舟群饮于洲溆，齐民无与联姻者。又渔疍只捕鱼度活。……春夏水潦鱼多，则资息稍裕，冬寒，几难自存。

（清　杨学颜、石台修，杨秀拔等纂：《恩平县志》，卷十五，风俗，疍，清道光五年刻本。）

〔清道光十年以前，广东罗定州西宁县〕 西宁自设县后，数被兵燹，土著者稀，五方之民麇然杂处，然山川之气浑朴未凿，俗尚简素，器用不饰。其地山多田少，民资樵采之利，等于耕殖。虽有黄藤、青麻、姜芋等，然不能成货，惟肩挑以易盐物而已（王《州志》）。

（清　诸豫宗修，周中孚纂：《西宁县志》，卷三，舆地，风俗，清道光十年刻本。）

〔清道光十三年以前，广东肇庆府阳春县〕 阳春县编茅以居，衣食俭啬，民不经商，器用货物悉资他邑。男子多事渔猎，妇女纺绩蕉葛颇精（吴《志》）。

（清　屠英等修，江藩等纂：《肇庆府志》，卷三，舆地，风俗，清道光十三年刻本，清光绪二年重刻本。）

〔清道光二十一年以前，广东广州府新会县〕 西南多农鲜贾，依山濒海者以薪炭耕渔为业，民无积聚而多贫，故其俗朴而野。其流弊也，犷而不驯。东北多商鲜农，贫者则习工技以资生，故其民饶，其俗文而巧。其流弊也，刁而善讼（王《志》）。

（清　林星章修，黄培芳等纂：《新会县志》，卷二，舆地，风俗，清道光二十一年刻本。）

〔清道光年间，广东广州府新会县〕 新会田濒海浮生，势豪家名为承饷，而强占他人已熟之田为己物，是谓占沙。秋稼将登，则统率打手，驾大船列刃张旗以往，是谓抢割。

（清　林星章修，黄培芳等纂：《新会县志》，卷二，物产，清道光二十一年刻本。）

〔清咸丰三年前后，广东广州府顺德县〕 按：顺德分自南海，南俗即顺俗也。惟顺德在在皆水乡，舟行所达，川流四绕，阡陌交通，故力农尤便，至於桑田鱼池之利，岁出蚕丝，男女皆自食其力。贫者佃，富者田，而纳其租，惰安者可盖少矣。其他为匠，为圩，为场师，又或织麻，鸣机，编竹作器，一艺一业，往往遍於乡堡,相效成风。大率耕六工二,余则贸迁,其事诵读而试有司者,不及十一焉。

(清 郭汝诚等修,冯奉初等纂:《顺德县志》,卷三,舆地略,风俗,清咸丰六年刻本。)

〔清咸丰年间,广东琼州府琼山县〕 地居海岛,习俗朴茂,由唐迄宋,人文蔚起,至明为尤盛。人娴礼义之教,士多邹鲁之风。冬有青苗,田畴二熟,妇工织绣,蚕登八绵,蓣芋多代菽麦,麹糱少佐酒醴。地无虎狼,野皆藤竹,山行水宿,不择处所,亦宇内另一风土也。

(清 李文烜修,郑文彩等纂:《琼山县志》,卷二,舆地志四,清咸丰七年刻本。)

〔清咸丰、同治年间以后,广东肇庆府阳春县〕 吾邑民俗,贫者服田力穑,富者食租衣税,业工商者盖鲜。咸同以后,生计日艰,习尚日侈,租税不足以供衣食,筋力不足以任耰锄,道义不足以范身心,遂成为天地间之游民,驯至成为天地之莠民,奈之何不穷且盗也。予编志至咸同事,记而悲之。窃谓:欲吾邑之长治久安,自无游民始,官斯土者,其念诸哉,生斯土者,其念诸哉!

(蓝荣熙修,吴英华等纂:《阳春县志》,卷之十三,事记,一九四九年铅印本。)

注:叙事至清宣统三年。

〔清同治年间,广东广州府番禺县〕 上番禺诸乡,地瘠而民砦窳,耕者合数十家牛,牧以一人,人以一日。其牧牛之田,曰牛田,所生草冬亦茂盛,食牛肥泽。其种稻者曰人田。上番禺牛田多,下番禺人田多。

(清 李福泰等修,史澄等纂:《番禺县志》,卷五十四,杂记,清同治十年刻本。)

〔清同治年间,广东惠州府河源县〕 河源民俗尚农重谷,习於勤劳,业农者一岁两举,而冬春之交多种二麦,几无间隙。或习贸易,或习技艺,居市趁墟,亦营营终日。其佣工之人,得值甚微,竭手足之力,率不能畜其妻子。幸薪米不贵,食力者犹可糊口。

(清 彭君谷等修,赖以平等纂:《河源县志》,卷十一,民风,清同治十三年刻本。)

〔清同治年间,广东韶州府乳源县〕 乳源商少农多,习于朴鲁,民无告讦之风。山谷瑶、僮逡巡惧法,往来贸易,赋役无虚,盖知安生而乐业矣。

(清 额哲克等修,单兴诗等纂:《韶州府志》,卷十一,舆地略,清光绪二年刻本。)

〔清同治十年前后,广东韶州府乐昌县〕 乐昌地重,流清,山秀,石奇。人性劲直,尚节概,即齐民犹可鼓以义。田广齿稀,山泽无禁,故耕樵织纴,亦堪自给。

(清 徐宝符等修,李稼等纂:《乐昌县志》,卷一,风俗,清同治十年刻本。)

〔**清光绪初年，广东广州府**〕 邑境割自南番诸县，其间肥硗殊地，秀顽异民，招徕之众，服习未驯，大都衣租食税者，皆可为善。若佃耕之氓，积惰而餐，灰粪牛种，悉贷于豪黠。比及收获，折等殆尽，已复称贷，力诎负重，罄室以逃，由素无余蓄，故轻去其乡也。

（清　戴肇辰等修，史澄等纂：《广州府志》，卷十五，舆地略七，清光绪五年刻本。）

〔**清光绪初年，广东广州府**〕 邑东自棠梨，西及榕木，十余里，居住近城郭，故商贾、百工、豪右、轻侠杂厝不纯。然君子各以文物相矜，尚与邑南篁村诸乡，俱称科甲冠裳之薮。石涌、牛眠诸处，涉湖湘，浮江淮，走齐鲁间，往往以糖香牟大利。至六、七都，无物产，土瘠人婆，岁一种稻，田事之余，搏鹿射虎，逐鼯鸩狐狸，与□瑶杂居，言语支离，衣服鄙陋。其南，惟南沙有田可佃，有山可采，余皆取给鬻海或借寨伍为生。东北偶多工纺绩，黄山诸布鬻给广惠两郡。西南则捆莞为席，辫麦为笠，穿绒为伞，他如拈针挫繈，类取办十指，不皆力耕。

（清　戴肇辰等修，史澄等纂：《广州府志》，卷十五，舆地略七，清光绪五年刻本。）

〔**清光绪初年，广东潮州府饶平县**〕 疍人：有五姓，麦泖吴苏河古以南蛮为蛇种。观其疍家神官蛇像，可见世世以舟为居，无土著一事耕织，惟捕鱼装载以供食，不通土人婚姻，岭东河海有在有之，本县旧立户。

（清　惠登甲纂修：《饶平县志》，卷四，户口，清康熙二十六年刻，光绪九年增刻本。）

〔**清光绪初年，广东肇庆府**〕 其种不可考，舟楫为宅，事网钓，见水色则知有龙，又曰龙户，性粗蠢，无冠履，不谙文字，入水不没，客船有遗物于水者，辄命探取，性耐寒，虽隆冬霜霰，亦跣足单衣，体不皲瘃。婚娶率以酒相馈遗，群妇子饮于洲坞岸侧，两姓联舟，多至数十，男妇互歌。男未聘，则置盆草于梢；女未受聘，则置盆花于梢，以致媒妁。婚时，以蛮歌相迎，其女，大曰鱼姐，小曰蚬妹，以鱼大而蚬小也。妇女皆嗜生鱼，畏见官，豪右有讼之者，则飘窜不出。其捕鱼之利，惟春末夏初，西潦泛溢，稍可搏一饱。贫乏者，一叶之蓬，不蔽其身，百结之衣，难掩其体。岸上豪蠹复从而凌轹之，海滨之叫号，无虚日矣。肇庆惟高明、恩平、广宁无疍。

（清　屠英等修，胡森等纂：《肇庆府志》，卷三，舆地，蛋俗，清道光十三年刻本。）

〔**清光绪初年，广东韶州府曲江县**〕 农务力田，输课养生，取给于此。且山高土瘠，种多而获少，日加撙节，始获小康。所喜安分营生，越思者寡，向义之风庶乎近焉。

（清　张希京等修，欧樾华等纂：《曲江县志》卷三，舆地书一，清光绪元年刻本。）

〔清光绪十年前后，广东潮州府丰顺县〕 邑虽山陬，而溪滨岩谷间土壤可以种植、泉源可以灌溉者，无不垦辟为田，故力农居多，工贾不过十之一二，田皆两熟。

（清　许普济修，吴鹏纂：《续修丰顺县志》，卷七，风土志，风俗，清光绪十年刻本。）

〔清光绪十年前后，广东潮州府潮阳县〕 富家衣被罗纨，亦尚布素，冬月或披裘。贫者则全以苎布、棉布为终岁之资。……妇女昔尚淡素，最为近古。自航海往来苏、松间，颇效艳妆，惟山乡僻壤仍有椎髻。

（清　周恒重修，张其翻纂：《潮阳县志》，卷十一，风俗，服食，清光绪十年刻本。）

〔清光绪二十年前后，广东肇庆府四会县〕 疍户，其种不可考，倚舟楫为宅，事网钓为生，见水色则知有龙，故又曰龙户。性粗蠢，无冠履，不谙文字，能入水不没，客船有遗物于水者，必命此辈探取之。且耐寒，虽隆冬霜霰，亦赤足单衣，无皲瘃色。婚娶率以酒相馈遗，群妇子饮于洲坞岸侧，是时两姓联舟，多至数十男妇互歌。性畏见官，豪右有讼之者，则飘窜不出。其捕鱼之利，惟春末夏初，西潦泛溢，稍可博一饱。贫乏者，一叶之篷，不蔽其身，百结之衣，难掩其体。岸上豪蠹，复从而陵〈凌〉轹之，海滨之叫号，无虚日矣。四会立图于舟，官都止办渔课，不入民额，课由县征，此旧《志》录实府志语也。今据采访册，别详于后。邑疍户分两埠：一金鸡埠，止张、黄、石三姓，俱操挞沙船，岁纳鱼税银四十两；一诗书埠，亦称杂埠，姓不一，船亦不一，有挞沙船、斗楼船、晾蓬船（亦名加桨船），无鱼税。两埠之船，皆五年一换照，皆要当官差。县有船头差，营有船头馆，分管文武传差封船事，武定额，二十五船，一船开差，津贴银二十四船匀派，文无定额。两埠各船，每船岁输船头差银二两，各船开差，仍无津贴，或且提扣。此两埠之大略也。大抵挞沙船宜载货，斗楼船宜送客，然亦可互用，各有所取焉已耳。晾蓬船比斗楼略小，而无马门，当马门处，盖以软篷，晾之使高，以便出入。同治间，当武差载兵勇上广宁之桂口，被贼焚毁，后遂无装此式样者。仓冈排艇，亦疍户操之，而不入两埠。竹木排多用此艇，寓排客居，人亦有雇用往来近地者。又一种坑艇，板艇则土著乡民自装以载货，而自撑之，亦有雇用疍民驾驶者，固不得以操舟故，而概目为疍户。近二十年来，载客往来者，有白土艇，此则更非疍户矣。盖清塘铺白土村民多出江网鱼，其艇扒以短桡，行甚速，或取其速而雇之，嫌其无篷也，则织拱篷以盖之。雇者多则扒者，亦多不知，而目为疍民，则误也。

（清　陈志喆等修，吴大猷等纂：《四会县志》编一，瑶疍，清光绪二十二年刻本。）

〔**清光绪二十年前后，广东肇庆府高明县**〕 疍户，疍之种不可考，倚舟楫为宅，事网钓为生，见水色则知有龙，故又曰龙户，齐民则目为疍家。高明疍家，在大江则沿海以居，在小水则依河而处，性粗蠢，无冠履礼貌，不谙文字，能入水不没，客舶有遗物于水者，必命此辈探取之。且耐寒，虽隆冬霜霰，亦赤足单衣，无皲瘃色，惟以江间风月、网鱼多得为乐事。其捕鱼之利，春末夏初，西潦泛滥，稍可博一饱，贫乏者一叶之篷，不蔽其体，百结之衣，难掩其身。岸上豪蠹，复从而凌轹之，则海滨之叫号，无虚日矣。旧《志》谓高明无疍，以鱼课隶三水也。

（清　邹兆麟等纂修：《高明县志》，卷十六，杂志，清光绪十五年修，二十年续订刻本。）

〔**清光绪二十二年前后，广东肇庆府四会县**〕 俗知耕而不知织，乡间妇女皆力田，绅衿家人亦为之，故鲜裹脚者，经咸丰间发逆之乱，虽城厢大家妇女，亦多不裹脚矣。城厢妇女不尽工针黹，每肩挑博升斗，佐男子作家，故各步头有担妇，无担夫也。蚕桑不广，惟邑西南各村间有之，故邑无丝市，缫毕则往西南以求售，然不得善价云，止可打线，不堪织绸，岂工作不及人欤？疑潮不入江，其水逊南顺也。

（清　陈志喆等修，吴大猷等纂：《四会县志》编一，风俗，清光绪二十二年刻本。）

〔**清光绪末年，广东广州府佛山镇**〕 关厂挂销号税，省、佛皆有，而佛山受害较甚，至今言者犹有余痛。历任关督为调剂诸役、应付内务府、贵人条荐起见，特设此税。随役月占一二日，即敷浇用，挂名者或三二人占一日，亦足备送干脩，其入息可想。光绪壬寅，阖镇商民激而罢市，势将毁关，大府檄协镇及县，前往弹压，问计于镇绅戴鸿惠，戴绅以苛例不除，何计之有？镇县亟禀大府，如议行，大众乃散。及关督出示，苛例免否，无只字道及。戴绅愤甚，谒大府请即动弹章，毋代人任过，大府示意监督，始将苛例革除，勒石示禁，关役亦稍为敛迹，久之如故。广州总商会愿岁报捐十万金，请裁撤此厂，亦不批行，盖岁捐有限，以罚款比较不啻数十倍蓰，岂肯辞多受少乎？及光绪三十三，岑制军（春煊）兼权关督，洞悉其害，毅然奏罢之。是时唐少川（绍仪）为财政部尚书，主持尤力，内外一心，故年弊政一旦廓清，如摧枯拉朽，有由然也。此地为两江总汇，可以招集货船，收寄贮之利。厂既召变，欲承者众，行商正拟投资。陈巡司（征文）素爱民，为上官所器重，建议以估例价高者得，不能操券，即使投得，开销杂费亦复不资，不如径请上官给予佛山，以杜他人生心，而保我地利，官价有限耳。但有一言，便以此厂办公益事,不得借此牟利,上官爱民必邀俞允,众趑之,巡司即诣省。陈之郑县长(荣)、陈广府(望曾)允之,同谒吴藩宪(列孙),备陈其由,藩宪亦以民意为重,乃酌定底价,令陈巡司带同镇人赴署领照。于是士商合力筹款,交库具领,又给关屋一间,可谓嘉惠备至矣。众议,以建设之序,当先筑缆路以利舟行,由善堂、商会拨款,以是年秋间兴役,及冬告竣,往来称便。逾年,殷绅黄雯绮等招集股本,改建工艺厂,以践陈巡司之约,后因工师难得,停办,暂租与第五区水警察分驻所,一面讲求良法,力图规复。是役也,岑、唐二公为民除害,固造福无疆,而得领此厂,地方利赖,从此而兴,则陈巡司与郑知县、陈广府之力也。痛定思痛,亦知恩报恩,我镇人其敢忘诸?

(冼宝干等纂:《佛山忠义乡志》,卷四,赋税,民国十五年刻本。)

〔清宣统元年前后,广东广州府南海县〕 粤有仆户,其属于某姓者,即世为某姓之仆,该族有吉凶之事,则命仆户司奔走使令,俗名之为二男,平人无与通姻娶者。自宣统元年放奴令下,各姓仆户纷纷脱籍,间亦有借势凌铄其主,致酿成词讼者。自是而后,仆户、疍户均一视同仁,无拘畛域矣。

(清 张凤喈等修,桂坫等纂:《南海县志》,卷四,舆地略,风俗,清宣统三年刻本。)

〔清宣统年间,广东肇庆府高要县〕 境内山多地少,且患水旱,故农垦劳苦。粳稻之外,近山者兼务林业,近泽者兼务副产。或佃渔,或园圃,或蚕桑,资以补救。近城者多入营伍,谓之食粮。自绿营废后,尽散归田亩矣。下瑶村民,素习水性,多操渔业,黄冈以石工著名,雕刻印刷。多水坑人纺织、缝衣、制铜器。多金利人车玉器,画瓷器及各种机器则金利富湾人也。富湾人亦多经商于广西,日久占籍成为巨族。回龙人则多住外洋,雪梨埠尤多,其民优裕胜于他区。

(马呈图纂修:《宣统高要县志》,卷十一,食货篇二,民国二十七年铅印本。)

〔清朝年间,广东琼州府崖州〕 疍民,世居大置港、保平港、望楼港濒海诸处。男女罕事农桑,惟缉麻为网罟,以渔为生。子孙世守其业,税办渔课。间亦有置产耕种者,妇女则兼织纺为业(《旧志》)。今无疍民。

(清 张嶲等纂修:《崖州志》,卷之一,舆地志一,风俗,郭沫若一九六二年点校,广东人民出版社一九八三年版。)

〔清末,广东广州府增城县〕 疍户,广属随在有之,其人皆舟居,善泅,以捕鱼探蚬为生。齐民目为疍家,亦有操舟为业者,人谓其舟曰家小船。增之疍船利于浅水估客资焉,不与土人联姻,有男未聘,则置盘草于稍,有女未受聘,则置盘花于梢,以致媒妁。其来未可考,或云蛇种,或曰即龙户,见水色则知有龙。其名自晋代已著,然是时尚未宾服,唐以后,始计丁输于官。明初,编户属河泊所,岁征渔课焉。增城河泊所官久裁,故疍户并隶于县,额征有船饷、渔课二款,船饷多农民认纳,惟册载西园埠者,属疍。其渔课,则分两园埠上下排,其疍民二十七户,照原额折征。

（王恩章修,赖际熙等纂:《增城县志》,卷二,舆地,民国十年刻本。）

〔民国十二年前后,广东佛山〕 成衣行:专承制中国式衣服,大率集合同业数人,设店操作,利益均沾。亦间有受雇于人,按月给值者。普通成长衣一领,工值一元,短衣六七毫。近日已有增价,工人终日伏案,行动绝少,颇有患脚病者云。

（冼宝干等纂:《佛山忠义乡志》,卷六,实业,民国十五年刻本。）

〔民国十二年前后,广东佛山〕 车衣行:用机车制衣,须学习一年,始能执业。工值每月八元至十元,成衣以每件论,则工值三四毫。若巧于裁缝西式衣服者,则工资亦不薄云。店号大小四十余家。

（冼宝干等纂:《佛山忠义乡志》,卷六,实业,民国十五年刻本。）

〔民国十二年,广东乐昌县〕 民国十二年正月,桂军沈鸿英驻昌时,粤军旅长谢文炳由平石袭城,败退九峰。沈军追抵塘村,焚烧商店十余间。沈军退后谢军,以搜械为名,商民损失亦不少。嗣沈军到坪石,索饷三万元,地方善款、学款一洗而空。临行拉夫五百名,民不堪命。三月,防军团长李云复在城招商承开三十六名古人花会数厂,早晚两场,其害之烈,至破家、荡户、投河、自缢者,不知凡几。嗣邑人黄志文等联控,虽省政府令准示禁,其为害至今尚未复元。

（刘运锋纂修:《乐昌县志》,卷十九,大事记,民国二十年铅印本。）

〔民国二十五年前后,广东儋县〕 疍人,居海滨之沙洲茅舍,男子鲜事田圃,惟缉麻为网罟,以捕鱼为生业,子孙世代守其业,岁办鱼课。妇女专事螺蛤之业,贩挑上市,纺织者少。

（彭元藻等修、王国宪纂:《儋县志》,卷之二,地舆志十五,习俗,民国二十五年铅印本。）

〔民国二十五年前后,广东恩平县〕 工资之厚薄,大抵与习尚奢俭互相倚伏。从前关聘一塾师到乡讲学,岁脩少者十余两,多者亦不过百两,今则聘一教员,岁脩二三百金,或四五百金。雇一耕田伙计,昔时每年工谷十三四石,今则需二三十石。即农忙时雇工刈禾、插秧、耗草,昔时每日工银八九分,今则每日工银七八毫。泥水、木匠,昔时每日工银一钱左右,今则每日工银七八毫。自余各小工,昔时每日工钱五六十文,今则每日工银三四毫。谨举概略,今昔价格相差如是,殊骇听闻。顾昔日工价虽廉,其时百物值贱,一切应付不甚艰难。即以第宅嫁娶论,能集一二百金,任举一事,措置裕如,故人皆可以筹谋衣食,长养子孙。今则劳资虽昂,而物价飞涨,嫁娶之费最俭,需数百金,若创造一旧式屋宇,非数千金不办。至供给子弟学膳等费,中、小学每需数百金,大学或千金以上矣。加以饮博戏游成为风气,穷奢极欲日甚一日,人穷斯滥以故盗贼蜂起,民俗浇漓来日大难,有心人所为长叹息也。

(余丕承纂:《恩平县志》,卷四,舆地三,风俗,工资,民国二十三年铅印本。)

〔民国二十五年前后,广东恩平县〕 本邑地瘠民贫,向少楼台建筑,迩因匪风猖獗,劫房频仍,惟建楼居住,匪不易逞,且附近楼台之家,匪亦有所顾忌。故薄有资产及从外洋归国,无不计张罗,勉筹建筑,师古人坚壁清野之意。当夕阳西下,挈眷登楼,甚至贫苦小户,家无长物,仅有妻儿,亦通力合作,粗筑泥楼,用资守望。初游邑地者,睹此楼阁参差,鲜不以为地方富庶,岂不误耶!

(余丕承纂:《恩平县志》,卷四,舆地三,民国二十三年铅印本。)

〔民国二十五年前后,广东恩平县〕 邑人生活,向以农为本务,士、工、商次之,世习朴实,多粗衣恶食,勤苦力学。每届岁科试,领祖尝津贴,先后分赴县府应考,所费不过二三十元,幸而获青一衿,分润祖遗书田,为食诗书之福。百工艺业皆属寻常,血汗所入,仅敷事畜,无大振作可言。商贾多负担,小贩其设肆市廛者,每感母金缺乏,本少利微,势使然也。至务农者,手胼足胝,夫耕妇馌。幸遇丰年,衣食尚能有赖,否则,妻儿不免饥寒,无论岁之丰歉,每于收获事竣,即间关数百里,往南海、九江等处佸工,担泥借博劳资,至岁秒乃言旋(此风,光绪中叶后已罕见)。计自春徂冬,无一日偷闲,安分良民,端推此辈。间有不农不商,以肩佣为常业,樵苏为生涯,节衣缩食,仅免冻馁。其远涉重洋者,所得资财,虽较内地为优,但竞尚奢华,势难持久,此邑人生计之大略也。

(余丕承纂:《恩平县志》,卷四,舆地三,风俗,民国二十三年铅印本。)

〔民国二十五年前后,广东恩平县〕 邑中疍户,浮家泛宅,专以接载货客为业。当其壮岁,夫、妻、子、媳团聚舟中,通力合作,一往一来,五日为期,生涯亦颇不恶。迨父母年老力衰,为子、媳者,不忍其垂暮操劳,另置一叶扁舟,供其栖息,以娱晚景。而二老亦不甘束手坐食,时棹小舟捕鱼,以水作田,网罟代耕锄,鱼虾为衣食,傍晚卖鱼买酒,夫妻对酌,老态算踞,醉则相偎而卧,魂梦胥酣,直不知人间有生离之苦。

(余丕承纂:《恩平县志》,卷四,舆地三,民国二十三年铅印本。)

〔民国二十五年前后,广东开平县〕 疍户:《岭表录异》云,海寇卢循昔据广州,既败,余党奔于海岛野居,惟食蚝蛎,叠谷为墙屋。今之疍户,即其遗种。浮舟为家,或编蓬水浒,谓之水栏,挈其宗族姻娅,联艘数百,衔尾而泊。性耐寒,虽隆冬,亦赤足单衣,入水不没,客船有遗物於河者,必令泅取。辨水色,则知有龙,故亦曰龙户。其男将娶,妇移舟相望,结彩于樯,各致客豪饮,燃炬达旦,互相唱歌,歌一阕则鸣金随之。既而,歌渐促,金渐紧,移舟相并,男以手掖女而过(今则用两疍妇掖之过船矣)。飏舟远去,所见各处疍户生子甚繁,盖处水面,常吸阳明清气所致。疍之大者曰罾船,曰罟船。富并巨室,飘海取鱼,经月一返。本邑惟小者,附近取鱼蚬而已。疍船各处俱有,而长沙、横海滘、堤洲等处为多,共七姓,为徐、周、温、张、黄、李、林。人数徐姓最优,然大姓不欺小姓,无岸上姓界之争,亦浮家浮宅之一小桃源也。有集议,则会於赤墈鱼简庙。

(余棨谋修:《开平县志》,卷二,舆地上,民国二十二年铅印本。)

〔清同治九年前后,广西柳州府象州〕 农必尽三时之勤,下五谷之种,方不为水旱所窘。州农人秧既入田,遂若无事,禾既登场,尤觉无事。近因粤人、闽人渐至,颇艺杂粮,颇用暇日,而其贫薄如故也。山大水小,山多田少,十日不雨则苗槁,一月不雨则水涸,终岁勤动不足偿一春籽种,黠者或舍本而趋末,弃农而行商。然操术业者,梓人则不能精器,械匠人则不能成宫室,仅以众工之粗且陋者备不时之需,习贸迁者亦不过磨腐、烧酒、肩挑背负、贩鼠卖蛙在此数十里间而已。

(清 李世椿修,郑献甫纂:《象州志》,卷下,纪人,清同治九年刻本。)

〔清光绪年间至民国元年后,广西迁江县〕 邑素称贫瘠,勤劳者多,偷惰者鲜,日出而作,日入而息。所博工资当清光绪时,普通年不过制钱十余千文,月不过二三千文,日工不过数十文。迄民元以后,生活程度日高,而劳工普通工资年最高不过五十元,月工不过六元,日工不过三角,终年胼手胝足,仅堪自给,短褐不完,实有捉襟见肘之状。其他金石土木各工人及各商号伙伴,每年月日所获工资亦能自给，仰事俯蓄之费则多有未足。

（黎祥品、韦可德修，刘宗尧纂：《迁江县志》，第二编，社会，社会问题，民国二十四年铅印本。）

〔民国元年以前至二十五年前后，广西信都县〕 民元以前，年岁丰收，每谷种百斤可生谷二千斤，豆、蔗、瓜子收入亦丰，牲畜蕃息，平均每人可耕种五十斤，岁可得谷一千斤，薯芋四百斤，牲畜可得息十五元。除食用去谷四百斤，薯芋四百斤，衣服费三元，盐、油、菜蔬五元，杂费四元，尚有谷五六十斤出巢储蓄，以为冠婚丧祭之资，收支相抵，绰有余裕。近十余年，因水旱荐臻，加以瘟疫流行，平均每种百斤仅可收谷五六百斤，而牲畜亦不能蕃殖，益以税收烦重，货物隆贵，所有县中建设、教育、剿匪诸务，动辄附加粮赋或按户抽收，因此负担过重，入不敷出，不得不于赊借之一途。遇有特别事故，往往倾家荡产。农业破产，有由来矣。

（罗春芳修，王昆山纂：《信都县志》，第二编，社会，经济生活状况，民国二十五年铅印本。）

〔民国十三年前后，广西陆川县〕 陆川地狭人稠，田少租贵，农人每岁所入，除输租外，所余无几，终年吃粥，尚多不敷。每当青黄不接，惟藉薯芋等杂粮充饥，其年壮有力者或采樵以资弥补，老弱者多典当衣被过渡，至获稻则卖新谷赎之，勤苦之状亦殊可悯。

（古济勋修，吕濬堃纂：《陆川县志》，卷四，舆地类，风俗，民国十三年刻本。）

〔民国二十三年前后，广西贺县〕 士绅殷富之家大都蓄婢，以供驱使，遇主妇不得意时鞭挞凌辱，身无完肤，备受痛苦。鬻女者见此凄惨状，赎无资，亦徒饮泣吞声而已。近年禁止，蓄婢始不敢视为奴隶，然犹借养女为名以供呼唤，已不似昔之虐待矣。

（韦冠英修，梁培煐、龙先钰纂：《贺县志》，卷二，社会部，社会问题，民国二十三年铅印本。）

〔民国二十五年前后，广西融县〕 县属无大农，亦鲜富农，是以生活多艰。佃农尤甚，五月巢新丝，六月巢新谷，所在多有，即遇丰年，常有不得一饱以杂粮补充者。

（黄志勋修，龙泰任纂：《融县志》，第三编，政治，实业，民国二十五年铅印本。）

〔民国二十五年，广西阳朔县〕 全县居民以农为主要职业，商业次之，工业又次之，物价稍平，谋生尚易。服饰，城市颇尚奢华，夏季穿纱布，冬著呢绒；乡间多著土布。食料,以米为主,杂粮佐之,平均每人每年需生活费三四十元。

（张岳灵等修,黎启勋等纂:《阳朔县志》,第四编,经济,经济生活状况,民国二十五年修,民国三十二年石印本。）

〔民国二十六年前后,广西崇善县〕 劳工状况,迩因百货昂贵,食用艰难,劳工日食最低限度银则六角,铜元一百枚。而一般苦工,每日以其力换来之工资亦不过铜元数十枚,仅堪糊口,如有意外费用,不无捉襟见肘矣。邑之劳工,多有此困苦。

（林剑平、吴龙辉修,张景星等纂:《崇善县志》,第二编,社会,社会问题,一九六二年广西档案馆据民国二十六年稿本铅印本。）

〔民国二十六年前后,广西崇善县〕 起居饮食,崇称地瘠民贫,居市半多负贩,居乡大都业农。负贩则暮宿晨征,业农则出作入息,仆仆风尘,劳劳耕稼,不遑安处。且生活程度日高,所入不敌所出,以致农无余粟,商无余资。他若新和、通康、古坡各乡,山多田少,稻米出产寥寥,人民终岁多食包粟。濑湍、罗白、板利各乡,多旱田,中稔之年,谷米尚有不敷之虞,荒岁则人民多赖木薯杂粮以充口腹。

（林剑平、吴龙辉修,张景星等纂:《崇善县志》,第二编,社会,风俗,一九六二年广西档案馆据民国二十六年稿本铅印本。）

〔民国二十六年前后,广西崇善县〕 畜婢惟殷户有之,以备洒扫奔走之用,及长大成人,由家主发嫁,取回身价,给以妆奁。待遇厚者,为妻为妾,任婢自行择配;待遇薄者,婢女之去留,但从家主之命而已。

（林剑平、吴龙辉修,张景星等纂:《崇善县志》,第二编,社会,社会问题,一九六二年广西档案馆据民国二十六年稿本铅印本。）

〔民国二十九年前后,广西平乐县〕 富有之家尚多蓄婢,待遇或无苛虐,试问,衣之,食之,疾病而医药之,能善视者,曾有几人?虽申禁以来,不敢公然买卖,在狡狯者美其名曰育女,实则婢视之。

（蒋庚蕃、郭春田修,张智林纂:《平乐县志》,卷二,社会,社会问题,民国二十九年铅印本。）

〔民国二十九年前后,广西平南县〕 全县农工商各职业,未经详确统计,然农民为占最大多数,殆无可疑。从事手工业及小商贩者约占十分二三。县属地本膏腴,昔年桑田极盛,林业尤冠一时,桂皮、桂油之业,几于独占欧洲市场。乃自近年我国丝业失败,桂价惨跌之后,桑田多就荒芜,或改种杂粮,桂树则任意斩伐,前之仰以为活者,今则大半失业。工价低落,商业萧条,生活之艰难,固可想像得之矣。又自广州沦陷,省梧、港梧两航线即告断绝,日用所需物品仰给困难,货价因而日趋奇昂,人民生活程度之增高,亦倍蓰于前。惟一般投机商贾,极尽购运能事以赚厚利者,不可胜计。

(郑湘涛纂修:《平南县鉴》,社会,人民生活状况,民国二十九年铅印本。)

〔民国二十九年前后,广西平南县〕 富有之家,多尚蓄婢,若辈起居饮食大都过着非人生活,年长婚嫁,虽生身父母不能过问,惟婚嫁后始可恢复自由,且多拒绝往还。

(郑湘涛纂修:《平南县鉴》,社会,风俗,社会病态,民国二十九年铅印本。)

〔清乾隆四年前后,四川雅州府荥经县〕 荥经山多田少,民不足耕。虽大户,无数月之蓄;至小民,则惟背运茶包,勤苦食力,号为膻乡。

(清 曹抡彬修,曹抡翰纂:《雅州府志》,卷五,风俗,荥经县,清乾隆四年刻本。)

〔清乾隆四年前后,四川雅州府天全州〕 民稠产薄,野无旷土,刀耕火种,惟餐荞粱,麦秤平畴,粳稻不供半岁,米皆望给川西。人习勤苦,甘俭约,男子背运,妇女耘樵,虽老稚,靡有暇逸。

(清 曹抡彬等修,曹抡翰纂:《雅州府志》,卷之五,风俗,清乾隆四年初刻本,清光绪十三年补刻本。)

〔清道光二十三年前,四川石砫厅〕 厅境山多田少,田宜粳稻,山地艺菽麦,亦艺棉花。土至瘠薄,全恃雨泽,不耐十日旱。雨甚大,亦畏之,恐刷去浮土即成石田矣。南境深山惟玉蜀黍可种,贫民资以为粮,罕食稻米也(李氏新《志》)。

(清 王槐龄纂修:《补辑石砫厅新志》,风俗志第六,清道光二十三年刻本。)

注:民国二年改县,一九五九年改石柱县。

〔清同治九年至民国十九年,四川南溪县〕

名 称	价格(工以日计,价以钱计)								
	同治九年	光绪六年	光绪十六年	光绪二十六年	宣统二年	民国四年	民国九年	民国十四年	民国十九年
土工 木工 石工	40	60	60	60	60	120	340	1 000	2 700
篾 工	40	60	60	60	60	120	300	800	2 700
金 工	40	60	80	80	100	120	300	800	
缝 工	60	80	100	100	100	220	360	1 000	
织 工	60	80	100	100	100	120	300	800	

(续表)

名称	价格(工以日计,价以钱计)								
	同治九年	光绪六年	光绪十六年	光绪二十六年	宣统二年	民国四年	民国九年	民国十四年	民国十九年
厨 工	60	80	100	120	120	160	360	1 200	3 600
农 佣	20	30	40	60	80	100	200	300	1 000
店 佣	40	50	60	100	100	120	200		2 000
力 役	40	50	60	80	80	100	160		2 000

(李凌霄等修,钟朝煦等纂:《南溪县志》,卷二,食货,近三百年民生消长状况,民国二十六年铅印本。)

〔清同治年间至民国二十七年前后,四川安县〕 在同治、光绪年间,农业最发达,虽佃耕之家种田二三十亩或十余亩,皆足以赡家口,而自业自耕者可知。工人如木、石、草、金、铁、漆工等人,习之者多,亦足以给家口。商业虽无大贩,而各场小贸营生者,衣食咸以无缺。宣统至今,野有荒废之田,市少习工之人,商趋新贸,而无业之游民反多,以今视昔,其消长不可同日语矣。

(夏时行等修,刘公旭等纂:《安县志》,卷五十六,社会风俗,农工商业,民国二十七年石印本。)

〔清光绪元年至民国十四年,四川合江县〕

名称	价格(工以日计,价以钱计)					
	光绪元年	光绪十一年	光绪二十一年	光绪三十一年	民国四年	民国十四年
木工 石工 泥工 篾工	40	45	55	64	180	800
缝工 织工	60	60	90	100	200	1 000
农 佣	20	24	30	40	120	300
店 佣	90	112	225	230	420	1 800
力 役	50	60	80	100	400	2 000

(王玉璋修,刘天锡等纂:《合江县志》,卷二,食货,近三百年民生消长状况,民国十八年铅印本。)

〔清光绪初年至民国十八年前后,四川遂宁县〕 积谷仓,光绪初年,川督丁宝桢,饬办积谷。各乡镇皆置有仓,今秋谷无存,仓亦折毁。今按:常监常平社仓,光宣间,额谷如故。至民国六年,某军开端提卖仓谷,以作火饷,自时厥后,驻防各军相率效尤,次第出售,现已颗粒无存。

（甘焘等修,王懋昭等纂:《遂宁县志》,卷六,仓储,民国十八年刻本。）

〔清光绪十年前后,四川潼川府射洪县〕 射邑山地,石多土少,民务垦荒。所垦之地,一年而成熟,二年而腴,四五年而瘠,又久之,则为石矣。故民有弃其成熟之地而别垦荒地者,以地方易尽也。

（清 谢廷钧等修,张尚滋等纂:《射洪县志》,卷之四,舆地,风俗,清光绪十二年刻本。）

〔清光绪十一年前后,四川夔州府大宁县〕 农人勤于稼穑,但地多硗确,刀耕火种,牛力难施。五日雨则低田涝,十日晴则坡地干,惟活水膏腴之田,不忧水旱。而山川险阻,沃壤平畴不过百分之一,故虽终岁劳苦,丰年亦鲜盖藏。

（清 高维岳修,魏远猷等纂:《大宁县志》,卷一,地理,风俗,清光绪十一年刻本。）

〔清代至民国二十七年前后,四川安县〕 前清县遭蓝逆之蹂躏后不数年恢复原状,百物价廉,人民最易供给家口,以年丰岁稔也。光绪甲午年后,赋税日重,水旱频仍,谋生渐难。民国反正以来,匪患兵灾无年不有,人民谋生更难。近数年来,地方稍靖,税厘重重,中人之家有山田百余亩而常常断炊者。一般贫民恃苦力为生计养身,则无以赡家,其困难可知矣。惟耕田小民随地所出以为食料,然亦多杂粮而非纯全谷米矣。

（夏时行等修,刘公旭等纂:《安县志》,卷五十六,社会风俗,人民生活,民国二十七年石印本。）

〔民国元年以后,四川安县〕 民国以前,农民雇佣,平常每工四十文,栽秧打谷每工六十文,其土、木、石工,每工六十文。自大铜元畅行,工资日渐增涨,平常工价在二千文以上,农忙时,农工价与夫土木各工均在三千文以外。公所地雇佣干包者,每工银在三角以上,此现在情形也。但银钱价无定值,百物价无定格,将来赁工辛资未可悬揣也。

（夏时行等修,刘公旭等纂:《安县志》,卷十六,社会风俗,赁工辛资,民国二十二年修,二十七年石印本。）

〔民国元年以后,四川西昌县〕 县中谷粟丰盈,民足衣食,地产良马,农蕃畜牧。然民元以来,猓夷捆虏乡民（民国以来,近山居民损失万余户）,军营估拉兵役,烟禁废弛,民力孱弱,横征厚敛,农村破产,农夫日减,田地缺乏,地多荒芜,畜亦不蕃。

（杨肇基等纂修：《西昌县志》,卷五,礼俗志,风俗,民国三十一年铅印本。）

〔民国元年至三十年,四川西昌县〕 自民初至十七、八年间,因夷匪披猖,掳掠烧杀,由山村渐及平原,人口锐减。所有耕地,除荒芜外,幸存原状迄今者,咸苦人力不足,遇水利困难之区,则劳苦倍之,抗战军兴,征兵征工,劳力益感不敷矣。

（杨肇基等纂修：《西昌县志》,卷二,产业志,物产,民国三十一年铅印本。）

〔民国十五年前后,四川崇庆县〕 近岁政治未归正轨,闾阎困于诛求,农民终岁勤苦,入恒费偿所出,较工、商尤困。加币制弗良,天灾人祸,生活艰窘,仰屋恒多,富者行将就贫,贫失业而无食,流离槁项死耳。

（谢汝霖等修,罗元黼等纂：《崇庆县志》,食货第十,民国十五年铅印本。）

〔民国二十四年至二十八年前后,四川德阳县〕 虽二十四年省府统一取消防区,免除苛杂,一年一征。但每年随粮附加临时军费三年,保安经费一年,尚有公债随粮摊征,合计每年已征粮五年以上。更有地方附加粮,民负担与防区时代并未大减。而又筑碉堡也,修马路也,皆义务征工,自备口食,不给工资。再练壮丁,家中少一人力作,必雇一人代耕,工资口食益增消耗。坐此种种原因,农村安得不形成破产。又在帝国主义积极经济侵略与内部金融枯竭,苛捐杂税征输繁重,运销不便,生产方法守旧之情态下,农民愈形贫困,生产力愈形薄弱,遂致自耕农多转为佃农,佃农更失业佣工,已至农村景象满目萧条,破屋颓垣触处皆是。

（熊卿云、汪仲夔修,洪烈森等纂：《德阳县志》,卷一,风俗志,农村状况,民国二十八年铅印本兼石印本。）

〔民国二十六年前后,四川犍为县〕 近年捐款重重,农村枯竭,催科之扰,鸡犬为惊。

（陈谦、陈世虞修,罗绶香、印焕门等纂：《犍为县志》,卷十一,经济志,农业,民国二十六年铅印本。）

〔民国二十八年前后,四川德阳县〕 富家大族用婢者间或有之,用童者百无一二。贫家小户或为饥寒所迫、粮税所迫、债务所迫,常有以女卖人者。

（熊卿云、汪仲夔修,洪烈森等纂：《德阳县志》,风俗志,家庭童养媳及婢妾之待遇,民国二十八年铅印兼石印本。）

〔民国二十八年前后，四川巴县〕 半耕农：用力多而收功少，极天下之劳瘁，所得不满所欲者，莫如农，所谓事倍功半，尤不足以喻之也。乱离之世，生计大难，徒农不足以自给，老于农者不得不兼营别业，为一家饱暖之计。居者荷耒耟，行者牵牛车，各图自奋，以冀什一之获，盖饥寒驱我，非是莫能自生也。如其赤立扫地，负贩无资，虽欲学贾，势有所不能者，农事余闲，必兼治木、石、泥圬等工，以补匮乏；又或少年怠弃，一艺无成，食指繁多，难安坐食，亦必分遣子弟一二人出为佣作，此皆所谓半耕农也。若辈多寡之数，不能确知，第观人事之艰难、谋食之不易，此等农民，吾知其必岁有所增也。

（朱之淇等修，向楚等纂：《巴县志》，卷十一，农桑，农别，民国二十八年刻，三十二年重印本。）

〔民国三十七年前后，四川筠连县〕 邑当川滇驿道，商务尚繁，城中商民约百分之二十五，工人百分之十五，织者百分之三十，学生百分之二十，耕农与无业者各百分之五。四乡耕者百之七十，工人百之五，织者百之三，学生百之七，商人百之十，无业者百之五。每岁春夏，茶丝并出，或当农忙与秋茧入市之时，即无业者亦勉事工作，而城中男妇俱无暇晷矣。

（祝世德纂修：《续修筠连县志》，卷七，人文志，风俗，民国三十七年铅印本。）

〔清康熙十二年前后，贵州思州府平溪卫〕 蕨粉，时岁荒歉，赖以救饥。

（清 郑逢元纂修：《平溪卫志书》，土产，清康熙十二年修，一九六四年贵州省图书馆油印本。）

注：平溪卫于清雍正五年改名玉屏县。

〔清康熙二十六年前后，贵州平越州湄潭县〕 蕨薇，有甜、苦二种，春取其苗，可以作菜；冬取其根，可以作食，济民食之不足。

（清 杨玉柱纂修：《湄潭县志》，卷二，土产，清康熙二十六年修，一九六四年贵州省图书馆油印本。）

〔清乾隆十七年前后，贵州黎平府开泰县〕 开僻处山谷，汉苗杂处，民多田少，户鲜盖藏，冬春之间，贫民日采蕨根以资食用。

（清 郝大成修，王师泰等纂：《开泰县志》，夏部，田赋志，一九六四年贵州省图书馆据清乾隆十七年刻本油印本。）

注：开泰县今为锦屏县。

〔清嘉庆三年前后，贵州贵阳府〕 农民岁入除正供外，恒不敷食，所赖山坡旷土种燕麦、菽麦、水旱稗之类以佐饔飧，故民鲜隔岁之蓄。

（清　傅玉书纂：《桑梓述闻》，卷一，方舆志，星野，气候附，清嘉庆三年修，一九六四年贵州省图书馆油印本。）

〔清道光二十七年前后，贵州贵阳府广顺州〕　田功，三月始犁，四月播种，五月插禾，九月纳稼，东作稍迟，则苗不茂，夏初无雨，则收必歉；入秋有大风，则秀不实，谓之青空。农民岁入除正供外，恒不敷食，所赖勤于种植。

（清　金台等修，但明伦等纂：《广顺州志》，卷二，食货志，物产，清道光二十七年刻本。）

〔清咸丰年间，贵州安顺府〕　清末民乱皆以粮。粮差下乡，粮户承迎唯谨，设席置酒，坐必垫以匹布，席罢卷归。差总某气焰尤炽，翘足倨坐，旁若无人。殊饭粒落裆，鸡啄误中其阴，惊起，杯盘堕地，粮户大骇。彼借此拍案大喝："草草如此，将谓我不足重耶？"粮户惶悚，听其横征，遂大得意。

王天龙者，粮户之雄杰也，知众忿难平，率众上控，奉批径赴仓完纳。至则按名次第如数入仓，正供外不得浮收合勺。王一旁监视，早出晚归，粮户大悦。而官府恨其无上，禀以奸民乱政，奉批就地正法。时王寓南街某客店，郡守刘某派兵围缚而杀之屠案。此咸丰丙辰（1856）事也。

（贵州省安顺市志编纂委员会据民国二十年代末稿本整理：《续修安顺府志·安顺志》，第二十卷，杂志，王天龙，安顺市志编委会一九八三年铅印本。）

〔清光绪以前至民国二十年代末，贵州安顺〕　至于田土，概属荒芜，盖初乱时，农民亦不敢废耕，无如兵事频繁，农作物多未得收。秋之既久，不特无耕牛，无种子，并耕作之人亦转徙离散。是以沃田良土皆荒弃不耕，始而放弃距村较远之田土，继而附近村寨之田园亦皆荆棘丛生，庶草蕃芜。光绪初，战争平息，民众还乡，存三二十户即为大村，余则仅存六八户、三五户。田主或给以耕牛，或予以种子，乃渐耕作。其后生齿渐繁，户口渐增，光绪中恢复十之五六，宣统间恢复至十之七八，直至现在乃克完全恢复。

（贵州省安顺市志编纂委员会据民国二十年代末稿本整理：《续修安顺府志·安顺志》，第二十卷，杂志，安顺北乡及东北乡咸同时期情况，安顺市志编纂委员会一九八三年铅印本。）

〔民国十五年，贵州剑河县〕　民国十五年丙寅，因大旱之后物价骤涨，米珠薪桂，人民生活艰苦，鹄形菜色，易子而食。

（阮略纂修：《剑河县志》，卷一，天文志，灾祥，民国三十三年铅印本，贵州省图书馆一九六五年重印本。）

〔民国二十年代末,贵州安顺〕 农民生活概况。一、服饰：农民服饰甚为朴素,男女衣着多用青蓝土布,形式古旧,能年制一套者甚少,至若晴则荷笠,雨则披蓑,赤足草履,什九皆然。二、饮食：农民饮食甚为简单,所需饮水多汲自井泉或溪涧中。食粮则以玉蜀黍为主,其他杂粮次之,食米者少,收获所得白米,多以售诸城中或转运他邑。其佐膳菜蔬有盐掺入者为中产以上之家,下此则以成块之盐置于碗中,以菜蘸而食之,以求节省。甚至有终年淡食及不得一饱者。食肉次数更少,仅过年过节偶一尝之。三、住宅：农民住宅有草房、瓦房、石板房三种。以全县而论,大抵东部多石板房,城中及附郭多瓦房,至若草房则无地无之,而以西、南二部最多,几乎到处都是。无论草房、瓦房、石板房,其居处或宽或狭,皆以牛圈居主要位置,盖既须防濡湿,又须防盗贼也。故俗有"庄稼佬,一条牛,一家性命在里头"之谚,其关系之重要可知。四、作息：农民在农忙时黎明即起,趋往田地耕作,早膳由家人送至田间就食,亦有黎明即食早餐而后出者。午饭则什九皆在田间,至日落始收工回家晚餐,所谓"日出而作,日入而息",休息之时间甚少。农隙则从事各种副业或兼营各种小手工业或商业。五、互助：耕耘收获略有先后,工作时间即生缓急,农民为谋互助起见,有彼此互相交换工作之举,名为"换工"。来换工者主人仅供伙食,不给酬劳,工毕即返。受工若干,他日如数偿还,对方亦同样待遇。又农民无力独资购牛,而所耕之田又不甚多者,往往合数家畜养一牛,名为共牛。其所有权之股分与饲养之久、暂以及犁田之多、寡等,大概视买时所出之资之多少以为分配之标准,如出资占牛价四分之一者名为有一只脚,占牛价二分之一者名为有两只脚,亦有合数家而共一只脚者。六、借贷：农民如因青黄不接或婚、丧大事,迫不得已而须向地主或他人借贷时,其利息分钱息与米息二种。钱息最高为年息四分,最低为二分,通常为三分；米息最高为年息五分,最低为二分,通常为四分。七、嗜好：以吸叶烟为最盛行。每日出工时多携旱烟杆一根,烟叶数皮,火草半撮,随身带往田间。休息时将烟叶掐为数段,并迭成卷,置烟斗中,点火吸食。其生活较为优裕者则颇多嗜酒,但亦限于场期或待客之时。抽大烟者极少。嗜赌者在农民中为数不多,仅在春节或农隙时偶一为之。八、娱乐：农民习勤少惰,纵有娱乐,亦多限于春节或农隙之时,如汉族正月之跳神、唱花灯、玩龙灯、玩狮子与三月之迎城隍,苗族正月之跳花等。

（贵州省安顺市志编纂委员会据民国二十年代末稿本整理,《续修安顺府志·安顺志》,第八卷,农林志,农业,农民生活概况,安顺市志编委会一九八三年铅印本。）

〔民国二十年代末,贵州安顺〕 安顺农民除致力田事种植五谷外,常以其余暇讲求各种生产,以弥补田事之不足。其所操副业可分为五类,即园艺、野艺、树艺、饲养及手工业。

(贵州省安顺市志编纂委员会据民国二十年代末稿本整理:《续修安顺府志·安顺志》,第八卷,农林志,农业,副业,安顺市志编委会一九八三年铅印本。)

〔民国三十三年前后,贵州剑河县〕 汉、苗、侗人性均嗜酒及叶烟,人皆备一竹竿瓦斗,行卧不释。山居平民生活甚苦,丰岁亦乏粒食,掘蕨为粮,盖少有谷米则贵视之,或储备不忍食,或易钱以市盐,亦殊可悯也。

(阮略纂修:《剑河县志》,卷七,民政志,礼俗,民国三十三年铅印本。)

〔东晋时期,宁州梁水、兴古、西平郡〕 自梁水、兴古、西平三郡少谷。有桄榔木,可以作面,以牛酥酪食之,人民资以为粮。欲取其木,先当祠祀。

(晋 常璩撰:《华阳国志》,卷四,南中志,清乾隆间《四库全书》本。)

注:梁水、兴古、西平郡,今为云南开远、砚山、西林县。

〔明景泰四年至民国三十二年,云南姚安县〕 自明景泰四年起,至民国三十二年,共四百九十年,书丰年仅十三,合并屡丰亦不过二十,歉年乃至三十一,几二十四年方有一丰年,十六年即有一歉年,是歉年多而丰岁少,则农民之苦乐可得其概要矣。

(霍士廉等修,由云龙等纂:《姚安县志》,卷四十七,物产志,农业,民国三十七年铅印本。)

〔清宣统二年,云南楚雄府楚雄县〕 农,终岁朴质作苦,竟鲜余一余三,缘地土硗薄,田器笨拙,而法未改良。贫者纳租欠外,所获无几,一经水旱,即形嗷嗷。

(清 崇谦等修,沈宗舜等纂:《楚雄县志》,卷二,地理述辑,风俗,清宣统二年修,一九六〇年据抄本传抄。)

〔民国年间,云南澄江县〕 全县人民多以农业为主,约占全人口百分之四十,专营工商业者约占百分之十,其他职业约占百分之十五。一般业农者亦多以工商及其他职业为副业。

(澄江县政府编:《澄江县乡土资料》,职业,民国抄本,一九七五年台湾成文出版社影印本。)

〔民国二十三年前后,云南宣威县〕 宣中最重农业,城乡居民、汉夷男女无不视此为唯一生活。据最近调查,全境务农人数约十四万有零,实占全人口二分之一。农亩,县属多高山峻岭,荒凉特甚,稍宜种植之处早经开垦无遗。其中上则田约三万一千亩,中则田约四万亩,下则田约四万六千亩,下下田约四万九千零十亩。上则地约八万四千四百亩,中则地约十一万三千二百五十亩,下则地约十三万二千五百八十六亩,下下地约十六万七千九百一十四亩。……县属近城一带地势较为平衍,运载俱用牛车,加以人烟稠密,农事上取资之肥料亦易为力。其主要农作以旱地所种之苞谷(即玉蜀黍)为大宗。旱地之施肥方法,大都取给于人粪,而杂以火灰及含有腐质性之肥土,富有之农则和以油渣,总计每升苞谷种地须得资本银四十元。究其收成,不上一石二斗,照寻常市价,往往不敷成本。而农家不以为病者,以灰粪及牛人工皆自己出,有时添买添雇,费亦无多耳。至于水田,则人畜粪杂用之,大部则取给于腐化植物,若乡僻之处,田地阪险,既不便于行车,而磨肩擦背,牛马走以赴其事,而终年不得一饱。

(陈其栋修,缪果章纂:《宣威县志稿》,卷七,政治志,建设,农事建设,民国二十三年铅印本。)

〔民国二十七年前后,云南昭通县〕 从前平席四品五碗只价千钱,海菜席价一两数钱。今增十倍,盖其时斗米千钱,乌金二三百钱,一车盐八九十文,一斤猪肉亦如之。故一人之开销,一日两餐,每人不过百钱。在外来之人包饭于馆者不过二金而已。及至近年,人数已加数倍,又迭遭荒旱,油、米、盐、炭其价倍蓰,无论城乡之人,饭食皆已俭约,而住户食苞谷者皆居多数,价已加倍,即小菜类皆称斤以售。在前商界之号丰盛者亦不能不改而从俭,开费尚觉不支,若乡间之人则一村中有宿粮者已少,余皆随其所种而食(如洋芋、瓜、豆之类),则盐肉难逢,间有之,则谓打牙祭,于此知生活之难支持矣。

(卢金锡修,杨履乾、包鸣泉纂:《昭通县志稿》,卷六,礼俗,饮食,民国二十七年铅印本。)

〔民国二十七年前后,云南石屏县〕 近年物力艰难,往往有未及秋成即借夙债而负重利,俗名曰放秋谷。

(袁嘉谷纂修:《石屏县志》,卷六,风土志,农业,民国二十七年铅印本。)

(六) 鸦 片 与 赌 博

〔清道光至同治年间,江苏南汇县〕 鸦片流毒无穷,三四十年来,吸食者不特城市殆遍，即乡僻亦然，计邑城每日所进烟土其费倍于米粮。又有花烟馆，名为夫妻店，勾引良家子弟，尤为藏奸之所，虽经官吏访究，亦不能绝。

（清 金福曾等修，张文虎等纂：《南汇县志》，卷二十，风俗志，清光绪五年刻本。）

〔清光绪元年前后，江苏青浦县盘龙镇〕 西洋鸦片之来，流毒中国。吾乡去上海数十里，习染较便，虽小小村镇，必有烟室。其中三五成群，所讲无一正经语。伤财废事，民生日形憔悴。虽有宪令禁止，然洋人尚在内地鬻贩，其害未有底也。

（清 金惟鳌辑：《盘龙镇志》，风俗，清光绪元年修，一九六一年《上海史料丛编》本。）

〔清光绪初年，江苏宝山县〕 鸦片流毒，为祸烈矣。邑当海口，渐染尤多，市肆开设烟馆，一镇辄十余处，多者竟至百余处，藏垢纳污，酿成巨害。今奉大吏饬令闭歇，其有观望不悛者，严行治罪，封房入官，地保有徇庇者同罪。此风可息，亦斯民一大转机也。

（清 梁蒲贵等修，朱延射等纂：《宝山县志》，卷十四，志余，风俗，清光绪八年刻本。）

〔清光绪四年前后，江苏金山县〕 朱泾赌风之盛，莫盛于曾兵防守之时，沿街设桌，百十成群，动辄滋事。时有从贼之枪匪郑世德，勾结本地赌痞王月桥，投县请自效，后与曾秉忠子继忠不协，因赌相斗，致继忠于死，世德与月桥均逸。秉忠挨户大索三日，曾敏行恐其有变，正法一男，始获无事。

（清 龚宝琦等修，黄厚本等纂：《重修金山县志》，卷十七，志余，遗事，清光绪四年刻本。）

〔清光绪中叶，江苏嘉定县钱门塘镇〕 鸦片流毒最烈。光绪中叶，镇中烟馆林立，良家子弟，受害不浅。近则名虽禁绝，而私售私吸者时有所闻，非密查暗访，无从惩治。

（童世高编：《钱门塘乡志》，卷一，风俗，一九六三年《上海史料丛编》本。）

〔清道光末年以后，江苏松江府〕 鸦片……吾郡自道光以前吸食者无多。季年以后，其毒乃不可遏，通衢列肆，嗜者日众，城市而外，浸及乡镇，一日之费，倍蓰米粮，往往因之败业，以促其年，而且男女杂厕。《南汇志》云：又有花烟馆，名为夫妻店，勾引良家子弟，尤为藏奸之所。良莠无别，海淫海盗，莫此为甚。

（清 博润等修，姚光发等纂：《松江府续志》，卷五，疆域志，风俗，清光绪十年刻本。）

〔清咸丰年间，江苏宝山县罗店镇〕 鸦片流毒，为祸烈矣。道光初年，里中吸食者不过数人。至咸丰间，渐染尤多，则市肆开设烟馆不下数十处，而吸食者不下数百人,藏垢纳污,酿成巨害。

（清　王树棻修,潘履祥等纂:《罗店镇志》,卷一,疆里志,风俗,清光绪十五年铅印本。）

〔清咸丰、同治、光绪年间,江苏金山县张堰镇〕　鸦片之传染,咸［丰］、同［治］以来,日盛一日。至光绪间,列肆通衢,仿沪烟室,陈设精致,绅士亦迹及,借为消遣,可谓盛矣（往时烟间,绅士裹足,今则男女杂厕不为怪；人家待客不过水、旱二烟,今则家喻户晓,戚友盘桓,倘无鸦片,以为简慢。近出香烟,又名卷纸烟,以纸作管,纳烟于中,故名,通俗盛行。传闻烟纸用吗啡浸水洒之,吸之成瘾。鸦片亦和以吗啡。吗啡者,外人名此物之语也,闻以砒、锡等造成,制如升药,刮其蒸气之滓储用,其毒可知。我国人不究其原理,以为时尚,多尚此）。光绪三十二年夏,奉上谕严禁,并约西人一律禁止,十年期限（先禁烟灯,渐减入口土数及内地各省罂粟之产）。宣统二年,朝议缩短期限,又有于宣统□年五月三十日一律禁绝之谕。

（姚裕廉、范炳垣修辑:《重辑张堰志》,卷一,区域志,风俗,民国九年铅印本。）

〔清光绪三十三年前后,江苏宝山县〕　鸦片极盛时,普及于吏胥,下逮于苦力,亲朋宴集,几视为必需之供应,士君子不敢讼言屏斥,以犯众忌。自选举列为消极资格,毒焰始稍稍敛戢。烟馆之禁绝,在光绪三十三年五月,今已三令五申,而地处交通,私贩尚未绝迹,至纸烟之输入,又为普通社会所同嗜。既足损脑,复足耗财,所关殊非细也。

（张允高等修,钱淦等纂:《宝山县续志》,卷五,礼俗志,风俗,民国十年铅印本。）

〔清光绪年间,江苏青浦县城乡〕　间阎销耗,以烟赌为最。鸦片极盛时,虽妇女、胥吏、细民,亦无不染其毒。赌则岁首元旦至元夕尤甚,摇宝、牌九,随处有之,地方官以习俗相沿,亦勿之禁。自光绪三十三年厉行禁烟,于是各地烟馆尽行闭歇,然城乡私售者,在在有之。赌禁亦三令五申,而各乡设抬〈台〉摆赌者未能绝迹,废时失业,良可慨叹。

（于定增修,金咏榴增纂:《青浦县续志》,卷二,疆域下,风俗,民国六年修,民国二十三年增修刻本。）

〔民国十年前后,江苏宝山县〕　赌钱、摇宝,列在胡公劝民十则之中,知旧时此风本盛,今则摇摊、牌九,聚赌抽头,宴会新年尚偶或为之,平时鲜公然犯禁者。至士夫公余消遣,十年前始有麻雀［牌］之输入,今又步武外洋之扑克矣。作用尤异,博进尤多,此虽薄物细故,亦可为奢俭之征。

（张允高等修,钱淦等纂:《宝山县续志》,卷五,礼俗志,风俗,民国十年铅印本。）

〔民国十八年前后,江苏南汇县〕　鸦片流毒,其害已深。近更有吗啡针者,以吗啡注射于皮肤内,一针可抵鸦片一钱,效力甚大,时间亦省。其始止见于一团镇,沿及城厢。良家子弟下至乞丐、小窃,罔弗趋之若鹜,然药力毒烈,吸烟不能过瘾,卒至体无完肤,尫瘠而死。

（严伟修,秦锡田等纂:《南汇县续志》,卷十八,风俗志一,风俗,民国十八年刻本。）

〔民国二十三年,江苏松江县〕　二十三年甲戌,省政府定鸦片专卖章程及吸户领照办法。六月一日起,县政府及公安局开始遵章办理。本邑登记烟民总数为六千零六十六人。全县准设土膏行两处:一公记,在本城;一晋记,在亭林城厢。公开烟馆有三十七家。

（雷君曜撰,杜诗庭节钞:《松江志料》,杂记类,抄本。）

〔民国二十五年前后,江苏金山县〕　自交通日便,风尚日奢,农村生活亦渐不能如从前之简单朴素。游惰之辈,群趋市集,以赌博为唯一之消遣,聚众抽头为务者,又各处皆有,小市集尤甚。下流所归,藏垢纳污,实为农村之一蠹。有所谓俱乐部者,呼幺喝六,一掷千金,头〈投〉钱所入,数达巨万,殊堪惊人已。

（丁迪光等编:《金山县鉴》,概况,民国二十六年铅印本。）

〔清代后期至民国二十二年前后,河北广宗县〕　自鸦片流入,吸食者众。清末明令禁烟,迄于民国代以金丹（其原料均购自日本,内有吗啡,以机器制为丸,如梧桐子大）,吸食者倾家亡身。近年又代以料子（其原料不外海龙英、吗啡等物,制为细粉）,吸食较鸦片、金丹为便,并可鼻嗅,日须数元乃至数十元,倾家亡身者前后相望。

（姜榙荣等修,韩敏修纂:《广宗县志》,卷四,风俗略,民国二十二年铅印本。）

〔清咸丰年间至宣统年间,山西沁州沁源县〕　罂粟种在清季咸丰年至宣统间,止五十余年,人民已大受其害。光绪三年,邑遭大祲,饿殍载道,非粮价之昂,实因上地尽种罂粟,粮无来源耳。当光绪中叶,沁源全县按少数计算,种罂粟之地亩约在四百顷以上,每亩以获粮一石计之,每年少收粟四万余石,以山西一省言之,真不可以数计。

（孔兆熊、郭蓝田修,阴国垣纂:《沁源县志》,卷二,农田略,民国二十二年铅印本。）

〔清光绪七年前后，山西大同府广灵县〕 自洋药弛禁以来，小民无知，因见栽种罂粟之利较五谷稍厚，遂视为利薮。始而山坡水湄偶尔播种，近则沃土肥田种植日广，以致粮食渐缺，粮价日增。

（清 杨亦铭等纂修：《广灵县补志》，卷六，政令志，清光绪七年刻本。）

〔清道光年间至民国十七年，奉天义县〕 大烟，即鸦片烟，则道、咸、同犯禁或私运入，价亦极高（分广土、大土），偷吸则可查罚，又极严重。自光绪间开禁，吸食者遂众，吾邑富贵者尤嗜之甚，几至损寿绝嗣。自清末立禁，及民国续禁，又严查罚办，吾邑骤增健儿，嗜者几绝。至十六年下，准种准吸及准设烟店之明令，一般有烟癖者粲然无量欢迎，种及设店者亦极歌诵功德，然不知此特国家用兵需款，不得已而偶一为之。十七年，大元帅息兵安民，新东三省总司令任职，果锐意停止吸种，限期禁绝。

（赵兴德修，王鹤龄纂：《义县志》，中卷之九，民事志，礼俗，民国二十年铅印本。）

〔清代后期，吉林怀德县〕 鸦片之害，甚于鸩毒……而怀人吸者尤众。推原其故，皆因家多隙地，自种自吸所费无几，以其余售诸市尤可获利，于是种者愈多，吸者愈众，而贻害遂无底止。沉迷黑籍，废业失时，而家产渐致坐耗。今幸悬为厉禁，种者陡减，或者此风其可息乎。

（清 孙云章纂：《怀德县乡土志》，风俗，一九六〇年据清光绪三十二年铅印本油印本。）

〔清咸丰初年至光绪中叶，黑龙江〕 烟土则呼兰产多，黑龙江次之。不过二十年，日旺一日，可叹也。土人云烟土之旺，一由客民开垦，一由征兵凯撤。咸丰初年尚不经见，吸食者亦颇自讳。近几家有其具矣，而在官人为尤甚。

（清 徐宗亮纂：《黑龙江述略》，卷四，贡赋，清光绪中刻印本。）

〔清朝末年，黑龙江〕 鸭〈鸦〉片即莺〈罂〉粟，自印度来，毒种散布各省，江省东荒尤多，夏日采浆熬膏，烧烟过瘾，今奉严禁，十年戒断。

（林传甲纂：《黑龙江乡土志》，格致，第十五课，鸭片之流毒，民国二年铅印本。）

〔清朝年间，陕西汉中府宁羌州〕 农产有米、麦、玉蜀黍、豆类等类，以玉蜀黍为多，其余亦俱敷本境之用。近因改种鸦片，食物甚为减少。

（清 陈艺芬修，黎彩彰纂：《宁羌州乡土志》，物产，清抄本，民国二十六年铅字重印本。）

〔清光绪六年前后，陕西西安府三原县〕 罂粟，自来少种者，近厉禁，遂绝矣。

（清 焦云龙修，贺瑞麟纂：《三原县新志》，卷三，田赋志，物产，清光绪六年刻本。）

〔清光绪十八年前后，陕西汉中府凤县〕 近有以美地种鸦片者，然十无一二。

（清 朱子春等纂修：《凤县志》，卷八，风俗，民风，清光绪十八年刻本。）

〔清光绪二十五年前后，陕西延安府靖边县〕 罂粟一种，土脉不宜，故种者尚少。然沈〈沉〉痼之习，遍结膏肓，饮鸩如饴，可叹也。

（清 丁锡奎修，白翰章纂：《靖边志稿》，卷一，田赋志，物产，清光绪二十五年刻本。）

〔清光绪三十一年前后，陕西同州府蒲城县〕 兵荒后，诸物昂贵，生计维艰，兼自洋药盛行，吸食者几十之六，伤生耗财，莫此为甚，昔年富室率多零落，市镇铺户迭经倒闭。

（清 李体仁修，王学礼纂：《蒲城县新志》，卷一，地理志，风俗，清光绪三十一年刻本。）

〔清光绪三十二年前后，陕西凤翔府扶风县〕 近时乃有烟土长，夏之初，北直大贾辇金西来，且置庄收买，岁抽厘金钱二万缗，即附近旁县亦或趁此以销其货。然就扶风而言，此固商务之大宗矣。夫扶土瘠狭，无多产以易他地之财，得罂粟之种，而商务稍兴。或以为扶风幸，而吾正以为此扶风之大不幸也。扶风民俗敦朴，向虽未有此利，而亦未有大害，今则罂粟之流毒，殆遍及妇孺矣。

（清 谭绍裘纂：《扶风县乡土志》，卷二，商务，清光绪三十二年抄本，一九五九年传抄本。）

〔清光绪三十二年前后，陕西凤翔府扶风县〕 扶人近日狃于烟土之利，罂粟之种，几于比户皆然，流及邑中老幼男女皆蹈溺于毒涎，是可悲矣。

（清 谭绍裘纂：《扶风县乡土志》，卷二，物产，清光绪三十二年抄本，一九五九年传抄本。）

〔清朝年间至民国二十九年，陕西宜川县〕 宜川近百年来即属产烟之区，多种植于县川、白水及河清等川道。清光绪初，陕督左宗棠、陕抚谭钟麟迭加严禁。光绪十年，知县樊增祥莅任，履行原野，拔弃烟苗，禁种禁吸，同时并举。尔后清政不纲，禁令时弛。民国初年，军队派种收款，地方毒卉又复故态。七八年间，政府严禁,雷厉风行,几经绝迹。后复日久玩生,驻军派种如前。二十四年,实行六年禁烟计划。二十五、六年以后逐渐减少。二十九年,已完成绝种工作。

(余正东等纂修:《宜川县志》,卷十八,卫生志,禁烟,民国三十三年铅印本。)

〔民国十五年前后,陕西澄城县〕 款客之法因贫富不等,惟客至时,先之以水烟袋以为常。近日以来,富家每具鸦片供客。

(王怀斌修,赵邦楹纂:《澄城县附志》,卷三,经政,风俗,民国十五年铅印本。)

〔民国十五年前后,陕西澄城县〕 鸦片为国家厉禁,历有年所,无如军事倥偬,未克实行。本境虽无种此毒物,然输入省西路及甘肃出产之烟,或转售于山西,或行销于本境,为商号最大生意。而县中卖烟棒之家日增一日,为地方一大漏卮。

(王怀斌修,赵邦楹纂:《澄城县附志》,卷四,商务,民国十五年铅印本。)

〔民国十九年前后,陕西横山县〕 沙漠边地,向系产烟最盛之区,晚近禁令稍弛,种者颇广,因之民间吸食者亦不少,青年嗜染偷惰,以致倾家荡产流为盗匪者,在所多见。

(刘济南修,曹子正纂:《横山县志》,卷三,风俗志,习惯,民国十九年石印本。)

〔民国二十九年前,陕西洛川县〕 洛川素非产烟区,昔仅种于川道,民国二十四、五年以后渐稀。二十九年,烟苗绝迹。

(余正东修,黎锦熙纂:《洛川县志》,卷十八,卫生志,禁烟,民国三十三年铅印本。)

〔清道光末年以后,甘肃泾州镇原县〕 自道光末年,甘肃已有种鸦片者。至咸丰已后,吸者日多,种者亦日众,利厚工省,又不择土之肥瘠,故趋之若鹜焉。取液煮膏,既谙其法,遂自吸食而沿及妻孥,久之而厮焉亦然,其倾家而破产者,不可屈指数。而镇原则不然,地本高原,气候稍寒,又无水泉灌溉,吸食者少,由本地之不产烟,至是而民家园圃种以为玩,以烟花千叶,起楼色红而艳故也。久之,县东西两川近水之地间或栽种,鬻于市,得利亦无多。

(钱史彤、邹介民修,焦国理、慕寿祺纂:《重修镇原县志》,卷九,外交志,烟禁,民国二十四年铅印本。)

〔清咸丰初年至民国二年,甘肃〕 甘肃初种鸦片:咸丰初,太平天国扰东南各省,甘肃协饷断绝,大吏许开烟禁,以救燃眉之急,河西、陇南各县试种,烟浆可易钱,罂粟子可以炸油,烟茎可作燃料,贫民便之。镇原则土性不宜,种之者少。总督左宗棠禁种鸦片(清光绪二年二月之事):同治回乱且十年,人民死亡枕藉,流离失所,往往数十里无人烟,鸦片不禁而自禁矣。十二年,关陇肃清,各县种烟,红花遍地,左宗棠闻之大惊,曰:"劫余黎民元气未复,加以克伐,其何以堪,若不严行禁绝,三十年之后,汉人种族其将弱乎。"决定由禁种入手,烟苗已出土者,派令军队翻犁,一时烟价踊贵,每两售银一两五六钱,而吸食者如故也。……清政府于光绪三十二年与英人订立专约,期以十年禁绝。在此期内,洋药则递年减进,土药则递年减种。至宣统二年,又以土药充斥,吸者过多,若不早为筹备,恐难达十年禁绝之目的,遂复缩短年限,拟于宣统三年年底一律禁绝。其时禁烟之令雷厉风行,云南先报净绝,四川、两湖继之,福建、广东、河南等省又继之。甘肃向称产烟之区,去岁由官绅会查,兵队弹压,锄去毒卉,改植嘉禾,用能步各省之后尘。……是年之秋,武昌起义,协饷断绝,库储告空,甘肃一隅,危险万状,斩木揭竿,到处蜂起,前总督长庚为活动金融起见,将奏报肃清之鸦片再种一年。……乃民国二年,又复大种特种,饮鸩止渴。

(钱史彤、邹介民修,焦国理、慕寿祺纂:《重修镇原县志》,卷九,外交志,烟禁,民国二十四年铅印本。)

〔清同治年间至光绪十九年前后,甘肃巩昌府通渭县〕 同光间,浩劫既历,古风渐远,农甘惰而逐末者日多,士求名而务实者甚少,尘市中大率皆食慕鸦片。

(清 高蔚霞修,苟延诚等纂:《重修通渭县新志》,卷八,典礼,礼俗附,清光绪十九年刻本。)

〔清朝年间,新疆古城奇台、乌鲁木齐绥来〕 奇台、绥来一带,地广而沃,陕、甘客民相率赁乡民地亩,遍种罂粟,有冬花、春花之分,六月结苞,红白相间,烂漫山谷。秋初将刈割时,游民麇集,应募割浆者名曰捻花子,收买贩运为业者名曰花客,其间驰逐博戏、列肆营屯,颇极一时之盛,名曰赶花事,每岁恃此谋生者不下三四万人。……自禁烟令下,大吏限期断种,督责甚严,已多改植嘉谷者。

(清 袁大化修,王树枏纂:《新疆图志》,卷二十八,实业一,农,清宣统三年木活字本,民国十二年重校增补铅印本。)

〔清光绪年间,山东泰安府肥城县〕 鸦片为本境之特产,在未行减种以前,每岁土商之贩运于外境及直隶、东三省等处,大商至本境购买者,约进银十万余两,近则日就萧疏矣。

(清 李传煦纂修,钟树森续修:《肥城县乡土志》,卷九,商务,清光绪三十四年石印本。)

〔清光绪二十六年前后,山东曹州府、江苏徐州府、安徽泗州等地〕 太行以西南渐曹、亳、徐、泗,往往种罂粟取利,旁近数百里间颇染其俗。

(清　吴汝纶撰:《深州风土记》,第二十一,物产,清光绪二十六年刻本。)

〔民国二十三年前后,山东冠县〕　海洛英毒品,每年销售约三十余万元,吾冠之绝大漏卮也。

(清　梁永康等修,赵锡书等纂:《冠县志》,卷二,建置志,机关,清道光十年修,民国二十三年补刊本。)

〔清同治初年以后,江苏徐州府睢宁县〕　罂粟花,同治初种者始多,虽叠经严禁,竟不可绝。

(清　侯绍瀛修,丁显等纂:《光绪睢宁县志稿》,卷三,疆域志,物产,清光绪十三年刻本。)

〔清同治初年至光绪末年,江苏徐州府沛县〕　鸦片烟土,同治初种者始盛,当收浆时商贾云集,最为沛邑大宗出品,光绪末年奉令严禁,至是根株斩绝。

(于书云修,赵锡蕃纂:《沛县志》,卷三,疆域志,物产,民国九年铅印本。)

〔清光绪八年前后,江苏苏州府吴县周庄镇〕　自来四民之蠹惟赌博一事,至变其局而为斗蟋蟀、斗鹌鹑,亦赌博之滥觞也,然皆可以时行时止。独鸦片烟之流毒则不然,损体耗财,废时失事,即至饔飧不给,衣履不完,仍陷溺而不能返其。犯此者大抵以酒色为媒孽,间有以疗病而成瘾者。吾镇囤园几成列肆,近虽令申示禁,恐难塞此漏卮也。

(清　陶煦辑:《周庄镇志》,卷四,风俗,清光绪八年刻本。)

〔清光绪二十一年前,江苏淮安府阜宁县〕　阜宁《志》曰……自吸鸦片者众,而游惰滋多,愚民陷溺不足论,乃有衣冠才俊一饮狂药辄沦胥其中,无所不至,江河日下。……(阜宁为盐邑分县,壤地接迩,风俗大同,故引其说。)

(刘崇照修,龙继栋、陈玉树纂:《盐城县志》,卷二,舆地志,风俗,清光绪二十一年刻本。)

〔民国十年以前,江苏江阴县〕　罂粟,昔繁今禁。

(陈思修,缪荃孙纂:《江阴县续志》,卷十一,物产,花卉之属,民国十年刻本。)

〔民国二十三年以前,江苏阜宁县〕　罂粟,昔盛植于北乡,以制鸦片,今殆绝种。

(焦忠祖等修,庞友兰等纂:《阜宁县新志》,卷十一,物产志,植物,民国二十三年铅印本。)

〔清朝年间，浙江宁波府象山县〕　草类以贝母著名，曰象贝。又以阿片浆者名，曰象浆。象浆害人，象贝则益人，而获利不及象浆之厚利，则以世人嗜好之殊。阿片浆，初亦为药，自道光末年弛禁后始种之，盈亩万花灿然，比之云锦，淡巴菰烟叶不敌其盛也。……清末已一切禁种禁吸食。

（李湄等修，陈汉章纂：《象山县志》，卷十三，实业考，树艺，民国十六年铅印本。）

〔清光绪年间，浙江湖州府孝丰县〕　罂粟，中秋夜播子，暮春始花。兵后，温、台客民多种之。

（清　刘濬修，潘宅仁纂：《孝丰县志》，卷四，食货志，土产，清光绪五年刻本，清光绪二十九年补刻本。）

〔清光绪六年前后，浙江温州府玉环厅〕　罂粟，一名米囊花。自鸦片兴，而种植者多。

（清　杜冠英、胥寿荣修，吕鸿焘纂：《玉环厅志》，卷一，舆地志，物产，清光绪六年刻本。）

〔清光绪二十八年，浙江温州府乐清县〕　近日洋烟盛行，农民不种菜麦，多种罂粟，以获厚利，及岁歉谷少，反形支绌，街市多设烟馆。乡村间或有之，游惰子弟往来吸食，而窃盗亦混其中，借为窝藏，赃物易消，无从查辑。富室大户，小枕短檠，彻夜不息，伤生伤财，迷而不悟，洋烟之害，不殊鸩毒，未知此风何日始止。

（清　李登云修，陈坤等纂：《乐清县志》，卷之四，学校志，风俗附，清光绪二十八年修，民国元年校刻本。）

〔清宣统二年前后，浙江绍兴府诸暨县〕　罂粟，一种具各色，邑前无种者，今以其汁可用作鸦片，而种始盛。

（清　陈遹声、蒋鸿藻纂修：《诸暨县志》，卷十九，物产志，清宣统二年刻本。）

〔清康熙六十年前后，安徽安庆府〕　罂粟，丽春别种也。种具数色，汁为鸦片。

（清　张楷纂修：《安庆府志》，卷四，地理志，物产，清康熙六十年刻本，一九六一年安庆古旧书店重印本。）

〔清道光十八年以后，安徽池州府石埭县〕　道光十八年，黄滋爵奏请严禁鸦片烟。次年，林则徐焚毁鸦片于广州，停止英人贸易。先是邑有李某服官广东河泊司，恒与赴粤洋庄茶商各携鸦片烟回籍，邑中纨绔子弟渐趋嗜之，是为鸦片烟流行石埭之始。

（陈惟壬等编：《石埭备志汇编》，卷一，大事记稿，民国三十年铅印本。）

〔清光绪三十四年至民国二十四年，安徽〕　皖省禁烟约可分为四期。第一期，自清光绪三十四年起至民国二年，外人派员调查，认为禁绝省分，是为厉行烟禁时期。第二期，自民三倪氏督皖，烟禁渐弛，嗣由其部下包种包运，至十五年，烟祸几遍大江南北，是为军阀包庇时期。第三期，自民国十六年国民政府颁布禁烟条例起，至二十三年五月南昌行营颁布严禁烈性暂行条例日止，是为鸦片公卖时期。第四期，自民国二十二年冬南昌行营严令省政府铲除烟苗日起，至二十四年终，是为实行禁种时期。

（安徽通志馆纂修：《安徽通志稿》，民政考，禁烟，民国二十三年铅印本。）

〔清道光年间至民国年间，江西万载县〕　鸦片之毒流布海内，道光朝曾一禁之，而其祸转酷，事起于汉人，而失机于满人，日积月累，栽种多而价廉，制钱八文可供一日之瘾，通境烟馆达三千家。清季与英订禁，至民初已减其八九，乡市几于断绝，竹木蔬果偷窃无人，此实转弱而强、转贫而富之一大机，不知其何以弛，而英人亦竟听之也。烟土之由湘输入者，粘贴印花，株潭实为通衢，利之所在，上下交征，而元气剥丧尽矣。

（张芗甫修，龙赓言纂：《万载县志》，卷一之三，方舆，风俗，民国二十九年铅印本。）

〔清光绪三十四年前后，安徽徽州府婺源县〕　鸦片流毒遍海内，婺人嗜之者亦多，自士夫以及负贩细民靡然成癖，虽穷僻山居无他市肆，而烟寮随在皆有。

（清　董钟琪、汪廷璋编：《婺源乡土志》，第六章，婺源风俗，清光绪三十四年活字本。）

〔清乾隆以后至民国二十五年，福建崇安县〕　鸦片自乾嘉以后，吸者日多，凡宴会酬酢之场无不备。清季虽垒申禁令，并办去毒社以戒之，然吸者如故。民国二十五年，国府定五年禁烟之令，吸者乃渐次肃清。

（刘超然等修，郑丰稔等纂：《崇安县新志》，卷六，礼俗，风俗，民国三十一年铅印本。）

〔清嘉庆二十一年前后，福建津州府云霄厅〕　漳郡无藉之徒多吃鸦片，来自吧国，杂烟煮之，价颇昂，初入口令人骤肥，日久神昏气懒，面黑目黄，或过时不吃，则眼泪鼻张，脱肛泄泻，状若死人。近有文人亦坠其中，不知何意。

（清　薛凝度修，吴文林纂：《云霄厅志》，卷三，民风，敝俗，清嘉庆二十一年刻本，民国二十四年铅字重印本。）

〔清道光十九年前后,福建泉州府厦门〕 鸦片烟来自外夷,枯铄精髓,有性命之虞……入其中者亦能自知其弊,无如蔽锢已深,终不得脱,甚有身被逮系,求缓须臾再一啜吸者,愚滋甚矣。……更闻厦门富家,恐其子孙之媒赌破财也,许在家食鸦片,谓可收束其身心,是欲速其死而绝其嗣也,可谓不知义方之甚者矣。……食鸦片烟者后至贫苦不能自存,往往食生鸦片自尽。

（清　周凯等纂修：《厦门志》,卷十五,风俗记,俗尚,清道光十九年刻本。）

〔清光绪三十一年,福建福州府闽县〕 鸦片,据海关报告,三十一年运进本境计三千五百余担。又据土商报告,称近年大土入口四千余担,小土约年销一千余担。

（清　朱景星、李骏斌修,郑祖庚等纂：《闽县乡土志》,商务杂述五,输入货,清光绪三十二年铅印本。）

〔清光绪末年,福建古田县〕 窃维鸦片之祸,我国将近二百年。自清道光间,林文忠公厉行烟禁,在粤与英国土商严重交涉,卒以有志未逮为憾。至光绪三十四年,禁烟令下,会城林文忠曾孙太史炳章开设去毒总社于林文忠公祠,以次推设各县。吾邑有志人士,以本邑烟祸蔓延较他邑为烈,约计全年漏卮不下数十万金,其废时失业、破家荡产者,难更仆数。于是召集全邑公差社员,开会议决,在县城设去毒支社,隶于会城总社,即以统各乡分社之事,藉以逐渐进行禁烟。时朝议以禁吸、禁种、禁售三项,渐清我国内治,然后与英国订停运进口之约。但清代□锐忘禁烟,而复利民间膏牌捐以充国用（初洋土入口宪纳正税,后不复抽捐,至是竟然民间贩售土膏之店再征入,谓之膏牌捐）,意谓寓禁于征,将使烟价昂,而吸者自减,而不知其事实相矛盾也。故吾邑立社之始,以烟民多所藉口,动辄掣肘,因此,社长陈为霖同社员等提倡垫捐禁烟办法,除遵明禁吸、楚种、禁售外,在全国未禁运时,提前禁运,其办法请以本邑年纳膏牌捐大洋三千六百元之额,由各社员捐集成款,如数垫缴,准将全邑贩售土膏之店一律禁闭。表三上大吏,始视可,由是支社及各分社社员联为一气,出力出财,任劳任怨,大有争先恐后之势。就禁吸方面言之,支社设戒烟所一,其经费由合邑社员担任,又以城乡烟民膨胀,旋于一、二、三、四等保增设戒烟所二,其经费由县城社员担任,收容无力自行戒革者,入所以次革断,药品、伙食等费莫不由本所动支。就禁种方面言之,调查员协同警役四出宣传,每到一处,召集乡族长谕以利害,俾父兄诏勉其子弟,一面取具永远不复发生烟苗之切结;惟大东一区,较为远润又偏僻,由禁烟委员会督同各社员率带军队严密宣传,继以侦查,虽山寮野屋,义全具结,不少松泛。就禁售方面言之,合邑烟馆林立,一经调查员破获,往往滋生事端,而县城尤甚,有著名开灯如银哥嫂及江陵细嫂者,烟具破获之后,或佯为服毒而肆意抵赖者,或当场阻挠而公然殴辱者。尤以朱松一家,经社长为霖同社员协警破获,烟具缴官,松率其家人戚属多人拦街饱殴,几于身无完肤,幸为霖素娴拳术,差免毙命。卢令对于各案分别惩办,惟于朱松一案,大震雷霆,立将松等拘办,一并标封房屋,以警效尤。更就提前禁运方面言之,闽南土商当时在县城者,为东兴号。东兴号在杉洋者为和源号、宝源号,多则日售五六百金,少亦二三百金,尝赂某国洋行之在会城仓前山者,出而干预禁运之事。谓古田售膏之店,系其洋行分设,售土之所遂附会通商条约,照会洋务局,以恫吓我局总办吕渭英,使之怵不敢办,遽檄县不准封禁某某膏店。邑民因而公愤,为之罢市,本支社公推为霖等数人驰于会城,上表大吏,力陈古田人民情愿垫捐禁烟,实为特别办法。并援据通商条约谓,古田非条约内所载之通商口岸,洋人何得有分店售土之事,洋洋千余言,词理激切表入。总督松寿韪之,立檄县令卢家驹如法封禁各膏店。本社尤以东兴店东某某尚在县狱中,虑其死灰复燃也,固请卢令进解回籍,以绝根株,洋人之闻吾邑垫捐禁烟事者,咸诧焉,索取其办法,以译本寄其国云。又宣统二年九月,福建谘议局议员李仲邺提议请免古田垫缴膏牌捐案,时副议长刘崇佑附议,谓全国之禁烟成绩尤以福建为冠,而福建省之禁烟成绩以古田为冠,希望政府此后不再收古田之垫缴膏牌捐,以示鼓励。本案为全体议员通过,卒经政府批准,由是古田之禁烟遂有名于国内外焉。越民国初年,林知事炳华,系林文忠公曾孙,视事后,当于邑中去毒社员商办禁烟。知事兼禁烟所长,委社员余著城为禁烟副所长,所内附设戒烟所,一切药品、伙食俱备,本署差役及各轿店夫役有烟瘾者,胥令其入所戒断。

（黄澄渊等修,余钟英等纂：《古田县志》,卷三十八,烟禁小史,民国三十一年铅印本。）

〔清嘉庆十二年前后,台湾台湾县〕 有为甚害者,曰鸦片,曰赌局,充衢蔽野,富者以之而贫,中人以之为不肖不轨之徒。

（清　薛志亮修,谢金銮、郑兼才纂：《台湾县志》,卷一,地志,风俗,清嘉庆十二年刻本。）

〔清光绪二十二年至民国三十四年前后,台湾〕 鸦片一项,自日人占台次年

[1896]便设厂制造,同时实行专卖,烟土多由印度、土耳其及伊朗等地输入,经精制后,按量配给地方经销人,转售于有烟照者。查一九〇〇年吸烟者尚有十七万人,一九三八年即减至一千二百三十六人,是年之收入不过二百六十一万三千元。嗣后规定,有烟照者至死即废,此外不添发烟照。战后台湾烟照日减,几乎灭迹。惟日人多将鸦片推销于我国各沦陷区,用以代替在其本国鸦片专卖之收入。

(柯台山编:《台湾概览》,第四章,台湾的经济,第二节,财政,民国三十六年铅印本。)

〔清道光年间至民国年间,河南新乡县〕 道咸间,中西互市,鸦片输入粤东,渐遍二十行省。初则富贵之家颇染恶习,同治中叶内地种多,穷民乞丐皆不免吸食,无资竟至鬻妻子而不悔。宣统初,同英协禁,吸者渐稀,乃天祸民国。鸦片初禁,药丸复来,其毒更深,且加以各色纸烟嗜之者,多耗财滋甚,吾新染此恶习,无处无之。

(韩邦孚、蒋瀞川修,田芸生纂:《新乡县续志》,卷二,风俗,民国十二年铅印本。)

〔清光绪年间,湖南澧州慈利县〕 物产,县号环衍平土,多水田,利嘉稻,西、南、北溇澧连山,民杂殖苞谷番溇代粮,虽封家或且时资之。往时春田多种二麦,又颇艺豆,圆曰宛豆,椭圆曰蚕豆,磨之汁可为粉,亦用以代粮焉。今则鸦片之利博,民贪艺之,而豆麦种者寥寥矣。间产丝,然不多,近渐有树桑者。棉出县附郭及溇以北,而在溇北者良,贩者多捆以入蜀及鄂西鄙,盖慈利之棉盛矣。其次有油,油之类曰桐、曰茶、曰木子,其巨者桐、茶,盛九都、四都,而木子则濒溇南北皆是。吴客自津市来,市者咸萃县城及东羊渡,故县城、东羊渡有木子行。茶惟饭甑山有名,然亦不能多,顷岁西连有作红茶者,贩之辄获倍值,于是人稍稍知。漆有白蜡、有黄蜡、有麻、有木瓜、有香粉、有棕、有纸,纸有二,出老棚者曰草纸,其烧纸出溇南山中,则浸笋篦〈箓〉为之,民用以代冥镪者也。

(清 吴恭亨纂:《慈利县志》,卷六,食货第五,清光绪二十二年刻本。)

〔清光绪年间,湖南澧州永定县〕 莺〈罂〉粟花,大宗常产,本境呼为鸦片烟,一名罂子粟,又名米罂子,又名御米,又名象壳,又名阿芙蓉,又名阿片。李时珍《本草》载之甚详,中土自来有之,采入花谱,时以之入药。明季始谙取膏之法,亦只用以治病。近则流毒无涯,害及国民矣。本境种者,择田土高燥以粪力培壅,岁收之丰与五谷等,其种有白花、刺白花、川白花、红花、乌花、紫花、紫乌花各色,其名有火焰山、高果、梁山、白罗汉衫、乌果、大乌花等名目。光绪三十三年,王令树人出示禁种。三十四年春,复亲巡四乡,重申禁令,间有种者,勒令全毁,乡民咸遵行无违。

（王树人、侯昌铭编：《永定县乡土志》，下篇，物产第十二，民国九年铅印本。）

〔清代至民国十五年前后，湖南祁阳县〕 其贸迁于四方者，昔岁在粤，布为大宗。清光绪以来，习贸滇、黔之烟土，揭本少而获利多，趋之若狂，有获金至数十万、数万不等。今邑富室，强半贩烟土者。近岁与夷约，烟土有明禁矣。

（李馥纂修：《祁阳县志》，卷十，货物志，民国十五年修，二十年刻本。）

〔民国九年前后，湖南永定县〕 烟土，本境岁产，自收浆成膏，约分数种。其初曰水浆，曰风浆，晒干曰晒浆，煎干曰炒土，价值不一，岁贩运常、澧、辰、沅一带，约十万仟钱内外，亦有来本境收买者。虽毒人害生而食其利者足资五谷之缺。其子可榨油，其枯饼可为粪、可肥豕。

（王树人、侯昌铭编：《永定县乡土志》，下篇，物产第十二，民国九年铅印本。）

〔民国九年前后，湖南永定县〕 阿片烟，本境各乡俱产，销行本境及常德、澧州各属县，每岁约计四万余两，估价十万以上。

（王树人、侯昌铭编：《永定县乡土志》，下篇，物产第十二，民国九年铅印本。）

〔民国二十年前后，湖南邵阳县〕 近年之种植鸦片，出产甚巨，农民以其获利甚厚，故乐于栽种。

（曾继梧等编：《湖南各县调查笔记》，物产类，邵阳，民国二十年铅印本。）

〔民国二十一年前后，湖南汝城县〕 近今特商（编者按：指鸦片商）驻此，转运湘、粤、赣三省，商贾辐辏，人数糅杂，城市之间楚女吴姬，歌台舞馆，郑卫之声洋洋盈耳。

（陈必闻、宛方舟修，卢纯道等纂：《汝城县志》，卷二十一，政典志，礼俗下，民国二十一年刻本。）

〔民国二十五年前后，湖南安乡县〕 鸦片本害人毒物，政府禁弛不常，嗜好日多，贩运享大利致巨富者，厥维宝庆人，本土无。地痞烟馆林立，日仰贩运者鼻息。

（王燨纂修：《安乡县志》，卷十一，食货，民国二十五年石印本。）

〔清康熙年间以后，广东潮州府潮阳县〕 自康熙间外洋贩卖鸦片始于闽之厦门，而郡邑无不受其害者。

（清　周恒重修，张其翮纂：《潮阳县志》，卷十一，风俗，服食，清光绪十年刻本。）

〔清康熙六十一年至乾隆四十年前后，广东潮州府〕 市井黠法多食鸦片，大抵皆海淫之具，一入迷阵，至不可离，七八年必登鬼录，以此倾家殒命者，不可枚举。其物产于西洋，康熙六十一年间始来自闽之厦门，流毒漳、泉，渐及潮郡沿流。

（清　周硕勋纂修：《潮州府志》，卷十二，风俗，服食，清光绪十九年重刻乾隆四十年本。）

〔清乾隆、嘉庆、道光年间，广东广州府番禺县〕 鸦片烟，在康熙初以药材纳税。乾隆三十年以前，每年来者不过一百箱，后以嗜者日众，始禁之。嘉庆末，每年私鬻至三四千箱，始积澳门，继移黄埔。道光初严禁，复移于零丁洋之趸船，夷船至，皆先以鸦片烟寄趸船，而后以货入口。凡闽、浙、江苏商船买鸦片者，从外洋贩运，粤人则在口内议价而后运入。始趸船不过五艘，鸦片不过四五千箱，其增至二十五艘二万箱，则在道光六年总督李鸿宾设巡船之后。前此定例，互市以货易货，不准纹银出洋，每岁夷商补内地货价银钱，其后夷商求准货船洋银余剩者带回十之三，于是银之出洋者无算。十二年，总督卢坤裁巡船，而水师积习已不可挽。十七年，总督邓廷桢复设巡船水师，副将韩肇庆专以获鸦片渔利，而每年入口者，遂至四五万箱，太常寺少卿许乃济曾任广东道员，奏请鸦片照药材收税。十八年，鸿胪寺卿黄爵滋奏请严禁鸦片，以防纹银出洋。

（清　李福泰等修，史澄等纂：《番禺县志》，卷二十二，前事三，清同治十年刻本。）

〔清嘉庆二十年前后，广东潮州府澄海县〕 亦有食生烟者，其一种来自西洋，名曰鸦片，本为海淫之具，人多嗜之。《府志》云，一入迷阵，刻不可离，七八年必登鬼箓，以此倾家殒命，不可枚举。

（清　李书吉等纂修：《澄海县志》，卷六，风俗，崇尚，清嘉庆二十年刻本。）

〔清道光十八年以前，广东广州府香山县〕 澳门设有划艇，包载鸦片，私货入口，总派陋规，年终则统计所获，按股均分，而妈阁之关税不能逃。所以，澳门之船钞少而货税多，洋货之公税少而货税多，洋货之公税少而鸦片之私税多，鸦片入口之夷税少而鸦片出口之民税多，故省城之关税渐亏，而澳门之关税独裕，澳门之总口稍裕而妈阁之子口独丰也。十八年十一月，澳门同知蒋立昂出示云，勾串经纪，著名妈阁，盖得其要领矣。

（清　陈澧纂：《香山县志》，卷二十二，记事，清光绪五年刻本。）

〔清道光、咸丰、同治年间，广东广州府东莞县〕 闻之故老，粤之赌盛于道咸间,而盗风之炽,亦在是时。盗之患,不独明火夜劫也。凡海滨耕围田者,渡船来往商埠者,必勒收巨款,曰行水,亦曰打单。其尤甚者,掳人而勒之赎,名所掳者曰参,言价贵如人参也。若不赎,则致之死,死而赎则还其尸,其不愿出巨赀及赎缓者,则陵虐所掳,备诸楚毒,多有赎回不久而遂死者。凡粤之盗匪,逼饥寒,得则耗之于嫖饮吹,而尤豪于赌。其始以赌罄其货而为盗,盗而得巨赀,则复赌,赌而盗,盗而赌,循环无穷。赌不特为盗源,亦盗薮也。同治间,大吏严办善后,盗稍止,而赌不能禁,故旋扑旋起,迄于今遍地皆赌,亦遍地皆盗。良民受害,不可胜言。此风广州皆然,不独为吾邑也。记之以告大吏之维持风化者。

（陈伯陶等纂修：《东莞县志》,卷九,舆地略八,民国十六年铅印本。）

〔鸦片战争后,广东广州府香山县〕 自和议成后,烟禁弛,澳夷不能专利,渐至穷蹙。而是时,秘鲁、古巴诸国买华人回国供役,曰猪仔,在澳门设立招工馆。奸人藉以为利,诱骗华人出洋,澳夷坐收其税,迨来此风经定约禁革,而澳夷益穷。自内地严围姓赌馆之禁（聚粤中小姓于文武乡会试,及发科童试时,射其中否,曰围姓）,奸人潜在澳门开设,恃夷为固,而澳夷岁收陋规数十万,遂因之渐富矣。夫围姓虽禁,与未禁同,且比未禁时尤炽,罄百姓之财,以肥奥夷,其害可胜言耶？然则正本清源,固自有道,是所望于良有司矣。

（清　陈沣纂：《香山县志》,卷二十二,附记,清光绪五年刻本。）

〔清同治年间,广东广州府番禺县〕 广州赌风甚炽,其名目有曰番摊者,以碗覆乱钱,而以竹片拨出四数蚨之,令人猜其所余之数,别以扳书一二三四之数于四方,赌者猜某数,即以钱银压某方,合者照所压钱银计偿之。城内外番滩馆不下百数,乡间亦于无乡无之。有曰白鸽票者,取《千字文》前八十字密点十字,令人亦猜点十字,猜得五字以上,每一钱赢十钱。城乡各处俱间有票厂,猜票者以票投之,每日猜一次,于是老少男女均被诱惑,约千人之乡,岁辄输银二千余两。妇女无知,有并举衣饰输尽而投环服毒以死者。蠹害民生,莫此为甚。有曰花会者,亦用古人名数十,令人猜之,其诱骗甚于白鸽票,但只能以诱妇人孺子；有曰围姓票者,初以文武乡试榜中小姓为赌,继会试榜学便取录诸生榜,皆赌之。每于试前,开赌者先刊小姓数十,令人择二十姓为一票,以取一千票为一簿。榜发,其票得姓最多者,曰头票,次曰二票,次曰三票,皆以一博六十倍之利,三票以下则无所得,所操约而所得奢,故每值试年,围姓票赌通核不下数百万金,亦赌之最巨者也。近年以来,大吏颇知赌之为害,其番滩、白鸽票、花会等赌皆申禁令,然文武衙门赌规甚重,且开赌者,非劣弁,则胥吏,乡间则劣绅棼老包庇,故屡禁屡开,未能绝也。至围姓票则为数既巨,当事者且什取其二,以充公用,士大夫且有不知其为赌者矣。赌为盗源,粤之多盗,皆由赌盛,知治体者能拔其根株,粤其庶有多也。

（清　李福泰等修,史澄等纂:《番禺县志》,卷六,舆地四,风俗,清同治十年刻本。）

〔清光绪初年,广东广州香山县〕　呼卢博簺之习,蔓延城乡,曰番摊,曰牙牌,曰纸牌,曰掷色,列肆而居,转禁转炽,衣冠巨族,命俦啸侣,百万一掷,昼夜不休。

（清　陈沣纂:《香山县志》,卷五,舆地下,风俗,清光绪五年刻本。）

〔清光绪十年以前,广东肇庆府恩平县〕　赌风之盛,以吾粤为最,如番摊、白鸽票、围姓铺票、山票、牌九,种种名目,不胜枚举。光绪十年,赌馆陋规年交三十万元。谭督钟麟、马抚丕瑶以盗贼日炽,风俗日坏,皆由赌博,遂牺牲此三十万,奏请一律禁止。至光绪二十六年,李鸿章督粤,因赌博虽禁而官吏得规包庇,且帑项支绌,遂藉海防为名,番摊归正饷。其后,粤督岑春煊亦只禁白鸽票,而番摊不问,邑属到处赌馆,为祸烈矣。

（余丕承纂:《恩平县志》卷四,舆地三,民国二十三年铅印本。）

〔清光绪三十六、三十八年,广东广州府香山县〕　夷人互市,皆是以货易货,独违禁之鸦片必用银,其居心实不可问。嘉庆末,澳内汉人尝译夷语曰:"尔恃中国强耶,不三十年,穷矣!"故其为中国患者,在以中原易尽之藏,填海岛无穷之壑。然是时例禁方严,即有犯案,亦止言其害人性命耳,实自道光丙申许,乃济一疏发之,利源既旺,来者愈多。闻戊戌年,鸦片入口竟有八万箱,计耗银三千五百余万,而窑口最大者,则住省英夷之铁头老鼠（闻英夷镕中国纹银数百斤为一大绽,名曰牙菜,永不输入中国,其入中国者,乃以低色洋钱）。

（清　陈沣纂:《香山县志》,卷二十二,纪事,清光绪五年刻本。）

〔清代后期至民国年间,广东大埔县〕　中国文化,以上海为中心,长江横亘,铁路直贯,东边沿海,为世界重要商埠,租界栉比,商户殷阗,繁盛冠全国,国都南迁,沪宁密迩,政治活动亦转而趋此,诚所谓天府矣。通商条约未立时,邑人走川生者已以苏、沪二地为常驻经营之所,及轮舶大通,尤驰之若鹜。清季烟禁一颁,营业鸦片者麇集租界,遂成旅沪全盛时代,不数年间致富者亦颇不少。近各国惮于公论,亦不敢公然容纳积资者,渐谋改业,无资者多数停歇归家。现寄居者不外千余人,在附属小埠者,则仅百数十人云。

(温廷敬等纂:《大埔县志》,卷十一,民生志下,殖外,民国二十四年修,三十二年增补铅印本。)

〔清朝年间至民国二十五年前后,广西融县〕 鸦片流毒,自清迄今三百余年,嗜吸者有日增,无日减,法令既不能禁,政府乃思重税以困之。云南、贵州烟土入境,每石收税六百元,又行烟灯捐以困之,而嗜吸者如故,约占全人口百分之三。

(黄志勋修,龙泰任纂:《融县志》,第二编,社会,社会病态,民国二十五年铅印本。)

〔清光绪十八年前后,广西镇安府〕 自鸦片盛行以来,饮吸逾半,凡宋之峒丁,明之士兵、狼兵,称为犷悍强壮、屡资调遣者,今则尪羸瘦弱,面目黧黑,半归无用。

(清 羊复礼等纂修:《镇安府志》,卷八,风俗,清光绪十八年刻本。)

〔清光绪中叶至民国三十七年,广西宾阳县〕 清光绪中叶,滇、黔鸦片为芦圩贸易品之大宗,县民嗜之者颇众,各商店几以之为应酬品,社会有喜庆事亦多具以供客,间有疾病者偶吸之而愈,遂以为可以祛病,于是嗜之者愈多,因而成癖者大不乏人。民纪以来厉行禁止,已十戒七八,其后更禁贩禁卖,吸之者日益减少,其有未能戒绝者,于前数年,政府又设烟民勒戒所,以勒戒之。

(宾阳县文献委员会修纂:《宾阳县志》,第二编,社会,社会问题,民国三十七年修,一九六一年广西档案馆铅印本。)

〔清朝末年至民国二十四年前后,广西全县〕 有清季世吸烟者少,民十以后,城市乡村无不有销售鸦片之所,于是嗜好成癖者益众,麇聚宴安,身堕陷阱而不自知。近顷烟禁森严,吸鸦片者渐少矣。据最近调查,全县吸鸦片人数不过百分之一二。

(黄昆山、虞世熙修,唐载生、廖藻纂:《全县志》,第一编,社会,社会问题,民国二十四年铅印本。)

〔民国年间,广西崇善县〕 鸦片者,鸩毒之媒也。赌博者,盗贼之源也。不沾染者固多,肯趋向者亦复不少。现经政府三令五申,严禁嗜好,按期戒清,并严缉私赌,使民自知新,不蹈前辙,庶几恶习一除,休风可再见矣。

(林剑平、吴龙辉修,张景星等纂:《崇善县志》,第二编,社会,社会问题,一九六二年广西档案馆据民国二十六年稿本铅印本。)

〔民国二十三年前后，广西贺县〕　鸦片流毒甚于洪水猛兽，久经悬为厉禁，而犹蔓延至今者。禁之不严，寓征于禁故也，以贺邑论，土膏捐、灯捐统计全年所收仅二千余元，吸烟人数每市不过四五十人，欲禁绝之，尚易为力也。

（韦冠英修，梁培煐、龙先钰纂：《贺县志》，卷二，社会部，社会问题，民国二十三年铅印本。）

〔民国二十四年前后，广西思恩县〕　邑人吸鸦片者所在多有，其数殆为百分之一。其原因则以地连黔省，黔之鸦片入境易，价亦廉，且社会生活简单，人无正当娱乐，工作之余及稍闲散者除抽吸鸦片之外，几无其他消遣，鸦片之毒遂深入于思恩社会而不可拔。

（梁朸修，吴瑜纂：《思恩县志》，第二编，社会，社会问题，民国二十四年铅印本。）

〔民国二十七年前后，广西田西县〕　昔日盛行，今已减少，吸食鸦片者，据本年各乡公所调查报告统计，尚有二三二人。

（叶鸣平、罗建邦修，岑启沃纂：《田西县志》，第三编，社会，社会问题，民国二十七年铅印本。）

〔民国二十九年前后，广西平乐县〕　城市间不少青年男子尚日夕吸鸦片，乐此不疲，吁可哀已。

（蒋庚蕃、郭春田修，张智林纂：《平乐县志》，卷二，社会，社会问题，民国二十九年铅印本。）

〔民国二十九年前后，广西柳城县〕　好逸恶劳、专事吹鸦片、赌番摊者为数亦颇不少，倾家荡产时有所闻。

（何其英修，谢嗣农纂：《柳城县志》，卷四，民事，风俗，民国二十九年铅印本。）

〔民国二十九年前后，广西平南县〕　鸦片，嗜此毒者，以前确属不少，且有以此物为应酬品者，近年嗜者日少，有之亦皆年在六十以上。

（郑湘涛纂修：《平南县鉴》，社会，风俗，社会病态，民国二十九年铅印本。）

〔民国三十五年前后，广西三江县〕　雅〈鸦〉片，县境与黔省毗连，烟土充斥，故人民多有沾染者，而尤以侗族为多。年来虽经政府严禁，逻察岂尽及于暗室，惟现在根本铲除中也。

（覃卓吾、龙澄波纂修，魏仁重续修，姜玉笙续纂：《三江县志》，卷二，社会，社会问题，民国三十五年铅印本。）

〔清道光年间至民国二十一年前后，四川万源县〕 罂粟，即鸦片烟。……自道光以来屡经禁革，已将绝种，今则无地不有。……县属以三乡为盛。

（刘子敬修，贺维翰等纂：《万源县志》，卷三，食货门，实业，农业，民国二十一年铅印本。）

〔清道光年间至民国三十三年前后，四川长寿县〕 自清道光间鸦片战争失败后，烟禁遂弛。咸同两朝，大宪札饬各州县办洋药厘金若干两，吾邑数目多寡无考，时种吸未盛。……至光绪季年，普遍种吸，烟患乃炽。于是省设烟厘总局，分局、分卡普设全川矣。旋清廷与外人订十年革尽之约，地方官吏雷厉风行，种者铲除，贩者烧毁。光宣之交及民国二三年间，邑境几乎净尽。嗣因防区分治，听民种植，藉筹军饷，于是种吸复盛。……二十四年，中央颁部禁烟条例，限定二年禁毒，三年禁种，六年禁吸，雷厉风行，近年虽已报肃清，然为彻底计，仍不可不深切图维也。

（陈毅夫等修，刘君锡、张名振纂：《长寿县志》，卷三，食货，田赋，附各杂税，民国三十三年铅印本。）

〔清咸丰末年至清光绪三十三年，四川顺庆府广安州〕 烟土，本外国物产。道光末，开海禁，贵家吸食。咸丰末，州始种植，今遍乡皆是，遂为州出产大宗。始于奸民趋利，继则富民种以自食。花开红、白二色，春晚收割，其浆毕瘁人力。上市以烟饼置竹箨之上，曰土铜锅，煮熟曰烟。远方来州购买，成捆成箱，利市三倍。以戴市出产为伙，大坎、观音阁次之，花桥、禹山沟亦称上品。

（清　周克堃等纂：《广安州新志》，卷十三，货殖志，清光绪三十三年修，宣统三年刻本，民国十六年重印本。）

〔清同治年间，四川重庆府涪州〕 自同治初元，客粤者购罂粟籽种归，如其法试之，利数倍，于是争趋如鹜，不三年，罂粟遍野，甚至种及田亩，稻、麦乃逐渐歉收。

（王鉴清等修，施纪云等纂：《涪州志》，卷七，风土志，习俗，民国十七年铅印本。）

〔清同治年间至民国二十年前后，四川宣汉县〕 鸦片烟，县属场市以南坝为最，实鸦片烟有以致之。初各省烟商麇集开县临江市，同治、光绪间，里人谢月楼设法招徕，而南土遂驰名于全国，每年销售动数万担，然邑人之远贾者实鲜。清末烟禁肃清，价值陡昂，乃有因缘为利者，以此起家坐致十数万者，盖不一而足。沿至民初，烟尽而南市中落。近年以来，几复旧观，除外商兴贩外，陕西之兴安，河南之新野、谷城,湖北之宜昌、汉口、襄阳、樊城、老河口,无不有县人之足迹焉。

(汪承烈修,邓方达等纂:《重修宣汉县志》,卷四,物产志,货之属,民国二十年石印本。)

〔清同治年间至民国二十七年,四川泸县〕 鸦片为毒物,久食成瘾便为废人。清同光间,阛阓则烟馆林立,郊野则罂粟满山。后经厉法严禁,几于殄灭。民国以来,驻军抽捐助饷,听民种植,吸者复盛,而城内南土尤为畅销。今中央复有禁烟之令,或有成效可见。

(王禄昌等修,高觐光等纂,欧阳延禀续补:《泸县志》,卷三,礼俗志,风俗,民国二十七年铅印本。)

〔清光绪初年至民国年间,四川大竹县〕 罂粟,苞形似罂,入药品,其汁为鸦片烟,各地皆宜,山后尤盛。清光绪初,周家场曾设局抽税,并设分卡,人民获利至厚,为全县收入大宗。

(郑国翰等修,陈步武等纂:《大竹县志》,卷十二,物产志,草之属,民国十七年铅印本。)

〔清代后期至民国十六年,四川酆都县〕 罂粟,俗名鸦片烟,秋种春收,各乡皆种之,岁出约六七千担,担准千两,价格约千元。按:其种传自印度,流毒中外。光绪三十一年,中外定约限五年断绝根株。民国初,已减去十之八九,继因军饷日蹙,在困难纾,渐次复种,以致农民豆麦不治,兼连年苦旱,薪桂粟珠。

(黄光辉等修,郎承诜、余树堂等纂:《重修酆都县志》,卷九,食货志,物产,民国十六年铅印本。)

〔清代后期至民国二十三年,四川华阳县〕 罂粟花,古名米囊花,一名阿芙蓉,今曰鸦片……蜀国旧有,在昔但供赏玩,于今遂成毒祸。道光战役实辱国丧权之始,清季厉禁种,将绝矣。迩年禁弛,种者遍原野,货者弥市廛,公私因以为利。此花极盛,而国运民生益蹙矣。

(叶大锵等修,曾鉴等纂:《华阳县志》,卷三十三,物产,花,民国二十三年刻本。)

〔清朝末年至民国二十年前后,四川南川县〕 邑中近三十年来,大宗贸易惟在鸦片。外来客贩,本地囤户,以千两为一挑,多者由数挑至数十挑。

(柳琅声修,韦麟书等纂:《重修南川县志》,卷四,食货,商业,民国二十年铅印本。)

〔民国二十年前后,四川宣汉县〕 农人之唯一收入为收获品,然正产之谷,除纳租外,存余几何? 即为家人含哺鼓腹之资,不足者,则以冬季之豌、麦、胡豆,夏季之杂粮为补助,而洋芋、番笤尤为大宗,至少可供半季粮,然于经济无与也。所恃以活动经济者,或栽蓝子,或栽叶烟,或栽甘蔗,各视其土宜而定,最普通者,惟种鸦片烟,自秋获以后,凡手足之操作,耳目之所闻见,心思之所营谋,目的罔不在兹。即市居之小贩,雇佣之童工、女工,无不乞田数亩,培植此物。或与主人定约,以此为附带条件,盖种烟与种稻时间虽较久,手续虽极繁,然劳力工资,零星付出,收获时少可数十百两,多或千两至数千两不等。乘时待价,大批出售,可获正款,稍善居积,且有因之以起家者,实不啻一储蓄机关也。前清固为正当营业,民初严禁,亦不能止。近虽重科罚金岁数十万,农人仍趋之若鹜者,盖影响于经济活动,良非浅鲜也。至于因种烟而冬粮锐减,因割烟而栽插后期,皆所弗惜矣。其有经济基件不能自给者,惟出于赊借之一途,赊谷者,或于付钱时合价,或照以后最高额合价,或先于关说时定价,不一律也。借钱者长年二分,每月二分,久为通行利率,近以商务发达,皆以认脚谷为最普通。每百元三石四石,至五六石者亦有之,此犹就富庶之区而言。荒僻如双河口及沿山场等处,且有借一石还两石不要利之说,余可想见。至于信用已失、借贷无门者,惟卖黄货。黄货者,五六月而卖新谷,正二月而卖新烟也,苗初出土,已久作为抵押品,未及收割,债主临门矣。糊口维艰,遑云储蓄,虽农务总会、农务分会城市均已设立,且皆岁耗巨款,然以各种关系,于农人本身曾无丝毫之补益也。故非人生活几为农民世世代代应尽之天职,而无可解免。至于义务教育、公共卫生、人生娱乐,更复谁为计及耶?

(庞麟炳纂:《宣汉县志》,卷五,职业志,农业,民国二十年石印本。)

〔民国二十一年前后,四川万源县〕 戊午以后,烟禁弛,民间遍植,近年军款多赖此项出息,以三乡为盛,销陕境。川楚大商由川东贩运过境亦复不少。

(刘子敬修,贺维翰等纂:《万源县志》,卷三,食货门,实业,商业,民国二十一年铅印本。)

〔清朝年间至民国六年,贵州开阳县〕 本省多山,素称贫瘠,自罂粟盛时,人民竞相栽种,生计之资全赖乎此。民国五、六年,烟禁厉行,财源骤绝。

(欧先哲修,钟景贤纂:《开阳县志》,第七章,建设,农林场,民国二十九年铅印本。)

〔清乾隆末年至民国七年,贵州桐梓县〕 罂子粟,又名米囊子,秋种春花,花卸罂存,中包细米,划其罂壳集浆成泥,明人本草名阿芙蓉。乾隆末,外国贩至,始名阿片,讹为鸦片,吸其烧烟。初则提神辟瘴,继则气弱中干,对时瘾发,如病疟痫,有明知其害而不能自卫者。道光间,邑中吸食者十数人,闻初购于兴义,曾有因吸烟充军至湖南者。烟禁弛后,种者吸者逐渐加多,光绪初年几乎无地不种、无人不吸。本地商人之贩运出关,与楚商之拥重赀而来者累累,然相望于道,年纳厘金约数拾万两。光宣间,与英人订禁烟条约,甫行而逊国。入民国,初政府继续实行禁绝,邑中以私种故被枪毙者十数人。民七,复开烟禁,而种者还原,吸者更多。

(李世祚修,犹海龙等纂:《桐梓县志》,卷九,食货志,物产,民国十八年铅印本。)

〔清道光年间以后,贵州安顺〕 鸦片,俗名洋烟,原非安顺之产物,道咸以后海禁大开,英人始从印度运入中国内地售卖,同时并将烟种传播于云、贵两省地土适宜之处。其后种者渐多,安顺遂成烟土产量最富之区,安顺人民嗜者日众。除自食外,以其所余南由贞丰、南笼运销两广,东由镇远、洪江运销两湖,北由毕节或遵义运销四川。所运烟土除纳厘金、捐税外,遇外市高涨时获利极厚,远非其他生意可比。加以售获之款汇存港、沪、汉、渝等埠,此间即可开做上列各埠之汇兑事业,收取顾客汇水。亦有转购洋纱、食盐、绸缎、布匹、洋广杂货等输入内地以资生利者,所获亦巨。既免沿途抢劫之虞,复省汇费,而一往一来又均有利可图,故商人业此者极多。

(贵州省安顺市志编纂委员会据民国二十年代末稿本整理:《续修安顺府志·安顺志》,第十卷,商业志,出口货,安顺市志编委会一九八三年铅印本。)

〔清光绪中叶至民国八年,贵州遵义〕 遵义出口大宗货物绸丝而外,土药为最。前清光绪中叶为厘金岁入之巨款。迨至光宣之际,实行禁绝、禁种、禁运,雷厉风行,而公家骤然失此大宗巨款,公私交困几及十年。至民国七、八年间,中央集权不能统一,各省烟禁遽弛,民间遂纷纷复种。

(周恭寿等修,赵恺等纂:《续遵义府志》,卷九,赋税,厘金,民国二十五年刻本。)

〔清光绪二十五年前后,贵州平越州湄潭县〕 自民间以罂粟为务,而游惰子弟半出其中,盖种则为利,吸则为害也。雇工仆役虽自外来,行之数年,亦中其毒,或稍知经纪,即舍重从轻,犹可自给,或颓废终身,力难糊口,终不免堕为乞丐,是则烟之害人烈于鸩酒。

(清 吴宗周修,欧阳曙纂:《湄潭县志》,卷二,地理志,风俗,清光绪二十五年刻本。)

〔民国十七年前后,贵州绥阳县〕 绥阳地处偏隅,物产鲜少,然其间稻、菜、麦、稷因时播种，莫不相宜，他如园蔬、果实以及漆、桊、桐、梧之属，何莫非民间自然之利，惟因舟车不便，向无大宗出口，以致民鲜盖藏。近年罂粟甚行，比户种吸，贪利忘害，习为故常，若将毒卉芟除，农民得尽力畎亩，将见民和岁稔，贮蓄有资，生齿日众，赋税增加，裕国富民，莫善于是。

（胡仁修，李培枝纂：《绥阳县志》卷四，食货志，序，民国十七年铅印本。）

〔民国二十九年前，贵州开阳县〕 在昔鸦片流毒时代，本县因属产烟区，邑中贸易首推烟土。全年出口约以两千挑计（每挑一千两），每挑价值平均约为五百元，岁入恒在百万元以上，大小烟商无虑万人。资本有多至万元者，至少亦在一二百元左右，居然成为本县主要商业。自禁政厉行以后，此项营业自已不复存在。

（欧先哲修，钟景贤纂：《开阳县志》，第四章，经济，商业，民国二十九年铅印本。）

〔清朝年间至民国三十一年前后，云南巧家县〕 巧家地濒江边，气候不一，土宜亦各不同。在沿江一带，因气候炎热，播种及收成均较早，通称小洋烟，然为数不多。其余气候较温之地，生存较多，收成亦较迟。前因人民多有烟癖，实不足供本地吸用，故出口甚少，且常有自外县输入者。当前清时代，有征收土药厘金办法，故种、运、吸均无限制。至光绪末年厉行烟禁，内地已无播种，惟因毗连康边，此禁彼种，偷运入境，防不胜防。民国八年，国事纠纷，各省因饷糈问题，每多弛禁放运。本省亦以抵制外货、兼顾筹饷，实行寓禁于征办法，规定禁种罚金按照地亩科罚。自九年以迄二十三年，逐年均根据调查亩数办理，亩数则逐年互有增减，罚金数目亦先后轻重不同。至民国二十四年，国民政府严令禁种、禁吸、禁运同时施行，限至二十九年肃清。云南省政府奉行，惟谨对于禁种方面规定分区分期办法，巧家列为第三区第三期。惟因接壤西康，办理不无困难，六城坝一区得以缓禁二年，现正分别实行中。此外禁运禁吸两部分，均遵照通案办理。……前叙烟亩罚金，自民九至民二三共为十五年中，除一五、一六两年改为运输稽征科罚外，其余十三年前后办理经过，以烟亩论，少者为三千八百余亩，多者为九千余亩。以罚金论，少者为七千三百余元，多者为三万二千余元。

（陆崇仁等修，汤祚等纂：《巧家县志稿》，卷四，民政，烟禁，民国三十一年铅印本。）

〔清道光年间至民国二十七年前后，云南昭通县〕 烟之为害烈矣。自清道光中英人义律贩烟入中国，粤督林则徐烧毁之，沿海战事剧烈，始结《江宁条约》，割五口，许以通商，嗣是各省遍种。而滇土之名闻海内，其出产首以迤西为多，迤南次之,迤东则末焉者矣。昭在同光间,良田俱改种烟,所产甚丰,价值亦廉,其时吸烟人少,尚有盈余售之于外。自壬辰后,接连天干,其先苗稼甚好,至收获时非枯即雨,而农家犹广种不已者,因其价高而便于自食也。考清季与外人结约,限十年禁绝根株,时滇督锡良禁烟雷厉风行,论者谓可以渐尽矣。越在民国初,亦继续办理,在当时亦照步骤先行禁种,次禁运,后禁吸。至六、七两年,外交迫我以会勘,故各县调查甚严,即穷乡僻壤皆实行铲除。倘由此进行,种者少而食者必稀,其贻害青年亦未必如今日之甚也。亡何烟禁大弛,农广种而商利贩,在当轴借口滇鲜出产,以此筹饷其计亦良矣。无如昭境连年多种而少收,罚金难免追呼,加以年荒,驯至破家亡产者有之矣。然应用所需,城中一日略计数千两消耗,恒仰给于镇雄威宁之烟,计每年所入不下百万,故近时昭通适为一大销场耳。

(卢金锡修,杨履乾、包鸣泉纂:《昭通县志稿》,第六,民政,禁烟,民国二十七年铅印本。)

〔清光绪年间至民国九年前后,云南蒙化县〕 自洋烟盛行,愚民狃于近利,田畴山地往往舍豆麦荞菽而种罂粟。罂粟愈多,豆麦荞菽愈少。豆麦荞菽少,而粮米价日增,百物亦因之腾贵,一年耕不足供一年之用。……而无识者转喜地方富庶,与通都大邑等,不知商贾之云集者为烟来也,风俗之渐靡由烟开也。……前《志》系光绪三十年稿时,弥渡漾濞未县,蒙属烟户二万一千六百七十一,计十万零三千八百五十丁口。现将云白两川析分弥渡,将新乡之江尾、江头、庆塝、泥水、军里,蒙乡之江外、江东等里,凡在濞溪江以外各村,与夫漾濞里七甲及金牛、札勿、屋暑、合江、马厂、街前、东冲、柴户、沙河等约析分漾濞,约共两县划去烟户四千二百余,丁口二万一千余。据现在户口调查表,烟户二万四千一百六十八,丁口十二万零一百。若加两县所划之数,烟户已增至二万八千三四百,丁口已增至十四万一千余,是烟户较乾隆时仅不及七百余,丁口至又加多四万七千余矣。人丁益盛,生计益绌,世变益亟,负担益重,故烟禁虽严,而挺而走险者较往时奚啻倍蓰。

(李春曦修,梁友檍纂:《蒙化志稿》,卷九,地利部,户籍志,民国九年铅印本。)

〔民国年间,云南宣威县〕 鸦片为世界禁物……昔贤早有定论。拔尽根株,事所应尔。顾以云南之贫,得此稍资接济。光复而后,协饷省分分厘不来,境内烟苗又皆铲净,时虽有盐余等款之把注,而库藏之空,挖补之难,司计者咸为束手。至于民间,则尤流离困敝,喘息难纾。民四以还,烟禁稍弛,穷乡僻壤生机渐萌。

（陈其栋修，缪果章纂：《宣威县志稿》，卷三，舆地志下，物产，特产，民国二十三年铅印本。）

〔民国八年至十年，云南泸水〕 民国八年，片马土人大种洋烟，内地商人纷纷向片马买烟，泸水商场为之一振。十年，泸水开放种烟，民间金融稍觉活动。

（段承钧纂修：《泸水志》，第二，大事记，民国二十一年石印本。）

〔民国二十一年，云南富州县〕 富州土质不宜种烟，民间咸种杂粮，少种此物。加以道路崎岖，不通舟楫，交通梗塞，故贩运此物尤少，或有吸之，居于少数而已。

（陈肇基纂修：《富州县志》，第六，民政，禁烟，民国二十一年修，民国二十六年抄本。）

附录：旧方志整理出版丛书举要[①]
（1990—2017）

序号	丛书名称	出版单位	出版年份
1	中国地方志集成	上海书店出版社等	1990年后出版的各辑
2	宋元方志丛刊	中华书局	1990年
3	天一阁藏明代方志选刊续编	上海书店出版社	1990年
4	中国西北文献丛书·西北稀见方志文献	兰州古籍书店	1990年
5	日本藏中国罕见地方志丛刊	书目文献出版社	1990年
6	稀见中国地方志汇刊	中国书店	1992年
7	玉溪地区旧志丛刊	云南人民出版社	1993年
8	中国公共图书馆古籍文献珍本汇刊·中国西北稀见方志	中华全国图书馆文献缩微复制中心	1994年
9	中国公共图书馆古籍文献珍本汇刊·中国西北稀见方志续集	中华全国图书馆文献缩微复制中心	1997年
10	中国西北文献丛书续编·西北稀见方志文献	甘肃文化出版社	1999年
11	明代孤本方志选	中华全国图书馆文献缩微复制中心	2000年
12	清代孤本方志选	线装书局	2001年
13	故宫珍本丛刊·各省府县志	海南出版社	2001年
14	乡土志抄稿本选编	线装书局	2002年
15	北京旧志丛书	北京古籍出版社	2002年
16	福建旧方志丛书	方志出版社等	2002年
17	日本藏中国罕见地方志丛刊续编	北京图书馆出版社	2003年
18	南京图书馆孤本善本丛刊·明代孤本方志专辑	线装书局	2003年

[①] 旧方志，系指1949年中华人民共和国成立前各地编纂的方志。此附录列举首版《中国地方志经济资料集成》1989年编竣待刊后（正式出版是1999年），中国大陆地区1990年至2017年间整理出版的若干旧方志丛刊，其中有诸名限于篇幅，本书未能再收录的资料，读者可参考此附录进一步查阅利用。

(续表)

序号	丛书名称	出版单位	出版年份
19	中国西藏及甘青川滇藏区方志汇编	学苑出版社	2003年
20	中国西南文献丛书·西南稀见方志文献	兰州大学出版社	2003年
21	海南地方志丛刊	海南出版社	2003年
22	孤本旧方志选编	线装书局	2004年
23	上海乡镇旧志丛书	上海社会科学院出版社	2004年
24	安徽历代方志丛书	黄山书社	2005年
25	华东师范大学图书馆藏稀见方志丛刊	北京图书馆出版社	2005年
26	楚雄彝族自治州旧方志全书	云南人民出版社	2005年
27	中国西北文献丛书二编·西北稀见方志文献	线装书局	2006年
28	中国海疆旧方志	蝠池书院出版有限公司	2006年
29	陕西省图书馆藏稀见地方志丛刊	北京图书馆出版社	2006年
30	昭通旧志汇编	云南人民出版社	2006年
31	广东历代方志集成	岭南美术出版社	2007年
32	宋元珍稀地方志丛刊（甲编）	四川大学出版社	2007年
33	北京师范大学图书馆藏稀见方志丛刊	北京图书馆出版社	2007年
34	北京旧志汇刊	中国书店出版社	2007年
35	大理丛书·方志篇	民族出版社	2007年
36	成都旧志丛书·通志类	成都时代出版社	2007年
37	福建师范大学图书馆藏稀见方志丛刊	北京图书馆出版社	2008年
38	宋元珍稀地方志丛刊（乙编）	四川大学出版社	2009年
39	中国西南文献丛书二编·西南稀见方志文献	学苑出版社	2009年
40	四川大学图书馆馆藏珍稀四川地方志丛刊	巴蜀书社	2009年
41	宋元浙江方志集成	杭州出版社	2009年
42	北京师范大学图书馆藏稀见方志丛刊续编	学苑出版社	2009年
43	天一阁藏明代方志补刊	宁波出版社	2009年
44	天春园藏善本方志选编	学苑出版社	2009年

(续表)

序号	丛书名称	出版单位	出版年份
45	上海府县旧志丛书	上海古籍出版社	2009年
46	衢州府志集成	西泠印社出版社	2009年
47	宁武旧志集成	巴蜀书社	2009年
48	云南石林旧志集成	云南民族出版社	2009年
49	中国华北文献丛书·华北稀见方志文献	学苑出版社	2010年
50	中国华东文献丛书·华东稀见方志文献	学苑出版社	2010年
51	复旦大学图书馆藏稀见方志丛刊	国家图书馆出版社	2010年
52	广东省立中山图书馆藏稀见方志丛刊	国家图书馆出版社	2010年
53	中国边疆民族地区抄稿本方志丛刊	中央民族大学出版社	2010年
54	中国人民大学图书馆藏稀见方志丛刊	国家图书馆出版社	2011年
55	首都图书馆藏稀见方志丛刊	国家图书馆出版社	2011年
56	上海图书馆藏稀见方志丛刊	国家图书馆出版社	2011年
57	浙江图书馆藏稀见方志丛刊	国家图书馆出版社	2011年
58	河北大学图书馆藏稀见方志丛刊	国家图书馆出版社	2011年
59	边疆方志文献初编	知识产权出版社	2011年
60	广饶旧志集成	中华书局	2011年
61	南京图书馆藏稀见方志丛刊	国家图书馆出版社	2012年
62	保定市图书馆藏稀见方志丛刊	国家图书馆出版社	2012年
63	辽宁省图书馆藏稀见方志丛刊	国家图书馆出版社	2012年
64	边疆方志文献续编	线装书局	2012年
65	山西历代方志集成	三晋出版社	2012年
66	洛阳历代方志集成	中州古籍出版社	2012年
67	彭水珍稀地方志史料汇编	巴蜀书社	2012年
68	明清萧山县志	远东出版社	2012年
69	常山旧志集成	中华书局	2012年
70	北京大学图书馆藏地方志珍本丛刊	国家图书馆出版社	2013年
71	吉林大学图书馆藏稀见方志丛刊	国家图书馆出版社	2013年
72	南京大学图书馆藏稀见方志丛刊	国家图书馆出版社	2013年
73	上海辞书出版社图书馆藏稀见方志初编	上海辞书出版社	2013年

(续表)

序号	丛书名称	出版单位	出版年份
74	上海辞书出版社图书馆藏稀见方志续编	上海辞书出版社	2013年
75	故宫博物院藏稀见方志丛刊	故宫出版社	2013年
76	广西古籍丛书旧志影印系列·府县志系列	广西人民出版社	2013年
77	重庆图书馆藏稀见方志丛刊	国家图书馆出版社	2014年
78	中国科学院文献情报中心藏稀见方志丛刊	国家图书馆出版社	2014年
79	湖南图书馆藏稀见方志丛刊	国家图书馆出版社	2014年
80	安庆市图书馆藏稀见方志丛刊	国家图书馆出版社	2014年
81	清河县旧志全集校注	中国文史出版社	2014年
82	翼城古志集成	三晋出版社	2014年
83	国家图书馆藏地方志珍本丛刊	天津古籍出版社	2016年
84	陕西旧志集成·通志书系	国家图书馆出版社	2017年
85	天一阁藏历代方志汇刊	国家图书馆出版社	2017年